"古今字"學術史叢書

李運富　主編

唐以前『古今字』學術史研究

蔣志遠 ——— 著

社會科學文獻出版社
SOCIAL SCIENCES ACADEMIC PRESS (CHINA)

蔣志遠，副教授，北京師範大學文學博士。二〇一四年起在湖南師範大學文學院古代漢語教研室工作，是中國文字學會、中國訓詁學研究會會員。先後主持國家社科基金項目兩項，中國博士後基金一等資助項目一項，湖南省社科基金項目一項，出版個人專著兩部，在《語言研究》《古漢語研究》等刊物發表論文十餘篇。

追求"古今字"學術史之"真"

——"'古今字'學術史叢書"總序

李運富

漢語之源久遠難考,漢字歷史已逾五千年 ①,而漢字記録漢語形成可考的字詞關係,目前還祇能從殷商甲骨文説起。隨着時代等因素的變化,漢語字詞的對應關係也不斷發生變化,這往往成爲解讀文獻的障礙。裘錫圭先生曾指出:"文字的用法,也就是人們用哪個字來代表哪個詞的習慣,古今有不少變化。如果某種古代的用字方法已被遺忘,但在某種或某些傳世古書裏還保存着,就會給閱讀古書的人造成麻煩。"②出於解讀文獻的需要,漢代學者便已發明"古今字"這個訓釋術語用來溝通詞語用字的古今差異,相沿至今,從而產生大量指認和考證古今字詞關係變化的材料和論述,形成學術史上關注"字用"現象的一道亮麗風景。從清代開始,部分學者逐漸誤解"古今字"的"用字"内涵,以今律古,强人就已,按照後人的"造字"觀念理解古人,遂將古人提出的"古今字"混同於現代人提出的"分化字"。我們認

---

① 王暉:《漢字正式形成於距今 5500~5000 年之間》,《中國社會科學報》2019 年 7 月 22 日,第 4 版。

② 裘錫圭:《考古發現的秦漢文字資料對於校讀古籍的重要性》,《中國社會科學》1980 年第 5 期;收入《中國出土古文獻十講》,復旦大學出版社,2004,第 128~129 頁。

爲這種誤解不符合學術史研究的"求真"原則①，不利於現代學術的正常發展，也有礙於歷代"古今字"訓注材料在當代發揮它應有的價值，所以我們申請了國家社科基金重大項目——"'古今字'資料庫建設及相關專題研究"②，擬在彙編歷代學者注釋或列舉過的"古今字"字組材料及相關論述的基礎上，嘗試還原"古今字"學術史的實際面貌，進而探討"古今字"的學理和價值。項目名中的"資料"主要指古今學者研究古今字的論著（"古今字"字組材料已另有項目完成，《古代注列"古今字"輯考》單獨出版），"相關專題研究"主要指斷代的"古今字"研究和專家專書的"古今字"研究。本叢書發表的是該重大項目"相關專題研究"方面的成果，包括按時代劃分的 4 種"'古今字'學術史"專著和按專家專書劃分的 5 種"'古今字'學術史"專著。現就"古今字"的研究問題做一引言式的概述，權作該叢書之總序。

一　現代人對"古今字"的基本認識

20 世紀以來，研究或涉及"古今字"材料的論著（含教材）在 800種以上，單篇論文有 300 多篇，内容大都屬概念争論和字例分析，至今没有對歷代注明和列舉的古今字材料進行全面彙總，也没有對歷代學者有關古今字的學術觀點進行系統梳理，致使現代人在論述"古今字"問題時，或誤解歷史，或無顧歷史，把本來屬於不同時代用字不同的異字同用現象混淆於孳乳造字形成的文字增繁現象。可以説，現代"古今字"的研究還留有許多問題和不足，主要表現在以下幾個方面。

---

① 李運富：《漢語學術史研究的基本原則》，《湖北師範學院學報》（哲學社會科學版）2010年第 4 期。
② 2013 年 11 月正式批准立項，項目編號爲"13&ZD129"。

（一）在理論研究方面，對古今字性質認識不一

“古今字”是中國傳統語言文字學領域的重要概念。20 世紀以來，學界對其性質呈現兩種分歧明顯的理解。

一種以王力①、賈延柱②、洪成玉③等學者爲代表，認爲古今字是爲了區別記錄功能而以原來的某個多功能字爲基礎分化出新字的現象，原來的母字叫古字，後來分化的新字叫今字，合稱古今字。由於王力先生主編的《古代漢語》教材被全國高校普遍采用，這種觀點影響極大，被學界普遍接受。賈延柱把這種觀點表述爲：“古今字是字形問題，有造字相承的關係。產生在前的稱古字，產生在後的稱今字。在造字時間上，古今字有先後之分，古今之別。古今字除了‘時’這種關係外，還有一個重要的特點，就是古字義項多，而今字祇有古字多種意義中的一個，今字或分擔古字的引申義，或取代古字的本義。”④他們傾向於將“古今字”看作漢字孳乳的造字問題，認爲“古今字”就是“分化字”或“分別文”，這實際是今人出於誤解而做出的重新定義，其古今字概念已非原態。

另一種以裘錫圭⑤、劉又辛⑥、楊潤陸⑦等學者爲代表，主張古今字是歷時文獻中記錄同詞而先後使用了不同形體的一組字，先使用的叫古字，後使用的叫今字，合稱古今字。裘錫圭指出：“一個詞的不同書寫形式，通行時間往往有前後，在前者就是在後者的古字，在後者就是在前者的今字。……説某兩個字是古今字，就是説它們是同一個

① 參見王力《古代漢語》（校訂重排本）第一冊，中華書局，1999，第 170~173 頁。
② 參見賈延柱編著《常用古今字通假字字典》，遼寧人民出版社，1988，第 17 頁。
③ 參見洪成玉《古今字概述》，《北京師範學院學報》（社會科學版）1992 年第 3 期。
④ 賈延柱編著《常用古今字通假字字典》，遼寧人民出版社，1988，第 17 頁。
⑤ 參見裘錫圭《文字學概要》（修訂本），商務印書館，2013。
⑥ 參見劉又辛《談談假借字、異體字、古今字和本字》，《西南師範大學學報》（人文社會科學版）1984 年第 2 期。
⑦ 參見楊潤陸《論古今字》，陸宗達主編《訓詁研究》第 1 輯，北京師範大學出版社，1981；《論古今字的定稱與定義》，《古漢語研究》1999 年第 1 期。

詞的通行時間有先後的兩種書寫形式。……近代講文字學的人，有時從説明文字孳乳情況的角度來使用'古今字'這個名稱，把它主要用來稱呼母字跟分化字。近年來，還有人明確主張把'古今字'這個名稱專用來指有'造字相承關係'的字。他們所説的古今字，跟古人所説的古今字，不但範圍有大小的不同，而且基本概念也是不一致的。古人講古今字是從解釋古書字義出發的。"① 這種觀念和古人相仿，都認爲古今字屬於相同詞語的不同用字問題，記錄同詞的古字和今字不一定存在分化關係，所以他們的"古今字"範圍較廣，應該包括分化字或者跟分化字交叉，因而不等於分化字。

（二）在古漢語教學實踐中，古今字與其他術語糾纏不清

在觀念歧異的背景下，受古今字等同於分化字觀念的連帶影響，王力將不同形體的字分爲古今字、異體字、繁簡字三類，繼而幾乎所有古代漢語教材都出現辨析古今字與異體字、繁簡字、同源字、假借字等字例的內容。這些術語提出的背景迥異，角度不同，涉及的材料難免交叉，無法區別，正如我們不能把幾個人對立區分爲同學關係、同鄉關係、親戚關係一樣。由於角度和判定標準的不同，概念與概念之間其實是不會混同的，衹是針對具體材料發生交叉，可以做出不同的歸屬。針對記錄相同詞語的同組字，着眼於字形與音義關係，可以看作異體字關係，也可以看作本字與借字關係；而着眼於用字時代的先後，本字先用、通假字後起，或者使用有先有後的一組異體字，都可以認爲是古今字關係。學界往往將材料的多屬等同於概念的交叉，於是强行對立進行辨析。對此，劉又辛曾指出古今字問題成因的複雜

---

① 裘錫圭:《文字學概要》（修訂本），商務印書館，2013，第 256~259 頁。

性，呼籲不可將古今字與同源字、異體字、假借字等概念相對立 ①；王寧 ②、蔣紹愚 ③ 主張用別的術語表示漢字中的分化現象，從而避免跟"古今字"糾纏。但實際上，由於歷史問題没有正本清源，大家不明就裏，祇好順從慣性，忙於辨析區别而難以自拔。

（三）在學術史研究中，以今律古，對傳統古今字研究的評價多與事實不符

歷代文獻中的古今字訓詁材料數量豐富、分布極廣，目前尚無全面彙總歷時古今字材料並展開研究的成果。對個別學者的"古今字"進行舉例式研究的倒是不少，但總體上由於掌握材料不全，又先入爲主地受古今字就是分化字的現代學術觀念影響，常常出現不符合歷史事實的論斷和評價。有人認爲"古今字"的所指範圍是逐步擴大的，這其實是現代學者因對材料掌握不充分而産生的錯覺，我們系統梳理發現，直到清代徐灝，古人的古今字觀念並没有多大變化；有人認爲段玉裁有時把"古今字"的"古字"稱爲假借字或把"今字"稱爲俗字是判斷失誤，批評段玉裁對古今字的認識不清、概念混亂，其實這祇是段玉裁從不同的角度表述同組材料而已，使用不同術語的目的不盡相同，古今字着眼於用字的先後，假借字、俗字等更多着眼於字形的來源或屬性；有人認爲王筠把"古今字"稱爲"分别文""累增字"，因而促進了"古今字"的科學研究，其實在王筠的著作中這幾個術語是並存的，角度不同，無法相互取代，祇是現代人將王筠的古今字與分别文混同起來，纔强説王筠對古今字有了新的看法；還有人認爲鄭玄是最早研究"古今字"的學者，

---

① 參見劉又辛《談談假借字、異體字、古今字和本字》，《西南師範大學學報》（人文社會科學版）1984 年第 2 期。

② 王寧等編著《古代漢語通論》，北京師範大學出版社，1996，第 49 頁。

③ 蔣紹愚：《古漢語詞彙綱要》，商務印書館，2005，第 209 頁。

其實鄭玄的説法大都來自鄭衆，祇是比鄭衆多舉了些例子而已。凡此種種，都是没有充分占有材料因而缺乏全面比較的結果，經不起歷史事實的檢驗。

可見，"古今字"的研究並不像我們想象的那麼簡單，要説清楚這些問題，必須考察歷史上"古今字"的真實面貌，還原古人的本意，所以有必要全面測查"古今字"的學術歷程和實際材料，祇有從事實出發，纔能弄清楚古人的"古今字"究竟是什麼，也纔能搞明白現代學者對"古今字"發生誤解的根源。

二 "古今字"的歷史面貌

（一）古人眼中的"古今字"

"古今字"是個學術史概念，應在歷史語境中理解它的含義和作用。最早提出這個問題的是古代訓詁家，他們在注釋中用"古今字"説明不同時代用不同字符表達同一詞項（文獻中的音義結合體單位）的用字現象。除了典型的"古今字"表述，還有許多包含古今用字關係的其他表述方式。有的將"古""今"對舉，如"某古字，某今字"等；有的單説"古"或"今"，如"古（今）作（爲）某""古（今）某字""古（今）文（字）某"等。無論怎麼表述，其中都包含"古"或"今"的時間概念。最初提出"古今字"相關名稱的是漢代學者鄭衆和鄭玄。

（1）【諸侯之繅斿九就。】鄭司農云："'繅'當爲'藻'。'繅'，古字也，'藻'，今字也，同物同音。"（漢·鄭玄注《周禮·夏官》）

（2）【凡國之大事，治其禮儀以佐宗伯。】故書"儀"爲"義"。鄭司農云："'義'讀爲'儀'。古者書'儀'但爲'義'，今時所謂'義'爲'誼'。"（漢·鄭玄注《周禮·春官》）

（3）【君天下曰天子，朝諸侯、分職授政任功曰予一人。】《覲禮》曰："伯父實來，余一人嘉之。"余、予古今字。（漢·鄭玄注《禮記·曲禮》）

鄭衆是東漢早期人物，他雖未明確使用"古今字"這個術語，但已用"古字""今字"溝通詞語用字的時代差異，且對古今字的内涵做出基本界定。① 如例（1）闡述記録 ｛五彩絲繩｝義的詞語古今分別使用"繅"和"藻"字，更重要的是指出古今字具有"同物同音"的性質，即"同義同音"却使用了不同的字形記録。例（2）具體分析 ｛儀態｝義詞語歷史上分別用古字"義"、今字"儀"記録，表示 ｛意義｝的詞語曾用古字"誼"、今字"義"記録。東漢晚期的鄭玄則明確開始使用"古今字"的術語溝通詞語用字的古今差異，例（3）記録 ｛自稱代詞｝的"余"和"予"字構成"古今字"關係（研究發現"予""余"實際使用的古今關係是不斷變化的 ②）。可見他們提出或使用"古今字"概念與文字分化無關，不屬於造字的問題，完全是針對文獻解讀溝通詞語古今用字差異而言的。

我們通過對大量實際材料的調查，發現從漢代到清代的學者對"古今字"性質的認識基本上保持着一致性，都是在訓詁注釋的範疇内溝通歷時同詞異字現象。清代是中國傳統語言文字學研究的巔峰，而段玉裁的成就更是超拔前人。段玉裁對"古今字"的相關問題有着深刻的認識，是學術史上第一位對古今字進行理論闡釋的學者。其著作

---

① 參見李運富《早期有關"古今字"的表述用語及材料辨析》，《勵耘學刊（語言卷）》總第 6 輯，學苑出版社，2008。

② 參見李運富《"余予古今字"考辨》，《古漢語研究》2008 年第 4 期。

中有大量關於"古今字"的精闢論述，如：

（4）【今，是時也。】古今人用字不同，謂之古今字。（清·段玉裁《説文解字注·亼部》）

（5）【余，語之舒也。】余予古今字。凡言古今字者，主謂同音，而古用彼今用此，異字。若《禮經》古文用余一人，《禮記》用予一人。（清·段玉裁《説文解字注·八部》）

（6）【誼，人所宜也。】凡讀經傳者，不可不知古今字。古今無定時，周爲古則漢爲今，漢爲古則晉宋爲今，隨時異用者謂之古今字。（清·段玉裁《説文解字注·言部》）

（7）【姪，厶逸也。】姪之字今多以淫代之，淫行而姪廢矣。（清·段玉裁《説文解字注·女部》）

段玉裁首次對"古今字"進行定義，如上舉例（4）認爲"古今人用字不同，謂之古今字"，例（5）提出"凡言古今字者，主謂同音，而古用彼今用此，異字"。從這些不同表述中可以看出，段玉裁眼中的"古今字"也是立足於詞語用字角度的。他對"古今字"研究的理論貢獻還表現在提出"古今無定時"，如例（6）認爲"古今字"的"古"和"今"並非絶對的時間概念，而是相對的，古今可以轉換，隨時異用；而"凡讀經傳者，不可不知古今字"則更説明"古今字"是釋讀文獻的訓詁學問題。此外，他的貢獻還表現在獨創"某行某廢"的訓詁體式，揭示詞語古今用字演變的結果，如例（7），這無疑也與造字相承無關。①

段玉裁在《經韻樓集》卷十一中又説："凡鄭言古今字者，非如《説文解字》謂古文、籀、篆之别，謂古今所用字不同。"其"謂古今

---

① 參本叢書中劉琳《段玉裁〈説文解字注〉"古今字"研究》第二章。

所用字不同”固然不錯，但斷言“非如《説文解字》謂古文、籀、篆之别”則可能過於拘泥。因爲對於什麽是“用字不同”，如果對“字”的看法古今有異，那對具體材料的判斷就難免不同。現代構形學告訴我們，漢字的不同形體有的是異構關係，有的是異寫關係。[①] 所謂“用字不同”通常是指具有異構關係的不同字位或者不同字種，祇是寫法不同的異寫字一般不看作用了不同的字，因而構不成“古今字”關係。但古人没有明確的異寫、異構概念，他們祇看字形差異，字形差異不同的字，就有可能被認定爲“古今字”，所以“古文籀篆之别”也可以屬於“古今所用字不同”。例如：

（8）卜，灼剥龜也，象炙龜之形。一曰象龜兆之從横也。𠂉，古文卜。（漢·許慎《説文解字·卜部》）

（9）外，遠也。卜尚平旦，今夕卜，於事外矣。夘，古文外。（漢·許慎《説文解字·夕部》）

按許慎的標注，我們可以認爲，在{占卜}詞項上，“𠂉”爲古文，則“卜”爲今字，“𠂉、卜”構成“古今字”關係；在{外面}詞項上，“夘”是古文，“外”爲今字，則“夘、外”也構成“古今字”關係。但其實“𠂉”與“卜”的差别祇是寫法不同（對古文字的隸定或轉寫方式不同），構形上都是“象龜兆之從横也”，並非兩個不同的字位。又如：

（10）㫄，溥也。从二，闕；方聲。㫄，古文㫄。㫄，亦古文㫄。㫄，籀文。（漢·許慎《説文解字·丄部》）

（11）【㫄旁㝑㝐雱㝑】《説文》“溥也”。《爾雅》“二達謂之岐旁”。隸作旁。古作㝑、㝐。籀作雱。或作㝑。（宋·丁度《集韻》卷三）

① 王寧：《漢字構形學講座》，上海教育出版社，2002。

　　按，在許慎看來，秦漢時期使用的小篆字形“𩑣”，在“古文”時代的文獻裏寫作“𩑋𩑋”，在籀文材料裏寫作“𩑋”，都屬於前代不同的用字。其中有的結構不同，有的祇是寫法不同，由於形體上有差異，都可以看作不同的字。那麼，所謂“古文”“籀文”可能不是純字體概念，而主要指字形的來源和出處，所以後世如《集韻》之類往往將《說文》的古文形體轉寫爲當代通行的字形。如把古文“𩑋”與“𩑋”分別轉寫成楷體字形“𩠐”與“𩠐”，這並不表明“𩠐”與“𩠐”這種字形在文獻中實際用過。之所以把轉寫後失去了“古文”書寫風格的字形仍然稱爲“古作某”，可能因爲古人所說的“古文”原來就不是着眼於字體風格的。當然，對這些由古代的某種古文字形轉寫而來的後出字形，由於文獻裏不一定實際使用過，如果要作爲用字現象來分析，最好回到古文字形的時代按古文原形的功能分析，轉寫字形祇能看作古文原形的代號而已。

　　我們説許慎的“古文”未必是一個純字體概念，更大程度上是指古代文獻中的用字，大概相當於“古代文字”，具體所指時代和文獻隨相對概念而異，但都是指字形的來源而不是指書寫風格。關於這個問題我已指導桂柳玥寫過一篇碩士學位論文，題爲《〈説文〉“古文”所指及相關“古文”研究》。通過全面考察《説文·叙》中 10 處“古文”所指和《説文》正文中出現的幾百個“古文”的含義，我們認爲，《説文解字》中的“古文”應泛指秦代小篆和秦隸產生之前除大篆之外的古代文獻用字，它強調的是文字材料在來源和時代上的差異以及字形結構的不同，未必有統一的書寫風格。其中“古文以爲某”的説解體例，正是用來説明古文書籍的用字現象的，即某個字形在古代文獻中用來記錄另一個詞，也就是當成另一個字用。正如段玉裁在“中”下注曰：

　　　　凡云古文以爲某字者，此明六書之叚借。以，用也。本非某字，古文用之爲某字也。如古文以洒爲灑埽字，以正爲《詩》大雅

字，以丂爲巧字，以臤爲賢字，……皆因古時字少，依聲託事。至
於古文以中爲艸字，……以臬爲澤字，此則非屬依聲，或因形近相
借。無容後人效尤者也。①

也正如陸宗達先生所説：

　　許慎所謂"古文"，就是漢代所發掘出的古文經典中的字體。
但實際上《説文》所説的"古文"，不僅僅限於古文經典，春秋時
代秦篆以外群書故籍所使用的文字，都叫"古文"。……此外，許
慎還引據很多秦以前的其他古籍，如《逸周書》《山海經》《春秋
國語》《老子》《孟子》《楚辭》《司馬法》等等，都可以根據上
面所説的道理來推斷爲"古文"。據《説文解字·叙》，許慎還收集
了當時出土的鼎彝銘文的字體，也稱爲古文。②

　　陸先生所説的"字體"應該理解爲字形，許慎注列的"古文""籀
文"等與"小篆"不同，主要不是書寫風格類別的對立，而是字形結
構和使用功能的差異，是文獻來源的時代不同。這樣理解許慎的"古
文"，纔可以跟司馬遷《史記》所説的"古文"③、鄭玄等注釋家注列的
"古文"④以及後世字書如《廣韻》中所謂的"古文"統一起來。它們都
是指古代文獻中的用字現象，祇是具體來源不同而已。所以我們把這
類指稱古代文獻中用過的"古文"當作"古今字"的"古字"，也都納
入注列"古今字"的材料提取範圍。
　　總之，古人的"古今字"是個訓詁學概念，屬於文獻用字問題，

①　（漢）許慎撰、（清）段玉裁注《説文解字注》，上海古籍出版社，2011，第21頁。
②　陸宗達：《説文解字通論》，中華書局，2015，第23頁。
③　王國維：《〈史記〉所謂古文説》，《觀堂集林》，中華書局，1961，第307~312頁。
④　參見李玉平《試析鄭玄〈周禮注〉中的"古文"與"故書"》，《古籍整理研究學刊》
　　2005年第5期。

跟造字和文字分化無關。凡是不同時代的文獻記錄同一詞項而使用了不同的字，不管是結構不同的字位字種，還是同一字位字種的不同字形，都可以叫"古今字"。其要點有三：一是"同物同音"，即文獻中功能相同，記錄的是相同詞語；二是"文字不同"，前後使用不同的字形記錄；三是使用時代有先後。概括起來説，古今字是指不同時代記錄同一詞項所用的不同字，而不同的字是指兩個或兩個以上的一組字，所以古今字是字組概念而不是個體概念。

（二）"古今字"與"分化字""分別文"的關係

既然"古今字"在傳統語言文字學的發展歷程中一直屬於訓詁學領域的問題，是文獻用字問題，那麽現代學者將其等同於"分化字"和"分別文"，或者認爲"古今字"包含"分化字""分別文"，將其看成文字孳乳的造字問題，無疑都是不符合學術史原貌的。這裏既有對古人學説的無意識誤解，也有故意追求某種學理而强人就己的非學術史研究方法，所以需要從學理和方法上辨明原委，纔能真正消除誤解。

1. 分化字、分別文不是"古今字"

今人把"古今字"等同於"分化字"，或者認爲"古今字"包含"分化字"，顯然不合古人的實際，更重要的是在學理上也無法講通。所謂"分化字"，一般是指原來具有多項功能的字被分化爲各自承擔原來部分功能的幾個字的文字現象。例如"采"字原來曾記錄｛采摘｝｛彩色｝｛理睬｝等多個詞項，"采"字記詞職能過於繁重，於是以"采"作爲聲符分別新增義符，另造新字，分擔各項職能。如增"手"旁造"採"記錄｛采摘｝、增"彡"旁新造"彩"專記｛彩色｝、增"目"旁新造"睬"記錄｛理睬｝等，將"采"稱爲"母字"，將"採、彩、睬"看作由母字孳乳出的分化字。值得注意的是，"分化"通常指由舊事物滋生出新事物的過程，所以"分化"是就"字"而言，增多的衹是記録詞語的字形，記詞職能仍是原有的，並未出現新的增項，不宜使用職能"分化"的表述。分化字産生以後，衹是將原有記詞職能進行了重新分工調整，將原來一個字的職能分擔給幾個字。職能分工不衹有字形分化孳乳新字一途，還可以有其他方法，如改換義符、異體分工、借字分擔等，所以字形分化不等於職能分工，更不等於古今字。

那麽分化字是否能够等於"古今字"的概念呢？答案是否定的，我們可以舉出如下理由。首先，"分化字"單指一方，要跟"母字"相對纔成爲指一組字的概念；而"古今字"是包含古字和今字的組概念，"分化字"和"古今字"這兩個概念根本不對稱。其次，"母字"與"分化字"在功能上是總分關係或包含與被包含關係，並不對等，母字一個字承擔多項職能，而分化字衹是承擔原來母字的一項功能，它的功能要比母字少，分化字與母字的功能不對等，所以分化字和母字記録的不是同一個詞；而"古今字"的"古字"和"今字"是同一關係，音義相同。最後，文字分化是漢字字種的孳乳發展現象，屬於"造字"問題；古今字是不同時代詞語用字的不同，屬於"用字"問題。可見"古今字"和"分化字"是不同的現象，性質存在明顯差異。

今人之所以會把"古今字"看成"分化字"，應該與誤解清代王筠的"分別文"有關。他們以爲王筠的"分別文"就是"古今字"，而"分別文"也可以叫"分化字"，所以"古今字"就是"分化字"。其實這三個概念各不相同，不能混淆，王筠的分別文不等於古今字，分別文也不等於分化字，分化字自然也就不等於古今字。

我們先看王筠提出"分別文"的學術背景和研究意圖。① "分別文、累增字"是王筠在研究《説文》異部重文時提出的，他在《説文釋例》卷八對"分別文、累增字"做過界定：

---

① 參見李運富、蔣志遠《論王筠"分別文、累增字"的學術背景與研究意圖》，《勵耘學刊（語言卷）》總第 16 輯，學苑出版社，2013。

　　分別文、累增字（此亦異部重文，以其由一字遞增也，別輯
之）：字有不須偏旁而義已足者，則其偏旁爲後人遞加也。其加偏
旁而義遂異者，是爲分別文。……其加偏旁而義仍不異者，是謂累
增字。①

　　可見王筠提出“分別文、累增字”的學術背景與“古今字”無
關，主要是爲研究“重文”現象。《説文》“重文”是指功能基本相同
的用字，以異體字居多，但不限於異體字。“分別文”如下文例（1）
“然”字包含“然₁”（燃燒）、“然₂”（應答之詞）、“然₃”（代詞）等
多個同形詞項，增“口”旁造“嘫”將“然₂”從形體上跟意義不同
的“然₁”“然₃”分別開，所以稱爲“分別文”；而“嘫”“然”記録
詞項“然₂”屬同功能字，所以屬“重文”現象。“累增字”如下文例
（2）“复”字本義指“返回”，後遞增義符“彳”作“復”，二者屬同音
同義的異體字關係，也屬於重文。

　　（1）“嘫”下云“語聲也”，蓋即然否之然。《火部》：“然，燒
也。”借爲應詞，又加口爲別耳。《脈經》凡應答之詞，皆以然字代
曰字，嘫下祇云然聲。（清·王筠《説文釋例》卷八）
　　（2）《夂部》复下云：“行故道也。”《彳部》復下云：“往來
也。”夫往而復來，則所行者必故道也。《玉篇》曰：“复，今作
復。”案：從夂，義已足矣。又加彳，微複也。復下祇云复聲。
（清·王筠《説文釋例》卷八）

　　王筠説“分別文”“累增字”“此亦異部重文”，祇是由於這兩種
重文都是“遞增”偏旁造出新字而形成的，所以“別輯”出來另立一

―――――――――
① （清）王筠：《説文釋例》，中華書局，1987，第173頁。

卷。新字的記詞功能若與母字的某些義項不同就是“分別文”，沒有不同則是“累增字”。這一發明的實質，是把在《説文》中處於平面静態的一部分“異部重文”從造字的角度進行動態分析，以揭示部分“異部重文”産生的原因，並非字際關係新的分類。這些“重文”以增旁造字的方式産生，遂使“分別文”“累增字”可以延伸爲專門探討造字孳乳問題的漢字學理論，它跟形體構造和字種增益密切相關，而跟漢字的使用屬於不同的學術層面，所以跟“古今字”没有必然聯繫。

我們説“古今字”不等於“分別文”“累增字”，還可以從下面幾點來説明：第一，“古今字”指稱的字例可以没有“增偏旁”的形體關係。第二，“分別文”“累增字”祇能指稱造字時間在後的字，而“古今字”的“古”“今”無定時，所以用字的古今關係跟造字的時間順序有時並不一致。第三，“古今字”的古字和今字“同物同音”，判斷的標準是在文獻中音義相同，即記録同一詞項。累增字是“加偏旁而義仍不異者”，而“分別文”是“加偏旁而義遂異者”，就是説稱爲“分別文”是因爲它跟原字的意義不再相同（有的音也不同）而記録了另一個詞項。第四，王筠著作中“古今字”與“分別文、累增字”是兩套共存異用的術語。使用“古今字”術語時，着眼於文獻用字不同而功能相同，常常跟注釋性用語配合，目的是用熟悉的今字解釋不太熟悉的古字；而使用“分別文”“累增字”則着眼於文字孳乳關係，目的是説明某個字是以某個字爲基礎産生的，故常有“後作”“後起”之類的用語配合。①

所以我們認爲“分別文”與“古今字”性質不同，判斷標準不同，不能相互取代。其實，“分別文”不僅不是“古今字”，也不等同於“分化字”，因爲分化母字職能的手段多種多樣，不限於“增偏旁”，增

---

① 參見李運富、蔣志遠《從“分別文”“累增字”與“古今字”的關係看後人對這些術語的誤解》，《蘇州大學學報》（哲學社會科學版）2013 年第 3 期。

旁分化衹是漢字分化的手段之一，漢字還可以通過改換偏旁、異體分工、借字分化、另造新字等方式來達到分化原字職能的目的。這幾組概念之間的區别如下表所示。

字組概念	概念性質	記詞職能
古字—今字	文獻用字	功能同一
被分别字—分别文	孳乳造字	功能相異
母字—分化字	增形分工	功能合分

"古今字""分别文""分化字"不僅提出的學術背景與研究意圖各不相同，而且"古今字"是"古字"和"今字"的合稱，屬於字組概念；而"分别文""分化字"却都是單指一方，要分别與"被分别字""母字"並舉纔能構成組概念。它們的性質也存在根本不同，古今字是訓詁家就文獻用字的歷時差異而言的，主要爲破解文獻釋讀的障礙，用一個熟悉的今字去解釋陌生的古字；分别文是王筠就孳乳造字提出的概念，强調的是增旁造字的方法；母字和分化字則是當代學者從漢字職能的分工角度提出的，它强調字形的分化和增多，由一個字變成幾個字，目的在於分擔母字的功能。此外，它們的記詞職能也各不相同，古今字要求同音同義，記詞職能必須相同；分别文的功能必須與被分别字相異；而分化字所記詞項是母字原來多項職能中的一項。

"古今字"既然可以在不同時代替換使用，則音義相同，是針對某一詞項而言的，即古字與今字的對應範圍是記録同一個詞項的字。離開這個詞項，在不同的音義之間，則無所謂古字和今字。因此所謂"職能分化"，所謂"今字衹承擔古字的某一個職務"，所謂"分擔古字的本義，或引申義，或假借義"等説法都是錯誤的，因爲這樣説的時候，這個"古字"跟"今字"記録的已經不再是"同詞"

關係了。

2.“古今字”的“古字”和“今字”可從別的角度另加説明

記録同一詞項的“古今字”之間存在多種複雜關係，有的古今字是異體字關係，有的是本字與借字的關係，有的是借字與本字的關係，有的是借字與借字的關係，有的是源本字與分化本字的關係，等等。這些字際關係可以從不同角度説明某組古今字的成因，却不是跟“古今字”處於同一系統的並列概念，因而拿“古今字”跟“分化字”“分別文”“異體字”“通假字”等相提並論並進行辨析是没有意義的，不過可以用不同概念對“古今字”的“古字”和“今字”從別的角度加以説明。或説明來源，或説明屬性；有的祇説明“古字”或“今字”，有的兩者都説明，從而形成另一種對應關係。如用“分別文”説明“古今字”中“今字”的來源，表面上“分別文”跟“古字”或“古文”相對，實際上是省略了“今字”的名號而直接説明這個今字是怎麼來的。這樣的“分別文”“累增字”祇對“今字”起説明作用，不能作爲組概念取代“古今字”或作爲“古今字”包含的類。例如：

（3）《節南山》“維石巖巖”，《傳》：“積石貌。”《釋文》：“巖本或作嚴。”案：嚴者古字，巖則後作之分別文。（清·王筠《毛詩重言》中篇）

王筠説“嚴者古字，巖則後作之分別文”，意謂在山崖義上“嚴₁”是古字，“巖”是今字。今字“巖”是爲了區別“嚴₂”的｛嚴厲｝義而產生的一個“分別文”，也就是由“嚴₂”詞項的分別文“巖”充當了“嚴₁”這個“古字”的“今字”。可見這裏的“古今字”是針對｛山崖｝詞項而言的，“分別文”是針對｛嚴厲｝詞項而言的，它們不在同一個術語體系中。

還可以用“俗字”“專字”“借字”甚至後來纔有的“分化字”等

17

説明“今字”的屬性，有時也説明某個“古字”是“假借字”“通借字”“借字”等。這種對“古字”或“今字”屬性説明的用語並非混同“古今字”，也不跟“古今字”關係矛盾，因爲彼此角度不同。例如：

（4）《玉篇》：“燗，火焰也。”焰即燗之俗字，此以俗字釋古字法也。（清·王筠《説文釋例》卷七）

（5）【作，起也，从人，乍聲。】鐘鼎文以“乍”爲“作”，然則“乍”是上古通借字，“作”是中古分別字。（清·王筠《説文解字句讀》第八上）

例（4）記錄詞語｛火焰｝，“燗”和“焰”構成古今字關係，今字的來源是俗字，此處用俗字解釋古字，俗字説明的是今字的性質，並非與古字構成組概念。例（5）記錄｛興起｝義先使用古字“乍”，後用今字“作”，二者構成古今字關係；而又説“乍”是通借字，“作”是“分別字”，目的在於從另外的層面説明古字和今字的性質，並不影響“乍—作”是一組古今字的判斷。

這種既從用字時代上擺出“古今字”關係，又儘量從其他角度説明其中“古字”和“今字”的來源或屬性的做法，漢唐訓詁家已發其端，段玉裁、王筠等清代學者做得更多，超過前人。這些用來説明“古字”和“今字”屬性的術語跟“古今字”不在同一個系統，沒有並列比較或辨析的邏輯基礎。

但現代許多學者常常批評段玉裁、王筠等人把“古今字”説成“通假字”“俗字”等，認爲他們判斷失誤因而造成矛盾，這是今人把“古今字”跟“通假字”“異體字”等對立起來辨析的結果，實際不懂古人是從其他角度對古今字用字來源或屬性的説明。正如“夫妻”關係可以再解釋各自的身份或籍貫一樣，古人對“古今字”關係的進一步説明並非將有關概念並列對立。

利用“古今字”材料來研究文字孳乳分化現象應該是可以的，但必須明確這衹是材料的共用，不能據此認爲古人的“古今字”概念就是指文字孳乳分化的造字問題，更不能以今律古、強人就己，用今人重新界定的概念去妄議古人。在研究文字分化現象時，最好不要使用“古今字”這個具有訓詁意義的概念，以免引起誤解歧義，導致相關概念的混亂。

三 “古今字”學術史材料的處理

學術史上的“古今字”不等於文獻中實際存在的古今字，而是指歷代學者注釋過、論述過或列舉過的“古今字”，需要區別時可稱爲“注列‘古今字’”，或者用加引號的“古今字”。“古今字”學術史研究必須建立在“注列‘古今字’”材料基礎上，古人沒有注列過的古今字不在本叢書的考察範圍之內。

“注列‘古今字’”材料需要從歷代的隨文釋義類注疏、纂集類訓詁專書、考釋類訓詁劄記、研究論文和相關教材中提取。我們采用的基本方法是用“古”和“今”作爲關鍵字進行檢索，但遇到的困難有：第一，大量的古籍没有電子版，需要人工通讀，逐一查檢；第二，檢索得到的有關材料大都是没有標點的，而且很多屬於現代人的轉録，存在文字訛誤，所以需要對獲得的材料核實原版原文，並在讀懂弄通的基礎上進行標點；第三，校勘無誤的真實材料也不一定都是有效的，其中許多甚至絶大部分含有“古”或“今”的語料並非討論古今用字不同問題，需要人工排除；第四，對於經過甄別提取出來的近萬條材料，也需要考察彼此之間的關係，經過繫聯、去重、歸類、排序等，纔能形成便於查檢利用的資料集。其中的任何一項工作都十分棘手，不僅需要查找、比對、校勘的耐心，更需要文字學、訓詁學、文獻學等方面的學力和識斷。

（一）檢索材料的核實、校勘和標點

“注列‘古今字’”的材料大都來自“中國基本古籍庫”“瀚堂典藏”和“四庫全書”等電子數據庫，部分來自對古籍紙本或電子圖版的手工查找，都有具體版本依據。通用古籍數據庫中的電子文本存在許多錯訛和標點不當（有的没有標點）問題，需要核對原版和校正標點。項目組成員手工搜集到材料後自己的移録或轉録也容易造成錯訛，更是需要後來的反復校勘。核查原書原圖、校對文字和準確標點的工作非常繁重，但十分必要。如果録入時發生文字訛誤或標點不當，就可能造成對注列原文理解的困難。例如：

（1）【㞢佳楊及柳】古文柳。（明·馮惟訥《古詩紀·古逸第八》）

按，瀚堂典藏數據庫將【 】中的“及柳”録作“及柳”，據原書圖版發現爲誤録，需勘正，所以“柳—柳”不是古今字，“柳—柳”纔是古今字。

（2）【罪釁】忻近反。杜注《左傳》云：“釁，瑕隙也，罪也。”賈注《國語》：“兆也。”《説文》作衅，從釁（七亂反）省。釁字象祭器。酉，古酒字也。分，聲也。今俗作釁，略也。《經》作釁，謬也。（唐·慧琳《一切經音義》卷十二）

按，瀚堂典藏數據庫將“今俗作釁”録爲“今俗作釁”，與原書圖版不符，需勘正，則構成古今字的是“釁—釁”，而不是“釁—釁”。

（3）【敕勅勑】《説文》：誡也。臿地曰敕。从（支）[攴]朿聲。古从力。或作勑。本音賚，世以爲敕字，行之久矣。（宋·丁度等《集韻》卷十）

按，以上文字在項目組提供的初稿中録文爲：“[宋]丁度等《集韻》卷十：〖敕勅勑〗《説文·言部》：誡也。兩地曰敕。从支朿聲。古从力。”這段録文經核查原書，發現存在嚴重問題。一是《集韻》原文引《説文》没有“某部”，應忠實原文體例無需增補“某部”。而且録者的增補也補錯了，要補的話應該是“攴部”而不是“言部”。二是原文“臿地曰敕”被誤録成“兩地曰敕”，完全不詞。三是原文的“从支”當爲“从攴”之誤，録文應予校正。四是字頭有“勑”字，而録文没有相應内容。其實原文還有“或作勑。本音賚，世以爲敕字，行之久矣”，録文不當删省。

如果不是電子文本或手工轉録産生的錯訛，而是圖書版本原有的錯訛，更可能導致“古今字”字組判斷的失真，在理據充分的情况下應該校勘，必要時可加校勘説明，以避免出現錯誤的古今字關係。例如：

（4）【痃】古文。陟尼反。今作胘。皮厚也。（遼·行均《龍龕手鑑》入聲卷四·疒部）

按，《説文·肉部》：“胘，牛百葉也。从肉，弦省聲。”與“痃”的音義不符。考《龍龕手鑑》入聲卷四肉部：“【胆胵脚胝】四俗。【胝肱】二正。丁尼反。皮厚也。六。”可見《龍龕手鑑》“痃”字下“今作胘”的“胘”應爲“肱”字誤刻，當勘正爲“（胘）[肱]”。肱同胝，猶痃同疷。這樣，構成古今字關係的是“肱—痃”而不是“胘—痃”。

（5）【舊垗】下音奥。《説文》云"古文奥字也"。《文字典説》云"土㝫也"。又趙、姚二音。《説文》："窑也，燒瓦竈也。"傳作姚，非也。（唐·慧琳《一切經音義》卷九十三）

按，慧琳《音義》引《説文》"古文奥字也"當爲"壝"字之誤。《説文·土部》："壝，四方土可居也。从土奥聲。𡎐，古文壝。"音奥之垗當爲𡎐字隸定，當看作"壝"的古文，與音趙之垗（訓土㝫也）、音姚之垗（窑字異構）爲同形關係。"舊垗"之"垗"既"音奥"，則應爲"壝"的古字（楷寫），取"四方土可居"義。後面却引《文字典説》訓"土㝫也"，則當音趙。慧琳這條材料音義錯亂，按"壝—垗"作爲一組古今字的話，原文當勘正爲："下音奥。《説文》云'古文（奥）[壝]字也'。又趙、姚二音。《文字典説》云：'土㝫也。'《説文》：'窑，燒瓦竈也。'"

（二）"古今字"材料的鑒別

注列"古今字"散見於歷代的古籍注釋和語文工具書中，除了典型的"某某古今字"表述，還有許多包含古今用字關係的其他表述方式，如"某古字，某今字""古（今）作（爲）某""古（今）某字""古（今）文（字）某"等，其中都包含時間名詞"古"或"今"，所以搜集材料時可以用"古""今"作爲檢索詞，但不是所有含"古""今"的材料都是反映用字現象的"古今字"，所以需要爬梳並逐一鑒別，排除大量的非用字性質的"古""今"材料，纔能提取出真正的"古今字"字組來加以研究。

1. 與"古今字"表述類似的文獻正文，不是注列"古今字"

古書中的正文通常用大字粗文刻印，與注釋語有明顯區别，即使不看形式，就語意内容而言也是容易辨析的。例如：

（1）由余片言，秦人是憚。日磾效忠，飛聲有漢。桓桓撫軍，古賢作冠。來牧幽都，濟厥塗炭。（晉·盧諶《贈劉琨詩》）

其中的“古賢作冠”不是注釋語，不是“古代的賢字寫作冠字”的意思，因而不是“古今字”材料。此類非注釋語中的“古”“今”材料首先被剔除出去。

2. 指稱不同時代的版本異文，目的不在說明用字關係的，不算注列“古今字”

古人常用“古本”“今本”指稱版本異文，比較容易分辨。如果用“古文”“今文”來指稱，就要特別注意了。“版本概念的‘古文’‘今文’既不同於字形概念的‘古文’‘今文’，也不同於字符使用關係的‘古今字’，它們彼此之間祇有異同的關係，没有源流關係。”[1]指稱版本異文的“古文”“今文”往往與有校勘意味的“作”或者“爲”組合運用，具體有“古（今）文（或）作某”“古（今）文（或）爲某”“古（今）文皆（作）爲某”等形式；也有直接用“今作某”或“古作某”的，不含“文”和“字”。例如：

（2）【設黍於腊北，其西稷。設湆於醬北。御布對席，贊啓會，卻于敦南，對敦於北。】啓，發也。今文啓作開。古文卻爲綌。（漢·鄭玄注、唐·賈公彦疏《儀禮注疏》卷五）

（3）【若殺，則特豚，載合升，離肺實於鼎，設扃鼏。】今文扃爲鉉，古文鼏爲密。（漢·鄭玄注、唐·賈公彦疏《儀禮注疏》卷三）

（4）【夫坤，妥然示人簡矣。】妥，今作隤。（明·姚士粦輯《陸氏易解》）

---

[1] 李運富：《早期有關“古今字”的表述用語及材料辨析》，《勵耘學刊（語言卷）》總第6輯，學苑出版社，2008。

例（2）（3）的鄭注，意思是《儀禮》中的“贊啟會”“卻于敦南”“設扃鼏”在他見到的某個“今文”或者“古文”版本中分別寫作“贊開會”“綌于敦南”“設鉉鼏”“設扃密”。例（4）“妥，今作隋”，是説這句話《周易》古本作“妥”而今本作“隋”。這種版本校勘性質的“古”“今”意在説明同一位置的字詞古今版本不同，不一定是同一詞語不同時代的用字不同，即使恰好也屬於用字不同，其實也並不是注家特意要注明的，就是説注家的目的在於説明版本差異而不在於用字差異。當版本異文跟用字差異重合時，收録爲“古今字組”也是可以的，如上文“卻”與“綌”、“鼏”與“密”；但不是用字差異的異文就應該排除，不能算“古今字”，如上文“啟”與“開”、“扃”與“鉉”。

3. 指稱詞語變化或同義詞的“古今語”，不是注列“古今字”

稱呼不同時代同一事物可能使用不同詞語，這種具有時代差異的同義詞語被稱爲“古今語”。如漢揚雄《方言》曰：“秦晉之間凡物壯大謂之嘏，或曰夏。秦晉之間凡人之大謂之奘，或謂之壯。燕之北鄙齊楚之郊或曰京，或曰將。皆古今語也。”下面的注釋材料也屬於“古今語”而不是“古今字”。

（5）【凡祭祀，飾其牛牲，設其福衡，置其絼，共其水稾。】鄭司農云：“福衡，所以福持牛也。絼，著牛鼻繩，所以牽牛者。今時謂之雉，與古者名同。”（漢·鄭玄注、唐·賈公彦疏《周禮注疏》卷十二）

（6）【絳緹絓紬絲絮綿】絳，赤色也。古謂之纁。（唐·顏師古《急就篇》注）

（7）【服文采。】青赤爲文，色絲爲采。傅奕云：采是古文繢字。（明·焦竑《老子翼》卷五）

　　按，例（5）（6）有"謂之"作標記，很容易判斷是指古今稱謂不同，非古今用字不同。例（7）"采"的本義爲"采取"，也借用指"彩色絲織品"，後來寫作"綵"。清朱駿聲《説文通訓定聲》："采，字亦作綵。""繡"，《説文》訓"五采備也"，則本義指"經繪畫而使五彩具備"，也指"有彩色花紋的絲織品"，後來寫作"綉"。唐傅奕説"采是古文繡字"，實際意思應指在古代"采（綵）"是跟現代的"繡"同義的詞。它們讀音不同，當然不是"古今字"。

　　4. 指稱字符職能變化的"古""今"材料，不是注列"古今字"

　　一個字初創時職能是單一的，而在以後長期的使用中職能會發生變化。古人訓注中遇到這種職能變化而需要説明時，也往往使用"古"或"今"來表述。例如：

　　　　（8）【雩】案《字林》"越俱反"。今借爲芌，音于句反。（唐·陸德明《經典釋文》卷二十九）

　　　　（9）【飯】扶晩反。《禮記》："飯黍毋以箸。"……又曰："文王一飯，亦一飯。"野王案，《説文》"飯，食也"，謂食飯也……今亦以爲餴字。（梁·顧野王《原本〈玉篇〉殘卷》卷九）

　　例（8）原文出自《爾雅·釋天》"螮蝀謂之雩。螮蝀，虹也"，郭璞注："俗名謂'美人虹'，江東呼'雩'。"可知《爾雅》之"雩"記録的詞義是｛彩虹｝。而《經典釋文》指出"今借爲芌"，即"雩"這個字形在"今"時被借用來記録和"芌"字相當的意義。因此這則訓條反映了"雩"在後代開始承擔假借義｛芌｝，其記録職能增加了。例（9）顧野王指出"文王一飯，亦一飯"中的"飯"字與《説文》訓釋一致，都表動作義｛吃飯｝，而"今亦以爲餴字"，則説明"飯"在"今"時還記録本由"餴"字記録的名詞義｛飯食｝。可見這兩則訓釋雖然都包含"今"，但它們反映的是"雩""飯"在"今"時的職能變化，而不是針對某個詞義的歷時用字變化，因而不屬於“古今字”問題。

5. 指稱字形或構件的構造功能的“古”“今”材料，不算注列“古今字”

古人分析漢字結構時，往往指出某個形體或構件的功能相當於某個“古文”或“今文”的意義，這樣的“古文”“今文”不是指同詞的古今用字差異，不屬於“古今字”關係。如：

（10）【大】天大，地大，人亦大焉。象人形，古文人也。凡大之屬皆從大。臣鍇按，《老子》“天大，地大，王亦大也”，古文亦以此爲人字也。（南唐·徐鍇《説文解字繫傳》卷二十）

（11）【不可攫】烏虢反。《考聲》云“以手攫取也”。從手，蒦聲。《經》文單作蒦亦通。從萑，音完。從又，古文手字。（唐·慧琳《一切經音義》卷七十五）

例（10）説“大”是“古文人”，“古文亦以此爲人字”，意思是“大”在古文字的構形中表示“人”，即“大”字造意爲伸展肢體之人形。清王筠《説文釋例》：“此謂天地之大，無由象之以作字，故象人之形以作大字，非謂大字即是人也。”例（11）“從又，古文手字”是説“又”在構字時表示“手”的意義，不是説｛手｝這個詞古代用“又”而後代用“手”。可見這裏的“古文”是指古文字構造中的形體功能，不是指古文獻中實際使用的字。

6. 指稱字形局部變化的“古”“今”材料，不是注列“古今字”

某個字的形體古代寫作什麼樣，後來變成什麼樣，注列者也可能用“古作某”“今作某”來説明，這樣的材料意在説明形體書寫的某些變化，不是指同詞所用字種的不同。如：

（12）【亘】求宣也。又姓。从二从回，回音回，今作日。與
互字不同，互从二从舟，舟今作月。凡宣垣字从亘。（明·樂韶鳳
《洪武正韻》卷四）

（13）【壽】是酉切。《説文》作𦓐，"久也。从老省，𦓝聲"。𦓝
音疇。隸作壽。上从毛从人，今作耂。俗上从士，誤。（元·李文
仲《字鑑》卷三）

例（12）"今作日"是説古文字"亘"的中間部分原來寫作"回"，
而後來訛變寫作了"日"。"舟今作月"是説"互"字中原來的"舟"
形現在訛變成了"月"形。例（13）"上从毛从人"是指小篆字形的上
部，而"今作耂"是指隸變以後的寫法。這些"古""今"跟上條的
"古文"相似，也是就文字形體而言，不是就文獻用字而言。

7. 衹有單方面的"古"或"今"，不構成對舉字組的材料，不算注
列"古今字"

這時"古"或"今"衹指某個時代的字，不是指不同時代的某組
字。如下例（14）的"古字韋、圍、違三字義通"，即泛指古時候的用
字，不是跟某個"今字"相對而言的；例（15）"男、南古字通用"也
不是"古""今"對舉，而是泛指古代這兩個字通用。這些字組都不構
成"古今字"。

（14）【十韋，十圍也。】《漢書·成帝紀》："大風拔甘泉中大木
十韋以上。"師古曰："韋與圍同。"又《墨子·貴義篇》"圍心"即
"違心"。蓋古字韋、圍、違三字義通。（清·吳玉搢《別雅》卷一）

（15）【南，艸木至南方，有枝任也。】按，古南、男二字相假
借。（清·段玉裁《説文解字注》卷六）

【二百里男邦，《史記》云任國〔漢諱邦改爲國〕。】棟案：《白
虎通》引《書》云"侯甸任衛作國伯"，今《酒誥》作男，古男與

27

南通，皆訓爲任……王肅《家語》亦載子産語，云：男、南古字通用。（清·惠棟《九經古義·尚書古義上》）

8. 不屬於認識問題，而是文字訛變、校勘不精所引起的文字關係錯亂，致使古人誤注誤列的，不算注列"古今字"

例如：

（16）【叕】舊注："古文班字。"按：班，通作頒、般。《集韻》或作辨、斑。或作辩，《説文》本作辡。《易·賁卦》陸氏釋文：賁，古斑字。今改作叕，非。（明·張自烈《正字通》卷七）

按，"叕"本爲"發"字古文，方月切。"月、丹"形近，明刻本《篇海》誤作"方丹切"，《詳校篇海》承《篇海》之誤而補作"音班"，《正字通》又承《詳校篇海》"音班"而定爲"古文班字"，屬誤判。[1]

（17）【厒】徒到切。古文盜。[宋·陳彭年等《大廣益會玉篇》（澤存堂本）卷二十二）]

按，《説文·㳄部》："㳄，歠也。从㳄厂聲。讀若移。"或作欦（《玉篇·㳄部》："盜，徒到切。逃也。《説文》：'私利物也。'欦，弋之切，歠也。"），訛作厒（《五音集韻》卷十一）、厒（上元本與《康熙字典》引《玉篇》）、厒（澤存堂本）。"欦"訛作"厒"，廣益者誤與上字（盜）認同，遂收錄於厂部之末。上元本、和刻本與元刻本但言古文，並無"盜"字。頗疑"盜"字乃明清人所加。[2]

---

① 參見楊寶忠《疑難字三考》，中華書局，2018，第 370 頁。
② 參見楊寶忠《疑難字三考》，中華書局，2018，第 11~12 頁。

（三）"古今字"字組的分合

"古今字"是不同時代記錄同一詞項（在字典中也可能表現爲同一詞位）的不同用字或不同字形。"詞項"指負載一個義項的詞形，屬於音義結合體。故區分不同的"古今字"字組應以表達的音義爲標準，即根據"古字""今字"所記錄的讀音和意義來確定字組的分合。

1. 同音同義的"古字"和"今字"合成一組"古今字"

隨文釋義材料中的"古今字"往往是單音單義的，比較容易處理。但大型字典辭書中提及的"古今字"可能具有多音多義。讀音相同且意義相關的詞項可以歸納爲一個詞位，屬於一個詞位的不同詞項的"古今字"可以合併爲一組處理，即一組"古今字"的音義可以包括幾個相關的義項，多個相關義項通常是可以分別具有古今對應關係的。如：

（1）【生】所京切。産也，進也，起也，出也。【屮】古文。（宋·陳彭年等《大廣益會玉篇》卷二十九）

按，屮、生乃小篆楷化而異者。儘管有"産也，進也，起也，出也"多個義項，但這些義項具有内在關聯，屬於同一個詞位的不同義項，就詞位而言是音義相同的，所以"屮—生"算是一組古今字。

讀音相同當以古音爲準，以大型工具書如《漢語大字典》等爲據。如果某組字在工具書裏並無相同的注音，而古人確實看作"古今字"，那也可以從實際用法出發，"音隨義定"，使它們讀音相同從而確定爲古今字組。例如"哉—才"，字書中未見有相同的注音，但在表{才始}義上被古人多次標注爲"古今字"，那説明它們應該有相同相近的讀音，"哉"本來也是從"才"得聲的，故可根據"才"的"才始"義讀"cái"的事實，把"哉"也認定爲有 cái 的讀音，這樣"哉—才"作爲一組"古今字"纔能成立。

同音同義的一組“古今字”也可以包含多個異寫字形。就是説，在音義相同的條件下，如果某個“今”字對應多個“古”字，或者某個“古”字對應多個“今”字，或者“古字”“今字”各有多個字形，那麼多個“古字”和多個“今字”可以合並爲一組，各取一個字形爲代表標志字組，其餘字形可跟在代表字的後面，以保存字形。例如：

（2）【僻辟薛侅】邪也。或省。亦作薛。古作侅。（宋·丁度等《集韻》卷十）

【辟辟】《爾雅》“邪辟也”。【侅侅】並上同，古文。（金·韓道昭《五音集韻》卷十五）

【僻】《説文》辟也。从人，辟聲。邪也。……《集韻》古作侅。（元·熊忠《古今韻會舉要》卷二十八）

按，這組古今字的“今字”是“僻”，或省寫爲“辟”，還可以借用“薛”，這三個都是邪僻義的今字，而“侅、侅、侅”則都屬於“僻”的“古字”，所以可以組合爲“侅 侅 侅—僻 辟 薛”或“侅（侅侅）—僻（辟薛）”的字組模式。

（3）【克】古作𠧧𠧧，即“可”字之變文。克與可同義，但轉其聲耳。（清·黃生《字詁》）

按，黃生認爲𠧧𠧧都是“可”的變文，則“可”與“克”構成古今字關係。這裏雖然出現了兩個古文字形，但没有結構變化，屬於異寫，可當一個字看待，故可以在“可”後面同時列出“𠧧𠧧”兩個字形，從而形成“可𠧧𠧧—克”或“可（𠧧𠧧）—克”的古今字字組形式。

這種一對多、多對一或多對多的古今字組，在列舉具體材料時，如果材料來源不同，字形也不同，也可以在多對的字組下再分別列出單對的字組。

2.意義無關和讀音不同的“古今字”應分別爲不同的字組

如果一組“古今字”形體相同，但在不同語境中表示不同的音義，這種情況在字典辭書中通常是合在一起的，但注列時是針對不同音義的，爲了反映注列者的真實認識，應該把這種“古今字”分別作爲不同的字組來對待，形式上可用“古$_1$—今$_1$”和“古$_2$—今$_2$”來表示不同的字組。例如：

（4）【勝�】識蒸切。《説文》：“任也。”古作�。又並詩證切，克也。（宋·司馬光《類篇》卷十三）

按，“勝”字楚系簡帛文字作�（郭.老乙.15）、�（郭.成.9），從力，奅（古文乘）聲，當即�字所本。《類篇》注列爲古今字而有平去兩讀，意義也不同，這就可以分爲兩組：

㭠$_1$—勝$_1$：（shēng）能够承受，禁得起。

㭠$_2$—勝$_2$：（shèng）戰勝。

即使音義相同，但同一字或爲古字，或爲今字，並且對應的字不同時，也應該分列不同的字組。如：

（5）【㭠盛】上霞巖反。《考聲》云：木医也。……或作械，亦作楠，古字也。（唐·慧琳《一切經音義》卷十）

【寶械】音咸。《廣雅》：篋謂之械。形如小匱子，從木，咸聲。經文作函，古字。（唐·慧琳《一切經音義》卷二十九）

其中的“械”相對於“㭠”是古字，相對於“函”是今字，於是分爲兩組：械—㭠、函—械。

經過前面的校勘、鑒別和分合處理，我們共搜集到“注列‘古今字'"近萬組，編輯成《古代注列"古今字"輯考》，作爲"古今字"學術史研究的基本材料。

四　"古今字"學術史的研究

在全面搜集、整理、彙纂了歷代"古今字"材料後，"古今字"學術史的研究纔能有所依憑，纔能分析出真相。

（一）學術史研究的基本原則——求真

我們曾提出學術研究的基本原則是"學史求真，學理求通"。[①]這需要首先具有"學理""學史"相區別的觀念。就古今不同的用字現象而言，如果從用字事實出發，考察甲字和乙字是否在不同時代記錄了同一個詞，記錄同一個詞的甲字和乙字是怎麼來的，彼此具有哪些屬性關係，這些關係在歷史上有沒有發展變化，對漢字系統和漢語系統有沒有影響，等等，這些都屬於學理研究。如果從學者認知出發，考察有哪些學者關注了歷時的同詞異字現象，他們是怎麼標注這些現象的，指出過哪些字例，有過哪些論述，形成了哪些成果，這些成果解決了什麼問題，對學術產生了什麼影響，在現代有無價值，等等，這些屬於學史研究。

"'古今字'學術史叢書"研究的"古今字"當然是"學史"性的，是前人通過標注、論述、列舉等方式認知的"古今字"，我們把它們簡稱爲"注列'古今字'"。這種"古今字"有的符合事實和學理，有

---

① 李運富:《漢語學術史研究的基本原則》，《湖北師範學院學報》(哲學社會科學版) 2010年第 4 期。

的衹是一家之言，甚至是不符合事實和學理的錯誤認知，因而“注列‘古今字’”不等於文獻中實際存在的古今字，也不等於今人理解的古今字。爲了區別，我們給學史性的“注列‘古今字’”加引號，表示這是帶有古人主觀認識的，衹能評價，不能篡改；文獻中客觀存在的古今字和今人理解的古今字不加引號，可以根據學理和自己的認識指認。區分學史的“古今字”和學理的古今字，纔能針對學史的“古今字”做實事求是的研究，纔能真正理解前人的“古今字”觀念和學術發展的過程。

站在學術史的立場，研究“注列‘古今字’”，必須堅持“求真”原則，包括求真有、求真意和求真評。①

所謂“求真有”，就是前人確實認定過某某是“古今字”，也就是我們搜集的“注列‘古今字’”材料必須真實可靠。上面關於“注列‘古今字’”材料的處理就是確保“真有”的措施。此不贅述。

所謂“求真意”，就是準確理解古人有關材料的原意，避免以今律古，強人就己。要做到這一點不太容易。首先，不宜拘泥於某些表述的字面意思，而要儘量結合材料實例來理解。例如許慎把“古文”跟“籀文”“大篆”“小篆”等概念並提，後人大都理解爲着重書寫風格的“字體”。但我們看許慎使用這些概念時，所舉的字例都是在形體和結構上有差異的，基本不是同一字形的不同書寫風格問題，而且《說文》裏所說的“體”（“改易殊體”）也基本是就形體而言，後來的“或體”“俗體”“獨體”“合體”“繁體”“簡體”等就是繼承形體含義的，所以從實際材料和使用目的看，與其把“古文”等理解爲後世的“字體”概念，不如看作古人指稱字形來源的材料概念更爲真實。其次，不宜囿於局部片面，而要全面綜合考察某個人的學術思想。例如有人認爲清代學者王筠提出的“分別文”“累增字”是要把前人說的“古今

---

① 參見李運富《漢語學術史研究的基本原則》，《湖北師範學院學報》（哲學社會科學版）2010 年第 4 期。

字”限定在有“造字增偏旁”的孳乳字範圍。其實在王筠的著作中，這幾個術語是跟“古今字”並行的。“古今字”指稱用字現象，“分別文”指稱造字現象，彼此内涵不同，用“分別文”取代“古今字”並非王筠本意，而是後人強加給王筠的。最後，準確理解古人原意有時還得結合學術大背景。例如前文提到的《説文》“古文”，一方面可以就許慎論許慎，另一方面也可以聯繫同時代的司馬遷、鄭玄等學者的“古文”，甚至漢代的“今古文經學”來理解許慎的“古文”。任何學術問題都有産生的時代背景，任何學術思想也都會受到時代學術大背景的影響，注意到這一點，纔能避免泛時誤解和隨意解釋。理解“古今字”也有學術背景問題。“古今字”最初由漢代學者提出，一直是訓詁家的注釋用語，指出不同時代記録同一詞項而分別使用了不同的字符，意在用易知的字（通常是“今字”）解讀難懂的字（通常是“古字”）。因此，“古今字”的性質屬用字問題，而非造字問題。就用字而言，既包括用不同的字種記録同一個詞項或詞音①，也包括用同一字種的不同字形來記録同一個詞項或詞音。但 20 世紀以來，大多數學者把“古今字”看作造字現象，認爲“有造字相承的關係”，在造字時間上有先後之分，還有就是古字義項多，而今字祇有古字多種意義中的一個。這種認識忽略了“古今字”的訓詁目的和解讀經書的學術背景，自然難以符合古人的初衷。

所謂“求真評”，就是對古人學術思想和學術成果的評價要符合實際，不拔高，不貶低，客觀公允。對“古今字”學史的評價，也要從學術事實出發，在特定的歷史背景和學術環境中，在準確理解古人原意的基礎上，客觀指出其學術史意義和現代價值。如段玉裁有時會把“古今字”的古字稱爲“假借字”或把今字稱爲“俗字”等，有人從概念對立出發，批評段氏混淆失誤，認爲段玉裁既説某某是“古今

---

① 關於詞項、詞音、詞位等概念請參見李運富《論漢字職用的考察與描寫》,《上海師範大學學報》(哲學社會科學版) 2017 年第 1 期。

字",又説某是"假借字",某是"俗字",自相矛盾。其實段玉裁是
從不同角度來分析同組材料而已,説它們是"古今字"乃着眼於用字
時代的先後,説某字是"假借字"或"俗字"則是進一步説明這個字
的來源或屬性;這些概念所處層面不同,解釋目的不同,根本就不矛
盾。又如現代學者在評述"古今字"學術史時,常常拔高王筠的"分
別文""累增字"。如洪成玉説:"王筠没有囿於漢人關於古今字的見解,
也没有因襲段玉裁的説法。他在分析了古字和今字的關係以後,提出
了分別文的説法。……王筠所説的分別字,就是古今字,此外,他還
從造字角度提出了累增字這一術語,累增字其實也是古今字。"① 李淑萍
也因爲"分別文""累增字"而評價"王筠在古今字研究上的貢獻應當
肩負着'概念轉向'的地位"②。其實"分別文""累增字"是王筠發現
的兩種形成原因比較特殊的"異部重文",和"古今字"在學術來源上
就不相同。所以在王筠的著作中,"古今字"跟"分別文、累增字"是
兩套共存而有明顯區別的術語,不是可以相互取代的同一性術語。客
觀地説,王筠的"古今字"觀念和漢人及段玉裁的是一致的,並未因
"分別文""累增字"術語的發明而改變。

(二)"古今字"學術史的分期研究

前人的"古今字"觀念當然也是會發展變化的,特別是就總體
而言,所以纔有"古今字"學術史。要想還原歷史面貌,正確認識
"古今字"學術的歷史作用和現實價值,不能滿足於對零散材料的
辨析和概念印象上的爭辯,必須全面利用"注列'古今字'"資料
庫材料,系統歸納各家的古今字觀念及其傳承脈絡,遵照古人原意

---

① 參見洪成玉《古今字概述》,《北京師範學院學報》(社會科學版)1992 年第 3 期。
② 參見李淑萍《清儒古今字觀念之傳承與嬗變——以段玉裁、王筠、徐灝爲探討對象》,
《文與哲》2007 年第 11 期。

考察該問題的産生和發展過程，如此纔能正本清源地描寫古今字學術史，修正學界長期以來因舉例方式而産生的對古今字術語以及前人古今字觀念的有關偏見。因此，縱向的“古今字”學術通史是必須建立的。

通史是連貫的，但往往需要分期分階段來描述，而某一時期或某一階段是共時的、橫向的，所以通史可以表現爲若干斷代史。根據不同時代的“古今字”研究特色，我們把“古今字”學術通史劃分爲四個階段：唐以前“古今字”研究、宋元明“古今字”研究、清代“古今字”研究、近現代“古今字”研究。大致説來，唐代及以前的“古今字”，主要目的在於解讀文獻，一般由某個“今字”溝通某個“古字”，以便解讀使用該“古字”的文獻。宋代以降，隨着大型字書的編撰，彙聚“古今字”字形的材料增多，往往出現一個“今字”對應多個“古字”或者相反的情況。這種多組“古今字”的繫聯，目的顯然不是針對某種具體文獻的，而是帶有搜集材料供人查找的工具書性質，既可以爲更廣泛的文獻解讀服務，也可以爲描寫文字現象、總結用字規律的研究工作服務。到了清代，“古今字”研究進入理論探討階段，段玉裁、徐灝等都有一些論述，特別是段玉裁，對“古今字”的概念、性質、範疇等多有界定，同時擴展至用字現象和用字規律的研究，涉及對大量古今字“某行某廢”的分析。徐灝曾試圖給“古今字”分類，認爲“古今字”包括“載籍古今本”和“造字相承增偏旁”兩類，實際上是把段玉裁所論述的“古今字”和王筠所提出的“分別文”“累增字”簡單相加，屬於誤解王筠原意而導致的不合學史也不合邏輯的一種理論框架。進入現代，“古今字”研究走向歧途。既有誤解古人原意的，也有替換古人概念的，主要癥結在於把“學史”研究混同爲“學理”研究，用現代人的學理思想去解讀和要求古人的學史事實。比如現代人把“古今字”誤解爲“分化字”，實際上就是從學理上認爲“古今字”應該是“分化字”，所以把用字性質的“古今字”改造成造字性質的“分化字”。這種思想的源頭可能跟清代徐灝有關。徐灝不僅誤解王筠的“分別文”“累增字”並混同段玉裁的“載籍古今本”，還在舉例分析時基本上祇涉及“分別文”“累增字”，以致後人進一步誤解“古今字”祇有“分別文”和“累增字”，非增偏旁造出新字的其他古今不同用字不算“古今字”，而“分別文”“累增字”又被後人看作“分化字”，於是“古今字”就完全被“分化字”同義替換了。現代人對“古今字”的誤解既有因襲也有發揮，致使現代的“古今字”很多時候已不再是古代的“古今字”，特別是將“古今字”推入“異體字”“通假字”“同源字”等不同系統概念辨析的泥潭，使得現代的“古今字”研究紛繁複雜，亟須疏清源流，撥亂反正。

根據以上思路，我們對“古今字”學術通史的研究，共產生4種斷代史研究專著。它們是蔣志遠《唐以前“古今字”學術史研究》、張燕《宋元明“古今字”學術史研究》、鍾韻《清代“古今字”學術史研究》、溫敏《近現代“古今字”學術史研究》。這4部“古今字”斷代學術史專著首次對古今學者的古今字研究史進行全面梳理和總結，以兩千多年的歷史視野對“古今字”學術傳承脈絡進行溯源探流，全景式展現古今字研究如何從訓詁學領域演變到文字學領域的整個過程，澄清了今人的許多錯誤認識，引發對系列相關概念的重新定位。

（三）“古今字”學術史的專題研究

“古今字”學術通史的研究是粗線條的、總括式的。其中會碰到許多材料辨析、具體問題的討論和代表性專家專著的詳細評介，這些內容如果都放到通史和斷代史中展開，可能使“古今字”學術通史變得繁雜枝蔓。因此，我們把一些需要重點研究和詳細評介的代表性專家和專著單獨提出來作爲“專題”，同時平列地納入“‘古今字’學術史叢書",以便從某些特殊角度和視點來反映"古今字"學術史。這些專題性專著有:蘇天運《張揖〈古今字詁〉輯佚與研究》;張青松、關玲《顏師古"古今字"研究》;張志麗《韓道昭〈五音集韻〉"古今字"研究》;劉琳《段玉裁〈説文解字注〉"古今字"研究》;蔣志遠《王筠"古今字"研究》。這 5 種著作除了全面搜集考辨特定學者和有關著作的"古今字"材料外,重點評析相關學者在"古今字"學術史上的特點和貢獻,以及跟别的學者的關係。

作爲專題性研究,項目組成員還正式發表了 40 餘篇相關論文。其中標題中含有"古今字"關鍵詞的就有:

李運富《早期有關"古今字"的表述用語及材料辨析》,《勵耘學刊(語言卷)》總第 6 輯,學苑出版社,2008。

李運富《"余予古今字"考辨》,《古漢語研究》2008 年第 4 期。

李運富、蔣志遠《論王筠"分別文、累增字"的學術背景與研究意圖》,《勵耘學刊(語言卷)》總第 16 輯,學苑出版社,2013。

李運富、蔣志遠《從"分別文""累增字"與"古今字"的關係看後人對這些術語的誤解》,《蘇州大學學報》(哲學社會科學版)2013 年第 3 期。

蘇天運《〈古今字詁〉文獻性質研究》,《學術交流》2013 年第 5 期。

關玲《顏師古和鄭玄、段玉裁的古今字觀念比較》,《漢字學微刊》2017 年 8 月 3 日。

李玉平《論"古今字"觀念的産生時代》,《天津大學學報》(社會科學版)2015 年第 5 期。

蔣志遠《魏晉南北朝"古今字"訓詁論略》,《勵耘語言學刊》2015 年第 2 期。

鍾韻《〈段注〉"古今字"的字用學思想淺析》,《勵耘語言學刊》2015 年第 2 期。

溫敏《黄侃的“古今字”和“後出字”》,《勵耘語言學刊》2016 年第 2 期。

李運富《“古今字”研究需釐清概念》,《中國社會科學報》2017 年 9 月 5 日第 3 版。

俞紹宏《古今字考辨叢札》,《漢字漢語研究》2018 年第 3 期。

李運富《異時用字的變化與“古今字”研究》,《中國社會科學報》2019 年 1 月 15 日第 5 版。

溫敏《“古今字”的現代研究價值探析》,《中國文字學報》,商務印書館,2019。

張青松《顏師古〈漢書注〉古今字研究與辭書編纂》,《阜陽師範大學學報》(社會科學版)2020 年第 3 期。

李運富、溫敏《古代注列“古今字”的材料鑒別與學術價值》,《西南交通大學學報》(社會科學版)2020 年第 5 期。

張青松《古今字研究應該重視出土文獻——以顏師古〈漢書注〉古今字研究爲例》,《漢字漢語研究》2021 年第 1 期;人大複印報刊資料《語言文字學》2021 年第 8 期全文轉載。

張青松、關玲《顏師古〈漢書注〉“古今字”字際關係略論》,《阜陽師範大學學報》2022 年第 5 期。

這些論文雖然沒有作爲獨立表現形式收録於叢書中,但其作爲專題研究的材料和觀點是融匯在了叢書的著作裏的。

五 “古今字”研究的學術價值

“古今字”是古代訓詁家注釋説明不同時代記録同一詞項而使用了不同字符或字形的現象。這種現象涉及漢字的演變、語言的演變和字詞關係的變化，所以我們搜集甄別歷代注列“古今字”材料，其價值應該是多方面的。既可以考察“古今字”在訓詁學領域的意義，也可以考察其給文字學、語言學帶來的影響；既可以從理論角度探討“古今字”的學術史，也可以從材料角度探討“古今字”的現實利用。

（一）注列“古今字”的學術史價值

“古今字”概念自漢代提出，一直沿用至今，但人們對“古今字”性質的認識並不一致。特別是 20 世紀以來，各種現代思想被强塞進歷史長河，致使歷史面貌越來越模糊。要改變這種研究狀況，唯有正本清源，先拋開現有的一切成見，從搜集第一手材料開始，重新梳理“古今字”提出、應用、變化、誤解的過程，這樣纔能重現歷史上“古今字”的真實面貌，還原古人的本意。古人的本意在學理上並不一定都正確，但我們對它的展示和理解必須正確，否則就不是學術的歷史。不容易理解的地方寧可多做推測，全面考慮，也不要無視、簡單否定或用現代人的思想替代。例如《説文》“未，豆也”，段玉裁注：“未豆古今語，亦古今字，此以漢時語釋古語也。《戰國策》‘韓地五穀所生，非麥而豆。民之所食，大抵豆飯藿羹’，《史記》豆作菽。”從學理上看，説“未—菽”爲“古今字”理所當然，可“未”與“豆”既然是“古今語”，就不應該“亦古今字”，因爲古今語是指義同而音不同的兩個詞，而古今字記錄的必須是音義全同的一個詞，它們屬於對立關係。但段玉裁明明説“未豆古今語，亦古今字”，你就不能不承認他有把同一組字既看作“古今語”又看作“古今字”的事實，而且這種事實還不是孤立的。如《説文·邑部》：“邰，炎帝之後，姜姓所封，周棄外家國。从邑，台聲。右扶風釐縣是也。”段注：“見《地理志》。周人作邰，漢人作釐，古今語小異，故古今字不同。”

又《説文·穴部》："竇，空也。"段注："空孔，古今語。"《説文·穴部》："竅，空也。"段注："空孔，古今字。"對這種學術歷史的事實，我們不能忽略掩蓋，更不能篡改更換，祇能解釋和批評。最簡單的辦法當然是按照現代人的觀念直接否定段玉裁，説他"自相矛盾"，是錯誤的，但這並没有解釋段玉裁爲什麼認爲"古今語"和"古今字"可以共存，這麼明顯的"自相矛盾"他會看不出來嗎？那就祇能認爲他有時把某組字既看作"古今語"又看作"古今字"是有他的某種道理的。先看有關的一條材料。《説文》"荅，豆屬"，段注："許言尗，豆也。象豆生之形也。荅，小豆也。萁，豆莖也。藿，尗之少也。敊，配鹽幽尗也。然則尗與古食肉器同名，故荅、登二字入豆部。按豆即尗，一語之轉。周人之文皆言尗，少言豆者。惟《戰國策》張儀云韓地五穀所生，非麥而豆。《史記》作菽。吳氏師道云：古語祇稱菽，漢以後方呼豆。若然，則荅、登字蓋出漢制乎。"這裏包含尗豆的音義關係及其變化原因，大致能解釋段玉裁爲什麼説"尗豆古今語，亦古今字"。就音而言，"尗與古食肉器（豆$_1$）同名"，故可借"豆"記録"尗（豆$_2$）"。就義而言，"豆$_2$即尗"，都是指菽。但"周人之文皆言尗，少言豆$_2$者"，"古語祇稱菽（尗），漢以後方呼豆$_2$"。可見"尗（菽）"與"豆$_2$"在漢代可能同音同義，而歷時看雖然同詞但並不同音，由周人之"尗"音變爲漢後之"豆$_2$"音，乃屬"一語之轉"。"一語之轉"本質上是"一語"的"音轉"。雖然讀音略有變化，用字不同，但從淵源關係上講，段玉裁認爲轉前與轉後是"一語"（同一個詞）。這裏的同詞，是基於語言發展特別是語音的方俗和古今變轉而進行的歷時認同。大概正是因爲這樣的特殊性，着眼於古今讀音的變化，段玉裁認爲"尗豆古今語"，而着眼於古今仍屬一詞，段玉裁認爲尗豆"亦古今字"。"豆"無論就音（語）言還是就字言，都晚於"尗"，因而二者具有"古今"關係。以此檢驗"邨—邨"（此處原文）"空—孔"兩組，也符合歷時性"一語之轉"而用字不同的情況，即段所謂

“古今語小異，故古今字不同”。① 如果我們對段玉裁的這些表述文字的理解不誤，那就得重新認識段玉裁的“古今字”觀念，即在段玉裁看來，“古今字”雖然“主謂同音”，但對於“一語之轉”而讀音略有變化的“古今語”的不同用字，也可以將它們算作“古今字”。可見段玉裁一方面把“古籀篆隸”字體方面的古今差異排除在“古今字”之外，同時又把“一語之轉”的古今語納入“古今字”，這兩點跟他以前的學者是不同的，而對以後的學者如朱駿聲却是有影響的。如果不從第一手材料出發，不站在古人的角度想問題，就難以發現段玉裁“古今字”思想的特殊性。所以研究“注列‘古今字’”首先是建立真實“古今字”學術史的需要，這方面的價值在前述“古今字”學術史研究中也有充分體現，不再贅述。

（二）注列“古今字”的訓詁學價值

“古今字”原本是訓詁家提出用來幫助讀者解讀文獻的注釋術語，通過對這些材料的全面清理，可以溝通文獻中的字際關係和字詞關係，從而正確理解每個漢字在文獻中的實際功能。這不僅有利於準確解讀文獻字詞含義，而且對現代字典辭書的編撰和修訂也有重要參考價值。“古今字”作爲訓詁用語主要有兩個作用：一是用“今字”訓“古字”，從功能上達到古今溝通的目的；二是以“今”帶“古”，類聚同功能所用字，從認讀上達到增廣見聞的目的。

正是由於漢語言文字隨着時代在不斷發展變化，文獻中出現大量歷時同詞異字現象，成爲釋讀文獻、溝通文意的障礙，注釋家這纔發明“古今字”的訓詁體式，從東漢鄭衆始創至今近兩千年沿用不絕。

---

① 對段玉裁“一語之轉”的“古今語”和“古今字”關係的理解，中山大學吴吉煌、天津師範大學李玉平、遼寧師範大學王虎、合肥師範學院張道升、湖南師範大學蔣志遠及鄭州大學張青松參與了討論，互有啓發，特此致謝。

古人對“古今字”的注列和分析，往往溝通了字詞關係，指明了某字是某詞的古字，用人所共知的今字解釋生僻的古字，因而也可以成爲今天我們釋讀文獻、疏通詞義文意的重要借鑒。例如：

（1）【故人不耐無樂，樂不耐無形，形而不爲道，不耐無亂。】形，聲音動静也。耐，古書能字也。後世變之，此獨存焉。（漢・鄭玄注、唐・孔穎達疏《禮記正義》卷三十九）

（2）【適足以咠君自損也。】晉灼曰：“咠，古貶字也。”（唐・李善注《文選》卷八）

例（1）指明“耐”是“能”的古字，二者構成古今字關係，文獻傳抄刊刻過程中，古字“耐”多數被改成今字“能”，祇有《禮記》保留古代的用字習慣，倘若没有訓釋者的溝通，我們便很難建立借字“耐”字與{能够}之間的關聯。例（2）中，讀者見到“咠”很難捕捉字形所指的音義，李善引用晉灼的注釋認爲“咠”是“貶”的古字，意思就很清晰準確了，詞語用字的古今差異不溝通，句子根本就無法講通。

“古今字”的訓詁價值還表現在通過以今字類聚幾組古字，將相同詞語的不同時代用字繫聯到一起，起到增廣讀者見聞的功效，爲其他文獻的釋讀提供參考。例如：

（3）【及】逮也。从又、从人。乁，古文及，秦刻石及如此。弓，亦古文及。遑，亦古文及。（漢・許慎《説文解字》卷三）

（4）【勇喆】古文嚞，《字書》作喆，今作哲，同。知列反。《爾雅》：“哲，智也。”《尚書》：“知人則哲。”（唐・慧琳《一切經音義》卷四十三）

例（3）除訓釋詞義外，繫聯了相關的三組古今字：“乁—及”“弓—及”“遘—及”，這種繫聯工作已經不僅僅是在解釋詞義，主要用意更是爲讀者類聚詞義｛追上｝的古今用字習慣，增廣讀者見聞，爲今後文獻閱讀溝通相關字詞關係積纍素材，所以它的最終目的仍是爲解讀文獻提供便利。例（4）溝通“喆”與“哲”的古今異體關係，其義已明，但訓釋者仍繫聯出古字“嚞”，也是出於增廣見聞的目的，以便讀者遇到“嚞”字時好聯繫到“哲”來釋讀。

對“古今字”的訓詁功能，古人多有揭示，如王筠著作中的下列材料：

《蒼頡篇》：“啁，嘲也。”……以嘲釋啁，乃以今字釋古字之法，漢人多有之。（《說文解字句讀》卷二上）

《漢書·儒林傳》：“魯徐生善爲頌。”此頌貌之本義也。借爲雅頌。《詩序》曰：“頌者，美盛德之形容。”以容說頌，以今字解古字也。（《說文解字句讀》卷九上）

【厠，清也。】《廣韻》引作“圊也”，此以今字代古字，使人易曉也。（《說文解字句讀》卷九下）

《毛傳》：“烕，滅也。”……案毛以今字釋古字。（《說文解字句讀》卷十上）

“爈，火燥車網絕也。”燥一引作燥，亦通。網一引作輞，則以今字改之，取易曉也。（《說文解字句讀》卷十上）

《荀子·臣道》：“邊境之臣處，則疆垂不喪。”注：“垂與陲同。”按，此以今字釋古字也。（《說文釋例》卷十三）

“籢”下云“籢也”……說解中以今字說古字亦時有之。（《說文釋例》卷十六）

“髟”下云“長髮猋猋”，《玉篇》“長髮髟髟也”，兩書皆是，不可互改也。許君用猋者，發明假借；……顧氏用髟者，直解之

也，正如《史記》《漢書》之同文者，此用古字，彼用今字，對勘之而自明。(《説文釋例》卷十八)

上述各例皆注明爲"古今字"，講的都是文獻用字和典籍解讀（釋義）問題，目的在於"以今字釋古字"，"使人易曉也"。

（三）注列"古今字"的文字學價值

漢字學具有形體、結構、職用三個平面，漢字職用學是其中重要的一個平面。漢字職用學主要研究漢字的職能和實際用法，需要通過對不同文字材料的系統考察，描寫用字現象，總結用字特點，解釋用字成因，揭示用字規律，反映用字歷史。雖然"古今字"是從訓詁的實用角度提出的，但它描述的正好是文獻用字的時代差異，反映的實質正好是字詞關係的變化，所以"古今字"與"字用學"天然契合；而且注列"古今字"是古人針對他們親見的文獻實際用字的説明，往往保存了古籍用字的原貌，比起今人依據可能屢經改竄的傳世文獻來考察文獻用字情況，可能更爲可靠。因此，歷代注列的"古今字"材料是"字用學"考察用字現象和探討用字理論不可多得的資源庫。

1. 利用注列"古今字"考察字詞關係和字際關係

字用學對用字現象的考察有兩個角度，一是從字符出發，考察漢字的記錄職能，即某個字記錄了哪些詞；二是從語符出發，考察語符的用字情況，即某一語符用了哪些字記錄。無論哪個角度，實際上都是考察字詞關係。漢語的字詞關係不是一一對應的，也不是一成不變的。注列"古今字"材料爲我們提供了許多這方面的典型實例。如：

（1）【何，儋也。从人，可聲。】臣鉉等曰：儋何即負何也。

借爲誰何之何，今俗别作擔荷，非是。（宋·徐鉉校定《説文解字》卷八）

（2）【吙，苛也。】苛者，訶之假借字。漢人多用荷爲訶，亦用苛爲訶。（清·段玉裁《説文解字注》卷二）

【苛人受錢。】按訶責字……俗作呵，古多以苛字、荷字代之。（清·段玉裁《説文解字·叙》注）

（3）【勝夌】識蒸切。《説文》：“任也。”古作夌。又並詩證切，克也。（宋·司馬光《類篇》卷十三）

例（1）中“何”記録﹛擔荷﹜和﹛疑問詞何﹜，前者屬本來用法，後者是借用，這屬於一字多用，或者同字異詞。從詞語用字角度看，記録﹛擔荷﹜義古用“何”，今借“荷”字記録，這屬於多字同用，或者同詞異字。例（2）中“苛”的本用表示﹛小草﹜，而借用記録﹛訶責﹜義；“荷”本用表示﹛荷花﹜，也借用記録﹛訶責﹜。這都是一字多用。而記録﹛訶責﹜義的詞項，却可以先後使用“荷”“苛”“訶”“呵”等，真實反映了古籍中的多字同用現象。例（3）注列的古今字字組中，夌是古字，勝爲今字，但有平去兩讀，應該分爲兩組：夌$_1$—勝$_1$（shēng），能够承受，禁得起；夌$_2$—勝$_2$（shèng），戰勝。勝，楚系簡帛文字作𦑪（郭·老乙.15）、𦑪（郭·成.9），從力，堯（古文乘）聲，當即夌字所本。這也是同字異詞現象。

多字同用（同詞異字）時，包含不同的字際關係。字際關係是漢字職用學的重要內容，注列“古今字”爲研究同職用字際關係提供了豐富的素材。如：

【犇—奔】（本字—本字）《漢書·禮樂志》：“樂官師瞽抱其器而犇散，或適諸侯，或入河海。”顏師古注：“犇，古奔字。”在表﹛奔跑﹜詞項時，古代用“犇”字，後來用“奔”字，形成古今字。這組“古今字”是因造字方法不同而形成的異體字，反映了異體本字關係。《説文》："奔，走也。從夭，賁省聲。與走同意，俱从夭。""奔"的本義即｛奔跑｝，《詩經·小雅·小弁》："鹿斯之奔，維足伎伎。""犇"字不見於《説文》，從三牛會意，構意爲群牛奔跑，本義也是｛奔跑｝。《荀子·大略》："故吉行五十，犇喪百里，賵贈及事，禮之大也。"

【牙—芽】（借字—本字）《説文解字·竹部》："管，如篪，六孔。十二月之音。物開地牙，故謂之管。"段玉裁注："物開地牙四字有脱誤，當作物貫地而牙。貫、管同音，牙、芽古今字。古書多云十一月物萌，十二月物牙，正月物見也。"就是説，在表達｛萌芽｝詞項上，古代用"牙"，後代用"芽"，形成古今字。"牙"的本義是｛大牙｝，假借爲｛萌芽｝義，後來以"牙"爲聲符，以"艸"爲義符取意草木萌芽，造出"芽"字專門記録｛萌芽｝義。所以，"牙"和"芽"反映了假借字和後補本字的關係。

【霸—魄】（本字—借字）《漢書·律曆志》引《尚書·武成》："惟一月壬辰，旁死霸。"顏師古注："霸，古魄字，同。"句中的"霸"表｛月初月光｝。顏注指出，在這個意義上"霸"是古字，"魄"是今字。《説文解字·月部》："霸，月始生霸然也。承大月，二日；承小月，三日。从月，霝聲。《周書》曰：哉生霸。"從構形和《尚書》用例看，｛月初月光｝是"霸"字本義。"魄"在《説文》中訓作"陰神也。从鬼，白聲"，本義爲｛陰神｝，《左傳·昭公七年》"人生始化爲魄"的"魄"是其本用。而"魄"和"霸"古音相同，所以"魄"可借用爲"霸"。因而在｛月初月光｝義上，今字"魄"是古字"霸"的通假字。

【率—帥】（借字—借字）《説文解字·㫃部》"旗"段注：《樂師》注曰：故書帥爲率。然則許作率都者故書，鄭作帥都者今書也。《聘禮》注曰：古文帥皆作率。"又《率部》"率，捕鳥畢也。"段注："畢者，田网也。所以捕鳥。亦名率。按此篆本義不行。凡衛訓將衛也，達訓先導也，皆不用本字而用率，又或用帥。"又《辵部》"達，先道也”段注：“道，今之導字。達，經典假率字爲之。……大鄭以漢人帥領字通用帥，與周時用率不同故也。此所謂古今字。”《巾部》“帥，佩巾也”段注：“率導、將帥字在許書作達、作衞，而不作帥與率。”《行部》“衞，將衞也”段注：“衞也，今本作衞也。誤。……衞，導也，循也。今之率字。率行而衞廢矣。率者，捕鳥畢也。將帥字古祇作將衞。帥行而衞又廢矣。帥者，佩巾也。衞與辵部達音義同。”段注是說，就｛率領｝這個詞項而言，“率”爲秦代以前使用的古字，“帥”爲漢代以後使用的今字。但這組古字和今字都是借字，因爲“率”的本義訓｛捕鳥網｝，記錄｛率領｝義是假借用法；“帥”的本義是｛佩巾｝，記錄｛率領｝義也是假借用法。“衞”“達”的本義訓｛先導｝，當是｛率領｝義的本字。

2. 利用注列“古今字”考察用字歷史

如果把同一字詞的注列“古今字”材料按照時代串聯起來，往往可以清晰地梳理某個字的職能演變情況或某個詞的用字歷史面貌，這是研究漢字職用史的基礎工作。如詞語｛地｝的歷時用字可從注列“古今字”材料中找到如下綫索。

《說文·土部》：“地，元氣初分……墬，籀文地从隊。”可見先秦籀文時代記錄｛地｝多用“墬”字，漢代通行的今字應該是“地”，所以《說文》纔會注出它的古字（籀文）“墬”。考西漢《楊量買山刻石》作🪨，西晉《臨辟雍碑》作🪨[1]，都是“地”字而形體稍有不同，說明“地”字前承秦代，至漢魏六朝已經是社會習用字。但注列“古今字”材料反映，漢代文獻中仍然有用古字“墬”的，《漢書》中就多見。

（1）【參天墬而施化，豈云人事之厚薄哉。】師古曰：“墬，古地字。”（唐·顏師古《漢書注》卷一百）

---

① 毛遠明：《漢魏六朝碑刻異體字字典》，中華書局，2014，第160頁。

（2）【《周官》：“天墬之祀。”】師古曰：“墬，古地字也。”（唐·顏師古《漢書注》卷二十五）

漢代文人有崇古的個人用字習慣，故當時文獻有用古文字的現象並不奇怪，所以王觀國《學林·古文》說：“司馬遷、班固作史，亦或用古文字。……墬，乃古文地也。”《汗簡》卷下收錄有《碧落》文的三個“地”字古文“𡑢𡏇𡑢”，其中“𡏇”可能是聲符“彖”的省變形式，屬於形體訛變造成的古字。

到了唐代，{地}的用字發生重大變化，這在注列“古今字”材料中也有所體現。如唐代出現的武周新字，其中記錄{地}的系列會意字就被此後的學者作爲“古字”注列：

（3）【委坔】古地字也，則天后所制字也。（唐·慧琳《一切經音義》卷五十四）

（4）【坔𡏇】二。古文，音地。（遼·行均《龍龕手鑑》卷一·山部第五）

（5）【坔墬坔】三。古文，音地。【坔埊】二。古文地字。【坔】古文地字。（遼·行均《龍龕手鑑》卷二·土部第五）

（6）【地陸】題利切，下地，重濁陰爲地。【坔墬埊坔】古文。（朝鮮本《龍龕手鑑》上卷第四·土部第五）

（7）【不如盡歸中山之新地。】元作坔，武后時字耳。今並從古。此謂中山之新地（元作扶柳）。正曰：姚云：實革《唐史釋音》云：“坔，〔古〕地字。見《戰國策》。”今策中間作坔，安知非自武后時傳寫相承，如臣作㤾之類？然古文乃作坔。又《鶡冠子》《亢倉子》皆有坔字，恐有自來。愚按鄭氏《書略》：“籀文地作坔。”武后蓋有所本。意本書坔，而後轉從坔歟？後多此字，以義通，不復出。（宋·鮑彪原注、元·吴師道補正《戰國策校注·

49

趙卷第六》)

《龍龕手鑑》中指認的“古字”包括形聲“墜”類字和武后時期“坔”類字。“坔”“塋”“坣”“垄”都屬會意字，是基本部件“山”“水”“土”的不同組合形式，構形理據清晰。“巖”“陸”屬形聲系列古字，意符爲“山”“土”“阜”，“豕聲”爲“象聲”的聲旁簡省字。{地}的用字還有更複雜的情況：

（8）【陸埅】二。古文地字。（遼·行均《龍龕手鑑》卷二·阜部第十一）

（9）【埅】同防。舊本阜部陸注：“古文防。”此重出，分爲二，誤。《古文奇字》朱謀㙔曰：“埅爲大篆地字。”又云：“古地字。”本作埅，故旦上二字从埅。俗作坔。按籀文地篆作墜。今闕墜不載，以埅爲墜，變埅爲古文地，亦非。（明·張自烈《正字通》卷二·土部）

【陸】同防。《説文》“防”重文作陸。舊注“古防字”，《古文奇字》以陸爲古地字，並非。舊本土部埅重出。（明·張自烈《正字通》卷十一·阜部）

釋行均、朱謀㙔都指認“埅（陸）”爲“古地字”，而張自烈認爲“防”有重文作“陸”，並非“地”字。《説文·自部》：“防，隄也。从自方聲。陸，防或从土。”今考《汗簡》也曾收録的古文字形，我們認爲可能是“象”聲符輪廓的省變形式，與“方”字近似，和“防”重文“陸”屬於偶然同形。注家還提到“墜”也能記録{地}，如：

（10）【地】徒二切。釋土地。又天地。《漢》“參天墜而施化”，注：“古地字。”（宋·歐陽德、郭守正《增修校正押韻釋疑》卷四）

（11）【墜】直類反。落也。又古文音地。（遼·行均《龍龕手鑑》卷二·土部第五）

"墜"被指認爲古字，所引《漢書》用例應該是音近而訛寫的字形。宋張有《復古編》："【墜墜】墜从土隊，直類切。隊也。下古地字。""墜"記錄｛墜落｝和"墜"記錄｛地｝意義完全不同，由於形近音近，容易誤寫誤用。這種由於字形錯訛或由於形體演變而形成的古文跟用字的古文性質是不同的。

綜上可見，武后政權被推翻後，新造會意字由於和當時形聲造字的主導方式不合①，故被廢棄，社會習用字最終又重新回歸"地"。經過歷時纍積，記錄｛地｝的字符有了形聲和會意兩個"古字"系列：形聲字類如"墜、陸、嶽、陸"，會意字類如"坒、壑、坐、杢"等。其中許多字形是訛寫變異的結果，並非都是不同的字種。

注列"古今字"材料，可以和文獻實際用字互證，包括出土文獻。如《說文》說"地"的籀文作"墜"，出土先秦文字確實多見"墜"字，限於篇幅，例略。

可見，注列"古今字"不僅可以爲閱讀古書掃除障礙，而且可以勾勒詞語異時用字變化的綫索，反映不同時代的用字背景和用字習慣，以及字符形體的演變情況，因而對研究漢字發展史很有價值。

3. 利用注列"古今字"分析用字變化原因和規律

記錄某個詞項已有"古字"，爲何要另用"今字"？換用今字又該換用什麼樣的今字？這都是漢字職用學需要解決的問題。歷代注列"古今字"材料有的已經蘊含這方面的分析，例如王筠常常指出某組"古今字"的古字是"借字"，而今字是後作"分別文"，那就是說，之

---

① 據齊元濤考察，"形聲字是隋唐五代楷書的主導構形方式，此時的會意字主要是歷史字形的傳承，造新字的能量不高"。參見《武周新字的構形學考察》，《陝西師範大學學報》（哲學社會科學版）2005年第6期。

所以要用這個今字取代那個古字，是因爲那個古字有本義、借義，閱讀時不太容易辨析，所以後作並換用了具有"分別"作用的今字。從諸如此類的注列"古今字"材料中，我們可以揭示古今用字變化的大致動因和選字的基本規則。

首先，我們發現今字的理據性總體來說要比古字强，這說明用字的理據性是推動今字取代古字的動力之一。例如：

（1）夋，當爲豛之古文。（黃侃《説文同文·夊部》）

（2）囚者，古文席字。《説文》席之古文作囿。（王國維《定本觀堂集林·釋殑》）

例（1）古文"夋"爲象形字。《説文》："夋，豕也。从夊，下象其足。"後由於形體演變，象形表義的理據已經不顯，遂以形聲結構的今字"豛"代之。例（2）的"囚"作爲古字也是象形性的，隨着形體演變，形貌弱化，遂采用了理據更清晰的形聲字"席"（從巾石聲）。這說明構形理據清晰的今字更容易被選擇以取代古字。

同理，有些今字增加或改換表義構件，其實也是爲了理據更明顯或更切合。如：

（3）《木部》："欘，弋也。"段注："《釋宮》曰：'欘謂之杙。'……弋、杙古今字。"（清·段玉裁《説文解字注·木部》）

（4）牆，酨也。从肉、从酉，酒以和牆也。爿聲。牆，古文。（《説文解字·酉部》）

（5）【狂】去業切。多畏也。今作怯。（宋·陳彭年等《大廣益會玉篇》卷二十三）

例（3）的古字"弋"爲象形字。宋陳彭年等《大廣益會玉篇》、元熊忠《古今韻會舉要》都曾指認“弋、杙”是古今字。《説文·厂部》：“弋，橜也。象折木衺鋭著形。从厂，象物挂之也。”從字形看，金文作“十”，小篆作“弋”，都已看不出象形意味，遂增“木”旁，構成形聲字。原來的象形字降格爲表音構件。例（4）“䣊—醬”古今字中，古字“䣊”本已“从酉”，今字又增“月（肉）”旁，則“酒以和醬”的信息更完整。例（5）的古字“猇”從“犬”，不管是表{怯}的主體還是原因都嫌迂曲拘泥；今字“怯”從心，更能體現畏怯的心理範疇。

其次，如果理據或其他條件差不多，通常是書寫便利者占優，所以某些“古今字”的今字會比古字更簡便。例如：

（6）【籚】音巨，黑黍也。今作秬。（宋·陳彭年等《大廣益會玉篇》卷十五）

古字“籚”從鬯，矩聲。《説文·鬯部》：“鬯，……从凵，凵，器也；中象米；匕所以扱之。”理據清晰，但構件多，筆畫繁，使用時書寫不便利，所以今字選用同樣是形聲字但筆畫簡單的“秬”。其他如“籭—麪”“蠭—蜂”“齩—咬”都屬於今字選擇的字形簡單的情況。

再次，根據字詞關係調整需要而換用區別度大的今字可能也是一個選項。因爲漢字使用時不能祇管某個特定的字詞，還得關注相關的字詞，避免所用字跟其他字在形體上或職用上混同或失衡。例如：

（7）【骫節】又作垸，同。胡灌反。《通俗文》：“燒骨以桼曰垸。”《蒼頡訓詁》：“垸，以桼和之。”……桼，古漆字。（唐·慧琳《一切經音義》卷七十三）

古字“桼”其實是記録{漆汁}義的本字，筆畫也不多，可後來{漆汁｝義却捨本字“桼”而借用｛水名｝的“漆”，除了職用的區别性調整恐怕很難做出其他合理解釋。因爲秦漢以後，“桼”被大量借用表數詞｛七｝，使用頻率高，文獻中“桼”是記録｛七｝還是｛漆｝容易模糊；而表示｛水名｝的“漆”使用頻率很低，爲了平衡職用以增强“桼”的表詞清晰度，就借用頻率較低的同音字“漆”來記録“桼”原來承擔的｛漆汁｝義。經過這樣的調整，“桼”專門記録使用頻率高的數詞義｛七｝，“漆”則記録使用頻率都較低的｛水名｝義和｛漆汁｝義，直到後來又用“柒”取代“桼”，這大概也是因爲“桼”跟“黍”在形體上區分度較小。

（8）【厭，笮也。】段注：《竹部》曰：“笮者，迫也。”此義今人字作壓，乃古今字之殊。《土部》壓訓壞也，塞也。無笮義。……按厭之本義笮也，合也。與“壓”義尚近，於“猒，飽也”義則遠。而各書皆假厭爲猒足、猒憎字。猒足、猒憎失其正字，而厭之本義罕知之矣。（清·段玉裁《説文解字注》卷九）

段注指認“厭—壓”在記録｛壓迫｝義上的“古今字”關係，並指出今字行用的原因是由借字導致的職能轉移：｛滿足、厭憎｝等義失其本字“猒”，多借用“厭”記録，故｛壓迫｝義又轉借“壓”字記録，形成“猒—厭”“厭—壓”字詞關係的系列調整。

最後，錯訛也是造成用字變化的原因之一，但這不應該是主觀追求的結果，而往往是無意識造成的客觀存在。例如：

（9）【第】此字亦不當增。古止作弟，形誤作𠧮，𠧮又誤作苐，苐復誤作第。（黄侃《説文段注小箋》五上）

“弟—弟—苐—第”客觀上形成多組“古今字”關係，但後面的今字都是由於形體訛變造成的，不是用字者主觀的構造和選用。

古今用字變化還有出於詞義變化、語音變化、個人喜惡、社會習慣等原因的，歷代注列“古今字”材料中均有表述，值得深入發掘和系統整理。

（四）注列“古今字”的語言學價值

注列“古今字”在語言學領域的價值包括語義、語音、語法三個層面。

1. 語義層面

語義跟“古今字”的關係是通過詞語來體現的。某個詞語意義發生變化，如果變化到了需要成爲一個新詞的時候，往往會用改變原來用字的手段使新詞得以顯現和固定，原來的用字和爲了分化新詞而換用的字也是形成“古今字”的途徑，因而通過“古今字”材料可以考察詞語意義的變化情況。例如：

（1）【停】止也。古作亭。（宋·毛晃等《增修互注禮部韻略》卷二）

【停】止也。从人，亭聲。特丁切。按《説文》：“亭，民所安定也。”本實字，因安定得亭止義。故“竫”訓“亭安也”。《文選》謝靈運《初去郡》詩注云：“《蒼頡篇》：‘亭，定也。’‘亭’‘停’古字通。”《釋名》：“舍，合也，合口亭之也。”並古止作“亭”之證。……知同謹按：《釋名》：“停，定也，定於所在也。”知漢時已別出“停”字。《漢·高帝紀》“亭長”，小顏注“亭”謂“停留宿食之處”，此不本古説，因漢制自解名義。亦可見古“停”止作“亭”。（清·鄭珍、鄭知同《説文新附考》卷三）

“亭”本義爲供人停留休息或食宿的建築物，因其功用在供人停留，故引申出停留、停止義。當停留、停止義仍然用“亭”記録的時候，亭閣義與停止義還可以説是一詞多義，而另造分化字"停"專門記錄停止義，與原來記錄停止義的"亭"構成"亭—停"古今字關係，則停止義的"亭（停）"就應該被看作派生了新詞，今字"停"就是這個新詞的標志。所以通過這組"古今字"材料，我們可以了解"亭閣—停止"的派生綫索，同時根據今字"停"的出現時代推知派生詞﹛停止﹜産生的時代。

類似的材料很多，凡是具有職能分化作用的"今字"都可以提供詞義變化和詞語派生的綫索。具有職能分化作用的"今字"不限於形體上增換義符的"分化字"，形體上没有聯繫的新造字，甚至借用或轉用某個現成字，衹要它專門分擔了原字的某個義項，都有可能提供原字記錄的詞語産生派生詞的證據，如"備—箙""畏—威""枼（葉）—頁""介（个）—箇（個）"等"古今字"。

2. 語音層面

"音同或音近"是"古今字"的基本特徵。但"古今字"的"音同音近"是建立在"記錄同一詞項"的理論基礎上的，實際上由於時代差異和語音變化，古字和今字的讀音未必完全相同。甚至可以説，有些詞語正是因爲有了語音的變化，纔造成異時用字的變化。例如當語音發生古今變化時，古字如果是形聲字，其聲符標音度會漸弱，不能準確提示字音，那麽就可能會換用聲符表音性更強的字。由此"古字"與"今字"之間就會留下語音演變的印痕，所以"古今字"材料就可以爲考察歷史性語音演變軌迹提供綫索。例如：

（2）【矜，矛柄也。】《方言》曰："矛，其柄謂之矜。"……字從令聲，令聲古音在真部，故古叚矜爲憐。《毛詩·鴻雁》傳曰"矜，憐也"，言叚借也。……【从矛，令聲】各本篆作矜，解云"今聲"，今依漢石經《論語》、溧水《校官碑》、魏《受禪表》皆作矜正之。《毛詩》與天、臻、民、旬、填等字韻，讀如鄰，古音也。漢韋玄成《戒子孫詩》始韻心，晉張華《女史箴》、潘岳《哀永逝文》始入蒸韻。由是巨巾一反，僅見《方言》注、《過秦論》李注、《廣韻·十七真》，而他義則皆入蒸韻，今音之大變於古也。矛柄之字，改而爲殣，云"古作矜"。他義字亦皆作矜，从今聲，又古今字形之大變也。（清·段玉裁《説文解字注·矛部》）

段玉裁指認"矜—憐"記録{憐憫}、"矜—殣"記録{矛柄}是兩組"古今字"。其中"矜"從"令"聲，古音"讀如鄰"，故可借爲"憐"。但漢代開始與"心"相韻，晉代入蒸韻，故"从令聲，古音在真部"的"矜"字記録{憐憫}詞標音度不足，今字遂采用古"真部"的"憐"字。古字"矜"改用今字"憐"，反映的正是這種語音的變化。

（3）【樝】山查本作樝。今借柤字爲之，變作查，因誤爲查。（黃侃《説文段注小箋·木部》）

【沮】渣滓之渣，《説文》所無。《手部》"揖"下云"取水沮也"。沮即今之渣字，知渣古作沮。（黃侃《説文段注小箋·水部》）

黃侃指認"樝—柤—查"爲古今字關係。《説文·木部》："樝，果似梨而酢。"段注："按即今梨之肉粗味酸者也。張揖注《子虛賦》云：'樝似梨而甘。'古音在《五部》。"《説文·虍部》："虗，虎不柔不信也。从虍，且聲。讀若鄜縣。"段注："按邑部曰：鄜，沛國縣也。……然則古音本在《五部》。沛人言鄜，若昨何切。此方言之異。而虗讀同之。""樝柤"同聲符字，古音皆屬魚部。"柤"形體變爲上下結構作查，訛爲"查"，累增"木"旁作"楂"。《廣韻》"查"，側加切，假開二平麻莊，已入麻韻。"柤查"反映了上古魚部字向中古"虞魚麻"演變的過程。

（4）【胜】《説文》："犬膏臭也。从肉，生聲。一曰不熟。"徐引《禮記》："飲胜而苴熟。"今文通作腥。（元·熊忠《古今韻會舉要》卷九）

【胜，犬膏臭也。】《庖人》《内則》："秋行犢麛，膳膏腥。"杜子春云："膏腥，豕膏也。"後鄭云："膏腥，雞膏也。"……《論語》："君賜腥，必熟而薦之。"字當作胜，今經典膏胜、胜肉字通用腥爲之而胜廢矣，而腥之本義廢矣。（清·段玉裁《説文解字注》卷四）

熊忠、段玉裁都指認"胜—腥"爲"古今字"，記録｛腥氣｝義，其中"胜"爲古字，"腥"爲今字。從今字聲符的改换可以考察語音演變的過程，二字的聲符古音相近，"生""星"同是耕部平聲字，"生"爲生紐，"星"爲心紐。但《説文》反切音，"胜"爲桑徑切，而"生"爲所庚切，韻部已不太一致。《廣韻》"生"，梗開二平庚生，而"星"，梗開四平青心。今字選擇"星"作爲聲符記録｛腥氣｝，正是反映了語音的古今變化。

（5）癲，今作癩。（黄侃《説文段注小箋·疒部》）
幐，今作袋。（黄侃《説文段注小箋·巾部》）
洮，今作淘。（黄侃《説文段注小箋·水部》）

"癲—癩"古今字中古字與今字古音同。而聲符"真"，古章母，屬照三組字。"照三歸端"，"真"從上古端母舌音發展爲舌上音，記録｛癲狂｝語音上標音不太協調，故改换聲符以"顛"爲今字聲符。"幐袋""洮淘"也反映了"古無舌上音"的語音演變過程。

可見"古今字"材料，特別是其中"聲符替换"類，的確可以反映"古字"和"今字"之間的語音聯繫和演變，應該成爲漢語語音史研究的寶貴資料。"古今字"的注列是大量的，指認者時代明確，如果全面考察注列"古今字"的語音關係，輔之以文獻分時用字調查，那麼上古、中古、近古語音的發展演變應該在不同時代的"古今字"材料中都有所反映，這是值得今後深入拓展的課題。

3. 語法層面

語法屬性跟文字不是太密切，所以正常的古今用字不同往往很難反映語法問題。但如果把某些"古今字"放到實際語言中檢驗，也可能發現被掩蓋的某些語法現象。例如：

（6）【娶】七句切。取女爲娶。古亦單作取。（宋·戴侗《六書故》卷九）

"取—娶"作爲一組"古今字"是被公認的，但這組古今字有兩個問題需要考證：一是"娶"出現於何時，二是有了"娶"後娶妻語境中還用不用"取"。如果"娶""取"同時使用，它們的功能真的完全相同嗎？

考出土文獻，秦代前娶妻義都用"取"字，罕見用"娶"者。甲骨文已有"娶"字（菁7.1），但用爲人名，可能跟娶妻義的"娶"屬同形字。傳世先秦文獻則"取""娶"並用，似乎不屬於用後起的"娶"替換原先的"取"的情況，也就是跟一般所説的"古今字"此消彼長的用字差異不完全相同。這種同時並用現象當然也是可以解釋的，比如"古"字在"今"字出現後仍然習慣性沿用，或者先秦文獻本來都是用"取"而傳抄過程中不斷被後人篡改爲"娶"了。如果"取""娶"的使用真的毫無區別，那這些解釋是能夠成立的。可我們發現，先秦文獻中"取""娶"的用法事實上是有區別的，即在表述娶妻事件時，"取"後面一定帶表示女性的賓語（女性通稱或某個具體的女人），至少前後有女性或婚嫁方面的詞語；而"娶"可以單用，前後可以不出現女性或婚嫁方面的詞語。請看用例：

> 取妻如之何？匪媒不得。(《詩經·齊風·南山》)
>
> 取妻不取同姓，故買妾不知其姓則卜之。(《禮記·曲禮》)
>
> 余取女。(《楚帛書丙篇·四》)

這個語法限制到漢代及以後仍然保持：

> 如秦爲太子建取婦。(《史記·楚世家》)
>
> 勿取齊女，淫而迷國。(《漢書·五行志》)
>
> 爲子彭祖取魯女。(《三國志·魏志》)

《説文解字·又部》："取，捕取也。从又从耳。"引申爲没有特定對象的一般"取得、拿到"。"取"表述娶妻事件時之所以後面一定要出現女性，大概是因爲這種用法的"取"仍然是一般意義的"取得、獲得"，並没有獨立的"取女人爲妻"這類義項。這個推測從下面的例子中可以看得更清楚：

> 兄弟死，皆取其妻妻之。(《史記·匈奴列傳》)
>
> 後鈞取掖庭出女李嬈爲小妻。(《後漢書·陳敬王羨傳》)

其中的"取"衹有"取得""拿"之類的意義，結爲夫妻的意思是用"妻之""爲小妻"來表示的。如果"取"具有獨立的"取女人爲妻"義，那句中的"妻之""爲小妻"就屬多餘。可見字書詞典中給"取"設立"娶妻"義項而等同於"娶"並不符合上古語言事實。

《説文解字·女部》："娶，取婦也。从女从取，取亦聲。"段注："取彼之女爲我之婦也。""娶"字本身含有"取"的對象"女"和目的"爲婦"義，因而用"娶"字表示娶妻事件，後面可以出現女性名詞，也可以不再出現女性名詞作賓語，還可以用"於"介紹出地方或所屬人作補語。用例如：

> 鄭武公娶于申。(《左傳·隱公元年》)
>
> 椒舉娶於申公子牟。(《左傳·襄公二十六年》)
>
> 君娶於吴。(《論語·述而》)
>
> 萬章問曰：“《詩》云：‘娶妻如之何？必告父母。’信斯言也，宜莫如舜。舜之不告而娶，何也？”孟子曰：“告則不得娶。……是以不告也。”(《孟子·萬章上》)

這説明至少在先秦“取”和“娶”是有區别的兩個詞，不能互相取代，因而不具備“古今字”的條件，把它們看作“古今字”是不準確的，因爲忽略了它們語法上的差異。這種差異的消除，以及最終在娶妻意義上衹用“娶”不再用“取”，應該是在漢代以後了。

六　項目完成情況説明

“‘古今字’學術史叢書”一共 9 種，是國家社科基金重大項目“‘古今字’資料庫建設及相關專題研究”的主要成果，分别由蔣志遠（湖南師範大學）、張燕（湘潭大學）、鍾韻（生活·讀書·新知三聯書店）、温敏（鄭州大學）、蘇天運（齊齊哈爾大學）、張青松（貴州師範大學）、關玲（北京師範大學碩士畢業）、張志麗（天津師範大學碩士畢業）、劉琳（陝西師範大學）等人承擔和完成。作爲學術史叢書研究基礎的是“古今字”資料庫的建設和《古代注列“古今字”輯考》的編撰，實際上就是材料的搜集與整理。材料的搜集與整理工作實際上在項目批准之前就開始了，前後經歷逾十年，參與的人員衆多。具體操作流程大致是：

第一階段，制訂體例，確定實施方法，試做樣條，分工布置。主要參與人員有李運富、蔣志遠、鍾韻等。

第二階段，從歷代古籍注釋、小學專書（字詞典）、學術筆記等著作中搜集原始材料，録入電腦，形成電子資料。按書籍分工，參與人員多爲在校碩士研究生和博士研究生，也有博士後、訪問學者和校外人員，如陳安琪、何余華、黃甜甜、姜雯潔、蔣志遠、李娟、劉瓊、牛振、時玲玲、韋良玉、溫敏、武媛媛、徐多懿、張浩、張燕、張喆、鍾韻、周易（按音序，下同）等。

第三階段，核實原書（影印圖片），校對文字，標點原文，按"古今字"性質排除非古今字，標注"古今字"字際關係，撰寫"説明"，建立參數完整的"古今字"數據庫。按"古今字"的"今字"音節分工，參與人員主要是在校博士研究生和校外高校教師，有高淑燕、何余華、黃甜甜、蔣志遠、李建清、李娟、李玉平、劉琳、牛振、蘇天運、王海平、王虎、溫敏、吳國昇、吳吉煌、張道升、張青松、張素鳳、張喆、鍾韻等。

第四階段，初步統稿，針對問題集中討論，重點核對和修改。按"今字"音節分工，參與人員有何余華、蔣志遠、李玉平、李運富、劉琳、牛振、蘇天運、王虎、溫敏、吳國昇、吳吉煌、張道升、張青松、張素鳳、張喆等。

第五階段，再次剪切圖片，全面復查，核實版本，校對原文，解決疑難，修改表述，調整版式，重新分合排序，統稿編目，整理參考文獻，等等。參與人員有蔡宏煒、程慧、程婕、馮曉瑞、何余華、蔣志遠、李玉平、李運富、劉正印、牛振、任健行、孫倩、王虎、王勝華、王瑜、王雲、韋良玉、溫敏、吳國昇、吳吉煌、尉侯凱、張道升、張青松、張曉玲、張陽、周天閣、朱芳等。

第六階段，統稿加工，組裝合成，列印成册，申請結項，等等。

參與人員主要是何余華、李運富、張青松。

第七階段，最後通讀，逐條修改，提交出版稿。主要由李運富、季旭昇承擔。

第八階段，排版後的校對、修訂。主要由李運富、張青松負責。

以上主要就基礎材料的搜集、整理、彙校而言（其成果《古代注列“古今字”輯考》因性質不同未收入該叢書）。該叢書的斷代史和專題史研究則基本上是在李運富指導下，作爲博士學位論文或碩士學位論文，由各書作者獨立完成的。收入叢書時做了一定的修改，但由於各書撰寫的時間不同，面對的研究素材不同，碩博士研究生的要求不同，内容或有輕重，體例並不統一，而且爲了保持各書的相對獨立，緒論部分多有重複。凡此遺憾，頗出無奈，祈讀者諒宥。

李建廷在編撰體例、版本目録、校對等方面多有貢獻，何清、李晶在項目的統稿會上負責了接待服務工作。

謝謝所有參與項目工作的人員。

目　録

後　編

前　編

緒　論

一　研究概述

　　"古今字"是中國傳統語言文字學領域中一個有着悠久歷史並沿用至今的重要概念。它於訓詁活動大興的漢代應運而生，訓詁家常用它指稱一個詞在不同時代采用了不同書寫形式的現象。中國的文獻典籍浩如烟海，在漫長的文明史中，不同時期的人記録同一個詞或音節往往有不同的用字習慣。因此，隨着歷史的演進和典籍的流傳，某一種與前代語文生活相適應的用字習慣很可能給後人造成理解上的困難。爲了掃清這類閱讀障礙，自漢代以降，歷代訓詁家就這類"古今字"問題做了大量的訓詁考辨工作。這些前人留下的訓詁成果是豐富的學術礦藏，對於今天研究漢語歷時字詞關係、漢字職能的發展演變等問題有着很高的價值。因此，從學術史的角度，對前人的"古今字"訓詁工作開展全面的整理和研究就顯得十分必要。正如何九盈指出的："對古代語言學著作中一些常見的名詞術語要進行一番徹底的研究，基本名詞術語搞不清，我們就難以對古人的學術成果作出準確的評價。"[①]

　　從總體上看，歷代"古今字"訓詁材料貯存量大，分布廣泛且體例不一。長期以來，學界的相關研究多聚焦各時期局部訓詁材料中的

---

　　①　何九盈：《中國古代語言學史》，廣東教育出版社，1995，第 5 頁。

“古今字”指論，尚缺乏對這些材料進行跨時代、跨著作的整體彙纂和分析研究。這使得各時期“古今字”訓詁工作的面貌一直難以得到全面反映，不利於人們充分認識前人“古今字”訓詁工作的價值及其所揭示的語文問題，這種狀況與大量“古今字”訓注材料所蘊含的學術價值是不相稱的。有鑒於此，由李運富教授擔任首席專家的學術團隊承擔了國家社科基金重大招標項目“‘古今字’資料庫建設及相關專題研究”，擬藉助當今數字化的古籍數據庫，全面搜集和整理歷代“古今字”注釋材料（簡稱爲注列“古今字”材料），從學術史梳理和字用分析兩個角度研究“古今字”訓詁傳統的源流以及“古今字”訓詁反映的漢字歷時字用狀況。該項目的總體工作包含兩部分：一是彙纂和整理歷代注列“古今字”材料，建設“古今字資料庫”；二是基於整理成果的“古今字專題研究”，包括“古今字學術史研究”和“古今用字現象研究”兩個專題。根據部署，我們承擔全面收集整理唐以前的“古今字”訓注材料，並在此基礎上考察唐以前“古今字”學術史客觀面貌的任務。

“以前”“以後”“以上”“以下”是否包含本數，現代人有不同的觀點。但歷史地看，甲骨文中的“以”像人攜帶物品的形態，本義是“攜帶”“領屬”等。“以”的介詞用法也承襲了上述意義特徵，因此傳統上“以前”“以後”“以上”“以下”一般包含本數。本書在定名時所持的是這類傳統認識，所稱的“唐以前”是包含唐代的。

我們對唐以前這個時代有着如下認識。

首先，在訓詁學史上，漢代是訓詁工作的系統化期 ①，以鄭衆、鄭玄爲代表的漢儒以今釋古、遍注群經，他們開創的“古今字”訓詁範式薪火相傳，繼而又爲六朝、隋唐的學者發揚光大，“古今字”開始被

---

① 王寧：《訓詁學》，高等教育出版社，2010，第17頁。

大量用於再度注釋，其訓詁對象亦廣涉經史百家。所以在產生和發展上，唐以前的"古今字"研究有較高的學術史地位。

其次，唐以前的"古今字"訓注材料均以文獻的手寫傳播爲共同文化背景，這一時段的"古今字"問題成因複雜、類型多樣，各訓詁家也對此用力甚勤，使這批材料具有與衆不同的典型性意義，開展唐以前"古今字"訓注研究，對於考察五代之後以文獻印刷傳播爲背景的"古今字"訓詁有比較借鑒意義。

最後，唐以前古籍流傳至今者數目有限，前代學者以及現代古籍語料庫對這些文獻的整理也最爲完善和成熟，這使本選題的研究工作量適宜可控，同時材料收集的全面性和精確性也將得到最大限度的保證。

綜上所述，我們認爲對唐以前"古今字"學術史展開研究，有着以下幾個方面的意義。

首先，全面彙集唐以前"古今字"訓注材料，系統地發掘和整理一批古籍字裏行間的前人訓詁積澱，其成果本身即具有一定的史料價值，這些材料將爲學界充分認識和利用"古今字"訓詁成果提供檢索便利和文獻上的支持。

其次，實事求是地描寫唐以前"古今字"研究史，客觀歸納各家的"古今字"觀念及其傳承脉絡，對於正本清源地描寫和完善"古今字"史和訓詁學史，以及修正學界長期以來對"古今字"術語和前人"古今字"研究的某些誤解是有益的、必要的。

再次，從古人的論述入手考察他們對"古今字"問題成因的認識，對瞭解漢語字詞關係和字際關係、完善漢字學理論和弘揚漢字文化有積極的意義。

最後，本研究的經驗對考察其餘各時期的"古今字"學術史都有理論和實踐上的參考價值，研究具有可持續的發展前景。

二 研究目標與思路

本研究意在通過全面檢索、彙集、整理唐以前學者的“古今字”訓注，分析歸納前人“古今字”訓詁的注釋體例、注釋意圖，並在此基礎上客觀描寫唐以前各時期“古今字”學術研究的傳承和發展情況，總結“古今字”訓詁的價值和意義。

爲了實現上述目標，首先需要對唐以前“古今字”訓注材料進行調查和整理。由於研究的對象來源於各種古籍文獻，因此在調查收集的過程中除需要摘録訓條本身外，還必須逐一考證各訓條指論的字組及其記録職能，還有作者（包括轉引者）、時代、文獻來源等信息。其次，研究還需考察各訓詁家的“古今字”研究狀況。學術史是静止而客觀的研究對象，本研究首先要立足古人的本意，對他們的“古今字”訓詁情況進行客觀、全面的描寫。在此基礎上，本研究還將結合古人的論述分析解釋唐以前“古今字”訓詁的體例、作訓意圖及“古字”“今字”之間的關係，總結其意義和價值。在此基礎上，還需要比較各時期的“古今字”訓詁成果，展現“古今字”學術成果及學術觀念的傳承和發展。

結合上述研究目標和研究方法，我們主要按以下幾個步驟開展研究。

第一步，收集材料。以關鍵詞“古”“今”爲標記，在“中國基本古籍庫”“瀚堂典藏”等古籍庫中對唐代及以前古籍中有關“古”“今”的訓注進行初步摸底測查，並將擬收録的內容置入數據庫進行精確檢索和書影覈對。①

---

① “中國基本古籍庫”和“瀚堂典藏”數據庫是當前領先世界的網絡中文古籍語料庫，也是本研究最主要的材料來源。但在使用上，二者的利弊優劣十分明顯：“中國基本古籍庫”的檢索結果顯示、翻查具有窮盡、快捷的便利，但該庫所録古籍文字複製摘録不便、文本錯訛較多，而覈查文本所對應的古籍書影又十分煩瑣；“瀚堂典藏”數據庫能够精確提供檢索結果對應的古籍書影頁，但僅能顯示部分關鍵詞檢索結果，其餘內容則無法窮盡瀏覽。有鑒於此，本研究的材料收集工作綜合運用了兩套古籍語料庫。

　　第二步，整理和統計。辨析各種有關"古""今"的訓條具體所指，將其中確屬討論"古今字"問題的訓條彙集貯存，標注各訓條所指"古字""今字"及其所記詞義，在此基礎上統計有關數據，繪製成統計圖表。

　　第三步，考察論述。考察各時期"古今字"訓詁狀況，分析各家對"古今字"概念、"古今字"成因等問題的認識，分專題討論考辨"古今字"訓注的特點，總結"古今字"訓詁的意義和價值。

三　相關問題的説明

（一）　關於"'古今字'訓注"與"訓注'古今字'"

　　本研究意在以古代訓注爲本，從學術史的角度考察唐以前各家是如何認識和研究"古今字"現象的。這裏有必要説明書中將多次出現的"'古今字'訓注"以及"訓注'古今字'"這兩個概念。

　　"'古今字'訓注"是訓詁家在訓詁工作中用特定方式指論"古今字"現象的一批訓詁材料，一般表現爲具體的訓條，是包含了各家判斷"古今字"關係表述用語和論述過程的原始材料。這種材料可能存在於隨文而作的注釋中，也可能存在於纂集類訓詁專書和有關考證材料中。

　　"訓注'古今字'"即訓詁家在注釋中認可的"古今字"。現代學者通常所説的"古今字"，很多時候是按照今人確定的標準來判斷的，具有學理性質，而"訓注'古今字'"是古人依據其觀念指論的，這種觀念和現代人未必一致。若研究者以今人的"古今字"概念來考察文獻，則不管古人指論與否，凡符合其定義的材料都將視作"古今字"加以收集，反之則必須排除。而"訓注'古今字'"是業已存在的訓詁成果，研究"古今字"學術史，我們祇能根據古代學者的訓詁本意考察古人對"古今字"現象的認知，以達到"學史求真"（"求真有、求真意、求真評”）①的要求。

（二） 關於“術語”與“古今字”的表述用語

前文已經使用了“術語”表示各家對“古今字”問題的表述用語。其實從理論上看，“術語”是現代人的概念，《漢語大詞典》對它的解釋是“各門學科中用以表示嚴格規定的意義的專門用語”②。因此“術語”的重要特徵是有相對明確、穩定的表述形式。而綜觀唐以前的文獻，各家對於“古今字”的表述形式並不統一，有“古今字”“今古字”“古（今）作（爲）某”“古（今）某字”“古（今）文（字）”等等，儘管它們都能有效指稱“古今字”現象，但嚴格地説，這些都不能算是現代科學意義上的“術語”，僅能算是各家對這一現象的不同表述用語。然而爲了表述上的便利，我們權且把各家對“古今字”現象的各種表述用語都看作“術語”，並且在不針對具體引語的情況下統一用“古今字”這個術語代稱，這並不意味着古代學者已經具備了現代人的術語規範意識。

（三） 關於“古今字”訓詁材料的檢索、收録標準

本研究的材料檢索主要依靠網絡古籍庫，所據古籍底本以語料庫提供的書影爲準，如同一古籍有多種書影，則以其中刊刻清晰、年代較早的爲準。若書影文字存在錯訛，影響理解，我們還將參考後人的相關校勘成果確定文本内容。誠然，數據庫收録之外的唐以前其他古籍中或許還有散見的“古今字”注釋材料，但囿於時間和精力無法逐一翻檢，有待今後補充。

在進行材料檢索時，我們以“古”“今”分別作爲入庫檢索的基本關鍵詞，這主要考慮到古代學者討論歷時語文問題時“古”“今”是最爲常用的時間標記。爲了忠實反映古人的“古今字”觀念，凡是没

---

① 參見李運富《漢語學術史研究的基本原則》，《湖北師範學院學報》（哲學社會科學版）2010 年第 4 期。

② 羅竹風主編《漢語大詞典》（第三册），上海辭書出版社，1986，第 984 頁。

有"古""今"標記，無法判斷作者注釋意圖的訓條，即便所涉字例按今人標準可歸於"古今字"範圍的，我們也一概不予收錄。因此本書所言唐以前"古今字"訓注，都是包含"古"或"今"等標記用語的"古今字"訓注。我們相信，這部分材料是能夠充分反映唐以前"古今字"學術史基本情況的。此外從經濟性的角度出發，本書對唐以前學者明言轉引的"古今字"故訓將采取兩種處理方式：如果故訓原著至今存世，如《説文解字》《三禮注》等，則後人的轉引不再贅録；如果故訓原著已經亡佚，如《古今字詁》《字書》等，則後人的轉引將作爲輯佚材料收録，並注明出處和轉引人。如果作者在同一著作的不同位置對同一組"古今字"反復指論，則一般保留首見注釋。

（四）　關於"古今字"訓詁材料整理成果的展示

材料收集和整理是本研究的基礎性工作。本研究收集整理的"古今字"訓詁材料，都要逐一經歷關鍵詞檢索、材料判斷、文本摘録、標點斷句、覈查古籍原版書影、辨別術語所指"古字"與"今字"、歸納"古今字"記録職能以及背景標注等多個步驟。我們在這項工作中花費了大量的時間和精力，過程極爲艱苦，但數量龐大的整理成果卻無法一一詳細介紹。綜合考慮之下，我們決定將成果以前編和後編的方式呈現，前編屬於通論展述的性質，將分析一部分具有代表性的"古今字"訓詁材料，後編《唐以前"古今字"訓注材料彙纂》則整體呈現各訓條的標點整理成果，並標注各訓條時代、作者、出處、字例、所記職能等相關屬性，以求更加全面地展現我們的工作成果。

爲了行文的方便，在展示"古今字"訓詁材料時，本書將以【　】標示古籍中被訓釋字句（古籍中這部分内容通常以大字或者字頭的形式標示）。而在包含再度注釋的訓條中，除用【　】標示典籍原文外，本書還用（　）標示原注，其餘則爲再度注釋者的意見。原文的每一個脱字，都用一個□替代。此外，爲了明確字跟詞的區別，本書以"{　}"號標示文字記録的有關詞項。詞項是指負載一個義項的語音形式，不計較形式的話也可以直接稱詞義。

（五） 關於本書寫作所用字形

本研究以唐以前“古今字”訓注爲研究材料，將涉及大量的歷時漢字形體。古書中可能會出現《爾雅》亦作《尒雅》或《爾疋》，以及爲與“为”“爲”並存並用等情況。爲表述準確起見，根據《中華人民共和國國家通用語言文字法》第十七條第五款對繁體字、異體字使用的有關規定 ①，本書將以繁體字寫作。對於古籍中的異體字，除少數缺筆避諱字外，也都一仍其舊，依照書影用字情況錄入，以求客觀真實。

四 “古今字”研究綜述

（一） 對“古今字”學術史的研究

1. 概況

“古今字”術語産生於漢代，至今已有一千餘年的歷史。總體上看，古代學者多側重於“古今字”的訓詁應用，真正的“古今字”學術史整理是從現代學者開始的。就現有成果而言，相關“古今字”學術史研究大多以某一重要人物或者著作中的“古今字”指論爲本，尚無就某時期“古今字”訓詁材料進行全面彙總和探討的學術成果。儘管如此，我們仍然相信這些從局部材料出發考察“古今字”學術史的研究值得我們借鑒。研究者若尊重古人注釋原意實事求是地開展研究，則管中窺斑亦可知全豹；但倘若研究者以今律古，把經過現代人重新定義的“古今字”概念强加於古人，拘泥於局部材料進行孤立的研究，則也可能一葉障目而不見泰山，無法還原前人“古今字”研究的真實面貌。這兩種治學態度在現有的“古今字”學術史研究著作中都有不同程度的反映，前者值得學習，後者則須力求避免。以下我們謹參考

———————
① 參見《中華人民共和國國家通用語言文字法》，中國法制出版社，2001，第 6 頁。

目力所及的文獻資料，就有關漢、魏晉、唐、清四個時期的"古今字"學術史研究狀況擇要介紹如下。

2. 對漢代"古今字"學術的研究

有關"古今字"一詞所能查找到的最早文獻用例，是《漢書·藝文志》於"《孝經》家"類別之下所録《古今字》一書。但此書已經散佚，僅存書名，具體内容現無法考證。而時至東漢，隨着訓詁的繁榮，以鄭衆（鄭司農）、鄭玄爲代表的古文經學家以今釋古，在遍注群經的過程中對勘比辨歷時文獻的文本差異，爲了説解歷時文獻中用字不同的現象，掃清文獻閱讀的障礙，逐步形成了用"古""今"來説明歷時同詞異字現象的訓詁樣式，可謂開"古今字"學術風氣之先。

一般認爲，最早使用"古今字"術語作注的是東漢的鄭玄。他在《禮記·曲禮下》"君天下曰'天子'，朝諸侯、分職、授政、任功曰'予一人'"下注曰："《覲禮》曰：'伯父實來，余一人嘉之。'余、予，古今字。"對於鄭玄的"古今字"訓詁，王曉嵐認爲："鄭玄作爲第一次提出古今字這一術語的人，他對古今字的理解最能反映傳統語言學中古今字的本質。古今字的本質是歷時的同詞異字現象。今字的産生是爲了解釋古字的字義；古今字是用字方面的問題，而不是造字的問題。"[1] 客觀地看，"古今字"的確首見於鄭玄著作，指稱一個詞古今用字存在差異的現象，其成因也不限於造字活動，但我們認爲"今字的産生是爲了解釋古字的字義"這一結論是值得商榷的，因爲"今字"的産生是客觀的語文現象，它和訓詁家用"今字"解釋"古字"的學術活動不屬於一個理論層面。此外，劉新春認爲，在鄭玄之前，鄭衆已意識到"古今字"現象，衹是没有運用"古今字"這個術語。如《周禮·饎人》鄭玄注引鄭司農云"故書饎作饌"，其"故書某作某"實際上就是"古今字"[2]。對此李運富指出，根據鄭玄著述中對鄭

---

① 王曉嵐：《鄭玄注古今字研究》，碩士學位論文，河南大學，2011，第47頁。

② 參見劉新春《古今字再論》，《語言研究》2003年第4期。

衆言論的引用來看，較鄭玄更早的鄭衆曾云“藻當爲藻。藻，古字也，藻，今字也，同物同音”，並對古書中立、位二字的關係注曰“立讀爲位，古者立、位同字”。他認爲，“若此語的確是出自鄭衆，則如此典型的指稱‘古今字’的術語就屬於他的發明，其中‘同物同音’（即‘同義同音’）、‘立、位同字’的表述更進而揭示了‘古今字’概念的實質，即同詞而異時異字，故可以説鄭衆是更早論述過‘古今字’問題，並使用了有效的術語的學者”①。而對於漢儒“古今字”訓詁術語的形式，李運富表示除“古今字”外，還有“古文某”“某古字”“某今作某”等表述形式，但漢儒訓注中的“古文”“今文”有的是爲校勘古文經和今文經版本上的字詞差異而用，並不一定是在用“今字”訓釋“古字”，“祇有脱離了版本束縛的‘古文’、‘今文’纔可以稱得上是‘古今字’訓詁的術語”②。李運富主張“古今字”實際上指稱的是一種語文現象，“古今字”及其術語變體，都是爲了注釋這種語文現象。而從源頭上看，“古今字”訓詁最初包含於各種對歷時文獻中語文現象的討論當中，“古文”“今文”“故書”等注釋語往往還和文獻版本校勘有關，關聯的字例也未必都有同職能的關係，因此研究中遇到包含“古”“今”的訓條需要明辨其具體所指。

3. 對魏晉“古今字”學術的研究

從魏晉開始，“古今字”訓詁涉及的對象已廣及經史百家，孟康《漢書注》、晉灼《漢書注》、韋昭《漢書音義》《國語注》、顧野王《玉篇》（《原本〈玉篇〉殘卷》）以及佚名《字書》等著作當中都出現了“古今字”訓條。而學術界討論比較集中的，是張揖的“古今字”研究專書——《古今字詁》。

---

① 參見李運富《早期“古今字”概念有關用語及材料辨析》，《勵耘學刊·語言卷》2007 年第 2 輯。
② 參見李運富《早期“古今字”概念有關用語及材料辨析》，《勵耘學刊·語言卷》2007 年第 2 輯。

　　《古今字詁》雖已散佚，但是歷代文獻中尚有零星引文可供輯佚，例如唐代顏師古《匡謬正俗·卷六》："或問曰：'今山東俗謂'伏地'爲'趺'，何也？'答曰：'趺者，俯也。'"之後就有按語曰："張揖《古今字詁》云'頫、府，今俯、俛也'。"對於這部書的性質，洪成玉認爲，《古今字詁》中有解釋古字的，有解釋今字的，其"古今"當理解爲一個語言單位，其"字詁"應理解同清代黃生所著《字詁》。① 從這一觀點看，《古今字詁》應理解爲"古代和現代對於字的解釋"②。而孫雍長則認爲，張揖《古今字詁》中的"古今字"，實際上是對鄭玄"古今字"觀念的沿用和繼承。③ 近年蘇天運又在重新整合、分析了眾多該書佚文後指出，《古今字詁》是張揖在漢代"古今字"研究基礎上"專門收集漢魏文獻訓詁中涉及古今不同用字的材料，並以今字爲字頭進行分部編排的訓詁工具書"，對其書名的理解應該是"具有古今對應關係的字的訓釋"，"而張揖並沒有自己獨立的'古今字'思想，其《古今字詁》祇是收集了漢魏時期訓詁家們注釋過的'古今字'材料，反映的是漢魏時期'古今字'研究的成果"④。在《古今字詁》之外，集中研究魏晉"古今字"注釋情況的成果尚且有限，該時期"古今字"訓詁材料的輯佚和研究還有一定的空間。

　　4. 對唐代"古今字"學術的研究

　　至唐代，訓詁學迎來了一個發展的高峰，顏師古《匡謬正俗》和《漢書注》、李善《文選注》、孔穎達《五經正義》、陸德明《經典釋文》、玄應及慧琳《一切經音義》等一大批訓詁著作中都出現了大量的"古今字"指論。但目力所及，學界研究仍多集中於顏師古的"古今字"訓詁。有學者對顏氏所論"古今字"包含的文字現象進行了歸類

---

① 參見洪成玉《古今字辨正》，《首都師範大學學報》（哲學社會科學版）2009 年第 3 期。
② 洪成玉：《古今字辨正》，《首都師範大學學報》（哲學社會科學版）2009 年第 3 期。
③ 參見孫雍長《論"古今字"暨辭書對古今字的處理》，《辭書研究》2006 年第 2 期。
④ 參見蘇天運《張揖〈古今字詁〉研究》，碩士學位論文，北京師範大學，2009。

分析，如：孫雍長認爲其中包含了“漢字字體演進過程中不同歷史時期所産生和使用的一些異體字……漢字孳乳發展過程中用‘加注意符’的構形模式所造出的字……從廣義的、共時的角度來看構成通假字的（如‘蚤’、‘早’）”① 三類文字現象；而鄭玲表示顏師古所論“古今字”中“古字”和“今字”之間絶大多數是異體字關係，也有假借、本原字—後起字、同源通用字關係。② 我們認爲，異體字、假借字、同源通用字、本原字—後起字這些概念是分别從不同的角度立論的，在某一具體字組上可能形成交叉，所以這種對顏師古“古今字”的分類描述在邏輯上存在缺陷。

　　對於這個問題，王秀麗、别敏鴿似乎覺察到了其中的矛盾，但是她們並未從唐人的角度總結顏師古的“古今字”訓詁，依然囿於現代學者以今律古的“古今字”觀念樊籬。她們表示：“東漢史學家班固著《漢書》好用古文奇字，唐初顏師古爲《漢書》作注，大量使用‘×，古某字’這一訓詁術語解説文字關係。‘×，古某字’，在訓詁學上通常從用字的角度來説明古今字關係。但我們在閱讀《漢書注》時發現顏氏‘×，古某字’並不能單純用（於）説明古今字關係……筆者選取《漢書》顏注中數十條‘×，古某字’訓詁條例，仔細研讀，認爲‘×，古某字’具有説明古今字、通假字、同源字、異體字的作用。”③ 從這段話中可以看出二位學者已經認識到訓詁家會用“×，古某字”從用字的角度來説明“古今字”關係，並且在論文中也總結了顏師古“×，古某字”指稱了“通假”“異體”等文獻用字情況，但她們仍受先入爲主的觀念羈絆，認爲“古今字”僅指稱形體上有孳乳關係的字，因而繼續

① 參見孫雍長《“古今字”研究平議——兼談字典詞書中對“古今字”的處理》，《五邑大學學報》（社會科學版）1994 年第 5 期。
② 參見鄭玲《〈漢書〉顏注古今字考——兼與〈説文解字〉古文比較》，碩士學位論文，蘭州大學，2007，第 60 頁。
③ 王秀麗、别敏鴿：《顏師古〈漢書注〉“×，古某字”作用類析》，《河北科技大學學報》（社會科學版）2007 年第 3 期。

糾纏於"古今字"與通假字、同源字、異體字等概念之間的比辨，對這些術語的不同指稱角度没有明察，其結論值得商榷。

關玲對顏師古《漢書注》當中涉及"古今字"問題的訓條也進行了大範圍的測查和分析。她在綜合考察顏師古《漢書注》《匡謬正俗》《急就篇注》中指論的"古今字"材料後指出，顏師古表述"古今字"現象時並無統一的術語，除引用前人之語使用了"古今字"術語外，其最常用的關於"古今字"的術語表達是"某，古某字"。而顏氏所論的"古今字"，實際所指的是"形體不同，而記詞相同，讀音完全一致，產生時代有先後之別的兩個字"[1]。我們根據顏師古的訓注材料，結合關玲的研究結論可見，顏師古訓釋的"古今字"例實際上包羅豐富，其成因可以分爲多種類別，並不專門針對形體上有孳乳關係的字。顏師古出於訓詁的目的用"古今字"術語爲讀者掃清歷時文獻的閱讀障礙，這正是傳統"古今字"訓詁觀念的體現，與鄭衆、鄭玄爲代表的漢儒一脉相承。

同時值得注意的是，已有顏師古"古今字"訓詁研究成果的統計數字也參差不一。就《漢書注》中術語"某，古某字"的使用統計而言，何玉蘭的"窮盡性"統計結果爲 176 條[2]，而程明安却統計有 422 條[3]，兩者均未列具細目而數字又如此懸殊，令人疑惑。關玲統計"顏師古在《漢書注》中又提到的古今字，不計重複共有 139 組"[4]，且於論文之後附有細目，但其統計僅以不同字組爲單位，删除了大量顏師古針對同一字組的訓條，也不利於全面反映顏師古使用"古今字"術語的有關情況。

---

① 參見關玲《顏師古古今字研究》，碩士學位論文，北京師範大學，2009，第 56~57 頁。
② 參見何玉蘭《顏師古〈漢書注〉古今字研究》，碩士學位論文，暨南大學，2007，第 6 頁。
③ 參見程明安《〈漢書〉顏注解釋文字現象的方法與價值》，《鄖陽師範高等專科學校學報》2005 年第 1 期。
④ 關玲：《顏師古古今字研究》，碩士學位論文，北京師範大學，2009，第 55 頁。

5. 對清代"古今字"學術的研究

漢代以降千餘年間，學者們多是出於單純的訓詁目的沿用"古今字"注釋，對"古今字"現象進行規律性總結的研究成果並不多見。而清代學者在繼承了這一訓詁傳統的同時，還展開了一系列有關"古今字"性質、成因的探討，其中的代表人物有段玉裁、王筠、徐灝等。他們的"古今字"研究引起了學術界的極大關注。

乾嘉巨儒段玉裁所著《説文解字注》對"古今字"現象指論頗多，其中不乏對"古今字"性質的專門闡述，例如"凡讀經傳者不可不知古今字。古今無定時，周爲古則漢爲今，漢爲古則晉宋爲今；隨時異用者謂之古今字，非如今人所言古文、籀文爲古字，小篆、隸書爲今字也"①，從不同的角度揭示了"古字""今字"時代的相對性，而且指出了"古今字"的差異並不是字體風格的不同，頗有見地。這一論述揭櫫"古今字"現象是用字問題，屬於訓詁的範疇。

段玉裁對於"古今字"的説解受到了學者的重視。趙海燕總結了段玉裁"古今字"論反映出的三方面的理論主張：首先，在"古今字"的含義上，謂"古今人用字不同，謂之古今字"；其次，對於"古今"的理解，有"古今無定時，周爲古則漢爲今，漢爲古則晉宋爲今"的觀點；最後，就鄭玄"古今字"的理解，則論"凡鄭言'古今字'者，非如《説文解字》謂古文、籀、篆之別，謂古今所用字不同"，反映了段氏認定"古今字"並非形體演變所致。② 劉琳也從屬性歸納的角度對段氏的"古今字"用例進行了概括性描述，認爲段氏所論"古今字"中，其"古字"和"今字"之間具備"記錄同一個詞項""聲音相同或相近""處於不同的時代""字形不同"這四個特徵。而就"古字"和"今字"的字際關係而言，則可以依所占比例大小細分爲異體字、本字與通假字、同源同義字、假借字和後造本字、古本字和重造本字、源

---

① （漢）許慎撰，（清）段玉裁注《説文解字注》，上海古籍出版社，1983，第94頁。
② 參見趙海燕《段玉裁對古今字的開創性研究》，《廣西社會科學》2005年第9期。

本字和分化本字、假借字和假借字、通假字和通假字八種情況。①

　　段玉裁之後的王筠在著作中沒有對"古今字"進行專章論述，但他指明某字與某字是"古今字"的訓條却散見於著作之中。王筠"古今字"研究異於前人的一項特色，是對"古今字"現象成因進行了大量的探討。身爲《説文》學家，他通過觀察《説文》的"異部重文"，總結出了漢字增旁造字的孳乳規律，即"分別文、累增字"。在其著作對"古今字"的指論當中，王筠有意識地運用這一理論成功地解釋了一批形體上具有"造字相承，增偏旁"關係的"古今字"成因。例如"虹之籀文從申，（《説文》）云'申，電也'，知申是古電字，電則後起之分別文"②"《説文》爰、援下皆曰'引也'，是爰爲古文，援爲後來分別文"③"畕是古文，畺、疆皆其累增字"④等等，都是在"古今字"指論中用"分別文"或者"累增字"替換了原本"今字"的地位，即意在用他的最新研究發現來解釋這些"今字"的成因。

　　對於王筠的這一創舉，學界一度缺乏客觀的認識，有把王筠的"古今字"認識與他的"分別文""累增字"研究相混淆的現象。孫雍長認爲，王筠的"古今字"概念主要還是指"區別文"，但是不同歷史時期所産生的異體字，也包括在王筠的"古今字"範圍之內⑤；李淑萍認爲"王筠藉由分析古字和今字的關係，從中歸納出文字發展的規律，提出'分別文'、'累增字'的概念"，以及"王筠提出'分別文'、'累增字'之説，特別留心古今字體上的關聯，着重於漢字形體的增益與孳乳演變，因此，王筠在古今字研究上的貢獻，應當肩負着'概念轉向'的橋梁地位"⑥；劉海燕認爲"總的來看，王筠所强調的'古今字'

---

① 參見劉琳《〈説文段注〉古今字研究》，博士學位論文，北京師範大學，2007，第 88 頁。
② （清）王筠：《説文句讀》，清同治四年安邱王氏刊本，第十一下。
③ （清）王筠：《説文句讀》，清同治四年安邱王氏刊本，第三下。
④ （清）王筠：《説文句讀》，清同治四年安邱王氏刊本，第十一下。
⑤ 參見孫雍長《論"古今字"暨辭書對古今字的處理》，《辭書研究》2006 年第 2 期。
⑥ 李淑萍：《清儒古今字觀念之傳承與嬗變——以段玉裁、王筠、徐灝爲探討對象》，載《文與哲》第 11 輯，高雄中山大學中國文學系，2007，第 447 頁。

主要是‘分別文’”①。對於這類觀點，蔣志遠通過廣泛彙集王筠著作當中的“古今字”和“分別文”“累增字”指論分析認爲，“古今字”和“分別文”“累增字”有完全不同的來源背景。“前者是一個傳統的語言文字學概念，後者是王筠‘重文’研究的重要成果。這幾個概念在王筠著作的術語體系中是並存並用的。從邏輯上分析，不同的概念在同一個學術思想框架中並存，它們在内涵上必然有區別，在使用上也有不同分工。”②而王筠指論“古今字”字例，是以溝通字詞關係、掃除文獻閱讀障礙爲目的的。他所論的“古今字”屬於訓詁的範疇，指的是記錄一個詞，不同時期的文獻中使用了不同的漢字這一現象，並不專門針對漢字的孳乳造字現象。③

　　較王筠稍後的徐灝，曾在《説文解字注箋》中“祐”字下注曰：“箋曰：右、祐古今字。凡古今字有二例，一爲造字相承，增偏旁；一爲載籍古今本也。”④對此，洪成玉認爲：“徐灝雖然提出了‘古今字有二例’，但從他在《説文解字注箋》中對古今字的分析來看，主要傾向於前一例，即把‘造字相承，增偏旁’的看作是典型的古今字。……關於‘載籍古今本’的古今字，……其實，由於現存的典籍面目已非古籍之舊，要據以判斷古今字，是有困難的，因此，徐灝所説的‘古今字有二例’，其價值祇存在於‘造字相承，增偏旁’。”⑤孫雍長表示：“徐氏所説的‘造字相承，增偏旁’式的‘古今字’即王筠所提出的‘分別文’和‘累增字’；所説‘載籍古今本’式的‘古今字’，則主要是指鄭玄所説的古今字。”⑥而劉伊超通過全面收集和分析《説文解字注箋》的“古今字”訓條後指出：“徐《箋》古今字概括的是記錄同一個

---

① 劉海燕：《〈漢語大字典〉〈漢語大詞典〉中的古今字問題管窺》，碩士學位論文，内蒙古師範大學，2007，第6~7頁。
② 蔣志遠：《王筠“古今字”研究》，社會科學文獻出版社，2021，第64頁。
③ 參見蔣志遠《論王筠的“古今字”觀念》，《大慶師範學院學報》2010年第2期。
④ （清）徐灝：《説文解字注箋》，甲寅京師補刊本，卷第一上。
⑤ 洪成玉：《古今字概述》，《北京師範學院學報》（社會科學版）1992年第3期。
⑥ 孫雍長：《論“古今字”暨辭書對古今字的處理》，《辭書研究》2006年第2期。

詞的先後不同的兩個字，古字和今字在某一個意義上共詞通用，構成古今字，反映的是歷時同詞異字關係。"①從劉伊超彙總的訓條來看，徐灝指論的"古今字"例中，有一部分"古字"和"今字"之間並沒有"造字相承，增偏旁"關係。

面對這些有明顯分歧的解讀，李運富、蔣志遠分析認爲，徐灝所謂"造字相承，增偏旁"，即是脱胎於王筠的"分別文""累增字"研究；而"載籍古今本"，則是歸納段玉裁"古今字"論述中"凡言'古今字'者，主謂同音而古用彼今用此者異形""古今無定時，周爲古則漢爲今，漢爲古則晉宋爲今，隨時異用者謂之古今字"等觀點而成。徐灝這樣做一方面是出於對王筠"分別文""累增字"的誤解而將"造字相承，增偏旁"的文字孳乳現象全部當成"古今字"；另一方面卻無法用"分別文""累增字"涵蓋所有的"古今字"事實，祇好再用"載籍古今本"來作爲補充。這種有邏輯缺陷的"古今字"表述，對後人造成了極大的誤導，值得研究者注意。②

（二）　對"古今字"性質的研究

目前，學術界對於"古今字"的性質及其内涵仍未形成統一的認識。如李運富總結的："關於'古今字'，學術界主要呈現兩種看法，一種認爲是歷時文獻中記録同詞同義而先後使用了不同形體的一組字，先使用的叫古字，後使用的叫今字，合稱古今字；另一種認爲是爲了區別記録功能而以原來的某個多功能字爲基礎分化出新字的現象，原來的母字叫古字，後來分化的新字叫今字，合稱古今字。"③

認爲"古今字"是歷時的同詞異字現象，持這種觀點的學者有劉

---

① 劉伊超：《〈説文解字注箋〉古今字研究》，碩士學位論文，北京師範大學，2006，第16頁。
② 參見李運富、蔣志遠《從"分別文""累增字"與"古今字"的關係看後人對這些術語的誤解》，《蘇州大學學報》（哲學社會科學版）2013年第3期。
③ 李運富：《早期"古今字"概念有關用語及材料辨析》，《勵耘學刊·語言卷》2007年第2輯。

又辛、裘錫圭、王寧、楊潤陸等。劉又辛曾指出："以時代爲標準可以比較同一個詞古今用字的不同,這類字叫古今字……有些是先秦的假借字,後來變成了形聲專用字(即本字);有些是從字根(或叫初文)分化孳生的同源字;有些是異體字。從歷史演變的角度看,都是古今字。"① 裘錫圭指出:"一個詞的不同書寫形式,通行時間往往有前後,在前者就是在後者的古字,在後者就是在前者的今字。……説某兩個字是古今字,就是説它們是同一個詞的通行時間有先後的兩種書寫形式。……近年來,還有人明確主張把'古今字'這個名稱專用來指有'造字相承的關係'的字。他們所説的古今字,跟古人所説的古今字,不但範圍有大小的不同,而且基本概念也是不一致的。"② 針對把"古今字"説成造字孳乳概念的説法,他批評道:"'古今字'本來是在解釋古書中的難字時所用的一種術語,並不是用來説明文字産生先後的。我們似乎没有必要賦予這個舊術語以新的意義,把古今字限制在有造字相承關係的範圍裏。"③ 王寧等主張:"所謂'古今字',是一種縱向歷時的同詞異字現象,即記録同一個詞(實際是詞的某一義項),不同時代社會用字不同,前一個時代所用的字叫古字,後一個時代所用的字叫今字。"④ 楊潤陸表示:"古今字所涵蓋的範圍包括由於漢字孳乳分化而造成的同詞異字、由於古今字義變用而造成的同詞異字及音義相同而古今異用這三種情況。文字職務分化、合併、轉移(完全轉移和部分轉移)都可以造成同詞異字。"⑤ 這一類看法相對來説屬於比較傳統和客觀的"古今字"認識。

認爲"古今字"專指爲了區別記録職能而以原來的某個多功能字

---

① 劉又辛:《通假概説》,巴蜀書社,1988,第 29~41 頁。
② 裘錫圭:《文字學概要》,商務印書館,1988,第 273 頁。
③ 裘錫圭:《四十年來文字學研究的回顧》,《裘錫圭學術文集》(第四卷),復旦大學出版社,2012,第 156 頁。
④ 王寧、林銀生、周之朗、秦永龍、謝紀鋒編著《古代漢語通論》,北京師範大學出版社,1996,第 48~56 頁。
⑤ 楊潤陸:《論古今字的定稱與定義》,《古漢語研究》1999 年第 1 期。

爲基礎分化出新字的現象，持這種觀點的代表學者有王力、洪成玉、賈延柱等。王力主編的《古代漢語》教材中設有"古今字"一節，主張"古今字"的產生是由於"古字'兼職'多"，後起的今字祇是"分擔其中一個職務"，並以"責"與"債"、"舍"與"捨"爲例，謂"'責'、'舍'是較古的字，'債'、'捨'等是比較後起的字。我們可以把'責''債'、'舍''捨'等稱爲'古今字'，'責''舍'所移交給'債''捨'的祇是它們所擔任的幾個職務中的一個"①。由於王力主編的《古代漢語》是眾多高校的古代漢語課程教材，因此這種"古今字"主張的影響很大，接受這種看法的學者爲數不少。如賈延柱認爲："古今字是字形問題，有造字相承的關係。產生在前的稱古字，產生在後的稱今字。在造字時間上，古今字有先後之分，古今之別。古今字除了'時'這種關係外，還有一個極重要的特點，就是古字義項多，而今字祇有古字的多種意義中的一個，今字或分擔古字的引申義，或取代古字的本義。"②相比而言，這一派觀點更加傾向於將"古今字"視作一個指稱漢字孳乳"造字相承"問題的術語。對此，李運富、蔣志遠指出，這種觀點從發生上看與徐灝的誤導密切相關。徐灝出於對王筠的"古今字"觀念的誤解，將"古今字"錯誤地分爲了"造字相承，增偏旁"和"載籍古今本"兩類，而後人則對其中"造字相承，增偏旁"的現象頗爲重視，於是捨棄了"載籍古今本"，而將"有造字相承關係的古今異字"抽換成了"古今字"的内涵，造成了目前"一個術語，兩種理解"的現狀。③

　　值得特別注意的是，受後一種觀念影響，有學者已開始用這種指稱文字孳乳現象的"古今字"觀念來考察"古今字"學術史。例如洪

---

① 王力：《古代漢語》（第一册），中華書局，1999，第171頁。
② 賈延柱編著《常用古今字通假字字典》，遼寧人民出版社，1988，第17頁。
③ 參見李運富、蔣志遠《從"分别文""累增字"與"古今字"的關係看後人對這些術語的誤解》，《蘇州大學學報》（哲學社會科學版）2013年第3期。

成玉認爲:"'古今字'起初是指在經傳中的同詞而古今異字⋯⋯到了清代,古今字的含義開始漸趨一致,定位於分別字(今也稱區別字),但仍沿用'古今字'這一術語。⋯⋯自清代以來對漢字發展的深入研究表明,古今字是漢字適應漢語詞義的發展,遵循漢字造字的規律、滿足記錄新詞産生需要的文字現象。"① 李淑萍認爲:"王筠在古今字研究上的貢獻,應當肩負着'概念轉向'的橋梁地位。"② 而從實際材料上看,王筠著作中的"古今字"與"分別文""累增字"都是並存並用,在不同理論層面各司其職的,他本人也並無將"古今字"與"分別文"相混淆的主張③,所以相關描述並不符合事實。我們認爲,既然現代學者對"古今字"的認識與古人已有較大差别,那麽若是從學術史的角度對"古今字"這一術語進行考察,首先應當避免以先入爲主的觀念曲解古人原意,而應當站在古人的角度,真實客觀地描述研究對象。

而對於兩種有概念差異的"古今字",也有學者主張變換術語以求避免理解上的分歧。如李運富認爲,指稱造字孳乳問題,不宜用"古今字"。他主張:"訓詁學意義上的'古今字'被改造成了文字學意義上的'古今字',殊不知此'古今字'已非彼'古今字',既然已經偷換成今人的概念,那爲什麽還要用古人的名義呢?除了竄亂學術史外,似乎没有别的積極意義。"④ "在指文字分化現象時,最好不要使用'古今字'這個具有訓詁意義的概念,更不能以今律古,把古代注釋家所標注的'古今字'都看成母字與分化字。"⑤ 王寧則主張將"職能未分"

---

① 洪成玉:《古今字概述》,《北京師範學院學報》(社會科學版)1992 年第 3 期。
② 李淑萍:《清儒古今字觀念之傳承與嬗變——以段玉裁、王筠、徐灝爲探討對象》,《文與哲》第 11 輯,2007。
③ 參見蔣志遠《論王筠的"古今字"觀念》,《大慶師範學院學報》2010 年第 2 期。
④ 李運富:《漢語學術史研究的基本原則》,《湖北師範學院學報》(哲學社會科學版)2010 年第 4 期。
⑤ 李運富:《早期"古今字"概念有關用語及材料辨析》,《勵耘學刊·語言卷》2007 年第 2 輯。

的字稱作"母字或源字"，而將"職能細分"的字稱作"分化字"。① 此外，蔣紹愚亦主張用"本原字""區別字"來指稱漢字分化現象中的母字與新造字。② 綜合起來看，這些學者認識到了傳統的"古今字"問題成因的複雜性，若要討論某一類文字現象，就需要有的放矢地設置特定術語。我們認爲這些變換術語的學術主張對於當前語言文字學的研究是積極的、有益的。

　　另外，在"古今字"與"繁簡字""異體字""通假字""同源字"等其他術語的概念辨析上，學術界的相關討論亦曾十分熱烈。對此劉又辛批評道："（古今字）跟假借字、異體字、同源字劃分的標準不同，因此不能拿古今字跟假借字、異體字、同源字相對立；不能説某某是古今字，不是假借字等等。如果這一點不搞清楚，就會把幾個術語糾纏在一起，越説越糊塗。"③ 客觀地看，"古今字"與"異體字""通假字""分化字"實質上是就不同角度而言的術語，因此它們很有可能在特定的材料上形成交集。同樣的材料，從歷時用字角度來説，可構成"古今字"關係；從漢字構形的角度而言，可構成"異體字"關係；從音近同用的角度而言，可構成"通假字"關係；從漢字造字演變角度而言，可構成"母字"與"分化字"關係。我們認爲，將基於不同角度提出的術語進行比較實際上是不必要的，因爲就"古今字"這個概念而言，"異體字""通假字""分化字"都可能是"古今字"的成員，但是它們跟"古今字"卻不能並列。概念的比辨，不應該忽視這種邏輯上的區別。

---

① 參見王寧主編《古代漢語》，北京出版社，2002，第 61 頁。
② 參見蔣紹愚《古漢語辭彙綱要》，商務印書館，2005，第 201 頁。
③ 劉又辛：《談談假借字、異體字、古今字和本字》，《西南師範學院學報》（哲學社會科學版）1984 年第 2 期。

第一章　唐以前“古今字”研究材料的判定

第一節　概説

　　“古今字”是在訓詁實踐中使用的注釋用語，要開展“古今字”學術史研究，首先必須從海量的古代訓詁材料中判定哪些材料是研究“古今字”的，這樣纔能利用這些材料有效地分析、歸納古人的“古今字”研究情況。

　　隨着文獻的流傳，傳抄的版本異文、語言的詞彙更迭以及用字習慣的變化等原因都可能造成閲讀障礙。爲了給當代讀者疏通文本，訓詁家們往往用“古”“今”“古（文）字”“今（文）字”“古今字”“今古字”“古文作（爲）”“今文作（爲）”“古作”“今（亦）作（爲）”“古之”“今之”等術語説解歷時語文現象。這些“古”“今”都是時間標記，即便單言某字是“古字”或“今字”，也多暗含着對舉。但如李運富所指出的，“注釋中溝通古今字關係固然要出現‘古’或‘今’字，但有‘古’或‘今’字的注釋不一定都是在講古今字”①。從文獻測查情況看，單是“古文”這個術語，在具體的訓條中就既可用來指與“今文經”相對的“古文經”，也可用來溝通歷時用字差異，展示字詞記録

---

　　① 李運富：《早期有關“古今字”的表述用語及材料辨析》，《勵耘學刊·語言卷》2007年第 2 輯。

關係的變遷。正因爲這樣，我們不能一味地把包含"古""今"關鍵詞的前人注釋都視作"古今字"訓詁材料，而要對包含"古""今"的訓詁材料進行甄別，排除版本校勘注釋，篩選出真正能體現古人"古今字"觀念的材料。本章就基於實例介紹我們對包含"古""今"字樣訓注不同所指的辨析理據及辨析結果。

第二節　指論版本異文的"古""今"訓條

指論版本異文的"古""今"訓條，主要表現爲以術語"古文"或者"今文"從文獻校勘的角度指論漢代"今文經"和"古文經"之間的版本異文。這種體例的產生與漢代"今文經學"和"古文經學"的互動發展有着密切的聯繫。清人皮錫瑞總結道："今古文所以分，其先由於文字之異。今文者，今所謂'隸書'，……古文者，今所謂'籀書'。……隸書，漢世通行，故當時謂之'今文'，……籀書，漢世已不通行，故當時謂之'古文'。"① 起初，漢儒傳習的經典是由秦末老儒口傳、學子以隸書寫成的今文經，地方獻納以及孔壁出土的以先秦文字寫錄的古文經則長期被皮藏於宮廷秘府，不被官學接受。經過劉歆、賈逵、馬融等學者的努力，古文經的地位逐漸上升，其學派則被稱爲"古文經學"，與傳統的"今文經學"相對。陳夢家總結道："漢世所謂古文學派和今文學派之爭至少是板（版）本之爭，其所爭相異的是：一，古今文字的不同；二，古今語讀和書音的不同；三，官學私學的不同；四，因此而有釋義的不同。"② 由於文字問題引起的版本和

① （清）皮錫瑞：《經學歷史》，中華書局，2004，第 54 頁。
② 陳夢家：《中國文字學》，中華書局，2006，第 174 頁。

經說家法差異，加上政治因素的捲入，漢代經學兩派曾長期爭論不休。至東漢末，古文經學家鄭玄不拘門户之見，於遍注群經的訓詁實踐中調和了兩派之爭，在學術史上産生了極爲重要的影響。鄭玄治學兼采今、古文經學之長，其基礎工作離不開對各派文獻的廣泛閲讀、比對。在此背景之下，他的《周禮注》《儀禮注》《禮記注》《毛詩箋》之中就出現了一批指論版本異文問題的訓條，皮錫瑞總結的“《儀禮》有今、古文之别；鄭注云‘古文作某，今文作某’是也”①就屬於此類。

李運富曾指出：“作爲版本的古文、今文不等於字體的古文、今文，字體可以轉換，版本是無法轉換的。……在經學中，所謂‘古文’、‘今文’，大都是指版本而言，一般不單獨指字體和字符。”②指稱版本異文的“古文”“今文”，指的是“古文經”或“今文經”的某一抄本，因此這類術語往往與有校勘意味的“作”或者“爲”組合運用，具體有“古（今）文（或）作某”“古（今）文（或）爲某”“古（今）文皆（作）爲某”③等形式。例如：

（1）【設黍于腊北，其西稷。設涪于醬北。御布對席，贊啓會，卻于敦南，對敦于北】啓，發也。今文啓作開。古文卻爲綌。（《儀禮注疏》卷二）

（2）【若殺，則特豚，載合升，離肺實于鼎，設扃鼏】……今文扃爲鉉，古文鼏爲密。（《儀禮注疏》卷一）

（3）【贊爾黍，授肺脊，皆食，以涪醬，皆祭舉、食舉也】爾，移也，移置席上便其食也。皆食，食黍也。以，用也。用者，

---

① （清）皮錫瑞：《經學歷史》，中華書局，2004，第52頁。
② 李運富：《早期有關“古今字”的表述用語及材料辨析》，《勵耘學刊·語言卷》2007年第2輯。
③ 鄭玄《三禮注》當中常用“古文”“今文”的概念指稱版本，但因爲《周禮》没有“今文”版本，因此在《周禮》注中，相關版本介紹不便稱“古文”，而要换用“故書”。這一現象實際上反映了鄭玄“古文”術語指版本的特性。由於“故書”不含關鍵詞“古”或“今”，我們暫不詳細考論。

謂啜濡晒醬。古文黍作稷。（《儀禮注疏》卷二）

（4）【共喪紀之庶羞，賓客之禽獻】喪紀，喪事之祭，謂虞祔也。禽獻，獻禽於賓客。獻古文爲獸，杜子春云“當爲獻”。（《周禮注疏》卷一）

（5）【槀氏爲量，改煎金錫則不耗】消湅之精不復減也。槀，古文或作歷。（《周禮注疏》卷十一）

（6）【卒脀，皆設扃、鼏，乃舉，陳鼎于廟門之外東方，北面，北上】北面北上，鄉内相隨。古文鼏皆爲密。（《儀禮注疏》卷十六）

從以上訓條可見，鄭玄通過“作”和“爲”的使用，對版本異文啓—開、卻—綌、扃（扃）①—鉉、鼏—密、黍—稷、獻—獸、槀—歷的差異提出了校勘。例（1）及例（2）中，鄭玄意指《儀禮》中的“贊啓會”“卻于敦南”“設扃鼏”在他見到的某個“今文”或者“古文”《儀禮》版本當中曾寫作“贊開會”“綌于敦南”“設鉉鼏／設扃密”。不難發現，鄭玄注釋的這兩條《儀禮》與他在訓釋語中提到的“今文”或“古文”版本都不相合。根據李運富的研究，“版本概念的‘古文’‘今文’既不同於字形概念的‘古文’‘今文’，也不同於字符使用關係的‘古今字’，它們彼此之間祇有異同的關係，没有源流關係”②。可見在没有印刷術的時代，無論今文經還是古文經，經過輾轉抄録，其文本往往有多種，所以鄭玄注釋所依據的《儀禮》底本與他校勘所據的今、古文經存在出入是正常的。就例（3）至例（5）中的黍—稷、獻—獸、槀—歷三組異文成因而言，黍—稷、獸—獻記録的都不是同一個詞。例（4）中鄭玄引杜子春“當爲獻”的校勘意見，説明此處有

---

① 《儀禮》正文中的“扃”和鄭注中的“扃”是異體關係。《正字通·户部》：“扃，俗扃字。”
② 李運富：《早期有關“古今字”的表述用語及材料辨析》，《勵耘學刊·語言卷》2007年第 2 輯。

訛誤之嫌；例（5）中的槀—歷雖然在古音上有來母雙轉的關係，可能是一個詞的不同用字，但從術語 "或作" 的使用上看，鄭玄指論它們的出發點仍是文獻校勘。聯繫起來看，例（2）與例（6）中都涉及了冞—密這對古音相近（明母雙聲，質錫通轉）的字，但鄭玄説 "古文冞爲密"，是對這組異文的局部校勘注釋，"古文冞皆爲密" 則是從總體上對歷時版本中這組異文的分布規律加以概括。儘管從理論上分析這種異文可能是歷時同詞異字問題在文獻版本中的體現，冞—密客觀上可能有 "古今字" 的性質，但我們從鄭玄的訓詁意圖來看，不論這種異文分布範圍的大小，這類注釋都是立足《儀禮》等單部書的不同版本進行的討論，訓詁家所關注的仍然是異文的對勘，無意脱離具體版本談普遍的歷時用字習慣，因此我們把這類指論仍看作對版本異文現象的叙述。

諸如此類含有 "古" "今" 字樣的訓注，有的純粹指版本差異，與 "古今字" 無關，有的雖然涉及古今用字不同的問題，但由於作者的注釋初衷並非 "古今字" 訓詁，因此我們的研究都予以排除。

第三節　指論詞語變化的 "古" "今" 訓條

同一事物或概念在各個時期不同的稱呼用詞被稱爲 "古今語"。揚雄在《方言》中論曰："秦晉之間凡物壯大謂之嘏，或曰夏。秦晉之間凡人之大謂之奘，或謂之壯。燕之北鄙齊楚之郊或曰京，或曰將。皆古今語也。初別國不相往來之言也，今或同，而舊書雅記故俗語不失其方，而後人不知，故爲之作釋也。"① 這段話指出古時各地方言詞彙或

---

① 華學誠匯證《揚雄方言校釋匯證》，中華書局，2006，第 36 頁。

許指稱同一事物或概念，却無法"相往來"，其中某個詞到了後代或許會變成爲人熟知、廣泛使用的通語詞，而存於古書中的其他古方言詞隨着使用率逐漸降低，也會慢慢不被後人理解，成爲古語詞，形成閱讀障礙，因此需要訓詁注釋。

孔穎達指出："詁者，古也。古今異言，通之使人知也。"[①]鑒於歷時詞語變化會影響文獻閱讀，早期的訓詁家就已開始疏通這類"古今異言"。例如對《詩經·邶風》"就其深矣，方之舟之"一句，毛亨注曰："舟，船也。"對此，段玉裁評曰："古人言舟，漢人言船，毛以今語釋古，故云舟即今之船也。"[②]值得注意的是，毛亨的這則注釋是直接用後代的"今語"注釋《詩經》時期的"古語"，未使用特定的術語。而很多情況下，訓詁家指論這一類問題，會用"某謂今時某""今（時）之某""今（時）謂之某""古謂之某"等術語，例如：

（7）【王制禄，則贊爲之，以方出之】……鄭司農云"以方出之，以方版書而出之"……杜子春云"方直謂今時牘也"。（《周禮注疏》卷六）

（8）【凡祭祀，飾其牛牲，設其楅衡，置其絼，共其水槀】……鄭司農云"楅衡，所以楅持牛也。絼，著牛鼻繩，所以牽牛者。今時謂之雉，與古者名同"。（《周禮注疏》卷三）

（9）【絳緹絓紬絲絮綿】絳，赤色也。古謂之纁。（《急就篇》顏師古注）

例（7）中，鄭玄引用了鄭衆和杜子春關於"方"的注釋。鄭衆直接解釋"方"是用於書寫的"方版"；而杜子春則用"今時"（漢代）的詞"牘"來訓釋周代的詞"方"，溝通了兩個詞語。類似地，例（8）

---

① 《毛詩正義》卷一，（清）阮元校刻《十三經注疏》，中華書局，1980。
② （漢）許慎撰，（清）段玉裁注《説文解字注》，上海古籍出版社，1981，第 403 頁。

中鄭眾之語意指｛牛鼻繩｝在漢代“今語”詞是“雉”，周代的“絼”是“古語”詞。對於這條材料，唐人賈公彥還在《周禮義疏》中補充曰：“云‘絼，著牛鼻繩，所以牽牛者，今時謂之雉，與古者名同’者，若然自漢以前皆謂之絼。案《禮記·少儀》云‘牛則執紖’，紖則絼之別名，今亦謂之爲紖也。”① 從賈公彥“今亦謂之”的指論看，相對於古語詞“絼”而言，牛鼻繩在唐代的“今語”是“紖”。此外，例（9）顏師古“古謂之”的訓釋暗含着對古今語的對舉，意指“赤色”這個概念唐代“今語”爲“絳”，相對地，“纁”便是更早的，甚至是早於《急就篇》所處漢代的“古語”。

從以上材料可知，詞語變化涉及的是詞與詞的關係，因爲記錄的不是同一個詞，古語詞與今語詞必然存在字面差異，所以比辨異詞的用字是沒有意義的。基於這一認識，就不難理解注釋詞語變化的訓條當中的“古”或“今”一般要以“古（今）之”“古（今）謂”等表示意義關聯的訓詁用語出現，其樣式和針對同一詞語歷時異字問題的訓條截然不同，這類訓詁材料雖然含有“古”或“今”，但不屬於對“古今字”的訓注，所以也被我們排除。

第四節　指論字符職能變化的“古”“今”訓條

一個字在初創時職能是單一的，在長期的使用過程中，職能可能發生變化。古人訓注中遇到這種職能變化而需要說明時，也往往使用“古”或“今”來指出某種職能變化的時代。例如：

---

① 《周禮注疏》卷十二，（清）阮元校刻《十三經注疏》，中華書局，1980。

（10）【雩】案《字林》"越俱反"。今借爲芌，音于句反。(《經典釋文》卷二十九)

（11）【飯】扶晩反。《礼記》"飯：黍黄粱稷稻"，鄭玄曰"月①諸飯也"，又曰"文王一飯，亦一飯"。野王案，《説文》"飯，食也"，謂食飯也。又曰"飯无着"是也。今亦以爲餅字。(《原本〈玉篇〉殘卷》卷九)

例（10）原文出自《爾雅·釋天》"螮蝀謂之雩。螮蝀，虹也"，郭璞注云"俗名謂'美人虹'，江東呼'雩'"，由此可知《爾雅》之中的"雩"記録的詞義是{彩虹}。而《經典釋文》指出"今借爲芌"則意指"雩"這個字形在"今"時被借用來記録和"芌"字相當的意義。因此這則訓條反映"雩"在後代開始承擔的假借義{芌}，其承擔的記録職能增加了。類似地，例（11）中，顧野王指出"文王一飯，亦一飯"中的"飯"字與《説文》訓釋一致，都表動作義{吃飯}，而"今亦以爲餅字"，則説明"飯"在"今"時還記録本由"餅"字記録的意義——{飯食}。雖然這兩則訓條都包含着"今"，但它們反映的是"雩""飯"歷時所記的幾個詞義，而不是針對某個詞義的歷時記録字形，因而與"古今字"問題無涉。

表述字符職能變化時，雖然涉及幾個字的古今關係，但着眼點在職能的異同而不在先後用字變化的訓條，也不能算是論述"古今字"的材料。例如：

（12）【搤熊羆，拖豪豬】善曰：《説文》曰"捉，搤也"。搤與扼古字通。於責切。(《文選》卷九李善注)

---

① 《原本〈玉篇〉殘卷》作"月諸飯"，考《四部叢刊》本《禮記》所附鄭玄注，似當爲"目諸飯"。

例（12）出自《文選》所錄揚雄《長楊賦》，從上下文可知其中的“搚”表示﹛捉﹜。李善在注中言“搚與扼古字通”即說明在“古”時，“搚”字與“扼”字都記錄﹛捉﹜，可以“通”用。這則訓條雖然包含“古”，但也可能暗示“今”時“搚”與“扼”已經不“通”，即“搚”到“今”時一般不再記錄﹛捉﹜了。可見其中雖然可能也包含着用字變化，但訓注者的着眼點是某個字的職能變化，而不是某個詞項的用字變化，所以也不能算古人論述“古今字”問題的材料。

這類以字符職能變化爲着眼點的“古”“今”訓注有 2000 餘條，我們也加以排除。

第五節　真正指論用字變化的“古今字”訓條

裴錫圭指出：“用字習慣從古到今有不少變化……如果某種已經被後人遺忘的古代用字方法，在某種或某些古書中（通常祇是在古書的某一或某些篇章語句中）還保留着，就會給讀這些古書的人造成很難克服的困難。”[1] 所以從漢代開始，各家在系統的訓詁工作中就十分注重疏通由用字變化産生的閱讀障礙，這種有關用字變化的訓注實質就是指出某個“古字”的用法跟某個“今字”的用法相同，提示讀者可以根據“今字”的職能來理解“古字”。訓條中用來指明古今用字關係的術語主要有“古字（文）”“今字（文）”“今古字”“古今（之）字”“古（今）某字”等，例如：

（13）【諸侯之繅斿九就，瑉玉三采，其餘如王之事，繅斿皆

---

[1]　裴錫圭：《中國出土古文獻十講》，復旦大學出版社，2004，第 170 頁。

就，玉瑱玉筓】……鄭司農云“繅當爲藻。繅，古字也；藻，今字也，同物同音”。(《周禮注疏》卷三十二）

（14）【疋】足也。上象腓腸，下从止。《弟子職》曰：“問疋何止？”古文以爲《詩·大雅》字，亦以爲足字，或曰胥字。一曰疋，記也。凡疋之屬皆从疋。(《説文解字》卷二）

（15）【灋】刑也。平之如水，从水。廌，所以觸不直者去之，从去。法，今文省。佱，古文。(《説文解字》卷十）

（16）【𠄞】高也。此古文上。指事也。凡𠄞之屬皆从𠄞。上，篆文上。(《説文解字》卷一）

（17）【曹】《字書》“今𪐨字也”。(《原本〈玉篇〉殘卷》卷九）

（18）【雞桴①粥】古育字也【桴也者，相粥之時也。或曰桴，嫗伏也；粥，養也】……許慎曰“嫗，以氣伏孚卵也”……然則桴与孚今古字，並通。(《玉燭寶典》卷一）

（19）【洒埽羣穢】……埽即今掃字也。(《文選》卷四十五李善注）

（20）【清廟】本又作𪧐，古今字也。(《經典釋文》卷七）

例（13）來自《周禮·夏官·弁師》，原文中的“繅”是一種用於弁帽的五彩絲繩。鄭衆的注文先以“當爲”的體例提出校勘，主張用漢人熟悉的“今字”“藻”校改相對生疏的“古字”“繅”，並進一步闡明“古字”和“今字”具備“同物同音”的性質。可見鄭衆在此指明了在{五彩絲繩}上存在“繅”和“藻”的歷時用字差異，其研究思路已經超越了對文獻版本的比對和校勘而上升到了對字詞對應關係的考察。例（14）和例（15）中，許慎所説的“古文”指的是漢以前使用的字形，兩則訓條指出了疋—雅、佱—灋、灋—法、佱—法四組“古

---

① 此“桴”原寫本作“捊”，與下文之“桴”不合，疑爲傳抄訛字。今據文意校改如是。

今字"。例（14）中出現的"古文以爲"是對歷時用字現象的溝通，"古文以爲《詩·大雅》字"意指"疋"這個形體，在"古文"盛行的年代，被用作記録《詩經》"雅"詩的意義。例（15）中，許慎立足｛刑法｝一義，以小篆字頭爲樞紐，溝通了"古文""𡊥"與"灋"、"灋"與"今文""法"以及"古文""𡊥"與"今文""法"三組不同的歷時用字現象。例（16）也出自《説文》，其中"此古文上"指出上—上的歷時記録職能相等，"上"所記録的詞義，諸如｛高｝，在"古"時由"上"記録。從字形結構看，"上"在甲骨文中作二（後上八·七）、在金文中作二（大豐簋），其中的短横，是在作爲參照的長横基礎上添加的指事符號，《説文》中上—上二字上半部分的筆畫差異，實際上就是它的不同演變。誠然，以現代學術觀點來看，上—上實際上屬於同一字種，二者没有構件或者構件組合方式的變化，與疋—雅、𡊥—灋的情况不同。但客觀地看，古代學者没有"字種""構件差異""筆畫差異"等現代漢字學理論認識，他們在訓詁實踐中，祇要心理上認爲兩個字寫法的視覺差異已經脱離了單純的字體風格區别，達到了影響理解的程度，就會把二者當作不同的字來溝通、聯繫。例如在《説文》當中，並不是每個正篆之下都會列出它的"古文"，因爲兩個字的差别如果祇是一目瞭然的書寫風格小異而不影響理解，其實都無須贅舉"古文"。而《説文》中所注"古文"字形，無論它與正篆是否屬於同一字種，許慎實際上都是把它們看作兩個字進行意義溝通的。所以這批訓條也都是指論歷時用字習慣的材料。與此類似，例（17）是顧野王《玉篇》（《原本〈玉篇〉殘卷》）對《字書》的轉引，"今轉字"表明"古"時的"曹"和"今時"的"轉"職能是對應的。我們看到"轉"在周代銅器趞曹鼎中已作此形，在《説文》中則爲字頭正篆。而"曹"的上部，正是"轉"上部之"棘"黏合變異而成。因而以現代理論觀之，曹—轉也屬於同一字種。但《字書》，包括引《字書》的《玉篇》，都是把二者當成不同用字習慣的産物加以溝通的，原因就在於二者的形體差異在訓詁家看來已達到了影響理解的程度，已非簡單的字體風格變化。例（18）中，杜臺卿對“粥”訓曰“古育字”，意思是在{養}上，“古”時用“粥”字，後代則用“育”字，此外杜臺卿還根據《大戴禮》“或曰桴，嫗伏也”和許慎“嫗，以氣伏乎卵”的訓釋，指出“桴”和“乎”是歷時同詞異字現象，二者意義“並通”，歷時用字有異。例（19）中，李善針對“埽”訓曰“即今掃字”，亦是指明古時的“埽”與“今”時的“掃”在{灑掃}上對應。例（20）中，《經典釋文》先從文本比對的角度指出《詩經》的“清廟”一詞中的“廟”在其他版本裏又寫作“庿”，這是版本校勘的工作，而接下來，他對這種版本異文的解釋，用到了“古今字”術語，這便是從詞義訓釋的角度，溝通了“庿”和“廟”在{宗廟}上的歷時用字習慣差異。值得一提的是，“古今字”“今古字”這種組合術語中“古字”和“今字”究竟指哪個字是需要具體考辨的，我們將在後文詳細討論這一問題。

第六節　小結

綜觀唐以前文獻中有關“古”“今”語文問題的幾類訓條，我們認識到其中祇有指論了某詞歷時用字變化的訓條纔屬於真正的“古今字”訓詁材料。其他類型的訓條儘管也可能包含“古”或“今”，但它反映的問題和“古今字”相比有着本質上的差異。反映詞語變化的“古今語”，以及今、古文經版本差別導致的異文彼此記錄的很可能都不是同一個詞，即便某些異文的確是因用字習慣變遷產生的，但從訓詁家的着眼點看，對今、古文經版本異文的比對工作仍屬於文字校勘層面，而祇有在校勘之餘還用“古今字”術語從歷時用字習慣的角度解釋異文的成因纔能算是達到了“古今字”訓詁的層面。如李運富所言:“古今字觀念的形成是以擺脫版本的束縛爲標志的, 即使涉及‘古文’‘今文’, 也不再專指個别的版本異文, 而是反映某種帶有規律性的用字現象。”①

通過對含有“古”或“今”的 6500 餘條材料的具體辨析, 我們排除了上述幾種非古今用字關係的訓詁, 判定共有 4000 餘則訓條訓注屬於我們研究古人“古今字”學術史的有效材料。我們去除其中内容簡單重複的進行了整理, 詳見後文展述及後編《唐以前“古今字”訓注材料彙纂》。

第二章　唐以前"古今字"研究歷時展述

第一節　概説

根據上文所述判定原則，我們從古籍語料庫中找到了 3000 多則唐以前注釋中的"古今字"訓詁材料。以此爲基礎，我們就能够相對全面、客觀地調查研究"古今字"訓詁在唐以前的發生、發展情況。縱向地看，隨着歷史的演進、社會的發展，"古今字"訓詁傳統自漢代以降是薪火相傳、生生不息的。據統計，唐代及以前共有 30 多位訓詁家在 60 多種著作中訓注了"古今字"，成果十分豐碩。而横向地看，在唐代及以前各個歷史時期，"古今字"訓詁在傳注、義疏、集解、徵引、音義類隨文注釋訓詁材料以及訓詁專書①中都有不同程度的分布。從來源上看，該時期出自隨文注釋訓詁材料中的訓注"古今字"約占總數的 75%，而出自專書訓詁中的訓注"古今字"約占總數的 25%。而從性質上看，隨文注釋訓詁材料中的被訓釋文字處於使用狀態，所以相關"古今字"指論往往有上下文語境作爲背景，其功能溝通相對具體；而訓詁專書中的被訓釋文字往往處於貯存狀態，所以相關"古

---

① 我們所説的"訓詁專書"是相對隨文注釋的文獻注疏而言的，不等於和"字書""韻書"相對的"雅書"。"字書""韻書""雅書"是基於編排體例的分類，實際上"字書""韻書"中對字詞的解釋也是屬於訓詁範疇的。

今字"指論多無上下文語境作爲背景，其功能溝通相對概括。結合縱向和横向兩個角度，本章謹結合相關歷史背景以漢代、魏晉南北朝、隋唐三個歷史時期的"古今字"訓詁家和著作的時代先後爲序，分隨文注釋訓詁材料以及訓詁專書兩大類別考察介紹唐以前注釋中的"古今字"訓詁材料。

第二節　漢代的"古今字"研究

一　引言

漢代是"古今字"訓詁的興起時期，其背景是儒學地位的提升以及儒家經典的整理。秦滅六國後，秦始皇爲鞏固統治推行"書同文"的强政，"罷其不與秦文合者"，結束了戰國時期各諸侯國"文字異形"的狀況。與此同時，"焚書坑儒"的暴政也將儒家經典毁滅殆盡。經過秦末戰亂，漢朝實行了"休養生息"的政策，社會經濟的恢復爲文化發展提供了基礎。繼而隨着漢惠帝廢除"挾書律"，漢武帝"表章《六經》，罷黜百家，獨尊儒術"並設立"五經博士"，儒家經學一時成爲顯學。前文已經提到，漢儒傳習的經典起初是由前代遺儒憑記憶口傳，以漢隸寫録的今文經。而隨着一批以先秦古體字書寫的古文經被重新發現，經學也隨即分爲"古文經學"和"今文經學"兩個派别。王寧指出："真正的語言文字訓詁工作的大規模開展，是由古文經學推動的。"[1] 由於古文經在漢初曾受到今文經學家的歧視和排擠，因此爲了獲得認可，古文經學家們開展了大量的訓詁注釋工作，其中就包含對

---

[1]　王寧主編《訓詁學》（第 2 版），高等教育出版社，2010，第 17 頁。

歷時用字差異現象的溝通，“古今字”訓詁也隨之興起。

　　從材料上看，現存漢代“古今字”訓注大多出自古文經學家之手。這些訓條一部分見於隨文注釋訓詁材料如《周禮注》《儀禮注》《禮記注》當中，涉及鄭衆、鄭玄、馬融、應劭等家；另一部分則見於訓詁專書當中，集中分布於許慎的《説文解字》。在此之外，《漢書·藝文志》中還收錄了現已亡佚的訓詁專書《古今字》，雖然僅存書名，但它對於探尋“古今字”訓詁的學術淵源也有着重要的意義，值得考察。

二　隨文注釋中的“古今字”研究

（一）鄭衆對“古今字”的注釋

　　鄭衆（？～83）字仲師，河南開封人，東漢經學家。因爲在漢章帝時曾任大司農，所以他也被後人稱爲“鄭司農”。鄭衆的父親鄭興是古文經學家劉歆的弟子，因此鄭衆自幼就受家學熏陶，繼而對《春秋》《周禮》《周易》《孝經》等儒家經典都卓有研究。

　　鄭衆的原著今已亡佚，但從鄭玄《周禮注》的相關引用可知，鄭衆的訓詁是以解釋經義、疏通文句爲目的的，所用術語有“古”“今”“古字”“今字”等。

　　（21）【諸侯之繅斿九就，瑉玉三采，其餘如王之事，繅斿皆就，玉瑱玉笄】……鄭司農云“繅當爲藻。繅，古字也；藻，今字也，同物同音”。（《周禮注疏》卷三十二）

　　（22）【凡國之大事，治其禮儀以佐宗伯】……故書儀爲義。鄭司農云“義讀爲儀。古者書儀但爲義，今時所謂義爲誼”。（《周禮注疏》卷十九）

　　（23）【大祭祀，讀禮灋，史以書叙昭穆之俎簋】……故書簋或爲几。鄭司農云“几讀爲軌，書亦或爲簋，古文也”。（《周禮注

疏》卷二十六）

（24）【小宗伯之職掌建國之神位，右社稷，左宗廟】……故書位作立。鄭司農云“立讀爲位，古者立、位同字”。（《周禮注疏》卷十九）

（25）【凡師不功，則助牽主車】……故書功爲工。鄭司農：“工讀爲功，古者工與功同字，謂師無功肆師助牽之，恐爲敵所得。”（《周禮注疏》卷十九）

例（21）中，鄭衆明確提出了“古字”和“今字”術語，並闡述了縭—藻這組“古今字”具有“同物同音”的性質。對於鄭衆説的“同音”，李運富解釋道：“……‘古今字’雖然要求‘同物同音’，但‘同物（義）’是絶對的，而‘同音’却是相對的，可以包括‘音聲相似’的情況，所以不宜摳得太死：衹要使用中記録的是同一個詞項就行，既然用字時代不同，讀音稍有差異也是合乎情理的。”[①] 我們同意這個看法。

例（22）於同一訓條內揭示了兩組“古今字”。鄭衆先以“讀爲”的術語指出義—儀在{威儀}上記録職能相當，接着説“古者書儀但爲義”意指“古”時並無“儀”字，今天“儀”字所記録的詞義，在古時均由“義”字記録。可見鄭衆針對{威儀}指出義—儀是“古今字”。在此之外，鄭衆説“今時所謂義爲誼”，意指漢代由“義”字記録的詞義，在古時均由“誼”字記録，所以在{義}上誼—義也是“古今字”。從出土文獻看，甲骨文、金文之中有義而無儀、誼二字，“古者書儀但爲義”之説較爲可信。就“今時所謂義爲誼”而言，《史記·魏豹彭越列傳》“其義必立魏王後乃可”一句，《漢書·魏豹田儋韓王信傳》作“其誼必立魏王後乃可”。《説文·言部》：“誼，人所

---

① 李運富：《早期有關“古今字”的表述用語及材料辨析》，《勵耘學刊·語言卷》2007年第2輯。

宜也。从言、从宜，宜亦聲。”“誼”當由“宜”孳乳而來。《釋名·釋言語》：“義，宜也。裁制事物，使合宜也。”似當言“今時所謂義爲宜”更合事實。疑今本《楚辭·九章·惜誦》“吾誼先君而後身兮”之“誼”是後人傳抄修改用字的結果。

例（23）中鄭玄的引文表明他作注時看到的《周禮》文本是作“昭穆之俎几”，所以他首先要針對這個“几”用“讀爲”體例建立起几—軌之間的詞義聯繫。而對於此處“書亦或爲簋”以及“古文”的理解，李運富根據阮元《〈十三經注疏〉校勘記》所引段玉裁《〈周禮〉漢讀考》分析，如依段氏考證，此處的“几”實爲“九”的訛字，鄭衆原文當作“九讀爲軌，書亦或爲軌，簋古文也”，那麼此處的“古文”，就是指出軌—簋是｛簋器｝的“古今字”。[①]

例（24）以及例（25）原文中“位”和“功”，由上下文語境可知分別表｛位置｝和｛功效｝。鄭衆在訓條中先從校勘的角度指出了“故書”文本此處有“立”“工”的異文存在，繼而就兩組異文指出了｛位置｝上立—位以及｛功效｝上工—功分別是“古今字”。值得注意的是，單看鄭衆“古者立、位同字”以及“古者工與功同字”的表述，我們祇能知道漢代的“立”與“位”、“工”與“功”所記詞義在“古”時“同字”，即由其中一方記錄，但不知“古”時所“同”的是其中哪一個字。然而根據訓條中“立讀爲位”以及“工讀爲功”的訓詁，我們可知鄭衆是用漢代讀者熟悉的“位”和“功”來解釋“故書”中的“立”和“工”字，並可知鄭衆意指在｛位置｝以及｛功效｝上“立”“工”是“古字”，而“位”“功”是“今字”。

雖然從文獻當中能找到的鄭衆“古今字”訓注數量有限，但這些指論對於“古今字”學術史而言是有開創性意義的。鄭衆是目前有據可查的第一位於隨文注釋訓詁材料當中發現並指論了歷時同詞異字現

[①] 參見李運富《早期有關“古今字”的表述用語及材料辨析》，《勵耘學刊·語言卷》2007年第 2 輯。

象，並提出以"古字""今字"指稱這一問題術語的訓詁家，他開創的訓詁範式被後人繼承、發揚，開了後代"古今字"訓詁的先河。

（二）馬融對"古今字"的注釋

馬融（79~166）字季長，右扶風茂陵（今陝西興平）人，東漢經學家。據《後漢書·馬融傳》記載，"融才高博洽，爲世通儒，教養諸生，常有千數。涿郡盧植，北海鄭玄，皆其徒也。……嘗欲訓《左氏春秋》，及見賈逵、鄭衆注，乃曰：'賈君精而不博，鄭君博而不精。既精既博，吾何加焉！'但著《三傳異同説》，注《孝經》《論語》《詩》《易》《三禮》《尚書》《列女傳》《老子》《淮南子》《離騷》"①，足見其秉承古文學派的精神廣注群經，並培養了鄭玄等優秀學者。

馬融的著作在隋唐之後逐漸散佚。他有關"古今字"的論述，我們僅找到了1則轉引材料，出自唐陸德明《經典釋文》對《尚書·梓材》的注釋當中：

（26）【梓】音子，本亦作杍。馬云"古作梓字②。治木器曰梓，治土器曰陶，治金器曰冶"。（《經典釋文》卷四）

例（26）原文出自《尚書·梓材》"梓材，告康叔以爲政之道，亦如梓人治材"。《經典釋文》首先從校勘的層面指出"梓材"中的"梓"在其他版本中作"杍"的異文。而從"古作梓字"的引文看，馬融治《尚書》時也見到了不同版本的《尚書》此處有"杍材"和"梓材"的異文區別，所以纔爲讀者介紹其中一個版本中的"杍"字"古作梓字"。和指論版本異文的術語"古文作"不同，馬融説的"古作"，是就"古"時的用字習慣而言，要説明梓—杍是"古今字"。值得一提的

---

① （南朝宋）范曄：《後漢書》，中華書局，1965，第1972頁。
② "古作梓字"四字覈對《經典釋文》宋刊本、抱經堂本、《四部叢刊》本書影無誤。而清儒王筠、桂馥等人所引"馬云'古作杍字'"未詳所出，疑爲輾轉相傳的訛誤。

是，這則訓條對於考察“古今字”中“古字”和“今字”的相對性很有價值，我們還會在後文中詳細分析。

從有限的材料看，馬融這則訓條反映出他指論的這組“古今字”揭示的是歷時用字習慣差異，與個體的、孤立的版本異文校勘截然不同。在對“古今字”的態度上，馬融的注釋説“治木器曰梓”，反映出他不會因爲“今字”的存在而排斥、弃用“古字”，“古字”和“今字”不一定是互斥的替換關係。從學術史上看，馬融是鄭衆的後學，又是鄭玄之師，所以他的研究反映出“古今字”的訓詁範式在鄭衆之後依然在漢儒間傳承。

（三）鄭玄對“古今字”的注釋

鄭玄（127~200）字康成，北海高密（今山東高密）人，是東漢末著名經學家。他自幼聰慧篤學，曾拜古文經學家馬融爲師，有着極高的學術造詣。東漢末年的學術界經説家法各異，鄭玄師承古文經學，但治學却“括囊大典，網羅衆家，删裁繁誣，刊改漏失，自是學者略知所歸”①，在注釋中博采各家之長遍注群經，堪稱集漢代今、古文經學之大成者，其訓詁著作流傳至今者爲數不少。據統計，鄭玄在《禮記注》《周禮注》《儀禮注》（統稱《三禮注》）和《毛詩箋》等著作中都指論了“古今字”，所用術語有“古文”“古（之）某字”“今之某字”“古以某爲某”“古今字”等。例如：

（27）【置槷以縣】故書槷或作弋。杜子春云“槷當爲弋，讀爲杙”。玄謂槷，古文臬。假借字。（《周禮注疏》卷十二）

（28）【夙夜匪解，虔共爾位】箋云……古之恭字或作共。（《毛詩正義》卷十八）

（29）【左右攘辟】攘，古讓字。（《禮記正義》卷三）

---

① （南朝宋）范曄：《後漢書》，中華書局，1965，第 1213 頁。

（30）【幼子常視毋誑】視，今之示字。（《禮記正義》卷一）

（31）【君天下曰天子，朝諸侯、分職、授政、任功曰"予一人"】……《覲禮》曰"伯父實來，余一人嘉之"。余、予古今字。（《禮記正義》卷四）

（32）【故聖人耐以天下爲一家】耐，古能字。傳書世異，古字時有存者，則亦有今誤矣。（《禮記正義》卷二十二）

例（27）原文當中的“槷”是一種測量標尺。鄭玄注“槷，古文臬”，意指今天由“臬”字承擔的職能，在“古文”中由“槷”字承擔。則在｛臬尺｝上，“槷”“臬”二者是“古今字”關係。值得注意的是，鄭玄在此還特別提到槷—臬之異由“假借”形成，這表明他的“古今字”研究已延伸到了對這種語文現象成因的探索。這方面的内容後文還將詳細討論。

例（28）原文“虔共爾位”的“共”在上下文中表｛恭敬｝。鄭玄云“古之恭字或作共”，即指這個｛恭敬｝義在當下用“恭”字表示，而在“古”時也可用“共”字表示，揭示了共—恭是“古今字”關係。

例（29）和例（30）是鄭玄使用“古某字”和“今某字”術語的用例，這種體例亦是針對某個詞義，將一個現今熟悉的漢字及其所記詞義與前代字形進行意義溝通。例（29）原文“左右攘辟”中的“攘”在上下文中表｛避讓｝。鄭玄云“攘，古讓字”即指在這個意義上，攘—讓是“古今字”。類似的，例（30）原文中的“視”，在上下文中表｛展示｝，鄭玄云“視，今之示字”即指在這個意義上視—示是“古今字”。

例（31）是“古今字”這個術語的首見用例。《禮記》原文中的“予”在上下文中表示｛自稱代詞｝，鄭玄的注釋指出，此義《禮記》文本用“予”字表示，而《儀禮·覲禮》當中却用“余”表示，他認爲此義上余—予是“古今字”。這則材料較爲知名，後代學者言“古今字”訓詁範例皆以此爲證，而且還有不少討論，我們將在後文當中詳述有關情況。

例（32）原文中的“耐”表｛能够｝。鄭玄對此訓曰“耐，古能字”，即指出在這個意義上“耐”是“古字”，而“能”是“今字”。值得注意的是，其後鄭玄説“古字時有存者”，反映了“古字”與“今字”不一定是替換的關係，也就是“今字”使用習慣的存在，不代表“古字”使用習慣的消失。對此李運富分析道：“有的古字和今字可以在同一時代、同一版本中出現，也不影響它們在通行性上的古今關係，例如《禮記·禮運》‘故聖人耐以天下爲一家’鄭玄注：‘耐，古“能”字，傳書世異，古字時有存焉（者），則亦有今誤矣。’在通行今字的時代，‘古字時有存焉（者）’，可見對古今字的時代差異不必扣死。”①

鄭玄“古今字”訓詁運用的術語多樣，而對於歷時用字習慣差異的指論思路是十分清晰的。他雖是“古今字”術語的首用者，但這個術語在他所有的訓詁材料中祇出現過一次，其他術語諸如“古某字”以及“今（之）某字”的使用次數更多。聯繫前人來看，鄭玄的“古今字”訓詁樣式和鄭衆、馬融的具有相似性。李玉平曾指出：“鄭玄在《周禮注》中繼承了以往注釋家（主要是鄭衆）的歷時溝通觀念，繼續使用或改造其歷時溝通用語，並以此在注文中對經文用字進行歷時溝通，也爲後來明確創造術語‘古今字’來溝通這類字際關係奠定了基礎。”②我們認爲，“古今字”訓詁樣式的出現和發展絶不僅僅靠個別學者的努力，它必然要以某種學派或者對訓詁目的有一定共識的學者集體傳習、研究爲基礎。當這一樣式發展至漢末經學的集大成者鄭玄時，則表現爲訓釋體例和訓釋用語的清晰化，並且首倡“古今字”術語，使“歷時同詞異字”的語文現象在學術領域有了一個專有名稱，後人

---

① 李運富：《“余予古今字”考辨》，《古漢語研究》2008 年第 4 期。
② 李玉平：《鄭玄〈周禮注〉從歷時角度對字際關係的溝通》，《古漢語研究》2009 年第 3 期。

凡言“古今字”，基本都以鄭玄爲代表的漢儒的觀念爲正宗。

（四）應劭對“古今字”的注釋

應劭字仲瑗（一作仲遠），汝南南頓（今河南項城）人，具體生卒年份不詳。史籍記載他曾於漢靈帝時爲官，是十分熟悉漢代典章制度和風俗名物的學者，主要著作有《漢官儀》、《風俗通義》（亦稱《風俗通》）以及《漢書集解音義》。這些著作歷經千餘年都有不同程度的散佚，他對“古今字”的訓注，如今僅能從唐代學者顏師古的《漢書注》中看到兩則轉引，溝通了兩組訓注“古今字”：

（33）【上奉玉卮】應劭曰“飲酒禮器也，古以角作，受四升。古卮字作觚”。晉灼曰“音支”。師古曰：卮，飲酒圓器也，今尚有之。（《漢書》卷一顏師古注）

（34）【令郎中有罪耐以上，請之】應劭曰“輕罪不至于髡，完其耏鬢，故曰耏。古耐字從彡，髮膚之意也。杜林以爲法度之字皆從寸，後改如是……音若能”。如淳曰“耐猶任也，任其事也”。師古曰：依應氏之説，耐當音而；如氏之解，則音乃代反，其義亦兩通。耐謂頰旁毛也。（《漢書》卷一顏師古注）

以上兩則轉引，我們推測可能出自應劭的《漢書集解音義》。例（33）原文中的“卮”在上下文中表｛飲酒禮器｝。應劭曰“古卮字作觚”，意指當下由“卮”字承擔的｛飲酒禮器｝，“古”時由“觚”字承擔，因此觚—卮是“古今字”。值得注意的是，應劭介紹“卮”這種酒器“古以角作，受四升”正和後面所論從角的“觚”相呼應，使得讀者對這個“古字”的構形有了更深的理解。

例（34）原文中的“耐”，是漢代一種剃除面頰兩側鬚髮的刑罰。應劭曰“古耐字從彡”，即指《漢書》此處由“耐”字承擔的職能，在“古”時則由“耏”字承擔，所以此義上耏—耐是“古今字”。從訓條中可見，應劭治《漢書》時見到的文本已用 "耐" 表示 { 剃頰鬚之刑 }。結合《説文》"彡，毛飾畫文也，象形"① 的訓釋看，他在注釋中舉出表示該義的 "古字" "㝅"，目的是説明這一刑罰和鬚髮有關，因此字形結構上最初從 "彡"。而 "今字" "耐"，應劭則解釋是因爲杜林根據這個刑罰名詞所屬的法律範疇，而把意符改爲 "寸" 作 "耐"，讀音和 "能" 相同。而這樣的論述，還涉及對 "古今字" 成因的解釋，後文將詳述有關情況。

從兩則訓條中，我們看到應劭的 "古今字" 訓詁思路是清晰而獨特的。和一般的訓詁家舉 "今字" 釋 "古字" 不同，應劭的訓條是就某詞項的 "今" 形舉 "古字" 以對，目的在於通過 "古字" 造意與所記詞義之間的關係説解訓釋對象的歷史面貌。

三　訓詁專書中的 "古今字" 研究

（一）佚名《古今字》

現有文獻中 "古今字" 一詞的最早出處，是一部早已亡佚的訓詁專書《古今字》。雖然它的詳細内容無從查考，但作爲一部漢代早期有關古今異字問題的訓詁專書，我們還是有必要從側面推斷它的性質以及它和漢儒 "古今字" 訓詁之間的關係。

《古今字》一書僅存的書名，位於《漢書·藝文志》的 "《孝經》家" 類别之中：

> 《孝經古孔氏》一篇（二十二章）；
> 《孝經》一篇（十八章，長孫氏、江氏、后氏、翼氏四家）；
> 《長孫氏説》二篇；
> 《江氏説》一篇；

---

① （漢）許慎：《説文解字》，中華書局，1963，第 184 頁。

《翼氏説》一篇；

《后氏説》一篇；

《雜傳》四篇；

《安昌侯説》一篇；

《五經雜議》十八篇（石渠論）；

《爾雅》三卷二十篇；

《小爾雅》一篇，《古今字》一卷；

《弟子職》一篇；

《説》三篇。

凡《孝經》十一家，五十九篇。

《孝經》者，孔子爲曾子陳孝道也。夫孝，天之經，地之義，民之行也。舉大者言，故曰《孝經》。漢興，長孫氏、博士江翁、少府后倉、諫大夫翼奉、安昌侯張禹傳之，各自名家。經文皆同，唯孔氏壁中古文爲異。"父母生之，續莫大焉"，"故親生之膝下"，諸家説不安處，古文字讀皆異。(《漢書》卷三十)

不難看出，以上書目中和《孝經》有關的大多是闡釋經義的著作，其中也間雜着《爾雅》《小爾雅》這類訓詁專書，《古今字》則被附於《小爾雅》之後。班固撰寫的《漢書》成於東漢初年，書中所叙史事上起漢高祖，下至新莽時期。從《漢書·藝文志》的學術淵源來看，它的體例以及内容都和西漢古籍整理專家劉向、劉歆父子的《別録》以及《七略》有繼承關係。這一背景意味着《古今字》可能在西漢時期就已編成，書名中的"今"指的就是漢代，漢以前則爲"古"，而"字"則意味着這部書是對歷時漢字的彙集和聯繫。我們注意到，班固在"《孝經》家"的小結中，提到了"孔氏壁中古文"的《孝經》與各家所用"皆同"的經文有異，而且"父母生之，續莫大焉"和"故親生之膝下"各家解釋未安的地方，"古文"《孝經》甚至連文字和句讀都和各家不一樣。由此我們聯繫西漢時期"魯共王壞孔子宅，而得《禮記》《尚書》《春秋》《論語》《孝經》；又北平侯張蒼獻《春秋左氏傳》；郡國亦往往於山川得鼎彝，其銘即前代之古文，皆自相似"①這一綫索來看，《古今字》這部書很有可能是西漢學者溝通、聯繫出土文獻和傳世文獻之中異文的一部材料彙纂型訓詁專書，同《爾雅》《小爾雅》一樣，《古今字》的材料範圍，也未必就局限於《孝經》。

其實對於《古今字》之於"《孝經》家"的分類，段玉裁就曾提出異議。雖然他也不可能看到這部書的内容，但是他在綜合分析了《漢書·藝文志》收書編目的體例後認爲，班固不應將《古今字》連同《爾雅》《小爾雅》一同納入"《孝經》家"，而應納入"小學家"：

> 劉歆作《七略》、班固述《藝文志》，學者所奉爲高山景行者也；而《六藝略》中，以《孝經》《爾雅》《小爾雅》《古今字》爲"《孝經》家"，以《史籀》《八體》《倉頡》《凡將》《急就》《元尚》《訓纂》《別字》《倉頡傳》《倉頡訓纂》《倉頡故》爲"小學家"，於"小學家"言《周官》"六書"象形、象事、象意、象聲、轉注、段借是矣，而不知《爾雅》三卷、《小爾雅》一篇、《古今字》一卷。此與"小學家"之《倉頡傳》、楊雄《倉頡訓纂》、杜林《倉頡訓纂》《倉頡故》同爲訓詁之書，皆古"六書"之所謂轉注、段借者，不當畫而二之，當合此爲《小學》類，而以《孝經》《五經雜議》《弟子職》《説》合於"《論語》家"爲一家。……劉、班之以《爾雅》《小爾雅》《古今字》別於《史籀篇》《倉頡篇》及釋《倉頡篇》者，蓋謂《爾雅》《小爾雅》所言者六經古字古義，《倉頡傳》《倉頡訓纂》《倉頡故》所言者今字今義，實有不同。不知古今非有

---

① （漢）許慎：《説文解字》，中華書局，1963，第315頁。

異字，《爾雅》《小爾雅》所列之字，未嘗出《史籍》十五篇、《倉
頡》《凡將》等篇外也；但同此字，而古今用者不同。段借依託致
䌥，故又有説《古今字》之書，班既以《古今字》一卷附於《爾
雅》矣，則應合諸"小學家"顯然也。又況《爾雅》《小爾雅》《古
今字》三者，皆以統攝"六藝"，附之小學則當，專附之《孝經》
則不當。（《説文解字注》卷十五下）

段玉裁這番有關《古今字》的注釋在許慎《説文解字·後叙》"知
此者稀"四字之下，可謂長篇大論。他認爲劉歆《七略》以至班固
《漢書·藝文志》不把《古今字》列入"小學家"，是因爲其書收録的
是古字形，與其他"小學家"類别下的漢代字書有别。段玉裁批評班
固的分類不當，指出《古今字》收録的應是古今因爲"假借"等情况
造成的"同此字，而古今用者不同"的異字，是訓詁專書，而非專門
解釋《孝經》，所以其書本質上是符合"小學家"收録標準的。

我們同意段玉裁關於《古今字》應作爲訓詁專書歸入"小學家"
的意見。雖然目前不能確認段玉裁的"古今字"觀念是否能涵蓋《古
今字》一書收録的語文現象，但我們結合《漢書·藝文志》提供的信
息可以相信，隨着《孝經》等"古文"經籍的出土，從西漢開始，就
已經有學者就出土文獻與傳世文獻之間的異字問題進行考辨、聯繫，
並且編纂了《古今字》這一部訓詁專書。如葛志毅推斷："《爾雅》、
《小爾雅》乃訓詁書，《古今字》一卷具列古今文字異體，其用與《爾
雅》解古今語之用同，是皆古文家訓詁、考校、解經所用。"[1]從學術傳
統上看，《古今字》所反映漢代早期學者對古今異字問題的探索，正是
鄭衆以降漢儒"古今字"訓詁傳統的重要源頭。

---

① 葛志毅：《兩漢經學與古代學術體系的轉型》，《北京大學學報》（哲學社會科學版）1994
年第 2 期。

（二）許慎《説文解字》

《説文解字》簡稱《説文》，是東漢時期極爲重要的訓詁專書，作者許慎（約 58~ 約 147）字叔重，汝南召陵（今河南漯河召陵區）人，是曾經師從東漢古文經學家賈逵的著名學者，有 "五經無雙許叔重" 之稱。許慎的代表作《説文解字》是我國第一部按照部首編排的字書，它依照漢字形義統一的規律分析字形、解釋字義，開中國文字學風氣之先，其中 "古今字" 指論頗爲豐富，共有訓注 "古今字" 500 餘組，數量爲漢代之最。

許慎所處的時期，出土的 "古文" 正受到懷疑和輕視。於是他懷着强烈的學術使命感，針對 "鄙夫俗儒，翫其所習，蔽所希聞，不見通學，未嘗睹字例之條，怪舊埶而善野言，以其所知爲秘妙，究洞聖人之微恉"[1] 的不良風氣，以 "今叙篆文，合以古籀" 的體例撰《説文解字》，爲 "古文" 立言，全書 1163 個重文之中，相當一部分就是 "古文"。

有學者認爲，《説文》中的 "古文" 指的是戰國時代 "不與秦文合" 的東方六國異體字，我們不持異議。從共時的角度看，秦系文字和六國文字互爲異體；從歷時的角度看，戰國時代，相對於漢代來說，也屬於 "古"。因此，許慎在《説文》重文中所說的 "古文" 和他在《説文解字叙》中所說 "郡國往往於山川得鼎彝，其銘即前代之古文" 的 "古文"，命名理據是一致的。我們在前文中介紹過，許慎的 "古今字" 訓詁多數存在於這些討論 "古文" 問題的條目之中，除此以外也還有少部分 "古某字" "今文" 的訓釋形式，例如：

（35）【絶】斷絲也。从糸、从刀、从卪。𢇍，古文絶。象不連體，絶二絲。（《説文解字》卷十三）

（36）【蠿】蠿蟊，作罔蛛蟊也。从虫，𢇍聲。𢇍，古絶字。

---

① （漢）許慎：《説文解字》，中華書局，1963，第 315 頁。

（《説文解字》卷十三）

（37）【灋】刑也。平之如水，从水。廌，所以觸不直者去之，从去。法，今文省。佥，古文。（《説文解字》卷十）

（38）【臤】堅也。从又，臣聲。謂握之固也，故从又。凡臤之屬皆从臤。讀若鏗鏘之鏗。古文以爲賢字。（《説文解字》卷三）

（39）【旅】軍之五百人爲旅。从㫃，从从。从，俱也。𣱚，古文旅。古文以爲魯衞之魯。（《説文解字》卷七）

例（35）和例（36）都指出了𢇍—絶這組“古今字”，但表述形式稍有差别。例（35）之中的“𢇍”是“絶”的“古文”，許慎針對{絶}這個詞義指出它們之間的歷時對應關係；而例（36）之中，“𢇍”作爲正篆“䜌”的聲符引介，爲了讓讀者明瞭“𢇍”的背景，許慎順便指出“𢇍”即是“古絶字”，從側面指明了𢇍—絶在{絶}上的“古今字”關係。從這兩個例子可以看出，《説文解字》中的術語“古文”和“古某字”可以針對同一組“古今字”字例而論，此時它們具有相同的功能。

例（37）訓條指出在{刑法}上有灋—法、佥—灋兩組“古今字”。值得一提的是，這是《説文解字》中罕見的“今文”術語用例。

例（38）和例（39）都是包含“古文以爲某”的條目。“古文以爲某”意指字頭在“古文”使用的年代，還被用於記録和某個字相當的詞義。而由於“古文以爲”的那個詞義和許慎訓釋的字頭詞義不同，因此在這類條目中也不會直接出現某個“古文”形體。從例（38）來看，正篆字頭“臤”記録的詞義是{堅固}，而“古文以爲賢字”，則是説漢代由“賢”字承擔的職能，在“古文”的年代由“臤”字承擔。所以這則訓條揭示的是，在{賢}上臤—賢是“古今字”，而與{堅固}無關。再來看例（39），這是“古文”形體與“古文以爲”同時出現的情況。依照“古字”與“今字”詞義對應的原則不難看出，“古文”“袠”和正篆“旅”同條出現，它們在｛軍旅｝上是“古今字”；而在此之外，袠—魯還在｛魯國｝上構成“古今字”關係。

從總體上看，《説文解字》這一訓詁專書中的“古今字”訓條和前文所述鄭衆、鄭玄等人在文獻中的“古今字”訓條相比有其明顯的不同。首先，訓詁專書是在隨文注釋訓詁材料高度發展的基礎上根據一定的目的彙集字詞加以解釋的訓詁著作，它彙聚的材料衆多，《説文解字》是目前所見漢代著作中“古今字”訓詁材料最爲豐富的一部。其次，訓詁專書的工具性較强，有着比較清晰的編纂體例和相對程式化的表述用語。由以上示例可見，《説文解字》對“歷時同詞異字”問題的表述用語趨於統一，除少數“古字”“今文”外，絶大多數訓條用“古文”指稱“古今字”現象。最後，訓詁專書的行文是高度精練的，因而對於“古字”和“今字”所記的詞義訓釋相對比較概括，而不似隨文注釋訓詁材料當中有詳細的上下文供參考。如例（38）中“古文以爲賢字”以及例（36）中的“𤮑，古絶字”，並未交代臤—賢以及𤮑—絶具體記録漢代由“賢”和“絶”字記録的某個具體詞義，所以我們對於這類“古今字”訓條所涉詞義亦應概括性地對待。

（三）郭訓《古文奇字》

漢代學者郭訓字顯卿，生卒情況不詳。他所作的《古文奇字》一書今已亡佚，但他身後至唐代學者對書中内容有所轉引。龍璋《小學蒐逸（外三種）》考云：“隋《志》：‘《古文奇字》一卷，郭顯卿撰。’唐《志》著録：‘二卷，郭訓撰。’訓别撰《字旨》。顯卿即其字也。”①綜合判斷，《古文奇字》之名，應與《説文解字》重文中的“古文”和“奇字”有關。因此這部書應當是收録讀者不易知曉的異體字的專書。玄應《一切經音義》轉引了一則《古文奇字》中的“古今字”注釋，徐剛《古文源流考》認爲“這可能是今存唯一的一條引郭顯卿《古文

---

① （清）龍璋輯《小學蒐逸（外三種）》，國家圖書館出版社，2013，第237頁。

奇字》的材料"①:

（40）【須蠆天】《三蒼》音帝。郭訓《古文奇字》以爲古文逝字。《漢書》韋昭音徒計反。案《中陰經》作須滯天，或作須瘑天，亦言善見天。（《一切經音義》卷三）

例（40）詞條中的"須蠆"是梵語音譯，玄應指出，該詞第二個音節有蠆、滯、瘑三個不同記錄用字。從理論上看，這些漢字記錄單純詞的音節時是無義的。但針對蠆字的來歷，玄應徵引了郭訓《古文奇字》的意見，即在｛逝｝這個職能上，蠆—逝是一組"古今字"。考《説文·辵部》云："逝，往也。从辵，折聲。讀若誓。"該字從折得聲，古音在月部。而蠆字從疌，從帶得聲。疌有足義，和｛逝｝義相關。至少在漢代，蠆即可表｛逝去｝義。《玉函山房輯佚書·尚書中候》："表曰：'文命治淫水，授臣何圖蠆人洲。'鄭玄注：'蠆，去也，音帶。'"蠆從帶得聲，蠆、帶、逝古音同屬月部。表示｛逝｝這個職能，蠆當是本用。或許是因爲蠆字在後世不爲人知，所以郭訓將其收錄在了《古文奇字》中。

第三節　魏晉南北朝的"古今字"研究

一　引言

魏晉南北朝是中國漢代到隋代之間一段長達 300 餘年的以分裂割據爲主的歷史時期。東漢末年，王室衰微，群雄逐鹿。公元 220 年，

---

① 徐剛：《古文源流考》，北京大學出版社，2008，第 135 頁。

曹丕迫使漢獻帝"禪位"於己建立魏國割據北方，繼而蜀漢、孫吳並起。雖然司馬氏篡魏建立的西晉曾短暫實現了統一，但"八王之亂"隨即又使國家重新分裂爲經歷了"五胡十六國"以至北齊、北周統治的"北朝"和經歷了東晉、宋、齊、梁、陳更迭的"南朝"。

國家的劇變對魏晉南北朝的學術産生了重要影響。王國維曾總結稱："自董卓之亂，京洛爲墟。獻帝託命曹氏，未遑庠序之事，博士失其官守垂三十年，今文學日微，而民間古文之學乃日興月盛……漢家四百年學官今文之統已爲古文家取而代之以矣。"①魏晉以來古文經學的興盛恰逢一個人口大遷徙、民族大融合、語文習慣深刻變遷、文獻閱讀障礙不斷增加的社會，因此這一時期衆多學者繼承和發揚漢儒的"樸學"傳統，開展了廣泛的訓詁工作。魏晉南北朝訓詁活動的對象已不再局限於儒家經書，而擴展到了史籍和諸子百家，此外該時期訓詁專書的編纂也逐漸專門化，韻書、雅書、字書逐漸分立，"字指之學"大興，這些背景都是"古今字"訓詁進一步發展的契機。從材料上看，魏晉南北朝的"古今字"注釋材料大多依靠輯佚，雖然數量比漢代少，但分布卻十分廣泛，虞翻、韋昭、如淳、孟康、晉灼、郭璞、顔之推等在隨文注釋訓詁材料中均有"古今字"指論，涉及《周易》《國語》《荀子》《爾雅》《穆天子傳》《山海經》《漢書》等前代文獻；與此同時，張揖《古今字詁》、李登《聲類》、吕忱《字林》、何承天《纂文》、佚名《字書》以及顧野王《玉篇》(《原本〈玉篇〉殘卷》)等一批訓詁專書亦對"古今字"問題給予了更爲廣泛的指論和彙集。

二 隨文注釋中的"古今字"研究

(一)虞翻對"古今字"的注釋

虞翻（164~233）字仲翔，會稽餘姚（今浙江）人，三國孫吳學

---

① 王國維：《觀堂集林》，中華書局，1959，第189頁。

者。其人在學術上通經史，精《易》學，善占卜。據劉大鈞整理統計，虞翻曾爲《周易》《老子》《論語》《孝經》《太玄經》《參同契》等文獻作過注釋①，但其著作均已散佚。他的“古今字”訓條包含了“古某字”“古某作某”等術語：

（41）【失得】如字。孟、馬、鄭、虞、王肅本作矢。馬、王云“離爲矢”，虞云“矢，古誓字”。（《經典釋文》卷二）

（42）【九三，艮其限，裂其夤，屬闐心】虞翻曰“……艮爲闐。闐，守門人。坎盜動門，故‘屬闐心’。古闐作熏字”。（《周易集解》卷十）

（43）【古之葬者，厚衣之以薪，葬之中野，不封不樹，喪期无數，後世聖人易之以棺槨，蓋取諸大過】虞翻曰：“中孚，上下象易也。本无乾象，故不言上古。大過乾在中，故但言古者。巽爲薪，艮爲厚。乾爲衣，爲野，乾象在中，故‘厚衣之以薪，葬之中野’。穿土稱封。封，古窆字也。聚土爲樹，中孚无坤坎象，故不封不樹……”（《周易集解》卷十五）

（44）《虞翻別傳》曰：……又奏鄭玄解《尚書》違失事目“……又古大篆丣字讀當爲柳，古柳、丣同字，而以爲昧；‘分北三苗’，北，古別字，又訓北，言‘北猶別也’。若此之類，誠可恠也……”。（《三國志·吳志》卷十二裴松之注）

例（41）中，《經典釋文》首先比對了包括虞翻本在內的五種《周易》注本，發現它們都將“失得勿恤”一句中的“失得”寫作“矢得”，其中馬融、王肅由“矢”字的本義｛箭｝解釋此處“矢”當訓爲“離”，而虞翻則不然，他指出“矢”實爲“誓”的“古字”，也就是説

① 參見劉大鈞《虞翻著作考釋》，《周易研究》1990 年第 2 期。

在 { 誓 } 上，矢—誓是"古今字"。

例（42）和例（43）均爲唐代李鼎祚《周易集解》對虞翻的轉引。例（42）中，虞翻首先指出《周易》"厲閽心"一句中的"閽"在這裏表示 { 守門人 }，接着説"古閽作熏字"，即指後代"閽"字承擔的職能，在"古"時由"熏"字承擔。所以在 { 守門人 } 上，"閽"和古時用的"熏"具有歷時同用關係，它們是"古今字"。

例（43）《周易》原文"不封不樹"中的"封"表 { 聚土爲墳 }。虞翻云"封，古窆字也"，意指在後代由"窆"字承擔的職能，"古"時由"封"字承擔，封—窆在 { 聚土爲墳 } 上可以構成"古今字"。

例（44）出自《虞翻別傳》，附於《三國志·虞陸張駱陸吾朱傳》裴松之注中。所謂"別傳"，是裴松之在《三國志注》中創立的"一種以'別傳'作爲單篇人物傳記的臨時名稱，以與其它叢集性史籍傳記相區別的注釋體例"①。這則別傳記載了虞翻對鄭玄《尚書注》疏漏的奏報，雖然我們無法得見奏報的全文，但《虞翻別傳》中引述了虞翻的幾點關鍵性意見，尤其是虞翻指責鄭玄將"分北三苗"中的"北"訓爲"北猶別也"是"可恠（怪）"之舉，因爲他認爲"分北三苗"之中"北"字承擔的詞義 { 分別 } 在後代已由"別"字記錄，所以此義上北—別這組"古今字"便不能用有"以今語釋古語"以及"本異義而通之"意味的術語"猶"來溝通。

（二）韋昭對"古今字"的注釋

韋昭（204~273）字弘嗣，吳郡雲陽（今江蘇丹陽）人，是三國孫吳學者。其人好學能文，博通經史，曾仿效劉向校訂衆書，著有《吳書》《孝經解贊》《毛詩雜答問》《論語注》《漢書音義》《國語注》等，但這些著作如今大多亡佚，《國語注》尚可見到。他的"古今字"注釋術語均爲"古某字"，例如：

① 陳慶：《注釋家的"別傳"觀——以裴松之、劉孝標爲中心》，《西南民族大學學報》（人文社會科學版）2010 年第 6 期。

（45）【思報父之恥而信其欲】信，古申字。（《國語》卷七章昭注）

（46）【狂夫阻之衣也】狂夫，方相氏之士也。阻，古詛字。將服是衣，必先詛之。（《國語》卷七章昭注）

（47）【田榮歸，沛公、項羽追北】服虔曰"師敗曰北"，韋昭曰"古背字也，背去而走也"。（《漢書》卷一顏師古注）

例（45）中"思報父之恥而信其欲"這句話的背景是晉獻公欲順從驪姬的意願發布指令，史蘇進諫稱驪姬與獻公有殺父之仇，所以驪姬"想要報復父親被殺的恥辱就會申張她的野心"，建議獻公小心提防。韋昭對於原文中的"信"注曰"古申字"，即指"古"時"信"字記錄的｛申張｝在後代已由"申"字承擔，信—申在該義上是"古今字"。

例（46）之中，韋昭針對"狂夫"所注的"方相氏之士"，根據《周禮·夏官·方相氏》的記載，指的是會跳儺舞、施咒法的方術士、巫師之類。從"阻，古詛字"的訓釋看，"狂夫阻之衣"的意思即是"被巫師詛咒過的衣服"。因此在｛詛咒｝上，"古"時用"阻"字，後代用"詛"字，阻—詛在該義上是"古今字"。

例（47）出自《漢書·高帝紀》。原文"田榮歸，沛公、項羽追北"的背景，是劉項聯軍擊潰了包圍田榮的秦軍，所以"田榮回兵，劉邦和項羽追擊敗逃者"。對於原文中的"北"，韋昭注云"古背字"，即指在"古"時由"北"字記錄｛敗逃者｝一義，而在後代，此義已由"背"字記錄。北—背在該義上是"古今字"。而至於"背去而走也"，則是韋昭繼續按照魏晉人熟悉的｛背去｝來解釋"北"有轉頭敗逃的意味。

（三）如淳對"古今字"的注釋

如淳，馮翊（今陝西大荔）人，生卒年不詳。史籍中有關如淳生平的記載不多，祇有《廣韻》曾提到"晉《中經部》'魏有陳郡丞馮翊如淳，注《漢書》'"①，可知他是三國曹魏學者，對《漢書》有研究。如淳的著作均已不存，但唐人曾轉引了他的"古今字"訓注：

（48）【甿隸之隸人，而遷徙之徒也】善曰：……如淳曰"甿，古文氓。氓，人也"。（《文選》卷五十一李善注）

（49）【《詩》曰"或宴宴居息，或盡領事國"】如淳曰"領，古悴字也"。師古曰：《小雅·北山》之詩也。宴宴，安息之貌也。盡悴，言盡力而悴病也。（《漢書》卷二十七顏師古注）

例（48）中原文出自《文選》所錄賈誼《過秦論》。其中的"甿"，《説文》訓"田民也"。這句話中的"甿隸之隸人"，是説陳涉爲"田民、徒隸一類的人"。如淳"甿，古文氓"的注，意指後代由"氓"記錄的詞義，在"古"時由"甿"承擔，甿—氓爲"古今字"。我們推測李善注中"人也"實際是"民也"，因爲唐人須避唐太宗李世民之諱，如果這一推測成立的話，則李善注和《説文》的"田民"義訓正好相合。

例（49）原文是《漢書·五行志》中一句出自《詩經·小雅·北山》的話。"盡領事國"，《毛傳》訓曰"盡力勞瘁以從國事"。此處"領"意爲"勞瘁"。結合如淳的訓注看，在｛勞瘁｝上領—悴是一組"古今字"。

（四）孟康對"古今字"的注釋

孟康字公休，安平廣宗（今河北威縣）人，是三國曹魏學者，具體生卒年不詳。史料記載他曾於魏文帝時任散騎常侍，主要著作有《漢書音義》，但今已亡佚。我們從唐人的引文中找到了6則孟康的

---

① （宋）陳彭年：《宋本廣韻》，江蘇教育出版社，2008，第18頁。

"古今字"訓注,所用術語主要有"古今字"和"古某字",例如:

（50）【已而有娠,遂產高祖】應劭曰"娠,動。懷任之意。《左傳》曰'邑姜方娠'"。孟康曰"娠音身,漢史身多作娠,古今字也"。師古曰:孟説是也。《漢書》皆呂娠爲任身字。"邑姜方震"自爲震動之字,不作娠。（《漢書》卷一顏師古注）

（51）【麁觕】《漢書》班固《叙傳》云"觕舉僚職",孟康注云"觕,古粗字,音才古反"。韋昭曰"粗,略義也"。（玄應《一切經音義》卷三）

例（50）是在東漢鄭玄發明"古今字"後該術語的首見用例。孟康説"娠音身",首先説明這兩個字同音。而通過"漢史身多作娠"的論述,我們可知在孟康治《漢書》的魏晉時期,{孕妊}已通常由"身"字記録,和《漢書》中"多作娠"的習慣迥異,通過這一條我們認識到,較鄭玄稍晚的孟康已經認識到"古今字"這個概念的內涵即同義、同音,歷時用字習慣不同,所以纔對娠—身在{孕妊}上的"古今字"關係有明確的指論。

例（51）是玄應《一切經音義》的內容,其中提到孟康曾對《漢書》中的"觕舉僚職"注曰"觕,古粗字,音才古反"。這句話反映出,孟康認爲漢代的"古字""觕",對應着孟康時代較爲通行的"今字""粗"。我們認爲,這則注釋反映了孟康對"古今字"注釋體式的繼承,但其結論存在誤會。我們將在第六章中詳細辨析。

（五）晉灼對"古今字"的注釋

西晉學者晉灼的生卒事迹不詳,據載著有《漢書音義》十七卷,今已亡佚。目前顏師古《漢書注》、李善《文選注》以及宋祁《漢書》校語當中都可見到徵引的晉灼"古今字"訓條,所用術語多爲"古某字"。例如:

（52）【懼其未也，故誨之以忠，懬之以行，教之以務，使之以和】晉灼曰“懬，古勑字也”。師古曰：懬謂弉也，又音所項反。（《漢書》卷二十三顏師古注）

（53）【范雎以折摺而危穰侯】晉灼曰“摺，古拉字也”。（《漢書》卷八十七顏師古注）

例（52）原文中的“懬”表｛勸勉｝。晉灼曰“懬，古勑字也”，指出“古”時“懬”記錄的詞義，在後代由“勑”字承擔。“勑”字在《説文》中訓“敬也”，而從《漢書》“誨之以忠，懬之以行，教之以務，使之以和”的排比句式來看，“懬”應是動詞，義爲｛勸勉｝，如顏師古所説“弉（獎）也”。因此懬—勑在｛勸勉｝上是“古今字”。

例（53）中原文所述范雎“折摺”一事，《漢書·揚雄傳》在另一處也有提及，曰“范雎，魏之亡命也，折脅拉髂，免於徽索”，“摺”在這裏寫作“拉”。“髂”指的是腰骨，“拉髂”和“折脅”相對，指的是腰骨被摧折。由此可見，《漢書》中“拉”“摺”並存，後者是前代用字習慣的遺留，至魏晉這一習慣已不爲人所熟悉，因此晉灼纔會特別注明摺—拉在｛摧折｝上是“古今字”。

（六）郭璞對“古今字”的注釋

郭璞（276~324）字景純，河東聞喜（今山西聞喜）人，是魏晉時期著名的訓詁家。他曾於東晉元帝時任著作左郎，治學則以詩詞、訓詁聞名，《晉書》稱他“好經術，博學有高才，而訥於言論，詞賦爲中興之冠，好古文奇字，妙於陰陽算曆”[1]。在訓詁領域，郭璞自言“余少玩雅訓，旁昧方言，復爲之解，觸事廣之，演其未及，摘其謬漏，庶以燕石之瑜，補琬琰之瑕”[2]，繼而爲《爾雅》《方言》《穆天子傳》《山

---

① （唐）房玄齡等：《晉書·郭璞傳》卷七十二，同文書局，1903。
② 華學誠匯證《揚雄方言校釋匯證》，中華書局，2006，第 1 頁。

海經》《三蒼》①以及《楚辭》《子虚賦》《上林賦》等衆多前代文獻作了注釋，秉承了漢代“樸學”的嚴謹之風，堪稱傑出的訓詁學者。據目力所及，郭璞在訓條中所用術語多爲“古某字”“古今字”“古字”“今字”等。例如：

（54）【鬱陶、繇，喜也】孟子曰“鬱陶，思君”。《禮記》曰“人喜則斯陶，陶斯詠，詠斯猶”。猶即繇也，古今字耳。（《爾雅》卷一注）

（55）【劅謂之鐼】皆古鍬鎬字。（《爾雅》卷六注）

（56）【矛……其柄謂之矜】今字作殣。巨巾反。（《方言》卷九郭璞注）

（57）【假】音駕【佫】古格字【懷、攈、詹、戾、艐】古届字【至也。邠、唐、冀、兖之間曰假，或曰佫】……【艐，宋語也。皆古雅之别語也】雅謂風雅【今則或同】（《方言》卷一郭璞注）

（58）【蟁】本或作鷗。郭云“皆古蚊字”。音文。案《説文》蟁正字，蚊俗字。或作蟁。（《經典釋文》卷三十）

（59）【冀必欲和輯匈奴】輯音才入反，郭景純云“古集字”。（《後漢書》卷四十二李賢注）

例（54）是術語“古今字”的用例，其原文出自《爾雅·釋詁》。郭璞注文中提到的“人喜則斯陶，陶斯詠，詠斯猶”出自《禮記·檀弓》，整句話是“人喜則斯陶，陶斯詠，詠斯猶，猶斯舞，舞斯愠，愠斯戚，戚斯歎，歎斯辟，辟斯踊矣”。對這句話鄭玄注云“猶當爲

---

① 玄應在《一切經音義》中引用了多條《蒼頡解詁》的“古今字”注釋。《三蒼》本是無注釋雜字書，《蒼頡解詁》疑是郭璞爲《三蒼》所作訓詁，我們權且歸於郭璞名下。

搖，聲之誤也。搖，謂身動搖也。秦人'猶''搖'聲近"①，孔穎達疏云"'咏（詠）斯猶'者，搖動身也。咏（詠）歌不足，漸至自搖動身體也。'猶斯舞'者，舞，起舞也。搖身不足乃至起舞，足蹈手揚，樂之極也"。根據鄭玄和孔穎達的意見，這裏的"猶"實際上可通"搖"，表示{搖動}，而這一動作又和人的喜悅是存在關聯的。而郭璞針對《爾雅》"鬱陶、繇，喜也"之訓使用"古今字"術語指出"猶即繇也，古今字耳"，意指"猶"和"繇"具有古今同用關係，可以歷時共同記錄{喜}。

　　例（55）的原文出自《爾雅·釋器》，"斛謂之䥗"的上下文均是對農具的介紹。比較特別的是，郭璞在這裏以精練的用語指論"斛"是"鍬"的古字，同時"䥗"是"鎬"的古字。這樣做的用意，是以魏晉人熟悉的字來注釋《爾雅》中生僻的前代用字。從這一條可見，儘管"斛""鍬""䥗""鎬"四個字指稱的事物都是同一種掘土用的農具，但是"斛"和"䥗"以及"鍬"和"鎬"都不具備同音或者音近的性質，因此它們不屬同一個詞，更不可能是"古今字"。而相對地，斛—鍬以及䥗—鎬則是同一個詞的歷時不同形體，因而郭璞明確指論它們分別在{鍬}以及{鎬}上構成"古今字"關係。

　　例（56）是郭璞使用"今字"術語的訓條，同樣來自《方言注》。揚雄的原文指出"矜"的意義是{矛柄}，郭璞則立足魏晉時期的語言習慣指出漢代的"矜""今字作穜"，即在{矛柄}上，矜—穜是一組"古今字"。

　　例（57）來自《方言注》。郭璞在此處指出了兩組"古今字"，即針對{至}的佫—格以及艐—届。《方言》在編纂模式上和《爾雅》有些類似，但它對於同條語詞聯繫的標準是"義"，而不是《爾雅》的"訓"。以此條爲例，揚雄把"邠、唐、冀、兖之間"的方言詞"佫"和

---

　　①　《禮記正義》卷九，（清）阮元校刻《十三經注疏》，中華書局，1980。

“宋語”中的方言詞“艘”繫聯在一起，是因爲它們都記録｛至｝。但必須認識到，記録同一個意義的“古雅之别語”實際上是不同的詞，因而記録這些詞的字，也可能不屬於同一個詞。從郭璞的注文可見，他對於“古今字”的指論明顯遵循“同詞”的標準，即佫—格是一個方言詞的“古今字”，而艘—届則是另一個方言詞的“古今字”。同義但没有音同音近關係，不屬於同一個詞的字，如“佫”和“届”、“艘”和“格”儘管有時代上的先後，但衹能算古今語而不構成“古今字”。

例（58）和例（59）兩則“古今字”訓條均輯自後人的引文。例（58）中《經典釋文》此處針對的是《爾雅·釋鳥》中的“蟁”。《説文》對這個字的解釋是“蟁，齧人飛蟲。從𧈦，民聲。蟁，蟁或從昏，以昏時出也。蚊，俗蟁，從虫，從文”。此例之中，《經典釋文》首先從校勘的角度指出這個“蟁”在其他版本的《爾雅》中也寫作“鴎”，繼而引用“郭云‘皆古蚊字’”這一指論説明“蟁”“鴎”都對應着唐人熟悉的“今字”“蚊”，記録的詞義是｛蚊｝。再來看例（59），其中原文出自《後漢書·王劉張李彭盧傳》，李賢注提到了“郭景純云‘古集字’”。“景純”是郭璞的字，李賢的論述意指“冀必欲和輯匈奴”中的“輯”字的功能對應着“今字”“集”。結合這兩例來看，《經典釋文》和《後漢書注》都在引用郭璞之語解釋文獻中的某個“古字”，但我們從現今存世的郭璞作品中，却没有找到這兩則訓詁。我們推測，今本郭著或歷經傳抄和删改，已非唐人所見面貌，也可能是《經典釋文》《後漢書注》繫聯、彙編了郭璞在《爾雅》和其他著述當中零散的“古今字”訓詁。不論出於何種情形，我們認爲衹要《經典釋文》和《後漢書注》所引“古今字”指論確實出自郭璞，則針對｛蚊蟲｝指出蟁—蚊、鴎—蚊是兩組“古今字”，針對｛聚合｝指出輯—集是“古今字”，都是郭璞對“古今字”研究的貢獻。

魏晉南北朝時期的“古今字”訓注今天能見到的爲數有限，絶大多數需要從後人引文中輯佚，而郭璞的相關訓條能够隨着他的著作流傳至今堪稱不易。從他的“古今字”指論看，不論他使用“古字”“今字”還是“古今字”術語，所溝通的語文現象都是歷時同詞異字問題，這顯示了他對於這類語文現象的性質有清晰而自覺的認識，不會和“古今語”問題相混淆。

（七）顏之推對“古今字”的注釋

顏之推（531~？），琅琊臨沂（今山東臨沂）人，是南北朝以至隋代一位博聞強識的文史學家，曾先後仕於南梁、北齊、北周，並於隋開皇年間被召爲學士，有代表作《顏氏家訓》傳世。《顏氏家訓》是顏之推爲子孫編撰的一部家庭教材，其中有《音辭》《書證》二篇分別討論音韻問題和訓詁見解。其中《書證》篇有一則“古今字”指論：

（60）或問：《漢書注》“爲元后父名禁，改禁中爲省中”，何故以省代禁？荅曰：案《周禮·宮正》“掌王宮之戒令糺禁”，鄭注云“糺，猶割也，察也”，李登云“省，察也”，張揖云“省，今省，督也”。然則小井、所領二反並得訓察。其處既常有禁衛省察，故以省代禁。督，古察字也。（《顏氏家訓》卷六）

例（60）中的“爲”或是“孝”字之誤。該條所述史事亦見於漢儒蔡邕《獨斷》：“禁中者，門户有禁，非侍御者不得入，故曰‘禁中’。孝元皇后父大司馬陽平侯名禁，當時避之，故曰‘省中’。”[1]顏之推的這則論述，是説明前代爲避“禁”字之諱，改“禁中”爲“省中”。其中所引張揖訓條，蘇天運考證係出自《古今字詁》，原文應爲“督，今省，督也”[2]。而從顏之推“督，古察字”的訓詁來看，他認爲對於“省”的訓釋，李登的“察也”即張揖所説的“督也”，在{省察}這個意義上，督—察是一組“古今字”。

---

① （漢）蔡邕：《獨斷》，《四部叢刊三編》卷上，商務印書館，1936。
② 蘇天運：《張揖〈古今字詁〉研究》，碩士學位論文，北京師範大學，2009，第27頁。

三 訓詁專書中的"古今字"研究

（一）張揖《古今字詁》

《古今字詁》簡稱《字詁》，是魏晉時期一部彙聚了古今文獻用字現象的訓詁專書，作者張揖字稚讓，清河（今屬河北）人，一云清河（今山東臨清）人，生卒年不詳，是三國曹魏學者。據北魏江式介紹，"魏初博士清河張揖著《埤蒼》《廣雅》《古今字詁》，究諸《埤》《廣》綴拾遺漏，增長事類，抑亦於文爲益者。然其《字詁》方之許篇，古今體用或得或失矣"①。張揖的著作如今除《廣雅》外均已散佚，《古今字詁》的内容可在南北朝至隋唐的著作見到零星的轉引。清代以來，任大椿、馬國翰、顧震福、龍璋等曾有輯佚，近年蘇天運重新整合了諸多《古今字詁》佚文，分析指出："《字詁》訓釋材料的性質與《爾雅》近似，也是從文獻訓詁中逐條收集起來而稍加整理的，祇不過《爾雅》收集的主要是詞義訓釋，《字詁》收集的則主要是古今不同的用字現象。"② 在輯佚所得的《古今字詁》訓條中，張揖所用"古今字"注釋術語主要有"古文""今作""古某字""今某字"等，例如：

（61）【安跱】《字詁》"古文峙，今作跱，同"。直耳反。《廣雅》"跱，止也"。謂亭亭然獨止立也。（《慧琳音義》卷一）③

（62）【越，方外之地，劗髮文身之民也】晉灼曰"《淮南》云'越人劗髮'"，張揖以爲古翦字也。師古曰：劗與翦同，張說是也。（《漢書》卷六十四顏師古注）

（63）【日者，大將軍攻匈奴，斬首虜萬九千級，留蹛無所食】蹛音逝。謂貯也。韋昭云"音滯"，謂積也。又案《古今字詁》

---

① （北齊）魏收：《魏書》卷九十一，同文書局，1903。
② 蘇天運：《張揖〈古今字詁〉研究》，碩士學位論文，北京師範大學，2009，第114頁。
③ 本書所稱《慧琳音義》是對慧琳作《一切經音義》的簡稱，以與玄應所撰相區別。

“蹛，今滯字”。則蹛與滯同。（《史記》卷三十司馬貞索隱）

例（61）中，玄應所引張揖《古今字詁》“古文峙，今作跱，同”的訓條意指前代由“峙”字記錄的詞義，後代則由“跱”字承擔，它們在這個意義上的職能相同。這裏的“古文”已經不是指版本異文的術語，而是指前代所用的字形，其作用和術語“古字”相當。結合張揖《廣雅》“跱，止也”以及玄應“亭亭然獨止立也”的說解，可知《古今字詁》指出了峙—跱在｛獨立｝上構成“古今字”。

例（62）是顏師古對《古今字詁》的一則轉引。這則訓條提到“張揖以爲古翦字”，說明張揖或曾於《古今字詁》裏有過類似“劗，古翦字”的指論。聯繫原文，“劗”所記詞義是｛剪除｝，因此在這個意義上，《古今字詁》指劗—翦是一組“古今字”。這則意見被顏師古贊同，他指出“劗”與“翦”同，是從功能的角度對它們記錄的詞義進行溝通。

例（63）之中，司馬貞所引《古今字詁》“蹛，今滯字”的訓釋，說明“古字”“蹛”承擔的詞義，在魏晉時期已由“今字”“滯”承擔。結合上下文看，蹛—滯這組“古今字”記錄的詞義是｛積貯｝。而值得注意的是，我們看到其他版本的《史記》及所附司馬貞《史記索隱》當中，“蹛”亦作“坮”。限於學力，我們無法判斷這組異文孰是孰非，因而穩妥地看《古今字詁》原訓條若是“坮，今滯字”的話，則坮—滯在｛積貯｝上亦構成“古今字”關係。

《古今字詁》是目前可見保存“古今字”訓注最多的魏晉訓詁著作，根據蘇天運的研究，其中的訓條大多是從漢魏文獻訓詁之中收集起來稍加整理的結果，除包含少量溝通古今字形的訓例外，其餘訓條均屬於對古今不同用字現象的溝通和指論。① 而通過分析輯佚的

---

① 蘇天運：《張揖〈古今字詁〉研究》，碩士學位論文，北京師範大學，2009，第 114 頁。

該書“古今字”訓條，我們看到其中“古今字”訓詁體式已經非常成熟，使用的術語形式多樣，而其所指和鄭玄等漢儒概括的“古今字”一脈相承。因此我們有理由推斷，《古今字詁》所反映的“古今字”訓詁面貌，是以漢魏以來該訓詁體式不斷發展、學術風氣逐步形成爲基礎的。

（二）李登《聲類》

《聲類》是三國曹魏學者李登編撰的訓詁專書，早已亡佚。據唐代學者封演介紹，“魏時有李登者，撰《聲類》十卷，凡一萬一千五百廿字。以五聲命字，不立諸部”①。根據封演的介紹和宋代以前著作的引文推測，《聲類》是一部規模堪比《説文解字》的字書，在編排上以宮、商、角、徵、羽五聲統攝諸字，既不似許慎“分別部居”的處理模式，又不同於《切韻》系韻書以韻目統字的綱領法則，可謂別具一格。我們從南朝梁顧野王所撰《玉篇》（《原本〈玉篇〉殘卷》）以及北宋陳彭年、吳鋭、丘雍等人重修的《大廣益會玉篇》（《宋本玉篇》）中找到了部分《聲類》“古今字”訓詁的材料，涉及的術語主要有“古某字”“古文某字”“今作某字”等，例如：

（64）【扐】《聲類》云“古材字”。（《宋本玉篇》卷三）

（65）【仚】《聲類》云“今僊字”。（《宋本玉篇》卷三）

（66）【頩杳眇而無見】善曰：《聲類》曰“頩，古文俯字”。……《説文》曰“頩，低頭也”。（《文選》卷八李善注）

（67）【鴫】都皎、都道二反。《聲類》“古文島字也”。島，海中②可居者。在山部。（《原本〈玉篇〉殘卷》卷二十二）

（68）【陦】《聲類》“亦古文島字也”。（《原本〈玉篇〉殘卷》卷二十二）

---

① （唐）封演：《封氏聞見記》，商務印書館，1935，第 8 頁。
② “中”原本作“才”，據文意校改如是。

（69）【白縛】劉音絹。《聲類》以爲今作絹字。(《經典釋文》
卷八)

例（64）和例（65）均來自《宋本玉篇》，該書所引《聲類》内
容均十分簡潔。例（64）中祇言《聲類》有“古材字”的訓釋，説明
《聲類》曾指出“古”時的“扐”字和後代“材”字具有職能對應的
關係，扐—材在｛材｝上是“古今字”。同樣地，例（65）中所引《聲
類》“今僊字”的訓釋，意指“僊”的職能，相當於“今”時的“仙”
字，因此仙—僊在｛仙｝上是“古今字”關係。

例（66）原文出自《文選》所録《上林賦》。根據上下文分析，其
中的“頯”意爲｛低頭｝，和《説文》的釋義相合。我們從李善引《聲
類》之訓解釋《上林賦》中的“頯”可見，從魏晉一直到唐代，記録
｛低頭｝，“今字”“俯”較爲通行，而“頯”則是記録這個意義的一個
“古字”，讀者已覺陌生。

例（67）至例（69）均來自顧野王所撰《玉篇》，即今天能見到的
《原本〈玉篇〉殘卷》。結合文獻測查結果看，“某，古文某”的術語
形式在《聲類》中的分布更爲典型，這種“古文”與今、古文經版本
無涉，而是根據詞義説明某個“古”代字在使用上對應着後代的某字。
例（67）和例（68）是《玉篇》中相鄰兩個字頭的内容，其所引《聲
類》訓釋或出於同一處。結合這兩則材料看，《聲類》指出了在｛島｝
上存在鳴—島以及隝—島兩組“古今字”。例（69）是顧野王轉述李登
的訓釋，即｛絹｝前代曾用“縛”字表示，而在魏晉之時則轉由“絹”
字記録，“縛”字不再通行。縛—絹在｛絹｝上是“古今字”。

總之，從輯佚的《聲類》“古今字”訓注來看，李登對於歷時同詞
異字現象的認識實際上和漢儒並無二致。雖然没有運用“古今字”這
個術語，但我們看到他對於“古字”和“今字”對應關係的指論本質
上與同時期的張揖、郭璞、韋昭等人無甚出入。這種“古今字”觀念

編入專門收字釋義的訓詁專書，是這一訓詁體式在魏晉以降不斷發展的一個表徵。

（三）呂忱《字林》

《字林》是晉代問世的一部訓詁專書，作者呂忱字伯雍，任城（今山東濟寧）人，生卒年份不詳。北魏學者江式介紹道：“晉世義陽王典祠令任城呂忱表上《字林》六卷，尋其況趣，附托許慎《説文》而案偶章句隱别古籀奇惑之字，文得正隷，不差篆意也。忱弟静别放故左校令李登《聲類》之法，作《韻集》五卷。”①此外唐代學者封演亦云：“晉有呂忱更按群典搜求異字，復撰《字林》七卷，亦五百四十部，凡一萬二千八百二十四字，諸部皆依《説文》，《説文》所無者，是忱所益。”②可知呂忱、呂静兄弟所著《字林》《韻集》成書應在李登《聲類》之後，其中《字林》從分部到説解都深度效法《説文》，體現了爲許慎闡發補苴的旨趣。

《字林》在南北朝時即已盛行。據考證，“唐代科舉要考《説文》六帖、《字林》四帖，可見字林的價值僅次於《説文》”③。其散佚大約在宋代之後，清代學者任大椿、陶方琦曾先後著《字林考逸》和《字林考逸補本》廣集該書佚文。結合他們的成果，我們找到了數則《字林》之中的“古今字”訓條，所用術語主要是“古某字”。例如：

（70）【將士莫不悲慟，皆刻鉾】《字林》“古矛字”【鎧爲“死休”字以示戰死爲志】（《晉書》卷一百一十五楊齊宣音義）

（71）【帥弟子而踆於窾水】音存。《字林》云“古蹲字”。（《經典釋文》卷二十八）

（72）【瑳】本或作跐。《字林》云“皆古嗟字”。（《經典釋文》

---

① （北齊）魏收：《魏書》卷九十一，同文書局，1903。
② （唐）封演：《封氏聞見記》，商務印書館，1935，第 8 頁。
③ 王力：《中國語言學史》，復旦大學出版社，2006，第 78 頁。

卷二十九）

例（70）原文出自《晉書·載記》有關苻登的内容。據唐代學者楊齊宣注文所引，再結合《字林》效法《説文》的編纂體例來看，吕忱應是在"鉾"的字頭下曾有"古矛字"的訓釋，意指字頭"鉾"是"古字"，其記詞職能和後代流行的"今字""矛"相對應。綜合起來看，鉾—矛在｛矛｝上是"古今字"。

例（71）和例（72）都輯自《經典釋文》。例（71）原文出自《莊子·外物》，唐代學者成玄英對這段話疏云"與弟子蹲踞水旁"，可見其中的"踆"表｛蹲踞｝。這則材料中《經典釋文》所引《字林》的訓詁模式和上例一致，吕忱的原文也應當是在"踆"字頭之下，有"古蹲字"的訓釋，即説明在｛蹲踞｝上，踆—蹲是一組"古今字"。例（72）是針對《爾雅·釋詁》中"嗟、咨，嗟也"一句的注釋。從《爾雅》的上下文看，"嗟"承擔的職能是｛嘆詞｝。《經典釋文》首先就"嗟"在其他版本《爾雅》中的異文"誃"提出校勘意見，接下來引用了《字林》"皆古嗟字"的訓釋説解異文的來源，即後人所熟悉的表示｛嘆詞｝的"嗟"，其職能在"古"時曾由"嗟"和"誃"字承擔。可見這則訓條指出在｛嘆詞｝上有兩組"古今字"，即嗟—嗟、誃—嗟。

從材料上看，《字林》雖然是深度效法《説文》而編的訓詁專書，但它慣用的"古今字"訓釋用語却不是《説文》中常見的"古（今）文"，而往往以"古某字"這一術語作訓，這一情況和《字林》以及《説文》不同的編纂目的有關。許慎著《説文》要爲"古文"立言，所以"今叙篆文，合以古籀"，其"古今字"指論也大多是在説解之後列出和字頭同功能的"古文"。而《字林》的編撰雖然以字頭爲單位，但它的"古今字"訓釋方法，是以後人相對熟悉的"今字"與字頭相關聯，因而在《説文》之中不多見的"古某字"體例就更爲常見。

（四）何承天《纂文》

《纂文》是南朝劉宋時期的一部訓詁專書。作者何承天（370~
447），東海郯縣（今山東郯城）人，曾於武帝劉裕時任尚書殿中郎兼
左丞，是一位在經史、禮制、天文曆法以及訓詁研究上均有造詣的學
者，代表作有《禮論》《春秋前傳》《纂文》等。《纂文》早已散佚，如
今僅能見到唐宋學者對書中内容的零星轉引。清代學者馬國瀚在《玉函
山房輯佚書》中將所收《纂文》佚文編爲一卷，跋曰：“此書括綜《蒼》
《雅》，纂取異訓，張揖《廣雅》類也。”① 意指《纂文》是一部仿照《爾
雅》體例纂集字詞舊訓的小學專書。我們結合前人的輯佚成果收集到了
數則《纂文》的“古今字”訓條，所用術語也主要是“古某字”：

（73）【其庢】《字林》户臘反，閈也。《纂文》云“古閭字”。
（《經典釋文》卷十三）

（74）【舄】人姓。《纂文》云“古鵲字”。（《唐韻殘卷》，第
41頁）

（75）【娩】《纂文》云“姓也，古萬字”。（《廣韻》去聲卷四）

（76）【陁】何氏《纂文》要曰“古隄字”。（《古今姓氏書辯證》
卷四）

（77）【葠】《纂文》要曰“古參字，亦人姓”。（《古今姓氏書
辯證》卷二十）

（78）【肞】《纂文》要曰“古氣字”。（《古今姓氏書辯證》卷
二十九）

例（73）至例（78）均輯自唐宋時期的訓詁專書。這些訓條的
共同特徵是内容簡潔，釋義概括，僅用“古某字”術語將“古字”和

---

① （清）馬國瀚：《玉函山房輯佚書》，廣陵書社，2004，第2414頁。

“今字”形體作功能上的溝通。結合前文所引馬國瀚的意見，我們推測《纂文》的體例應當是以字頭爲單位編列條目，其下附注訓釋，並以“古某字”形式用南朝人熟悉的“今字”訓釋作爲“古字”的字頭。如例（73）所示，《纂文》原本中應有“屄，古闔字”之類的訓釋，何承天指出“屄”字在“古”代承擔的詞義，與後代的“今字”“闔”相當，至於二者記録的具體詞項則未明言。因此我們祇能概括地説屄—闔針對｛闔｝而言是“古今字”。同理，例（74）至例（78）所引《纂文》訓釋中，何承天亦指出了舄—鵲、娩—萬、陞—隥、葠—參、吃—氣分別針對｛鵲｝｛萬｝｛隥｝｛參｝｛氣｝而言是“古今字”。

　　《纂文》佚文存世十分有限，馬國瀚等學者從各個朝代體裁各異的古籍當中傾力所輯亦不過數紙。然而管中窺豹，寥寥佚文之中便有上述樣式規整、指論清晰的六則“古今字”訓釋，我們看到何承天對於前代“古今字”訓詁形式已經有了一定的繼承，並且對於“古今字”在專書之中的作用有明確的認識，因此有了體例上的專門安排。

　　（五）佚名《字書》

　　《字書》是魏晉南北朝時期的一部訓詁專書，《隋書·經籍志》載有《字書》三卷，又有《字書》十卷，《舊唐書·經籍志》和《新唐書·藝文志》中也都載有《字書》十卷，均不書著者，或失考已久。《字書》原本已佚，綜合清代任大椿、顧震福、陳鱣、龍璋以及當代徐前師等學者的研究來看，群籍所引《字書》條目不在少數，上至南朝梁顧野王《玉篇》，下迄遼希麟《續一切經音義》，可知《字書》問世不晚於南朝梁，而散佚不早於宋遼。通過文獻測查，我們發現《字書》佚文中的“古今字”訓條所用術語有“古文某字”“古以爲某字”“今某字”等等，例如：

　　（79）【剛毅彊戫反仁恩兮，嘽咺逸豫戒其失】善曰：《字書》曰“戫，古文暴字”。（《文選》卷十七李善注）

（80）【嫷】字又作隋，徒課反。《字書》云"古以爲懈惰字"。
（《經典釋文》卷三十）

（81）【曹】《字書》"今轊字也"。（《原本〈玉篇〉殘卷》卷九）

例（79）原文出自《文選》所收漢王褒《洞簫賦》。結合上下文分析，"觲"在此記録的詞義是{暴虐}。李善《文選注》所引《字書》訓條中的"古文"不同於指今、古文經版本異文的"古文"，它指的是"古"時的"觤"字，其功能與當今人所熟知的"暴"字相對應。因此綜合起來看，觤—暴在{暴虐}上是一組"古今字"。

例（80）和《爾雅注》有關。《爾雅·釋鳥》有"鸀鷜，鵋鶀。如鵲，短尾，射之，銜矢射人"一句，郭璞注曰"或説曰鸀鷜，鵋鶀，一名嫷羿"。《經典釋文》爲注文中的"嫷"字作解，引用了《字書》"古以爲懈惰字"的故訓。我們分析《字書》原文或許有類似"嫷，古以爲懈惰字"的内容，術語"古以爲"所關聯的問題，是"嫷"字在"古"時的功能與"今"時行用的"惰"字一致，都表示{怠惰}，因此嫷—惰在"怠惰"義上是"古今字"。

例（81）出自《原本〈玉篇〉殘卷》，其中所引《字書》訓條爲"今某字"的形式，比較簡潔。不難推斷，《字書》原文當有"曹，今轊字也"的訓釋，指出"今"時流行的"轊"字所承擔的職能，在以前由"曹"字承擔，曹—轊在{曹}上是"古今字"。而這則訓條也反映出《字書》對"古字"和"今字"的溝通是以注釋爲目的的，而不以字種爲限，相關情況前文已述，此處毋庸贅言。

從現存佚文來看，《字書》應是按照字頭編排疏解詞義的工具書。清人錢大昕認爲此書即吕忱《字林》[1]，姚振宗則謂是"大抵抄録諸家

---

① 參見（清）錢大昕《十駕齋養新録》，上海書店，1983，第61頁。

字學之書,會粹一篇"①；今人王華權②、許啓峰③則考證《字書》不是《字林》，而是六朝時期新興之作。不論上述意見是非，都可以確信各種《字書》佚文均爲唐以前的故訓，反映當時的字詞使用狀況。

（六）顧野王《玉篇》

《玉篇》是南北朝時期一部意義重大的字書，它的作者顧野王（519~581）字希馮，吳郡吳縣（今江蘇蘇州）人，是南朝梁、陳時期的著名學者，於梁代爲太學博士。顧野王自幼通讀五經，精於古文奇字以及天文地理，有代表作《玉篇》《輿地志》《分野樞要》等。

《玉篇》成於梁武帝大同九年（543），後又由蕭愷等人奉旨删修爲定本④，是一部按照漢字形體編排用以解釋字義的書。據《封氏聞見記》記載，"梁朝顧野王撰《玉篇》三十卷，凡一萬六千九百一十七字"⑤，其書收字規模幾乎倍於《説文》。《玉篇》原本早佚，現有《大廣益會玉篇》，又稱《宋本玉篇》，是經過唐人孫強以及宋人陳彭年、吳鋭、丘雍等人增字改訂之作，並非顧氏原貌。但所幸清末民初黎庶昌、羅振玉先後於日本訪得顧野王原本《玉篇》寫本殘卷若干刊行，其中保留的大量訓釋材料均屬唐以前，因此這批殘卷的內容是符合我們的研究需要的。值得注意的是，"黎本《玉篇》"和"羅本《玉篇》"在卷九和卷二十七有重複，考慮到"羅本"爲影印之作，而"黎本"或多失真⑥，所以本研究以"羅本"卷九、卷二十四、卷二十七，以及"黎本"卷十八、卷二十二爲本，收集到了不少顧野王《玉篇》的"古今字"訓詁材料，外加《一切經音義》的轉引，共收集百餘則，其所用術語主要有"今爲某字""今並爲某字""古文某字"等。例如：

---

① 孫啓治、陳建華編《古佚書輯本目録》，中華書局，1997，第91頁。

② 參見王華權《〈字書〉非〈字林〉考》，《湖南科技學院學報》2009年第5期。

③ 參見許啓峰《一部失傳的古辭書——〈字書〉考探》，《辭書研究》2011年第5期。

④ 參見朱葆華《原本玉篇文字研究》，齊魯書社，2004，第18頁。

⑤ （唐）封演：《封氏聞見記》，商務印書館，1935，第8頁。

⑥ 參見蘇芃《原本〈玉篇〉殘卷國內影印本述評》，《中國典籍與文化》2008年第4期。

（82）【𨼊】似季反。《聲類》“近道也”。今爲隧字，在阜部。（《原本〈玉篇〉殘卷》卷二十二）

（83）【餅】抹［扶］萬反。《□書》“黄〔帝〕始炊穀爲餅”。《呂氏春秋》“餅之美者，有玄山之禾、不周之□、陽山之穄、南海之秬也”。《字書》“飰也”。野王案：今並爲飯字也。（《原本〈玉篇〉殘卷》卷九）

（84）【𦼔】亦古文終字也。古文《尚書》如此。（《原本〈玉篇〉殘卷》卷二十七）

（85）【餔】補湖反。《國語》“親載以行，國之孺子无不餔也”。野王案：《廣雅》“餔，食也”，《楚辞》“餔其糟，歠其醨①”是也。《尚書大傳》“春食餔子”，鄭玄曰“餔子，小子也”。《説文》“日加申時〔食〕也”。野王案：今爲晡②字，在日部；古文爲盙字，在皿部。（《原本〈玉篇〉殘卷》卷九）

例（82）是較爲典型的《玉篇》“古今字”訓條，所用術語“今某字”意在溝通作爲“古字”的字頭與相對通行的另一“今字”之間的對應關係。“今爲隧字”，即説明前代由“𨼊”字承擔的功能，在“今”時由“隧”字承擔，在這個意義上𨼊—隧是“古今字”。我們注意到，《宋本玉篇》“𨼊”字下云“延道也，今作隧”承襲了顧氏的“古今字”指論，但其中“延道也”之説却可與《左傳·隱公元年》“隧而相見”杜預注“隧，若今延道”的故訓相印證，因此我們不能排除《原本〈玉篇〉殘卷》中“近”爲“延”字訛文的可能。

例（83）中的“今並爲”是顧野王《玉篇》訓詁術語的一個特色。朱葆華研究指出，術語“某，今並爲某”，意在説明“前一個字如今已不常用，而被後一個字所取代。這是《玉篇》中明確指出文字合並的

---

① “醨”原本作“醅”，據《楚辭補注》“醨，薄酒也”改。
② “晡”原本作“脯”，據下文“在日部”改。

標志"①。從使用的角度看，這就是説前一個字承擔的詞義在"今"時合並到了另一"今字"。因此就被合並的這一部分詞義來説，合並字與被合並字就有了古今同用關係，它們可以構成"古今字"。根據朱葆華對《原本〈玉篇〉殘卷》的研究，這種歸並現象有兩個特點，"一是合並字往往比被合並字的筆畫少，二是合並字往往比被合並字常用"②。關於例中底本的缺字，我們參之《齊民要術》及《一切經音義》判斷當爲"《周書》"、"黃帝"以及"不周之粟"。這則訓條和前文例（11）都涉及"餴"和"飯"字，但此處"炊穀爲餴"中的"餴"記録的詞義是｛飯食｝，訓條中的"今並爲飯字"，則指《周書》和《吕氏春秋》之中由"餴"字承擔的｛飯食｝，在"今"時由"飯"字承擔，餴—飯在｛飯食｝上爲"古今字"。

　　例（84）是使用術語"古文"指稱"古今字"之例，這種情況不多，術語用法基本與《説文》類似。"夅"之前是字頭"夂（汝字所從）"，訓"《説文》'古文終字'也"，所以"夅"字頭下纔可續言"亦古文終字也"。從顧野王所據書證看，"夅"字見於古文《尚書》，有文獻用例，因此他説明｛終｝在"古文"時代曾由"夅"字記録，而相應地在"今"時則由"終"字記録，它們在這個意義上是一組"古今字"。

　　例（85）中同時出現了"今爲某字"和"古文爲某字"的術語，指論了兩組"古今字"。從書證用例看，《玉篇》列舉了"餔"的兩種用法：一是"國之礴子无不餔也"以及"餔其糟"中的"餔"，承擔的詞義均爲｛喂食｝，與第一段"野王案"所引《廣雅》"食也"之訓相應；二是《説文》中"餔"字"日加申時食也"的訓釋，這個"餔"所記詞義爲｛夕食｝。從第二段"野王案"判斷，此條中兩則"古今字"指論都針對｛夕食｝而言。"今爲晡字"説明梁代此義由"晡"字承擔，餔—晡是"古今字"。而"古文爲蚤字"則説明在較"餔"更古

<hr>

①　朱葆華：《原本玉篇文字研究》，博士學位論文，華東師範大學，2004，第 27 頁。
②　朱葆華：《原本玉篇文字研究》，博士學位論文，華東師範大學，2004，第 19 頁。

的時期，詞義曾由"盉"記録，如此則盉—餔亦是"古今字"。而從文獻用例看，"盉"多爲"簠"字之省，不表{夕食}，但今本《説文》"餔"字下有"盭，籀文餔，从皿，浦聲"，這個"籀文""盭"應和《玉篇》所言"古文""盉"有一定的關係。

由以上材料可見，和《説文》的編纂體例類似，《玉篇》亦是在字頭之下附加説解，並間以術語溝通字頭與其他字形之間的關係。但和許慎常用"古文"指論"古今字"現象的習慣不同，《玉篇》多使用含"今"的術語如"今爲（或）某""今亦（或）爲某""今並爲某"作訓，"古文（爲）某"的條例則相對有限，至於其他訓詁家所慣用的"古某字"術語甚至不見一例。此外，無論是"羅本"還是"黎本"《玉篇》，其字頭均爲楷體，但從俄藏敦煌《玉篇》抄本殘頁（Дx01399 Дx02844B Ⅴ）來看，其"須"字頭的説解之末還列有一個與字頭大小相仿的未隸定字形，訓曰"古文"①。儘管這個"古文"因卷子破損僅能識别構件"頁"，但比較起來看，這種"古文"排布方式和《説文》的"合以古籀"的範式或有一定的聯繫，值得注意。

第四節　隋唐的"古今字"研究

一　引言

隋唐是我國自漢代之後又一段統一而興盛的歷史時期。公元589年隋滅陳結束了魏晉南北朝的長期分裂，國家的統一使社會經濟得到明顯的恢復和發展。錢穆總結道："自漢以來，丁口蕃息，倉廩府庫

---

① 參見孟列夫、錢伯城主編《俄藏敦煌文獻》（第八册），上海古籍出版社，1997，第143頁。

之盛，莫如隋。"①唐代隋後，統一的局面依然延續，出現了"貞觀之治""開元盛世"的繁榮局面。

隋唐經濟的發展促進了文化的繁榮，訓詁活動的興盛也使得"古今字"注釋呈現空前活躍的盛況。在隨文注釋方面，隋杜臺卿《玉燭寶典》以及唐陸德明《經典釋文》、孔穎達《五經正義》、顏師古《漢書注》、李善《文選注》、李賢《後漢書注》等著作都延續着漢儒開創的訓詁傳統，又間有"徵引"或"集注"的體式創新，對多部經史著作都有成規模的"古今字"訓詁成果。更值得注意的是，自東漢傳入中國的佛教至唐代已十分興盛，典籍卷帙浩繁。唐代僧人玄應、慧琳效法《經典釋文》等儒家音義之書編纂了《一切經音義》解釋佛教文獻字詞，這部卷帙浩繁的著作中"古今字"訓詁條目星羅棋布，幾占唐以前"古今字"訓詁材料之半，而引自前人的"古今字"見解更是不勝枚舉。在訓詁專書方面，隋朝首創了科舉制度，至唐代還實行詩賦取士，這種教育制度使得社會對訓詁專書頗爲重視，該時期涌現的《切韻》《唐韻》《五經文字》《九經字樣》等訓詁專書中"古今字"訓條也比較常見。這些著作都充分反映了唐代學者對前代"古今字"訓詁傳統的繼承，以及利用這一訓詁體式繼續研究歷時同詞異字問題的實踐自覺。

二　隨文注釋中的"古今字"研究

（一）杜臺卿對"古今字"的注釋

杜臺卿（？～約579）字少山，博陵曲陽（今河北晉州）人，隋代學者。其人少而好學，博覽經史，曾仕北齊任中書黃門侍郎，後解官歸鄉講授《禮記》《春秋》，至隋開皇年間又被徵入朝官拜著作郎，代表作有《玉燭寶典》等。

---

① 錢穆：《國史大綱》，商務印書館，1996，第376頁。

根據《玉燭寶典序》的介紹，是書得名自《爾雅·釋天》“四氣和謂之玉燭”以及《周書》“武王説周公，推道德以爲寶典”。從文獻性質看，它是考校《禮記·月令》“觸類而廣之”①撰成的訓詁著作，以月份爲次編爲十二卷。《玉燭寶典》在宋代以後散佚，清末黎庶昌於日本訪得此書抄本十一卷（缺第九卷）編入《古逸叢書》，使其回傳中國。我們據此版本考察檢索，找到了十餘則杜臺卿的“古今字”訓注，所用術語主要有“古某字”“今古字”等，例如：

（86）【立夏，清明風至，而暑鵙鳴聲摶黍，蜚】古飛字也【電見，早出龍升天】（《玉燭寶典》卷四）

（87）【《續齊諧》云“……今五月五日作粽，并帶練葉、五綵，皆汨羅之遺風”。吳歌云：“五月節，蔬生四五尺，縛作九子糉。”】或作粳，亦作惣，今古字，並通。（《玉燭寶典》卷五）

例（86）是以“古某字”的形式，以“今字”“飛”解釋《禮記·月令》中的“蜚”，説明蜚—飛在{飛}上是“古今字”。而以《説文》參之，“飛”訓“鳥翥也”，“蜚”則是“蠢”的或體，訓“臭蟲，負蠜也”。但從文獻中看，“蜚”很早就可被借用表示{飛}，例中的“電見”以及《史記·楚世家》中的“三年不蜚，蜚將沖天”即是如此。杜臺卿説“蜚”爲“古飛字”意在説明在前代{飛}曾由“蜚”字記録的現象，而且反映了在隋代人們更熟悉“今字”“飛”的用法。

例（87）是首見於《玉燭寶典》中的術語“今古字”的用例。它和鄭玄等學者使用的“古今字”類似，也是由“今字”和“古字”聯合而成的概念，用於説解某字的異文及或體，建立起作爲“古字”的異文與被注釋的“今文”之間的歷時功能聯繫。例（87）原文和注文中出現

---

① （唐）魏徵：《隋書》，中華書局，1994，第1421頁。

了“粽”“糭”“糉”“糉”四個字形，它們都記錄 { 粽 }。而杜臺卿針對
《吳歌》中的“糭”字，指出它與兩個異文“糉”“糉”是“今古字”，
也就是説在 { 粽 } 上，糉—糭以及糉—糭均爲“古今字”關係。

（二）陸德明對“古今字”的注釋

陸德明（約 550~630）名元朗，蘇州吳縣（今江蘇蘇州）人，歷
仕陳、隋，後爲唐國子博士，代表作是《經典釋文》。魏晉以降文字更
革、語音轉移甚多，加之古書傳抄訛誤頻出，社會急需注明文字讀音、
辨正文字形體的訓詁著作。於是陸德明傾其畢生所學，“採摭九流，搜
訪異同，校之《蒼》《雅》”①，開始爲除《孟子》外的“十三經”以及
《老子》《莊子》作音義訓詁，其書於隋滅陳之前完稿②，總稱《經典釋
文》。但因其書題名爲“唐國子博士”，後人一般將它列爲唐代著作。

《經典釋文》是音義類訓詁著作，書中的被訓釋項都是按照出現時
間先後排列的經典字詞，訓釋項則多圍繞字詞在文中的意義作訓，因
此也屬於隨文注釋的訓詁材料。經過測查，《經典釋文》溝通“古今
字”所使用的術語主要有“古某字”“古（字）作某”“今作某”“古今
字”等，例如：

（88）【皐】古罪字。秦始皇以其字似皇字改從 罒 ③、非。（《經
典釋文》卷二十九）

（89）【裒】古字作襃。（《經典釋文》卷二十九）

（90）【十畝之間】莫后反。古作晦、俗作畝，皆同。（《經典釋
文》卷五）

（91）【緐】音煩，字今作繁。（《經典釋文》卷三十）

---

① （唐）陸德明著，黄焯彙校《經典釋文彙校》，中華書局，2006，第 1 頁。
② 參見何九盈《中國古代語言學史》，廣東教育出版社，1995，第 117 頁。
③ 《四部叢刊》所收《經典釋文》版本此處作“四”，今參考黄焯《經典釋文彙校》中
“‘四’字宋本已誤，盧本改作 罒，考證云：‘罪字上從网，隸變作 罒’”（中華書局，
2006，第 836 頁）的意見校改爲“罒”。

（92）【畎也】古犬反，與畎同，古今字也。（《經典釋文》卷九）

例（88）是《經典釋文》中最爲常見的“某古字”術語用例，其原文出自《爾雅·釋詁》“辜、辟、戾，皋也”，“皋”字在此表｛罪｝。《經典釋文》訓“古罪字”，意指“古”代用的這個“皋”字的功能和唐代的“罪”字一致，即皋—罪在｛罪｝上是“古今字”。此外陸德明還特意解釋其中的“今字”是秦始皇改“皋”爲從罒、從非之“罪”的結果，這一解釋和《説文》“罪，捕魚竹網。从网、非。秦以爲皋字”的説法能够印證。

例（89）是“古字作某”術語的用例，其原文出自《爾雅·釋詁》“摯、斂、屈、收、戢、蒐、裒、鳩、樓，聚也”，這裏的“裒”表｛聚集｝。《經典釋文》説“古字作褒”，即説明褒—裒在｛聚集｝上是“古今字”。

例（90）是“古作某”術語的用例，其原文出自《詩經·魏風·十畝之間》，詩名中的“畝”表｛田畝｝。《經典釋文》云“古作畮、俗作畝，皆同”，説明在“古”代｛田畝｝由“畮”字記錄，在後代則由“畝”字記錄，此外還有一個“俗”體作“畝”，它們的功能“皆同”。因此畮—畝在｛田畝｝上是“古今字”。

例（91）是術語“今作某”的用例。其中的“繁”《爾雅·釋草》云“繁，皤蒿”，此處又云“繁，由胡”，説明“繁”有“由胡”之別名。皤蒿也就是現在的白蒿，《經典釋文》説“字今作繁”，是説｛白蒿｝“古”時用“繁”記錄，而後代用“繁”記錄，繁—繁在｛白蒿｝上是“古今字”。

例（92）是術語“古今字”的用例。此例是陸德明對《周禮·考工記·匠人》“一耦之伐，廣尺、深尺謂之畎”鄭玄注“古者耕一金兩人並發之，其壟中曰畎，畎上曰伐。伐之言發也。畎，畎也”的解釋。

從上下文看，《周禮》中的 "畎" 表｛田間小溝｝之義，對於鄭玄以 "畖" 釋 "畎"，陸德明指出它們功能相同，是一組 "古今字"。查《説文》中無 "畎"，"畖" 則被列爲 "く" 的篆文，它還有一個 "古文" 作 "畎"。清代學者孫詒讓在《周禮正義》中認爲，鄭玄所云之 "畎"，是《説文》中 "畎" 的隸訛之誤。①如果這一意見成立，則《經典釋文》稱 "畖" 和 "畎" 是 "古今字" 的訓釋和《説文》"畎，古文" 的説法可以相印證。

（三）孔穎達對 "古今字" 的注釋

孔穎達（574~648）字衝遠，冀州衡水（今河北衡水）人，是隋唐時期博通群經、名重一時的訓詁大家，曾於唐貞觀年間任國子博士。當時，唐太宗深感儒學界經説章句繁雜不一，有礙文化統治，遂命孔穎達主持爲儒家 "五經" 即《周易》《尚書》《詩經》《禮記》《春秋》作疏，至唐高宗時，這批著作被詔定爲 "正義" 頒行天下，成爲官方認可的經學標準解釋。《五經正義》在編纂上集南北朝義疏訓詁之大成，内容上注重在經注之外闡明經旨義理，它的問世 "使經學由傳注的字義訓詁發展成爲義疏之學"②，在學術史上有重要意義，後人將它收入《十三經注疏》之中，流傳甚廣。

孔穎達的《五經正義》屬於再度注釋，其訓詁對象既包括經書原文，也包括前人舊注，正義基本上都是在繼承原注的基礎上進行闡發。文獻測查顯示，孔穎達注釋 "古今字" 的術語主要有 "今（某）字" "古今字" "古（某）字" 等。例如：

（93）【岳曰：否德忝帝位】（否，不。忝，辱也……）正義曰：否，古，今不字。"忝，辱"，《釋言》文。己身不德，恐辱帝位。（《尚書注疏》卷二）

---

① 參見（清）孫詒讓《周禮正義》（楚學社本）卷八十五。
② 王寧：《訓詁學》，高等教育出版社，2010，第 20 頁。

（94）【去其螟螣，及其蟊賊，無害我田穉】（食心曰螟，食葉曰螣，食根曰蟊，食節曰賊。箋云：此四蟲者恒害我田中之穉禾，故明君以正己而去之）正義曰：皆《釋蟲》文。李巡云"食禾心爲螟，言其姦，冥冥難知也；食禾葉者，言假貸無厭，故曰螣也；食禾節，言貪很，故曰賊也；食禾根者，言稅取萬民財貨，故云蟊①也"。孫炎曰"皆政貪所致，因以爲名也"。郭璞曰"分別蟲啖禾所在之名耳"。螣與螣，蟊與蟊②，古今字耳。（《毛詩正義》卷十四）

（95）【惟是春秋宨夗之事】（宨，厚也；夗，夜也。厚夜猶長夜，春秋謂祭祀，長夜謂葬埋）正義曰：《晉語》云"宨，厚也"，《説文》云"夗，暮也，從月半見"。夜字從夗，知是以夗爲夜也。厚、長意同。故厚夜猶長夜也。《孝經》云"春秋祭祀以時思之"，故春秋謂祭祀也。長夜者，言夜不復明，死不復生，故長夜謂葬埋也，以其事施於葬，故今字皆從穴。（《春秋左傳正義》卷三十二）

（96）【鳥鑪色而沙鳴，鬱】（……沙鳴者，沙，嘶也，謂鳴而聲嘶。鳥若如此，其肉腐臭）正義曰：……云"沙猶嘶也"者，嘶謂酸嘶。古之嘶字單作斯耳。（《禮記正義》卷二十八）

例（93）出自《尚書正義》。（ ）內的孔安國注以"不"訓"否"，指出"否德"中的"否"表｛否定副詞｝。"正義曰"後的孔穎達疏承襲了舊注的釋義，並在此基礎上闡發了注文的理據，指出"否"爲"古"字，它承擔的職能與"今"時"不"字所承擔的相當，孔安國所以用"不"釋"否"，因爲否—不在｛否定副詞｝上是"古今字"。

---

① "蟊"，原作"螣"。此字及後"蟊"皆依阮元校刻《十三經注疏・毛詩正義》所附《校勘記》意見校改。
② "蟊"，原作"蝥"。阮元校刻《十三經注疏・校勘記》曰："閩本、明監本、毛本同。案蝥當作蟊，《集韻》所載如此可證也。依此上所引李巡《爾雅注》是蟊字。按蟊今《説文・蟊部》徐鉉曰：'上象其形，非从矛，書者多誤。'徐所云'多誤'者，謂俗多上从矛耳。"

　　例（94）是術語"古今字"的用例，其原文出自《毛詩正義》，（）內毛亨的傳文解釋了《詩經·小雅·大田》中提到的四種害蟲，其中"螣"表示｛食葉蟲｝，"蟊"表示｛食根蟲｝。孔穎達在疏中除指出毛亨的訓釋本自《爾雅·釋蟲》之外，還比對了李巡《爾雅注》中關於"螟""蟘""賊""蠹"四種害蟲的解釋，指出其中的"蟘""蠹"正是《詩經·小雅·大田》中的"螣""蟊"，並用"古今字"溝通了蟘—螣在｛食葉蟲｝上以及蟊—蠹在｛食根蟲｝上的歷時字用關係。我們結合文獻考察，漢《仙人唐公房碑》有"去其螟蟘，百穀收入"[1]，而此字在《説文》中作"蟘"，訓"蟲，食苗葉者。吏乞貸則生蟘。从虫、从貸，貸亦聲。《詩》曰'去其螟蟘'"，段玉裁《説文解字注》改此"蟘"爲"蟘"，又在"貣"下注曰"按弋、代同聲，古無去、入之別，求人、施人古無貣、貸之分。由貣字或作貸，因分其義，又分其聲"[2]，可見《説文》中的"蟘"本爲"蟘"。而"螣"在《説文》中訓"神蛇也。从虫，朕聲"，與｛食葉蟲｝無涉，段玉裁指出"《毛詩》叚借爲蟘字"[3]。可見孔穎達指出的是在｛食葉蟲｝上"蟘"和"螣"是"古今字"。"蟊"在《説文·蚰部》中訓"蠿蟊，作罔蛛也"，段玉裁注曰"此與《蟲部》'食艸根者'絶異"[4]。而"蠹"《説文》訓"蟲食艸根者。从蟲，象其形。吏抵冒取民財則生"，徐鍇注曰"唯此一字象蟲形，不从矛。書者多誤"[5]。可見《毛詩》中表｛食根蟲｝的"蟊"爲"蠹"字後代訛變而成，孔穎達之語實際指在｛食根蟲｝上，"蟊"和"蠹"是"古今字"。

　　例（95）是術語"今字"的用例。其中原文出自《春秋左傳注》，（）中的杜預注指出《左傳》裏的"窀"表｛厚｝、"穸"表｛夜｝，"窀穸"表示埋葬。孔穎達疏則圍繞杜注闡述"穸"是在表示｛夜｝的

---

① （宋）洪适：《隸釋》，《四部叢刊三編》卷三，商務印書館，1936。
② （漢）許慎撰，（清）段玉裁注《説文解字注》，上海古籍出版社，1981，第280頁。
③ （漢）許慎撰，（清）段玉裁注《説文解字注》，上海古籍出版社，1981，第663頁。
④ （漢）許慎撰，（清）段玉裁注《説文解字注》，上海古籍出版社，1981，第675頁。
⑤ （漢）許慎：《説文解字》，中華書局，1963，第284頁。

“夕”字基礎上添加了和埋葬有關係的意符“穴”而成的“今字”。由此夕—宛在{夜}上是一組“古今字”。而值得注意的是，孔穎達説“今字皆從穴”，實際上還指出“今字”“宛”也有一個不“從穴”的“古字”，即“屯”。如此則在{厚}上，屯—宛亦是一組“古今字”。

例（96）是術語“古字”的用例。（）内鄭玄注文以“嘶”釋“沙”，孔穎達疏則就鄭玄注闡發“聲嘶”之“嘶”表{酸嘶}，並指出此義“古”時“單”由“斯”字承擔，斯—嘶在{酸嘶}上是一組“古今字”，這反映出“嘶”字分化孳乳出來之前，其功能由母字“斯”承擔的用字現象。

（四）顏師古對“古今字”的注釋

顏師古（581~645）名籀，字師古，京兆萬年（今陝西西安）人。他自幼秉祖訓、承家學，長而博覽群書，精於文字訓詁，是唐代初期著名學者，貞觀年間曾奉命於秘書省校考群籍，所編《五經定本》成爲唐代科舉標準。此後他又出任秘書少監，著有《漢書注》、《急就篇注》、《匡謬正俗》、《顏氏字樣》（即《顏監字樣》）等，其中代表作《漢書注》集魏晉南北朝各注家之所長，通假借、考名物、解經誼、通史實，頗有漢儒“樸學”之風，影響巨大。

顏師古的“古今字”訓條有數百則之多，主要分布於《漢書注》之中，此外《匡謬正俗》中也有少部分。使用的術語主要爲“古某字”，此外還有“古文某字”“古體字”“古字”“今字”“今作”等。例如：

（97）【男子孫通等聞山中群鳥戢鵲聲，往視，見巢爇，盡墮地中，有三戢毃燒死】師古曰：爇，古然字。（《漢書》卷二十七顏師古注）

（98）【思欲寬廣上意，尉安衆庶】師古曰：尉安之字，本無心也，是以《漢書》往往存古體字焉。（《漢書》卷六十六顏師古注）

（99）【嵎夷既畧，惟、甾其道】師古曰：嵎夷，地名也，即陽谷所在。畧，言用功少也。惟、甾，二水名。皆復故道也。惟水出琅邪箕屋山，甾水出泰山萊蕪縣。惟字今作濰。甾字或作淄，古今通用也。（《漢書》卷二十八顔師古注）

（100）【弜】古文孴字【《商書・湯斳（古誓字）》云"予則孥弜汝"，孔安國傳云"古之用刑，父子兄弟，罪不相及，今云孥戮，權以脅之，使勿犯也"。按孥戮者，或以爲奴，或加刑戮，無有所赦耳】（《匡謬正俗》卷二）

（101）漙，《鄭詩・野有蔓草》篇云"野有蔓草，零露漙兮，有美一人，清揚婉兮"。《詩》古本有水旁作漙字者，亦有單作專字者，後人輒改爲之漙字，讀爲團圓之團。作辭賦篇什用之，遞相因襲，曾無疑者。按呂氏《字林》"雨"下作"專"，訓云"露貌，音上克反"。此字本作霉，或作漙耳。單作專者，古字從省。（《匡謬正俗》卷一）

　　例（97）是《漢書注》之中最爲典型的"某，古某字"術語用例。從《漢書》上下文可知此處"難"字所記詞義爲{燃燒}，而顔師古訓"難，古然字"，即表明《漢書》中"難"字所記詞義和唐代行用的"然"字一致，難—然在{燃燒}上是一組"古今字"。從結構上看，"然"係《説文》正篆，訓"燒也。从火、肰聲"，它還有一個或體"難"，和本例中的"難"聲符一致。結合顔師古注可見，在漢代然、難都可記錄{燃燒}，而到了唐代，"然"字顯然更爲讀者所熟悉，"難"字已需要注釋。

　　例（98）包含術語"古體字"。原文中的"尉"承擔的是{安慰}，但顔師古沒有直接使用"某，古某字"的形式作注，而是指出記錄此義《漢書》保留了"本無心"的"古體字""尉"這一用字習慣。言外之意是在唐代此義由從心的"今體字""慰"承擔。可見這裏所説的"古體"並非書寫風格上的"篆""隸",它指的是在前代記録某個意義時所使用的另一個字,相當於"古今字"中的"古字"。在這則材料中,顏師古的訓釋反映在{安慰}上,尉—慰即是"古今字"。而《漢書》往往存古體字",則是指出《漢書》中時常會存留漢代之前的"古字",給讀者帶來閱讀困難,因而纔有疏解訓釋的必要。

例(99)是"某今作某"術語的用例。"惟"在此處指稱的是{濰水},顏師古訓"惟字今作濰",即説明記録{濰水}《漢書》用"古字""惟",而後代用"今字""濰",惟—濰在這個意義上是"古今字"。與此不同的是,"甾"和"淄"同樣是表示{淄水},可顏師古却訓"或作甾,古今通用",而未言孰今孰古。如此换用術語,意在説明"甾"和"淄"的通用關係歷時都存在,和惟—濰這組"古今字"有歷時用字習慣變遷的情況存在區別。

例(100)和例(101)均出自顏師古的另一部訓詁名著《匡謬正俗》。由例(100)所舉《尚書》文句分析,其中的"翏"表{殺戮},而"斳"表{約誓}。書中自注先用"古文某字",後用"古某字"的形式分别指出了《尚書》中"翏""斳"的功能和唐代的"戮""誓"字相當,即翏—戮在{殺戮}上、斳—誓在{約誓}上是"古今字"。例(101)是針對《詩經》中"溥"字的討論,提到了它的一個異文"專"以及《字林》當中訓"露貌"的"霸"。對於這幾個字,顏師古認爲"霸"字合於《詩經》文意,與"溥"有同用關係。至於異文"專"字,則是"霸""溥"的"古字",其形體"從省"。我們認爲這裏説的"古字從省"並非指"霸""溥"本已有之而後人僅書其聲符,而是説明"古字"往往有較"今字"簡省意符的現象。可見這一條中,顏師古指出了在{露貌}上,專—霸、專—溥均構成"古今字"。

從總體上看,顏師古的"古今字"訓詁體例相對清晰,用一個"今字"爲"古字"作訓的"某,古某字"術語最爲常見。雖然顏師古没有對"古今字"現象作專門的闡述,但從他大量的指論看,其"古今字"觀念和漢儒"歷時同詞異字"的觀念一致。如關玲所總結的，"顏師古觀念中的古今字要符合以下條件：古字和今字代表的詞項相同；古字和今字讀音一致；古字和今字通行時代有先後之分"①。此外我們注意到，也有學者認爲顏師古"古今字"相關術語的使用是顏師古"厚古薄今"的表現。如程明安認爲："透過顏注《漢書》文字現象，我們有一個鮮明的印象，即以古爲是，尚古之情溢於言表。注中用'古某字'400多次，却没有'今某字'。而名物字的解釋則多用'即今之×'予以説明，如：'鳬，水鳥，即今之野鴨也'，'墍即今之仰泥也'……同樣是爲了讓今人讀懂古書，厚薄却如此差別，祇能説明顏師古對古今字的態度是厚古薄今。"②對此我們不敢苟同。因爲從訓詁的動機上看，既然是"爲了讓今人讀懂古書"，那麼訓詁家必然要用當代讀者通曉的字詞（如"野鴨"）訓釋古書中的生僻字詞（如"鳬"）。因而不論訓條是"頯，古俯字"還是"頯，今俯字"，它們的訓釋效果都是一樣的：前者當理解爲"'頯'是古代表達當今'俯'所記詞義的字"，後者當理解爲"'頯'字所記詞義與今天'俯'字所記詞義一致"。既然訓釋目的和訓釋效果一致，那麼僅因爲顏師古常用"某，古某字"就判斷"顏師古對古今字的態度是厚古薄今"是難以成立的。

（五）玄應和慧琳對"古今字"的注釋

玄應（？～約661）和慧琳（737~820）是唐代佛教界傑出的訓詁家，他們編撰的《一切經音義》是儒學音義訓詁體式被借鑒運用於佛學研究的傑出成果，專門解釋漢文佛教經籍疑難字詞。唐代早期，玄應始撰《一切經音義》（又稱《大唐衆經音義》或《玄應音義》）；唐代中期，慧琳又參其體例、廣其規模撰《一切經音義》（又稱《慧琳音義》）。兩部《一切經音義》共詮釋佛經1400多部，徵引古籍數百種，

---

① 關玲：《顏師古古今字研究》，碩士學位論文，北京師範大學，2009，第28頁。
② 參見程明安《〈漢書〉顏注解釋文字現象的方法與價值》，《鄖陽師範高等專科學校學報》2005年第1期。

其書卷帙浩繁、蔚爲大觀，“洵足以俯視李善《文選注》及陸德明《經典釋文》”①，堪稱唐代訓詁巨著。鑒於玄應和慧琳《一切經音義》在編纂體例和内容上有密切聯繫，我們將二者放在一起討論。考慮到《慧琳音義》對《玄應音義》有較多轉録和承襲，我們在整理材料時對玄應已注的“古今字”組一般不再贅録於慧琳名下。

佛教在東漢時傳入中國，六朝以降數百年間不斷發展，唐代臻於極盛。伴隨各種佛教著作的傳抄和流布，文獻中的閱讀障礙也日積月累。這些障礙有的是佛典中域外語言帶來的隔膜，但更多的是漢語語文習慣變遷造成的困擾。所以《一切經音義》要爲唐代讀者遍注群籍，就不免要運用“古今字”的訓詁體式溝通歷時同詞異字問題。在術語的使用上，《玄應音義》中最爲常見的是“古文（作）某”，此外還有“古文某字”“今作某”等等，例如：

（102）【福祐】古文佑、𧵐二形，同。胡救反。祐，助之也。（《玄應音義》卷八）

（103）【紡績】古文勣，同。子狄反。《字林》“績，緝也”。（《玄應音義》卷十四）

（104）【紡績】古文作勣，同。子狄反。《字林》“績，緝也”。（《玄應音義》卷十五）

（105）【敗績】今作勣，同。子歷反。《聲類》云“勣，功也”。（《玄應音義》卷四）

例（102）是術語“古文（作）某”的用例。在一般情況下，術語“古文”的作用都是舉當時讀者通曉的“今字”來訓釋經典中的“古字”。但在《一切經音義》中，我們却經常看到這個術語用於介紹佛

---

① 徐時儀：《一切經音義三種校本合刊緒論》，《一切經音義三種校本合刊》，上海古籍出版社，2012，第 1 頁。

經中某些字的"古文"。例（102）中，玄應説"祐，助之也"，指出
"祐"字表｛幫助｝，而"古文佑、閊二形"則意指"祐"字的功能和
"古"代的字"佑""閊"相同。可見這則訓條玄應指出了在｛幫助｝
上佑—祐、閊—祐均是"古今字"。例（103）當中，玄應徵引《字林》
"緝也"的訓釋，指出"績"表｛捻綫｝，而且關聯了"績"和"勣"
的"同"功能，但"古文勣"若按照一般的"古今字"訓條理解，似
乎玄應要指"績"是"今字"，而"勣"是"古字"。可是我們由例
（104）可見，針對同一語詞，徵引了同樣的訓釋，玄應却用"古文作
勣"，指出"勣"是"古字"，而被訓釋的"績"是它的"今字"。從這
一對比我們就可以理解例（103）中"古文勣"的訓釋意圖和例（104）
中的"古文作勣"一致，即玄應基於勣—績在｛捻綫｝上的"古今字"
關係，關聯了"今字""績"和"古字""勣"的對應關係，以開拓讀
者的知識面。而同樣是針對"績"和"勣"，例（105）中玄應徵引了
《聲類》的意見，指出"敗績"中的"績"表｛功績｝，而"今作勣，
同"則説明這個意義在"今"，也就是唐代由"勣"字承擔，績—勣這
組"古今字"在｛功績｝上的歷時功能相同。

《慧琳音義》的規模較之《玄應音義》擴大了數倍，其中的"古今
字"訓條既有對玄應原文的轉錄和加工，也有其自身的創見。而從術
語使用風格上看，除上述《玄應音義》中的幾個術語外，慧琳還運用
了"古字""古今字""古今之字"等術語來指論"古今字"問題，可
謂特色。例如：

（106）【祇仰】……下魚兩反。《説文》"仰，望也。從匕，從
卩"。音節。作印，古字也。今從人作仰。（《慧琳音義》卷十三）

（107）【轉樞】衝珠反。門肘也。郭注《爾雅》云"門户扉樞
也"。韓康伯注《周易》云"樞機，制動之主也"。《古今正字》從
木，區聲。扉音非。古今字。（《慧琳音義》卷三十六）

（108）【傘盇】……下音蓋，正體字也。從草，從盇。盇音
合。盇字《説文》從大，從血。《經》文作盖，從羊、血，隸草，
非也。古今之字也。（《慧琳音義》卷三十五）

例（106）是"古字"和"今作"聯合運用的例子。慧琳首先徵
引了《説文》"仰，望也"①的訓釋説明"祇仰"之"仰"表｛仰望｝之
義，在此之外，他還舉出了"古字""卬"，説明它在"古"時記録
｛仰望｝，並指出這個意義在"今"，即唐代由"仰"字承擔，則卬—
仰在｛仰望｝上是"古今字"。

例（107）是"古今字"術語的用例。爲解釋"樞"，慧琳徵引了
郭璞《爾雅注》、韓伯康《周易注》以及《古今正字》當中的説解。在
文末言"扉音非"，是爲郭璞"門户扉樞也"中的"扉"注音，繼而言
"古今字"，則是將同音的兩個字作歷時用字習慣的溝通。也就是指出
在｛門扇｝上，"扉"和"非"是"古今字"。

例（108）是"古今之字"的用例，此處"傘盇"之"盇"所記
詞義爲｛篷蓋｝。慧琳認爲這個"盇"的構形合於《説文》，是規範的
"正體字"，而佛經中寫作"盖"的則被斥爲"非也"，即不規範字形。
在此之外，慧琳用"古今之字"關聯了"盇"和"盖"，指出了"盇"
爲"古字"，"盖"則是這個"古字"經過隸書草寫而成的"今字"。由
這則訓條可見，慧琳不但指出了"盇"和"盖"在｛篷蓋｝上是"古
今字"，還説明了二者形體差異的原因。

《一切經音義》是唐以前"古今字"訓詁材料最爲豐富的訓詁著
作。作爲一部音義類的訓詁專書，和《經典釋文》類似，各條目所含
"古字""今字"所記詞義都要受到佛教經籍上下文的限制而顯得具體、
明瞭。此外《一切經音義》借鑒了徵引的訓詁風格，在注釋中非常注

---

① 今本《説文》"仰"訓"舉也"，與慧琳所引有異。

重吸收和利用前代"古今字"研究成果，這也決定了玄應和慧琳在"古今字"術語使用和"古今字"觀念上對漢魏以來先賢的繼承。儘管沒有用專門的篇幅闡述"古今字"概念，但從《一切經音義》指論的字例分析，其"古今字"觀念都體現着"歷時同詞異字"的性質。玄應和慧琳在訓條中系統地爲"今字"引介"古字"。和《説文》中引介"古文"字形的情況不同，唐以前並無印刷技術，一部典籍經歷代衆人之手輾轉傳寫，其面貌必然受到抄寫者語文習慣的影響而紛繁複雜。玄應、慧琳比勘群籍作工具書，就有必要最大限度地收錄同一詞條在各版本經書中的異字現象，以便持各種包含"古文"字形經書的讀者遇到疑難之時能按圖索驥，獲得解答，這也是《一切經音義》擴大訓釋信息量的匠心體現。

（六）李善對"古今字"的注釋

李善（約 630~689），揚州江都（今江蘇揚州）人，是唐代著名訓詁家，以《文選注》名重學林。《文選》是現存最早的古代詩文總集，由梁代昭明太子蕭統主編。隋唐以來，大學者曹憲復興了漢魏以來的古文經學，以"樸學"之風講傳《文選》，許淹、公孫羅、李善等皆受其業而爲《文選》作注，其中，李善《文選注》六十卷影響最大，且完整流傳至今。王寧總結稱，該著作"既與先秦、兩漢、魏晉的訓詁工作一脈相承，又有自己獨特的開創意義。它在訓詁發展史上的重要貢獻，是全面、系統地開創了徵引的訓詁體式"①。從文獻檢索結果來看，《文選注》中的"古今字"訓詁既有對前賢的徵引，也有自身的創見，使用的術語主要有"古某字""今（爲）某字""古今字"等。例如：

（109）【浮英華，湛道德】善曰：……浮沉，言其洋溢，可游泳也……湛，古沉字。或爲耽，於義雖同，非古文也。（《文選》卷

---

① 王寧：《訓詁學原理》，中國國際廣播出版社，1996，第176頁。

四十五李善注）

（110）善曰：……《周禮》曰“凡齊事，鬻鹽以待戒令”，鄭曰“鬻鹽，謂練化之”。鬻，今之煑字也。（《文選》卷五十三李善注）

（111）【蹻捷若飛，蹈虚遠蹠】善曰：《廣雅》曰“趫，趨行也”。今爲蹻，古字無定也。（《文選》卷三十四李善注）

（112）【青社白茅，亦朱其綬】善曰：……毛萇《詩傳》曰“諸侯赤黻”，黻與綬古今字，同。（《文選》卷五十六李善注）

（113）【襄陵廣舄，瀇瀁浩汗】善曰：……《尚書》曰“懷山襄陵”，又曰“海濱廣斥”。《史記》曰“斥爲舄”，古今字也。（《文選》卷十二李善注）

例（109）是術語“古某字”的用例。其原文出自《文選》所録班固《答賓戲》，李善指出了班固文中表示｛沉｝的“湛”是“古字”，而“沉”是記録此義的“今字”。在此之外，李善還指出“湛”或可寫作“耽”，二者“於義雖同”，但“耽”不是“沉”的“古文”。從這一細節可知，李善認可的湛—沉這組“古今字”具有特定的對應關係，不可簡單遷移。

例（110）和例（111）都是含“今”術語的用例。例（110）中的“鬻”是《説文》正篆，“煑”是其或體。而李善“鬻，今之煑字也”的訓條即指出《周禮》此處的“古字”“鬻”承擔的職能和後代的“煑”一致，鬻—煑在｛煑｝上是“古今字”。例（111）原文出自曹植《七啓八首》。對於其中的“蹻”字，李善先徵引了張揖《廣雅》所訓“趫，趨行”之義，又云“今爲蹻”，則説明在唐代此義由“蹻”字承擔，即在｛趨行｝上趫—蹻是“古今字”。曹植和張揖同處魏晉之時，所以李善説“古字無定也”，實際上指魏晉時｛趨行｝有時由“蹻”字承擔，有時又由“趫”字承擔，用字習慣不固定。而“今作蹻”則説明唐代表示｛趨行｝已不再用“趫”字。

例（112）和例（113）都是“古今字”術語的用例。例（112）的原文出自潘岳的《楊荆州誄》，其中的“紱”字表｛祭服｝，李善徵引了毛萇《詩傳》“諸侯赤韍”的訓釋，並指出韍—紱是“古今字”，二者功能相同，説明他認爲表｛祭服｝西漢毛萇用“古字”“韍”，晉代潘岳用“今字”“紱”，是歷時同詞異字的“古今字”問題。例（113）中的“舄”所記詞義是｛鹽碱地｝。李善指出《尚書》中的“廣斥”在《史記》中作“廣舄”，這是“古今字”現象造成的，即《尚書》以“古字”“斥”表｛鹽碱地｝，司馬遷則以“今字”“舄”表此義。從這兩個例子看，李善所謂“古今字”的“今”不一定都是唐代。先秦爲古則兩漢爲今，漢爲古則晉爲今，這也是“古今字”時代上具有相對性的表現，對於這一性質後文還將專門討論。

從李善的“古今字”訓條之中，我們可以總結出他對於“古今字”問題的某些理解：首先，“古字”和“今字”要“音義並同”，必須記録同一個意義；其次，某組“古今字”的對應關係不可簡單遷移，一個“今字”和它所對應“古字”的同義字未必也能構成“古今字”；再次，“古字”可能無定，即前代記録某個詞義可能使用不止一個“古字”，而到了後代，這個詞義可能祇由其中一個記録；最後，“古今字”的“今”不一定是《文選注》所處的唐代，商周爲“古”則魏晉爲“今”。

（七）李賢對“古今字”的注釋

李賢（655~684）字明允，是出身貴胄的章懷太子，曾受李善等人教導①，有較高的文史造詣，他的代表作是《後漢書注》。唐代統治者十分重視總結歷史經驗，唐太宗曾有“以古爲鏡，可以知興替”的警訓，因而這一時期史籍訓詁十分興盛。李賢被立爲太子後，承顏師古《漢書注》、李善《文選注》的訓詁傳統，歷時六年主持編成《後漢書注》。

---

① 參見戚學民《〈後漢書〉李賢注與〈文選〉李善注：論李善注影響的擴張》，《社會科學研究》2013 年第 3 期。

清儒王先謙曾贊曰“章懷之注范，不減於顏監之注班”①。

《後漢書》爲南朝劉宋時期的作品，書中某些用字習慣已不爲唐人所熟悉。因此李賢在作注時，會運用“古（文）某字”“今爲某字”等術語疏通這類閱讀障礙。例如：

（114）【卓風令御史中丞已下皆拜以屈嵩，既而抵手言曰：“義真犕未乎？”】犕音服。《説文》曰“犕牛乘馬”。犕即古服字也，今河朔人猶有此言。音備。（《後漢書》卷八十九李賢注）

（115）【散毛族，㧖羽群】……㧖，諸家並古酷反。案《字書》㧖從手，即古文攪字。謂攪擾也。（《後漢書》卷九十李賢注）

（116）【百姓廢農桑而趨府廷者，相續道路，非朝餔不得通，非意氣不得見】《説文》曰“餔，謂日加申時也”。今爲晡字也。（《後漢書》卷七十九李賢注）

例（114）是包含術語“古某字”的訓條，其原文出自《後漢書·皇甫嵩列傳》。皇甫嵩字義真，董卓説“義真犕未乎”即意爲“義真信服了没有”，其中的“犕”表{信服}。李賢注先以“犕音服”説明“犕”“服”音同，接着提到了《説文》中的“犕牛乘馬”，並指出“犕即古服字”，意指“犕”和“服”不但音同，而且在{穿套}上可通，則在{信服}上，也可以有前代用“古字”“犕”、後代用“今字”“服”的用字情況。

例（115）是術語“古文”的用例，其原文出自《後漢書·馬融傳》。從上下文判斷，這裏的“㧖”表{攪擾}，李賢注指出此字在《字書》中的別體“㧖”是“古文攪字”，即表明{攪擾}在古時可用“㧖”字記録，在後代則用“攪”字，㧖—攪是一組“古今字”。

---

① （清）王先謙：《後漢書集解》，中華書局，1984，第4頁。

例（116）是用"今爲某字"指論"古今字"的訓條。由原文句意可知，其中的"朝"和"餔"相對，都是時間名詞，前者表示｛早晨｝，後者表示｛傍晚｝。今本《説文》訓"餔"爲"日加申時食也"，是針對"餔"字的本義｛夕食｝而言，李賢注所引《説文》"日加申時也"之訓脱"食"字，是其訛誤。我們認爲，《後漢書》此處"餔"表示的｛傍晚｝，即可能是由《説文》所訓｛夕食｝引申而來。李賢説"今爲晡字也"，即指"古"時｛傍晚｝可由"餔"表示，而在後代此義則由"晡"承擔，餔—晡在此義上是"古今字"。

李賢《後漢書注》中的"古今字"訓條並不算多，但體現着對前代學者"古今字"訓詁體式的繼承。但必須指出，由於它並非出自一人之手，而且注解體例是直接訓釋和徵引訓釋相結合，因此徵引而來的訓條被訓釋項往往祇是字面上與《後漢書》文句中的生僻字相合，而所記詞項未必對應。因此理解《後漢書注》所指"古今字"針對的詞義，還必須要緊扣文句，纔能準確把握李賢所論"古字"和"今字"承擔的具體的詞項。

三　訓詁專書中的"古今字"研究

（一）陸法言《切韻》

《切韻》是隋代學者陸法言於仁壽元年（601）"取諸家音韻、古今字書"而編的訓詁專書，它依音韻類聚字頭，並附有反切和注解。據《封氏聞見記》記載，書中共收 12158 字。[①]《切韻》原書久佚，僅存序言一篇，而從近代以來發現的部分唐寫本韻書殘卷或可管窺其貌。我們在瀚堂典藏語料庫中見到了可供檢索的其中兩種《切韻》殘卷，均爲 20 世紀初由伯希和劫掠出境，現藏於法國巴黎的敦煌古籍：其一是編號爲 P. 2011 的《王仁昫刊謬補缺切韻》，爲唐代學者王仁昫重修

---

① （唐）封演:《封氏聞見記》，商務印書館，1935，第 9 頁。

《切韻》之作；其二是編號爲 P. 3693 的《箋注本切韻》，由唐代學者長孫訥言在《切韻》基礎上增加了收字和箋注。這兩種殘卷雖然不是《切韻》原本，但我們認爲這批材料中的“古今字”訓釋依然可以反映陸法言以至王仁昫、長孫訥言等隋唐學者“古今字”研究的部分面貌，是不容忽視的。通過測查，我們從這兩個文本中看到“古今字”注釋術語主要有“古作某”“古文作某”“今爲某”等，例如：

（117）【乾】燥。古作漧。（《王仁昫刊謬補缺切韻一》卷一）

（118）【朕】古作𦩎。直稔反。（《箋注本切韻》第四十四）

（119）【壤】四壤。古文作垗。（《王仁昫刊謬補缺切韻一》卷四）

（120）【件】本爲侔字，今爲年。（《王仁昫刊謬補缺切韻一》卷一）

例（117）和例（118）都包含術語“古作”，意在爲字頭舉出一個同功能的“古字”，以擴展讀者的知識面。例（117）中“乾”訓“燥”，而“古作漧”則表明｛乾燥｝在“古”時曾由“漧”字記錄，即漧—乾在｛乾燥｝上是“古今字”關係。例（118）中的“古作𦩎”，意指隋唐人熟悉的“朕”，功能和“古”時的“𦩎”相當，𦩎—朕在｛朕｝上是“古今字”。考《說文·舟部》中“𦩎”字訓“我也，闕”，雖然許慎未分析其構形，但不難判斷“𦩎”和“朕”的右半部均爲“𦩎”字中“灷”之省，而“朕”字左半部之“月”，則是“𦩎”字所從之“舟”的變異。可見相對於《說文》正篆而言，“朕”字的形變進程較“𦩎”更甚。

例（119）中的“壤”訓“四壤”。考《說文》“壤，四方土可居也”之訓，則此處的“壤”字應表｛可居之處｝之義。而例中的術語“古文”則指出了“壤”和“古”時所用的“垗”功能一致。由此可知在｛可居之處｝上，垗—壤是“古今字”。

例（120）是使用術語"今爲"的例子。首先值得注意的是，這裏的字頭"件"與"謀"同在一個小韻，音"莫浮反"，因而與《説文》中訓"分也。从人、从牛。牛，大物，故可分"的"件"是同形異字。從《切韻》"件，本爲侔字，今爲牟"的訓釋看，這個"件"首先和"侔"有同用關係。"侔"《説文》訓"齊也，从人，牟聲"。《史記·趙世家》中有"趙名晉卿，實專晉權，奉邑侔於諸侯"，《韓非子·五蠹》中有"蓄積待時，而侔農夫之利"，可見"侔"在文獻中可以記錄{齊等}{謀求}等義。而此處關聯"侔"和"件"是就整體功能而言，並未言具體詞項，所以我們祇能通過"今爲牟"的訓釋，得知《切韻》意指在{侔}上，"件"是"古字"而"牟"是"今字"。

（二）孫愐《唐韻》

《唐韻》是唐代學者孫愐修訂《切韻》而成的訓詁專書，是《王仁昫刊謬補缺切韻》之外另一《切韻》增廣本，在當時影響甚大。《唐韻》的版本有"開元本"和"天寶本"之別，但原書均已亡佚。從《廣韻》所録《唐韻序》看，其書體例基本參照《切韻》，共收字42383個，徵引著作達三十餘種，其中的訓釋則"兼習諸書，具爲訓解，州縣名號，亦據今時字體……其一字數訓，則執優而尸之，劣而副之"[1]。清光緒三十四年（1908），吳縣蔣斧在北京發現了唐寫本古韻書去聲、入聲殘卷共44頁，王國維考證此爲開元本《唐韻》。[2]從體例上看，該書"古今字"注釋術語主要有"古作某""古某字"等，例如：

（121）【勅】誠也。古作敕。（《唐韻殘卷》，第43頁）

（122）【敚】強取。又姓，出《説文》。古奪字。（《唐韻殘卷》，第30頁）

---

① （唐）孫愐：《切韻序》，載（宋）陳彭年《宋本廣韻》，江蘇教育出版社，2008，第2頁。
② 參見王國維《書吳縣蔣氏藏唐寫本〈唐韻〉後》，《觀堂集林》，中華書局，1959，第364頁。

（123）【鉀】《音□》云“鐕鎧屬”。今單作甲。（《唐韻殘卷》，第 39 頁）

例（121）中包含了《唐韻》中比較常見的術語“古作某”。訓釋指出，字頭“勑”所記詞義爲{誡命}。孫愐云“古作敕”，即指{誡命}在“古”時用“敕”表示，它是“勑”的“古字”。“敕”在《說文》中訓“誡也，臿地曰敕。从攴，束聲”，它是{誡命}的本字，用如《史記・樂書》“太史公曰：余每讀《虞書》，至於君臣相敕，維是幾安，而股肱不良，萬事墮壞，未嘗不流涕也”。而“勑”字《說文》訓“勞也。从力來聲”，這個“勞”指的是{慰勞}，和{誡命}無關。或許是因爲書寫上的訛混，“勑”在文獻中可以用如“敕”，如《後漢書・馬援傳》“劾伯高不得，猶爲謹勑之士”，因此如孫愐所言，敕—勑即構成了“古今字”關係。

例（122）包含術語“古某字”。和上述“古作某”不同，這則訓條是爲字頭列舉一個唐人熟悉的“今字”作訓。例中的“古奪字”，意指《說文》中這個“古”時所用的“㪍”，所記詞義和唐代的“奪”字一致，㪍—奪在{强取}上是“古今字”。

例（123）是有關術語“今作某”的訓條，其文本有兩個疑問：首先是訓釋第二字左半爲“言”，右半殘缺；其次是訓釋第四字原本作“鐕”，殊不可解。從《唐韻》的體例看，“云”是徵引標記，它的前面多爲書名。首字爲“音”，次字從“言”者，《唐韻》中有《韻譜》。而考《廣韻》“鉀，鎧屬，今單作甲”的訓釋，我們推測原本中的“鐕”或爲抄手受“譜”和“鎧”的影響而誤書的衍文。如果這一校勘結論成立，則可認定孫愐徵引了李槩《音譜》的訓釋指出“鉀”表{鎧甲}，而後指出這個意義“今”由不帶金旁的“甲”字表示，鉀—甲是“古今字”。

（三）張參《五經文字》

《五經文字》是唐代一部比辨字形解釋字義的訓詁專書。大曆年間，時任國子司業的學者張參奉命校勘五經文本，深感“自頃考功禮部課試貢舉，務於取人之急，許以所習爲通，人苟趨便，不求當否，字失六書，猶爲壹事，五經本文，蕩而無守矣”①，遂廣泛收集經書中的疑文互體，並參考《熹平石經》以及《説文》《字林》《經典釋文》等前代訓詁專書，集 3235 字編成《五經文字》三卷，於大曆十一年（776）問世。該書注釋“古今字”的常用術語有“古某字”“今作某”“古文作某”等。例如：

（124）【鄙】五酇爲鄙，從啚。啚音圖，古鄙吝字。圖字從啚，俗用爲圖謀字，非。(《五經文字》卷中)

（125）【協】和也。心部亦有恊字，與此字同，並訓和。案古文作叶。(《五經文字》卷中)

（126）【敕】丑力反。古勑字，今相承皆作勒，唯整字從此敕。(《五經文字》卷下)

例（124）是術語“古某字”的用例。張參首先訓釋“鄙”爲｛五酇之政區｝，繼而分析其構件“啚”是“古鄙吝字”，即説明｛鄙吝｝在“古”時曾由“啚”字記錄，後代則由“鄙”字記錄，啚—鄙在這個意義上是一組“古今字”。

例（125）是術語“古文作某”的用例。張參指出在｛和｝上，“協”是“今字”，而“叶”是“古字”。查《説文》當中，“協”字訓“衆之同和也。从劦、从十。叶，古文協从日、十。叶，或从口”，可見張參此處所云“古文作叶”和《説文》可相印證。

───────────────

① （唐）張參：《〈五經文字〉序例》，《欽定全唐文》，清嘉慶内府刻本，卷四百五十八。

例（126）中出現了“古某字”和“今作某”的術語。張參指出“古敕字”，即説明“敕”是“古字”，而“勑”是“今字”。歷時地看，“勑”在《説文》中訓“勞也”，與{敕}無關。而在隸變之後，“敕”“勑”由於書寫變異而發生了訛混，於是“勑”字也開始表示{敕}。從“今相承皆作勑”看，至唐代，以“勑”表{敕}的語文習慣已經相沿已久，所以張參能夠用“勑”解釋“敕”。

（四）唐玄度《九經字様》

《九經字様》亦稱《新加九經字様》，是唐代一部校定經書文字，爲學人辨似正訛的訓詁專書，其作者唐玄度曾於唐文宗時任翰林待詔朝議郎，精於書法，尤擅小學。大和七年（833），唐玄度奉敕命覆定九經文字，遂仿效張參之作，取《説文》古體參以時俗用字，取其適中纂成《新加九經字様》和《五經文字》相輔而行，刊刻於石壁九經之後。《九經字様》注釋“古今字”所用術語有“古文某（字）”“古某字”“今某字”等，例如：

（127）【游】音由。從㫃，從汓。汓是古文泅。（《九經字様·㫃部》）

（128）【𦍑乖】怪，平戾也。從𦍌，從仌。仌，古文别字。上《説文》。下隸變。（《九經字様·𦍌部》）

（129）【冬】四時盡也。從冫、從夂。夂是古終字，今隸省作冬。（《九經字様·冫部》

例（127）之中包含了術語“古文”，它指出“游”所含之“汓”的功能，和唐代人熟悉的“泅”字一致，即在{泅}上汓—泅是“古今字”。考《説文》之中，“汓”爲正篆，而“泅”是其或體，唐玄度引“今字”“泅”爲“古字”“汓”作解的目的是讓讀者明瞭“游”與“泅”具有意義上的聯繫。

例（128）之中，爲了解釋“茶”所從之“父”，唐玄度指出“父”是“古文別字”，即表示｛別｝，唐代人熟悉的是“別”字，而在“古”時則用“父”。考《説文》之中無“別”而有“父”，訓“分也。從重八。八，別也。亦聲。《孝經説》曰‘故上下有別’”，此外《説文》中有“剮”，訓“分解也。從冎，從刀”，當是“別”字的古形。綜合來看，唐玄度指出父—別在“別”義上是“古今字”，受到了《説文》的影響。

例（129）涉及了兩組“古今字”。在分析“冬”字所從之“夅（夂）”時，唐玄度指出了“夅是古終字”，即在｛終｝上，“夅”是“古字”，而“終”是“今字”。這一論述和《説文》中“冬，四時盡也。從仌、從夅。夅，古文終字”的説解有鮮明的繼承關係，唐玄度將許慎使用的“古文某字”術語改換成了“古某字”。此外，唐玄度云“今隸省作冬”則是針對“終”而言，説明在“今”，也就是唐代表示｛終｝可以用“冬”，則此義上“終”是“古字”，而“冬”是“今字”。

第五節　小結

我們大體上回顧了漢代、魏晉南北朝以及隋唐三個歷史時期“古今字”訓詁家和訓詁著作的相關情況。縱向來看，各個歷史時期的“古今字”訓詁家和著作的實踐，都是這一訓詁體式持續發展的支撐。而把這些成果綴聯起來，我們便能從宏觀上把握唐以前“古今字”訓詁發展的總脈絡。

“古今字”訓詁是伴隨漢代學者對勘今文經和古文經的版本差異而形成的。東漢以前，文本差異中包含的歷時文字差異引起了學者的注意，“古今字”類訓詁專書開始出現，可謂是“古今字”訓詁的學術源頭。隨着古文經學在東漢的發展，鄭衆發現部分今、古文經異文之間有"同物同音"，即"同詞異字"的關係，遂用"古字""今字""古某某同字"術語加以指稱，成爲可考的最早"古今字"訓詁活動。繼而許慎《説文解字》每每於正篆之下繫聯、説解"古文"形體或闡釋正篆形體在"古文"時承擔的其他詞義，關聯了一大批"古今字"組，其數量爲漢代之最。此外馬融、鄭玄、應劭等學者在文獻注釋中都用相關術語準確指論了多組"古今字"例，其中鄭玄首用的"古今字"術語即成爲後人對歷時用字差異現象的通稱。漢代"古今字"學術研究對"古今字"學術史的意義，即在於"古今字"從儒家經學今、古文校勘活動中産生，成爲内涵確定的獨立概念，而相關成規模的訓詁實踐，也成爲後代學者的研究範例。

　　魏晉南北朝的古籍雖然亡佚頗多，但可以看到該時期學術承兩漢之餘緒，"古今字"訓詁依然活躍。自晉灼到顔之推十餘家的研究已將"古今字"訓詁廣泛運用於經史百家的注釋以及訓詁專書的編纂，自覺的、固定的"古今字"訓詁體例蔚然成風，而"古今字"概念也進一步清晰，在表述上與指論今、古文經版本異文、詞語變化等問題的訓條在表述上已有了明顯的區別。此外，"古今字"在該時期還開始服務於諸子著作以及史籍的訓詁，並在訓詁專書當中發展迅速。張揖《古今字詁》、李登《聲類》、吕忱《字林》、何承天《纂文》《字書》以至顧野王《玉篇》（《原本〈玉篇〉殘卷》）之中都指論了大量的"古今字"字例，其中多數是漢儒不曾論及的，這些著作所倡導的"古今字"訓詁體例，對隋唐訓詁專書的編纂産生了深遠的影響。所以總體上看，魏晉南北朝對"古今字"學術史而言是承前啓後的時代。漢儒開創的"古今字"訓詁在該時期被進一步發揚，訓詁方式已經定型，相關學者的"古今字"訓詁成就是隋唐"古今字"訓詁空前繁榮的重要學術基礎。

　　隋唐時期"古今字"訓詁空前活躍，在儒家經學、史學乃至佛學典籍的注釋當中都得到了廣泛的運用，成果也極爲可觀，其中傳注類訓詁如顔師古《漢書注》、李賢《後漢書注》，義疏類訓詁如孔穎達《五經正義》，徵引類訓詁如李善《文選注》，音義類訓詁如陸德明《經典釋文》以及玄應和慧琳《一切經音義》。從數量上看，相較於漢魏六朝而言，隋唐時期的“古今字”訓條總數已逾兩千，僅《一切經音義》這一部著作中的訓注“古今字”組數就已十分可觀，數量之多也正是隋唐“古今字”訓詁繁榮的一大表徵。從隋唐的“古今字”訓條看，“古今字”已經成爲訓詁工作的必備體式，早已廣泛服務於各種類型的訓詁工作，這也是文獻歷時手寫傳播、異字頻出的文化背景下訓詁工作的必然選擇。

第三章 唐以前對“古今字”的基本認識

第一節 概説

通過此前的考察，我們對唐以前“古今字”訓詁的規模、分布以及歷時發展情況有了宏觀上的認識。我們將在此基礎上對唐以前“古今字”訓詁材料展開跨時代、跨著作的專題分析，考察唐以前學者是如何認識“古今字”問題的。

總體上看，唐以前學者對“古今字”有着三個方面的基本認識：首先，“古今字”屬於訓詁範疇，注釋“古今字”的目的，是爲讀者掃除閱讀障礙；其次，“古今字”是組概念，術語中“古”“今”對字例的具體指向有的是單純明確的，有的是兩解俱通的，訓條中的“古字”與“今字”既可等額對應，又可差額對應；最後，“古今字”中“古”“今”的時代是相對的，“古”是對前代的泛稱，而“今”則未必是作訓的時代。

第二節 "古今字"屬於訓詁範疇

一 引言

前文提到,部分現代學者主張"古今字"指稱的是屬於文字學範疇的孳乳造字問題。然而從材料上看,從漢代到唐代"古今字"都是有關歷時字形之間意義聯繫的問題,屬於訓詁範疇,並不專門稱造字孳乳現象。而從訓詁意圖上看,唐以前各家訓解"古今字"主要出於兩個目的:其一是解讀文獻,用"今字"注釋"古字";其二是增廣讀者見識,替"今字"關聯"古字"。

二 以解讀文獻爲目的的"古今字"訓注

解讀文獻,是"古今字"注釋最直接、最常見的訓詁意圖。"訓詁工作的基本任務是對古代文獻語言的意義進行探求和解釋"①,具體對於"古今字"而言,各家往往是用字訓的形式,基於"今字"與"古字"之間的同功能關係,以讀者易懂的"今字"注解前代文獻中難懂的"古字"。這種訓詁方式因其直接、精練、高效的特性得到了訓詁家的廣泛采用,例如:

(130)【故人不耐無樂,樂不耐無形,形而不爲道,不耐無亂】形,聲音動静也。耐,古書能字也。後世變之,此獨存焉。(《禮記正義》卷十一)

(131)【失得】如字。孟、馬、鄭、虞、王肅本作矢。馬、王

① 王寧:《訓詁學》,高等教育出版社,2010,第7頁。

云“離爲矢”，虞云“矢，古誓字”。（《經典釋文》卷二）

（132）【今鍾撅矣，王心弗戡】孟康曰“古堪字”。（《漢書》卷二十七顏師古注）

（133）【頫杳眇而無見，仰钘橑而捫天】師古曰：頫，古俯字也。杳眇，視遠貌。钘，古攀字也。橑，椽也。捫，摸也。言臺榭之高，有升上之者，俯視則不見地，仰攀其椽可以摸天也。橑音老。捫音門。（《漢書》卷二十八顏師古注）

（134）【適足以曳君自損也】善曰：晉灼曰“曳，古貶字也”。（《文選》卷八李善注）

例（130）《禮記》原文中的“耐”表{能够}。鄭玄注曰“古書能字也”，意指“古”代的“書”籍中的這個“耐”功能和後代的“能”字相當，《禮記》中的“不耐”就相當於“後世”人熟悉的“不能”，耐—能在{能够}上構成“古今字”。這即是利用“古今字”訓詁掃清了《禮記》中的一處閱讀障礙。而鄭玄説“後世變之，此獨存焉”，則是説解之所以要注釋耐—能“古今字”，是因爲{能够}的用字習慣在“後世”發生了變化，而傳世《禮記》文本中“此”處還“獨存”了古時用“耐”表{能够}的習慣。

例（131）原文出自《周易》“失得勿恤”。《經典釋文》首先比對了包括虞翻本在内的五種《周易》注本，發現它們都將“失得勿恤”一句中的“失得”寫作“矢得”，其中“馬（融）”“王（肅）”由“矢”字的{箭}義解釋此處的“矢”當訓爲“離”。而陸德明引用的“虞（翻）”訓釋指出“矢”爲“誓”的“古字”，也就是説二者針對的詞義是{誓}。我們聯繫其他文獻來看，《詩經·鄘風·柏舟》：“之死矢靡它！”《毛傳》注曰：“矢，誓。”《論語·雍也》：“夫子矢之曰：‘天厭之，天厭之！’”孔安國注曰：“矢，誓也。”這些材料表明“矢”“誓”在{誓}上是同用關係。由此觀之，虞翻掃除這則閱讀障礙是運用“古今字”訓詁對“矢”作了字訓，指出矢—誓在｛誓｝上是“古今字”關係，與馬融、王肅以“離”訓“矢”的詞訓解釋思路迥異。

例（132）原文中的“戙”表｛承受｝，但這一字詞關係是唐代讀者所陌生的。因此顏師古爲《漢書》作注，引用了孟康“古堪字”的訓釋。從孟康的訓釋來看，戙—堪在｛承受｝上是“古今字”，則“王心弗戙”就是“王心弗堪”，通過這則字訓，讀者自然會用他熟悉的“堪”代換原文中“戙”來理解文意，閱讀障礙得以疏通。

例（133）原文是《漢書》所錄司馬相如《上林賦》中的文句，其中包含顏師古的兩組以解讀文獻爲目的的“古今字”指論。第一組針對“頫杳眇而無見”中的“頫”，顏師古説“古俯字”，意指這個｛俯身｝義在“古”時由“頫”記錄，在後代由“俯”記錄，提示讀者應該按照當下“俯”字承擔的職能來理解“頫”字。第二組針對“仰挵橑而捫天”中的“挵”，這則“古今字”訓詁的分析由於傳抄訛字而稍顯麻煩。從瀚堂典藏語料庫提供的清光緒五洲同文局石印本《漢書》書影來看，顏師古似乎要指挵—攀爲“古今字”，但如此理解疑竇重重。《説文》云“収，竦手也。从屮、从又。凡廾之屬皆从廾。挵，楊雄説，廾从兩手”。“収”小篆作“𠬞”，“挵”是其或體，作“𢪙”。段玉裁曰“按此字謂竦其兩手以有所奉也”①。如果“挵橑”是“捧屋橑”，則文意難解。我們認爲，底本中的“挵”是“𢏚”字之誤。宋代學者婁機《班馬字類》中云“《漢書·揚雄傳》‘攣既𢏚夫傳説兮’，晉灼曰‘𢏚，慕也。古攀字’”可證。“𢏚”是《説文》部首，小篆作“𦥘”，訓“引也。从反廾。攀，或从手，从樊”，它和“廾（挵）”的區別是象徵“手”的構件朝向相反。如果“挵橑”是“𢏚橑”之誤，則“𢏚橑”可解爲“攀緣屋橑”，和表“觸摸天空”的“捫天”正好相應。所以綜合起來看，顏師古應該是指“𢏚”是“古字”，而“攀”是“今字”，讀

① （漢）許慎撰，（清）段玉裁注《説文解字注》，上海古籍出版社，1981，第103頁。

者按照"攀"字的功能理解"屴",則可以明瞭此處"仰屴橑而捫天"應作"仰攀其橑可以摸天也"之理解,文從字順。

例(134)原文出自《文選》所錄司馬相如《上林賦》,其中生僻字"甹"表{貶損}的用法對後代讀者而言是閱讀障礙。李善爲《文選》此處作注時徵引了晉灼"古貶字"的訓釋,從晉灼的話看,"甹君自損"中的"甹"是"古字",它所記詞義{貶損}在後代由"貶"承擔。可見這則字訓關聯了{貶損}上甹—貶的"古今字"關係,完成了《上林賦》這處閱讀障礙的疏通任務。

(135)【蚤】齧人跳蟲。从䖵,叉聲。叉,古爪字。蚤,蚤或從虫。(《説文解字》卷十三)

(136)【大寺】……《釋名》云"寺,嗣也,治事者相嗣續於其内也"。字從寸,㞢聲。㞢,古之字也。(《玄應音義》卷十六)

(137)【願聽】體經反。孔注《尚書》云"聽,察是非也"。《説文》云"聽,聆也。從悳、耳,壬聲"。悳,古德字也。壬音頤。(《慧琳音義》卷二十)

例(135)至例(137)這類材料略爲特殊,它們的"古今字"指論也都以訓釋爲目的,但注釋並不直接針對文獻中的字詞。在這三則材料中,許慎、玄應、慧琳在分別訓釋了"蚤""寺""聽"的詞義之後,還針對每個字中的成字構件"叉""㞢""悳"作了"古今字"指論,指出叉—爪在{爪}上、㞢—之在{之}上、悳—德在{德}上是"古今字"。可見訓詁家是考慮到讀者也許不理解這幾個構件的背景,纔專門作了"古今字"的注解。雖然這三組"古今字"所分別對應的詞義{爪}{之}{德}都和整則材料針對的"蚤""寺""聽"沒有直接的聯繫,但從意圖上看,它們仍爲"蚤""寺""聽"的注釋工作提供了間接的知識支撑,是整則訓釋的組成部分。

以上數例“古今字”訓注從時代上看，從漢代到唐代，被訓釋文獻中的“古字”對後人而言都是理解的障礙。爲便於讀者理解，訓詁家找到了這個“古字”所記詞義在後代所對應的“今字”，並用“古今字”訓詁十分精練地將二者相關聯，使讀者可以通過訓詁家提示的對應關係，用他所熟悉的“今字”對文獻中的“古字”作代换式的理解，從而掃除了閱讀障礙。如王寧指出的，“字詞關係一明確，詞義往往也就清楚了，不需要再作解釋；如果明確了字符所記的詞，而該詞義隱晦，就再進一步解釋詞義”①。

三　以增廣見識爲目的的“古今字”訓注

上文所言以解讀文獻爲目的的“古今字”訓注，是利用讀者易懂的“今字”注釋疑難的“古字”。在此之外，有一部分“古今字”訓條在解釋了某個字的意義之餘，還要將這個字作爲“今字”，爲它關聯一個甚至多個“古字”，這類解讀文獻之外的關聯是以增廣見識爲目的的“古今字”訓注，它是各家爲豐富訓條知識量所作的安排。例如：

（138）【及】逮也。从又、从人。乁，古文及，秦刻石及如此。弓，亦古文及。遝，亦古文及。（《説文解字》卷三）

（139）【御】使馬也。从彳、从卸。馭，古文御从又、从馬。（《説文解字》卷二）

（140）【兵】械也。从収，持斤，并力之皃。俆，古文兵从人、収、干。（《説文解字》卷三）

（141）【緭】居律反……郭璞曰“汲水索也”。古文爲繘字，在絲部。（《原本〈玉篇〉殘卷》卷二十七）

（142）【茂】莫候反。草木盛。古作懋。（《王仁昫刊謬補缺切

---

① 王寧:《訓詁學》, 高等教育出版社, 2010, 第51頁。

韻一》卷四）

（143）【怖悸】古文作瘁，同。其季反。《字林》"心動也"。
《説文》"氣不定也"。《方言》"憭，悸也"。注云"謂竦悸也"。憭
音葵。（《玄應音義》卷十二）

例（138）至例（143）都是訓詁家在完成某字的訓釋工作之
餘爲這個字關聯"古字"的情形。例（138）至例（140）都是《説
文》中比較常見的"古文"注釋，訓條所針對的被訓釋字分別是其正
篆字頭"及""御""兵"，許慎已經對三者分別作了"逮也""使馬
也""械也"的訓釋。在訓釋之餘，例（138）中許慎針對"及"關聯
了"乁""弓""遅"三個古文，也就是説在"逮也"的｛追上｝上有
乁—及、弓—及、遅—及三組"古今字"，而這種關聯顯然不是解釋
"及"所必需的工作，其用意祇是爲讀者介紹"古字"，增廣見聞。同
樣地，例（139）和例（140）中，許慎也在字頭訓釋之外指出｛使馬｝
上馭—御、｛軍械｝上俹—兵是"古今字"。而在爲"御""兵"關聯古
字"馭""俹"的同時，他還分析了"馭"從又、從馬，其中"又"古
形似人手，作爲構件有"驅使"的意味，正和｛使馬｝有關；而"俹"
從人、攵、干，"攵"古形爲人之雙手，"干"亦是軍械之類，因此也
正和｛軍械｝相對應。這種從構件入手分析"古字"理據的訓詁方式
顯然有利於讀者對古文的認識，如此安排的意圖也不僅僅是對字頭的
訓釋了。

例（141）是顧野王《玉篇》（《原本〈玉篇〉殘卷》）中的訓
條，其被訓釋字是"繘"，顧野王徵引了郭璞的故訓，指出它表｛汲
水索｝。而在此之外，顧野王還説"古文爲繜字"，爲"繘"關聯了
一個"古字""繜"。不難看出，這樣關聯的目的也不在於用這個"古
字""繜"來解釋"繘"，而祇是爲了向讀者介紹"繘"和同書"絲
（糸）"部"繜"字有古今同用的關係，屬於對字際關係的溝通，擴展

讀者的知識面。

例（142）出自《王仁昫刊謬補缺切韻一》，其中訓條的被訓釋字是字頭“茂”，訓詁家業已對其作出了“草木盛”的訓釋，在此之餘還指出了“古作懋”，爲字頭舉出了一個“古字”，説明了在｛草木盛｝上懋—茂是“古今字”關係。這樣的安排，從訓詁意圖上看，是不針對“茂”字訓釋的，也衹能理解成爲“茂”字多關聯了一個“古字”，增加訓條的知識量。

例（143）出自《玄應音義》，它是隨文注釋的訓詁材料。原文“怖悸”出自《中本起經》“長者怖悸，即遣馬騎四出推索”，其中的“悸”表｛心驚｝，玄應所徵引的《字林》《説文》《方言注》故訓都與這個意義相對應。在此之外，玄應説“古文作痵，同”，還爲訓條的被訓釋字“悸”指出了一個功能相同的“古字”“痵”，這也是關聯古今的安排，而不是爲了訓釋“悸”的意義。

誠然，從訓詁的原理上看，“以今釋古”是符合人們認識規律的，相關訓詁實例比比皆是。但上述關聯古今的訓條，若用“以古釋今”來指稱，又似乎是難以理解的。如果僅從文獻閱讀的訓詁目的考量這類訓條，訓詁家在完成字頭訓釋工作後還爲字頭關聯“古字”稍顯累贅。但客觀地看，如果這類訓注不是偶然、孤立、零散地存在，而是廣泛出現於各時期不同作者的著作中，那麼我們與其懷疑古人“畫蛇添足”，毋寧相信其中更有深意。

就《説文》而言，許慎在《説文解字叙》中闡述了當時社會對於前代“古文”的懷疑與歧視，因此他要“今叙篆文，合以古籀”，爲“古文”立言。在編纂《説文》訓條之時，他有意識地在部分字頭訓釋之餘爲字頭關聯“古文”，甚至説解這些“古字”的構形，梳理文字發展演變的脉絡，增加了訓條的知識含量，極力要使讀者對“古文”有正確的認識。或許是受到了《説文》的影響，《玉篇》《切韻》《一切經音義》雖然無須爲“古文”立言，但也都有爲“今字”關聯“古字”

的安排，屬於擴展注釋的知識含量、增廣讀者見聞的舉措。從可見的《原本〈玉篇〉殘卷》來看，顧野王在書中於某字訓釋之餘關聯同書其他部首下"古字""今字"的做法遠不止這一處，已然形成了一種體例。同樣地，《一切經音義》（包括《玄應音義》和《慧琳音義》）當中爲被訓釋字頭言"古文某""古作某"的情況也比比皆是，而且還往往注明該"古字"形體的出處，成爲一種程式化的徵引關聯模式。我們認爲這類"古今字"注釋是和唐以前文獻手寫傳播、用字習慣參差不一的文化背景相適應的。訓詁著作往往要服務於手持用字習慣各異的諸抄本的讀者，因此各訓詁家在詞義訓釋之餘關聯、貯存諸多"古字"形體，還有利於遇到各種"古字"困擾的讀者按圖索驥，解決疑惑，是有積極意義的。

第三節 "古今字"是組概念

一 引言

"古今字"不是僅就單字而言，而是指"古""今"對應的一組字。某個"古字"或"今字"，必然對應着它的"今字"或"古字"。唐以前的訓詁家們認識到了這種關係，所以在訓注中通常會指明哪個字是"古字"，哪個字是"今字"，但有時也會從總體上說兩個字是"古今字"或"今古字"，其中孰"古"孰"今"是兩解俱通的，因此這些術語的具體指向都需要明辨。此外，在訓條中，"古字"和"今字"的對應有時是等額的，一個"古字"對應一個"今字"，但有時也會是差額的，一個"古字"或"今字"可以對應多個"今字"或"古字"，因而訓條中的"古""今"對應的是一組字還是多組字，也是需要明辨的。下面通過訓注材料的分析，看古人如何關聯成組的"古字"和"今字"。

二　"古字"與"今字"的具體指向

成組的"古字"和"今字"必須由術語關聯，但被關聯的字孰"古"孰"今"，這種具體指向有的術語是十分明確的，而有的術語是需要考辨的。

（一）指向明確的

有的訓條中，術語所指稱的"古字"和"今字"是一目瞭然、没有歧解的，例如：

（144）【詖】辯論也。古文以爲頗字。从言，皮聲。（《説文解字》卷三）

（145）【陳衆車於東阬兮，肆玉釱而下馳】……師古曰：……阬，大阜也，讀與岡同。……宋祁曰：晉灼曰"阬，古坑字也"。《字書》曰"阬，閬也"，口盎反。（《漢書》卷八十七宋祁校注）

（146）【誌名】《字詁》"今作識"。誌，記也。（玄應《一切經音義》卷十六）

（147）【再拜稽首】古稽字。（《穆天子傳》卷三郭璞注）

例（144）出自《説文》，所包含的術語是"古文以爲某"。這種指向十分明確，意指字頭正篆在"古文"時代還用於記録和當今某字相當的詞義，字頭是"古字"。許慎云"古文以爲頗字"，是説當今"頗"承擔的職能，在"古"時也可由"詖"承擔。"頗"《説文》訓"頭偏"，此義擴大可引申出｛偏｝。從文獻上看《孟子·公孫丑上》有"詖辭知其所蔽，淫辭知其所陷"，朱熹注"詖，偏頗也"，可見文中的

"詖"即表｛頗｝，因此這個意義上"詖"是"古字"、"頗"是"今字"的論述是成立的。

例（145）原文出自《漢書·揚雄傳》所録《甘泉賦》，宋祁所引晉灼"古今字"訓條使用了"某，古某字"的術語，很明確地指出了"阬"是"古字"，"坑"是"今字"。就具體詞義而言，"阬"在《説文》中訓"門也"，而小徐本《説文》訓"閬也，門高也"，和宋祁所引《字書》的訓釋一致。然而無論是"門"義還是"門高"義，置入《甘泉賦》句中都格格不入，而顏師古注"阬，大阜也，讀與岡同"則提示"阬"指"大山坡"，與"陳衆車於東阬兮，肆玉釱而下馳"語義正合，因爲"衆車"欲"下馳"，必然要從高坡開始。由此我們可以確信，晉灼的訓條説明｛大山坡｝上"阬"是"古字"，"坑"是"今字"。

例（146）是單指"今字"一方以賅論"古今字"的例子，玄應轉引的，是張揖《古今字詁》中的訓條。原文中的"誌"表｛記｝，玄應轉引張揖"今作識"的訓詁，顯然是要爲這個｛記｝義服務的。由此我們推斷，在《古今字詁》中，張揖也曾指論過在這個意義上，"誌"是"古字"，而"識"是"今字"。

例（147）原文出自《穆天子傳》。"再拜𩒀首"中"𩒀"的意義和《説文》所訓"𩒀，首至地也"相當。郭璞對"𩒀"注云"古稽字"，即表明在｛叩首至地｝上，"𩒀"是"古字"，"稽"是今字，這是隨文釋義訓詁材料用讀者熟悉的"今字"爲"古字"作訓的情況。此外我們看到《周禮·天官·大祝》有"辨九拜，一曰稽首，二曰頓首"，《經典釋文》注曰"𩒀，本又作稽"；《漢書·諸侯王表》"漢諸侯王厥角𩒀首"，顏師古注曰"𩒀與稽同，古稽字"。可見𩒀—稽在｛叩首至地｝上具有古今共用的性質，郭璞的注十分精練地關聯了二者的"古今字"關係。

（二）需要考辨的

在以上情形之外，還有部分訓條中術語關涉的字哪個是"古字"、哪個是"今字"需要具體考辨。一種情形是訓詁家用"古今字"或者

"今古字"這樣的術語組合對字例作總體指論，在特定的文獻背景下，二者可能是"古字"和"今字"的關係，也可能是"今字"和"古字"的關係，二解俱通；另一種情形是"某，古文某"這樣的表述字面上存在歧解，其中的"古字"和"今字"需要藉助其餘材料綜合判斷。例如：

（148）【君天下曰天子，朝諸侯、分職、授政、任功曰"予一人"】……《覲禮》曰"伯父實來，余一人嘉之"。余、予古今字。（《禮記正義》卷一）

例（148）前文介紹過，鄭玄指出余—予有"古今字"的關係。其實對於鄭玄的這則判斷後代學者曾有疑問，因爲傳世的《儀禮·覲禮》文本此處都是"予一人"而非"余一人"，没有出現鄭玄所説的異字情况，似乎這則"古今字"指論是不必要的。對此，段玉裁試圖從版本異文的角度加以解釋，認爲鄭玄所見《儀禮·覲禮》的版本可能是某個後代亡佚了的"古文"文本，所以他纔會針對余—予有"古今字"的注釋。[1]但李運富認爲，唐人賈公彦爲《周禮》《儀禮》作疏非常注意指論今、古文經的異文，可是在鄭玄反映過的余—予這組異文上，賈公彦却没有發表意見，所以段玉裁的説法不能掩蓋鄭玄對引文的偶然失察，"鄭玄雖然没有對'予''余'的具體使用情况調查清楚，但他感覺從普遍的用字現象來説，'余、予'具有古今對應的關係，因而認定它們是古今字，所以就憑印象隨便舉了個例子，没想到這個例子恰好舉錯了。但即使《儀禮》中没有我義的'余'字，也不影響他對'余予古今字'關係的判定"[2]。如果鄭玄基於｛自稱代詞｝指出

---

① 參見（漢）許慎撰，（清）段玉裁注《説文解字注》，上海古籍出版社，1981，第160頁。
② 李運富：《"余予古今字"考辨》，《古漢語研究》2008年第4期。

"余、予古今字"的訓條是成立的，那是否列在前面的"余"就是"古字"，而"予"就是"今字"呢？這需要結合訓詁家作訓的背景來判斷。對於這組"古今字"的文獻用例，李運富曾作了詳細的調查，他總結道："在更廣泛的古代文獻中，'余、予'確實具有前後用字不同的現象。例如十三經，除《周易》沒有'余''予'二字外，《尚書》《詩經》《論語》《孟子》《三禮》《公羊傳》《穀梁傳》的第一人稱代詞都用'予'而不用'余'，《左傳》的第一人稱代詞則用'余'而不用'予'。所以如果從《尚書》《詩經》等早期文獻與《左傳》的用字看，可以説'予、余古今字'；以《左傳》爲古，以晚于《左傳》的書本爲今的話，也可以説'余、予古今字'；而且，漢代以後又慣用'余'字，這樣《孟子》《公羊傳》等戰國文獻跟漢代文獻又回到'予'古'余'今了。這種隨時異用、古今不定的現象正好説明鄭玄對'余、予'古今字關係的認識是從總體的用字習慣着眼的，祇要求有相對的時間差，至於誰先誰後，具體什麼時限，哪本書跟哪本書不同等，並不太拘泥。"[1]可見對於鄭玄這組"古今字"指論可以有兩種理解，針對特定材料，余—予、予—余"古今字"的關係都能成立。

（149）【雛㷀[2]粥】古育字也【㷀也者，相粥之時也。或曰㷀，嫗伏也。粥，養也】今案《礼·樂記》"煦嫗覆育万物"，又曰"剖者嫗伏，毛者孕粥"，注云"氣曰煦，體曰嫗"，"孕，任也。粥，生也"。《韓詩外傳》曰"卵之性，雖不得倉雛鷄覆伏孚育，積日累久，則不成爲雛"。《方言》曰"燕、朝鮮謂伏鷄曰菢"。郭璞注云"音房奥反。江東呼燕，音房富反"[3]。《淮南子》曰"剖者嫗伏"。

---

① 李運富：《"余予古今字"考辨》，《古漢語研究》2008 年第 4 期。
② 此"㷀"原寫本作"捊"，與下文之"㷀"不合，疑爲傳抄訛字。今據文意校改如是。
③ 此郭璞注語中之"藍""央"原寫本分別作"燕""房"，疑爲傳抄訛字。今據華學誠匯證《揚雄方言校釋匯證》（中華書局，2006，第 541 頁）校改如是。

許慎曰"嫗，以氣伏孚卵也"。服虔《通俗文》曰"莩，返付反。卵化也"。字雖加草，理非別。然則桴与孚今古字，並通。(《玉燭寶典》卷一)

例（149）是《玉燭寶典》有關《大戴禮·夏小正》的解釋，從杜臺卿的注釋中可見兩條"古今字"訓詁。首先針對"粥"，杜臺卿曰"古育字也"，這個注釋對"古字"和"今字"的指向是明確的，説明了在{養}上"粥"是"古字"，其功能和讀者熟悉的"今字""育"相同。而後針對"桴"和《韓詩外傳》、許慎提到的"孚"，杜臺卿説它們是"今古字"，意義在{孵卵}上"並通"。"今古字"是杜臺卿的特色術語，和鄭玄所用"古今字"類似，它所指稱的"古字"和"今字"也要根據文獻背景綜合判斷，"桴与孚今古字"並不是説列在前的"桴"就一定是"今字"，列在後的"孚"就一定是"古字"。首先從《説文》看，"孚"訓"卵孚也。从爪，从子"，其本義即是{孵卵}，《禮記·月令》"田臘罝罘"鄭玄注云"爲鳥獸方孚乳，傷之逆天時也"，可見東漢時期確實有用"孚"表{孵卵}的情況。而"桴"表此義的用例，目力所及，僅有《大戴禮·夏小正》中的"雞桴粥"這則用例。而根據甘良勇的研究，《大戴禮》的成書"大約是在戴德擔任信都王太傅的時期，即漢元帝建昭二年（公元前37）至漢成帝陽朔二年（公元前23）之間"[①]。可見如果以《大戴禮》成書的西漢和鄭玄作《禮記注》的東漢相比，"桴与孚今古字"就可以理解成"桴"是"古字"，而"孚"是"今字"。此外，我們還在《淮南子·人閒訓》中看到有"夫鴻鵠之未孚於卵也"，其中的"孚"也表{孵卵}。考慮到《淮南子》編者劉安卒於西漢元狩元年（前122），比戴德要早，所以如果將《淮南子》與《大戴禮》相比，"桴与孚今古字"就可以理解成"桴"是"今字"，而"孚"

---

① 甘良勇：《〈大戴禮記〉研究》，博士學位論文，浙江大學，1997，第28頁。

是“古字”。可見“今古字”和“古今字”性質一樣，這組概念對於例字中“古字”和“今字”的指向，並不完全是按照訓條排列順序，“桴与孚今古字”是從總體着眼對兩個字歷時同詞異字關係的描述，具體哪個是“古字”，哪個是“今字”，則要根據文獻使用背景來確定。

（150）【荷枕】古文抲，同。胡我反。《穀梁傳》曰“何，負也”。《説文》“何，儋也”。今皆作荷也。（《玄應音義》卷十四）

（151）【紡績】古文勣，同。子狄反。《字林》“績，緝也”。（《玄應音義》卷十四）

（152）【紡績】古文作勣，同。子狄反。《字林》“績，緝也”。（《玄應音義》卷十五）

例（150）原文中的“荷”表｛負擔｝，玄應稱“古文抲，同”。單就“荷，古文抲”的字面表述來看，它對“古字”和“今字”的溝通可以有兩種理解：一種是“荷的古文作抲”，則“抲”是“古字”，“荷”是“今字”，這是關聯古今字際關係的注釋；另一種是“荷是古文時代的抲”，則“荷”是“古字”，“抲”是“今字”，這是以注釋爲目的的以今釋古。然而從同例中《穀梁傳》曰‘何，負也’。《説文》‘何，儋也’。今皆作荷也”的表述來看，“皆作荷”的主語，顯然是被注釋詞中的“荷”，以及《穀梁傳》《説文》中的“何”，它們是“古字”，而“荷”是今字。反觀“荷，古文抲”，顯然也衹能作第一種理解，即“荷的古文作抲”，“荷”是“今字”。

例（151）也出自《玄應音義》，原文中的“績”表｛捻綫｝。而“古文勣，同”的字面表述和上例類似，也有兩種理解的可能。而玄應究竟要説“績”是“古字”，還是要説“勣”是“古字”？我們可以從例（152）所示同書中另一則訓條里找到答案。例（151）和例（152）所溝通的“古今字”字例是相同的，但是使用的訓釋用語稍有差異，如果説"某，古文某"的字面表達有理解歧異的可能，那麽"某，古文作某"的指向就十分明確，"古文作勩，同"反映了玄應指出"勩"是"古字"，它的記録職能，和原文中的"今字""績"相同，例（151）中的"古字""今字"指向亦然，毋庸贅述。其實這樣的例子還有不少，而我們從玄應的指論習慣可以判斷，他編纂《一切經音義》時使用"某，古文某"的訓釋意圖，大多是將被訓釋字作爲"今字"，而爲其關聯一個或者多個"古字"，意在豐富訓條的知識含量。

三　"古字"與"今字"的數量對應

唐以前"古今字"訓條中的"古字"和"今字"在數量上有等額對應以及差額對應兩種情況。不同的數量對應關係決定了訓條所關聯的"古今字"組數的不同。

（一）"古字"與"今字"等額對應

"古字"與"今字"的等額對應，即單個"古字"對應單個"今字"的情況。這在唐以前"古今字"訓詁材料中是最爲常見的，例如：

（153）【信也】本又作伸，同。音申。下同。韋昭《漢書音義》云"古伸字"。（《經典釋文》卷二）

（154）善曰：……《大戴禮》曰："孔子曰：'古者綆而前疏，所以蔽明也；黈纊塞耳，所以掩聰也。'"綆，古冕字；纊，古纊字。音義並同。（《文選》卷三十八李善注）

例（153）中的"信也"出自《周易》，其原文是"尺蠖之屈，以求信也"。《經典釋文》首先對"信也"注曰"本又作伸"，即從校勘的層面指出另一個版本的《周易》此處有異文作"伸也"；而"同"則是説信—伸這組異文在這裏的功能相當；"音申"則説明"信"字應該

121

破讀，音與“申”同。接下來爲了説明這組異文的形成背景，《經典釋文》便轉引了韋昭《漢書音義》中“古伸字”的意見。由此不難推斷韋昭針對《漢書》作訓，其訓條原文應是指“信”是“古字”，對應“今字”“伸”，所記的詞義和“尺蠖之屈，以求信也”的“信”字所記{伸展}一致，這也是唐以前最爲常見的一個“古字”對應一個“今字”的訓條。

例（154）《文選注》訓條中包含了兩組訓注“古今字”，但從對應關係上看，仍然是單個“古字”對應單個“今字”。從上下文看，《大戴禮》所引孔子語録中的“絻”和“絖”所記詞義分别爲{禮冠}和{絲綿絮}。李善注則以“冕”“纊”分别爲上述“古字”作訓，意指在{禮冠}上“絻”是“古字”，而“冕”是“今字”；在{絲綿絮}上“絖”是“古字”，“纊”是“今字”。各組“古字”和“今字”的讀“音”和所記詞“義”“並同”。

（二）“古字”與“今字”差額對應

“古字”與“今字”的差額對應，這樣的訓條在唐以前爲數不少。這類訓條之中，單個“今（古）字”分别能和多個“古（今）字”構成“古今字”關係，例如：

（155）【視】瞻也。从見、示。眡，古文視。眂，亦古文視。（《説文解字》卷八）

（156）【革屣】古文躧、鞑、跿三形，同。所倚、所解二反。（《慧琳音義》卷五十九）

（157）【捍格】古文斁、戰、捍、仠四形，今作扞，同。胡旦反。捍，禦也。格古文茖，同。古額反。格，鬬也。（《玄應音義》卷九）

例（155）來自《説文解字》。對於字頭正篆“視”，許慎訓“瞻也",指其所記詞義爲{看視}。而在此之餘,他還爲"視"關聯了兩個"古文",即"眂"和"眡",因此這則訓條關聯了{看視}上眂—視、眡—視兩組"古今字"。

例(156)來自《慧琳音義》,原文中的"屣"表{鞋},慧琳爲"屣"關聯了"鞻""鞵""蹝"三個"古文",指出它們功能相同。該訓條關聯了{鞋}上屣—鞻、屣—鞵、屣—蹝三組"古今字"。

例(157)來自《玄應音義》,原文中的"捍"表{抵禦}。而玄應就這個字説"古文馯、戰、捍、仟四形,今作扞,同",意思是佛經原文中的"捍",以及"馯""戰""仟"這四個"古文"字"形"承擔的職能,和"今"時的"扞"相同。這也説明了被關聯的四個字都是"古字",與"今字""扞"分別能構成"古今字"關係,所以這則訓條就包含捍—扞、馯—扞、戰—扞、仟—扞四組"古今字"。

(158)【灋】刑也。平之如水,从水。廌,所以觸不直者去之,从去。法,今文省。佱,古文。(《説文解字》卷十)

例(158)出自《説文》,被訓釋的字頭"灋"表{刑法},許慎先爲它關聯了一個"今文""法",又爲它關聯了一個"古文""佱",所以從表面上看,許慎指出了灋—法、佱—灋兩組"古今字"。然而比較特殊的是,這則訓條中"佱,古文"關涉的字例,既可以是字頭"灋",又可以是字頭的"今文""法",如此,則一個"古字""佱"對應"灋""法"兩個"今字",相應地,一個"今字""法"也對應"佱""灋"兩個"古字"。所以綜合起來看,這則訓條當中指論了灋—法、佱—灋、佱—法一共三組"古今字"。我們之所以能夠這樣判斷,是因爲許慎業已指出"灋"是"法"的"古字",而"佱"又是"灋"的"古字",故以"灋"爲參照,可推知在許慎看來,"佱"也是"法"的"古文",它們也是一組"古今字"。

特別值得注意的是，從這則材料中我們之所以能推論出包含上述三組"古今字"，前提是許慎的確對"金""法"的"古""今"屬性作了標注，而且有"瀍"作爲參照。而前面例（157）之中，儘管訓詁家也爲字頭"扞"關聯了"戝""戦""捍""仟"四個"古字"，但仔細觀察可以看到，被關聯的多個"古字"都是與被訓釋項的字頭單綫關聯成"古今字"關係的，至於這四個"古字"彼此之間誰"古"誰"今"，訓詁家是没有説明的。儘管從客觀上看，這四個字肯定也有使用習慣的先後，有構成"古今字"的潛力，但我們認爲，學術史研究必須緊扣訓詁家的表述，比如許慎確實指出了金—法的歷時用字先後關係，因而我們能够確認這則"古今字"指論，而對於訓詁家僅是列舉而没有標注時代屬性的字例，我們就不能越過古人作過度的"古今字"分析。

第四節　"古今字"的"古""今"是相對的

前文提到，清代學者段玉裁明確論述過"古今字"的"古""今"是"無定時"的。實際上這種觀念早在漢代就被認識到了，而且直到隋唐都一直存在，上文鄭玄"余、予古今字"以及杜臺卿"桴与孚今古字"的論述中，"古""今"都是不確定的，不僅"古""今"的時代未定，兩個字孰"古"孰"今"在不同文獻背景下也是可以顛倒的。綜觀唐以前"古今字"訓條我們發現，在訓詁家心目中，"古今字"的"古"和"今"無一例外都是相對而言的。"古字"中的"古"是對前代某一歷史時期的通稱，"古"必然早於訓詁家所處的時代，但是"今字"的"今"祇是相對於"古"而言的寬泛時間概念，它可能是，但也可能早於訓詁家所處時代。例如：

（159）【時】四時也。从日，寺聲。旹，古文時从之、日。
（《説文解字》卷七）

（160）【賵】資也。从貝，爲聲。或曰此古貨字，讀若貴。
（《説文解字》卷六）

（161）【灋】刑也。平之如水，从水。廌，所以觸不直者去之，
从去。法，今文省。佱，古文。（《説文解字》卷十）

（162）【梓】音子，本亦作杍。馬云"古作梓字①。治木器曰
梓，治土器曰陶，治金器曰冶"。（《經典釋文》卷四）

（163）【讀】側革反。《蒼頡篇》"讀，謫也"。《廣雅》"讀，
怒也；讀，讓也"。今並爲責字，在貝部。《説文》亦讀、嘖字也。
嘖，呼也，在口部。（《原本〈玉篇〉殘卷》卷九）

例（159）和例（160）都是《説文》中的"古今字"指論。不難理
解，許慎用"古文"和"古某字"分別指出了在｛季節｝上旹—時、
｛貨｝上賵—貨是"古今字"。許慎創作《説文》是在漢代，因此他指論
"古今字"時用的"古"，是對他所處時代以前歷史時期的通稱。

例（161）前文分析過，許慎指出了在｛刑法｝上有佱—灋和佱—
法以及灋—法三組"古今字"，"古字""佱"對應兩個"今字"，即"灋"
和"法"。但同樣居於"佱"之"今字"的地位，"灋"行用的"今"比
"法"行用的"今"時代早，因爲許慎同時指出了"法"又是"灋"的
"今文"。從甘谷漢簡、《曹全碑》等東漢文獻中的用字實例看，"法"在
東漢已經行用，許慎説它是"今文"是有客觀依據的，這個"今"就可
以是他所處的東漢。而"灋"的"今"祇是相對於"佱"的"古"而言
的，雖然居於"今"的地位，但行用的時代可能較"法"更早。

①　"古作梓字"四字覈對《經典釋文》宋刊本、抱經堂本、《四部叢刊》本書影無誤。而
清儒王筠、桂馥等人所引《經典釋文》"馬云'古作杍字'"未詳所出，疑爲輾轉相傳
的訛誤。

　　例（162）是《經典釋文》對馬融"古今字"指論的轉引，那麼我們應該立足馬融所處的東漢來解讀這則訓條。前文介紹過，馬融云"古作梓字"，意指在｛梓木｝上梓—杍是"古今字"。也就是說以"梓"表｛梓木｝的使用習慣在馬融所處的東漢以前的"古"時就有，相對來說，"杍"處於"今字"地位。然而又如何看待馬融"治木器曰梓"一句中對"古字""梓"的使用呢？我們認爲，這一現象反映"杍"所處的"今"是相對的概念，而未必是馬融所處的時代。在《説文》中，這個"古字""梓"訓"楸也。从木，宰省聲。梓。或不省"，其本義是｛梓木｝，用如《詩經・小雅・小弁》"維桑與梓，必恭敬止"以及《詩經・鄘風・定之方中》"樹之榛栗，椅桐梓漆，爰伐琴瑟"。由於樹木是製作木器的原材料，所以｛梓木｝這一本義和｛木器｝｛治木器｝｛木匠｝都有引申關係。上述《詩經》用"梓"的時代，即屬於馬融所説"古作梓字"的"古"。然而相對於"梓"而言的"今字""杍"在文獻中承擔上述職能的用法，目力所及，除陸德明所述《尚書》異文外並不多見。[1] 在訓詁專書當中，《集韻・止韻》云"杍，治木器曰杍。通作梓"，《玉篇・木部》云"杍，木工也"，《廣韻・止韻》云"杍，木工匠。或作梓"。從這些解釋來看，"杍"字至少在這些訓詁專書的編者看來還是曾經承擔過和"梓"相當的職能的。回到馬融的注釋，他讀到的《尚書》文本此處也應該是以"杍"表｛梓｝，因此他要指出這個使用"今字""杍"的習慣較"古字""梓"後起。而從他解釋"治木器曰梓"時使用"梓"字的事實來看，爲了解釋文獻，馬融需要用當時讀者熟悉的字來撰寫訓條，可見"梓"在馬融的時代依然行用，社會並不排斥它，《漢書》等文獻當中"梓"字比比皆是的情況可徵。

---

　　① 我們注意到上博簡《逸詩・多薪》（馬承源《上海博物館藏戰國楚竹書・四》，上海古籍出版社，2004，第30頁）所錄釋文中有"多薪多薪，莫奴（如）松杍（梓），多人多人，莫奴（如）同父母"，其中的"杍"表｛梓木｝，但所對應的圖版原字作柸，結構爲左"子"右"木"，與"杍"的構件位置仍有不同。

而“杍”雖然在馬融看來居“今字”的地位，但這個“今”顯然在他所處時代之前，屬於他所見“‘杍’字本《尚書》”的用字時代。這一事實表明，“古今字”祇是對用字現象的指稱和溝通，而不是對用字習慣興廢更迭的判斷。“今字”的出現和存在，不意味着“古字”要被替換、廢除。很可能的情況是，從《詩經》的時代到馬融的時代，“梓”一直行用，而中途曾經出現過“杍”與其並行並用，但隨後又消亡，社會上又祇通行“梓”字。因此馬融纔從歷史淵源上説“古作梓字”，指出“杍”的用字習慣是後起的，居於“今”的地位。

例（163）是顧野王《玉篇》（《原本〈玉篇〉殘卷》）中單舉“今字”賅論“古今字”的訓條，指出了{責備}上讀—責是“古今字”。前文介紹過，“今並爲”是顧野王表述字用歸並現象的術語。顧野王針對字頭“讀”説“今並爲責字”，即指出在“古”時，有過如《倉（蒼）頡篇》《廣雅》等文獻所述用“讀”表{責備}的習慣，也有過用“責”表{責備}的習慣，但在“今”時，這兩個字的功能發生了歸並，“今”時祇用“責”表{責備}。目力所及，用“讀”表{責備}的用法，最早就見於《廣雅》，而後世除了少數字書承襲轉録《廣雅》的訓釋之外，一般文獻表示{責備}都是用“責”，而不用“讀”。也就是説，《廣雅》“讀，怒也；讀，讓也”是對歷史上存在過的字詞記録關係的記載，顧野王説的“今並爲責字”的“今”，就可以針對他所處的梁代而言了。

第五節　小結

我們就唐以前學者對“古今字”的基本認識進行了一番考察。從材料上看，唐以前學者指論“古今字”問題都服務於注釋工作。有的

“古今字”注釋是以解讀文獻爲目的的，各家利用字訓經濟、直接的特點，引入讀者熟悉的“今字”爲“古字”作訓，通過字與字的古今同用聯繫掃除閱讀障礙。而在此之外，還有的“古今字”注釋是以增廣讀者見識爲目的的，訓詁家會爲某個“今字”介紹諸多“古字”形體，意在豐富訓條的知識含量。凡此種種都説明唐以前“古今字”是屬於訓詁學範疇的概念。這種訓詁學範疇的“古今字”研究，是不能用現代人指稱造字孳乳問題、屬於文字學範疇的“古今字”觀念來品評的。

唐以前的“古今字”都是組概念，訓詁家都是用術語成組關聯“古字”和“今字”的。而“古字”和“今字”中的“古”和“今”時代都是相對的，訓條當中的“古”是對前代某一歷史時期的通稱，而“今”的時代都較“古”時要晚，它可能是，但也可能早於訓詁家所處的時代，所以“今字”並不絕對反映作訓人時代的用字風尚。在術語的具體指向上，有的術語所關聯的字例孰“古”孰“今”十分清晰，説某字是“今字”，即同時指出了相對的那個字是“古字”。但有的術語其具體指向還需考辨，尤其是“古今字”或者“今古字”這類術語是對兩個字古今同用關係的總體關聯，這種情況下兩個字“古”“今”的地位不是絕對的，在不同的文獻背景下其地位可能互易。在此之外，還有一部分術語的指向有字面歧解的可能，訓條中字例孰“古”孰“今”還應參考其他材料，結合作者慣用的體例綜合判斷，以免望文生義，混淆古今。另外唐以前訓條對“古今字”的成組關聯，有的是等額對應的，有的是差額對應的，單個“今字”或“古字”可能會對應多個“古字”或者“今字”，因此判斷一則訓條中包含幾組訓注“古今字”，還應仔細考辨訓詁家的論述，既不能遺漏，又不宜過度分析。

第四章　唐以前有關“古今字”成因的研究

第一節　概説

前文考察了唐以前學者對“古今字”現象的注釋情況。從總體上看，相關訓條多是以點到爲止式的字訓溝通“古字”和“今字”之間的功能關聯。至於這一組“古今字”現象因何產生，“古字”與“今字”爲什麼能够記録同一詞項，這些背後的原理似乎並非各家關注的中心。儘管如此，我們依然看到部分訓條在指論“古今字”關係之餘，還有對該組“古今字”成因的解釋。雖然這些意見分布零散，但我們認爲這些闡論也是唐以前“古今字”研究的一個重要組成部分，反映了訓詁家的“古今字”研究已經突破了單純的現象關聯而上升到對現象成因的分析，在“古今字”學術史上有重要的意義。基於這一認識，我們將結合具體材料考察和評價古人在關聯“古字”與“今字”的字用關係之餘，對於“古今字”的成因做了哪些方面的研究。

第二節　訓條中對"古今字"成因的分析

就目力所及，唐以前許慎、鄭玄、陸德明、顏師古、孔穎達、李善、慧琳等學者在部分訓條中解釋過相關"古今字"組的成因。儘管這些解釋篇幅小、數量少，且多針對本訓條立論，但聯繫起來看，這些分析不但準確精當，而且從不同的方面揭示了"古今字"的三大成因，即文字的假借、文字的增旁分化以及文字的結構省變，在"古今字"學術史上有着重要的意義。

一　因文字假借形成的"古今字"

關於"假借"，部分現代學者傾向於把它限定在無本字的文字借用現象上。但"古人"所説的"假借"，實際上包括各種原因造成的文字借用現象。唐以前"古今字"訓條當中，鄭玄、孔穎達、李善等都曾指出過"古今字"因文字假借而形成，例如：

（164）【寬緩以荼】……荼古文舒，假借字。鄭司農云"荼讀爲舒"。（《周禮注疏》卷四十二）

（165）【置槷以縣】故書槷或作弋。杜子春云"槷當爲弋，讀爲杙"。玄謂槷，古文臬。假借字。（《周禮注疏》卷十二）

（166）【黄金勺，青金外，朱中，鼻寸，衡四寸】……鄭司農云"鼻謂勺龍頭鼻也，衡謂勺柄龍頭也"。玄謂鼻，勺流也，凡流皆爲龍口也。衡，古文横。假借字也。衡謂勺徑也。（《周禮注疏》卷四十一）

（167）【《君雅》曰：夏日暑雨，小民惟曰怨……】（雅，《書序》作牙，假借字也。君雅，周穆王司徒作《尚書》篇名也……）

正義曰：言古牙字假雅字以爲牙。故《尚書》以爲"君牙"，此爲"君雅"。（《禮記正義》卷五十五）

（168）【窮曲隨隈，踰岸出追】……《上林賦》曰"觸穹石，激堆碕"，郭璞曰"沙堆也"，音同上。追亦堆字，今爲追，古字假借之也。（《文選》卷三十四李善注）

例（164）是《周禮注疏》中的"古今字"訓條，原文出自《周禮·考工記·弓人》"豐肉而短，寬緩以荼，若是者爲之危弓"，"荼"在此表{舒緩}。鄭玄指出在這個意義上荼—舒是"古今字"關係，並且指出其中的"古字""荼"是"假借字"，解釋了這組"古今字"的成因。在《説文》中，"荼"訓"苦荼也。从艸，余聲"，《詩經·邶風·谷風》有"誰謂荼苦，其甘如薺"，其本義是{苦菜}，和{舒緩}無關。而"舒"字《説文》訓"伸也。从舍，从予，予亦聲。一曰舒，緩也"，《楚辭·九章·哀郢》有"登大墳以遠望兮，聊以舒吾憂心"，其本義即爲{舒緩}。所以綜合起來看，鄭玄在此指出，這組"古今字"是由於"荼"字假借表示了"舒"的本義{舒緩}而成，假借字"荼"與本字"舒"形成了古今同用關係。

例（165）我們曾在前文例（27）中介紹過。鄭玄指出在{臬尺}上槷—臬是"古今字"，並説明了"古字""槷"是"今字""臬"的假借字。在《説文》中，"臬"訓"射準的也。从木，从自"，其本義是{箭靶}，張衡《東京賦》有"桃弧棘矢，所發無臬"，句中的"臬"即表其本義。而箭靶具有目標、標準的性質，所以{箭靶}又可引申出{臬尺}。而"槷"字不見於《説文》，《周禮·考工記·輪人》有"轂小而長則柞，大而短則槷"，鄭玄注引鄭司農曰"槷讀爲臬，謂幅危槷也"；《廣韻》云"槷，危槷"。結合鄭衆和《廣韻》的意見看，"槷"字所表{不安}，和{臬尺}之間沒有引申關係。所以鄭玄言"假借"，

131

是指出這組“古今字”因爲“埶”字假借表示了“槷”的本義｛槷尺｝而形成，假借字“埶”與本字“槷”形成了古今同用關係。

例（166）原文出自《周禮·考工記·玉人》，叙述的是玉器“璋”的形制。在注文中，鄭玄指出了“古今字”組衡—橫，並説明“衡”是“橫”的假借字，表示｛橫向｝，“衡四寸”指“勺”的橫向直徑爲四寸。在《説文》中，“橫”訓“闌木也，从木，黄聲”，其本義是｛門前橫木｝，《樂府詩集·清商曲辭一·子夜歌十五》“攤門不安橫，無復相關意”中的“橫”即表其本義，｛橫向｝之義也由｛門前橫木｝引申而出。“衡”字《説文》訓“牛觸，橫大木其角。从角，从大，行聲。《詩》曰‘設其楅衡’”，其本義是｛牛角衡木｝。雖然從《説文》的解釋來看，“衡”的“橫大木其角”可能和｛橫向｝有引申關係，但從鄭玄的意見來看，他認爲｛橫向｝本應由“橫”記録，是《周禮》當中的文字借用纔造成了“今字”“橫”和“古字”“衡”的差異，假借字“衡”與本字“橫”形成了古今同用關係。

例（167）原文出自《禮記·緇衣》，從鄭玄注“《書序》作牙，假借字也”的訓釋看，《禮記》中的“雅”和《書序》中的“牙”是異文，其中“雅”是“牙”的假借字。“君牙”是《尚書》的篇名，該篇之《序》云“穆王命君牙爲周大司徒，作《君牙》”，可知“君牙”最初是人名，其中“牙”的具體詞義雖然不明，但由鄭注和孔疏“言古牙字假雅字以爲牙”可知，在“古”時“牙”字承擔的詞義可以借“雅”字表示，所以歷時文獻中，“假借字”“雅”便可以和本字“牙”形成古今同用關係。

例（168）原文出自《文選》所録枚乘《七發》，李善轉引郭璞的注釋指出這裏“追”字的職能和《上林賦》中的“堆”字相似，都表｛沙土堆｝。而“今爲追，古字假借之也”則指出在｛沙土堆｝上堆—追是“古今字”，而且説明了這組“古今字”的成因，即“古字”“堆”假借“今字”“追”的形體來表示｛沙土堆｝。“堆”字不見於《説文》，

《廣韻》訓“聚土”，其本義當爲｛沙土堆｝，用如三國魏李康《運命論》“堆出於岸，流必湍之”。而“追”字《説文》訓“逐也。从辵，自聲”，《漢書·貨殖傳》有“追時好而取世資”，顏師古即注曰“追，逐也”，其本義當是｛追逐｝。綜合起來看，李善注“古字假借之”的“之”，指的就是“追”，訓條“今爲追，古字假借之也”意爲｛沙土堆｝“今天用‘追’表示，‘古字’‘堆’假借了‘追’的形體”，所以“堆”和“追”便形成了古今同用關係。

二　因文字增旁分化形成的“古今字”

唐以前“古今字”訓條當中，顏師古和慧琳都指出過因文字增旁分化，即“今字”在某一個“古字”基礎上增加偏旁造出的現象，例如：

（169）【猶頗可得，以尉士大夫心】師古曰：……古尉安之字正如此，其後流俗乃加心耳。（《漢書》卷五十二顏師古注）

（170）【思欲寬廣上意，尉安衆庶】師古曰：尉安之字，本無心也，是以《漢書》往往存古體字焉。（《漢書》卷六十六顏師古注）

（171）【帶河阻山，縣隔千里】師古曰：此本古之懸字耳，後人轉用爲州縣字，乃更加心呂別之，非當借音，他皆類此。（《漢書》卷一顏師古注）

（172）【胞胎】上補交反。古文作包，象形字也。爲是胎衣。蔡邕《石經》加肉作胞。《説文》云“兒生衣也”。孔注《尚書》云“裏也”。《莊子》云“胞者，腹肉衣也”。俗音普包反，非也。（《慧琳音義》卷二）

例（169）和例（170）都出自《漢書》，原文中的“尉”都表｛撫

慰 }，顏師古注指出了此義上尉—慰是"古今字"，並説明了成因，所以兩則訓條可互參。顏師古稱"尉安之字，本無心也"，"古尉安之字正如此，其後流俗乃加心耳"，以及"《漢書》往往存古體字焉"，即指出 { 撫慰 } 最初由"古字""尉"記録，而隨着時間的推移，後人"加心"造出了"今字""慰"表此義，繼而此一"流俗"就與班固《漢書》中以"尉"表 { 撫慰 } 的用字習慣相異。顏師古説的"古體字"，即指表 { 撫慰 } 的"尉"之類前代用字現象。"尉"字在《説文》中訓"從上案下也。從尸、又，持火㠯尉申繒也"，其本義應是 { 熨燙 }，用如馬王堆漢墓帛書《五十二病方·牡痔》"燔小隋石，淬醯中以尉"。而 { 熨燙 } 和 { 撫平 }{ 撫慰 } 有引申關係，所以"加心"而造的"今字""慰"是在"古字""尉"的基礎上增旁孳乳而成，記載"尉"的本義 { 撫慰 }，二者有古今同用關係。

例（171）原文中的"縣"表 { 遥遠 }。顏師古就此義指出了"古今字"組縣—懸，指出因爲"縣"常被"轉用"以表示行政區劃 { 縣邑 }，所以後人纔"更加心"造出了"懸"字以承擔"縣"字原本承擔的詞義 { 遥遠 }。《説文》云"縣，繫也。從系，持悬"，金文縣字作 🦴（縣妃簋）、🐛（邵鐘）等形，其結構從糸、從木、從首，造意爲樹木上懸卦首級，其本義當是 { 懸挂 }，用如《詩經·魏風·伐檀》"不狩不獵，胡瞻爾庭有縣貆兮"。而 { 懸挂 } 又可引申出 { 孤立 }{ 遥遠 } 等義，所以"縣隔千里"中的"縣"記録的是本義的引申義。從顏師古的訓釋看，唐人已經熟悉以"懸"表 { 懸挂 } 的習慣，因此他强調"非當借音"，意在告訴讀者這裏的"懸"並不是"縣"的借字，而是"縣"的區别分化字，"他皆類此"則提示這一規律造成的"古今字"現象在《漢書》中是多見的。據我們統計，《漢書注》中顏師古共五次指論了縣—懸是"古今字"，其中的"今字""懸"無一例外都是"古字""縣"的後起分化字。可見顏師古對於這組"古今字"的成因有了比較清晰的認識，而且總結的規律可以覆蓋一批類似材料。

例（172）原文出自《大般若波羅蜜多經》"是菩薩摩訶薩隨受身處，不墮母腹胞胎中生"，其中的"胞"表｛胎衣｝。基於此義，慧琳爲"胞"指出了"古字""包"，並且説明了二者差異的緣由，即"包"是"象形字也。爲是胎衣"，而見於蔡邕《石經》的"胞"則是在"古字"的基礎上加"肉（月）"而成。在今本《説文》中，"包"字訓"象人裹妊，巳在中，象子未成之形"，其造意是象徵胎兒的"巳"在象徵胎衣的"勹"之中，本義爲｛胎衣｝。因爲"包"字又可記錄由｛胎衣｝引申出的｛包含｝｛包裹｝等常用義，久而久之，爲了凸顯"包"的本義｛胎衣｝，後人爲"包"添加意符"肉（月）"造出"胞"專門記錄｛胎衣｝。慧琳的解釋説明他認識到了在"古文""包"之外後造"胞"字的現象，所用｛胎衣｝上"包"和"胞"有着古今同用的關係。

三　因文字結構差異形成的"古今字"

以上兩類之外，許慎、陸德明和慧琳還説解過因文字結構差異形成"古今字"的情況。其中有的是"今字"造字方法與"古字"有異，有的是"今字"減省了"古字"的構件，還有的是"今字"改易了"古字"構件的位置。例如：

（173）【嶽】東岱、南霍、西華、北恒、中泰室，王者之所以巡狩所至。从山，獄聲。岳，古文象高形。（《説文解字》卷九）

（174）【皋】古罪字。秦始皇以其字似皇字改從四①、非。（《經典釋文》卷二十九）

（175）【焦灼】上勤遥反。……《説文》云"火所燒也"。古

---

① 《四部叢刊》本《經典釋文》此處作"四"，今依黃焯《經典釋文彙校》（中華書局，2006，第836頁）改爲"罒"。

文作爨，今省爲焦。(《慧琳音義》卷六十六)

（176）【交涉】時葉反。晉灼曰"涉，入也"，《漢書》"涉，賤也"。《説文》從二水作㵸，古字。隸書今省去一水作涉。(《慧琳音義》卷三)

（177）【街巷】……下學降反。《毛詩傳》"里間道也"。《韻英》"小街也"。或作衖，皆古字也。今省爲巷也。(《慧琳音義》卷四)

（178）【食次者】中羡延反。《説文》云"次，口液也，從水，欠聲"。或作㳄，古字也。《經》作涎，變古字易左爲右也。(《慧琳音義》卷三十八)

例（173）中，許慎指出了在{山嶽}上岳—嶽是"古今字"，並且在説解當中分析了該字組的成因，即"嶽"是從山、獄聲的形聲字，"岳"是"畫成其物"的象形字，結構"象高形"，二者都爲{山嶽}而造，而形體差異則源於造字方法的不同。

例（174）我們曾於前文例（88）中介紹過，其原文出自《爾雅·釋詁》"辜、辟、戾，辠也"，"辠"字在此表{罪行}。陸德明承襲了許慎的意見，認爲這組"古今字"的形成和秦代廢"辠"改"罪"的政令有關。"辠"是從"自"、從"辛"的會意字，秦始皇憂慮"辠"與"皇"字形相似，有辱君威，所以下令廢除"辠"，改製了從"网（罒）"、從"非"，"非"亦聲的"罪"字並強制推行。① 因此《經典釋文》所釋先秦典籍中保留的"古字""辠"，和秦以後行用的"今字""罪"便在{罪行}上構成了古今同用關係。

---

① 《説文·网部》云"罪，捕魚竹网。从网、非。秦以罪爲辠字"。秦始皇改製的"罪"理據爲以"网（罒）"羅"非"，兩構件具有會意關係，其中的"非"亦是聲符。既然是"改"，則此"罪"與《説文》中訓"捕魚竹网"的"罪"應當看作同形字的關係，不宜簡單視作通假關係。

　　同樣是結構省變，但與前面不同的是，例（175）至例（177）中慧琳分析的這幾組“古今字”成因都是“今字”減省了“古字”的局部構件。例（175）原文出自《阿毗達磨發智論》“答諸心焦灼懊變惡作”，其中的“焦”表{燒焦}，慧琳指出此義上𤎤—焦是“古今字”。在《説文》中，“𤎤”訓“火所傷也，从火，雥聲。焦，或省”，許慎指出“焦”是“𤎤”的或體。慧琳則進一步解釋了“𤎤”是“焦”的“古文”，“今字”“焦”是減省了“古字”構件“隹”而成，因此在{燒焦}上，“𤎤”和“焦”構成了古今同用關係。例（176）原文出自《大般若波羅蜜多經》“諸菩薩摩訶薩與求聲聞、獨覺乘者不應交涉”，其中的“涉”表{往來}。慧琳指出此義上經文中的“涉”是“今字”，《説文》中的“𣥿”是“古字”。在《説文》中，“𣥿”字訓“徒行厲水也。涉，篆文从水”，其本義當爲{徒步過水}，用如《尚書·泰誓》“斮朝涉之脛，剖聖人之心”，而{徒步過水}又可引申出{往來}，因此“涉”也可看作{往來}的本字。慧琳在許慎的基礎上指出了“涉”是“今”隸書行用的字形，和《説文》中的“篆文”形體一致，並分析了這組“古今字”因“今字”“涉”減省了“古字”“𣥿”的一個構件“水”而成。例（177）原文出自《大般若波羅蜜多經》“中有五百街巷市廛”，其中的“巷”字表{里間道路}。慧琳指出了該義上“衖”是“古字”，而“今字”“巷”是“省”變了“古字”而成，解釋了這組“古今字”的成因。而和上例稍有不同，慧琳所言“省”變是就“古字”和“今字”的意符而言。在結構上，“今字”“巷”雖不見於《説文》，但許慎曾在“𨞠”字下云“里中道。从𨛪、从共。皆在邑中所共也。巷，篆文从𨛪省”，段玉裁注曰“巷爲小篆，則知𨞠爲古文籀文也。先古籀後篆者，亦丄部之例。𨞠今作巷”[①]，可見“巷”字下部的“巳”實際上是“巷”字所從之“邑”的變異，

---

　　① （漢）許慎撰，（清）段玉裁注《説文解字注》，上海古籍出版社，1981，第301頁。

它是從"邑（邑）"、"共"聲的形聲字，其意符相對於"衙"而言結構更簡。

例（178）原文出自《佛說大孔雀咒王經》"食唾者、食次者、食涏者、食殘食者"，其中的"次"表｛唾液｝。慧琳的注文基於此義溝通了次、泝、涏三字的歷時職能聯繫，並指出了"《經》作涏，變古字易左爲右也"，一方面指出了泝—涏是"古今字"，另一方面說明了該組"古今字"的成因，是"今字""變古字易左爲右"，即"涏"由"古字""泝"改換構件位置"變"成。所以二者在｛唾液｝上構成古今同用關係。

第三節　唐以前"古今字"成因研究的成就

上文舉例介紹了唐以前"古今字"成因研究的概況。客觀地看，要篩選出有關"古今字"成因分析的隻言片語着實不易。但我們認爲這項工作是必要的，也是值得的：祇有立足於這些古人的闡論，纔能真實地瞭解和客觀地評價他們對"古今字"成因的研究；而忽視古人闡論，直接用現代漢字學理論框架分析各"古今字"組的成因則會有先入爲主、以今律古的弊病，不是學術史研究應持的客觀態度。

從材料上看，各家解釋"古今字"成因時的關注點是不同的。比如：鄭玄多關注和假借有關的"古今字"，顏師古多指出文字分化中後人在"古字"基礎上添加構件造出"今字"的情形，等等。這些基於不同角度的闡述都反映出唐以前訓詁家在觀察和溝通"古今字"現象的同時，已經具有了透過現象分析成因的意識。而這些成功的實踐，也將對唐代以後直至明清學者就"古今字"成因的繼續探索產生深遠的影響。

更爲重要的是，各家的陸續研究還逐漸使"古今字"成因分析有了文字假借、文字分化、文字結構變異三大總體原則，他們在具體分析中所指出的"古今字"形成規律還都能推而廣之，在其餘未注明成因的"古今字"例中得到驗證。例如：

（179）【杜門】古文敠，同。徒古反。《國語》"杜門不出"，賈逵曰"塞也"。塞，閉也。（《玄應音義》卷五）

（180）【鮮潔】上音仙。《廣雅》"鮮，好也"。……《説文》鮮字古文從三魚作鱻。（《慧琳音義》卷二十九）

（181）【禦寒】古文敔，同。魚舉反。《廣雅》"禦，止也"。《詩》云"百夫之禦"，《傳》曰"禦，當也"。（《玄應音義》卷九）

（182）【耽湎】古文媅、妉二形，諸書作酖、沉二形，同。都含反。《説文》"媅，樂也"，《國語》"耽，嗜也"。（《玄應音義》卷二）

（183）【耽湎】古文媅、妉二形，同。都含反。（《玄應音義》卷二十二）

（184）【惟一月壬辰，旁死霸】師古曰：霸，古魄字，同。（《漢書》卷二十一顏師古注）

（185）【觜距】今作喍，同。子累反。《廣雅》"觜，口也"。《字書》"鳥喙也"。或作觜。距古文詎、岠二形，同。居呂、渠呂二反。《説文》"鷄足距之也"。（《玄應音義》卷九）

例（179）至例（185）中，各家都溝通了"古字"和"今字"的功能聯繫，並未闡述該組"古今字"因何形成。而如果順着鄭玄、孔穎達、李善等學者所論因文字假借可形成"古今字"的規律指引，上述"古今字"的成因都可得到解釋。

例（179）原文出自《央掘魔羅經》"杜門不出，事業斯廢"，"杜"

在此表﹛閉塞﹜。玄應的注文指出了在此義上"斁"是"杜"的"古字"。"斁"在《説文》中訓"閉也。从攴，度聲，讀若杜"，其本義即爲﹛閉塞﹜；而"杜"字在《説文》中訓"甘棠也，从木，土聲"，本義是植物名﹛甘棠﹜，與﹛閉塞﹜無關。但由於"杜"和"斁"古音聲韻相同（均爲定母魚部），因此"杜"可以假借表示"斁"的本義﹛閉塞﹜，例（179）注文所引《國語》"杜門不出"以及《尚書·費誓》"杜乃擭，斁乃穽"均是如此。段玉裁在《説文解字注》"斁"字下言"杜門字當作此，杜行而斁廢矣"①。可見這組"古今字"因文字假借形成，在﹛閉塞﹜上，"今字""杜"是假借字，因而和"斁"形成了古今同用關係。

例（180）原文出自《金光明最勝王經》"是人當澡浴，應著鮮潔衣"，其中的"鮮"表﹛乾净﹜。慧琳注文云"《説文》鮮字古文從三魚作鱻"並非轉述許慎原文，而是他自己判斷《説文》中的"鱻"和"鮮"是"古今字"，但這組"古今字"的成因慧琳未予説明。其實，這裏的"今字""鮮"是"古字""鱻"的假借字。在《説文》中，"鱻"和"鮮"都是獨立的字頭。"鱻"字訓"新魚精也，从三魚，不變魚"，本義是﹛新鮮﹜；"鮮"字訓"魚名，出貉國，从魚，羴省聲"，本義是﹛魚名﹜。由於"鱻"和"鮮"古音相同（均是心母元部），因此"鮮"可以假借表示"鱻"的本義﹛新鮮﹜和它的引申義﹛鮮明﹜﹛潔净﹜等，如《文選》所録班固《西都賦》"軼埃堨之混濁，鮮顯氣之清英"李善注"鮮，潔也"。段玉裁曾總結道，"凡鮮明、新鮮字皆當作鱻，自漢人始以鮮代鱻，《周禮》經作鱻，注作鮮，是其證"②；"（鮮）經傳乃叚爲新鱻字，又叚爲尟少字，而本義廢矣"③。可見同樣是因爲文字的假借，"鱻"和"鮮"在﹛乾净﹜上形成了古今同用關係。

---

① （漢）許慎撰，（清）段玉裁注《説文解字注》，上海古籍出版社，1981，第 125 頁。
② （漢）許慎撰，（清）段玉裁注《説文解字注》，上海古籍出版社，1981，第 581~582 頁。
③ （漢）許慎撰，（清）段玉裁注《説文解字注》，上海古籍出版社，1981，第 579 頁。

例（181）原文出自《大智度論》"冬至前後八夜，寒風破竹，索三衣禦寒"，其中的"禦"表｛抵禦｝，玄應指出在這個意義上"敔"是"禦"的"古字"，未言緣由。我們看到"禦"字《説文》訓"祀也，从示，御聲"，段玉裁注曰"後人用此爲禁禦字"[①]。而"敔"字《説文》訓"禁也。一曰樂器，椌楬也，形如木虎。从攴，吾聲"，段玉裁云"與圄、禦音同。《釋言》'禦、圄，禁也'。《説文》禦訓'祀'、圄訓'囹圄，所以拘罪人'。則敔爲禁禦本字，禦行而敔廢矣"[②]。因爲｛禁禦｝和｛抵禦｝之間存在引申關係，所以｛抵禦｝也是"敔"的本義；而"禦"的本義是｛祀奉｝，和｛抵禦｝無關。因爲"敔"和"禦"古音聲韻相同（均爲疑母魚部），存在假借的條件，所以在｛抵禦｝上，"今字""禦"是"古字""敔"的假借字，從職能上看二者有古今同用的關係。

例（182）原文出自《大般涅槃經》"耽湎飲酒"，例（183）原文出自《瑜伽師地論》"愛著饕餮，乃至耽湎"，兩句話中的"耽"都表｛沉溺｝。玄應就此義指出了媅—耽以及妉—耽兩組"古今字"而不曾説明其成因。實際上這兩組"古今字"也是因文字假借形成的。就前者而言，《説文》訓"媅"爲"樂也。从女，甚聲"，段玉裁注曰"《衛風》'無與士耽'，《傳》曰'耽，樂也'；《小雅》'和樂且湛'，《傳》曰'湛，樂之久也'。耽、湛皆叚借字，媅其真字也。叚借行而真字廢矣"[③]。可知"媅"的本義是｛玩樂｝，此義又可引申出｛喜好｝｛沉溺｝等義。而"耽"字《説文》訓"耳大垂也。从耳，尤聲"，和｛玩樂｝｛喜好｝｛沉溺｝都無關。但是因爲"媅"和"耽"古音相同（均是端母侵部），所以"耽"可通假表示"媅"的本義以及引申義。因此結合玄應的訓條看，就｛沉溺｝而言，"古字""媅"是本字，"今字""耽"

① （漢）許慎撰，（清）段玉裁注《説文解字注》，上海古籍出版社，1981，第7頁。
② （漢）許慎撰，（清）段玉裁注《説文解字注》，上海古籍出版社，1981，第126頁。
③ （漢）許慎撰，（清）段玉裁注《説文解字注》，上海古籍出版社，1981，第620頁。

是假借字。“妉”字《説文》中無，在構形上它和“媅”意符相同，聲符古音同屬侵部，而運用上和“媅”字無異，所以“古字”“妉”當是“媅”的别體，也是{沉溺}的本字，“今字”“耽”也是它的假借字。

例（184）原文是《漢書·律曆志》所引《尚書·武成》之句，其中的“霸”表{月初月光}。顔師古的訓釋指出在這個意義上“霸”是“古字”，“魄”是“今字”，雖然他没有解釋這組“古今字”因何形成，但我們同樣能借鑒文字假借的規律來解釋其成因。《説文》云“霸，月始生霸然也。承大月，二日；承小月，三日。从月，䨣聲。《周書》曰‘哉生霸’”，從構形和《尚書》的用例看，{月初月光}是“霸”字的本義。“魄”在《説文》中訓“陰神也。从鬼，白聲”，其字的本義爲{陰神}，《左傳·昭公七年》“人生始化爲魄”中的“魄”是其本用。而“魄”和“霸”古音相同（均爲滂母鐸部），所以“魄”也可假借表“霸”字的本義{月初月光}，比如《尚書·武成》此例以及《逸周書·世俘》“維一月丙午，旁生魄”。因爲{陰神}和{月初月光}没有引申關係，所以在{月初月光}上，“今字”“魄”是“古字”“霸”的假借字，二者有了古今同用的關係。

例（185）原文中的“距”和表{雞嘴}的“觜”相對，表{雞足後突}，雞在争鬥時即用嘴尖和兩足的後突攻擊對手。玄應指出了在{雞足後突}上，“詎”“岠”都是“距”的“古字”。其實這兩組“古今字”也都是因爲文字假借形成的。在《説文》中，“距”字訓“雞距也。从足，巨聲”，其本義即爲{雞足後突}，用如《左傳·昭公二十五年》“季、郈之雞鬥，季氏介其雞，郈氏爲之金距”。“詎”字不見於《説文》，《説文新附》訓曰“猶豈也。从言，巨聲”，義爲{副詞}，用如《莊子·齊物論》“庸詎知吾所謂不知之非知邪”，《經典釋文》引“李”云“詎，何也”。“岠”字同樣不見於《説文》，《宋本玉篇》訓曰“大山也”，其字從山，本義應爲{大山}。然而“距”“詎”“岠”古音相同（均爲群母魚部），所以“詎”“岠”就可假借表示“距”字本義

{雞足後突}。因此綜合起來看，在{雞足後突}上，玄應指出的"古字""詎""岠"是"今字""距"的假借字，它們在這個意義上有着古今同用關係。同樣值得注意的是，例（179）至例（184）都是本字爲"古字"，假借字爲"今字"，而此例之中則相反，玄應指出通假字"詎""岠"反而是本字"距"的"古字"。我們認爲，這一現象是"古今字"相對性的體現，訓詁家對"古字"或"今字"的論述祇依據用字習慣的早晚，而和這個字是所記詞義的本字還是假借字無必然聯繫。

以上分析表明，文字假借理論是可以解釋一批"古今字"成因的。而在上文例（169）至例（172）中，顏師古和慧琳還闡述了某種因文字增旁分化而形成"古今字"的規律，即爲了凸顯某母字的本義，後人往往在其基礎上重新造出一個分化字以專門記錄。因爲這個新造字和原來的母字之間具備古今同用關係，所以它們是"古今字"。其實可用這一規律解釋成因的"古今字"在唐以前還有不少，以下例（186）至例（188）中包含的幾組"古今字"也都屬於這一情況：

（186）【嗟嗟保介，維莫之春】（箋云：……莫，晚也。周之季春，於夏爲孟春。諸侯朝周之春，故晚春遣之……）正義曰：……古暮字作莫。《説文》云"日在茻中"，爲莫是晚之義也。（《毛詩正義》卷十九）

（187）【源底】上愚袁反。《礼記》云"達於禮樂之源"，鄭玄曰"源，本也"。《廣雅》"万物之本曰源"。《説文》作厵。或作原，古字也。（《慧琳音義》卷七）

（188）【醫王】意基反。《周禮》"醫師，掌醫之政令，聚藥以療萬民之病，古者巫彭初作醫"。毉字本從酉，或從巫作毉，亦通。《説文》"治病工也"。毉人以酒使藥，故從酉。酉者，古文酒字也。（《慧琳音義》卷二十九）

例（186）中，鄭玄的《毛詩箋》指出《詩經·周頌·臣工》"維莫之春"一句中的"莫"表｛晚｝，孔穎達指出此義上"莫"是"古字"，"暮"是"今字"，未説明這組"古今字"的成因。孔穎達所引《説文》的訓釋原文應是"莫，日且冥也。从日，在茻中"，"莫"字的造意是"日落草叢"，本義是｛傍晚｝，用如《禮記·聘義》中的"日莫人倦"。而因爲｛傍晚｝可以引申出｛晚｝，所以"莫"也可看作｛晚｝的本字。而在文獻使用中，"莫"很早就被借以表示代詞或副詞，比如在《周易·益》"莫益之，或擊之"和《荀子·天論》"在天者，莫明于日月"中，"莫"都表示"没有什麽（事物）"；《詩經·邶風·終風》"莫往莫來，悠悠我思"中，"莫"則表示"不"。久而久之，後人爲了凸顯"古字""莫"的本義｛晚｝，遂在其基礎上增添了意符"日"造出了"今字""暮"。這和顏師古所説後人在"古字""縣"的基礎上增加意符"心"造出"今字""懸"表｛遥遠｝的情况類似，當某個"古字"的本義難以凸顯時，後人便在"古字"的基礎上添加意符後造一個"今字"專門表示。所以在使用上，"莫"和"暮"在功能上就具有了古今同用關係。

例（187）原文出自《大般若波羅蜜多經》"爲我尚不能得其源底"，其中的"源"表｛本源｝。慧琳指出了此義上"原"是"古字"，"源"是"今字"，對其成因未作説明。我們看到《説文》云"泉，水原也，象水流出成川形"，又云"厵，水泉本也。从灥，出厂下。原，篆文从泉"，文字和慧琳所引一致。可見"原"的本義是｛水源｝。不難看出，"原"是"厡"的異寫字，其中的"小"實際上是"水"的訛變。而｛水源｝可以引申出｛本源｝，因此"原"也是｛本源｝的本字。段玉裁曾指出："後人以原代'高平曰邍'之邍，而別製源字爲本原之原，積非成是久矣。"① 可見"原"字被假借記録｛高平之地｝，久

① （漢）許慎撰，（清）段玉裁注《説文解字注》，上海古籍出版社，1981，第569頁。

而久之，人們遂在“古字”“原”的基礎上增加意符“水（氵）”別製了“今字”“源”來分別記録｛本源｝，慧琳所引《禮記》“達於禮樂之源”中的“源”正是這種用法。在這一文字分化過程完成後，“古字”“原”就和“今字”“源”形成了古今同用關係。

例（188）中，爲了解釋“醫”字所從之構件“酉”，慧琳指出了“酉”是“古文酒字”。在《一切經音義》中，慧琳曾經多次對例字構件中的“酉”進行這樣的“古今字”指論（詳參後編《唐以前“古今字”訓注材料彙纂》），但均未闡述其成因。其實，這組“古今字”也是因爲文字分化現象形成的。其中的“古字”“酉”字在《説文》中訓“就也，八月黍成，可謂酎酒。象古文酉之形”，甲骨文作🍶（粹二八）、🍶（粹六一），金文作🍶（臣辰盉）、🍶（邻王義楚耑）等，都象貯酒的罋罐之形。《馬王堆漢墓帛書・春秋事語》有“縣鐘而長飲酉”，其中的“酉”即表本義｛酒｝。“酉”雖是｛酒｝的本字，但早在殷商時期其形體就被借用表示地支，久而久之，後人便在它的基礎上增加意符“水（氵）”造出了專門表｛酒｝的“今字”“酒”以示區分。這一文字分化過程完成後，“古字”“酉”便和“今字”“酒”在｛酒｝上有了古今同用的關係。

在文字假借、文字分化之外，許慎、陸德明和慧琳還指出過因爲文字結構省變而形成“古今字”的情況。他們具體分析過的“古今字”有的是因“今字”造字方法與“古字”有異而成，有的是因“今字”減省了“古字”的構件而成，還有的是因“今字”改易了“古字”構件的位置而成。其實類似的情況也都是可以在其餘“古今字”組中得到驗證的。

上文例（173）和例（174）中，許慎分析了“古字”“岳”和“今字”“嶽”的産生源於象形和形聲造字法的差異；而陸德明分析過的“古字”“辠”是從自、從辛的會意字，而“今字”“罪”是從罒、從非，非亦聲的形聲字。這種因爲造字方法差異而形成的“古今字”在唐以前是比較多見的，而且“古字”和“今字”的差異，基本上都是形聲字與非形聲字的差異。這樣的例子還有：

（189）【脊膂】今作呂，同。力舉反。膂亦脊也。《説文》“脊骨也。太岳爲禹臣，委如心呂，因封呂侯也”。（《玄應音義》卷十九）

（190）【樂官師瞽抱其器而犇散，或適諸侯，或入河海】師古曰：犇，古奔字。（《漢書》卷二十二顔師古注）

例（189）原文出自《佛本行集經》“脊膂寬博潤而平，猶如象王頭頂額”，其中的“膂”表示｛脊骨｝。玄應指出了此義上“膂”是“今字”而“呂”是“古字”，未解釋這組“古今字”的成因。《説文》云“呂，脊骨也。象形。昔太嶽爲禹心呂之臣，故封呂侯。凡呂之屬皆从呂。膂，篆文呂，从肉、从旅”。許慎分析指出“膂”是“呂”的重文，二者都是爲｛脊骨｝而造。在結構上，“呂”字是依象形法而造，“膂”字則是依會意法而造。使用上，我們看到《急就篇》中有“尻髖脊膂腰背呂”，顔師古注曰“呂，脊骨也”；而《尚書·君牙》中也有“今命爾予翼，作股肱心膂”。正是因爲造字方法的差異，“呂”和“膂”纔形成了古今同用關係。

例（190）原文中的“犇”表示｛奔跑｝。顔師古祇説明了此義上犇—奔是“古今字”，未曾分析其成因。其實，這組“古今字”也是因造字方法差異而形成的。《説文》中，“奔”訓“走也。从夭，賁省聲。與走同意，俱从夭”，其本義是｛奔跑｝，用如《詩經·小雅·小弁》“鹿斯之奔，維足伎伎”；“犇”字不見於《説文》，其字形從三牛會意，造意是群牛奔跑，本義即爲｛奔跑｝，用如《荀子·大略》“故吉行五十，犇喪百里，賵贈及事，禮之大也”。可見作爲“古字”的“犇”和作爲“今字”的“奔”都是｛奔跑｝的本字，祇是造字方法有會意和形聲之别，因此二者具有古今同用關係。

上文例（177）中，慧琳還分析過巷—衖這組"古今字"是因爲"今字"省變"古字"的意符而成。其實這種現象在形聲字當中是比較普遍的，我們還可以找到類似的"古今字"例，例如：

（191）【牆】醢^①也。从肉，从酉，酒以和牆也。爿聲。牆，古文。（《説文解字》卷十四）

（192）【交徧】古遍字。（《經典釋文》卷五）

（193）【孝元之後，徧有天下】師古曰：……徧即古遍字。（《漢書》卷八十顔師古注）

例（191）出自《説文》。許慎指出了在{肉醬}上"牆"是"牆"的"古文"，没有分析這組"古今字"的成因。而比較明顯的是，"牆"和"牆"都是爲{肉醬}而造的形聲字，在結構上，二者的聲符均爲"爿"，但"古字""牆"的意符較"今字""牆"少一"肉（夕）"。可見因爲意符的省變，牆—牆可以構成"古今字"。

例（192）原文出自《詩經·邶風·北門》"我入自外，室人交徧讁我"，其中的"徧"和例（193）《漢書》原文中的"徧"用法一致，都表{周遍}。陸德明和顔師古都指出了在此義上"徧"是"遍"的"古字"，却没有分析這組"古今字"的成因。其實這也是"省"變形聲字中的意符而造成"古今字"的例子。"徧"字見於《説文》，訓"帀也。从彳，扁聲"，其本義即是{周遍}，用如《尚書·舜典》"望於山川，徧於群神"。"遍"字不見於《説文》，早期用例如《管子·中匡》

---

① 大徐本《説文解字》此處作"鹽"。"鹽"《説文》訓"河東鹽池。袤五十一里，廣七里，周百十六里，从鹽省，古聲"。此條若以"鹽"釋"牆"則殊不可解，"鹽"似爲訛文。今依段玉裁《説文解字注》改作"醢"。"醢"《説文》訓"肉醬也。从酉、盍"，其義與"牆"相合。

“計得地與寶而不計失諸侯，計得財委而不計失百姓，計見親而不計見棄，三者之屬，一足以削，遍而有者，亡矣”以及《韓非子·内儲説上》“令下未遍而火已救矣”，其功能和“徧”字相同，都表{周遍}。不難判斷，“徧”和“遍”都是爲{周遍}而造的形聲字，二者聲符均爲“扁”，而意符則有“彳”“辵（辶）”之别，所以“古字”“徧”和“今字”“遍”即具有了古今同用關係。從顏師古的訓釋看，至唐代“徧”已不流行，而“遍”字更爲人所熟悉。

前文例（175）和例（176）中，慧琳指出了“古今字”因“今字”減省“古字”部分構件而成的情況。這則規律也可以在其他唐以前“古今字”訓條當中得到驗證，例如：

（194）【夏霜冬靁】師古曰：靁，古雷字。（《漢書》卷七十五顏師古注）

（195）【靁嘆頮息】善曰：……《楚辭》曰“吒增歎兮如靁”，靁與雷古今字，通。（《文選》卷十八李善注）

例（194）和例（195）原文中的“靁”都表{雷電}。顏師古在《漢書注》中曾九次提到，李善在《文選注》中也曾兩次提到，在此義上“靁”和“雷”是“古今字”，如此反復指論，可見兩位訓詁家對於這組“古今字”的重視。“靁”字在《説文》中訓“陰陽薄動靁雨生物者也。从雨，畾象回轉形”。在金文中，“靁”或作“𤳳”（雷甗）、“𤳸”（盠駒尊），字形除却“雨”和表示閃電的“申”外尚有四個車輪狀的部件象徵着陰陽雲氣的“迴轉”。《説文》正篆之外尚有籀文“𩇓”，“雨”下六個部件也都象徵着雲氣“迴轉”。可見表示雲氣“迴轉”的部件可多可省，所以“靁”所從之三“田”若簡而爲一，歷時文獻中便可出現靁—雷“古今字”的差别，這是“今字”減省“古字”構件的一則典型例證。從這組“古今字”在《漢書注》和《文選注》中多次出現的情况看，唐代讀者對"靁"已經不如"雷"熟悉，所以顏師古和李善纔會反復注釋。

在前文例（178）中，慧琳分析了表示｛唾液｝的"古字""㳄"和"今字""涎"，指出它們因爲偏旁構件"延"和"水（氵）"的位置發生了左右變化而産生了不同形體，因而在歷時文獻中構成了"古今字"。這種因爲構件位移形成的"古今字"在其餘訓條中也是存在的，例如：

（196）【腆】設膳腆。腆，多也。从肉，典聲。𦠄，古文腆。（《説文解字》卷四）

（197）【杚工】古文杚、概二形。今作㮣，同。公礙反。杚，量也。《廣雅》"杚，摩也。杚亦平也"。平斗斛曰杚。（《玄應音義》卷十二）

例（196）出自《説文》，許慎指出了在｛多｝上"𦠄"是"腆"的"古文"，没有解釋這組"古今字"的成因。其實不難看出"腆"是形聲字，其結構是左"肉（月）"右"典"，而"古文""𦠄"則是上"典"下"肉（月）"的結構，所以𦠄—腆這組"古今字"的成因就是"古字"和"今字"偏旁構件擺放位置的不同。

例（197）中，玄應指出了在｛平斛器具｝上概—㮣是"古今字"，未分析成因。"㮣"字在《説文》中訓"杚斗斛。从木，既聲"，其本義即爲｛平斛器具｝；而"概"字不見於《説文》，早期用例如《禮記·月令》"正權概"，鄭玄注"概，平斗斛者"，其本義也當是｛平斛器具｝。可見"古字""概"和"今字""㮣"都是爲同一詞義造的形聲字，它們具有古今同用的關係，二者形體的差異在於構件"木"和"既"擺放位置的不同。

通過以上舉例分析，我們看到唐以前學者對於"古今字"成因的多角度分析不但結論準確，而且他們具體分析的"古今字"成因還都能從唐以前其他"古今字"例中得到驗證，因而有着規律揭示的意義。正因如此，唐以前"古今字"成因研究的成就便不僅僅是解釋若干具體"古今字"字例的形成，更重要的是，他們的相關研究爲整個"古今字"研究開闢了新的領域，即在指明"古今字"現象，爲讀者溝通"古字"和"今字"之間意義聯繫之外，訓詁家還可以依照某些語言文字規律，對"古今字"的成因作出進一步解釋，在深度和廣度上不斷拓展和豐富"古今字"的研究，這種突破對於"古今字"學術史而言是有重要意義的。

第四節　唐以前"古今字"成因研究的局限

唐以前學者對"古今字"成因的研究新穎可喜，但實事求是地看，這些研究仍屬於初步的探索，儘管部分學者有了分析"古今字"成因的意識，而且已經在分析實踐上邁出了脚步，但客觀地看，相關分析思路在規律歸納和運用推廣上還存在局限。各家多是臨時起意闡釋某組"古今字"形成的背景，而非在撰寫訓條之時便有"古今字"成因探索的意識。所以，研究的局限性主要表現在研究廣度和研究深度兩個方面。

在研究的廣度上，唐以前有關"古今字"成因討論的訓條數量是比較少的，而且這些討論多爲就事論事型的零星分析，缺乏連續性。儘管我們全面彙集了相關材料，但唐以前包含成因解釋的"古今字"訓條僅有數十則，這和唐以前數千則"古今字"訓條相比是懸殊的。同時，儘管訓詁家已經揭示了部分類型的"古今字"成因，而且這些研究成果還能在其餘"古今字"訓條中得以驗證和應用，但各家對這些研究成果的利用顯然是不充分的。不難發現,雖然因同種原因造成的"古今字"現象還有不少,但訓詁家並沒有觸類旁通地把業已認識到的成因規律聯繫、擴展到其餘同類"古今字"材料的分析中,因此大量的訓條仍然祇包含對"古今字"現象的指論,尚不涉及對成因的分析。

在研究的深度上,唐以前學者對於"古今字"成因的認識並不是面面俱到的。即便他們已經成功分析了一部分"古今字"例的形成背景,但這些偶爾爲之的個案分析能够揭示的規律仍是有限的,特別是這些零散的研究還出自知識面、興趣點各異的諸家之手,所以相關成因分析對於唐以前紛繁複雜的"古今字"情況而言是既説不全又説不透的。就算我們能聯繫各家的研究總結出文字假借、文字分化、文字結構省變的"古今字"成因分析大體框架,但該框架之下各家所論"古今字"成因種類依然有限,推而廣之仍不足以全面解釋唐以前各種"古今字"現象的形成。對於相關"前修未密"之處,我們有必要結合具體的"古今字"訓條加以分析。

前文例(164)至例(168)中,鄭玄、孔穎達、李善等都曾指出過因文字假借而形成"古今字"的情況。但不難發現各家所分析的這幾組因假借產生的"古今字"都是一方爲某詞義的本字,另一方爲該義假借字的情況。而在此之外,還有兩種因文字假借而形成的"古今字"是各家不曾分析過的:一種是某詞義在有其本字的情況下,歷時所用不同的假借字之間所構成的"古今字",如例(198)至例(200)所示;另一種則是從來就沒有專用本字的某詞義歷時采用的不同假借字之間所構成的"古今字",如例(201)所示:

（198）【惟天墬之無窮兮,鮮生民之胸在】晋灼曰"鮮,古鮮字也"……師古曰:墬,古地字也;鮮,少也。言天地長久而人壽短促也。鮮音先踐反。(《漢書》卷一百顏師古注)

（199）【毋作粜德】師古曰：粜，古匪字也。匪，非也。（《漢書》卷六十三顏師古注）

（200）【匪唯】上非尾反。鄭箋《毛詩》“匪，非也”。亦作筐，古文作𢁾。（《慧琳音義》卷八）

（201）【外攘胡粵】師古曰：攘，卻也。粵，古越字。（《漢書》卷十三顏師古注）

例（198）原文出自《漢書》所載班固《幽通賦》，其中的“鱻”表｛少｝。顏師古所引晉灼訓釋指出了在這個意義上“鱻”是“古字”，“鮮”是“今字”。我們在討論例（180）時曾提到“鱻”的本義是｛新鮮｝，“鮮”的本義是｛貉國鮮魚｝，這兩個字的構形造意都與｛少｝無關，所以晉灼指出的“古今字”鱻—鮮，其中“古字”和“今字”都是假借字。前文提及，段玉裁指出“鮮”是“尟”的假借字。我們看到《説文》云“尟，是少也。尟俱存也。从是、少。賈侍中説”，從許慎的意見看，“尟”是｛少｝的本字。而因爲“尟”的讀音和“鮮”“鱻”相同（均是心母元部），所以“鮮”“鱻”就有了通假表示“尟”字本義｛少｝的條件，鱻—鮮即具有了古今同用關係。

例（199）原文意思是“不要做不道德（的事）”，“粜”表｛否定副詞｝；例（200）原文出自《大般若波羅蜜多經》“如天雨時置瓮迴處承水漸滿，如是滿時由諸雨渧長時連注，匪唯初、後”，“匪唯初、後”的意思是“不僅僅因爲最初和最後的（雨滴）”，“匪”也表｛否定副詞｝。從訓釋來看，顏師古和慧琳分別指出了在｛否定副詞｝上，粜—匪、𢁾—匪構成“古今字”關係。“粜”字《説文》訓“輔也。从木，非聲”，段玉裁注曰“粜蓋弓檠之類”，指其本義應爲｛正弓器具｝；“匪”字《説文》訓“器，似竹筐。从匚，非聲。《逸周書》曰‘實玄黄於匪’”，其本義是｛竹器｝；“𢁾”不見於《説文》，《玉篇》云“𢁾，隱也”,《集韻》云“扉,《說文》‘隱也’。或從巾,從阜”。根據《集韻》的解釋,“菲”是“扉”的異體字,本義爲{隱藏},而這些意義都和{否定副詞}無關。實際上{否定副詞}的本字當是“非”,《說文》訓“違也,從飛下翄,取其相背”,其本義是{違背},{否定副詞}即由此引申出。因爲“匪”“棐”“菲”三字均以“非”爲聲符,古音相同或相近,所以它們歷時被用於假借表示“非”字本義之時,彼此之間就具有了“古今字”的同用關係。

例(201)原文中的“粤”表{越族}。顏師古指出此義上“粤”是“古字”,“越”是“今字”。其實這組“古今字”也因文字假借而形成,但和前面兩例不同的是,{越族}一直沒有本字,而長期假借“粤”或“越”表示。“粤”《說文》訓“亏,審慎之詞者。從亏,從寀。《周書》‘粤三日丁亥’”。至少從《說文》的分析和引例來看,可以判斷“粤”的本義和{越族}無關。而正如于省吾指出的,“古籍中作‘粤’者係‘雩’字的形訛”[1],我們看到“雩”《說文》訓“夏祭樂於赤帝,以祈甘雨也。從雨,(于)亏聲”,其本義是{祈雨祭祀},用如《荀子·天論》“雩而雨,何也?曰:無何也,猶不雩而雨也”,和{越族}也沒有關係。而“越”字《說文》訓“度也。從走,戉聲”,本義是{度過},用如《楚辭·天問》“阻窮西征,巖何越焉”,也和{越族}無關。在《說文》中,“羌”“閩”“狄”等都是表示族稱的專用字,但歷史上的越族族稱則沒有專用字,長期以來都借用“粤”或“越”的字形記錄。綜合起來看,對{越族}而言,粤—越這組“古今字”是因文字假借而形成的,其中的“古字”“粤”和“今字”“越”都是假借字。

在前文例(169)至例(172)中,顏師古和慧琳都指出了因文字分化而造成“古今字”的情況,而他們所分析的尉—熨、縣—懸、

---

① 于省吾:《〈夏小正〉五事質疑》,《文史》第 4 輯,中華書局,1965,第 145~150 頁。

包—胞都屬於後人爲凸顯某母字的本義而造出新形聲字，因而新字與母字之間構成“古今字”的情況，其中的新字分擔的都是母字的本義。而除此之外，還有兩種因文字增加偏旁分化而造成的“古今字”類型是各家不曾分析過的：一種是新字分擔母字本義的引申義的情況，如例（202）所示；另一種則是新字分擔母字假借義的情況，如例（203）和例（204）所示：

（202）【婚姻】今作昏。《説文》“婦嫁 ① 也”。《禮記》“取婦以昏時入，故曰昏”。《爾雅》“婦之父母爲昏也”。姻古文婣、姻二形，今作因。《説文》“壻家也，女之所因，故曰姻”。《爾雅》“婿之父爲姻”。婿音細。（《玄應音義》卷二）

（203）【竭天下之資財以奉其政，猶未足以澹其欲也】師古曰：澹，古贍字也。贍，給也。（《漢書》卷二十四顏師古注）

（204）【廇】補的反。《説文》“廇，廡也”。野王案，室之屏蔽也。《儀礼》“人避于東廇南面”是也。《廣雅》“廇，垣也”。今或爲辟字，在□部也。（《原本〈玉篇〉殘卷》卷二十二）

例（202）原文出自《大般涅槃經》“爲有婚姻歡樂會乎”，其中的“婚”表｛婚媾｝，“姻”表｛姻親｝。玄應在訓條中指出，｛婚媾｝上“婚”是“昏”的“古字”，｛姻親｝上“姻”是“因”的“古字”。在《説文》中，“昏”訓“日冥也。从日，氐省。氐者，下也。一曰民聲”，其本義是｛日暮｝；“因”訓“就也。从口、大”，其本義是｛憑藉｝。玄應所引《禮記》表明古代有黄昏時分娶婦的習俗，所以｛日暮｝可以引申出｛婚媾｝；而所引《説文》解釋則表明｛憑藉｝可以引申出｛依靠｝｛婿家｝｛姻親｝等義。因此綜合起來看，

---

① 今本《説文》此處作“家”。

"婚""姻" 是在母字 "昏""因" 的基礎上增加偏旁 "女" 而造出的新字，分擔母字本義的引申義 { 婚媾 } 和 { 姻親 }。而值得注意的是，玄應在這裏指出文字分化活動完成後產生的新字 "婚""姻" 是母字 "昏""因" 的 "古字"。這反映了在他的觀念中，"古今字" 的 "古""今" 並不等於文字產生年代的早、晚。文字分化活動完成之後，如果母字仍未退出流通，則它和分化後產生的新字是同用關係，使用在前的便可能是 "古字"，使用在後的則可能是 "今字"，這即是 "古今字" 相對性的體現。

例（203）中，顏師古指出了在 { 供給 } 上 "澹" 是 "古字"，"贍" 是 "今字"，這組 "古今字" 也是因爲文字分化而形成的。但和上例相比，這裏的分化表現是新字改換了原母字的偏旁。"澹" 字在《説文》中訓 "水搖也，从水，詹聲"，其本義是 { 水波起伏 }，《文選》所録宋玉《高唐賦》"水澹澹而盤紆兮"，李善注 "《説文》曰 '澹澹，水搖也'" 是其證。但 "澹" 字很早就被借用表示 { 供給 }，如《荀子·王制》中的 "埶位齊而欲惡同，物不能澹則必争"。因爲 { 供給 } 和 { 水波起伏 } 之間没有引申關係，所以 "澹" 是 { 供給 } 的假借字。後人爲了區别 { 供給 } 這個假借義，則變 "澹" 的意符 "水（氵）" 爲 "貝"，後造了一個專用的本字 "贍"。所以在歷時使用中，因爲文字分化產生的 "贍" 就和 "澹" 構成了 "古今字" 關係。

例（203）中的訓釋指出 "僻" 表 { 墻壁 }。顧野王提到了這個意義在 "今" 時也用 "辟" 字表示，即説明 "僻" 是 "古字"，"辟" 是 "今字"。在《説文》中，"辟" 訓 "法也。从卩、从辛，節制其辠也；从口，用法者也"，其本義爲 { 法 }。《詩經·大雅·板》"無自立辟"，《毛傳》訓曰 "辟，法也"，以及《漢書·匈奴傳》"於是作《呂刑》之辟"，顏師古注 "辟，法也"，都指出了 "辟" 表本義的用法。而古時 "辟" 又可能承擔和本義 { 法 } 無關的假借義 { 墻壁 }，如《逸周書·時訓》"小暑之日，温風至。又五日，蟋蟀居辟"。於是後人爲了區别

{墙壁}這個假借義，就在"辟"的基礎上增加了意符"广"，造了一個專用的本字"廦"。所以在文獻之中，對於{墙壁}而言，原先的假借字"辟"和後造的本字"廦"便可構成"古今字"關係。同樣值得注意的是，儘管這組"古今字"是因爲文字分化活動而成，而且其中的"廦"相對於"辟"而言要年輕得多，但顧野王立足於當時保存着的用"辟"表{墙壁}的習慣，仍可以稱後造的"廦"是"古字"，而"辟"是"今字"，這也是"古今字"相對性的體現。

在前文例（177）中，慧琳指出了爲同一詞義創造的不同形聲字可以構成"古今字"關係。他所分析的"古字""衖"和"今字""巷"是聲符相同、意符省變的兩個形聲字。而實際上爲某義而造的意符相同，聲符改易，或者聲符、意符都改易的形聲字之間也可以構成"古今字"，這兩種情況是各家分析尚未涉及的，例如：

（205）【廟】尊先祖皃，从广，朝聲。庿，古文。（《説文解字》卷九）

（206）【清廟】本又作庿，古今字也。（《經典釋文》卷七）

（207）【庿門】……庿，古廟字也。（《經典釋文》卷十）

（208）【蟊】本或作鴟。郭云"皆古蚊字"。音文。案《説文》蟊正字，蚊俗字。或作䖟。（《經典釋文》卷三十）

（209）【譬猶蟊蝱之螫】師古曰：蟊，古蚊字也。（《漢書》卷九十四顔師古注）

（210）【蚊蝱】……《説文》"蚊、蝱並齧人飛蟲也"。蚊或從蚰作蟊，又作䖟，或作蟁，並古字也。（《慧琳音義》卷十九）

例（205）至例（207）中，許慎和陸德明都指出了在{宗廟}上"庿"是"古字"，"廟"是"今字"。例（205）出自《説文》，對於許慎"尊先祖皃"的訓釋，段玉裁曾指出"尊其先祖而以是儀皃之，故曰宗廟。諸書皆曰'廟，皃也'"①，可見"尊先祖皃（貌）"是對"廟"這個詞來歷的解釋，而｛宗廟｝是其本義。文獻應用即如例（206）原文《詩經·周頌·清廟》中的的"於穆清廟，肅雝顯相"。而例（207）原文《儀禮·士冠禮》"士冠禮，筮於庿門"中的"庿"也表示｛宗廟｝。從結構上看，"庿"和"廟"都依形聲法而造，意符同爲"广"，聲符則有"苗""朝"之別，古音同在宵部。所以綜合起來看，這組"古今字"是由造形聲字時取用了不同的聲符造成的。

例（208）至例（210）中，郭璞、顏師古、慧琳指出了"古今字"組蟁—蚊、蟁—蚊以及䘇—蚊，它們記載的詞義都是｛蚊蟲｝。《説文》云"蟁，齧人飛蟲。从民，蚰聲。蠹，蟁或从昏，以昏時出也。蚊，俗蟁。从虫、从文"，其中"蟁"是正篆，"蠹"和"蚊"都是它的別體。和前文所舉例子不同，這裏的"古字""蟁"和"今字""蚊"的意符、聲符都不同，"民"和"文"的關係爲明母雙聲，真、文旁轉，"蚰""虫"作爲意符也同表"蟲"之義類，因此互爲異體字。同樣地，慧琳提到的"蟁"，聲符"門"古音屬明母文部，意符"蟲"和"蚊"所從之"虫"也在同一義類。而"䘇"字雖不多見，但和《説文》中之"蠹"字比較，"䘇"字所從之"氏"實爲聲符"民"之訛變，二者皆有的構件"曰"與"蚰"位置發生了調換。所以綜合起來看，蟁—蚊、蟁—蚊、䘇—蚊三組"古今字"實際上都是形聲字，它們之間的形體差異，是由造字時取用了不同的意符和聲符所致。

綜上所述，唐以前對"古今字"成因的研究尚不完備。各家有了分析"古今字"成因的成功實踐，開闢了"古今字"研究的新領域，但成因分析尚未成爲該時期"古今字"訓詁的重點工作，所以各家在現象指論之餘，理論分析工作仍不够充分，因此在研究廣度和研究深度上都還有一定的拓展空間。一方面，已經總結的"古今字"成因規

---

① （漢）許慎撰，（清）段玉裁注《説文解字注》，上海古籍出版社，1981，第446頁。

律尚可在其餘類似“古今字”材料中推廣應用；另一方面，文字假借、文字分化、文字結構省變三大“古今字”成因分析框架也有繼續細化的必要。當然，任何學術研究的發展都是漸進式的，我們不能苛求唐以前的學者對“古今字”的成因分析能夠一步到位，巨細靡遺。所謂“前修未密，後出轉精”，“古今字”學術研究是不斷延續的，唐以前“古今字”成因研究存在的相關不足，也將成爲後代學者不斷豐富、完善這一研究的新方向。

第五節　小結

　　成因分析是唐以前“古今字”學術研究的一個重要組成部分。唐以前學者在“古今字”現象指論之餘，已開始利用語言文字規律對部分訓條中“古今字”組的形成作出成功的分析。這些實踐反映了該時期學者已經具有了“古今字”成因分析的樸素認識，客觀上説明了“古今字”現象的形成是能够藉助各種語言文字規律進行解釋的，拓展了“古今字”學術研究的新領域。尤其重要的是，各家的相關闡述還能在總體上歸納爲文字假借、文字分化和文字結構省變這三大“古今字”成因類型，後人繼續研究“古今字”成因也祇可在該框架下不斷細化，而無法超出該框架，這一貢獻在“古今字”學術史上無疑是有重要意義的。此外，客觀地看，唐以前學者對“古今字”成因的分析研究尚處在初步階段，相關分析實踐不多，已有成果略顯零散，而且推廣覆蓋也十分有限；同時各家對“古今字”具體成因的總結仍不够全面，已有成果尚不足以解釋所有訓注“古今字”的形成，這些都是唐以前“古今字”成因研究局限性的表現。

　　此外值得注意的是，從各家的實踐來看，“古今字”是指論“歷時同詞異字”這種用字現象的訓詁概念，“古今字”現象的形成是可以從文字學的角度進行解釋的，但“古今字”現象的訓注指論和“古今字”成因的文字學分析却分屬於不同的理論層次。文字產生的時代先後是絶對的，但“古今字”的指稱却是相對的，它衹着眼於用字習慣的先後，而不着眼於字形產生年代的早晚。因此可以看到在唐以前“古今字”訓注中，產生時代晚的字也可能成爲“古字”，而產生時代早的字也可能成爲“今字”。由此可見，前文綜述中所提到的部分學者將“古今字”中的“古”“今”等同於文字產生年代的“早”“晚”是值得商榷的。

第五章　唐以前"古今字"研究的繼承和發展

第一節　唐以前"古今字"研究的繼承

前文介紹，唐以前總共有 30 餘位訓詁家先後在著作中説解、關聯着"古今字"問題，客觀地看，這些訓詁家的研究並不是孤立開展的。自漢代鄭衆指論"古今字"問題以來，後續各家的"古今字"研究都不同程度地繼承了前人"古今字"研究的成果。這種繼承一方面表現爲後人對前人訓注"古今字"字組的認同，另一方面則表現爲各家對"古今字"觀念的認同。

一　對前人訓注"古今字"字組的認同

後代學者對前人訓注"古今字"字組的認同，一種表現爲直接援引"古今字"故訓爲己所用，一種表現爲雖未明言轉引，但注釋的"古今字"關係承襲了前人的研究成果。前一種情況在唐以前非常普遍，前文所述鄭玄對鄭衆"古今字"指論的轉引，以及輯佚魏晉南北朝"古今字"訓條所依賴的各家引文莫不如是，所以毋庸贅言。此處要着重考察的是後一種情況。

經過統計，唐以前訓注"古今字"中，有 500 餘組"古今字"被

各家反復注釋過，這種現象體現了後人對前人“古今字”研究成果的
理解和繼承，我們略舉數例加以介紹。

（211）【信也】本又作伸，同。音申。下同。韋昭《漢書音義》
云“古伸字”。（《經典釋文》卷二）

（212）【信兮】毛音申，極也。案信即古伸字。（《經典釋文》
卷五）

（213）【于嗟洵兮，不我信兮】（洵，遠。信，極也。）正義
曰：信，古伸字。故《易》曰“引而信之”。伸即終極之義，故云
“信，極也”。（《毛詩正義》卷二）

例（211）至例（213）中，韋昭、陸德明、孔穎達都指論了“古
今字”組信—伸。其中例（211）原文出自《周易·繫辭》“尺蠖之屈，
以求信也”，文中的“信”表{伸展}。而例（212）和例（213）的原
文都出自《詩經·邶風·擊鼓》，其中的“信”《毛傳》訓爲{極}，孔
穎達正義維護毛亨的意見，指出{極}和{伸展}有引申聯繫。在術語
上，三家用的都是“某，古某字”的形式，比較一致。

（214）【穌】……《字書》“穌，鮚也”。野王案，此謂弦管聲
音之和調也，今爲和字，在口部。（《原本〈玉篇〉殘卷》卷九）

（215）【吷中穌爲庶幾兮】師古曰：吷，古聿字也。穌，古和
字也。（《漢書》卷一百顏師古注）

（216）【沐浴玄德，稟仰大穌】善曰：……《法言》曰“或問
太和，曰：共在唐虞、成周也”。穌，古和字。（《文選》卷四十五
李善注）

例（214）至例（216）原文中的“穌”都表示{諧和}，魏晉南北

朝到唐代的三位訓詁家顧野王、顏師古、李善都指出了在｛諧和｝上
龢—和是“古今字”。但是在術語使用上，顧野王用的是“今爲某字”
的形式，而顏師古、李善則改用了“某，古某字”。梁代顧野王的《玉
篇》在唐代頗爲流行，所以顏師古和李善“龢，古和字”的判斷，很
可能和顧野王的“古今字”指論有繼承的關係。而正因爲他們領會了
這組字“古今字”關係的内涵，所以纔會換用自己熟悉的“古今字”
表述用語來解釋出現在不同文本當中的“龢”。

（217）【趺】或問曰：今山東俗謂伏地爲趺，何也？答曰：趺
者，俯也。按張揖《古今字詁》云“頫、府，今俯、俛也”。許氏
《説文解字》曰“頫，低頭也”。（《匡謬正俗》卷六）

（218）【頫杳眇而無見】善曰：《聲類》曰“頫，古文俯字”。……
《説文》曰“頫，低頭也”。（《文選》卷八李善注）

（219）【百粤之君頫首係頸】師古曰：古俯字。（《漢書》卷
三十一顏師古注）

例（217）所引張揖《古今字詁》訓條以及例（218）李善所引
《聲類》訓條都指出了在｛俯身｝上頫—俯是“古今字”，而例（219）
原文中的“頫”表示｛低頭｝，顏師古指出此義上“頫”是“俯”的
“古字”。結合李善所引《説文》釋義來看，｛低頭｝和｛俯身｝在一定
程度上具有引申關係。在術語使用上，張揖用一個“今”聯繫了“古
字”和“今字”，李登《聲類》用了“古文某字”的術語，而顏師古則
以“某，古某字”加注。儘管三位學者的訓釋用語各不相同，但他們
指論的“古今字”關係是一致的。

（220）【灋】刑也。平之如水，从水。廌，所以觸不直者去之，
从去。法，今文省。佱，古文。（《説文解字》卷十）

（221）【灋】古法字。(《經典釋文》卷八）

（222）【修行儀軌灋】古文法字。(《慧琳音義》卷四十二）

（223）【灋】古法字。見《周禮》。(《五經文字》卷中）

從例（220）至例（223）可見，從漢代到唐代，四位訓詁家都指出了在｛法｝上灋—法構成“古今字”。例（220）我們曾在前文討論過，許慎用的是“今文”術語，指出了“法”是“今字”，相對地“灋”是“古字”，這是該組“古今字”最早的指論。而例（221）、例（222）、例（223）較許慎要晚數百年，其“古今字”認識和《説文》有繼承關係，但指論術語卻變換成了“古（文）某字”。

（224）【黄金勺，青金外，朱中，鼻寸，衡四寸】……鄭司農云“鼻謂勺龍頭鼻也，衡謂勺柄龍頭也”。玄謂鼻，勺流也，凡流皆爲龍口也。衡，古文橫。假借字也。(《周禮注疏》卷四十一）

（225）【衡門】衡門如字。衡，横也。沈云“此古文橫字”。(《經典釋文》卷六）

（226）【至于衡漳】正義曰：……衡即古横字，漳水横流入河，故云“横漳”。……鄭玄亦云“横漳，漳水横流”。(《尚書注疏》卷六）

（227）【一夫從衡，則城池自夷】善曰：一夫，謂董卓也。《漢書》曰“從，恣意”。衡，古横字也。翰曰：從衡，謂亂也。(《文選》卷五十四李善注）

例（224）至例（227）都指論了“古今字”組衡—横，它們針對的詞義都和｛横｝有關。其中例（224）前文討論過，鄭玄指出了“衡”是“横”的古字，並分析這組“古今字”因爲“假借”而成。漢儒的這一意見顯然爲後人所接受，如例（225）所示，陸德明所引“沈云”

和鄭玄如出一轍。因爲陸德明是南北朝到唐初的學者，所以我們推測"沈云"當是魏晉南北朝某位學者的意見。至唐代，孔穎達和李善改用了"古某字"術語，在爲《尚書》和《文選》作注時亦指認了衡—橫在 { 橫 } 上的"古今字"關係。

（228）立夏，清明風至，而暑鵙鳴聲搏榖，蜚（古飛字也）電見，早出龍升天。（《玉燭寶典》卷四）

（229）【鸞鳳萬舉，蜚覽翱翔，集止于旁】師古曰：萬舉，猶言舉以萬數也。蜚，古飛字也。（《漢書》卷八顔師古注）

（230）【蜚尸】古書飛多作蜚，同。府韋反。飛謂飛揚也。（《玄應音義》卷四）

（231）【蜚英聲，騰茂實】善曰：蜚，古飛字也。（《文選》卷四十八李善注）

例（228）至例（231）情況類似，隋代的杜臺卿以及唐代的顔師古、玄應、李善四位都指論了在 { 飛 } 上蜚—飛是"古今字"。結合成因來看，"飛"應當是 { 飛 } 的本字，但從先秦時期開始，本義爲 { 草蟲 } 的"蜚"也經常假借表示 { 飛 }。從隋唐四位學者的指論來看，以"蜚"表 { 飛 } 在隋唐以前是普遍存在的，所以玄應云"古書飛多作蜚"，而到了隋唐，這種狀況發生了變化，"飛"表 { 飛 } 已爲人所熟悉，因此各家都敏銳地察覺到了這一現象，運用"古今字"訓詁來疏解古籍中爲讀者所陌生的"蜚"。

綜合考察唐以前不同訓詁家對於同一"古今字"組的指論，我們可以看到被反復指認的"古字"和"今字"所記詞義基本相同。另外在術語的運用上，可以很直觀地看到，針對同一字組學者們使用各種"古今字"表述用語來指稱，"古文""古某字""今""今文""今爲"的形式各異，但所指認的"古今字"關係是一致的。

　　至於尚不見後人轉引的"古今字"注釋，我們認爲後代學者並非不願意承襲，而往往是沒有承襲的客觀條件。由於我們的研究祇限於唐以前，因此對五代及以後學者的情況尚不清楚。數百年來，面對不同的文獻，各家注釋的疑難字之間交集本就十分有限，而且注釋疑難字，也不祇有"古今字"一種手段，所以各家能遞相對同一組字展開"古今字"指論是十分難得的；另外，即便各家都在運用"古今字"訓詁，前代學者注釋過的字（例如許慎指出的很多"古文"）後代文獻中可能已不再使用，而後代學者指論的"古今字"問題，在前代可能尚未出現，或者在前人看來是無須注釋的。當然，如果學者主觀上對"古今字"認定的標準與前人不同也不會承襲舊説，比如顏師古曾明確主張鄭玄指余—予"古今字"是錯誤的，於是他不會承認這組字是"古今字"。這一情況比較少見，我們還會在後文中討論。

二　對"古今字"觀念的認同

　　在對前人訓注"古今字"字組的認同之外，唐以前學者對"古今字"觀念的認同也有着一致性，這種認同的一個表現，就是後代學者在轉引前人"古今字"見解的同時，還會圍繞這一問題作出某些補充闡述，比較典型的就是唐代的再度注釋材料對漢代"古今字"故訓的疏解，反映了唐代學者認同"古今字"屬於訓詁範疇，例如：

　　（232）【我有嘉賓，德音孔昭。視民不恌，君子是則是傚】（恌，愉也。是則是傚，言可法傚也。箋云：德音，先王道德之教也。孔，甚。昭，明也。視，古示字也。飲酒之礼，於旅也語。嘉賓之語先王德教甚明，可以示天下之民，使之不愉於礼義。是乃君子所法傚，言其賢也）正義曰：古之字以目示物、以物示人同作視字，後世而作字異，目視物與示傍見，示人物作單示字。由是經傳之中視與示字多相雜亂。此云"視民不恌",謂以先王之德音示下民,當作小示字。而作視字,是其與古今字異義殊,故鄭辨之"視,古示字也",言古作示字,正作此視,辨古字之異於今也。《禮記》云"幼子常視無誑",注云"視,今之示字也",言古視字之義正與今之示字同,言今之字異於古也。《士昏礼》曰"視諸衿鞶",注云"示之以衿鞶者,皆託戒使識之也","視乃正字,今文作示,俗誤行之"。言"示之以衿鞶"亦宜作示,而古文《儀礼》作視字,於今文視作示字。鄭以見示字合於今世示人物之字,恐人以爲示是視非,故辨之云"視乃正字,而今文視作示者,俗所誤行"。俗以見今世示人物爲此示字,因改視爲示,而非古之正文,故云"誤"也。(《毛詩正義》卷九)

例(232)出自《毛詩正義》,原文是《詩經·小雅·鹿鳴》中的詩句,其中的"視"表{展示}。括號內鄭玄的《毛詩箋》指出,在該義上,《詩經》中的"視"是"古字",而"示"是"今字"。對於鄭玄的這個判斷,唐代學者孔穎達在《毛詩正義》當中予以繼承,並對鄭玄"古今字"判斷的意圖,以及這組"古今字"在文獻中的歷時關係等問題作了大段的闡發。首先,他指出鄭玄訓"視,古示字也"的背景,即漢代之前的"古"時,"視"字同時承擔着{展示}和{看視}的功能,到後來這種用字習慣發生了變化,{展示}開始轉由"示"字表示,而"視"字則專表{看視}。因爲這一變化,漢代人能見到的歷時文獻當中表示{展示},就有了"視"和"示"的用字差異。由於在漢代的語文習慣當中"視"和"示"已經"字異義殊",因此鄭玄纔需要"辨古字之異於今",指出視—示在{展示}上是"古今字"。然後,孔穎達還把視野擴展到了鄭玄的類似"古今字"判斷,即我們曾在前文例(30)中分析過的《禮記》"幼子常視毋誑",鄭玄注云"視,今之示字",同樣指出了在{展示}上,《禮記》中的"視"是"古字",

“示”是漢代人熟悉的“今字”。孔穎達指出《禮記注》的這則“古今字”訓注和《毛詩箋》中的闡述一致，是由術語“某，今之某字”指出了視—示在 {展示} 義上的“古今字”關係。在此之外，孔穎達還聯繫了鄭玄在《儀禮》當中的一則和“視”“示”有關的異文校勘，這雖然不是鄭玄的“古今字”訓詁，但在孔穎達看來，這一校勘活動是鄭玄“古今字”知識的實際運用。他指出，《儀禮·士昏禮》“視諸衿鞶”中的“視”表 {展示}，鄭玄校勘群經之後，采納了“古文”版本，定此處用“視”字，而指出作“示”的“今文”版本此處有“誤”，因爲用“示”表 {展示} 並不符合《儀禮》的用字習慣，“今文”版本中的“示”是後來的“俗”人根據演變後的用字習慣改“視”而成，所以鄭玄爲古文經立言，不僅在校勘上以“古文”文本爲宗，而且還在注釋中根據視—示在 {展示} 上的“古今字”關係説明了校勘的緣由。綜觀這則論述的三個部分可見，視—示這組“古今字”雖然不是孔穎達的發現，但他對鄭玄“古今字”指論的轉引和再度注釋，特別是他從聯繫的角度能夠把鄭玄多處性質相同的“古今字”指論一並考論，實際上體現了他對前人訓詁“古今字”問題的用意有着充分理解和吸收。

在此之外，前文還分析過唐以前的“古今字”訓注指稱一個詞義在不同時期采用不同漢字的現象，其中的“古”“今”具有相對性、可變性，“古字”或“今字”運用時代的先、後並不等於這個漢字產生年代的早、晚。唐以前學者對於“古今字”的這一性質，都是有着清晰一致的認識的。上文也分析過，他們在訓詁研究的範疇指認“古今字”現象，和在文字研究的範疇分析“古今字”形體差異的成因也是完全不同的學術層面。我們之所以要反復强調這一點，是鑒於部分現代學者拘泥於局部材料，認爲“古今字”是指論文字孳乳發展的術語，將“古今字”的“古”“今”與文字產生時代的“先”“後”等同。而事實上唐以前各家在訓詁活動中指認“古字”和“今字”的意義聯繫時，對於它們的"古""今"指向祇依據運用習慣的早晚，而不考慮文字創製時代的先後。比較生動的例證，便是對於有形體孳乳關係的"古今字"例，訓詁家可能指出孳乳字是母字的"古字"；而對於其他情形的"古今字"組，則可能漢代學者指出甲是乙的"古字"，而唐代學者又指出乙是甲的"古字"。例如：

（233）【鬼】人所歸爲鬼。从人，象鬼頭。鬼陰气賊害，从厶。凡鬼之屬皆从鬼。䰡，古文从示。（《説文解字》卷九）

（234）【圭】瑞玉也。……珪，古文圭从玉。（《説文解字》卷十三）

（235）【賜圭】字又作珪。案《説文》珪，古字；圭，今字。（《經典釋文》卷十一）

例（233）以及例（234）都出自《説文》。從許慎的訓釋可見，"鬼"的本義是｛鬼｝，"圭"的本義是｛玉圭｝，用如《周易·睽》中的"見豕負涂，載鬼一車"以及《周易·益》中的"告公用圭"。而在"鬼"和"圭"的基礎上分別添加意符"示"和"玉"而成的"䰡"和"珪"都是後起的孳乳字。但從許慎指認"䰡""珪"是"鬼""圭"的"古文"來看，孳乳字"䰡""珪"爲"古"，母字"鬼""圭"爲"今"，反映這個"古"説的是用字時代，即東漢許慎所在時代之前，曾有用"䰡"表示｛鬼｝和用"珪"表｛玉圭｝的語文習慣。許慎的指論説明，早在漢代，學者眼中的"古今字"便已經是指論用字先後的訓詁概念。

"古字"和"今字"的相對性在漢代之後得到了訓詁家的認識和繼承。如例（235）所示，《禮記·王制》有"諸侯，賜弓矢然後征，賜鈇鉞然後殺，賜圭瓚然後爲鬯"一句，從理論上看，"珪"實際上是"圭"的孳乳字。而陸德明指出其中的"圭"有異文作"珪"，繼而援引了《説文》的訓條解釋“珪”。值得注意的是，在引用的過程中，陸德明變換了《説文》中的訓釋用語“古文”，直接指出了“珪”是“古字”，而“圭”是“今字”。可見這則訓條不僅包含了對許慎珪—圭“古今字”研究結論的認可，更藴含着對漢儒“古今字”觀念中“古”“今”相對性的認識和繼承。

對於孳乳字做其母字的“古字”的例子，我們曾在前文中不止一次介紹過。譬如：前文例（163）中顧野王指出在｛責備｝上讀—責是“古今字”；前文例（123）中孫愐指出鉀—甲在｛鎧甲｝上是“古今字”；前文例（202）中玄應指出在｛婚媾｝上婚—昏是“古今字”，在｛姻親｝上姻—因是“古今字”；等等。我們在這裏繼續補充分析兩組。

（236）【周窮】古文賙，同。之由反。謂以財物與人曰賙。《詩》云“靡人不賙”，傳曰“賙，救也，將救其急也”。《字林》“賙，贍也”。(《玄應音義》卷八）

（237）【賙救】今作周，同。之由反。謂以財物與人曰賙。《周禮》“五黨爲周，使之相賙”①，鄭玄曰“賙，謂禮物不備相給足也”。《詩》云“靡人不賙”，《傳》曰“賙，救也”，《箋》云“持救其急也”。(《玄應音義》卷九）

（238）【珍羞】《周禮》有八珍。珍，貴也。下古文作膳，同。私由反。《方言》“羞，孰也”，郭璞曰“羞謂熟食也”。《周禮》“膳夫，掌王之膳羞”，鄭玄曰“羞，有滋味者也”。雜味爲羞。(《玄應音義》卷十九）

（239）【珍羞】古文膳，同，私由反。貴異名珍雜味爲膳，羞爲有滋味名也。《方言》“羞，熟食也”。(《玄應音義》卷二十二）

---

① 《玄應音義》所引“五黨爲周，使之相賙”，今《四部叢刊》本《周禮·地官·大司徒》文爲“五族爲黨，使之相救；五黨爲州，使之相賙；五州爲鄉，使之相賓”。

例（236）和例（237）中，玄應指出了在{賙濟}上，"賙"是"周"的"古字"。在《説文》中，"周"訓"密也。从用、口"，其本義是{周密}，又可引申出{完備}{充足}{賙濟}等義，因此可以説"周"也是{賙濟}的本字，用如《禮記·月令》"（季春之月）天子布德行惠，命有司發倉廩，賜貧窮，振乏絶，開府庫，出幣帛，周天下"，鄭玄注曰"周，謂給不足也"。而在"周"字基礎上增加意符"貝"而成的"賙"，是後起的孳乳字。從玄應的指論"賙"是"周"的"古文"來看，在後代{賙濟}多用"周"表示，而在更早的文獻，如《詩經·大雅·雲漢》"靡人不賙"當中，此義是由"賙"字承擔的。所以從這種歷時用字習慣來看，後造的孳乳字"賙"便可能成爲母字"周"的"古字"。

例（238）和例（239）中，玄應都指出了在{美食}上，膳—羞是"古今字"。《説文》無"膳"而有"羞"，訓"進獻也。从羊。羊，所進也。从丑。丑亦聲"，其本義是{進獻食物}。《左傳·昭公二十七年》"羞者獻體改服於門外"，杜預注曰"羞，進食也"。而從{進獻食物}，又可以引申出{食物}{熟食}{美食}等義，用如例（238）所引《周禮》"膳夫，掌王之膳羞"，鄭玄曰"羞，有滋味者也"。至於"膳"字，實爲在"羞"的基礎上增加意符"肉（月）"而成的後起孳乳字。玄應説"羞"字"古文作膳"，即説明在唐代以前，{美食}可由"膳"表示，和唐代用"羞"表此義的習慣有區別。這樣後起孳乳字"膳"纔會成爲母字"羞"的"古字"。

和以上數例不同，"古今字"的相對性還有一種體現方式，即同樣的兩個漢字，其"古今字"指向在不同時期的學者眼中截然相反，例如：

（240）【糂】以米和羹也。一曰粒也。从米，甚聲。糝，古文糂从參。（《説文解字》卷七）

（241）【餘餥】古文餥、粗、糈、馩四形，今作糁，同。桑感
反。《説文》“以米和羹也。一曰粒也”。《律》文作粦，非也。（《玄
應音義》卷十五）

例（240）出自《説文》。許慎指出在 { 以米和羹 } 上，“糁”是
“粗”的“古文”，相對地“粗”則是“今字”。而例（241）出自唐
代《一切經音義》，原文中的“餥”也表 { 以米和羹 }。從玄應的指論
來看，“餥”“粗”“糈”“馩”“糁”五字在此義上功能相同，但“糁”
是後代行用的“今字”，其餘四字皆是“古字”。由兩位學者的指論可
見，在 { 以米和羹 } 上，漢人許慎指出糁—粗是“古今字”，而唐人
玄應則指出粗—糁是“古今字”。這是“古今字”相對性的生動體現。
特別值得注意的是，玄應在作訓時轉引了《説文》“以米和羹也。一
曰粒也”的訓釋，卻沒有直接承襲許慎“糁，古文粗從參”的意見，
而指出了“今作糁”，這充分反映了他的“古今字”訓詁並非機械照
搬前人的故訓，而是在理解了“古今字”相對性的基礎上，靈活運用
這一訓詁體式爲當代讀者服務，這種與時俱進的“古今字”認識是十
分可貴的。

由以上示例可見，漢代之後的學者不但沿用了“古今字”這一訓
詁體式，借鑒、繼承了前代學者的“古今字”研究成果和訓詁傳統，
他們的“古今字”觀念也是保持一致的。“古今字”是訓詁範疇的概
念，並非指稱文字學範疇的造字問題。“古今字”的“古”“今”具
有相對性和不定性，材料反映各家對“古字”“今字”的指稱並不取
決於例字形體産生的前和後，而取決於行用時代的早和晚，分化造字
過程中産生的後起孳乳字可能成爲“古字”，其母字也可能成爲“今
字”。“古字”和“今字”的關係也不是一成不變的，被前代學者指
爲“古字”和“今字”的兩個字，也可能被後代學者指爲“今字”和
“古字”。

第二節　唐以前"古今字"研究的發展

"古今字"訓詁自漢代興起,歷經魏晉南北朝至唐代顯示出了旺盛的生命力。伴隨這一進程的,是該時期"古今字"研究的不斷發展。從總體上看,這種發展主要有兩大表現:一是在"古今字"材料指認上的發展,二是在"古今字"觀念上的發展。

一　在"古今字"材料指認上的發展

"古今字"材料指認上的發展,主要表現爲各家對"古今字"字組指認的推陳出新。自漢代以降,隨着時代的發展,文獻中的閱讀障礙層層累積,而"古今字"訓詁的服務對象也逐漸擴大到了經史百家甚至佛學著作,訓詁家擁有了更加廣闊的材料來源,對"古今字"現象的新指認也與日俱增。我們統計了各家的訓注"古今字"總組數,可以看到,從鄭衆的 6 則"古今字"指認開始,到許慎《説文》,繼而有顧野王、顏師古、玄應、慧琳等 30 餘家踵事增華,使得"古今字"研究成果大大增加。至唐玄度爲止,經過各家的不懈努力,"古今字"指論總數已逾 3600 條。這些統計數據清楚地表明,唐以前各家的"古今字"研究並不是因循守舊、故步自封的,他們一直都在孜孜不倦地運用"古今字"訓詁,發現並指認着新的"古今字"問題,開拓着研究的新局面。

二 在"古今字"觀念上的發展

（一）對"古今字"的新看法

後代學者繼承"古今字"訓詁傳統，並不代表他們會完全地承襲前人舊説。例如在判定具體字例是否屬於"古今字"的問題上，後代學者與前人相比或有新的不同的看法。這種情況是客觀存在的，但調查起來頗爲不易。因爲一般情況下，後人即便不承襲舊説，也不必在著作中特意説明理由。比較難得的是，唐代學者顔師古《匡謬正俗》中專門叙述了他反對漢代學者鄭玄指余—予爲"古今字"的意見，我們謹舉這則材料説明此類現象的存在。

（242）予，鄭玄注《曲禮·下篇》"予，古余字"。因鄭此説，近代學者遂皆讀"予"爲"余"。案《爾雅》云"卬、吾、台、予、朕、身、甫、余、言。我也"。此則"予"之與"余"義皆訓"我"，明非同字。許慎《説文》"予，相推予也""余，詞之舒也"各有音義，本非古今字別。《詩》云"迨天之未陰雨，徹彼桑土，綢繆牖户。今女下民，或敢侮予"……《楚辭》云"帝子降兮北渚，目眇眇兮愁予。嫋嫋兮秋風，洞庭波兮木葉下"……歷觀詞賦，"予"無"余"音。若以《書》云"予一人"，《禮》曰"余一人"，便欲通之以古今字，至如《夏書》云"非台小子，敢行稱亂"，豈得便言"台、余古今字"耶？邪《詩》云"人涉卬否，卬須我友"，豈得又言"卬、我古今字"乎？（《匡謬正俗》卷三）

前文曾經提到，鄭玄云"余、予古今字"屬於整體指論，在特定的文獻環境下，"余"和"予"孰"古"孰"今"是二解俱通的。而從顔師古的論述看，他認爲鄭玄此説有誤，即"予"和"余"各有本義，而且語音上還有區別，所以兩個"各有音義"的字，就不是"古今字别”。對於顏師古的這一新看法，段玉裁曾批評曰：“凡言古今字者、主謂同音而古用彼今用此異字……余、予本異字異義，非謂予、余本即一字也。顏師古《匡謬正俗》不達斯恉，且又以予上聲、余平聲爲分别，又不知古音平、上不甚區分。重悝貤繆。”[1] 李運富也認爲顏師古批評鄭玄的理由是不充分的，因爲鄭玄没有説過“古今字”必須原本“同字（詞）”，構造上同音同義的異體字和本來“各有音義”的字由於固定的兼用或者借用習慣也可以在某個意義上構成“古今字”關係，此外顏師古所引《詩經》和《楚辭》的用韻衹能證明“予”讀上聲，難以證明“‘予’無‘余’音”，而二者被借以表示第一人稱代詞，可以允許音近的情況，而顏師古所舉“台、余”“卬、我”的語音差異，比余—予要大得多，也是缺乏可比性的。總之顏師古是把自己的“古今字”觀强加於鄭玄，或有不合則加批評，不符合歷史辯證法。[2] 而根據我們的統計，在顏師古的數百則“古今字”訓注中，也確實没有指認過余—予，儘管《漢書》中有“莽曰‘予之皇始祖考虞帝受嬗于唐’”這樣的用例，他也衹注“嬗，古禪字”，没有注“予”，其原因就是他對於“古今字”的看法與鄭玄不同，因此未予承襲。前文還介紹過，顏師古針對《漢書》“毋作棐德”一句，注云“棐，古匪字也。匪，非也”，而實際上根據《説文》的訓釋，“棐”的本義是｛正弓器具｝，“匪”的本義是｛竹器｝，都和｛否定副詞｝無關。既然二者也屬於“明非同字”，而顏師古將二者關聯爲“古今字”，這就和《匡謬正俗》中的主張衝突了。

（二）對“古今字”訓詁體式的革新和靈活運用

前文介紹過，“古今字”訓詁的基本思路是，用字訓的形式關聯兩個字形的功能關係，早期文獻訓詁，如鄭衆用一個“今字”解釋一個

---

① （漢）許慎撰，（清）段玉裁注《説文解字注》，上海古籍出版社，1981，第49頁。
② 參見李運富《早期“古今字”概念有關用語及材料辨析》，《勵耘學刊·語言卷》2007年第2輯。

“古字”的“以今釋古”即是如此。而隨着時間的推移，“古今字”體式還得到了因勢利導的革新，替“今字”關聯“古字”的訓條不斷出現，而且訓條中“今字”對應的“古字”還可能不止一個。這一現象我們在前文介紹過，此處我們再舉一些例子。

（243）【友】同志爲友。从二又，相交友也。𦫸，古文友。𩨏，亦古文友。（《説文解字》卷三）

（244）【弼】輔也。重也。从弜，丙聲。𢑱、𢐡，並古文弼。（《説文解字》卷十二）

（245）【有一大人踆其上張其兩耳】踆或作俊，皆古蹲字。《莊子》曰“踆於會稽也”。（《山海經》卷十四郭璞注）

（246）【簋】黍稷方器也。从竹、从皿、从皀。匭，古文簋从匚、飢。匭，古文簋或从軌。杁，亦古文簋。（《説文解字》卷五）

（247）【媟嬻】古文結、媟、蟄、渫四形，今作褻，同。梵結反。謂鄙媟也。《説文》“媟，嬻也”。《方言》“媟，狎也”，郭璞曰“相親狎也”。《尚書》“或造忽媟”，孔安國曰“媟，慢也，傷也”。下古文遺、嬻二形，今作黷，同。徒木反。《通俗文》“相狎習謂之媟嬻也”。（《玄應音義》卷十四）

例（243）至例（245）都是一個“今字”對應兩個“古字”的情形。例（243）和例（244）都出自《説文》，通常情況下，許慎爲正篆所列“古文”祇有一個，而在這兩則材料中，許慎用了“並古文某”“亦古文某”的術語，其中的“亦”“並”強調作爲“今字”的正篆同時與兩個“古字”對應。

例（245）出自《山海經注》，郭璞首先指出原文中的“踆”有異文作“俊”，繼而云“皆古蹲字”。“皆”的對象是“踆”“俊”兩字，所以該訓條同時指出了在{蹲踞}上踆—蹲、俊—蹲都是“古今字”關係。類似地，出自《説文解字》的例（246）中，許慎同時列舉了正篆“簋”的三個“古文”，即説明在{黍稷方器}上有匭—簋、甌—簋、杭—簋三組“古今字”。

例（247）出自《玄應音義》，玄應一共關聯了六組“古今字”，即在{輕慢}上，“褻”是“今字”，而“絬”“媒”“嫠”“渫”均是其“古字”；此外在{褻瀆}上，原文中的“嬻”以及“遺”是“古字”，而“黷”是此二者的“今字”。這種“古文某形，同”的體例是玄應、慧琳靈活運用“古今字”訓詁的重要標志，在《一切經音義》當中是比較常見的。

上述材料反映出，自許慎開始，訓詁家就已經自覺靈活地運用“古今字”訓詁體式。客觀地看，替“今字”關聯“古字”的革新是和唐以前語文使用情況相適應的。訓詁家從文獻用字情況複雜的狀況出發，因勢利導地利用“古今字”訓詁對字際關係溝通的特性，爲“今字”關聯一個以上的“古字”，便於持不同抄本的讀者查考解惑，使訓條具有了以簡馭繁、一舉多得的特點，將“點對點”的注釋變成了“點對面”的關聯，可以最大限度地爲讀者服務。這種飽含深意的革新，體現了訓詁家對“歷時同詞異字”問題複雜性的深刻認識，是他們與時俱進地發展“古今字”訓詁的重要成就。

第三節　唐以前“古今字”研究傳承發展的原因

前文回顧了唐以前“古今字”訓詁繼承和發展的有關情況。學術史上的繼承和發展是辯證統一的整體。繼承，是發展的前提；發展，是繼承的需求。唯物辯證法認爲，事物的發展和運動是外因和内因共同推動的結果，外因是發展和運動的條件，内因是發展和運動的根據。"古今字"訓詁體式數百年來的傳承和發展也體現了這一規律。

就外因而言，由於"古今字"訓詁是古文經學訓詁傳統的重要組成部分，所以伴隨古文經學的發展，這一體式不斷地爲後代學者所沿襲、傳承。"古今字"訓詁最初由古文經學家鄭衆於今、古文經的對勘之中發明，繼而在許慎、鄭玄等古文經學巨匠的帶動和推廣之下，這一訓詁體式不斷爲後學師承借鑒，逐漸成爲古文經學訓詁傳統的重要組成部分。伴隨古文經學學派對訓詁工作的巨大推動，從魏晉以降承襲沿用"古今字"體式的學者越來越多，在儒學經典之外，"古今字"被廣泛運用於史籍、諸子著作甚至佛教文獻的訓詁當中，成果數以千計。而如果没有漢儒的示範性影響，没有古文經學傳統的薪火相傳，"古今字"訓詁出現後能否發展壯大是難以估計的。

而就内因而言，"古今字"訓詁體式的傳承歸根結底取決於各時期訓詁工作都有疏解"歷時同詞異字"問題的需要。《夢溪筆談·技藝》云："板印書籍，唐人尚未盛爲之。自馮瀛王始印《五經》，已後典籍，皆爲板本。"① 印《五經》的"馮瀛王"是五代時期的人，而在唐以前没有印刷術或印刷術尚未普及的年代，文獻的歷時傳播都要依靠人工抄寫。因此不同時代、不同書手的用字習慣造成了歷時文獻中大量的、層層累積的同詞異字現象，隨着語文習慣的變遷，這些現象往往給後人造成閱讀障礙。早在漢代，訓詁家就有感於這類矛盾發明了"古今字"訓詁，滿足了注釋工作疏解"歷時同詞異字"問題的需求，填補了訓詁體式的空白。從此，適應漢語字詞關係歷時演變規律的"古今字"訓詁就成了文獻注釋工作必要的訓詁手段。對於這一點，唐以前訓詁家是有明確認識的，例如：

---

① （宋）沈括：《夢溪筆談》，《四部叢刊初編·子部》卷十八，商務印書館，1919。

（248）【故聖人耐以天下爲一家】耐，古能字。傳書世異，古字時有存者，則亦有今誤矣。（《禮記正義》卷二十二）

（249）【故人不耐無樂，樂不耐無形，形而不爲道，不耐無亂】形，聲音動靜也。耐，古書能字也，後世變之，此獨存焉。古以能爲三台字。（《禮記正義》卷三十九）

例（248）和例（249）都是鄭玄《禮記注》中有關"能""耐"二字的"古今字"指論。兩例原文中的"耐"都表｛能够｝，鄭玄也分別指出了此義上耐—能是"古今字"。而在此之外，他還專門闡述了"傳書世異，古字時有存者，則亦有今誤矣"，以及"後世變之，此獨存焉"，説明訓詁的緣由。所謂"傳書世異"，指不同時期傳抄的文獻彼此之間會存在異文：一種是用字習慣發生了古今變化之後，於文獻中"時有存"的"古字"和"後世"所行用的"今字"之間的差異；另一種則是"今"人傳抄之訛導致的"誤"字與典籍原字之間的差異。這兩種異文對於讀者而言都是閲讀障礙，而鄭玄的"古今字"訓詁，目的就是要讓讀者正確區分這兩種異文，不能以後代變化了的語文習慣爲標準，將文獻中"時有存"的"古字"也當成傳抄中的"今誤"。具體到例子當中，在鄭玄所處的時代，表示｛能够｝的已經是"今字""能"，而《禮記》中的"耐"則是"時有存"乃至"獨存"的"古字"，因此他纔需要用"古今字"訓詁把耐—能作功能上的溝通，並解釋"耐"表｛能够｝是古人的用字習慣，以免讀者誤會它是傳抄中產生的錯字。

對於"古今字"訓詁疏解"歷時同詞異字"問題的重要性，唐代學者孔穎達領會得比較深刻。如前文例（232）所示，鄭玄在《禮記注》中指出了在｛展示｝上視—示是"古今字"，却未詳細説明作訓的背景，而孔穎達則闡發曰："古之字以目示物、以物示人同作視字，後世而作字異，目視物與示傍見，示人物作單示字。由是經傳之中視與示字多相雜亂。此云'視民不恌'，謂以先王之德音示下民，當作小示字。而作視字，是其與古今字異義殊，故鄭辨之'視，古示字也'，言古作示字，正作此視，辨古字之異於今也。《禮記》云'幼子常視無誑'，注云'視，今之示字也'，言古視字之義正與今之示字同，言今之字異於古也。"① 這些論述表明孔穎達體會到了"後世而作字異"，即用字習慣發生了變化之後，歷時"經傳"文本當中，古今不同的用字習慣並存呈"雜亂"之象，因此鄭玄需要運用"古今字"訓詁"辨古字之異於今"或者"言今之字異於古"，提醒讀者不能按照漢代以"視"表｛看視｝的用字習慣理解《禮記》中的"視"，而要明白這個"視"的職能，和漢代表｛展示｝的"示"一致。

無獨有偶，鄭玄在《儀禮注》中也以"今文"術語同樣指出了視—示在｛展示｝上是"古今字"，而孔穎達《儀禮正義》對於這則訓條也十分重視，他的闡論和上述《禮記正義》中的內容可謂相得益彰。

（250）【夙夜無怨，視諸衿鞶】（……視乃正字，今文作示，俗誤行之）正義曰：……云"視乃正字，今文作示，俗誤行之"者，案《曲禮》云"童子常視毋誑"，注云"視，今之示字"。彼注破視從示，此注以視爲正字，以示爲俗誤。不同者，但古文字少，故眼目視瞻與以物示人皆作視字，故此注云"視乃正字，今文作示"，是俗人以今示解古視，故云"誤也"。彼注云"視，今之示字"者，以今曉古，故舉今文示而言，兩注相兼乃具也。（《儀禮注疏》卷六）

例（250）涉及的"古今字"組和前文例（232）相同。孔穎達要強調的是，在"古文字少"的時期，"視"字兼表｛看視｝和｛展示｝，

① 《毛詩正義》卷九，（清）阮元校刻《十三經注疏》，中華書局，1980。

至後代 { 展示 } 轉由 "示" 字承擔，則後代的今文經依據變化了的用字習慣，將古文版本《儀禮》經書中的 "視" 改錄作了 "示"，所以鄭玄纔針對 "俗人以今示解古視" 的誤解，注曰 "視乃正字，今文作示"，通過這條 "古今字" 訓詁提醒讀者不得按照當今 "視" 表 { 看視 } 的用字習慣解讀《儀禮》中表 { 展示 } 的 "視"，否則文句便無法理解。

值得注意的是，在考察了鄭玄的訓釋後，孔穎達還用 "以今曉古" 四個字精闢總結了 "古今字" 訓詁的價值。"以今曉古" 是訓詁工作的基本思路，鄭玄和孔穎達的闡述解釋了 "古今字" 訓詁對於古今 "字異義殊" 現象的解釋作用，如果 "古字" 的記錄職能在後代發生了演變，那麼 "古今字" 訓詁可以防止讀者誤以後人的用字習慣來理解文獻中的 "古字"。其實對於古今 "字異義同"，即 "古字" 和 "今字" 的歷時職能相同，但形體有異的問題，"古今字" 訓詁也大有用武之地。例如：

（251）【後】遲也。从彳、幺、夊者，後也。遂，古文後从辵。（《説文解字》卷二）

（252）【矛，……其柄謂之矜】今字作㮨。巨巾反。（《方言》卷九郭璞注）

（253）【㭒】扶園反。《説文》"《詩》云'營營青蠅，止于㭒'"。野王案，林藩也。今爲樊字，在爻部。（《原本〈玉篇〉殘卷》卷十八）

（254）【剝鼆】古鼉字【以爲鼓】今案《詩·大雅》"鼉鼓逢逢"，《魚蟲疏》云"鼉形似水蜥蜴，四足，長丈餘，生卵大如鵝卵，甲如鎧甲"。（《玉燭寶典》卷二）

（255）【之糵】古艱字。（《經典釋文》卷八）

（256）【上下不和，則陰陽繆盭而妖孽生矣】師古曰：盭，古

戾字。(《漢書》卷五十六顏師古注)

（257）【遞爲】古文遞，同，徒禮反。《爾雅》"遞，迭也"，郭璞曰"遞，更易也"。《論》文有作迭。徒結反。《方言》"迭，代也"。二形通用，宜依字讀。(《玄應音義》卷十七)

（258）【腦沙幕，髓余吾】善曰：……髓，古髓字。(《文選》卷九李善注)

（259）【暮還輒爇槱柴以讀書】爇，古然字。(《後漢書》卷一百一十李賢注)

（260）【擲】直炙反。投。古作擿。(《王仁昫刊謬補缺切韻》卷四)

（261）【兩翅】古文翄、翨二形，同。詭智反。《說文》"翅，翼也"。(《慧琳音義》卷五十九)

（262）【攷】古考字。見《周禮》。(《五經文字》卷下)

以上"古今字"訓條的年代上至東漢，下迄晚唐，它們共同的特徵是，"古字"和"今字"在各自所處的年代記詞功能是相當的，"古字"在後代並未改作他用，但其形體生僻，不符合"今"時的用字習慣，成爲閱讀的障礙。對於這類疑難，訓詁家除了運用詞義訓釋的形式加注外，更加簡便的方式便是運用"古今字"訓詁，以讀者熟悉的"今字"直接注釋文獻中的"古字"。而正因爲這種"同詞異字"的閱讀障礙在歷代文獻中大量存在，所以從漢代開始直到晚唐，訓詁家少不了要針對這類問題用"古今字"訓詁體式"以今曉古"。當然，繼承和發展之間，後代學者對前人所指具體字例是否屬於"古今字"還可能有新的不同的看法。但總體上看，相關不同意見也衹是"古今字"材料的判斷差異，而不是後人對"古今字"訓詁傳統的懷疑和否定。所以就整體而言，"古今字"學術在繼承中發展的總趨勢仍是一直持續的。

第四節　小結

我們考察了唐以前“古今字”訓詁繼承和發展的相關情況。就繼承而言，從漢代以降，學者不同程度地接受、轉引和承襲了前人的“古今字”研究成果，另外各家的“古今字”觀念認同也保持了一致，他們心中的“古今字”一直都是訓詁範疇的概念，具有時代上的相對性。在實踐中，各家對“古字”和“今字”的指稱祇依用字習慣的先後，而不考慮字形誕生的早晚。這也表明部分現代學者認爲“古今字”指造字孳乳問題，“古字”等於年長的母字、“今字”等於年輕的孳乳字的觀點是不符合唐以前“古今字”學術史事實的。而“古今字”訓詁之所以被各家繼承且延續不絕，主要原因是唐以前文獻中“歷時同詞異字”問題層層累積，十分普遍，“古今字”不論在哪個時代都是訓詁家疏解疑難的必備工具。在此之外，以鄭衆、鄭玄、許慎爲代表的古文經學家對於“古今字”訓詁的運用和拓展，也使這一體式成爲古文經學訓詁傳統的組成部分，伴隨學派的師承薪火相傳。

就發展而言，後代學者在繼承前代“古今字”研究成果的同時，如果不同意前人的觀點，則可能不會承襲相關舊説，但這種情況祇是對具體字例的判定與前人有不同的、新的觀點，而不意味着後代學者要否定整個“古今字”訓詁傳統。此外，“古今字”在漢代到隋唐的數百年間訓詁的規模從小到大，指論的成果積少成多，指論的方式由單一發展到多樣，這些成就都是歷代各家對“古今字”訓詁不斷開拓創新的結果。在發展趨勢上，“古今字”指論成果的歷時累積和各時期的“古今字”訓詁規模密切相關。漢代至魏晉南北朝是“古今字”訓詁興起和發展的階段，其成果累積呈平穩上升的態勢，至隋唐“古今字”訓詁空前發達，訓條蜂出，因此成果累積也急劇攀升達數千之巨。而在訓詁體式的自身發展上，從許慎開始，“古今字”訓詁就一改以“今字”訓“古字”的單一面貌，訓詁家還可以創新其體例，在注釋中爲“今字”關聯不止一個“古字”以豐富訓條的知識含量，同時也服務於讀者對疑難古字的檢索、查考。

　　繼承和發展是相輔相成的。從總體上看，漢代到唐代數百年間“古今字”訓詁的與時俱進和不斷壯大，是繼承和發展共同作用的結果。唐以前各家對“古今字”訓詁傳統的繼承，既保證了這一體式的不斷延續，也保證了“古今字”概念歷時傳承的穩定。發展是繼承基礎上的豐富和開拓，各家秉持着共同的“古今字”觀念，面對各時期的文獻材料不斷探索歷時同詞異字問題，纔最終有了唐以前“古今字”訓詁的生生不息、發展壯大。

第六章　唐以前"古今字"研究的疏誤

　　唐以前"古今字"注釋規模大，注釋對象多，各家相繼從事，訓條也非出自一人之手，因此面對龐大的語料文獻，注釋結論難免瑕瑜互見。例如前人就曾指出過《説文》所注"古文"存在的問題。這提示我們在利用唐以前"古今字"訓注時，應秉持"同物同音"的原則檢視訓條中的"古字""今字"是否記録同一語言單位，避免承襲訛謬。本章中，我們謹按照致誤的原因，就誤識字形、誤注同詞異字、無據臆斷三種類型的"古今字"注釋疏誤略作考察。

第一節　誤識字形

　　誤識字形是唐以前"古今字"注釋疏誤的常見類型，致誤的原因往往是混淆了形近字或同形字。

　　（263）【褊隘】……下乙界反。《毛詩序》云"魏地陿隘，其民機巧趨利"。郭注《禮記》云"隘，陋也"。《説文》"從𨸏，益聲也"。下從䛐、從𦰩。䛐音巷。𦰩，古益字也。（《慧琳音義》卷八十）

例（263）中的蓳非古益字。此處蓳當作荅，益當作嗌。《説文·口部》："嗌，咽也。从口，益聲。荅，籀文嗌。上象口，下象頸脉理也。"又《説文·皕部》："䶴，陋也。从皕，荅聲。荅，籀文嗌字。"

（264）【財贖】下時燭反……從貝，賣聲……賣音融六反。從貝，𡈾聲。𡈾，古文六字。（《慧琳音義》卷四十一）

例（264）中，慧琳言"𡈾，古文六字"不確。《説文·貝部》："賣，衒也。从貝，𡇯聲。𡇯，古文睦。讀若育。"𡈾是𡇯的訛變，是古睦字，非古六字，在唐代，數目六可大寫作陸，如敦煌文獻《開元間州倉粟麥紙墨軍械什物曆》（P.3841V）中就有"肆伯陸拾玖""貳阡玖拾陸"等字樣①，其中陸即是六。陸、睦形音相近。

（265）《廣雅》云："杜伯、螏、蝅、蚝、蛅、蚳、蕫，蠍也。"……蚝，古文毒字也。（《慧琳音義》卷三十八）

（266）謗毒，……下音桐篤反。《考聲》云"有所害也。害人草也。恨也。憎也"。《説文》"從中、從毐，毒亦聲也"。古文作蚝，從古之字、從虫。（《慧琳音義》卷六十）

例（265）和例（266）中，慧琳認爲蚝、蚝是毒的"古文"，有誤。蚝、蚝的讀音、意義都和毒相去甚遠，不會是同詞異字的關係。從語音上看，蚝、蚝都是平聲字，而毒不是；從意義上看，《説文·虫部》中蚝訓"蕫也。从虫，圭聲"，蚝訓"蟲也。从虫，之聲"，二字本義都是蟲名。兩則注釋的致誤原因，是把毒的異體字蚝和形近的蚝、蚝混淆了。蚝上部和毒一致，都從中，下部變爲虫。《篆隸萬象名義·

---

① 上海古籍出版社、法國國家圖書館編《法國國家圖書館藏敦煌西域文獻》（卷28），上海古籍出版社，2004，第330頁。

虫部》：“畫，古文毒。”又《玉篇·蟲部》：“畫，徒酷切，古文毒字。”
因爲畫、畫、蚩下部都從虫，上部構件形體相似，慧琳一時未審，把
畫、蚩看成了毒的“古文”。

（267）承攬，藍敢反。《考聲》“攬，收也”。《廣雅》“取也”。
王逸注《楚辭》“持也”。《説文》“從手，覽聲”。古文作擥，亦通。
（《慧琳音義》卷四十四）

例（267）意指擥—攬是“古今字”關係，不確。擥是平聲字，攬
是上聲字。擥《説文》訓“固也。從手，臤聲”，本義是｛堅固｝，與
｛攬｝無關。慧琳此處錯把擥當成了擥。擥、擥二字下部和左上部相
同，但音義迥異。《説文·手部》：“擥，撮持也。從手，監聲。”王筠
《説文解字句讀》：“撮，一曰兩指撮也。此其引申之義，謂總撮之也……
俗作攬。”所謂“總撮”，就是聚斂。《説文》中的擥和後人慣用的攬纜
具備異時同用關係。

（268）斷割，上端亂反……《説文》：“截也。從斤，從䜌。”䜌
音絶，古絶字也。（《慧琳音義》卷五十一）

例（268）中所説的“古絶字”應當是𢇍，而不是䜌。“䜌音絶”
之説在《慧琳音義》中多次出現，都是誤把䜌當成𢇍。斷字原本作𣃔，
《説文·斤部》云：“𣃔，截也。從斤、從𢇍。𢇍，古文絶。”《説文·糸
部》又云：“絶，斷絲也……𢇍，古文絶。”而䜌的音義同繼，今本《説
文》雖無䜌字頭，但説解中曾提及䜌。《説文·糸部》云：“繼，續也。
從糸、䜌。一曰反𢇍爲繼。”𢇍、䜌形近但記錄職能不同，唐人訓詁中
二者音義分明。顏師古注《漢書·賈鄒枚路傳》“𢇍者不可複屬”云
“𢇍，古絶字”。張參《五經文字》曰：“繼，音計。從䜌，反絶爲䜌。”

所謂“反絶爲𢇍”，實際上就是《説文》中的“反𢆶爲繼”，張參對𢆶、𢇍二形的區別也是清晰的。因爲𢇍字筆畫書寫較𢆶稍便，斷在俗書中就成了斷。慧琳所引《説文》謂斷字“從𢇍”已與原書不符，云“𢇍音絶，古絶字也”更屬誤會。

（269）【馳騁】上雉離反。俗用字也。正或作駝，此字雖是正體，爲有兩音，又音陀。今且從俗作馳。顧野王云“馳，走也”。《廣雅》“馳，奔也”。（《慧琳音義》卷十一）

例（269）中，慧琳所述不確。《説文·馬部》：“馳，大驅也。從馬，也聲。”奔馳義本字即是馳，慧琳不依《説文》，未知其“正或作駝”以及“正體”所本。駝是駝之異體。唐封演《封氏聞見記·蜀無兔鴿》：“象出南越，駝出北胡，今皆育于中國。”《廣韻·歌韻》：“駝，駱駝。駝，俗。”馳不當是駝的省文。

（270）【捻箭】念牒反。《考聲》“捻，捏也”。《説文》作撖[抿]，音乃涉反，訓云“撖[抿]，㧓也，從手，取[耴]聲（取[耴]音輒[輒]）”。古字也。（《慧琳音義》卷十八）

例（270）中關鍵字形撖、取、輒，各本如是，蓋誤以從耴之字爲從取，今據文意校如是。《説文·手部》：“撖，夜戒守有所擊。從手，取聲。《春秋傳》曰：‘賓將撖。’”此字與㧓取義無關。撖當作抿。《説文·手部》：“抿，㧓也。從手，耴聲。”查《集韻·尤韻》：“撖，手取物也。”或承襲《一切經音義》之説，《漢語大字典》承襲《集韻》，又無法舉出書證，當屬誤會。

（271）【輕誚】情笑反。《考聲》云“責讓笑也”。《蒼頡篇》

云 "訶也"。《説文》云 "嬈也"。或作譙，古文作䫩。(《慧琳音義》卷五)

例（271）是誤識字形的特殊情況，可稱之爲承前而誤。在 "輕誚" 之前，有詞目 "窮頓"，注："牆醉反……《蒼頡篇》云 '頓，憂也'。或作悴、瘁、醉三體。後二古字也。" 而 "輕誚" 注釋中提到的䫩，當是頓的異體，與誚音義無關。

（272）【夌懱】上力澄反……《説文》："越也。從夊、從屮。" 古六字也。(《慧琳音義》卷四十)

例（272）中，慧琳言屮是 "古六字" 缺乏文獻依據，這也與他在同書卷六十五中所言 "屮，古文陸字也" 相矛盾。我們分析，這應是混淆表示｛高平｝的陸$_1$和表示｛六｝的陸$_2$導致的。在《説文》中，屮訓 "菌屮，地蕈"，本義是一種菌類，此外它還能通假表示訓 "高平也" 的陸$_1$。《説文·夊部》："夌，越也。从夊、从屮，屮，高也。" 王筠《説文解字句讀》："小徐作 '高大也'，當作 '高平'。謂借屮爲陸也。" 此外，如前文所引，用陸$_2$表六在唐代已經流行，因此要説屮—陸$_1$、六—陸$_2$分別構成異時同用的關係可以成立，但要説屮是 "古六字" 就站不住脚了。

（273）【領袖】上力郢反。……《古今正字》作衿。今通作領，從頁，令聲也。頁音賢結反。下囚雷反，俗字也。《考聲》云 "衣袂端也"。《説文》亦同。從衣，從岫省聲也。古今作褏，從采[采]、從衣。亦作襃。(《慧琳音義》卷四十一)

例（273）中，襃當是褎之訛變。褎是褓字形旁不同的異體。《説文·衣部》："褎，衣博裾。從衣，保省聲。𠈃，古文保。"裾是衣的前襟，與袖不是同一事物，慧琳言領袖字"古今作褎"，當是誤會。袖的異時同用字當是褏。《漢書·佞幸傳·董賢》："嘗晝寢，偏籍上褏，上欲起，賢未覺，不欲動賢，乃斷褏而起。"顏師古注："褏，古袖字。"褎、褏形近，慧琳誤注。

（274）【疣贅】上有憂反。《蒼頡篇》云"疣，贅病也"。或從肉作肬，古作疻。（《慧琳音義》卷四）

例（274）中，疻不是疣的古字。《説文·肉部》："肬，贅也。從肉，尤聲。𪐷，籀文肬從黑。"又《説文·疒部》："疻，顤也。從疒，又聲。"疻從又聲，肬從尤聲，則疻可通假表示 { 贅 }。疻當疻之訛變。《字彙補·疒部》："疻，無焚切，音文。義闕。"

第二節　誤注同詞異字

"古字"和"今字"本是一個語言單位的歷時用字差異，但前人也有把分屬不同詞語的字誤注成"古今字"關係的情況。

（275）【同臻】側巾反。古文作𦤶。《字書》"臻，到也。去聲，聚也"。《説文》云"從至，秦聲"。（《慧琳音義》卷一）

例（275）中的𦤶、臻不屬於同一個詞，讀音差異大。𦤶是之部字，臻是真部字，𦤶不是臻的"古文"。《説文·至部》："𦤶，到也。從二至。"同部又云："臻，至也。從至，秦聲。"但是在意義上，"到也"和"至也"相似，慧琳未審其詳，依據近義訓釋，把分屬兩個詞的字指爲同用關係。

（276）【堆阜】上對雷反。《聲類》云"堆，小塊也"。《説文》正作𨺅，云"小阜也"。亦作塠，《經》文作堆。俗通用字。下符有反。《爾雅》"高平曰陸，大陸曰阜"。《廣雅》"丘無石曰阜"。《説文》正作𨸏，象形字。古作𨸏。《經》作阜，通用字。（《慧琳音義》卷二十四）

例（276）中，慧琳認爲𨸏和阜有"古今字"關係，不確。《説文·𨸏部》："𨸏，小𨺅也。象形。"段玉裁注："其字俗作堆，堆行而𨺅廢矣。"𨺅可訓𨸏，但二者不屬同詞。值得一提的是，𨸏字古文字構意抽象，似與土堆形象無關，其本義學界尚無統一看法，存疑。

（277）【聰喆】……下閑軋反。古文黠字也。慧也。（《慧琳音義》卷七十九）

例（277）詞目所出佛典今本原文爲"卿之聰哲天下無雙"，喆是哲的異體。《説文·口部》："哲，知也。从口，折聲。悊，哲或从心。嚞，古文哲从三吉。"喆是嚞字之省。又《説文·黑部》："黠，堅黑也。从黑，吉聲。"《方言》卷一："虔、儇，慧也。自關而東，趙魏之間謂之黠，或謂之鬼。"《廣韻·黠韻》："黠，黠慧也。"則黠表{聰慧}是借用。如《晉書·文苑傳》："愷之體中癡黠各半。"言顧愷之聰慧、愚鈍各半。即便是有種借用關係，喆、黠仍是近義詞，不是"古今字"。

（278）【負捷】下連展反。……《説文》"正體從手，連聲"。

今《經》文從車作輦、轝，字亦通用也。(《慧琳音義》卷七十九)

例（278）認爲摙、轝是同用關係，誤。《説文·辵部》：“連，員連也。从辵，从車。”段玉裁更爲“負車也”，並注：“各本作員連。今正。連即古文輦也。”此本義｛人力車｝，可引申表示｛負擔｝。摙是增加構件“手”後造的形聲字。而轝是輿的異體字，和輦不屬一詞。

（279）【衒賣】……下埋敗反。《説文》“出物也。從出，賈聲”。今俗從土［士］作賣，變體訛也。又説買字從西、從貝，會意字。今俗用從罒，訛謬也。(《慧琳音義》卷三十六)

例（279）中慧琳認爲｛售賣｝上“從出，賈聲”的𧶠是古字，而賣是當時行用的今字，這是正確的。《説文·出部》：“𧶠，出物貨也。从出，从買。”後出訛爲士，即賣字。但他又認爲在｛受買｝上，“從西、從貝”的賈是古字，而買是今字，不確。從西、貝者當是賈，非買字。《説文·貝部》：“賈，市也。从貝，西聲。一曰坐賣售也。”又《説文·网部》：“買，市也。从网、貝。《孟子》曰：‘登壟斷而网市利。’”慧琳言“買字從西、從貝”有誤。買、賈都可表示購買的概念，但記録的是不同的詞。“今俗用從罒”，説明當時表購買概念有用買的習慣，這是概念的用詞問題，不是文字的“訛謬”問題。買不由賈訛變而成。

（280）麁摝，《漢書》班固《叙傳》云：“摝舉職僚。”孟康注云：“摝，古文粗字。音才古反。”韋昭曰：“粗，略也。”(《玄應音義》卷三)

（281）角力，……《經》文作摝，古文粗字，音在古反。(《玄應音義》卷二)

例（280）和例（281）兩例反映，漢人孟康所謂"挴，古文粗字"的注釋得到了唐人玄應的移録和承襲。這裏的挴、粗意義相近，但前者是上聲字，後者是平聲字，記録的是不同的詞。例中的麁、挴，分别是麤、觕的異體字。麤，《説文》訓"行超遠也"，文獻中多通假表示粗。而段玉裁在《説文解字注·角部》論觕字云："《公羊傳》曰：'觕者曰侵，精者曰伐。'何曰：'觕，麤也。'《公羊·隱元年》注曰'用心尚麤觕'，《漢·藝文志》曰'庶得麤觕'，以麤、觕連文。則觕非麤字也。麤觕，若今人曰粗糙。雙聲字也。"玄應所引"挴舉職僚"，今本《漢書·叙傳》作"觕舉僚職"，顔師古注："晉灼曰：'觕音麁觕之觕。'師古曰：觕音才户反，謂大略也。"並未引用孟康之説。《漢書·藝文志》："漢有唐都，庶得麤觕。"顔師古注："觕，粗略也，音才户反。"語音上看，觕（挴）都是上聲從母字，而粗（麤）是平聲清母字。二者讀音有異。而如顔師古所引，晉灼謂觕字音"麁觕之觕"而不言"麁觕之麁"，更説明麁（麤）、觕二字讀音不同。如段玉裁所引，《春秋公羊傳》何休注"觕，麤也"，這裏的麤通粗，與精相對。但是觕（挴）可訓麤（粗），祇能説明二者是近義關係而非同詞關係，不能説明挴是粗的"古文"。故方以智在《通雅》卷一中指出："世之學古者，皆以觕即麤字……殊不知觕乃粗義，非粗音也。……《漢書·藝文志》曰'庶得麤觕'，一處用二粗字，有是理邪？"但是，觕和粗在一定條件下，也是可以構成異時同用關係的。姜仁濤考證："'觕'讀徂古切（才古反），從母魚部上聲；'麤'讀倉胡切，爲清母魚部平聲；'粗'爲後起俗字，可讀清母魚部平聲，與'麤'通用；也可讀從母魚部上聲，與'觕'通用。受'粗'可讀清母魚部平聲的影響，人們誤認爲'觕'也可讀清母魚部平聲。'麤'、'觕'音異，'麤觕'連用是可以成立的。"[①] 在這個背景下，漢代以後，粗這個形體對

---

① 姜仁濤：《説文"挴"字考辨——兼談"挴""觕""麤""粗"的音義關係》，《魯東大學學報》(哲學社會科學版) 2012 年第 1 期。

應着兩個同形字。一個是讀平聲，代表麤的粗₁；另一個是讀上聲，代表牃（挏）的粗₂。因爲後者是晚起的，所以牃—粗₂就可以說是異時同用的關係了。

（282）索鐎，今作銚，同。子消反。《韻集》云：“鐎，溫器也。三足，有柄。”《字林》云：“鐎，容一鬥，似銚。”（《玄應音義》卷十五）

（283）須銚，古文鐎，同。餘招反。《廣雅》：“銅謂之銚。”《說文》：“溫器也。”似鬲，上有鐶。山東行此音。又徒吊反，江南行此音。銚形似鎗而無腳，上加踞龍爲襻也。（《玄應音義》卷十四）

例（282）和例（283）中，玄應意指鐎和銚是異時同用關係。鐎、銚雖然都可訓“溫器也”，屬炊具範疇，但玄應云銚“無腳”，而《韻集》云鐎有“三足”，《字林》又云鐎“似銚”，可見銚、鐎並非同物。又查《史記·李將軍列傳》“不擊刁鬥以自衛”，司馬貞《索隱》引《埤倉》云：“鐎，溫器，有柄斗，似銚無緣。”此說可佐證《字林》意見。總的來說，鐎祇是“似銚”而已，形態有異。鐎、銚不“同物”，不應指爲同詞異字關係。

（284）【不豫】古文與，同。余據反。《爾雅》“逮、及，與也”。（《玄應音義》卷六）

例（284）《說文·象部》：“豫，象之大者。”段玉裁注：“凡大皆偁豫……大必寬裕。故先事而備謂之豫。寬裕之意也。寬大則樂。”慧琳所謂“古文與”當是言｛參與｝上，與是古字，豫是今字，與詞目中表｛安逸｝之豫無關。

第三節　無據臆斷

部分"古今字"注釋得不到文獻的支持，有主觀臆斷之嫌。

（285）【相拄】下誅縷反。古文以一點墨爲是本字也。《經》文從足作跓，或作柱，皆借用字也。（《慧琳音義》卷三十五）

例（285）的詞目出自《菩提場所説一字頂輪王經》，原文爲："以二手内相交仰掌。二頭指側相拄。"拄，在慧琳整理的詞目中，即是柱，表{頂觸}。拄是柱的分化字。所謂"一點墨"當是指、字。《説文·、部》："、，有所絶止，、而識之也。"慧琳言該義上，、是本字，使用在先，而柱是借字，使用在後，缺乏根據。、雖讀同主，但文獻用例極少，構意抽象隱晦，本義難以確定，有可能是《説文》爲"據形繫聯"的目的拆分漢字所立部首，再賦予音義。

（286）【鬭諍】……《蒼頡篇》云"鬭，争也"……《説文》"兩士相對兵仗其後象形欲相鬭也"……先賢諸儒見與門字相亂，中加斲字爲鬭以簡别之也……斲音卓，壺亦古文卓字。（《慧琳音義》卷四十四）

例（286）中，慧琳説壺是"古文卓字"，是承前文"斲音卓"中的直音字卓而誤。斲的本義是{砍削}，大徐本《説文·斤部》訓"斫也。從斤、壺"，小徐本訓"斫也。從斤，壺聲"。壺今音 dòu，《説文·金部》："鏂，酒器也。壺，或省金。"王筠《説文釋例》云："壺象形，必古文，其形似壺之下半。"《廣韻》中壺、鏂在上聲厚韻，而斲、卓則在入聲覺韻。《慧琳音義》中也多處提到：“題，音豆也。”題、卓記錄的是不同的詞，沒有同用關係，前者不會是後者的“古字”。

第四節　小結

　　前文略舉數例，考察了唐以前“古今字”注釋存在的幾類疏誤。早期學術研究不發達，文獻資料收集困難，手寫傳抄以訛傳訛，也對“古今字”注釋產生了干擾。但整體上看，這些疏誤數量有限，不影響唐以前“古今字”注釋的整體價值。所謂“前修未密，後出轉精”，相關疏誤也提醒我們在利用唐以前“古今字”注釋時需要留心考辨。

總　結

　　我們基於相關材料，從學術史的視角對唐以前"古今字"訓詁進行了跨時代、跨著作的考察和分析，對於唐以前"古今字"訓詁的意義和價值有以下兩個方面的認識。

　　首先，"古今字"訓詁始終是唐以前文獻注釋的重要手段，從漢代到唐代，訓詁家運用它有效掃除了文獻中一大批因歷時同詞異字現象造成的閱讀障礙。在沒有印刷術的時代，文獻傳播祇能依靠人工抄寫，而伴隨語文習慣的變化，前代的各種用字習慣在不同版本文獻的不同寫本中歷時層層累積，訓詁家在這種文化背景下爲古書作注，采用"古今字"訓詁的字訓形式，以讀者熟悉的"今字"爲"古字"作訓是最爲高效的訓詁方式之一。因此在共時層面上，面對同樣的閱讀障礙，"古今字"具有直接、精練、便捷的優越性，在訓詁家心中有不可替代的位置。而歷時地看，隨着歷史的演進、文化的發展、用字習慣的繼續變化，文獻抄本的不斷增多也必然使得各種書籍中的"古今字"矛盾有增無減。這也決定了"古今字"訓詁始終要在注釋活動中承擔起溝通歷時用字差異現象的作用，它在訓詁家心中的地位不但沒有隨着時間的推移逐漸下降，反而不斷得到鞏固和提升。漢代到唐代"古今字"訓詁活動不斷蓬勃發展的總趨勢，正是"古今字"訓詁重要性的鮮明反映。

　　其次，"古今字"訓詁溝通了大量歷時漢字的同用關係，這種對漢字使用職能，即字用的溝通在漢字學上有着積極而重要的意義，對研究漢字記録漢語詞的歷史具有十分寶貴的價值。李運富曾指出，漢字的本體研究可以從外部形態入手研究字樣，可以從內部結構着眼研究字構，還可以從記録職能的角度研究字用。①從收集到的相關材料看，不論是出於文獻注釋的實用目的還是出於知識擴展考慮的字用關聯，唐以前的訓詁家爲我們提供了大量漢字學研究的素材，各種"古""今"的注釋都是不同時期用字習慣的真實反映。將這些獨立的訓注聯繫起來，我們就能通過訓詁家指引的綫索，結合文獻實際用例梳理出個體漢字記録某詞習慣的産生、延續、更替和消失。目前的字典辭書，對於漢字職能的描寫大多是静態的、平面的彙纂貯存，而各家的"古今字"訓詁告訴我們，漢字的記録職能實際上是動態的、發展的，一組字詞記録關係在歷史上存在過，它的起始、它的消亡，往往能夠從訓注中找到綫索。這對於豐富漢語史研究是有重要學術價值的。

此外，對於唐以前"古今字"研究本身，我們也有以下幾點認識。

第一，"古今字"屬於訓詁範疇，其産生以漢代大規模的文獻整理、注釋活動爲背景，並與古文經學家對今文經和古文經的對勘研究有直接的聯繫。漢代學者覺察到，古文經和今文經之間存在的部分版本異文是由詞語的歷時用字不同造成的，因而開始有意識地關注、疏解這一問題，不斷溝通"古字"和"今字"之間的意義聯繫，開"古今字"訓詁之先河。此後學者延續了這一思路，他們關聯"古今字"主要有兩個目的：其一是解讀文獻，用讀者熟悉的"今字"爲文獻中的"古字"作訓；其二是增廣見識，即以被注釋字爲"今字"，爲它關聯一個或者多個"古字"形體，意在豐富訓詁著作的知識含量，方便讀者查考。

---

① 參見李運富《漢字語用學論綱》，《勵耘學刊·語言卷》2005 年第 1 輯。

第二,"古今字"訓詁所用的術語並非僅有"古今字"一種,唐以前學者常用各種包含"古""今"的術語溝通"古字"和"今字"間的詞義聯繫。但包含"古""今"的訓條還可以討論不屬於"古今字"問題的古、今文經版本差異、詞語歷時變化以及字符職能變化,而衹有溝通了同一個詞語歷時用字變化的訓條,纔屬於真正的"古今字"訓詁材料。因此不能單憑術語的表面形式,將所有包含"古""今"的訓條一律視作"古今字"訓詁。

第三,"古今字"是組概念,訓詁家關聯的"古今字"都是成組指論的。單舉"古字"或者"今字"也暗含着對舉另一方,這種訓條中的字例孰"古"孰"今"是相對明晰的。同時,也有部分訓條對字例是用"古今字"之類的術語組合總體關聯的,這種訓條中的字例孰"古"孰"今"在不同的文獻背景下可以有不同的理解,排布在前的不絕對是"古字",排布在後的也不絕對是"今字"。此外,訓條中的"古字"和"今字"可以等額對應,即一個"古(今)字"對應一個"今(古)字";也可以差額對應,即一個"古(今)字"對應一個以上的"今(古)字"。所以確定一條材料中包含幾組訓注"古今字"需要結合訓詁家的指稱,參考訓詁著作的編纂體例成組關聯,不宜遺漏,也不宜越過古人作過度的推論。

第四,"古今字"具有時代上的相對性,"古"是對前代的統稱,而"今"相對於"古"而言,它可能是,也可能早於訓詁家所處的當代。在訓詁實踐中,各家字例"古""今"的指稱着眼於用字習慣的先後,而不着眼於文字形體產生的早晚。漢字造字活動中某些相對後起的孳乳字也可能被指認爲"古字",而其母字也可能被指認爲"今字";前代學者所指"古字"和"今字",到了後代也可能被指爲"今字"和"古字"。因此,部分現代學者把"古今字"定位爲指稱文字孳乳造字的術語,認爲"古字"必然是造字活動中的母字,而"今字"必然是造字活動中的後起孳乳字,並將這一觀念用於學術史評述的做法是值得商榷的。

　　第五，"古今字"現象的形成原因是複雜的，唐以前訓詁家已開始探索"古今字"現象的成因，並成功地從文字假借、文字分化和文字結構省變三個角度解釋了部分"古今字"材料的形成，搭建起了"古今字"成因分析的總框架，開闢了"古今字"研究的新領域，對於整個"古今字"學術史而言是有積極意義的。但客觀地看，唐以前這方面的研究數量有限，分布零散，分析框架仍嫌粗疏，對具體成因的規律總結尚無法解釋所有"古今字"的形成原因，還存在局限性。此外，個別注釋結論也存在疏誤，值得注意。

　　第六，漢代以降的"古今字"研究是在繼承中不斷發展的。其繼承一方面表現爲後代學者對前代"古今字"研究成果的轉引、承襲，另一方面表現爲歷代學者對"古今字"問題的性質認識保持一致；其發展一方面表現爲新指認"古今字"字組的不斷累增，另一方面表現爲對後代學者對前人具體"古今字"字例判定有着新的看法，以及他們對"古今字"訓詁體式的革新和靈活運用。這種傳承和發展與古文經學的學術傳統有關，但歸根結底取決於各時期注釋歷時同詞異字現象的實際需要，即手寫時代，歷時同詞異字現象在各種文獻中層出不窮，訓詁家面對這類閱讀障礙，始終離不開"古今字"這種訓詁手段。正是因爲這樣，數百年來參與"古今字"研究的訓詁家絡繹不絕，"古今字"訓詁的服務對象也涵蓋了經史百家以至佛學著作，得到指論的"古今字"例數量逐年增加，至唐代已經蔚爲大觀。

主要參考文獻

古籍類

（漢）許慎：《説文解字》，中華書局，1963。

（漢）蔡邕：《獨斷》，商務印書館，1936。

（南朝宋）范曄：《後漢書》，中華書局，1965。

（北齊）魏收：《魏書》，同文書局，1903。

（唐）房玄齡等：《晉書》，同文書局，1903。

（唐）封演：《封氏聞見記》，商務印書館，1935。

（唐）魏徵等：《隋書》，中華書局，1994。

（後晉）劉昫：《舊唐書》，五洲同文局，1903。

（宋）陳彭年：《宋本廣韻》，江蘇教育出版社，2008。

（宋）洪适：《隸釋》，商務印書館，1936。

（清）段玉裁注《説文解字注》，上海古籍出版社，1983。

（清）馬國瀚輯《玉函山房輯佚書》，廣陵書社，2004。

（清）皮錫瑞：《經學歷史》，中華書局，2004。

（清）錢大昕：《十駕齋養新録》，上海書店，1983。

（清）阮元校刻《十三經注疏》，中華書局，1980。

（清）王筠：《説文句讀》，安邱王氏刊刻，1865。

（清）王筠：《説文釋例》，中華書局，1987。

（清）徐灝注箋《説文解字注箋》，上海古籍出版社，2002。

專著類

陳夢家:《中國文字學》，中華書局，2006。

馮浩菲:《中國訓詁學》，山東師範大學出版社，1995。

何九盈:《中國古代語言學史》，廣東教育出版社，1995。

洪成玉:《古今字》，語文出版社，1995。

華學誠:《揚雄方言校釋匯證》，中華書局，2006。

黄焯:《經典釋文彙校》，中華書局，2006。

蔣紹愚:《古漢語辭彙綱要》，商務印書館，2005。

蔣志遠:《王筠"古今字"研究》，社會科學文獻出版社，2021。

李運富:《漢字漢語論稿》，學苑出版社，2008。

李運富:《漢字漢語論稿續編》，中國社會科學出版社，2019。

李運富:《漢字學新論》，北京師範大學出版社，2012。

李運富主編《漢字職用研究·理論與應用》，中國社會科學出版社，
　　2016。

林明波:《唐以前小學書之分類與考證》，東吳大學中國學術著作獎助委
　　員會，1975。

劉又辛:《訓詁學新論》，巴蜀書社，1989。

龍璋:《小學蒐逸（外三種）》，國家圖書館出版社，2013。

孟列夫、錢伯城:《俄藏敦煌文獻》，上海古籍出版社，1997。

濮之珍:《中國語言學史》，上海古籍出版社，1987。

錢穆:《國史大綱》，商務印書館，1996。

裘錫圭:《文字學概要》，商務印書館，1988。

裘錫圭:《中國出土古文獻十講》，復旦大學出版社，2004。

上海古籍出版社、法國國家圖書館編《法國國家圖書館藏敦煌西域文

獻》, 上海古籍出版社, 2004。

孫啓治、陳建華:《古佚書輯本目録》, 中華書局, 1997。

王國維:《觀堂集林》, 中華書局, 1959。

王力主編《古代漢語》(修訂本), 中華書局, 1981。

王力:《中國語言學史》, 復旦大學出版社, 2006。

王寧、林銀生、周之朗、秦永龍、謝紀鋒編著《古代漢語通論》, 北京
　　師範大學出版社, 1996。

王寧主編《古代漢語》, 北京出版社, 2002。

王寧:《漢字學概要》, 北京師範大學出版社, 2001。

王寧:《訓詁學》, 高等教育出版社, 2002。

王寧:《訓詁學原理》, 中國國際廣播出版社, 1996。

徐剛:《古文源流考》, 北京大學出版社, 2008。

徐前師:《〈字書〉輯佚與研究》, 中國社會科學出版社, 2017。

徐時儀:《一切經音義三種校本合刊》, 上海古籍出版社, 2012。

張本固:《古漢語易混問題區分》, 西南師範大學出版社, 1990。

趙振鐸:《訓詁學綱要》, 巴蜀書社, 1987。

朱葆華:《原本玉篇文字研究》, 齊魯書社, 2004。

論文類

程明安:《〈漢書〉顏注解釋文字現象的方法與價值》,《鄖陽師範高等專
　　科學校學報》2005 年第 1 期。

崔棠華:《也談古今字》,《遼寧大學學報》(哲學社會科學版) 1983 年
　　第 6 期。

甘良勇:《〈大戴禮記〉研究》, 博士學位論文, 浙江大學, 2012。

葛志毅:《兩漢經學與古代學術體系的轉型》,《北京大學學報》(哲學社
　　會科學版) 1994 年第 2 期。

關玲:《顏師古古今字研究》,碩士學位論文,北京師範大學,2009。

何玉蘭:《顏師古〈漢書注〉古今字研究》,碩士學位論文,暨南大學,2007。

洪成玉:《古今字辨正》,《首都師範大學學報》(社會科學版)2009年第3期。

洪成玉:《古今字概述》,《北京師範學院學報》(社會科學版)1992年第3期。

胡廣文:《古代漢語教材中的古今字》,《邯鄲學院學報》2005年第2期。

胡培俊:《古今字的範圍和特點》,《湖北大學學報》(哲學社會科學版)1988年第1期。

許啓峰:《一部失傳的古辭書——〈字書〉考探》,《辭書研究》2011年第5期。

姜仁濤:《説文"䖱"字考辨——兼談"䖱""犥""麤""粗"的音義關係》,《魯東大學學報》(哲學社會科學版)2012年第1期。

蔣志遠:《故訓中"古今字"注釋錯誤類析》,《語言研究》2021年第4期。

蔣志遠:《論王筠的"古今字"觀念》,《大慶師範學院學報》2010年第2期。

蔣志遠:《也談古代漢語教材中的"古今字"問題》,《鄭州師範教育》2013年第4期。

李淑萍:《清儒古今字觀念之傳承與嬗變——以段玉裁、王筠、徐灝爲探討對象》,《文與哲》第11輯,2007。

李玉平:《試析鄭玄〈周禮注〉中的"古文"與"故書"》,《古籍整理研究學刊》2005年第5期。

李玉平:《鄭玄〈周禮注〉從歷時角度對字際關係的溝通》,《古漢語研究》2009年第3期。

李運富、蔣志遠:《從"分别文""累增字"與"古今字"的關係看後人對這些術語的誤解》,《蘇州大學學報》(哲學社會科學版)2013 年第 3 期。

李運富:《漢語學術史研究的基本原則》,《湖北師範學院學報》(哲學社會科學版)2010 年第 4 期。

李運富:《早期"古今字"概念有關用語及材料辨析》,《勵耘學刊·語言卷》2007 年第 2 輯。

李運富、温敏:《古代注列"古今字"的材料鑒别與學術價值》,《西南交通大學學報》(社會科學版)2020 年第 5 期。

劉大鈞:《虞翻著作考釋》,《周易研究》1990 年第 2 期。

劉海燕:《〈漢語大字典〉〈漢語大詞典〉中的古今字問題管窺》,碩士學位論文,内蒙古師範大學,2011。

劉琳:《〈説文段注〉古今字研究》,博士學位論文,北京師範大學,2007。

劉伊超:《〈説文解字注箋〉古今字研究》,碩士學位論文,北京師範大學,2006。

劉新春:《古今字再論》,《語言研究》2003 年第 4 期。

劉又辛:《談談假借字、異體字、古今字和本字》,《西南師範學院學報》(人文社會科學版)1984 年第 2 期。

陸錫興:《談古今字》,《中國語文》1981 年第 5 期。

潘志剛:《古今字形成的原因試析》,《青海師專學報》2006 年第 1 期。

潘志剛:《古今字研究》,碩士學位論文,廣西師範大學,2004。

戚學民:《〈後漢書〉李賢注與〈文選〉李善注:論李善注影響的擴張》,《社會科學研究》2012 年第 3 期。

蘇芃:《原本〈玉篇〉殘卷國内影印本述評》,《中國典籍與文化》2008 年第 4 期。

蘇天運:《張揖〈古今字詁〉研究》,碩士學位論文,北京師範大學,

2009。

孫雍長:《"古今字"研究平議——兼談字典詞書中對"古今字"的處理》,《五邑大學學報》(社會科學版)1994 年第 5 期。

孫雍長:《論"古今字"暨辭書對古今字的處理》,《辭書研究》2006 年第 2 期。

王華權:《〈字書〉非〈字林〉考》,《湖南科技學院學報》2009 年第 5 期。

王曉嵐:《鄭玄注古今字研究》,碩士學位論文,河南大學,2011。

王秀麗、別敏鴿:《顏師古〈漢書注〉"×,古某字"作用類析》,《河北科技大學學報》(社會科學版)2007 年第 3 期。

楊潤陸:《論古今字的定稱與定義》,《古漢語研究》1999 年第 1 期。

殷榕:《蘇林〈漢書音義〉輯佚》,碩士學位論文,武漢大學,2004。

于省吾:《〈夏小正〉五事質疑》,《文史》第 4 輯,中華書局,1965。

張勁秋:《從古今字看漢字的特點和規範》,《語言文字應用》1999 年第 3 期。

張銘:《段注古今字研究》,碩士學位論文,新疆師範大學,2006。

趙海燕:《段玉裁對古今字的開創性研究》,《廣西社會科學》2005 年第 9 期。

真大成:《談當前漢語常用詞演變研究的四個問題》,《中國語文》2018 年第 5 期。

鄭玲:《〈漢書〉顏注古今字考——兼與〈説文解字〉古文比較》,碩士學位論文,蘭州大學,2007。

工具書類

郭錫良編著《漢字古音手冊》,商務印書館,2010。

漢語大字典編輯委員會編纂《漢語大字典》(第二版),四川辭書出版社、崇文書局，2010。

賈延柱編著《常用古今字通假字字典》，遼寧人民出版社，1988。

李學勤主編《字源》，天津古籍出版社，2012。

羅竹風主編《漢語大詞典》，上海辭書出版社，1986。

宗福邦、陳世鐃、蕭海波主編《故訓匯纂》，商務印書館，2003。

後　編

唐以前"古今字"訓注材料彙纂

説明：

1."位置"欄用阿拉伯數字轉寫原書中的卷（篇、頁）數信息。如原書按上、中、下或部首編排，則照原書體例録入。

2."記録職能"欄中，標注"古今字"字組的記録職能。如字組僅對應複音單純詞中的一個音節，則該欄標注該單純詞。

3."訓條原文"欄中，原書大字被注釋項以【 】標示，原書中的再度注釋以（ ）標示，原書脱文以□標示，本研究所作的校勘内容以 [ ] 標示。對部分訓條原文結合前賢時彦的校理成果作了校勘。

4."備注"欄標明訓條的轉引者，以及存疑待考等信息。

5.主要文獻版本依據如下：

《十三經注疏》，中華書局影印世界書局本；《説文解字》，中華書局影印陈昌治刻本；《漢書》《後漢書》《三國志》，五洲同文書局本；《原本〈玉篇〉殘卷》，中華書局影印本及姚永銘《〈原本玉篇殘卷〉校證》；《玉燭寶典》，古逸叢書本；《方言》《顔氏家訓》《六臣注文選》，《四部叢刊》本；《周易集解》《匡謬正俗》《古今姓氏書辯證》，文淵閣四庫全書本；《一切經音義》，海山仙館叢書本《玄應音義》、《高麗大藏經》本《慧琳音義》及徐時儀《〈一切經音義〉三種校本合刊（修訂本）》；《唐韻》，蔣斧本；《五經文字》《九經字樣》，後知不足齋叢書本；《刊謬補缺切韻》和《箋注本切韻》依據伯 2011、3693 等敦煌殘卷。

序號	時代	作者	出處	位置	古字	今字	記錄職能	訓條原文	備注
1	漢	鄭衆	周禮注疏	19	義	儀	威儀	【凡國之大事，治其禮儀以佐宗伯】……故書儀爲義。鄭司農云“義讀爲儀。古者書儀但爲義，今時所謂義爲誼”。	鄭玄轉引
2	漢	鄭衆	周禮注疏	19	誼	義	道義	【凡國之大事，治其禮儀以佐宗伯】……故書儀爲義。鄭司農云“義讀爲儀。古者書儀但爲義，今時所謂義爲誼”。	鄭玄轉引
3	漢	鄭衆	周禮注疏	19	工	功	功效	【凡師不功，則助牽主車】……故書功爲工。鄭司農：“工讀爲功，古者工與功同字，謂師無功肆師助牽之，恐爲敵所得。”	鄭玄轉引
4	漢	鄭衆	周禮注疏	19	立	位	位置	【小宗伯之職掌建國之神位，右社稷，左宗廟】……故書位作立。鄭司農云“立讀爲位，古者立、位同字”。	鄭玄轉引
5	漢	鄭衆	周禮注疏	26	几	簋	簋	【大祭祀，讀禮灋，史以書叙昭穆之俎簋】……故書簋或爲几。鄭司農云“几讀爲軌，書亦或爲簋，古文也”。	鄭玄轉引
6	漢	鄭衆	周禮注疏	32	繅	藻	置玉之墊	【諸侯之繅斿九就，瑉玉三采，其餘如王之事，繅斿皆就，玉瑱玉笄】……鄭司農云“繅當爲藻。繅，古字也；藻，今字也，同物同音”。	鄭玄轉引
7	漢	許慎	説文解字	1	屮	艸	草	【屮】艸木初生也。象丨出形，有枝莖也。古文或以爲艸字。讀若徹。凡屮之屬皆从屮。尹彤説。	
8	漢	許慎	説文解字	1	祳	祡	祡祭	【祡】燒祡樊燎以祭天神。从示，此聲……祳，古文祡从隓省。	
9	漢	許慎	説文解字	1	帝	帝	帝	【帝】諦也。王天下之號也。从丄，朿聲。帝，古文帝。古文諸丄字皆从一，篆文皆从二。二，古文上字。辛、示、辰、龍、童、音、章皆从古文丄。	
10	漢	許慎	説文解字	1	𦸐	毒	毒	【毒】厚也。害人之艸，往往而生。从屮、从毒。𦸐，古文毒从刀、葍。	
11	漢	許慎	説文解字	1	珸	玕	琅玕	【玕】琅玕也。从玉，干聲。《禹貢》“雝州，球、琳、琅玕”。珸，古文玕。	
12	漢	許慎	説文解字	1	𦸂	荆	荆棘	【荆】楚木也。从艸，刑聲。𦸂，古文荆。	

序號	時代	作者	出處	位置	古字	今字	記錄職能	訓條原文	備注
13	漢	許慎	説文解字	1	臾	蕢	草筐	【蕢】艸器也。从艸，貴聲。臾，古文蕢，象形。《論語》曰"有荷臾而過孔氏之門"。	
14	漢	許慎	説文解字	1	礼	禮	禮	【禮】履也。所以事神致福也。从示、从豊，豊亦聲。礼，古文禮。	
15	漢	許慎	説文解字	1	珇	瑁	瑁	【瑁】諸侯執圭朝天子，天子執玉以冒之，似犁冠。《周禮》曰"天子執瑁四寸"。从玉冒，冒亦聲。珇，古文省。	
16	漢	許慎	説文解字	1	夯	菊	旁	【菊】溥也。从二，闕；方聲。旁，古文菊。夯，亦古文菊。雱，籀文。	
17	漢	許慎	説文解字	1	旁	菊	旁	【菊】溥也。从二，闕；方聲。旁，古文菊。夯，亦古文菊。雱，籀文。	
18	漢	許慎	説文解字	1	蕽	鋭	鋭	【蕽】艸之小者。从艸，剡聲。剡，古文鋭字。讀若芮。	
19	漢	許慎	説文解字	1	弎	三	三	【三】天、地、人之道也。从三數。凡三之屬皆从三。弎，古文三从弋。	
20	漢	許慎	説文解字	1	二	上	上	【帝】諦也。王天下之號也。从丄，朿聲。帝，古文帝。古文諸丄字皆从一，篆文皆从二。二，古文上字。辛、示、辰、龍、童、音、章皆从古文丄。	
21	漢	許慎	説文解字	1	丄	上	上	【丄】高也。此古文上。指事也。凡丄之屬皆从丄。上，篆文丄。	
22	漢	許慎	説文解字	1	袿	社	土地神	【社】地主也……袿，古文社。	
23	漢	許慎	説文解字	1	兀	示	示	【示】天垂象，見吉凶，所以示人也。从二。三垂，日月星也。觀乎天文，以察時變。示，神事也。凡示之屬皆从示。兀，古文示。	
24	漢	許慎	説文解字	1	㞷	王	王	【王】天下所歸往也。董仲舒曰"古之造文者，三畫而連其中謂之王。三者，天、地、人也，而參通之者王也"。孔子曰"一貫三爲王"。凡王之屬皆从王。㞷，古文王。	

續表

序號	時代	作者	出處	位置	古字	今字	記錄職能	訓條原文	備注
25	漢	許慎	説文解字	1	璿	璿	美玉	【璿】美玉也。从玉，睿聲。《春秋傳》曰"璿弁玉纓"。璿，古文璿。叡，籀文璿。	
26	漢	許慎	説文解字	1	弌	一	一	【一】惟初太始，道立於一，造分天地，化成萬物，凡一之屬皆从一。弌，古文一。	
27	漢	許慎	説文解字	1	玊	玉	玉	【玉】石之美……象三玉之連。丨，其貫也。凡玉之屬皆从玉。玊，古文玉。	
28	漢	許慎	説文解字	1	𠁩	中	中	【中】而也。从口、丨，上下通。𠁩，古文中。𠁦，籀文中。	
29	漢	許慎	説文解字	1	牂	莊	莊	【莊】上諱。牂，古文莊。	
30	漢	許慎	説文解字	2	乎	釆	辨別	【釆】辨別也。象獸指爪分別也。凡釆之屬皆从釆。讀若辨。乎，古文釆。	
31	漢	許慎	説文解字	2	笧	册	册符	【册】符命也……笧，古文册从竹。	
32	漢	許慎	説文解字	2	𠔔	齒	齒	【齒】口齗骨也。象口齒之形，止聲。凡齒之屬皆从齒。𠔔，古文齒字。	
33	漢	許慎	説文解字	2	𧗟	道	道路	【道】所行道也……𧗟，古文道从首、寸。	
34	漢	許慎	説文解字	2	尋	得	獲得	【得】行有所得也。从彳，㝵聲。㝵，古文省彳。	
35	漢	許慎	説文解字	2	迩	邇	附近	【邇】近也。从辵，爾聲。迩，古文邇。	
36	漢	許慎	説文解字	2	𥸸	番	獸足	【番】獸足謂之番。从釆；田，象其掌。蹞，番或从足、从煩。𥸸，古文番。	
37	漢	許慎	説文解字	2	𧦮	昏	塞口	【昏】塞口也。从口，𡴀省聲。昏，古文从甘。	
38	漢	許慎	説文解字	2	逡	後	時間較晚	【後】遲也。从彳、幺、夂者，後也。逡，古文後从辵。	
39	漢	許慎	説文解字	2	㐭	及	及	【周】密也。从用、口。㘓，古文周字，从古文及。	

序號	時代	作者	出處	位置	古字	今字	記錄職能	訓條原文	備注
40	漢	許慎	説文解字	2	岅	近	附近	【近】附也。从辵，斤聲。岅，古文近。	
41	漢	許慎	説文解字	2	甹	君	君上	【君】尊也。从尹，發號，故从口。甹，古文象君坐形。	
42	漢	許慎	説文解字	2	孩	咳	小兒笑	【咳】小兒笑也。从口，亥聲。孩，古文咳从子。	
43	漢	許慎	説文解字	2	厤	氂	硬捲之毛	【氂】彊曲毛。可以箸起衣。从犛省，來聲。厤，古文氂省。	
44	漢	許慎	説文解字	2	㑒	㪍	遺憾	【㪍】恨惜也……㑒，古文㪍从辵。	
45	漢	許慎	説文解字	2	起	起	起立	【起】能立也。从走，巳聲。起，古文起从辵。	
46	漢	許慎	説文解字	2	扗	遷	升遷	【遷】登也。从辵，䙴聲。扗，古文遷从手、西。	
47	漢	許慎	説文解字	2	孠	嗣	後嗣	【嗣】諸侯嗣國也。从册、从口，司聲。孠，古文嗣从子。	
48	漢	許慎	説文解字	2	警	速	快	【速】疾也。从辵，束聲。警，古文从欶、从言。	
49	漢	許慎	説文解字	2	遁	遂	逃亡	【遂】亡也。从辵，㒸聲。遁，古文遂。	
50	漢	許慎	説文解字	2	喝	唐	大話	【唐】大言也。从口，庚聲。喝，古文唐从口、昜。	
51	漢	許慎	説文解字	2	遏	逖	遥遠	【逖】遠也。从辵，狄聲。遏，古文逖。	
52	漢	許慎	説文解字	2	退	復	退却	【復】卻也。一曰行遲也……退，古文从辵。	
53	漢	許慎	説文解字	2	迬	徍	前往	【徍】之也。从彳，坓聲。迬，古文从辵。	
54	漢	許慎	説文解字	2	恖	悉	詳盡	【悉】詳盡也。从心、从釆。恖，古文悉。	

續表

序號	時代	作者	出處	位置	古字	今字	記録職能	訓條原文	備注
55	漢	許慎	説文解字	2	屖	徙	遷移	【徙】迻也。从辵,止聲。征,徙或从彳。屖,古文徙。	
56	漢	許慎	説文解字	2	疋	胥	胥	【疋】足也。上象腓腸,下从止。《弟子職》曰:"問疋何止?"古文以爲《詩·大疋》字,亦以爲足字,或曰胥字。一曰疋,記也。凡疋之屬皆从疋。	
57	漢	許慎	説文解字	2	疋	雅	胥	【疋】足也。上象腓腸,下从止。《弟子職》曰:"問疋何止?"古文以爲《詩·大疋》字,亦以爲足字,或曰胥字。一曰疋,記也。凡疋之屬皆从疋。	
58	漢	許慎	説文解字	2	疋	足	足	【疋】足也。上象腓腸,下从止。《弟子職》曰:"問疋何止?"古文以爲《詩·大疋》字,亦以爲足字,或曰胥字。一曰疋,記也。凡疋之屬皆从疋。	
59	漢	許慎	説文解字	2	㸦	牙	牙齒	【牙】牡齒也。象上下相錯之形……㸦,古文牙。	
60	漢	許慎	説文解字	2	㘓	嚴	嚴	【嚴】教命急也。从吅,厰聲。㘓,古文。	
61	漢	許慎	説文解字	2	容	谷	山間泥沼	【谷】山閒陷泥地……容,古文谷。	
62	漢	許慎	説文解字	2	馭	御	馭使	【御】使馬也。从彳、从卸。馭,古文御从又、从馬。	
63	漢	許慎	説文解字	2	遾	遠	遙遠	【遠】遼也。从辵,袁聲。遾,古文遠。	
64	漢	許慎	説文解字	2	艁	造	造	【造】就也。从辵,告聲。譚長説"造,上士也"。艁,古文造从舟。	
65	漢	許慎	説文解字	2	喆	哲	智慧	【哲】知也。从口,折聲。悊,哲或从心。喆,古文哲从三吉。	
66	漢	許慎	説文解字	2	𤔔	正	正	【是】直也。从日正。凡是之屬皆从是。昰,籀文是,从古文正。	
67	漢	許慎	説文解字	2	㱏	正	是	【正】是也。从止,一以止。凡正之屬皆从正。㱏,古文正从二。二,古上字。㱏,古文正从一、足。足者亦止也。	

序號	時代	作者	出處	位置	古字	今字	記錄職能	訓條原文	備注
68	漢	許慎	説文解字	2	㱏	正	是	【正】是也。从止，一以止。凡正之屬皆从正。㱏，古文正从二。二，古上字。𤴓，古文正从一、足。足者亦止也。	
69	漢	許慎	説文解字	2	二	上	上	【正】是也。从止，一以止。凡正之屬皆从正。㱏，古文正从二。二，古上字。𤴓，古文正从一、足。足者亦止也。	
70	漢	許慎	説文解字	2	㞷	周	密	【周】密也。从用、口。㞷，古文周字，从古文及。	
71	漢	許慎	説文解字	3	釆	辡	辡	【𢍮】搏飯也。从廾，釆聲。釆，古文辡字。讀若書卷。	
72	漢	許慎	説文解字	3	禾	保	保	【孚】卵孚也。从爪、从子。一曰信也。𤔍，古文孚从禾。禾，古文保。	
73	漢	許慎	説文解字	3	𤔍	孚	孵育	【孚】卵孚也。从爪、从子。一曰信也。𤔍，古文孚从禾。禾，古文保。	
74	漢	許慎	説文解字	3	㹃	鞭	驅趕	【鞭】驅也。从革，便聲。㹃，古文鞭。	
75	漢	許慎	説文解字	3	倗	兵	軍械	【兵】械也。从廾，持斤，并力之皃。倗，古文兵从人、廾、干。	
76	漢	許慎	説文解字	3	卟	卜	占卜	【卜】灼剥龜也，象灸龜之形。一曰象龜兆之從横也。凡卜之屬皆从卜。卟，古文卜。	
77	漢	許慎	説文解字	3	𢈳	徹	貫通	【徹】通也。从彳、从攴、从育。𢈳，古文徹。	
78	漢	許慎	説文解字	3	韇	靼	柔革	【靼】柔革也。从革，从旦聲。韇，古文靼从亶。	
79	漢	許慎	説文解字	3	毁	祋	遠程投射	【毁】繇擊也。从殳，豆聲。古文祋如此。	
80	漢	許慎	説文解字	3	反	反	翻覆	【反】覆也。从又，厂反形。反，古文。	
81	漢	許慎	説文解字	3	敍	誥	告	【誥】告也。从言，告聲。敍，古文誥。	

序號	時代	作者	出處	位置	古字	今字	記錄職能	訓條原文	備注
82	漢	許慎	説文解字	3	革	革	革	【革】獸皮治去其毛，革更之。象古文革之形。凡革之屬皆从革。革，古文革从三十。三十年爲一世，而道更也。臼聲。	
83	漢	許慎	説文解字	3	鬻	鬲	鬲	【鬻】歷也。古文亦鬲字。象孰飪五味气上出也。凡鬻之屬皆从鬻。	
84	漢	許慎	説文解字	3	乙	厷	上臂	【厷】臂上也……乙，古文厷，象形。	
85	漢	許慎	説文解字	3	龏	共	共同	【共】同也。从廿、廾。凡共之屬皆从共。龏，古文共。	
86	漢	許慎	説文解字	3	𠖕	古	古時	【古】故也……𠖕，古文古。	
87	漢	許慎	説文解字	3	劃	畫	田界	【畫】界也。象田四界。聿，所以畫之。凡畫之屬皆从畫。畵，古文畫省。劃，亦古文畫。	
88	漢	許慎	説文解字	3	畵	畫	田界	【畫】界也。象田四界。聿，所以畫之。凡畫之屬皆从畫。畵，古文畫省。劃，亦古文畫。	
89	漢	許慎	説文解字	3	囘	回	回	【夏】入水有所取也。从又在囘下。囘，古文回。回，淵水也。讀若沫。	
90	漢	許慎	説文解字	3	篲	彗	掃帚	【彗】掃竹也。从又持牲。篲，彗或从竹。篲，古文彗从竹、从習。	
91	漢	許慎	説文解字	3	弓	及	追上	【及】逮也。从又、从人。乁，古文及，秦刻石及如此。弓，亦古文及。辵，亦古文及。	
92	漢	許慎	説文解字	3	辵	及	追上	【及】逮也。从又、从人。乁，古文及，秦刻石及如此。弓，亦古文及。辵，亦古文及。	
93	漢	許慎	説文解字	3	乁	及	追上	【及】逮也。从又、从人。乁，古文及，秦刻石及如此。弓，亦古文及。辵，亦古文及。	
94	漢	許慎	説文解字	3	廿	疾	疾	【童】男有辠曰奴，奴曰童，女曰妾。从辛，重省聲。𥪑，籀文童，中與竊中同从廿。廿，以爲古文疾字。	

序號	時代	作者	出處	位置	古字	今字	記録職能	訓條原文	備注
95	漢	許慎	說文解字	3	叚	叚	借	【叚】借也。闕。叚，古文叚。	
96	漢	許慎	說文解字	3	羍	教	教學	【教】上所施下所效也。从攴、从孝……羍，古文教。效，亦古文教。	
97	漢	許慎	說文解字	3	效	教	教學	【教】上所施下所效也。从攴、从孝……羍，古文教。效，亦古文教。	
98	漢	許慎	說文解字	3	隸	隸	附箸	【隸】附箸也。从隶，柰聲。隸，篆文隸从古文之體。	
99	漢	許慎	說文解字	3	䜌	䜌	亂	【䜌】亂也。一曰治也。一曰不絕也。从言、絲。䜌，古文䜌。	
100	漢	許慎	說文解字	3	暮	謨	議謀	【謨】議謀也。从言，莫聲……暮，古文謨从口。	
101	漢	許慎	說文解字	3	昝	謀	思謀	【謀】慮難曰謀。从言，某聲。昝，古文謀。譬，亦古文。	
102	漢	許慎	說文解字	3	譬	謀	思謀	【謀】慮難曰謀。从言，某聲。昝，古文謀。譬，亦古文。	
103	漢	許慎	說文解字	3	蕽	農	農耕	【農】耕也。从晨，囟聲……䢉，古文農。蕽，亦古文農。	
104	漢	許慎	說文解字	3	䢉	農	農耕	【農】耕也。从晨，囟聲……䢉，古文農。蕽，亦古文農。	
105	漢	許慎	說文解字	3	筤	皮	獸皮	【皮】剝取獸革者謂之皮。从又，爲省聲……筤，古文皮。	
106	漢	許慎	說文解字	3	詖	頗	辯論	【詖】辯論也。古文以爲頗字。从言，皮聲。	
107	漢	許慎	說文解字	3	䑑	僕	僕役	【僕】給事者。从人、从菐，菐亦聲。䑑，古文从臣。	
108	漢	許慎	說文解字	3	舁	舁	升高	【舁】升高也。从舁，囟聲。舂，舁或从卪。舁，古文舁。	
109	漢	許慎	說文解字	3	誚	譙	嬈譊	【譙】嬈譊也……誚，古文譙从肖。《周書》曰"亦未敢誚公"。	
110	漢	許慎	說文解字	3	昴	鞄	鞣製皮革	【鞄】柔韋也……昴，古文鞄。	

續表

序號	時代	作者	出處	位置	古字	今字	記録職能	訓條原文	備注
111	漢	許慎	説文解字	3	布	殺	殺戮	【殺】戮也。从殳，杀聲。凡殺之屬皆从殺。𢽈，古文殺。㣲，古文殺。布，古文殺。	
112	漢	許慎	説文解字	3	㣲	殺	殺戮	【殺】戮也。从殳，杀聲。凡殺之屬皆从殺。𢽈，古文殺。㣲，古文殺。布，古文殺。	
113	漢	許慎	説文解字	3	𢽈	殺	殺戮	【殺】戮也。从殳，杀聲。凡殺之屬皆从殺。𢽈，古文殺。㣲，古文殺。布，古文殺。	
114	漢	許慎	説文解字	3	𠷎	商	商	【商】从外知内也。从㕯，章省聲。𠷐，古文商。𠷎，亦古文商。𧆸，籒文商。	
115	漢	許慎	説文解字	3	𠷐	商	商	【商】从外知内也。从㕯，章省聲。𠷐，古文商。𠷎，亦古文商。𧆸，籒文商。	
116	漢	許慎	説文解字	3	二	上	上	【䇂】辠也。从干、二。二，古文上字。凡䇂之屬皆从䇂。讀若愆。張林説。	
117	漢	許慎	説文解字	3	𦥔	申	申	【㬰】引也。从又，𦥔聲。𦥔，古文申。	
118	漢	許慎	説文解字	3	𧥒	詩	詩	【詩】志也。从言，寺聲。𧥒，古文詩省。	
119	漢	許慎	説文解字	3	𤔔	事	職務	【事】職也。从史，之省聲。𤔔，古文事。	
120	漢	許慎	説文解字	3	䛦	訟	争訟	【訟】争也……䛦，古文訟。	
121	漢	許慎	説文解字	3	𢗗	肅	恭敬	【肅】持事振敬也。从聿，在𣶏上，戰戰兢兢也。𢗗，古文肅从心、从卪。	
122	漢	許慎	説文解字	3	㐁	西	吐舌貌	【西】舌皃。从谷省。象形。㐁，古文西。讀若三年導服之導。一曰竹上皮。讀若沾。一曰讀若誓。弼字从此。	
123	漢	許慎	説文解字	3	𤔲	爲	母猴	【爲】母猴也。其爲禽好爪。爪，母猴象也。下腹爲母猴形。王育曰"爪，象形也"。𤔲，古文爲，象兩母猴相對形。	
124	漢	許慎	説文解字	3	臤	賢	賢	【臤】堅也。从又，臣聲。謂握之固也，故从又。凡臤之屬皆从臤。讀若鏗鎗之鏗。古文以爲賢字。	

序號	時代	作者	出處	位置	古字	今字	記録職能	訓條原文	備注
125	漢	許慎	説文解字	3	伩	信	誠信	【信】誠也。从人、从言。會意。伩，古文从言省。訫，古文信。	
126	漢	許慎	説文解字	3	訫	信	诚信	【信】誠也。从人、从言。會意。伩，古文从言省。訫，古文信。	
127	漢	許慎	説文解字	3	譐	訊	訊問	【訊】問也。从言，卂聲。譐，古文訊从鹵。	
128	漢	許慎	説文解字	3	窂	弇	蓋	【弇】蓋也。从廾、从合。窂，古文弇。	
129	漢	許慎	説文解字	3	㚒	要	身中	【要】身中也。象人要自臼之形。从臼，交省聲。㚒，古文要。	
130	漢	許慎	説文解字	3	㸯	業	樂器挂架	【業】大版也。所以飾縣鍾鼓……㸯，古文業。	
131	漢	許慎	説文解字	3	伇	役	戍邊	【役】戍邊也。从殳、从彳。伇，古文役从人。	
132	漢	許慎	説文解字	3	臦	囂	語聲	【囂】語聲也。从㗊，臣聲。臦，古文囂。	
133	漢	許慎	説文解字	3	帬	尹	治理	【尹】治也。从又、丿。握事者也。帬，古文尹。	
134	漢	許慎	説文解字	3	甹	用	使用	【用】可施行也。从卜、从中。衛宏説。凡用之屬皆从用。甹，古文用。	
135	漢	許慎	説文解字	3	𢛳	友	友人	【友】同志爲友。从二又，相交友也。𢛳，古文友。習，亦古文友。	
136	漢	許慎	説文解字	3	習	友	友人	【友】同志爲友。从二又，相交友也。𢛳，古文友。習，亦古文友。	
137	漢	許慎	説文解字	3	𢎤	與	同黨之人	【與】黨與也。从舁、从与。𢎤，古文與。	
138	漢	許慎	説文解字	3	兆	𤕰	卜兆	【𤕰】灼龜坼也。从卜，兆象形。兆，古文兆省。	
139	漢	許慎	説文解字	3	㡀	支	支	【支】去竹之枝也。从手持半竹。凡支之屬皆从支。㡀，古文支。	

序號	時代	作者	出處	位置	古字	今字	記錄職能	訓條原文	備注
140	漢	許慎	説文解字	3	𦥔	叀	叀	【敍】揉屈也。从殳、从𦥔。𦥔，古文叀字。廄字从此。	
141	漢	許慎	説文解字	4	百	百	一百	【百】十十也。从一、白。數，十百爲一貫。相章也。百，古文百从自。	
142	漢	許慎	説文解字	4	𩍅	詻	詻	【𩍅】羌人所吹角屠𩍅，以驚馬也。从角，䚯聲。䚯，古文詻字。	
143	漢	許慎	説文解字	4	𨄔	髀	大腿	【髀】股也。从骨，卑聲。𨄔，古文髀。	
144	漢	許慎	説文解字	4	𠔁	別	別	【𠬓】庆也。从丫而𠔁。𠔁，古文別。	
145	漢	許慎	説文解字	4	𥇛	醜	醜	【𥇛】目圍也。从𥄭、厂。讀若書卷之卷。古文以爲醜字。	
146	漢	許慎	説文解字	4	顲	脣	嘴脣	【脣】口耑也。从肉，辰聲。顲，古文脣从頁。	
147	漢	許慎	説文解字	4	殂	徂	死亡	【徂】往死也……殂，古文徂。	
148	漢	許慎	説文解字	4	覩	睹	看見	【睹】見也。从目，者聲。覩，古文从見。	
149	漢	許慎	説文解字	4	𠛱	歺	剔去肉的殘骨	【歺】剡骨之殘也。从半、凸。凡歺之屬皆从歺。讀若櫱岸之櫱。𠛱，古文歺。	
150	漢	許慎	説文解字	4	𩿧	鳳	鳳鳥	【鳳】神鳥也……𩿧，古文鳳，象形……鵬，亦古文鳳。	
151	漢	許慎	説文解字	4	鵬	鳳	鳳鳥	【鳳】神鳥也……𩿧，古文鳳，象形……鵬，亦古文鳳。	
152	漢	許慎	説文解字	4	𣉙	敢	進取	【敢】進取也。从殳，古聲。𣪊，籒文敢。𣉙，古文敢。	
153	漢	許慎	説文解字	4	㓯	剛	堅利	【剛】彊，斷也。从刀，岡聲。㓯，古文剛如此。	
154	漢	許慎	説文解字	4	奥	衡	牛角衡木	【衡】牛觸，橫大木其角……奥，古文衡如此。	

續表

序號	時代	作者	出處	位置	古字	今字	記録職能	訓條原文	備注
155	漢	許慎	説文解字	4	𢝊	惠	仁	【惠】仁也。从心、从叀。𢝊，古文惠从芔。	
156	漢	許慎	説文解字	4	𤸃	膌	瘦	【膌】瘦也。从肉，脊聲。𤸃，古文膌从疒、从朿，朿亦聲。	
157	漢	許慎	説文解字	4	肎	肎	骨間肉	【肎】骨閒肉。肎肎，箸也。从肉、从冎省。一曰骨無肉也。肎，古文肎。	
158	漢	許慎	説文解字	4	㓠	利	利	【利】銛也。从刀。和然後利，从和省。《易》曰“利者，義之和也”。㓠，古文利。	
159	漢	許慎	説文解字	4	𤔔	𤔔	治理	【𤔔】治也。幺子相亂，𠬪治之也。讀若亂，同。一曰理也。𤔔，古文𤔔。	
160	漢	許慎	説文解字	4	炏	旅	旅	【者】别事詞也。从白，炏聲。炏，古文旅字。	
161	漢	許慎	説文解字	4	𡈼	目	目	【目】人眼。象形。重童子也。凡目之屬皆从目。𡈼，古文目。	
162	漢	許慎	説文解字	4	𥈠	睦	睦	【睦】目順也。从目，坴聲。一曰敬和也。𥈠，古文睦。	
163	漢	許慎	説文解字	4	䧿	鷬	鷬鳥	【鷬】鳥也。从鳥，堇聲……鸛，古文鷬。𪇰，古文鷬。䧿，古文鷬。	
164	漢	許慎	説文解字	4	鸛	鷬	鷬鳥	【鷬】鳥也。从鳥，堇聲……鸛，古文鷬。𪇰，古文鷬。䧿，古文鷬。	
165	漢	許慎	説文解字	4	𪇰	鷬	鷬鳥	【鷬】鳥也。从鳥，堇聲……鸛，古文鷬。𪇰，古文鷬。䧿，古文鷬。	
166	漢	許慎	説文解字	4	弃	棄	捐棄	【棄】捐也。从廾推𠦒棄之，从𠫓。𠫓，逆子也。弃，古文棄。𠅏，籀文棄。	
167	漢	許慎	説文解字	4	𢀸	羌	羌族	【羌】西戎牧羊人也。从人、从羊，羊亦聲。南方蠻閩从虫，北方狄从犬，東方貉从豸，西方羌从羊，此六種也。西南僰人、僬僥从人，蓋在坤地，頗有順理之性。唯東夷从大，大，人也。夷俗仁，仁者壽，有君子不死之國。孔子曰“道不行，欲之九夷，乘桴浮於海”，有以也。𢀸，古文羌如此。	

序號	時代	作者	出處	位置	古字	今字	記錄職能	訓條原文	備注
168	漢	許慎	説文解字	4	腸	肰	犬肉	【肰】犬肉也……胐，古文肰。腸，亦古文肰。	
169	漢	許慎	説文解字	4	胐	肰	犬肉	【肰】犬肉也……胐，古文肰。腸，亦古文肰。	
170	漢	許慎	説文解字	4	睿	叡	深明	【叡】深明也……睿，古文叡。	
171	漢	許慎	説文解字	4	睂	省	視	【省】視也。从眉省、从屮。睂，古文从少、从囧。	
172	漢	許慎	説文解字	4	奭	奭	盛大	【奭】盛也。从大、从皕，皕亦聲。此燕召公名。讀若郝。《史篇》名醜。奭，古文奭。	
173	漢	許慎	説文解字	4	兙	死	死亡	【死】澌也。人所離也……兙，古文死如此。	
174	漢	許慎	説文解字	4	刂	殄	滅絶	【殄】盡也。从歺，㐱聲。刂，古文殄如此。	
175	漢	許慎	説文解字	4	舝	腆	多	【腆】設膳腆。腆，多也。从肉，典聲。舝，古文腆。	
176	漢	許慎	説文解字	4	雓	烏	孝鳥	【烏】孝鳥也。象形。孔子曰“烏，旴呼也”。取其助气，故以爲烏呼。凡烏之屬皆从烏。雓，古文烏，象形。於，象古文烏省。	
177	漢	許慎	説文解字	4	申	玄	幽遠	【玄】幽遠也。黑而有赤色者爲玄。象幽而入覆之也。凡玄之屬皆从玄。申，古文玄。	
178	漢	許慎	説文解字	4	壹	殪	死亡	【殪】死也。从歺，壹聲。壹，古文殪从死。	
179	漢	許慎	説文解字	4	胤	胤	承續	【胤】子孫相承續也。从肉；从八，象其長也；从幺，象重累也。胤，古文胤。	
180	漢	許慎	説文解字	4	勛	則	劃分	【則】等畫物也。从刀、从貝。貝，古之物貨也。劓，古文則。勛，亦古文則。鼎，籀文則从鼎。	
181	漢	許慎	説文解字	4	劓	則	劃分	【則】等畫物也。从刀、从貝。貝，古之物貨也。劓，古文則。勛，亦古文則。鼎，籀文則从鼎。	

續表

序號	時代	作者	出處	位置	古字	今字	記録職能	訓條原文	備注
182	漢	許慎	説文解字	4	㓡	制	裁	【制】裁也。从刀、从未。未，物成有滋味，可裁斷。一曰止也。㓡，古文制如此。	
183	漢	許慎	説文解字	4	鴺	雉	雉鳥	【雉】有十四種：盧諸雉、喬雉……鴺，古文雉从弟。	
184	漢	許慎	説文解字	4	𥏼	𥏻	𥏻	【𥏻】識詞也。从白、从亏、从知。𥏼，古文𥏻。	
185	漢	許慎	説文解字	4	𠂾	叀	叀	【叀】專小謹也。从幺省；屮，財見也；屮亦聲。凡叀之屬皆从叀。𠂾，古文叀。𠧢，亦古文叀。	
186	漢	許慎	説文解字	4	𠧢	叀	專一而謹慎	【叀】專小謹也。从幺省；屮，財見也；屮亦聲。凡叀之屬皆从叀。𠂾，古文叀。𠧢，亦古文叀。	
187	漢	許慎	説文解字	4	𦣹	自	鼻子	【自】鼻也。象鼻形。凡自之屬皆从自。𦣹，古文自。	
188	漢	許慎	説文解字	5	䭋	飽	吃足	【飽】猒也。从食，包聲。䭋，古文飽从采。𩞧，亦古文飽，从卯聲。	
189	漢	許慎	説文解字	5	𩞧	飽	吃足	【飽】猒也。从食，包聲。䭋，古文飽从采。𩞧，亦古文飽，从卯聲。	
190	漢	許慎	説文解字	5	𡇒	啚	嗇	【啚】嗇也。从口、㐭。㐭，受也。𡇒，古文啚如此。	
191	漢	許慎	説文解字	5	椉	乘	登上	【乘】覆也。从入、桀。桀，黠也。軍法曰乘椉，古文乘从几。	
192	漢	許慎	説文解字	5	彬	丹	丹石	【丹】巴越之赤石也。象采丹井，丶象丹形。凡丹之屬皆从丹。㫃，古文丹。彬，亦古文丹。	
193	漢	許慎	説文解字	5	㫃	丹	丹石	【丹】巴越之赤石也。象采丹井，丶象丹形。凡丹之屬皆从丹。㫃，古文丹。彬，亦古文丹。	
194	漢	許慎	説文解字	5	丰	弟	次第	【弟】韋束之次弟也。从古字之象。凡弟之屬皆从弟。丰，古文弟从古文韋省，丿聲。	

序號	時代	作者	出處	位置	古字	今字	記錄職能	訓條原文	備注
195	漢	許慎	説文解字	5	箕	典	典冊	【典】五帝之書也……箕，古文典从竹。	
196	漢	許慎	説文解字	5	㔬	豆	肉器	【豆】古食肉器也。从口，象形。凡豆之屬皆从豆。㔬，古文豆。	
197	漢	許慎	説文解字	5	豊	豐	豐滿	【豐】豆之豐滿者也。从豆，象形。一曰《鄉飲酒》有豐侯者。凡豐之屬皆从豐。豊，古文豐。	
198	漢	許慎	説文解字	5	匽	簠	黍稷圜器	【簠】黍稷圜器也。从竹、从皿，甫聲。匽，古文簠从匸、从夫。	
199	漢	許慎	説文解字	5	哥	謌	謌	【哥】聲也。从二可。古文以爲謌字。	
200	漢	許慎	説文解字	5	㣽	工	巧飾	【工】巧飾也。象人有規榘也。與巫同意。凡工之屬皆从工。㣽，古文工从彡。	
201	漢	許慎	説文解字	5	匭	簋	黍稷方器	【簋】黍稷方器也。从竹、从皿、从皀。匭，古文簋从匸、飢。匭，古文簋或从軌。杚，亦古文簋。	
202	漢	許慎	説文解字	5	匭	簋	黍稷方器	【簋】黍稷方器也。从竹、从皿、从皀。匭，古文簋从匸、飢。匭，古文簋或从軌。杚，亦古文簋。	
203	漢	許慎	説文解字	5	杚	簋	黍稷方器	【簋】黍稷方器也。从竹、从皿、从皀。匭，古文簋从匸、飢。匭，古文簋或从軌。杚，亦古文簋。	
204	漢	許慎	説文解字	5	医	矦	箭靶	【矦】春饗所躲矦也……医，古文矦。	
205	漢	許慎	説文解字	5	垕	厚	厚	【厚】山陵之厚也。从㫗、从厂。垕，古文厚从后、土。	
206	漢	許慎	説文解字	5	虝	虎	老虎	【虎】山獸之君。从虍，虎足象人足。象形。凡虎之屬皆从虎。虝，古文虎。䖊，亦古文虎。	
207	漢	許慎	説文解字	5	䖊	虎	老虎	【虎】山獸之君。从虍，虎足象人足。象形。凡虎之屬皆从虎。虝，古文虎。䖊，亦古文虎。	

序號	時代	作者	出處	位置	古字	今字	記錄職能	訓條原文	備注
208	漢	許慎	説文解字	5	佮	會	會合	【會】合也。从亼、从曾省。曾，益也……佮，古文會如此。	
209	漢	許慎	説文解字	5	闬	箕	竹簸箕	【箕】簸也。从竹，闬象形，下其丌也。凡箕之屬皆从箕。闬，古文箕省。𠀠，亦古文箕。𠥓，亦古文箕。其，籀文箕。匧，籀文箕。	
210	漢	許慎	説文解字	5	𠥓	箕	竹簸箕	【箕】簸也。从竹，闬象形，下其丌也。凡箕之屬皆从箕。闬，古文箕省。𠀠，亦古文箕。𠥓，亦古文箕。其，籀文箕。匧，籀文箕。	
211	漢	許慎	説文解字	5	𠀠	箕	竹簸箕	【箕】簸也。从竹，闬象形，下其丌也。凡箕之屬皆从箕。闬，古文箕省。𠀠，亦古文箕。𠥓，亦古文箕。其，籀文箕。匧，籀文箕。	
212	漢	許慎	説文解字	5	🙒	及	及	【𠔁】是時也。从亼、从🙒。🙒，古文及。	
213	漢	許慎	説文解字	5	🙒	及	及	【市】買賣所之也。市有垣，从门、从🙒。🙒，古文及，象物相及也。之省聲。	
214	漢	許慎	説文解字	5	㳬	阱	陷阱	【阱】陷也。从𨸏、从井，井亦聲。㳬，古文阱从水。	
215	漢	許慎	説文解字	5	𢀜	巨	規矩	【巨】規巨也。从工，象手持之。榘，巨或从木、矢。矢者，其中正也。𢀜，古文巨。	
216	漢	許慎	説文解字	5	𣂁	爵	酒器	【爵】禮器也……𣂁，古文爵象形。	
217	漢	許慎	説文解字	5	丂	亏	亏/巧	【丂】气欲舒出。勹上礙於一也。丂，古文以爲亏字，又以爲巧字。凡丂之屬皆从丂。	
218	漢	許慎	説文解字	5	盾	籃	籃子	【籃】大篝也。从竹，監聲。盾，古文籃如此。	
219	漢	許慎	説文解字	5	㠈	良	好	【良】善也。从富省，亡聲。㠈，古文良。㝔，亦古文良。筤，亦古文良。	

序號	時代	作者	出處	位置	古字	今字	記録職能	訓條原文	備注
220	漢	許慎	説文解字	5	㫌	良	好	【良】善也。从富省，亡聲。㫐，古文良。㫌，亦古文良。䮰，亦古文良。	
221	漢	許慎	説文解字	5	䮰	良	好	【良】善也。从富省，亡聲。㫐，古文良。㫌，亦古文良。䮰，亦古文良。	
222	漢	許慎	説文解字	5	籍	簬	竹名	【簬】箘簬也……籍，古文簬从輅。	
223	漢	許慎	説文解字	5	弓	乃	乃	【乃】曳詞之難也。象气之出難。凡弓之屬皆从乃。弓，古文乃。𠄏，籀文乃。	
224	漢	許慎	説文解字	5	𣥺	虐	殘害	【虐】殘也。从虍，虎足反爪人也。𣥺，古文虐如此。	
225	漢	許慎	説文解字	5	𠀠	平	平	【平】語平舒也。从亐、从八。八，分也。爰禮説。𠀠，古文平如此。	
226	漢	許慎	説文解字	5	𡷗	青	青色	【青】東方色也。木生火从生丹。丹青之信言必然。凡青之屬皆从青。𡷗，古文青。	
227	漢	許慎	説文解字	5	殸	罄	罄	【罄】器中空也。从缶，殸聲。殸，古文罄字。《詩》云“缾之罄矣”。	
228	漢	許慎	説文解字	5	恁	飪	煮熟	【飪】大孰也。从食壬聲。肛，古文飪。恁，亦古文飪。	
229	漢	許慎	説文解字	5	肛	飪	煮熟	【飪】大孰也。从食壬聲。肛，古文飪。恁，亦古文飪。	
230	漢	許慎	説文解字	5	𠇾	卤	驚聲	【卤】驚聲也。从乃省，西聲。籀文卤不省。或曰卤，往也。讀若仍。𠇾，古文卤。	
231	漢	許慎	説文解字	5	嗇	嗇	愛惜	【嗇】愛濇也。从來、从靣。來者，靣而藏之。故田夫謂之嗇夫。凡嗇之屬皆从嗇。嗇，古文嗇从田。	
232	漢	許慎	説文解字	5	㟒	甚	安樂	【甚】尤安樂也。从甘，甘，匹耦也。㟒，古文甚。	
233	漢	許慎	説文解字	5	𡞀	舜	舜草	【舜】艸也。楚謂之葍，秦謂之藑。蔓地連華。象形。从舛，舛亦聲……𡞀，古文舜。	

序號	時代	作者	出處	位置	古字	今字	記錄職能	訓條原文	備注
234	漢	許慎	説文解字	5	韐	鞈	鼓聲	【鞈】鼓聲也。从鼓，合聲。韐，古文鞈从革。	
235	漢	許慎	説文解字	5	鹵	鹹	悠長的滋味	【鹹】長味也。从鼻，鹹省聲。《詩》曰"實覃實吁"。鹵，古文覃。	
236	漢	許慎	説文解字	5	冋	冂	遠郊	【冂】邑外謂之郊，郊外謂之野，野外謂之林，林外謂之冂。象遠界也。凡冂之屬皆从冂。冋，古文冂从口，象國邑。坰，冋或从土。	
237	漢	許慎	説文解字	5	仝	全	完全	【全】完也。从入、从工。仝，古文全。	
238	漢	許慎	説文解字	5	韋	韋	相背	【韋】相背也。从舛，口聲。獸皮之韋，可以束枉戾相韋背，故借以爲皮韋。凡韋之屬皆从韋。韋，古文韋。	
239	漢	許慎	説文解字	5	筮	巫	巫	【筮】《易》卦用蓍也。从竹、从巫。巫，古文巫字。	
240	漢	許慎	説文解字	5	筮	巫	巫	【巫】祝也。女能事無形，以舞降神者也。象人兩褎舞形，與工同意。古者巫咸初作巫。凡巫之屬皆从巫。筮，古文巫。	
241	漢	許慎	説文解字	5	翌	舞	樂舞	【舞】樂也。用足相背从舛；無聲。翌，古文舞从羽、亡。	
242	漢	許慎	説文解字	5	歖	喜	喜樂	【喜】樂也……歖，古文喜。	
243	漢	許慎	説文解字	5	夓	夏	中國之人	【夏】中國之人也。从夊、从頁、从臼。臼，兩手，夊，兩足也。夓，古文夏。	
244	漢	許慎	説文解字	5	𠕋	傻	傻	【𡘹】車輪尚鍵也。兩穿相背从舛；𠕋省聲。𠕋，古文傻字。	
245	漢	許慎	説文解字	5	𢌿	畀	具備	【畀】具也。从丌，𤰫聲。𢌿，古文畀。	
246	漢	許慎	説文解字	5	羪	養	供養	【養】供養也。从食，羊聲。羪，古文養。	

續表

序號	時代	作者	出處	位置	古字	今字	記錄職能	訓條原文	備注
247	漢	許慎	説文解字	5	舎	旨	美味	【旨】美也。从甘，匕聲。凡旨之屬皆从旨。舎，古文旨。	
248	漢	許慎	説文解字	6	峕	邦	邦國	【邦】國也。从邑，丰聲。峕，古文。	
249	漢	許慎	説文解字	6	㞋	本	根	【本】木下曰本。从木，一在其下。㞋，古文。	
250	漢	許慎	説文解字	6	寚	賓	賓客	【賓】所敬也。从貝，宀聲。寚，古文。	
251	漢	許慎	説文解字	6	栚	櫱	蘖生枝芽	【櫱】伐木餘也。从木，獻聲。《商書》曰“若顛木之有㽕櫱”。㽕，櫱或从木，辥聲。不，古文櫱从木無頭。栚，亦古文櫱。	
252	漢	許慎	説文解字	6	不	櫱	蘖生枝芽	【櫱】伐木餘也。从木，獻聲。《商書》曰“若顛木之有㽕櫱”。㽕，櫱或从木，辥聲。不，古文櫱从木無頭。栚，亦古文櫱。	
253	漢	許慎	説文解字	6	𠌥	烝	垂	【烝】艸木華葉烝。象形。凡烝之屬皆从烝。𠌥，古文。	
254	漢	許慎	説文解字	6	杻	杶	香椿	【杶】木也。从木，屯聲。《夏書》曰“杶榦栝柏”。杻，古文杶。	
255	漢	許慎	説文解字	6	弍	二	二	【貳】副益也。从貝，弍聲。弍，古文二。	
256	漢	許慎	説文解字	6	亙	橅	竟	【橅】竟也。从木，恆聲。亙，古文橅。	
257	漢	許慎	説文解字	6	岉	扈	扈	【扈】夏后同姓所封，戰於甘者。在鄠，有扈谷、甘亭。从邑，户聲。岉，古文扈从山、弓。	
258	漢	許慎	説文解字	6	囘	回	回轉	【回】轉也。从口，中象回轉形。囘，古文。	
259	漢	許慎	説文解字	6	賵	貨	貨	【賵】資也。从貝，爲聲。或曰此古貨字，讀若貴。	

序號	時代	作者	出處	位置	古字	今字	記録職能	訓條原文	備注
260	漢	許慎	説文解字	6	臾	蕢	蕢	【蕢】物不賤也。从貝，臾聲。臾，古文蕢。	
261	漢	許慎	説文解字	6	朱	困	故廬	【困】故廬也。从木，在口中。朱，古文困。	
262	漢	許慎	説文解字	6	杍	李	李子	【李】果也。从木，子聲。杍，古文。	
263	漢	許慎	説文解字	6	秈	利	利	【黎】果名。从木，秈聲。秈，古文利。	
264	漢	許慎	説文解字	6	秈	利	利	【邌】殷諸侯國，在上黨東北。从邑，秈聲。秈，古文利。《商書》“西伯戡邌”。	
265	漢	許慎	説文解字	6	渿	梁	橋梁	【梁】水橋也。从木、从水，刅聲。渿，古文。	
266	漢	許慎	説文解字	6	麓	麓	山脚樹木	【麓】守山林吏也。从林，鹿聲。一曰林屬於山爲麓，《春秋傳》曰“沙麓崩”。麓，古文从录。	
267	漢	許慎	説文解字	6	楳	某	梅子	【某】酸果也。从木、从甘，闕。楳，古文某从口。	
268	漢	許慎	説文解字	6	奭	睦	睦	【賣】衒也。从貝，奭聲。奭，古文睦，讀若育。	
269	漢	許慎	説文解字	6	峯	南	南方	【南】艸木至南方，有枝任也。从宋，羊聲。峯，古文。	
270	漢	許慎	説文解字	6	鎜	槃	盤子	【槃】承槃也。从木，般聲。鎜，古文从金。	
271	漢	許慎	説文解字	6	穷	貧	貧窮	【貧】財分少也。从貝、从分，分亦聲。穷，古文从宀、分。	
272	漢	許慎	説文解字	6	梔	邠	岐山	【邠】周文王所封，在右扶風美陽中水鄉。从邑，支聲。梔，古文邠从枝、从山。	
273	漢	許慎	説文解字	6	寍	師	師旅	【師】二千五百人爲師……寍，古文師。	
274	漢	許慎	説文解字	6	臺	堂	堂	【鄭】地名。从邑，臺聲。臺，古堂字。	

序號	時代	作者	出處	位置	古字	今字	記錄職能	訓條原文	備注
275	漢	許慎	説文解字	6	囲	柙	箱櫃	【柙】檻也。以藏虎兕。从木，甲聲。囲，古文柙。	
276	漢	許慎	説文解字	6	乑	㮰	㮰	【㮰】小楊也。从木，乑聲。乑，古文㮰。	
277	漢	許慎	説文解字	6	篁	築	夯擣	【築】擣也。从木，筑聲。篁，古文。	
278	漢	許慎	説文解字	7	霸	霸	月初月光	【霸】月始生霸然也，承大月二日，承小月三日。从月，霝聲。《周書》曰“哉生霸”。霸，古文霸。	
279	漢	許慎	説文解字	7	皐	白	白色	【白】西方色也。陰用事，物色白。从入合二。二，陰數。凡白之屬皆从白。皐，古文白。	
280	漢	許慎	説文解字	7	乑	保	保	【宀】藏也。从宀，乑聲。乑，古文保。《周書》曰“陳宀赤刀”。	
281	漢	許慎	説文解字	7	窑	寶	珍寶	【寶】珍也。从宀、从王、从貝，缶聲。窑，古文寶省貝。	
282	漢	許慎	説文解字	7	夛	多	多	【多】重也。从重夕。夕者，相繹也，故爲多。重夕爲多，重日爲疊。凡多之屬皆从多。夛，古文多。	
283	漢	許慎	説文解字	7	叜	宄	奸邪	【宄】姦也。外爲盜，内爲宄。从宀，九聲，讀若軌。叜，古文宄。窓，亦古文宄。	
284	漢	許慎	説文解字	7	窓	宄	奸邪	【宄】姦也。外爲盜，内爲宄。从宀，九聲，讀若軌。叜，古文宄。窓，亦古文宄。	
285	漢	許慎	説文解字	7	瘶	疾	疾病	【疾】病也。从疒，矢聲。瘶，古文疾。矤，籀文疾。	
286	漢	許慎	説文解字	7	卌	疾	疾	【竊】盜自中出曰竊。从穴、从米，禼、卌皆聲。卌，古文疾。禼，古文偰。	
287	漢	許慎	説文解字	7	禼	偰	偰	【竊】盜自中出曰竊。从穴、从米，禼、卌皆聲。卌，古文疾。禼，古文偰。	

續表

序號	時代	作者	出處	位置	古字	今字	記錄職能	訓條 原文	備注
288	漢	許慎	説文解字	7	秜	稷	五穀之長	【稷】齋也，五穀之長。从禾，畟聲。秜，古文稷省。	
289	漢	許慎	説文解字	7	冢	家	家	【家】居也。从宀，豭省聲。冢，古文家。	
290	漢	許慎	説文解字	7	㱠	克	承擔	【克】肩也。象屋下刻木之形。凡克之屬皆从克。㲋，古文克。㱠，亦古文克。	
291	漢	許慎	説文解字	7	㲋	克	承擔	【克】肩也……㲋，古文克。	
292	漢	許慎	説文解字	7	完	寬	寬	【完】全也。从宀，元聲。古文以爲寬字。	
293	漢	許慎	説文解字	7	秈	利	利	【黎】履黏也。从黍，秈省聲。秈，古文利。作履黏以黍米。	
294	漢	許慎	説文解字	7	飱	粒	米粒	【粒】糂也。从米，立聲。飱，古文粒。	
25	漢	許慎	説文解字	7	㮃	桌	栗樹	【桌】木也。从木，其實下垂，故从卤。㮃，古文桌从西、从二卤。	
296	漢	許慎	説文解字	7	旅	魯	魯	【旅】軍之五百人爲旅。从㫃、从从。从，俱也。衣。古文旅。古文以爲魯衛之魯。	
297	漢	許慎	説文解字	7	衣	旅	軍旅	【旅】軍之五百人爲旅。从㫃、从从。从，俱也。衣。古文旅。古文以爲魯衛之魯。	
298	漢	許慎	説文解字	7	圐	冒	冒出	【冒】冢而前也。从冃、从目。圐，古文冒。	
299	漢	許慎	説文解字	7	盟	䀇	會盟	【䀇】《周禮》曰"國有疑則盟，諸侯再相與會，十二歲一䀇。北面詔天之司慎、司命，䀇，殺牲歃血，朱盤玉敦，以立牛耳"。从囧、从血。盟，篆文从朙。䀇，古文从明。	
300	漢	許慎	説文解字	7	明	朙	光明	【朙】照也。从月、从囧……明，古文朙从日。	
301	漢	許慎	説文解字	7	麿	暴	暴曬	【暴】晞也。从日、从出、从収、从米。麿，古文暴从日，麃聲。	

序號	時代	作者	出處	位置	古字	今字	記錄職能	訓條原文	備注
302	漢	許慎	説文解字	7	朞	期	會約	【期】會也。从月，其聲。朞，古文期从日、丌。	
303	漢	許慎	説文解字	7	囜	日	太陽	【日】實也。太陽之精不虧。从口、一。象形。凡日之屬皆从日。囜，古文。象形。	
304	漢	許慎	説文解字	7	宕	容	盛也	【容】盛也。从宀、谷。宕，古文容从公。	
305	漢	許慎	説文解字	7	糁	糂	以米和羹	【糂】以米和羹也。一曰粒也。从米，甚聲。糁，古文糂从參。	
306	漢	許慎	説文解字	7	旹	時	季度	【時】四時也。从日，寺聲。旹，古文時从之、日。	
307	漢	許慎	説文解字	7	佰	夙	宿	【宿】止也。从宀，佰聲。佰，古文夙。	
308	漢	許慎	説文解字	7	佰	夙	夙	【夙】早敬也。从丮。持事，雖夕不休，早敬者也。佰，古文夙从人、凮。佰，亦古文夙，从人、西，宿从此。	
309	漢	許慎	説文解字	7	佰	夙	夙	【夙】早敬也。从丮。持事，雖夕不休，早敬者也。佰，古文夙从人、凮。佰，亦古文夙，从人、西，宿从此。	
310	漢	許慎	説文解字	7	夘	外	遠	【外】遠也。卜尚平旦，今夕卜，於事外矣。夘，古文外。	
311	漢	許慎	説文解字	7	冈	网	漁網	【冂】庖犧所結繩以漁。从冂，下象网交文。凡网之屬皆从网。罔，网或从亡。𦌾，网或从糸。冈，古文网。网，籀文网。	
312	漢	許慎	説文解字	7	匩	帷	帷幕	【帷】在旁曰帷。从巾，佳聲。匩，古文帷。	
313	漢	許慎	説文解字	7	囻	席	席子	【席】籍也。《禮》"天子、諸侯席，有黼繡純飾"。从巾，庶省。囻，古文席从石省。	
314	漢	許慎	説文解字	7	㬎	顯	顯	【㬎】衆微秒也。从日中視絲。古文以爲顯字。或曰衆口兒，讀若唫唫。或以爲繭；繭者，絮中往往有小繭也。	

續表

序號	時代	作者	出處	位置	古字	今字	記録職能	訓條原文	備注
315	漢	許慎	説文解字	7	曐	星	星星	【曐】萬物之精，上爲列星。从晶，生聲。一曰象形从口，古口復注中，故與日同。曑，古文星。星，曐或省。	
316	漢	許慎	説文解字	7	㫃	㫃	旌旗飄帶	【㫃】旌旗之游，㫃蹇之皃。从屮，曲而下，垂㫃相出入也。讀若偃。古人名㫃，字子游。凡㫃人之屬皆从㫃。㫃，古文㫃字。象形。及象旌旗之游。	
317	漢	許慎	説文解字	7	宐	宜	適宜	【宜】所安也。从宀之下，一之上，多省聲。𡧪，古文宜。宐，亦古文宜。	
318	漢	許慎	説文解字	7	𡧪	宜	適宜	【宜】所安也。从宀之下，一之上，多省聲。𡧪，古文宜。宐，亦古文宜。	
319	漢	許慎	説文解字	7	由	甹	木生條	【甹】木生條也。从马，由聲。《商書》曰“若顛木之有甹枿”。古文言由枿。	
320	漢	許慎	説文解字	7	逕	游	旌旗飄帶	【游】旌旗之流也。从㫃，汓聲。逕，古文游。	
321	漢	許慎	説文解字	7	厇	宅	住宅	【宅】所託也。从宀，乇聲。宪，古文宅。厇，亦古文宅。	
322	漢	許慎	説文解字	7	宪	宅	住宅	【宅】所託也。从宀，乇聲。宪，古文宅。厇，亦古文宅。	
323	漢	許慎	説文解字	8	舩	般	般	【般】辟也。象舟之旋，从舟。从殳，殳，所以旋也。舩，古文般从支。	
324	漢	許慎	説文解字	8	保	保	保	【褒】衣博裾。从衣，保省聲。保，古文保。	
325	漢	許慎	説文解字	8	保	保	孵育	【保】養也。从人、从孚省。孚，古文孚。呆，古文保。保，古文保不省。	
326	漢	許慎	説文解字	8	呆	保	孵育	【保】養也。从人、从孚省。孚，古文孚。呆，古文保。保，古文保不省。	
327	漢	許慎	説文解字	8	孚	孚	孵育	【保】養也。从人、从孚省。孚，古文孚。呆，古文保。保，古文保不省。	
328	漢	許慎	説文解字	8	㑬	備	謹慎	【備】慎也。从人，葡聲。㑬，古文備。	

續表

序號	時代	作者	出處	位置	古字	今字	記錄職能	訓條原文	備注
329	漢	許慎	説文解字	8	夶	比	親密	【比】密也。二人爲从，反从爲比。凡比之屬皆从比。夶，古文比。	
330	漢	許慎	説文解字	8	襮	表	上衣	【表】上衣也。从衣、从毛。古者衣裘，以毛爲表。襮，古文表从麃。	
331	漢	許慎	説文解字	8	茐	次	其次	【次】不前不精也。从欠，二聲。茐，古文次。	
332	漢	許慎	説文解字	8	彬	份	文質兼備	【份】文質僃也。从人，分聲。《論語》曰"文質份份"。彬，古文份从彡、林。	
333	漢	許慎	説文解字	8	𦨶	服	用	【服】用也。一曰車右。騑所以舟旋从舟，𠬝聲。𦨶，古文服从人。	
334	漢	許慎	説文解字	8	𥈠	觀	觀看	【觀】諦視也。从見，雚聲。𥈠，古文觀从囧。	
335	漢	許慎	説文解字	8	旡	旡	打嗝	【旡】歙食气屰不得息曰旡。从反欠。凡旡之屬皆从旡。旡，古文旡。	
336	漢	許慎	説文解字	8	桑	息	虚詞	【息】衆詞也。與也。从丌，自聲……桑，古文息。	
337	漢	許慎	説文解字	8	䚕	監	臨下	【監】臨下也。从臥，衉省聲。䚕，古文監从言。	
338	漢	許慎	説文解字	8	量	量	稱量	【量】稱輕重也。从重省，曏省聲。量，古文量。	
339	漢	許慎	説文解字	8	顅	履	鞋	【履】足所依也……顅，古文履从頁、从足。	
340	漢	許慎	説文解字	8	𨁺	企	踮脚	【企】舉踵也。从人，止聲。𨁺，古文企从足。	
341	漢	許慎	説文解字	8	坙	丘	土丘	【丘】土之高也，非人所爲也。从北、从一。一，地也，人居在丘南，故从北。中邦之居，在崐崘東南。一曰四方高，中央下爲丘。象形。凡丘之屬皆从丘。坙，古文从土。	
342	漢	許慎	説文解字	8	求	裘	皮衣	【裘】皮衣也。从衣，求聲……求，古文省衣。	

序號	時代	作者	出處	位置	古字	今字	記錄職能	訓條原文	備注
343	漢	許慎	説文解字	8	忎	仁	仁愛	【仁】親也。从人、从二。忎,古文仁从千、心。忎,古文仁,或从尸。	
344	漢	許慎	説文解字	8	忎	仁	仁愛	【仁】親也。从人、从二。忎,古文仁从千、心。忎,古文仁,或从尸。	
345	漢	許慎	説文解字	8	吴	矢	矢	【甦】未定也。从七,吴聲。吴,古文矢字。	
346	漢	許慎	説文解字	8	眂	視	看視	【視】瞻也。从見、示。眂,古文視。眂,亦古文視。	
347	漢	許慎	説文解字	8	眂	視	看視	【視】瞻也。从見、示。眂,古文視。眂,亦古文視。	
348	漢	許慎	説文解字	8	襄	衰	襄衣	【衰】艸雨衣。秦謂之萆。从衣,象形。襄,古文衰。	
349	漢	許慎	説文解字	8	望	朢	月滿	【朢】月滿與日相朢,以朝君也……望,古文朢省。	
350	漢	許慎	説文解字	8	臺	屋	屋舍	【屋】居也……臺,古文屋。	
351	漢	許慎	説文解字	8	侮	侮	欺侮	【侮】傷也。从人,每聲。侮,古文从母。	
352	漢	許慎	説文解字	8	嬰	襄	解衣耕作	【襄】漢令:解衣耕謂之襄。从衣,㗊聲。嬰,古文襄。	
353	漢	許慎	説文解字	8	侁	訓	訓	【侁】送也。从人,先聲。吕不韋曰"有侁氏以伊尹侁女"。古文以爲訓字。	
354	漢	許慎	説文解字	8	𠈌	伊	伊	【伊】殷聖人阿衡,尹治天下者。从人、从尹。𠈌,古文伊。	
355	漢	許慎	説文解字	8	斉	裔	衣裾	【裔】衣裾也。从衣,冏聲。斉,古文裔。	
356	漢	許慎	説文解字	8	龡	歙	飲	【歙】歠也。从欠,酓聲。凡歙之屬皆从歙。㱃,古文歙从今、水。龡,古文歙从今、食。	

續表

序號	時代	作者	出處	位置	古字	今字	記錄職能	訓條原文	備注
357	漢	許慎	説文解字	8	㱃	歙	飲	【歙】歠也……㱃，古文歙从今、水。	
358	漢	許慎	説文解字	8	㡯	宅	宅	【侂】寄也。从人，㡯聲。㡯，古文宅。	
359	漢	許慎	説文解字	8	𡅏	眞	羽化登真	【眞】僊人變形而登天也。从匕、从目、从匸。匸音隱。八，所乘載也。𡅏，古文眞。	
360	漢	許慎	説文解字	8	敳	徵	徵召	【徵】召也……敳，古文徵。	
361	漢	許慎	説文解字	8	𠦑	卓	卓越	【卓】高也。早匕爲𠦑，匕卪爲卬，皆同義。𠦑，古文卓。	
362	漢	許慎	説文解字	9	𨸐	嵮	山崩塌	【嵮】山壞也。从山，朋聲。𨸐，古文从自。	
363	漢	許慎	説文解字	9	㐁	長	久遠	【長】久遠也。从兀、从匕。兀者，高遠意也。久則變化。亡聲……夫，古文長。㐁，亦古文長。	
364	漢	許慎	説文解字	9	夫	長	久遠	【長】久遠也。从兀、从匕。兀者，高遠意也。久則變化。亡聲……夫，古文長。㐁，亦古文長。	
365	漢	許慎	説文解字	9	頪	髪	頭髪	【髪】根也。从髟，犮聲。頪，古文。	
366	漢	許慎	説文解字	9	𦎫	苟	自我要求	【苟】自急敕也。从羊省、从包省、从口，口猶慎言也。从羊，羊與義、善、美同意。凡苟之屬皆从苟。𦎫，古文羊不省。	
367	漢	許慎	説文解字	9	炗	光	光	【庶】屋下衆也。从广、炗。炗，古文光字。	
368	漢	許慎	説文解字	9	䰣	鬼	鬼	【鬼】人所歸爲鬼。从人，象鬼頭。鬼陰气賊害从厶。凡鬼之屬皆从鬼。䰣，古文从示。	
369	漢	許慎	説文解字	9	卝	礦	礦石	【礦】銅鐵樸石也……卝，古文礦。	

續表

序號	時代	作者	出處	位置	古字	今字	記録職能	訓條原文	備注
370	漢	許慎	説文解字	9	𥗲	碣	高聳之石	【碣】特立之石……𥗲，古文。	
371	漢	許慎	説文解字	9	𠆴	廄	馬廄	【廄】馬舍也。从广，𣪘聲……𠆴，古文从九。	
372	漢	許慎	説文解字	9	𤰈	魅	精靈	【魅】老精物也……𤰈，古文。	
373	漢	許慎	説文解字	9	庿	廟	宗廟	【廟】尊先祖皃。从广，朝聲。庿，古文。	
374	漢	許慎	説文解字	9	硜	磬	打擊樂器	【磬】樂石也……硜，古文从巠。	
375	漢	許慎	説文解字	9	𦰢	色	顔色	【色】顔气也……𦰢，古文。	
376	漢	許慎	説文解字	9	豕	豕	彘也	【豕】彘也。竭其尾，故謂之豕。象毛足而後有尾。讀與豨同。……豕，古文。	
377	漢	許慎	説文解字	9	首	百	首	【首】百同。古文百也。巛象髮，謂之鬊，鬊即巛也。	
378	漢	許慎	説文解字	9	兕	𤉡	𤉡獸	【𤉡】如野牛而青。象形。與禽、离頭同。凡𤉡之屬皆从𤉡。兕，古文从儿。	
379	漢	許慎	説文解字	9	𧰽	𢑱	㣇屬	【𢑱】㣇屬。从二㣇。𧰽，古文𢑱。《虞書》曰“𢑱類于上帝”。	
380	漢	許慎	説文解字	9	𤰞	畏	惡也	【畏】惡也。从甶，虎省。鬼頭而虎爪，可畏也。𤰞，古文省。	
381	漢	許慎	説文解字	9	𠣬	旬	十日	【旬】徧也。十日爲旬。从勹、日。𠣬，古文。	
382	漢	許慎	説文解字	9	𢑚	㣇	脩豪獸	【㣇】脩豪獸。一曰河内名豕也。从彑，下象毛足。凡㣇之屬皆从㣇。讀若弟。𢑛，籒文。𢑚，古文。	
383	漢	許慎	説文解字	9	羑	𠫿	誘	【𠫿】相詸呼也。从厶、从羑。誘，或从言、秀。𧦝，或如此。羑，古文。	
384	漢	許慎	説文解字	9	𤉢	豫	象之大者	【豫】象之大者。賈侍中説。不害於物。从象，予聲。𤉢，古文。	

序號	時代	作者	出處	位置	古字	今字	記錄職能	訓條原文	備注
385	漢	許慎	説文解字	9	岳	嶽	山嶽	【嶽】東岱、南靃、西華、北恒、中泰室，王者之所以巡狩所至。从山，獄聲。岳，古文象高形。	
386	漢	許慎	説文解字	10	慐	悉	愛	【悉】惠也。从心，先聲。慐，古文。	
387	漢	許慎	説文解字	10	烾	赤	赤色	【赤】南方色也。从大、从火。凡赤之屬皆从赤。烾，古文从炎、土。	
388	漢	許慎	説文解字	10	戠	熾	盛大	【熾】盛也。从火，戠聲。戠，古文熾。	
389	漢	許慎	説文解字	10	囪	窻	窗	【黑】火所熏之色也。从炎，上出囪。囪，古窻字。	
390	漢	許慎	説文解字	10	囪	囪	囪	【囪】在牆曰牖，在屋曰囪。象形。凡囪之屬皆从囪。窗，或从穴。囪，古文。	
391	漢	許慎	説文解字	10	大	亣	大	【大】天大，地大，人亦大。故大象人形。古文亣也。	
392	漢	許慎	説文解字	10	悳	惪	德	【悳】外得於人，内得於己也。从直、从心。惪，古文。	
393	漢	許慎	説文解字	10	婿	憜	不敬	【憜】不敬也……婿，古文。	
394	漢	許慎	説文解字	10	佱	法	法則	【灋】刑也。平之如水，从水。廌，所以觸不直者去之，从去。法，今文省。佱，古文。	
395	漢	許慎	説文解字	10	佱	灋	法則	【灋】刑也。平之如水从，水。廌，所以觸不直者去之，从去。法，今文省。佱，古文。	
396	漢	許慎	説文解字	10	芡	光	光明	【光】明也。从火在人上，光明意也。爂，古文。芡，古文。	
397	漢	許慎	説文解字	10	爂	光	光明	【光】明也。从火在人上，光明意也。爂，古文。芡，古文。	
398	漢	許慎	説文解字	10	亞	㷱	惊跑	【㷱】驚走也。一曰往來也。从夰、亞。《周書》曰“伯㷱”。古文亞，古文囧字。	

序號	時代	作者	出處	位置	古字	今字	記錄職能	訓條原文	備注
399	漢	許慎	説文解字	10	夻	囷	惊跑	【夻】驚走也。一曰往來也。从夰、亞。《周書》曰“伯夻”。古文亞，古文囷字。	
400	漢	許慎	説文解字	10	悶	患	憂患	【患】憂也。从心，上貫吅，吅亦聲。悶，古文从關省。愳，亦古文患。	
401	漢	許慎	説文解字	10	愳	患	憂患	【患】憂也。从心，上貫吅，吅亦聲。悶，古文从關省。愳，亦古文患。	
402	漢	許慎	説文解字	10	思	懼	恐懼	【懼】恐也。从心，瞿聲。思，古文。	
403	漢	許慎	説文解字	10	忎	恐	恐懼	【恐】懼也。从心，巩聲。忎，古文。	
404	漢	許慎	説文解字	10	忹	狂	瘋狗	【狂】狾犬也。从犬，坣聲。忹，古文从心。	
405	漢	許慎	説文解字	10	聭	憇	無知自負	【憇】善自用之意也……聭，古文从耳。	
406	漢	許慎	説文解字	10	丽	麗	結伴而行	【麗】旅行也……丽，古文。	
407	漢	許慎	説文解字	10	影	馬	馬	【馬】怒也。武也。象馬頭髦尾四足之形。凡馬之屬皆从馬。影，古文。影，籀文馬，與影同，有髦。	
408	漢	許慎	説文解字	10	觻	羆	羆	【羆】如熊，黃白文从熊，罷省聲。觻，古文从皮。	
409	漢	許慎	説文解字	10	敺	驅	驅馳	【驅】馬馳也。从馬，區聲。敺，古文驅从攴。	
410	漢	許慎	説文解字	10	昚	慎	謹慎	【慎】謹也。从心，真聲。昚，古文。	
411	漢	許慎	説文解字	10	昚	慎	慎	【尞】柴祭天也。从火、从昚。昚，古文慎字。祭天所以慎也。	
412	漢	許慎	説文解字	10	惹	恕	仁愛	【恕】仁也。从心，如聲。惹，古文省。	

續表

序號	時代	作者	出處	位置	古字	今字	記錄職能	訓條原文	備注
413	漢	許慎	説文解字	10	㚢	吳	大言	【吳】姓也。亦郡也。一曰吳,大言也。从矢、口。㚢,古文如此。	
414	漢	許慎	説文解字	10	憌	悟	覺悟	【悟】覺也。从心,吾聲。憌,古文悟。	
415	漢	許慎	説文解字	10	㠚	囟	囟門	【囟】頭會,匘蓋也。象形。凡囟之屬皆从囟。膟,或从肉、宰。㠚,古文囟字。	
416	漢	許慎	説文解字	10	窒	煙	烟氣	【煙】火气也。从火,㞢聲。窒,古文。	
417	漢	許慎	説文解字	10	尳	尣	跛足	【尣】𣓋曲脛也……尳,古文从坐。	
418	漢	許慎	説文解字	10	忿	怨	怨恨	【怨】恚也。从心,夗聲。忿,古文。	
419	漢	許慎	説文解字	10	灾	烖	災	【烖】天火曰烖,从火,𢦏聲。灾,古文从才。	
420	漢	許慎	説文解字	10	臭	澤	光澤	【臭】大白、澤也。从亣、从白。古文以爲澤字。	
421	漢	許慎	説文解字	10	𢎮	奏	奏報	【奏】奏進也。从夲、从収、从屮。屮,上進之義。𢍱,古文。𢎮,亦古文。	
422	漢	許慎	説文解字	10	𢍱	奏	奏報	【奏】奏進也。从夲、从収、从屮。屮,上進之義。𢍱,古文。𢎮,亦古文。	
423	漢	許慎	説文解字	11	䨘	雹	冰雹	【雹】雨冰也。从雨,包聲。䨘,古文雹。	
424	漢	許慎	説文解字	11	䨓	電	雷電	【電】陰陽激燿也。从雨、从申。䨓,古文電。	
425	漢	許慎	説文解字	11	奥	冬	冬	【冬】四時盡也。从仌、从夂。夂,古文終字。奥,古文冬从日。	
446	漢	許慎	説文解字	11	夂	終	終	【冬】四時盡也。从仌、从夂。夂,古文終字。奥,古文冬从日。	
427	漢	許慎	説文解字	11	灓	漢	漢水	【漢】漾也。東爲滄浪水。从水,難省聲。灓,古文。	

序號	時代	作者	出處	位置	古字	今字	記錄職能	訓條原文	備注
428	漢	許慎	說文解字	11	牁	漿	酸味飲料	【漿】酢漿也。从水，將省聲。牁，古文漿省。	
429	漢	許慎	說文解字	11	䑹	津	渡口	【津】水渡也……䑹，古文津从舟、从淮。	
430	漢	許慎	說文解字	11	坙	坙	水脈	【坙】水脈也。从川在一下。一，地也。壬省聲。一曰水冥坙也。坙，古文坙不省。	
431	漢	許慎	說文解字	11	靁	靁	雷電	【靁】陰陽薄動靁雨，生物者也。从雨，畾象回轉形。靁，古文靁。靐，古文靁。	
432	漢	許慎	說文解字	11	靐	靁	雷電	【靁】陰陽薄動靁雨，生物者也。从雨，畾象回轉形。靁，古文靁。靐，古文靁。	
433	漢	許慎	說文解字	11	汙	没	没	【汙】浮行水上也。从水、从子。古或以汙爲没。泅，汙或从囚聲。	
434	漢	許慎	說文解字	11	湏	沬	洗臉	【沬】洒面也。从水，未聲。湏，古文沬从頁。	
435	漢	許慎	說文解字	11	甽	〈	田間小溝	【〈】水小流也……甽，古文〈从田、从川。	
436	漢	許慎	說文解字	11	洒	灑	灑	【洒】滌也。从水，西聲。古文爲灑埽字。	
437	漢	許慎	說文解字	11	夳	泰	滑	【泰】滑也。从収、从水，大聲。夳，古文泰。	
438	漢	許慎	說文解字	11	沿	沇	沇水	【沇】水。出河東東垣王屋山，東爲泲。从水，允聲。沿，古文沇。	
439	漢	許慎	說文解字	11	濬	睿	深通川	【睿】深通川也……濬，古文睿。	
440	漢	許慎	說文解字	11	瀁	漾	漾水	【漾】水，出隴西相道，東至武都爲漢。从水，羕聲。瀁，古文从養。	
441	漢	許慎	說文解字	11	仐	霒	雲覆日	【霒】雲覆日也。从雲，今聲。侌，古文或省。仐，亦古文霒。	
442	漢	許慎	說文解字	11	屚	雨	雨水	【雨】水从雲下也。一象天，冂象雲，水霝其閒也。凡雨之屬皆从雨。屚，古文。	

序號	時代	作者	出處	位置	古字	今字	記錄職能	訓條原文	備注
443	漢	許慎	説文解字	11	困	淵	洄流水	【淵】回水也。从水，象形。左右岸也。中象水皃。困，古文从口、水。	
444	漢	許慎	説文解字	11	?	雲	雲氣	【雲】山川气也。从雨，云象雲回轉形。凡雲之屬皆从雲。云，古文省雨。?，亦古文雲。	
445	漢	許慎	説文解字	11	云	雲	雲氣	【雲】山川气也。从雨，云象雲回轉形。凡雲之屬皆从雲。云，古文省雨。?，亦古文雲。	
446	漢	許慎	説文解字	11	蕭	霣	下雨	【霣】雨也。齊人謂靁爲霣。从雨，員聲。一曰雲轉起也。蕭，古文霣。	
447	漢	許慎	説文解字	11	澄	湛	沉没	【湛】没也。从水，甚聲。一曰湛水，豫章浸。澄，古文。	
448	漢	許慎	説文解字	11	宂	終	終	【冬】水也。从水，宂聲。宂，古文終。	
449	漢	許慎	説文解字	11	州	州	水中可居處	【州】水中可居曰州，周遶其旁，从重川。昔堯遭洪水，民居水中高土，或曰九州。《詩》曰"在河之州"。一曰州，疇也。各疇其土而生之。州，古文州。	
450	漢	許慎	説文解字	12	犕	撵	拜	【撵】首至地也……犕，古文拜。	
451	漢	許慎	説文解字	12	甹	弼	輔佐	【弼】輔也。重也。从弜，丙聲。敪、甹，並古文弼。	
452	漢	許慎	説文解字	12	敪	弼	輔佐	【弼】輔也。重也。从弜，丙聲。敪、甹，並古文弼。	
453	漢	許慎	説文解字	12	敯	播	播種	【播】種也。一曰布也。从手，番聲。敯，古文播。	
454	漢	許慎	説文解字	12	扷	扶	扶助	【扶】左也。从手，夫聲。扷，古文扶。	
455	漢	許慎	説文解字	12	辻	撫	安撫	【撫】安也。从手，無聲。一曰循也。辻，古文从辵、亡。	
456	漢	許慎	説文解字	12	床	户	單扇門	【户】護也。半門曰户，象形……床，古文户从木。	

序號	時代	作者	出處	位置	古字	今字	記錄職能	訓條原文	備注
457	漢	許慎	説文解字	12	㛥	姦	私通	【姦】私也。从三女。㛥,古文姦从心,旱聲。	
458	漢	許慎	説文解字	12	闓	開	張開	【開】張也。从門、从开。闓,古文。	
459	漢	許慎	説文解字	12	㝩	窶	空	【窶】空也。从母中女,空之意也。一曰窶,務也。㝩,古文。	
460	漢	許慎	説文解字	12	兡	民	民衆	【民】衆萌也。从古文之象。凡民之屬皆从民。兡,古文民。	
461	漢	許慎	説文解字	12	慁	閔	吊唁	【閔】弔者在門也。从門,文聲。慁,古文閔。	
462	漢	許慎	説文解字	12	伮	奴	奴隸	【奴】奴、婢,皆古之辠人也……伮,古文奴从人。	
463	漢	許慎	説文解字	12	姕	妻	妻子	【妻】婦與夫齊者也。从女、从中、从又。又,持事,妻職也。姕,古文妻从肖、女。肖,古文貴字。	
464	漢	許慎	説文解字	12	肖	貴	貴	【妻】婦與夫齊者也。从女、从中、从又。又,持事,妻職也。姕,古文妻从肖、女。肖,古文貴字。	
465	漢	許慎	説文解字	12	鏊	珡	琴	【珡】禁也。神農所作,洞越,練朱五弦,周加二弦……鏊,古文珡从金。	
466	漢	許慎	説文解字	12	凵	曲	曲	【曲】象器曲受物之形。或説曲,蠶薄也。凡曲之屬皆从曲。凵,古文曲。	
467	漢	許慎	説文解字	12	爽	瑟	樂器	【瑟】庖犧所作弦樂也。从珡,必聲。爽,古文瑟。	
468	漢	許慎	説文解字	12	乇	殺	殺	【我】施身自謂也。或説我,頃頓也。从戈、从乇。乇,或説古垂字。一曰古殺字。凡我之屬皆从我。𢦴,古文我。	
469	漢	許慎	説文解字	12	乇	垂	垂	【我】施身自謂也。或説我,頃頓也。从戈、从乇。乇,或説古垂字。一曰古殺字。凡我之屬皆从我。𢦴,古文我。	

續表

序號	時代	作者	出處	位置	古字	今字	記録職能	訓條原文	備注
470	漢	許慎	説文解字	12	烖	我	自稱代詞	【我】施身自謂也。或説我，頃頓也。从戈、从禾。禾，或説古垂字。一曰古殺字。凡我之屬皆从我。烖，古文我。	
471	漢	許慎	説文解字	12	𠜲	手	拳	【手】拳也。象形。凡手之屬皆从手。𠜲，古文手。	
472	漢	許慎	説文解字	12	達	撻	鞭撻	【撻】鄉飲酒，罰不敬，撻其背。从手，達聲。達，古文撻。《周書》曰"達以記之"。	
473	漢	許慎	説文解字	12	聕	聞	聽聞	【聞】知聞也。从耳，門聲。聕，古文从昏。	
474	漢	許慎	説文解字	12	㪓	握	持握	【握】搤持也。从手，屋聲。㪓，古文握。	
475	漢	許慎	説文解字	12	卤	西	西方	【西】鳥在巢上。象形。日在西方而鳥棲，故因以爲東西之西。凡西之屬皆从西。棲，西或从木、妻。卤，古文西。卤，籀文西。	
476	漢	許慎	説文解字	12	丄	下	下	【丅】底也。从反二。丄，古文下字。讀若軍敶之敶。	
477	漢	許慎	説文解字	12	閒	閑	間隙	【閒】隙也。从門、从月。閑，古文閒。	
478	漢	許慎	説文解字	12	敭	揚	飛揚	【揚】飛舉也。从手，易聲。敭，古文。	
479	漢	許慎	説文解字	12	𢨴	㢈	寬下頜	【㢈】廣臣也。从臣，巳聲。𢨴，古文㢈从户。	
480	漢	許慎	説文解字	12	閾	闃	門檻	【闃】門榍也。从門，或聲。《論語》曰"行不履闃"。閾，古文闃从洫。	
481	漢	許慎	説文解字	12	由	㽅	東楚名缶	【㽅】東楚名缶曰㽅。象形。凡㽅之屬皆从㽅。由，古文。	
482	漢	許慎	説文解字	12	㥄	直	正見	【直】正見也。从乚、从十、从目。㥄，古文直。	
483	漢	許慎	説文解字	12	至	至	到達	【至】鳥飛从高下至地也。从一，一猶地也。象形。不，上去；而至，下來也。凡至之屬皆从至。至，古文至。	

續表

序號	時代	作者	出處	位置	古字	今字	記錄職能	訓條原文	備注
484	漢	許慎	説文解字	13	𨑊	蚳	蟻卵	【蚳】蟊子也。从虫，氐聲……𨑊，古文蚳从辰、土。	
485	漢	許慎	説文解字	13	𧍙	蠢	蟲動	【蠢】蟲動也。从䖵，春聲。𧍙，古文蠢从㦮。	
486	漢	許慎	説文解字	13	聖	坙	以土鋪路	【坙】以土增大道上。从土，次聲。聖，古文坙从土、即。	
487	漢	許慎	説文解字	13	連	動	行動	【動】作也。从力，重聲。連，古文動从辵。	
488	漢	許慎	説文解字	13	弍	二	二	【二】地之數也……弍，古文。	
489	漢	許慎	説文解字	13	㞣	封	封邑	【封】爵諸侯之土也……㞣，古文封省。	
490	漢	許慎	説文解字	13	𠙻	風	風	【風】八風也。東方曰明庶風，東南曰清明風，南方曰景風，西南曰涼風，西方曰閶闔風，西北曰不周風，北方曰廣莫風，東北曰融風。風動蟲生。故蟲八日而化。从虫，凡聲。凡風之屬皆从風。𠙻，古文風。	
491	漢	許慎	説文解字	13	𧐢	蠭	蜂	【蠭】飛蟲螫人者。从䖵，逢聲。𧐢，古文省。	
492	漢	許慎	説文解字	13	㧈	撫	撫摩	【撫】安也。从手，無聲。一曰揗也。㧈，古文从辵、亡。	
493	漢	許慎	説文解字	13	𢇍	綱	提網總繩	【綱】維紘繩也。从糸，岡聲。𢇍，古文綱。	
494	漢	許慎	説文解字	13	苂	光	光	【黃】地之色也。从田、从芡，芡亦聲。苂，古文光。凡黃之屬皆从黃。龚，古文黃。	
495	漢	許慎	説文解字	13	龚	黃	黃色	【黃】地之色也。从田、从芡，芡亦聲。芡，古文光。凡黃之屬皆从黃。龚，古文黃。	
496	漢	許慎	説文解字	13	珪	圭	玉圭	【圭】瑞玉也。上圜下方。公執桓圭，九寸；矦執信圭，伯執躬圭，皆七寸；子執穀璧，男執蒲璧，皆五寸。以封諸矦。从重土。楚爵有執圭。珪，古文圭从玉。	

序號	時代	作者	出處	位置	古字	今字	記錄職能	訓條原文	備注
497	漢	許慎	説文解字	13	黽	龜	烏龜	【龜】舊也。外骨内肉者也。从它，龜頭與它頭同。天地之性，廣肩無雄，龜鼈之類，以它爲雄。象足甲尾之形。凡龜之屬皆从龜。黽，古文龜。	
498	漢	許慎	説文解字	13	死	恆	恒久	【恆】常也……死，古文恆从月。	
499	漢	許慎	説文解字	13	甀	壞	毁壞	【壞】敗也。从土，褱聲。甀，古文壞省。	
500	漢	許慎	説文解字	13	毁	毁	毁壞	【毁】缺也。从土，毇省聲。毁，古文毁从壬。	
501	漢	許慎	説文解字	13	弓	及	及	【凡】最括也。从二，二，偶也。从弓，弓，古文及。	
502	漢	許慎	説文解字	13	緷	繭	蠶繭	【繭】蠶衣也……緷，古文繭从糸、見。	
503	漢	許慎	説文解字	13	菣	堇	黏土	【堇】黏土也。从土、从黄省。凡堇之屬皆从堇。蓳、菣皆古文堇。	
504	漢	許慎	説文解字	13	蓳	堇	黏土	【堇】黏土也。从土、从黄省。凡堇之屬皆从堇。蓳、菣皆古文堇。	
505	漢	許慎	説文解字	13	𢇍	絶	斷開	【絶】斷絲也。从糸、从刀、从卪。𢇍，古文絶。象不連體，絶二絲。	
506	漢	許慎	説文解字	13	𢇍	絶	斷開	【蠿】蠿蟊，作罔蛛蟊也。从蚰，𢇍聲。𢇍，古絶字。	
507	漢	許慎	説文解字	13	慈	勞	辛勞	【勞】劇也……慈，古文勞从悉。	
508	漢	許慎	説文解字	13	𥝖	蠹	蠹	【蠹】蟲齧木中也。从蚰，橐聲。𥝖，古文。	
509	漢	許慎	説文解字	13	蚄	蟲	食根蟲	【蟲】蟲食艸根者。从蟲，象其形。吏抵冒取民財則生。蟊，蟊或从敄。蚄，古文蟊从虫、从牟。	
510	漢	許慎	説文解字	13	𢇏	糸	細絲	【糸】細絲也。象束絲之形。凡糸之屬皆从糸。讀若覛。𢇏，古文糸。	

序號	時代	作者	出處	位置	古字	今字	記録職能	訓條原文	備注
511	漢	許慎	説文解字	13	勥	勞	强迫	【勥】迫也。从力，强聲。勞，古文从彊。	
512	漢	許慎	説文解字	13	絮	紹	繼承	【紹】繼也……絮，古文紹从邵。	
513	漢	許慎	説文解字	13	㠭	總	十五升布	【總】十五升布也。一曰兩麻一絲布也。从糸，思聲。㠭，古文總从糸省。	
514	漢	許慎	説文解字	13	坣	堂	殿堂	【堂】殿也。从土，尚聲。坣，古文堂。	
515	漢	許慎	説文解字	13	線	綫	綫縷	【綫】縷也。从糸，戔聲。線，古文綫。	
516	漢	許慎	説文解字	13	叶	協	共同	【協】衆之同和也。从劦、从十。叶，古文協从曰、十。	
517	漢	許慎	説文解字	13	賡	續	連續	【續】連也……賡，古文續从庚、貝。	
518	漢	許慎	説文解字	13	勛	勳	功勳	【勳】能成王功也。从力，熏聲。勛，古文勳从員。	
519	漢	許慎	説文解字	13	㐪	堯	高	【堯】高也。从垚在兀上，高遠也。㐪，古文堯。	
520	漢	許慎	説文解字	13	埜	野	郊外	【野】郊外也。从里，予聲。埜，古文野从里省、从林。	
521	漢	許慎	説文解字	13	絲	彝	宗廟常器	【彝】宗廟常器也。从糸，糸，綦也。廾持米，器中寶也。彑聲。此與爵相似。《周禮》"六彝：雞彝、鳥彝、黄彝、虎彝、蟲彝、斝彝。以待祼將之禮"。䊅、絲，皆古文彝。	
522	漢	許慎	説文解字	13	䊅	彝	宗廟常器	【彝】宗廟常器也。从糸，糸，綦也。廾持米，器中寶也。彑聲。此與爵相似。《周禮》"六彝：雞彝、鳥彝、黄彝、虎彝、蟲彝、斝彝。以待祼將之禮"。䊅、絲，皆古文彝。	
523	漢	許慎	説文解字	13	垔	堙	堵塞	【堙】塞也。《尚書》曰"鯀堙洪水"。从土，西聲。垔，古文堙。	

續表

序號	時代	作者	出處	位置	古字	今字	記録職能	訓條原文	備注
524	漢	許慎	説文解字	13	𩫖	墉	城墻	【墉】城垣也。从土，庸聲。𩫖，古文墉。	
525	漢	許慎	説文解字	13	恿	勇	勇氣	【勇】气也。从力，甬聲。恿，古文勇从心。	
526	漢	許慎	説文解字	13	𡋾	墺	定居地	【墺】四方土可居也。从土，奥聲。𡋾，古文墺。	
527	漢	許慎	説文解字	13	𦅛	繘	井繩	【繘】綆也。从糸，矞聲。𦅛，古文从絲。	
528	漢	許慎	説文解字	13	叉	爪	爪	【蚤】齧人跳蟲。从䖵，叉聲。叉，古爪字。蚤，蚤或從虫。	
529	漢	許慎	説文解字	13	𠔢	終	絿絲	【終】絿絲也。从糸，冬聲。𠔢，古文終。	
530	漢	許慎	説文解字	13	夊	終	終	【螽】蝗也。从䖵，夊聲。夊，古文終字。螺，螽或从虫、衆聲。	
531	漢	許慎	説文解字	13	坐	坐	坐	【坐】止也。从土、从留省。土，所止也。此與留同意。坐，古文坐。	
532	漢	許慎	説文解字	14	阩	陳	宛丘	【陳】宛丘，舜後嬀滿之所封。从𨸏、从木，申聲。阩，古文陳。	
533	漢	許慎	説文解字	14	戚	成	成就	【成】就也。从戊，丁聲。戚，古文成从午。	
534	漢	許慎	説文解字	14	𧯳	隫	溝洫	【隫】通溝也……𧯳，古文隫从谷。	
535	漢	許慎	説文解字	14	𠛁	斷	截斷	【斷】截也。从斤、从㡭。㡭，古文絶。𠠧，古文斷从皀。皀，古文叀字。《周書》曰“𠠧𠠧猗無他技”。𠛁，亦古文。	
536	漢	許慎	説文解字	14	𨺅	𨸏	高而平的無石山	【𨸏】大陸，山無石者。象形。凡𨸏之屬皆从𨸏。𨺅，古文。	
537	漢	許慎	説文解字	14	𣦸	辜	罪過	【辜】辠也。从辛，古聲。𣦸，古文辜从死。	

續表

序號	時代	作者	出處	位置	古字	今字	記録職能	訓條原文	備注
538	漢	許慎	説文解字	14	帀	亥	亥	【亥】荄也。十月微陽起，接盛陰。从二，二，古文上字。一人男，一人女也。从乙，象裹子咳咳之形。《春秋傳》曰“亥有二首六身”。凡亥之屬皆从亥。帀，古文。	
539	漢	許慎	説文解字	14	𤕦	昏	昏	【輡】車伏兔下革也。从車，𤕦聲。𤕦，古昏字。讀若閔。	
540	漢	許慎	説文解字	14	㞢	己	己	【己】中宫也。象萬物辟藏詘形也。己承戊，象人腹。凡己之屬皆从己。㞢，古文己。	
541	漢	許慎	説文解字	14	㕄	甲	甲	【甲】東方之孟，陽气萌動。从木戴孚甲之象。一曰人頭宜爲甲，甲象人頭。凡甲之屬皆从甲。㕄，古文甲，始於十，見於千，成於木之象。	
542	漢	許慎	説文解字	14	牆	醬	肉醬	【醬】鹽也。从肉、从酉，酒以和醬也。爿聲。牆，古文。	
543	漢	許慎	説文解字	14	金	金	金	【金】五色金也。黄爲之長。久薶不生衣，百鍊不輕，从革不違。西方之行。生於土。从土，左右注，象金在土中形，今聲。凡金之屬皆从金。金，古文金。	
544	漢	許慎	説文解字	14	𠒒	斷	截斷	【斷】截也。从斤、从㡭。㡭，古文絶。𠒒，古文斷从𠂤。𠂤，古文叀字。《周書》曰“𠒒𠒒猗無他技”。𣃔，亦古文。	
545	漢	許慎	説文解字	14	㡭	絶	斷開	【斷】截也。从斤、从㡭。㡭，古文絶。𠒒，古文斷从𠂤。𠂤，古文叀字。《周書》曰“𠒒𠒒猗無他技”。𣃔，亦古文。	
546	漢	許慎	説文解字	14	𠂤	叀	專	【斷】截也。从斤、从㡭。㡭，古文絶。𠒒，古文斷从𠂤。𠂤，古文叀字。《周書》曰“𠒒𠒒猗無他技”。𣃔，亦古文。	
547	漢	許慎	説文解字	14	銞	鈞	三十斤	【鈞】三十斤也。从金，勻聲。銞，古文鈞从旬。	
548	漢	許慎	説文解字	14	𢦏	矛	矛	【矛】酋矛也。建於兵車，長二丈，象形……𢦏，古文矛从戈。	

續表

序號	時代	作者	出處	位置	古字	今字	記録職能	訓條原文	備注
549	漢	許慎	説文解字	14	非	卯	卯	【卯】冒也。二月，萬物冒地而出。象開門之形，故二月爲天門。凡卯之屬皆从卯。非，古文卯。	
550	漢	許慎	説文解字	14	系	孟	最長者	【孟】長也。从子，皿聲。系，古文孟。	
551	漢	許慎	説文解字	14	玨	鈕	印紐	【鈕】印鼻也。从金，丑聲。玨，古文鈕从玉。	
552	漢	許慎	説文解字	14	厎	辰	辰	【辰】震也。三月，陽气動，靁電振，民農時也。物皆生。从乙、匕，象芒達；厂，聲也。辰，房星，天時也。从二，二，古文上字。凡辰之屬皆从辰。厎，古文辰。	
553	漢	許慎	説文解字	14	二	上	上	【辰】震也。三月，陽气動，靁電振，民農時也。物皆生。从乙、匕，象芒達；厂，聲也。辰，房星，天時也。从二，二，古文上字。凡辰之屬皆从辰。厎，古文辰。	
554	漢	許慎	説文解字	14	皀	申	申	【申】神也。七月，陰气成，體自申束。从臼，自持也。吏臣餔時聽事，申旦政也。凡申之屬皆从申。皀，古文申。昌，籀文申。	
555	漢	許慎	説文解字	14	冗	四	四	【四】陰數也。象四分之形。凡四之屬皆从四。冗，古文四。三，籀文四。	
556	漢	許慎	説文解字	14	銕	鐵	鐵	【鐵】黑金也。从金，䇂聲。銕，古文鐵从夷。	
557	漢	許慎	説文解字	14	ㄨ	五	五	【五】五行也……ㄨ，古文五省。	
558	漢	許慎	説文解字	14	𤽄	禼	蟲也	【禼】蟲也。从厹，象形。讀與偰同。𤽄，古文禼。	
559	漢	許慎	説文解字	14	𡖕	寅	寅	【寅】髕也。正月，陽气動，去黄泉，欲上出，陰尚彊，象宀不達，髕寅於下也。凡寅之屬皆从寅。𡖕，古文寅。	
560	漢	許慎	説文解字	14	丣	酉	酒	【酉】就也。八月黍成，可爲酎酒。象，古文酉之形……丣，古文酉。	

序號	時代	作者	出處	位置	古字	今字	記錄職能	訓條原文	備注
561	漢	許慎	説文解字	14	禸	禹	蟲	【禹】蟲也。从厹，象形。禸，古文禹。	
562	漢	許慎	説文解字	14	𨒅	陟	登山	【陟】登也。从𨸏、从步。𨒅，古文陟。	
563	漢	許慎	説文解字	14	㐬	子	子	【㐬】不順忽出也。从到子。《易》曰“突如其來，如不孝子突出，不容於内也”。凡㐬之屬皆从㐬。㐬，或从到，古文子，即《易》突字。	
564	漢	許慎	説文解字	14	㜽	子	子	【子】十一月，陽气動，萬物滋，人以爲偁。象形。凡子之屬皆从子。㜽，古文子从巛，象髮也。𡴲，籀文子，囟有髮，臂脛在几上也。	
565	漢	許慎	後漢書注	70	颮	颮	颮	【矢無單殺，中必疊雙，颮颮紛紛，矰繳相纏】颮颮紛紛，衆多也。《説文》曰“颮，古颮字”。	李賢轉引
566	漢	許慎	匡謬正俗	2	鬪	鬭	鬭	【鬭】《費誓序》云“魯侯伯禽，宅曲阜。徐夷並興，東郊不鬭”……按許氏《説文解字》及張揖《古今字詁》，鬪，古開字；鬭，古鬪字。	顔師古轉引
567	漢	許慎	史記集解	103	訢	欣	欣	【僮僕訢訢如也】駰案，晉灼曰“訢，許慎曰‘古欣字’”。韋昭曰“聲和貌”。	裴駰轉引
568	漢	許慎	顔氏家訓	3	洦	魄	淺水貌	嘗遊趙州，見柏人城北有一小水，土人亦不知名。後讀城西門《徐整碑》云“洦流東指”，衆皆不識。吾案《説文》此字古魄字也。洦，淺水貌。	顔之推轉引
569	漢	馬融	經典釋文	4	梓	杍	治木器	【梓】音子，本亦作杍。馬云“古作梓字。治木器曰梓，治土器曰陶，治金器曰冶”。	陸德明轉引
570	漢	鄭玄	周禮注疏	40	券	倦	疲倦	【終日馳騁，左不楗】杜子春云“楗讀爲蹇……書楗或作券”。玄謂券，今倦字也。	孔穎達轉引
571	漢	鄭玄	周禮注疏	41	筍	槀	箭杆	【以其筍厚爲之羽深】筍讀爲槀，謂矢幹。古文假借字。厚之數未聞。	孔穎達轉引

序號	時代	作者	出處	位置	古字	今字	記錄職能	訓條原文	備注
572	漢	鄭玄	周禮注疏	41	衡	橫	橫梁	【黄金勺，青金外，朱中，鼻寸，衡四寸】……鄭司農云"鼻謂勺龍頭鼻也，衡謂勺柄龍頭也"。玄謂鼻，勺流也，凡流皆爲龍口也。衡，古文橫。假借字也。	孔穎達轉引
573	漢	鄭玄	周禮注疏	41	槷	臬	臬尺	【置槷以縣】故書槷或作弋。杜子春云"槷當爲弋，讀爲杙"。玄謂槷，古文臬。假借字。	孔穎達轉引
574	漢	鄭玄	周禮注疏	42	荼	舒	舒緩	【寬緩以荼】……荼，古文舒。假借字。鄭司農云"荼讀爲舒"。	孔穎達轉引
575	漢	鄭玄	周禮注疏	26	志	識	記録	【以志星辰日月之變動】志，古文識。識，記也。	孔穎達轉引
576	漢	鄭玄	禮記正義	1	視	示	展示	【幼子常視毋誑】視，今之示字。	孔穎達轉引
577	漢	鄭玄	禮記正義	3	攘	讓	避讓	【左右攘辟】……攘，古讓字。	孔穎達轉引
578	漢	鄭玄	禮記正義	4	余	予	自稱代詞	【君天下曰天子，朝諸侯、分職、授政、任功曰"予一人"】……《覲禮》曰"伯父實來，余一人嘉之"。余、予古今字。	孔穎達轉引
579	漢	鄭玄	禮記正義	22	耐	能	能够	【故聖人耐以天下爲一家】耐，古能字。傳書世異，古字時有存者，則亦有今誤矣。	孔穎達轉引
580	漢	鄭玄	禮記正義	30	紃	緇	黑色	【大夫佩水蒼玉而純組綬】……純當爲緇，古文緇字或作絲旁才。	孔穎達轉引
581	漢	鄭玄	禮記正義	39	能	台	三台星	【故人不耐無樂，樂不耐無形，形而不爲道，不耐無亂】形，聲音動静也。耐，古書能字也，後世變之，此獨存焉。古以能爲三台字。	孔穎達轉引
582	漢	鄭玄	禮記正義	39	耐	能	能	【故人不耐無樂，樂不耐無形，形而不爲道，不耐無亂】形，聲音動静也。耐，古書能字也，後世變之，此獨存焉。古以能爲三台字。	孔穎達轉引
583	漢	鄭玄	毛詩正義	9	視	示	展示	【視民不恌】……視，古示字也。	孔穎達轉引

續表

序號	時代	作者	出處	位置	古字	今字	記錄職能	訓條原文	備注
584	漢	鄭玄	毛詩正義	14	摧	莝	細碎飼草	【乘馬在厩，摧之秣之】摧，莝也。秣，粟也。箋云：挫，今莝字也……正義曰：《傳》云"摧，莝"，轉古爲今。而其言不明，故辯之云：此摧乃今之莝字也。	孔穎達轉引
585	漢	鄭玄	毛詩正義	18	共	恭	恭敬	【夙夜匪解，虔共爾位】箋云……古之恭字或作共。	孔穎達轉引
586	漢	鄭玄	尚書正義	13	植	置	放置	【植璧秉珪，乃告大王、王季、文王】（……植，置也……）正義曰：……鄭云"植，古置字"。故爲置也。	孔穎達轉引
587	漢	應劭	漢書注	1	耏	耐	剃煩鬚刑	【令郎中有罪耐以上，請之】應劭曰"輕罪不至于髡，完其耏鬢，故曰耏。古耐字從彡，髮膚之意也。杜林以爲法度之字皆從寸，後改如是……音若能"。如淳曰"耐猶任也，任其事也"。師古曰：依應氏之説，耐當音而；如氏之解，則音乃代反，其義亦兩通。耏謂頰旁毛也。	顏師古轉引
588	漢	應劭	漢書注	1	觝	卮	飲酒禮器	【上奉玉卮】應劭曰"飲酒禮器也，古以角作，受四升。古卮字作觝"。晉灼曰"音支"。師古曰：卮，飲酒圓器也，今尚有之。	顏師古轉引
589	漢	郭訓	一切經音義	9	䨼	逝	逝	【須䨼天】《三蒼》音帝。郭訓《古文奇字》以爲古文逝字。《漢書》韋昭音徒計反。案《中陰經》作須滯天，或作須廗天，亦言善見天。	慧琳轉引
590	魏晉	虞翻	經典釋文	2	矢	誓	誓	【失得】如字。孟、馬、鄭、虞、王肅本作矢。馬、王云"離爲矢"，虞云"矢，古誓字"。	陸德明轉引
591	魏晉	虞翻	周易集解	10	熏	閽	熏灼	【九三，艮其限，裂其夤，厲閽心】虞翻曰"……艮爲閽。閽，守門人。坎盜動門，故'厲閽心'。古閽作熏字"。	李鼎祚轉引
592	魏晉	虞翻	周易集解	15	封	窆	聚土爲墳	【古之葬者，厚衣之以薪，葬之中野，不封不樹，喪期无數，後世聖人易之以棺椁，蓋取諸大過】虞翻曰"中孚，上下象易也。本无乾象，故不言上古。大過乾在中，故但言古者。巽爲薪，艮爲厚。乾爲衣，爲野，乾象在中，故'厚衣之以薪，葬之中野'。穿土稱封。封，古窆字也。聚土爲樹，中孚无坤坎象，故不封不樹……"	李鼎祚轉引

續表

序號	時代	作者	出處	位置	古字	今字	記錄職能	訓條原文	備注
593	魏晉	虞翻	三國志注	吳12	北	別	分別	【又爲《老子》《論語》《國語》訓注，皆傳於世】《翻別傳》曰：……又奏鄭玄解《尚書》違失事目"……又古大篆卯字讀當爲柳，古柳、卯同字，而以爲昧；'分北三苗'，北，古別字，又訓北，言'北猶別也'。若此之類，誠可恠也……"	裴松之轉引
594	魏晉	孫炎	經典釋文	29	遹	述	遵循	【遹】孫云"古述字"。讀聿，一音餘橘反。	陸德明轉引
595	魏晉	如淳	文選注	51	甿	氓	田民	【甿隸之人，而遷徙之徒也】善曰：……如淳曰"甿，古文氓。氓，人也"。	李善轉引
596	魏晉	如淳	漢書注	27	頜	悴	勞瘁	【《詩》曰"或宴宴居息，或盡頜事國"】如淳曰"頜，古悴字也"。	顔師古轉引
597	魏晉	孟康	漢書注	1	娠	身	妊娠	【已而有娠，遂産高祖】應劭曰"娠，動。懷任之意。《左傳》曰'邑姜方娠'"。孟康曰"娠音身，漢史身多作娠，古今字也"。	顔師古轉引
598	魏晉	孟康	漢書注	27	戜	堪	承受	【今鍾搋矣，王心弗戜】孟康曰"古堪字"。	顔師古轉引
599	魏晉	孟康	漢書注	63	妥	綏	安定	【北州以妥】孟康曰"古綏字也"，臣瓚曰"妥，安也"。	顔師古轉引
600	魏晉	孟康	一切經音義	3	捬	粗	大略	【麁捬】《漢書》班固《叙傳》云"捬舉職僚"，孟康注云"捬，古文粗字。音才古反"。	玄應轉引，存疑。捬讀從母，粗讀精母，捬可訓粗，二者僅是近義詞。
601	魏晉	孟康	顔氏家訓	8	宓	伏羲	伏	張揖云"宓，今伏羲氏也"。孟康《漢書古文注》亦云"宓，今伏"。	顔之推轉引
602	魏晉	韋昭	漢書注	1	北	背	敗逃者	【田榮歸，沛公、項羽追北】服虔曰"師敗曰北"，韋昭曰"古背字也，背去而走也"。	顔師古轉引
603	魏晉	韋昭	經典釋文	2	信	伸	伸展	【信也】本又作伸，同。音申。下同。韋昭《漢書音義》云"古伸字"。	陸德明轉引

序號	時代	作者	出處	位置	古字	今字	記錄職能	訓條 原文	備注
604	魏晉	韋昭	國語注	7	信	申	申張	【思報父之恥而信其欲】信，古申字。	
605	魏晉	韋昭	國語注	7	阻	詛	詛咒	【狂夫阻之衣也】狂夫，方相氏之士也。阻，古詛字。將服是衣，必先詛之。	
606	魏晉	韋昭	國語注	10	材	裁	用	【官師之所材也】師，長也。材，古裁字。	
607	魏晉	晉灼	漢書注	4	廑	勤	辛勤	【今廑身從事】晉灼曰"廑，古勤字"。	顏師古轉引
608	魏晉	晉灼	漢書注	4	嬗	禪	禪讓	【今縱不能博求天下賢聖有德之人而嬗天下焉】晉灼曰"嬗，古禪字"。	顏師古轉引
609	魏晉	晉灼	漢書注	6	襢	禪	祭祀	【望見泰一，修天文襢】文穎曰"襢，祭也"。晉灼曰"襢，古禪字也"。	顏師古轉引
610	魏晉	晉灼	漢書注	16	柬	簡	少	【則厚德掩息，遴柬布章】晉灼曰"許慎云'遴，難行也'。柬，古簡字。簡，少也。言今難行封，則得繼絕者少，若然，此必布聞彰於天下也"。	顏師古轉引
611	魏晉	晉灼	漢書注	16	綫	線	綫縷	【不絕如綫】晉灼曰"綫，今線縷字也，音先戰反"。	顏師古轉引
612	魏晉	晉灼	漢書注	22	迣	迾	超越	【體容與，迣萬里】孟康曰"迣音逝"。如淳曰"迣，超踰也"。晉灼曰"古迾字"。	顏師古轉引
613	魏晉	晉灼	漢書注	22	沬	頮	洗面	【太一況，天馬下，霑赤汗，沬流赭】應劭曰"大宛馬汗血霑濡也，流沬如赭也"。李奇曰"沬音頮面之頮"。晉灼曰"沬，古頮字也"。	顏師古轉引
614	魏晉	晉灼	漢書注	23	羈	羈	馬籠頭	【是猶以羈而御駻突】……晉灼曰"羈，古羈字也"。	顏師古轉引
615	魏晉	晉灼	漢書注	23	慔	勑	勸勉	【懼其未也，故誨之以忠，慔之以行，教之以務，使之以和】晉灼曰"慔，古勑字也"。師古曰：慔謂勞也，又音所項反。	顏師古轉引
616	魏晉	晉灼	漢書注	26	轝	轄	轄星	【袊北一星曰轝】晉灼曰"轝，古轄字"。	顏師古轉引

序號	時代	作者	出處	位置	古字	今字	記錄職能	訓條 原文	備注
617	魏晉	晉灼	漢書注	29	峜	堆	堤岸	【於蜀，則蜀守李冰鑿離峜避沫水之害，穿二江成都中】晉灼曰"峜，古堆字也"。峜，岸也"。	顏師古轉引
618	魏晉	晉灼	文選注	39	絼	綆	井上繩索	【泰山之霤穿石，殫極之綆斷榦】善：……晉灼曰"絼，古綆字"……井上四交之榦常爲汲者所契傷也。	李善轉引
619	魏晉	晉灼	漢書注	52	戲	麾	招麾	【嫛去，戲夫】晉灼曰"戲，古麾字也"。	顏師古轉引
620	魏晉	晉灼	漢書注	57	窿	櫳	櫳	【巖巖深山之窿窿兮，通谷豁乎谽谺。】晉灼曰"窿音籠，古櫳字也"。	顏師古轉引
621	魏晉	晉灼	漢書注	87	据	據	依據	【旁則三摹九据】晉灼曰"据，今據字也，據猶位也，處也"。	顏師古轉引
622	魏晉	晉灼	漢書注	87	摺	拉	摧折	【范雎以折摺而危穰侯】晉灼曰"摺，古拉字也"。	顏師古轉引
623	魏晉	晉灼	漢書注	100	蠡	鮮	少	【惟天墜之無窮兮，蠡生民之脢在】晉灼曰"蠡，古鮮字也"。	顏師古轉引
624	魏晉	晉灼	漢書校語	87	阬	坑	大山坡	【陳衆車於東阬兮，肆玉釱而下馳】……宋祁曰：晉灼曰"阬，古坑字也"。《字書》曰"阬，閬也"，口盎反。	宋祁轉引
625	魏晉	晉灼	文選注	8	甹	貶	貶損	【適足以甹君自損也】善曰：晉灼曰"甹，古貶字也"。	李善轉引
626	魏晉	晉灼	文選注	8	仰	舉	舉	【仰攀橑老而捫天】善曰：……晉灼曰"仰，古舉字也"。	李善轉引
627	魏晉	晉灼	文選注	14	迾	列	遮攔	【進迫遮迾，却屬輦輅】善曰：服虔《通俗文》曰"天子出，虎賁伺非常，謂之遮迾"。《漢書音義》晉灼曰"迾，古列字也"。	李善轉引
628	魏晉	晉灼	班馬字類	1	虯	攀	攀附	《漢書·揚雄傳》"縈既虯夫傅説兮"，晉灼曰"虯，慕也。古攀字"。	婁機轉引
629	魏晉	張揖	初學記	21	紙	帋	紙	魏人河間張揖上《古今字詁》，其巾部云"紙，今帋"，則其字從巾之謂也。	徐堅轉引

256

序號	時代	作者	出處	位置	古字	今字	記錄職能	訓條原文	備注
630	魏晉	張揖	漢書校語	87	迲	遲	遲緩	【俳佪招摇，靈遲迲兮】……宋祁曰：……張揖《字詁》云“迲，今遲，徐也”。	宋祁轉引
631	魏晉	張揖	漢書校語	87	礐	岑	岑	【玉石礐峇，眩燿青熒】……蕭該音義曰：礐，案《字詁》“古文岑字”。	宋祁/蕭該轉引
632	魏晉	張揖	漢書校語	88	炔	昋	昋	【齊炔欽幼卿爲文學】……宋祁曰：炔，《字詁》曰“今昋，姓也”。韋昭音翁決反，非。	宋祁轉引
633	魏晉	張揖	漢書校語	100	奸	干	干犯	【而欲闇奸天位者虖】……宋祁曰：奸，《字詁》“古文干字”。	宋祁轉引
634	魏晉	張揖	漢書注	64	劗	翦	剪除	【越，方外之地，劗髮文身之民也】晉灼曰“《淮南》云‘越人劗髮’”，張揖以爲古翦字也。	顏師古轉引
635	魏晉	張揖	後漢書注	89	蘤	花	花卉	【天地烟熅，百卉含蘤】……張揖《字詁》曰“蘤，古花字也”。	李賢轉引
636	魏晉	張揖	集韻	1	彌	瓕	彌	【彌弥瓕】民卑切。《説文》“弛弓也，一曰益也，終也”。亦姓。或作弥。古作瓕，張揖説。	丁度轉引
637	魏晉	張揖	經典釋文	3	犧	戲	戲	【犧】本又作義。亦作戲。許皮反。《説文》云“賈侍中説，此犧非古字”。張揖《字詁》云“義，古字；戲，今字”。	陸德明轉引
638	魏晉	張揖	經典釋文	7	瀕	濱	岸	【自頻】……案張揖《字詁》云“瀕，今濱”。則瀕是古濱字。	陸德明轉引
639	魏晉	張揖	經典釋文	7	鎒	耨	農具	【鎒】……《字詁》云“頭長六寸，柄長一尺。鎒，古字也，今作耨”。同。	陸德明轉引
640	魏晉	張揖	經典釋文	29	徇	巡	巡行	【徇】本又作徇……張揖《字詁》云“徇，今巡”。	陸德明轉引
641	魏晉	張揖	匡謬正俗	2	鬨	閧	鬨	【鬨】《費誓序》云“魯侯伯禽，宅曲阜。徐夷並興，東郊不閧”……按許氏《説文解字》及張揖《古今字詁》，閧，古閧字；鬨，古閧字。	顏師古轉引

續表

序號	時代	作者	出處	位置	古字	今字	記錄職能	訓條原文	備注
642	魏晉	張揖	匡謬正俗	6	府	俛	低頭	【趺】或問曰：今山東俗謂伏地爲趺，何也？答曰：趺者，俯也。按張揖《古今字詁》云"頯、府，今俯、俛也"。許氏《説文解字》曰"頯，低頭也"。	顏師古轉引
643	魏晉	張揖	匡謬正俗	6	頯	俯	俯身	【趺】或問曰：今山東俗謂伏地爲趺，何也？答曰：趺者，俯也。按張揖《古今字詁》云"頯、府，今俯、俛也"。許氏《説文解字》曰"頯，低頭也"。	顏師古轉引
644	魏晉	張揖	匡謬正俗	6	劁	略	鋒利	【略刄】問曰：俗於礪山出刀子，刄謂之"略刄"，有舊義否？答曰：按《爾雅》云"剡、劁，利也"，張揖《古今字詁》云"古作劁，一本作劁"。	顏師古轉引
645	魏晉	張揖	史記索隱	27	踵	踵	後跟	【歲陰在巳，星居戌。以四月與奎、婁、胃、昴、晨出，曰跰踵】天文志作"跰踵"。《字詁》云"踵，今作踵也"。	司馬貞轉引
646	魏晉	張揖	史記索隱	30	蹛	滯	積貯	【日者，大將軍攻匈奴，斬首虜萬九千級，留蹛無所食】蹛音逝。謂貯也。韋昭云"音滯"，謂積也。又案《古今字詁》"蹛，今滯字"。則蹛與滯同。	司馬貞轉引
647	魏晉	張揖	文選注	9	廑	勤	勤勞	【其廑至矣，而功不圖】善曰：《古今字詁》曰"廑，今勤字也"。	李善轉引
648	魏晉	張揖	顏氏家訓	8	蟖	虺	虺蛇	《韓非子》曰"蟲有蟖者，一身兩口，爭食相齕，遂相殺也"，茫然不識此字何音，逢人輒問，了無解者……後見《古今字詁》"此亦古之虺字"，積年凝滯豁然霧解。	顏之推轉引
649	魏晉	張揖	顏氏家訓	8	旹	省	省察	張揖云"旹，今省，瞀也"。	顏之推轉引
650	魏晉	張揖	顏氏家訓	17	宓	伏	伏	張揖云"宓，今伏羲氏也"。孟康《漢書古文注》亦云"宓，今伏"。而皇甫謐云"伏羲，或謂之宓羲"。	顏之推轉引
651	魏晉	張揖	一切經音義	1	麾	撝	指	【指麾】《字詁》"今作撝"。同。呼皮反。手指曰麾，謂旌旗指麾衆也，因以名焉。	玄應轉引

序號	時代	作者	出處	位置	古字	今字	記錄職能	訓條原文	備注
652	魏晉	張揖	一切經音義	1	㷟	燂	以湯去毛	【燂身】《聲類》作燂、燂二形,《字詁》"古文㷟、臇二形,今作燂"。同。詳廉反。《通俗文》"以湯去毛曰燂"。	玄應轉引
653	魏晉	張揖	一切經音義	1	臇	燂	以湯去毛	【燂身】《聲類》作燂、燂二形,《字詁》"古文㷟、臇二形,今作燂"。同。詳廉反。《通俗文》"以湯去毛曰燂"。	玄應轉引
654	魏晉	張揖	一切經音義	1	峙	跱	獨立	【安時】《字詁》"古文峙,今作跱"。同。直耳反。《廣雅》"峙,止也"。謂亭亭然獨止立也。	玄應轉引
655	魏晉	張揖	一切經音義	2	眎	視	看視	【等視】《字詁》"古文眎、眠二形,今作視"。同。時旨、時至二反。《廣雅》"視,觀也"。《說文》"視,瞻也"。《釋名》云"視,是也"。言察其是非也。	玄應轉引
656	魏晉	張揖	一切經音義	2	眠	視	看視	【等視】《字詁》"古文眎、眠二形,今作視"。同。時旨、時至二反。《廣雅》"視,觀也"。《說文》"視,瞻也"。《釋名》云"視,是也"。言察其是非也。	玄應轉引
657	魏晉	張揖	一切經音義	3	誼	義	道義	【之誼】《字詁》"古文誼,今作義"。同。宜寄反。《禮記》"誼者,宜也"。制事宜也。誼亦善也,理也。	玄應轉引
658	魏晉	張揖	一切經音義	3	虞	娛	娛樂	【娛樂】《字詁》"古文虞,今作娛"。同。牛俱反。下力各反。《字林》"娛亦樂也"。《白虎通》曰"虞樂,言天下之民皆有樂也"。	玄應轉引
659	魏晉	張揖	一切經音義	3	愍	閔	憂傷	【愍念】《字詁》"古文愍,今作閔",同。眉殞反。愍,憐也。	玄應轉引
660	魏晉	張揖	一切經音義	4	燅	燂	祭祀燉肉	【生燂】《聲類》作燂、燂二形。《字詁》"古文燅,今作燂"。同。詳廉反。《說文》"熱湯淪肉也"。	玄應轉引
661	魏晉	張揖	一切經音義	4	尰	尰	腫大	【瘦尰】《字詁》"今作尰"。同。之勇反。《通俗文》"腫足曰尰"。尰,腳病也。《經》文從足作踵,非也。	玄應轉引

259

序號	時代	作者	出處	位置	古字	今字	記録職能	訓條原文	備注
662	魏晉	張揖	一切經音義	5	線	綫	縫衣	【擲線】《字詁》“古文線，今作綫”，同。私賤反。所以縫紩者也。	玄應轉引
663	魏晉	張揖	一切經音義	7	燄	爓	火焰	【焰明】《字詁》“古文燄，今作爓”。《三蒼》作焰，同。餘瞻反。《説文》“火行微燄燄然也”。	玄應轉引
664	魏晉	張揖	一切經音義	7	闟	闢	打開	【開闟】《字詁》“今作闢”，同。于彼反。《廣雅》“闢，開闢也”。《三蒼》“闢，小開門也”。	玄應轉引
665	魏晉	張揖	一切經音義	9	捄	救	救助	【是捄】《字詁》“古文捄、捄二形，今作救”，同。居又反。救，助也。	玄應轉引
666	魏晉	張揖	一切經音義	9	捄	救	救助	【是捄】《字詁》“古文捄、捄二形，今作救”，同。居又反。救，助也。	玄應轉引
667	魏晉	張揖	一切經音義	9	愓	唐	徒然	【唐勞】《字詁》古文愓[愓]喝[喝]三[二]形，同。徒當反。案唐，徒也。徒，空也。	玄應轉引
668	魏晉	張揖	一切經音義	9	喝	唐	徒然	【唐勞】《字詁》古文愓[愓]喝[喝]三[二]形，同。徒當反。案唐，徒也。徒，空也。	玄應轉引
669	魏晉	張揖	一切經音義	10	臸	臻	至	【共臻】櫛詵反。《爾雅》“臻，至也”……張揖《字詁》作臸，從二至，以爲古文臻字也。象形字也。	慧琳轉引
670	魏晉	張揖	一切經音義	11	瘇	尰	脚腫痛	【脚瘇】《字詁》“今作尰”。同。時腫反。《通俗文》“腫足曰瘇”。瘇，脚病也。《經》文作踵，非體也。	玄應轉引
671	魏晉	張揖	一切經音義	11	欑	穳	小矛	【欑矛】《字詁》“古文鑹、欑二形，今作穳”。同。厖亂反。欑，小矛也。	玄應轉引
672	魏晉	張揖	一切經音義	11	鑹	穳	小矛	【欑矛】《字詁》“古文鑹、欑二形，今作穳”。同。厖亂反。欑，小矛也。	玄應轉引

序號	時代	作者	出處	位置	古字	今字	記錄職能	訓條 原文	備注
673	魏晉	張揖	一切經音義	14	䭫	稽	叩頭至地	【稽首】《字詁》“古文䭫”。同。苦禮反。《白虎通》曰“所以稽首何？稽，至也，首，頭也。言頭至地”。《三蒼》“稽首，頓首也”。《説文》“下首也”。《周禮·太祝》“辨九拜，一曰䭫首”是也。	玄應轉引
674	魏晉	張揖	一切經音義	16	誌	識	記	【誌名】《字詁》“今作識”。誌，記也	玄應轉引
675	魏晉	張揖	一切經音義	17	捷	接	相接	【捷樹】《字詁》“古文捷，今作接”。同。子葉反。相接也。言捷，接樹無痕也。	玄應轉引
676	魏晉	張揖	一切經音義	17	諒	亮	料想	【諒無】《字詁》“今作亮”，同。力尚反。又《爾雅》云“諒，信也”。知之信也。	玄應轉引
677	魏晉	張揖	一切經音義	18	礪	厲	磨礪	【磨礪】《字詁》“今作厲”，同。力制反。《山海經》“崦嵫山多砥礪”，郭璞曰“即磨石也”，《尚書》“若金，用汝作礪”，孔安國曰“砥細於礪，皆可以磨刀刃也”。	玄應轉引
678	魏晉	張揖	一切經音義	18	箴	鍼	針	《字詁》又“針、箴二形，今作鍼”。同。支淫反。《廣雅》“針，刺也”。《説文》“鍼，所以縫衣裳者也”。	玄應轉引
679	魏晉	張揖	一切經音義	19	䫉	阿	阿那	【檷橠】《字詁》“古文䫉、檼二形，今作阿”。同。烏可反。下古文橠、柅二形，今作那，同。乃可反。《字書》“䫉橠，柔弱皃也”。亦草木盛也。	玄應轉引
680	魏晉	張揖	一切經音義	19	檼	阿	阿那	【檷橠】《字詁》“古文䫉、檼二形，今作阿”。同。烏可反。下古文橠、柅二形，今作那，同。乃可反。《字書》“䫉橠，柔弱皃也”。亦草木盛也。	玄應轉引
681	魏晉	張揖	一切經音義	19	橠	那	阿那	【檷橠】《字詁》“古文䫉、檼二形，今作阿”。同。烏可反。下古文橠、柅二形，今作那，同。乃可反。《字書》“䫉橠，柔弱皃也”。亦草木盛也。	玄應轉引

續表

序號	時代	作者	出處	位置	古字	今字	記錄職能	訓條原文	備注
682	魏晉	張揖	一切經音義	19	栘	那	阿那	【栘橠】《字詁》"古文裦、橠二形，今作阿"。同。烏可反。下古文橠、栘二形，今作那，同。乃可反。《字書》"裦橠，柔弱皃也"。亦草木盛也。	玄應轉引
683	魏晉	張揖	一切經音義	22	虞	娛	娛樂	【歡娛】《字詁》"古文虞，今作娛"。同。疑區反。《説文》"娛，樂也"。書中虞樂皆作虞。	玄應轉引
684	魏晉	張揖	一切經音義	22	舓	舐	以舌取食	【應舐】《字詁》"古文舓"。同。食爾反。謂以舌取食也。	玄應轉引
685	魏晉	張揖	一切經音義	42	鞊	拼	揮	【拼壇】上百萌反。《説文》"拼，揮也。從手，并聲"。亦作抨。《字詁》云"古作抨、鞊"。揮音但丹反。	慧琳轉引
686	魏晉	張揖	一切經音義	42	抨	拼	揮	【拼壇】上百萌反。《説文》"拼，揮也。從手，并聲"。亦作抨。《字詁》云"古作抨、鞊"。揮音但丹反。	慧琳轉引
687	魏晉	張揖	一切經音義	67	鑹	欑	小矛	【執欑】《字詁》古文鑹、欑二形。今作欑，同。千亂反。《廣雅》"欑謂之鋋"。	慧琳轉引
688	魏晉	張揖	一切經音義	67	欑	欑	小矛	【執欑】《字詁》古文鑹、欑二形。今作欑，同。千亂反。《廣雅》"欑謂之鋋"。	慧琳轉引
689	魏晉	張揖	玉燭寶典	2	鶩	鸝	鸝	今案《尔雅》"黃鳥"，郭璞注云"俗呼黃離留，亦名博黍"；又曰"倉庚，商庚"，注云"即鶩黃"；又曰"鶩黃，楚雀"，注云"即倉庚"；又曰"倉庚，鶩黃"，注云"其色鶩黑而黃，因名云"。《字詁》曰"鶩，今鸝"。	杜臺卿轉引
690	魏晉	張揖	玉燭寶典	3	鵲	鶌	鵠鶝類小鳥	【田鼠化爲駕鶛也】古鶌字。今案《爾雅》"駕，牟母"……《字詁》云"鵲，今鶌"。	杜臺卿轉引
691	魏晉	張揖	玉燭寶典	6	蠅	蛙	青蛙	蛙，蔡云"蛙，虫名"……正體應爲蠅字，俗呼青蛙，或與此同字。故《字詁》云"蠅，今蛙"。	杜臺卿轉引

序號	時代	作者	出處	位置	古字	今字	記錄職能	訓條原文	備注
692	魏晉	郭璞	爾雅注	1	猶	繇	搖動	【鬱陶、繇，喜也】孟子曰“鬱陶，思君”。《禮記》曰“人喜則斯陶，陶斯詠，詠斯猶”。猶即繇也，古今字耳。	
693	魏晉	郭璞	爾雅注	1	愉	窳	疲病	【倫、勩、邛、敕、勤、愉、庸、癉，勞也】……愉今字或作窳，同。	
694	魏晉	郭璞	爾雅注	5	槮	橬	養魚積柴	【槮謂之涔】今之作橬者，聚積柴木於水中，魚得寒入其裏藏隱，因以薄圍捕取之。	
695	魏晉	郭璞	爾雅注	6	斛	鍫	鍬	【斛謂之疀】皆古鍫臿字。	
696	魏晉	郭璞	爾雅注	6	疀	臿	臿	【斛謂之疀】皆古鍫臿字。	
697	魏晉	郭璞	方言注	1	踏	蹋	跳	【踏】古蹋字。他匣反【……陳鄭之間曰蹃，楚曰蹴，自關而西秦晉之間曰跳或曰踏】	
698	魏晉	郭璞	方言注	1	佫	格	至	【假】音駕【佫】古格字【懷、摧、詹、戾、艐】古屆字【至也。邠、唐、冀、兗之間曰假，或曰佫】……【艐，宋語也。皆古雅之別語也】雅謂風雅【今則或同】	
699	魏晉	郭璞	方言注	1	艐	屆	至	【假】音駕【佫】古格字【懷、摧、詹、戾、艐】古屆字【至也。邠、唐、冀、兗之間曰假，或曰佫】……【艐，宋語也。皆古雅之別語也】雅謂風雅【今則或同】	
700	魏晉	郭璞	方言注	2	攓	掮	取	【捄略，求也。秦晉之間曰捄，就室曰捄，於道曰略。略，強取也。攓】古掮字【撟】盜蹠【取也。此通語也】	
701	魏晉	郭璞	方言注	2	獫	狹	狡詐	【剿】雀潦反，又子了反【蹴】音厥【獫也】古狡狹字【秦晉之間曰獫，楚謂之剿，或曰蹴】	
702	魏晉	郭璞	方言注	2	稺	稚	小	【私策纖筷】音銳【稺】古稚字【杪】莫召反【小也……稺年，小也】	
703	魏晉	郭璞	方言注	6	弰	矤	長	【弰、呂，長也】古矤字【東齊曰弰，宋魯曰呂】	

序號	時代	作者	出處	位置	古字	今字	記錄職能	訓條原文	備注
704	魏晉	郭璞	方言注	6	俇	僅	孤單	【絓】音乖【挈】口八反【俇】古僅字【介，特也。楚曰儌，晉曰絓，秦曰挈，物無耦曰特。獸無耦曰介】	
705	魏晉	郭璞	方言注	7	傺	住	停留	【傺】音際【眙】勑吏反【逗也】逗即今住字也【南楚謂之傺西秦謂之眙】眙謂住視也。西秦，酒泉、燉煌、張掖是也【逗，其通語也】	
706	魏晉	郭璞	方言注	9	矜	殣	矛柄	【矛，……其柄謂之矜】今字作殣。巨巾反。	
707	魏晉	郭璞	方言注	13	箄	筥	圓筥箕	【箄】方氏反【籅】音縷【籅】音餘【筥】弓发【箄也】古筥字【江沔之間謂之籅，趙代之間謂之筥，淇衛之間謂之井筐】淇，水名也【箄，其通語也】	
708	魏晉	郭璞	方言注	13	甋	甍	屋脊	【甋謂之甍】即屋檺也。今字作甍，音萌。甋音雷。	
709	魏晉	郭璞	穆天子傳注	3	䭫	稽	叩頭至地	【再拜䭫首】古稽字。	
710	魏晉	郭璞	穆天子傳注	4	蘪	驥	驥	【右驂赤蘪】古驥字【而左白俄】古義字【天子主車，造父為御。】	
711	魏晉	郭璞	穆天子傳注	4	俄	義	義	【右驂赤蘪】古驥字【而左白俄】古義字【天子主車，造父為御。】	
712	魏晉	郭璞	山海經注	1	踆	蹲	蹲踞	【又東三百五十里曰箕尾之山，其尾踆于東海，多沙石】踆，古蹲字。言臨海上。音存。	
713	魏晉	郭璞	山海經注	1	虫	虺	虺蛇	【多白玉，多蝮虫，多怪蛇，多怪木，不可以上】……虫，古虺字。	
714	魏晉	郭璞	山海經注	2	嬰	罌	容器	【嬰以百珪、百璧】嬰謂陳之以環祭也。或曰嬰即古罌字，謂盂也。	
715	魏晉	郭璞	山海經注	3	陙	隄	隄	【又北百七十里曰隄山】或作陙，古字耳。	

序號	時代	作者	出處	位置	古字	今字	記錄職能	訓條原文	備注
716	魏晉	郭璞	山海經注	5	貜	貊	貊	【西五十里曰扶豬之山，其上多礪石，有獸焉，其狀如貊而人目】貊或作貜，古字。	
717	魏晉	郭璞	山海經注	14	踆	蹲	蹲踞	【有一大人踆其上張其兩耳】踆或作俊，皆古蹲字。	
718	魏晉	郭璞	山海經注	14	俊	蹲	蹲踞	【有一大人踆其上張其兩耳】踆或作俊，皆古蹲字。	
719	魏晉	郭璞	經典釋文	29	剹	鍬	鍬	【剹】郭云“古鍬字”。	陸德明轉引
720	魏晉	郭璞	經典釋文	30	螱	蚊	蚊蟲	【螱】本或作鴟。郭云“皆古蚊字”。音文。案《説文》螱正字，蚊俗字。或作蚢。	陸德明轉引
721	魏晉	郭璞	經典釋文	30	鴟	蚊	蚊蟲	【螱】本或作鴟。郭云“皆古蚊字”。音文。案《説文》螱正字，蚊俗字。或作蚢。	陸德明轉引
722	魏晉	郭璞	經典釋文	29	鬴	釜	釜	【鬴】郭云古釜字。李、孫、郭並云水中多渚，往往而有可居之處，狀如覆釜之形。	陸德明轉引
723	魏晉	郭璞	後漢書注	42	輯	集	聚合	【冀必欲和輯匈奴】輯音才入反，郭景純云“古集字”。	李賢轉引
724	魏晉	郭璞	一切經音義	1	閡	礙	阻礙	【罜礙】《字略》作罣，同。胡卦反。網礙也。下古文硋，同。五代反。《説文》“礙，止也”。又作閡。郭璞以爲古文礙字。	玄應轉引
725	魏晉	郭璞	一切經音義	1	敦	惇	敦厚	【惇直】《蒼頡解詁》云“古文敦”，同。都屯反。《説文》“惇，厚也”。《方言》“惇，信也”。謂誠皃也，亦樸也，大也。	玄應轉引
726	魏晉	郭璞	一切經音義	2	駛	使	疾馳	【駛河】《三蒼》“古文使字或作駛”，同。山吏反。《蒼頡篇》“駛，疾也”。字從史，《經》文從夬作駃，古穴反。	玄應轉引
727	魏晉	郭璞	一切經音義	3	羂	罥	捕獵繩套	【罥索】《三蒼》古文作羂，同。古犬反。《聲類》云“罥，係取也”。	玄應轉引

序號	時代	作者	出處	位置	古字	今字	記錄職能	訓條 原文	備注
728	魏晉	郭璞	一切經音義	3	夠	循	遍	【循身】《三蒼》古文作夠，同。似遵反。《爾雅》“循，自也”。	玄應轉引
729	魏晉	郭璞	一切經音義	3	啻	適	適	【適生】《三蒼》古文啻、這二形，同。之尺反。《廣雅》“祗，適也”。適謂近也，始也。	玄應轉引
730	魏晉	郭璞	一切經音義	3	這	適	適	【適生】《三蒼》古文啻、這二形，同。之尺反。《廣雅》“祗，適也”。適謂近也，始也。	玄應轉引
731	魏晉	郭璞	一切經音義	7	関	闋	終止	【過関】《三蒼》古文作闋，同。苦穴反。《説文》“事已曰闋”。関亦止息也，終也。	玄應轉引
732	魏晉	郭璞	一切經音義	8	辮	編	髮辮	【編髮】《三蒼》“古文辮字”，同。蒲典反。《蒼頡篇》“編，交織也”。《經》中言螺髻者亦是也。	玄應轉引
734	魏晉	郭璞	一切經音義	9	夠	循	遍	【循身】《三蒼》“古文作夠”，同。似遵反。《爾雅》“循，自也”。郭璞曰“又爲循，行也，亦遍也”。巡歷。	慧琳轉引
733	魏晉	郭璞	一切經音義	18	顥	晧	廣大	【晧大】《三蒼》“古文顥”，同。胡老反。晧亦廣大也，光明也。	玄應轉引
735	魏晉	李登	文選注	8	頫	俯	俯身	【頫杳眇而無見】善曰：《聲類》曰“頫，古文俯字”……《説文》曰“頫，低頭也”。	李善轉引
736	魏晉	李登	一切經音義	7	㤣	曁	與	【曁今】《聲類》云“古文作㤣”。	玄應轉引
737	魏晉	李登	一切經音義	25	鍼	針	針	【炬鍼】其呂反。下《聲類》“今作針”，同。支諶反。束火曰炬，縫衣者曰針。	玄應轉引
738	魏晉	李登	匡謬正俗	2	於	烏	嗚呼	【烏呼】嗚呼，歎辭也……古文《尚書》悉爲於戲字……許氏《説文解字》及李登《聲類》並云“於即古烏字耳”。	顏師古轉引

續表

序號	時代	作者	出處	位置	古字	今字	記錄職能	訓條原文	備注
739	魏晉	李登	經典釋文	8	縛	絹	絹	【白縛】劉音絹。《聲類》以爲今作絹字。	陸德明轉引
740	魏晉	李登	宋本玉篇	1	琺	寶	珍寶	【琺】補抱切。《聲類》云“古文寶字”。	顧野王轉引
741	魏晉	李登	宋本玉篇	3	仙	僊	神仙	【仙】《聲類》云“今僊字”。	顧野王轉引
742	魏晉	李登	宋本玉篇	7	扐	材	材料	【扐】《聲類》云“古材字”。	顧野王轉引
743	魏晉	李登	原本《玉篇》殘卷	9	餕	醆	餕祭	【餕】張芮反。《方言》“餕，餽也”。《説文》“祭酹也”。《蒼頡篇》“祭也”。《聲類》“今爲醆字”，在酉部。	顧野王轉引
744	魏晉	李登	原本《玉篇》殘卷	9	肏	次	次	【肏】《聲類》“古文次字也”。	顧野王轉引
745	魏晉	李登	原本《玉篇》殘卷	9	誩	競	爭逐	【誩】渠竟反。《聲類》“古文競字也”。競，强也，爭也，逐也，高也，在誩部也。	顧野王轉引
746	魏晉	李登	原本《玉篇》殘卷	9	吅	讙	驚呼	【吅】詡煩反。《説文》“驚呼也”。《聲類》“此古文讙字也”。	顧野王轉引
747	魏晉	李登	原本《玉篇》殘卷	9	噩	咢	驚愕	【噩】魚各反。《聲類》“古文咢字也”。咢，驚也，直言也，在吅部。	顧野王轉引
748	魏晉	李登	原本《玉篇》殘卷	9	近	記	記	【記】居意反。《尚書》“撻以記之”，孔安國曰“記識其過也”……《聲類》“古文爲近字，在斤部也”。	顧野王轉引。據卷十八，古字疑爲“辺”字。

續表

序號	時代	作者	出處	位置	古字	今字	記録職能	訓條原文	備注
749	魏晉	李登	原本《玉篇》殘卷	9	競	竸	竸	【競】《聲類》"古文竸字也"。	顧野王轉引
750	魏晉	李登	原本《玉篇》殘卷	9	倞	竸	强勁	【竸】渠敬反。《毛詩》"秉心無竸",《傳》曰"竸,强也"……《聲類》"古文爲倞字,在人部"。	顧野王轉引
751	魏晉	李登	原本《玉篇》殘卷	18	迊	記	記	【迊】居意反。《毛詩》"徃迊王舅",《傳》曰"迊,已[己]也"。《箋》云"迊,辞也"。《説文》"古之道人亦木鐸記時言,故從辵,從丌聲"也。《聲類》"此古文記字也"。	顧野王轉引
752	魏晉	李登	原本《玉篇》殘卷	18	椉	乘	登乘	【椉】時升反。《聲類》"古文乘字也"。乘,車也,登也。	顧野王轉引
753	魏晉	李登	原本《玉篇》殘卷	18	佅	溺	溺水	【佅】奴的反。《礼記》"孔子曰'君子佅於日[口],小人佅於水'"。鄭玄曰"佅謂覆没不能自理出者也"……《聲類》"此古文溺也"。	顧野王轉引
754	魏晉	李登	原本《玉篇》殘卷	18	瀝	歴	歴	【瀝】《聲類》"今歴字也"。	顧野王轉引
755	魏晉	李登	原本《玉篇》殘卷	22	隯	島	島	【隯】《聲類》"亦古文島字也"。	顧野王轉引
756	魏晉	李登	原本《玉篇》殘卷	22	隝	島	島	【隝】都皎、都道二反。《聲類》"古文島字也"。島,海中可居者。在山部。	顧野王轉引

續表

序號	時代	作者	出處	位置	古字	今字	記錄職能	訓條原文	備注
757	魏晉	李登	原本《玉篇》殘卷	22	庽	寓	屋寓	【庽】胡甫反。《聲類》"古文寓字也"。寓，大也。居也。	顧野王轉引
758	魏晉	李登	原本《玉篇》殘卷	22	陞	升	高升	【陞】始繩反。《蒼頡篇》"陞，上也"……《聲類》"今升字，在升部"。	顧野王轉引
759	魏晉	李登	原本《玉篇》殘卷	22	峗	危	危	【峗】五嶇反。《聲類》"人在山上也"。以爲古文危字。危，在危部。	顧野王轉引
760	魏晉	李登	原本《玉篇》殘卷	22	庾	庚	木槽	【庾】《聲類》"古文庚字也"……孟康曰"東南人謂鑿木空中如榆[槽]者謂庾也"。	顧野王轉引
761	魏晉	李登	原本《玉篇》殘卷	27	繾	絹	絹	【繾】宜轉反。《左氏傳》"縛一如繾"，杜預曰"縛，卷也"……《聲類》"今作絹字"。	顧野王轉引
762	魏晉	李登	正字通	3	弆	輭	輭弱	【弆】舊注旨兗切，音展，謹也……《聲類》"古輭字"，孱字從此。	張自烈轉引
763	魏晉	呂忱	經典釋文	26	鵬	鳳	鳳	【鵬】步登反。徐音朋。郭甫登反。崔音鳳，云"鵬即古鳳字，非來儀之鳳也"。《説文》云朋及鵬皆古文鳳字也。朋，鳥象形，鳳飛群鳥從以萬數，故以鵬爲朋黨字。《字林》云"鵬，朋黨也，古以爲鳳字"。	陸德明轉引
764	魏晉	呂忱	經典釋文	28	踆	蹲	蹲踞	【帥弟子而踆於竅水】音存。《字林》云"古蹲字"。	陸德明轉引
765	魏晉	呂忱	經典釋文	29	髽	嗟	嗟歎	【髽】本或作駐。《字林》云"皆古嗟字"。	陸德明轉引
766	魏晉	呂忱	經典釋文	29	駐	嗟	嗟歎	【駐】本或作駐。《字林》云"皆古嗟字"。	陸德明轉引

序號	時代	作者	出處	位置	古字	今字	記錄職能	訓條原文	備注
767	魏晉	吕忱	晉書音義	115	鉾	矛	矛	【將士莫不悲慟，皆刻鉾】《字林》"古矛字"【鎧爲"死休"字以示戰死爲志】	楊齊宣轉引
768	魏晉	吕忱	後漢書注	42	訴	欣	欣	【乃遣將兵長史陳訴率三千騎擊之】吕忱云"訴，古欣字"。	李賢轉引
769	東晉	崔譔	經典釋文	20	鵬	鳳	鵬	【鵬】步登反。徐音朋。郭甫登反。崔音鳳，云"鵬即古鳳字，非來儀之鳳也"。	陸德明轉引
770	劉宋	何承天	經典釋文	13	扈	闔	關閉	【其扈】《字林》户臘反，閉也。《纂文》云"古闔字"。	陸德明轉引
771	劉宋	何承天	廣韻	去4	娩	萬	萬	【娩】《纂文》云"姓也，古萬字"。	陳彭年轉引
772	劉宋	何承天	唐韻殘卷	41頁	烏	鵲	鵲	【烏】人姓。《纂文》云"古鵲字"。	孫愐轉引
773	劉宋	何承天	古今姓氏書辯證	4	陡	隄	堤	【陡】何氏《纂文》要曰"古隄字"。	鄧名世轉引
774	劉宋	何承天	古今姓氏書辯證	20	蓡	參	參	【蓡】《纂文》要曰"古參字，亦人姓"。	鄧名世轉引
775	劉宋	何承天	古今姓氏書辯證	29	吃	氣	氣	【吃】《纂文》要曰"古氣字"。	鄧名世轉引
776	南朝梁	佚名	切韻	4	鄐	蓋	蓋	【蓋】姓。漢有蓋寬饒。《字書》"古作鄐"。	王仁昫轉引
777	南朝梁	佚名	漢書音義	100	詞	辭	言詞	【匪詞言之所信】《蕭該音義》曰"詞，《字書》曰'古辭字'"。	宋祁轉引

續表

序號	時代	作者	出處	位置	古字	今字	記錄職能	訓條原文	備注
778	南朝梁	佚名	經典釋文	30	貂	貂	貂	【貂】《字書》云“古貂字也”，音彫。	陸德明轉引
779	南朝梁	佚名	經典釋文	30	墮	惰	怠惰	【墮】字又作隋，徒課反。《字書》云“古以爲懈惰字”。	陸德明轉引
780	南朝梁	佚名	文選注	17	虣	暴	暴虐	【剛毅彊虣反仁恩兮，嚲㐰逸豫戒其失】善曰：《字書》曰“虣，古文暴字”。	李善轉引
781	南朝梁	佚名	原本《玉篇》殘卷	9	莴	猒	厭	【莴】《字書》“古文猒字也”。	顧野王轉引，原字下從凡，當爲肉之形變
782	南朝梁	佚名	原本《玉篇》殘卷	9	蔵	饐	饐	【蔵】《字書》“古文饐字也”。	顧野王轉引，疑古字是餐之異體
783	南朝梁	佚名	原本《玉篇》殘卷	9	曺	曹	曹	【曹】《字書》“今曺字也”。	顧野王轉引
784	南朝梁	佚名	原本《玉篇》殘卷	9	茨	次	次	【茨】《字書》“亦古文次字也”。	顧野王轉引
785	南朝梁	佚名	原本《玉篇》殘卷	9	狄	貪	貪	【狄】耻南反。《字書》“古文貪字也”。貪，欲也，惏也，在貝部。	顧野王轉引
786	南朝梁	佚名	原本《玉篇》殘卷	9	䚗	唱	唱	【䚗】充尚反。《字書》“古文唱”。先樂也。發歌句也。亦爲韻字也，在言部。	顧野王轉引

序號	時代	作者	出處	位置	古字	今字	記録職能	訓條原文	備注
787	南朝梁	佚名	原本《玉篇》殘卷	9	舙	譮	話	【譮】《説文》籀文話字也……《字書》"古文爲舙字",在舌部也。	顧野王轉引
788	南朝梁	佚名	原本《玉篇》殘卷	9	岢	訶	怒斥	【訶】呼多反。……《説文》"大言而怒也"。《字書》或爲呵字,在口部。古文爲岢字,在止部也。	顧野王轉引
789	南朝梁	佚名	原本《玉篇》殘卷	9	庀	訨	具	【訨】匹尔反。《廣雅》"訨,具也"。《字書》"古文爲庀字",在广部。毁呰之訨爲諀字也。	顧野王轉引
790	南朝梁	佚名	原本《玉篇》殘卷	9	喪	器	亡	【喪】思唐反。《字書》"古文器字也"。器,凵也,在叩部。	顧野王轉引
791	南朝梁	佚名	原本《玉篇》殘卷	9	軟	呻	呻	【軟】舒臣反。《字書》"古文呻字也"。呻,吟也,讀書也,在口部。	顧野王轉引
792	南朝梁	佚名	原本《玉篇》殘卷	9	飢	飢	飢	【飢】《字書》"古文飢字也"。	顧野王轉引
793	南朝梁	佚名	原本《玉篇》殘卷	9	餂	甛	甜	【餂】達兼反。《字書》"古文甛字也"。甛,美也,甘也。在甘部。	顧野王轉引
794	南朝梁	佚名	原本《玉篇》殘卷	9	屬	饌	饌	【屬】《字書》"古文饌字也"。	顧野王轉引
795	南朝梁	佚名	原本《玉篇》殘卷	9	于	亏	亏	【于】《字書》"今亏字也"。	顧野王轉引

序號	時代	作者	出處	位置	古字	今字	記録職能	訓條原文	備注
796	南朝梁	佚名	原本《玉篇》殘卷	9	歖	喜	喜	【歖】虚紀反。《字書》“古文喜字也”。喜，樂也，在喜部。	顧野王轉引
797	南朝梁	佚名	原本《玉篇》殘卷	18	幵	撰	撰	【幵】助戀反。《説文》“幵，具也”。《字書》“此今撰字也”。	顧野王轉引
798	南朝梁	佚名	原本《玉篇》殘卷	18	艁	造	造	【艁】七到反。《字書》“古文造也”。造，“造舟爲梁”也。至也，在辵部。古文或爲胙字，在肉部也。	顧野王轉引
799	南朝梁	佚名	原本《玉篇》殘卷	18	𩄓	濟	渡	【𩄓】子悌反。《字書》“古文濟字也”。濟，渡也，在水部。	顧野王轉引
800	南朝梁	佚名	原本《玉篇》殘卷	18	亣	其	其	【亣】《字書》“古文其字也”。《尚書》作其字如此。	顧野王轉引
801	南朝梁	佚名	原本《玉篇》殘卷	18	𤾪	溲	溲	【𤾪】《字書》“古文溲字也”。	顧野王轉引
802	南朝梁	佚名	原本《玉篇》殘卷	22	隆	嶐	嶐	【隆】力弓反。《爾雅》“山宛中隆”，郭璞曰“中央高也”……《字書》“今嶐字也”。	顧野王轉引
803	南朝梁	佚名	原本《玉篇》殘卷	22	訨	庀	治	【庀】平婢反。……《左氏傳》“子木使庀賊”，杜預曰“庀，治也”……《字書》“古文訨字也，在言部也”。	顧野王轉引
804	南朝梁	佚名	原本《玉篇》殘卷	22	驦	龐	驦驦，充實貌	【龐】蒲公、蒲江二反。《毛詩》“四壯龐龐”，《傳》曰“充實也”。《説文》“高屋也”。《字書》“古文爲驦字，在馬部”。	顧野王轉引

續表

序號	時代	作者	出處	位置	古字	今字	記錄職能	訓條原文	備注
805	南朝梁	佚名	原本《玉篇》殘卷	22	庢	舒	舒	【庢】徒泥反。《説文》"唐庢也"。《埤蒼》"庢，石也"。《字書》"古文舒字也"。	顧野王轉引。今字疑誤
806	南朝梁	佚名	原本《玉篇》殘卷	22	啻	給	供給	【啻】居邑反。《字書》"古文給字也"。給，相足也，在糸部。	顧野王轉引
807	南朝梁	佚名	原本《玉篇》殘卷	22	厱	碻	碻石	【厱】絮胡反。《字書》"古文碻字也"。碻，石可以爲石鎌也。	顧野王轉引
808	南朝梁	佚名	原本《玉篇》殘卷	22	宅	度	度	【宅】直格反。《説文》古文宅[宅]字也。宅，居也，在門部。《字書》或古文度字也。度，法制也。撲也。音徒故、直落二反，在又部。野王案，《古文尚書》皆以爲度字也。	顧野王轉引
809	南朝梁	佚名	原本《玉篇》殘卷	22	叚	段	鍛打	【叚】徒換反。《字書》"古文段字也"。段，椎物也，在殳部。	顧野王轉引
810	南朝梁	佚名	原本《玉篇》殘卷	22	陼	隄	堤	【陼】《字書》"古文隄字也"。	顧野王轉引
811	南朝梁	佚名	原本《玉篇》殘卷	22	陚	域	疆界	【陚】胡逼反。《字書》"古文域字也"。城封界也。	顧野王轉引
812	南朝梁	佚名	原本《玉篇》殘卷	22	峉	族	族類	【峉】叙鹿反。《字書》"古文族字也"。族，類也。	顧野王轉引

續表

序號	時代	作者	出處	位置	古字	今字	記録職能	訓條原文	備注
813	南朝梁	佚名	原本《玉篇》殘卷	22	岺	使	使令	【岺】所几反。《字書》“古文使字也”。使，從役也。	顧野王轉引
814	南朝梁	佚名	原本《玉篇》殘卷	27	緫	紛	紛	【緫】《字書》“古文紛字也”。	顧野王轉引
815	南朝梁	佚名	原本《玉篇》殘卷	27	線	纅	抽絲	【線】《字書》“古文纅字”。	顧野王轉引
816	南朝梁	佚名	原本《玉篇》殘卷	27	絝	絢	絞製繩索	【絝】《字書》“古文絢字也”。	顧野王轉引
817	南朝梁	佚名	原本《玉篇》殘卷	27	絨	織	織	【絨】《説文》“樂浪挈令織字也”。《字書》“古文織字也”。	顧野王轉引
818	南朝梁	佚名	原本《玉篇》殘卷	27	紩	織	織	【紩】《字書》“亦古文織字也”。	顧野王轉引
819	南朝梁	顧野王	原本《玉篇》殘卷	9	餔	晡	夕食	【餔】補湖反。《國語》“親載以行，國之孺子无不餔也”。野王案:《廣雅》“餔，食也”，《楚辞》“餔其糟，歠其醨[醨]”是也。《尚書大傳》“春食餔子”，鄭玄曰“餔子，小子也”。《説文》“日加申時〔食〕也”。野王案：今爲脯[晡]字，在日部；古文爲盙字，在皿部。	

續表

序號	時代	作者	出處	位置	古字	今字	記錄職能	訓條原文	備注
820	南朝梁	顧野王	原本《玉篇》殘卷	9	盙	餔	夕食	【餔】補湖反。《國語》“親載以行，國之孺子无不餔也”。野王案:《廣雅》“餔，食也”，《楚辞》“餔其糟，歠其醨[醨]”是也。《尚書大傳》“春食餔子”，鄭玄曰“餔子，小子也”。《説文》“日加申時〔食〕也”。野王案:今爲脯[晡]字，在日部;古文爲盙字，在皿部。	
821	南朝梁	顧野王	原本《玉篇》殘卷	9	餅	飯	飯	【餅】抹[扶]萬反。《[周]書》“黄[帝]始炊穀爲餅”。《吕氏春秋》“餅之美者，有玄山之禾、不周之[粟]、陽山之穄、南海之秬也”。《字書》“飾也”。野王案，今並爲飯字也。	
822	南朝梁	顧野王	原本《玉篇》殘卷	9	饑	飢	饑饉	【饑】……《尔雅》“穀不熟曰饑”。郭璞曰“五穀不熟也”……今或爲飢。	
823	南朝梁	顧野王	原本《玉篇》殘卷	9	秣	秣	馬糧	【秣】莫撻反。《説文》“食馬穀也”。野王案:《左氏傳》“秣馬蓐食”、《毛詩》“言秣其馬”是也。今爲秣字，在禾部。	
824	南朝梁	顧野王	原本《玉篇》殘卷	9	飤	食	食	【飤】囷恣反。《説文》“飤，糧也”，字從人、從食也。野王案:此謂以食供設与人也。《礼記》“孔子曰‘少施氏飤我以[禮]’”是也。《廣雅》謂餅、餯並飤也。《聲類》“飤，哺也”。今並爲食字。	
825	南朝梁	顧野王	原本《玉篇》殘卷	9	餲	息	滋長	【餲】胥翼反。《方言》“餲，息也。周鄭宋之間曰餲餺”。《廣雅》“餲，長也”。野王案:謂滋長也。《山海經》“鮌竊帝之息壤以湮洪水”是也。今並爲息字，在心部。	
826	南朝梁	顧野王	原本《玉篇》殘卷	9	饆	繹	祭名	【饆】餘石反……《尔雅》“饆，又祭也。周曰饆，商曰融也”。郭璞曰“《春秋》‘壬午猶饆’是也”……今爲繹字，在糸部。	

序號	時代	作者	出處	位置	古字	今字	記錄職能	訓條原文	備注
827	南朝梁	顧野王	原本《玉篇》殘卷	9	餕	掇	醮祭	【餕】張芮反。《方言》“餕，餽也”。《説文》“祭酹也”。《蒼頡篇》“祭也”。《聲類》“今爲醮字”，在酉部。今或爲掇字，在手部。	
828	南朝梁	顧野王	原本《玉篇》殘卷	9	策	冊	簡冊	【冊】……冊，其制長二尺，短者半之，其次一長一短，兩編，下遂書起年月。凡命諸侯三公蔑及以罪免，悉以冊書也。《廣雅》“冊，書也”。古文爲策字，在竹部。	
829	南朝梁	顧野王	原本《玉篇》殘卷	9	箈	晉	冊	【晉】楚革反。《説文》“晉，告也”。《字書》或冊字也。冊，冊書，符命。在冊部。古文爲箈字，在竹部也。	
830	南朝梁	顧野王	原本《玉篇》殘卷	9	訑	池	樂名	【訑】除奇反。《礼記》“《咸訑》備矣”，鄭玄曰“黃帝所作樂名也，訑之言施也，言德无不施也”。今或爲池字，在水部。	
831	南朝梁	顧野王	原本《玉篇》殘卷	9	噩	咢	爭訟	【咢】魚各反……《莊子》“所以咢人”。野王案：咢然，直言也。《大戴礼》“出言以咢咢”是也。《淮南》“下無垠咢之門”，許叔重曰“无垠咢，无形兆端之兒也”。《説文》“諤，訟也”。《字書》或爲諤字，在言部；或爲顎字，在頁部；或爲愕字，在心部。古文爲噩字，在吅部。	
832	南朝梁	顧野王	原本《玉篇》殘卷	9	謥	愡	獪	【謥】且送反。《蒼頡篇》“謥詷也”，《聲類》“謥，獪也”。今亦爲愡字，在心部。	
833	南朝梁	顧野王	原本《玉篇》殘卷	9	蟄	敦	投擲	【蟄】丁迴反。《苍頡篇》“謫也，《詩》云‘王事蟄我’是也”。野王案：《毛詩笺》云“蟄、摘，猶投也”。今並爲敦字，在攴部。	

續表

序號	時代	作者	出處	位置	古字	今字	記録職能	訓條原文	備注
834	南朝梁	顧野王	原本《玉篇》殘卷	9	諽	革	革	【諽】柯核反。《毛詩》"不長夏以諽"。《傳》曰"諽，更也"。野王案：諽猶改變也。《周易》"天地革而四時成""湯武革命從乎天"是也。《説文》"一曰飭也"。《蒼頡篇》"一曰或也"。《聲類》"謹也"。《字書》或爲愅字，在心部。今爲革字，在革部。	
835	南朝梁	顧野王	原本《玉篇》殘卷	9	訶	訶	斥責	【訶】呼多反。《周礼》"不敬者訶而罰之"。鄭玄曰"訶猶詰問之也"。注又曰"訶，譴怒也"。《方言》"訶，怒也。陳謂之訶"。郭璞曰"相責也"。《説文》"大言而怒也"。《字書》或爲呵字，在口部。古文爲訶字，在止部也。	
836	南朝梁	顧野王	原本《玉篇》殘卷	9	譔	勦	代人説	【譔】楚狡反。《埤蒼》"代人説也"。野王案:《礼記》"無譔説"是也。今为勦，在力部也。	
837	南朝梁	顧野王	原本《玉篇》殘卷	9	謓	𢡆	怒	【謓】昌仁反。《説文》"謓，恚也，賈侍中説'謓，咲也'"……今爲𢡆字，在心部也。	
838	南朝梁	顧野王	原本《玉篇》殘卷	9	訽	叩	叩問	【訽】空後反……《論語》"訽其兩端"……今爲叩字，在邑部。	
839	南朝梁	顧野王	原本《玉篇》殘卷	9	誇	夸	浮誇	【誇】苦華反……《謚法》"華言不實曰誇"。今亦或爲夸字，在大部。	
840	南朝梁	顧野王	原本《玉篇》殘卷	9	𥈭	詊	明亮	【詊】旅黨反。《字書》"亦朖字也"。朖，明也，在月部。古文爲𥈭字，在目部也。	
841	南朝梁	顧野王	原本《玉篇》殘卷	9	諆	基	謀	【諆】居疑反。《尔雅》"諆，謀也"。野王案：謂謀謨也。今亦爲基字，在土部也。	

序號	時代	作者	出處	位置	古字	今字	記録職能	訓條原文	備注
842	南朝梁	顧野王	原本《玉篇》殘卷	9	謧	繩	譽	【謧】視陵反。《左氏傳》“故謧息媯”，杜預曰“謧，譽也”……今或繩字，在糸部。	
843	南朝梁	顧野王	原本《玉篇》殘卷	9	訟	頌	歌頌	【訟】似縱反……野王案：歌賛之訟今爲頌字，在頁部。	
844	南朝梁	顧野王	原本《玉篇》殘卷	9	賸	滕	傳達	【賸】達曾反。《淮南》“子産賸辞”。許叔重曰“賸，傳也”。野王案：謂傳道言之也……今亦爲滕字，在水部。	
845	南朝梁	顧野王	原本《玉篇》殘卷	9	誈	望	責備	【誈】莫放反。《説文》“相責誈也”。今爲望字，在亡部也。	
846	南朝梁	顧野王	原本《玉篇》殘卷	9	吅	讙	喧嘩	【讙】虚園反。呼凡反。《礼記》“子夏曰‘皷鼙之聲讙’”，鄭玄曰“讙嚻之聲也”……《廣雅》“讙，鳴也”。《聲類》以爲亦嚻字也。野王案：嚻，呼名也。音荒旦反，在嚻部。古文爲吅字。吅，驚也，在吅部也。	
847	南朝梁	顧野王	原本《玉篇》殘卷	9	噫	噫	嘆詞	【噫】於熙反。《尚書》“對曰‘信，噫’”，孔安國曰“恨辞也”。《毛詩》“噫厥哲婦”，《箋》云“有所痛傷之聲也”。野王案：《論語》“顔淵死，子曰‘噫’”是，又曰“噫譆成王”，《傳》曰“噫，欸也”……今亦爲噫字，在口部也。	
848	南朝梁	顧野王	原本《玉篇》殘卷	9	誼	義	合宜之事	【誼】魚寄反。《周礼》“六德曰誼”，鄭玄曰“誼者，能制事也”。《周易》“理財正辞、禁民爲非曰誼”，又曰“堅柔之際誼無咎也”。王弼曰“義猶理也”。《毛詩》“宣照誼問”，《傳》曰“誼，善也”。《礼記》“誼者，宜也”。《謚法》“除天之際曰議，能制命曰誼，行議不疾曰誼”。今並爲義字，在我部。	

279

序號	時代	作者	出處	位置	古字	今字	記録職能	訓條原文	備注
849	南朝梁	顧野王	原本《玉篇》殘卷	9	𪝔	應	應對	【𪝔】於甄反。《坤蒼》“𪝔，對也”。野王案：課[謂]語相𪝔對也……今爲應字，在心部也。	
850	南朝梁	顧野王	原本《玉篇》殘卷	9	𧮫	營	小聲	【𧮫】胡瓊反……《説文》“𧮫，小聲也”。今並爲營字，在宫部也。	
851	南朝梁	顧野王	原本《玉篇》殘卷	9	訧	尤	罪過	【訧】有周反……《説文》“訧，罪也”……今亦爲尤字，在乙部也。	
852	南朝梁	顧野王	原本《玉篇》殘卷	9	讚	賛	稱讚	【讚】子旦反……《釋名》“稱人之美曰讚”……今並爲賛字，在貝部。	
853	南朝梁	顧野王	原本《玉篇》殘卷	9	讀	責	責讓	【讀】側革反。《蒼頡篇》“讀，謫也”。《廣雅》“讀，怒也；讀，讓也”。今並爲責字，在貝部。	
854	南朝梁	顧野王	原本《玉篇》殘卷	9	誽	乍	慚語	【誽】士亞反。《説文》“慙語也”。野王案：今並爲乍字，在乍部。	
855	南朝梁	顧野王	原本《玉篇》殘卷	9	註	注	注釋	【註】……《坤蒼》“注，解”。今並爲注字，在水部也。	
856	南朝梁	顧野王	原本《玉篇》殘卷	9	評	呼	命令	【評】虖都反。《儀礼》“太祝評佐食”。鄭玄曰“呼[評]猶命也”……今亦爲呼字，在口部。	
857	南朝梁	顧野王	原本《玉篇》殘卷	9	嗟	誉	憂歎之辭	【誉】子雅反。《説文》“誉，嗟也”。野王案：憂歎之辞也……古文爲嗟字，在長部也。	

序號	時代	作者	出處	位置	古字	今字	記錄職能	訓條原文	備注
858	南朝梁	顧野王	原本《玉篇》殘卷	9	響	頻	並列靠近	【響】裨身反。《説文》“響，比也”。野王案:《毛詩》“國步斯響”是也。今爲頻字，在頻部。	
859	南朝梁	顧野王	原本《玉篇》殘卷	9	諤	惡	厭惡	【諤】於路反。《説文》“相毁也”。野王案:《左氏傳》“兩相諤”是也，又曰“亦云畏諤也”，野王案:《礼記》“孔子曰‘如惡惡臭’‘君臨喪，以巫祝桃茢惡之’”。今亦惡字，在心部。	
860	南朝梁	顧野王	原本《玉篇》殘卷	9	瑿	緊	是	【瑿】於題反。《毛詩》“自詒瑿阻”，《箋》云“瑿猶是也”……今或爲緊字，在糸部。	
861	南朝梁	顧野王	原本《玉篇》殘卷	9	蚨	蚩	蚨蚨	【蚨】充之反。《説文》“蚨蚨，戲咲皃[兒]也”。今爲蚩字，在虫部。	
862	南朝梁	顧野王	原本《玉篇》殘卷	9	歐	嘔	嘔吐	【歐】於口反。《左氏傳》“伏陂歐血”，杜預曰“歐，吐也”。今或爲嘔字，在口部。	
863	南朝梁	顧野王	原本《玉篇》殘卷	9	歕	噴	噴灑	【歕】……《廣雅》“歕，吐也；歕，潠也”。野王案:口含物而歕散之也……今爲噴字也，在口部。	
864	南朝梁	顧野王	原本《玉篇》殘卷	9	歉	慊	不足	【歉】口簟反。《穀梁傳》“一穀不升謂之歉”，劉兆曰“歉，不足也”……今爲慊字，在心部。	
865	南朝梁	顧野王	原本《玉篇》殘卷	9	歃	色	恐懼	【歃】……《埤蒼》“恐懼也”。野王案:《公羊傳》“歃然而駭”是也。今爲色字。	

序號	時代	作者	出處	位置	古字	今字	記錄職能	訓條原文	備注
866	南朝梁	顧野王	原本《玉篇》殘卷	9	歔	嗷	氣逆	【歔】於牛反。《老子》"終日号而不歔"。野王案：歔，氣逆也。今並爲嗷字，在口部。	
867	南朝梁	顧野王	原本《玉篇》殘卷	9	欥	聿	發語詞	【欥】尤出反。《説文》"詮詞也"。《詩》云"欥求報寧"是也。野王案：今並爲聿字，在聿部也。	
868	南朝梁	顧野王	原本《玉篇》殘卷	9	潔	渴	乾渴	【潔】可達反……《説文》"㵦飲也"。野王案：《毛詩》"匪飢匪潔"、《礼記》"酒清人潔"是也。今並爲渴字，在水部。	
869	南朝梁	顧野王	原本《玉篇》殘卷	9	歍	嗚	厭惡	【歍】屋徒反。《太玄經》"脂牛歍歍，不潔"。野王案：《説文》"心有所惡者也"……今亦爲嗚字，在口部。	
870	南朝梁	顧野王	原本《玉篇》殘卷	9	龢	和	諧和	【龢】……《字書》"龢，龤也"。野王案：此謂弦管聲音之和調也，今爲和字，在口部。	
871	南朝梁	顧野王	原本《玉篇》殘卷	9	觮	角	角音	【觮】古學反……《蒼頡篇》"東方音也"。今並爲角字，在角部。	
872	南朝梁	顧野王	原本《玉篇》殘卷	9	龡	吹	吹奏	【龡】充垂、充睡二反……《礼記》"上丁入學習龡"是也。今亦爲吹字，在口部。	
873	南朝梁	顧野王	原本《玉篇》殘卷	9	龤	諧	諧	【龤】胡皆反。《説文》"樂和龤也"。《虞書》"八音克龤"是也。野王案：此亦謂弦管之調和也。今爲諧字也，在言部。	
874	南朝梁	顧野王	原本《玉篇》殘卷	9	嚳	酷	急	【嚳】口篤反。《説文》"嚳，急也。告之甚也"……今爲酷字，在酉部。	

續表

序號	時代	作者	出處	位置	古字	今字	記錄職能	訓條原文	備注
875	南朝梁	顧野王	原本《玉篇》殘卷	9	呁	呐	言語遲鈍	【呁】奴没、如芿二反。《説文》"言之内也"……野王案:《礼記》"其言呁呁然，如不能出其口"是也。今亦爲呐字，在口部。	
876	南朝梁	顧野王	原本《玉篇》殘卷	9	亜	喪	失去	【喪】思唐反……野王案：喪猶失正也。《國語》"喪南國之師"、《禮記》"子夏喪其子而喪其明"是也……古文爲亜字，在㗊部。	
877	南朝梁	顧野王	原本《玉篇》殘卷	9	朁	憯	曾	【朁】且感反。《毛詩》"憯不畏明"。《傳》曰"曾也"……今亦爲憯字，在心部。	
878	南朝梁	顧野王	原本《玉篇》殘卷	9	曐	星	星	【曐】蒴庭反。《説文》"古文星字也"。曐，曐辰也，在晶部。今爲星字也，在日部。	
879	南朝梁	顧野王	原本《玉篇》殘卷	9	嚚	嚚	嚚	【嚚】……《左氏傳》"口不導忠之言曰嚚"。《説文》"語聲也"。《蒼頡篇》"惡也"。《字書》"頑也"。古文爲嚚字，在吅部。	
880	南朝梁	顧野王	原本《玉篇》殘卷	18	栜	樊	樊籬	【栜】扶園反。《説文》"《詩》云'營營青蠅，止于栜'"。野王案：林，藩也。今爲樊字，在𠬞部。	
881	南朝梁	顧野王	原本《玉篇》殘卷	18	胒	艁	至	【艁】七到反。《字書》"古文造字也"。造，"造舟爲梁"也。至也，在辵部。古文或爲胒字，在肉部也。	
882	南朝梁	顧野王	原本《玉篇》殘卷	18	甸	悔	悔	【甸】呼憒反。《尚書》"乃命卜筮曰貞，貞，外卦曰甸"。《説文》"卦之上體也"。今爲悔字，在心部。	
883	南朝梁	顧野王	原本《玉篇》殘卷	18	輮	柳	柳	【輮】力酒反。《埤蒼》"輮車四輪，載棺也"。今亦为柳字，在木部。	

序號	時代	作者	出處	位置	古字	今字	記錄職能	訓條原文	備注
884	南朝梁	顧野王	原本《玉篇》殘卷	18	衕	軌	車軌	【軌】詭鮪反……《説文》“車轍也，從九聲也”……古文为衕字，在行部。又为达字，在辵部。	
885	南朝梁	顧野王	原本《玉篇》殘卷	18	踨	蹤	車跡	【踨】子龍反。《説文》“車跡也”。今为蹤字，在足部。	
886	南朝梁	顧野王	原本《玉篇》殘卷	18	㪔	俻	具備	【㪔】皮秘反。《説文》“㪔，具也，從用，苟省聲”也。今爲俻字，在人部。	
887	南朝梁	顧野王	原本《玉篇》殘卷	18	涵	涵	沉	【涵】胡訧反。《説文》“水澤多也”，《毛詩》“僭始既涵”是也。今亦为涵字。	
888	南朝梁	顧野王	原本《玉篇》殘卷	18	瀞	凈	潔凈	【瀞】似政反。《韓詩》“會朝瀞明”，瀞，清也。《説文》“無垢也”。今或爲凈字也。	
889	南朝梁	顧野王	原本《玉篇》殘卷	18	砅	厲	履石渡水	【砅】理罽反。《毛詩》“深則砅”，《傳》曰“以衣涉水为砅”……《説文》“履石渡水也”。今为厲字，在厂部。古文《尚書》以此砅为摩厲之礪字，在石部。	
890	南朝梁	顧野王	原本《玉篇》殘卷	18	砅	礪	磨礪	【砅】理罽反。《毛詩》“深則砅”，《傳》曰“以衣涉水为砅”……《説文》“履石渡水也”。今为厲字，在厂部。古文《尚書》以此砅为摩厲之礪字，在石部。	
891	南朝梁	顧野王	原本《玉篇》殘卷	18	叐	没	淹没	【没】莫寷反……《聲類》“没，溺也”。古文爲叐字，在又部。	
892	南朝梁	顧野王	原本《玉篇》殘卷	18	㳚	溺	溺水	【㳚】奴的反。《礼記》“孔子曰‘君子㳚於口，小人㳚於水’”。鄭玄曰“㳚謂覆没不能自理出者也”……《聲類》“此古文溺也”。野王案：今皆为溺字。	

序號	時代	作者	出處	位置	古字	今字	記録職能	訓條原文	備注
893	南朝梁	顧野王	原本《玉篇》殘卷	18	瀑	暴	疾風	【瀑】蒲到反。《毛詩》"終風且瀑",《傳》曰"瀑,疾風也"……今爲暴字,在夲部。	
894	南朝梁	顧野王	原本《玉篇》殘卷	18	洒	洗	洗	【洒】柔礼、柔顯二反。《周易》"聖人以此洒心",韓康伯曰"洒濯其心也",劉瓛曰"洒,盡也"。《毛詩》"洒爵奠斝"。野王案:《説文》"洒,滌也"。《礼記》"君子之飲酒也,受一爵而色洒如也",鄭玄曰"洒如,肅敬之皃也"。《尔雅》"望涯洒而高,岸",郭璞曰"洒謂深也"。《廣雅》"洒,齊也。与倖等同,爲齊平之齊"。今並爲洗字。《説文》"古文以此爲洒掃之洒字"。《聲類》"亦汛字也"。汛,灑也。	
895	南朝梁	顧野王	原本《玉篇》殘卷	18	漫	偠	偠渥	【漫】于劉反。《毛詩》"惟其漫矣"。《傳》曰"漫,渥也"……今並为偠字,在人部。	
896	南朝梁	顧野王	原本《玉篇》殘卷	22	废	茇	草舍	【废】薄達反。《毛詩》"邵伯所废",《傳》曰"草舍也"。今或爲茇字,在草部也。	
897	南朝梁	顧野王	原本《玉篇》殘卷	22	阴	崩	崩壞	【崩】補朋反。《毛詩》"不騫不崩",《箋》云"崩,毀壞也"……古文爲阴字,在阜部也。	
898	南朝梁	顧野王	原本《玉篇》殘卷	22	廦	辟	墙壁	【廦】補的反。《説文》"廦,庮也"。野王案:室之屏蔽也。《儀礼》"人避于東廦南面"是也。《廣雅》"廦,垣也"。今或爲辟字,在□部也。	
899	南朝梁	顧野王	原本《玉篇》殘卷	22	彳	陟	登	【陟】徵棘反。《毛詩》"陟彼高山",《箋》"陟,登也"……古文爲彳字,在彳部也。	

序號	時代	作者	出處	位置	古字	今字	記錄職能	訓條原文	備注
900	南朝梁	顧野王	原本《玉篇》殘卷	22	阤	嶺	嶺	【阤】里井反。《字書》"阤，阪也"。今或爲嶺字，在山部。	
901	南朝梁	顧野王	原本《玉篇》殘卷	22	附	培	附益	【附】……《國語》"附以會[令]名"。賈逵曰"附，益也"……野王案：今爲培字，在土部也。	
902	南朝梁	顧野王	原本《玉篇》殘卷	22	厝	錯	磨刀石	【厝】且洛反。《説文》"厲石也"。《詩》云"他山之石，可以爲厝"。今並爲錯字，在金部。	
903	南朝梁	顧野王	原本《玉篇》殘卷	22	扄	庪	庪藏	【庪】居毀反。《尔雅》"祭山曰庪縣"……《音義》曰"《詩推度灾》云'封庪縣山，小祭也'"。野王案：猶庪閣也。鄭玄注《礼記》"始死之奠，其餘閣也与"，以爲庪藏食物者也……古文爲扄字，在手部也。	
904	南朝梁	顧野王	原本《玉篇》殘卷	22	纍	累	積累	【纍】力棰反……《楚辞》"層壹[臺]纍樹"，王逸曰"纍，重也"……今爲累字，在糸部。	
905	南朝梁	顧野王	原本《玉篇》殘卷	22	厱	砮	石製箭頭	【砮】奴胡反……孔安國曰"砮，石中矢鏃"。古文爲厱字，在厂部。	
906	南朝梁	顧野王	原本《玉篇》殘卷	22	闠	隧	隧道	【闠】似季反。《聲類》"近[延]道也"。今爲隧字，在阜部。	
907	南朝梁	顧野王	原本《玉篇》殘卷	22	霤	隤	傾頹	【霤】徒雷反。《説文》"屋從上頃[頓]下也"。《聲類》"霤，墜也"。今爲隤字，在阜部也。	

續表

序號	時代	作者	出處	位置	古字	今字	記錄職能	訓條原文	備注
908	南朝梁	顧野王	原本《玉篇》殘卷	22	碼	烏	柱礎石	【碼】田[思]尒[亦]反。《西京賦》“彫楹玉烏”。《廣雅》“碼，礩也”。今亦爲烏字，在寫部。	
909	南朝梁	顧野王	原本《玉篇》殘卷	22	隙	業	危險	【隙】魚却反。《蒼頡篇》“隙，廢也，之危也”。野王案：今並爲業字。	
910	南朝梁	顧野王	原本《玉篇》殘卷	22	磤	殷	雷聲	【磤】於謹反。《毛詩》“殷其雷，在南山之陽”。《傳》曰“殷，雷聲也”……今或爲殷字。	
911	南朝梁	顧野王	原本《玉篇》殘卷	27	緟	重	重複	【緟】除恭反。《説文》“增益也”。《倉頡篇》“緟，疊也”。《聲類》“緟，複也”。《字書》或爲襩字，在衣部。今並爲重字，在重部。	
912	南朝梁	顧野王	原本《玉篇》殘卷	27	緤	劓	毛織品	【緤】凡屬反。《周書》“正西以白旄紕緤爲獻”。野王案：《説文》“西胡毳布也”……今或爲劓字。	
913	南朝梁	顧野王	原本《玉篇》殘卷	27	統	旒	旌旗飄帶	【統】力周反。《字書》“旌旗之流”。今爲旒字，在㫃部。	
914	南朝梁	顧野王	原本《玉篇》殘卷	27	縠	葰	蒼白色	【縓】他敢反。《説文》“帛雉[雛]色也。《詩》曰‘毳衣如縓’”是也。《韓詩》爲縠字，在帛部。今並爲葰字，在草部。	
915	南朝梁	顧野王	原本《玉篇》殘卷	27	縓	葰	蒼白色	【縓】他敢反。《説文》“帛雉[雛]色也。《詩》曰‘毳衣如縓’是也。《韓詩》爲縠字，在帛部。今並爲葰字，在草部。	
916	南朝梁	顧野王	原本《玉篇》殘卷	27	縟	尋	續	【縟】詞林反。《埤蒼》“縟，續也”。今亦爲尋字，在寸部。	

續表

序號	時代	作者	出處	位置	古字	今字	記錄職能	訓條原文	備注
917	南朝梁	顧野王	原本《玉篇》殘卷	27	繘	繘	井繩	【繘】居律反……郭璞曰“汲水索也”。古文爲繘字，在絲部。	
918	南朝梁	顧野王	原本《玉篇》殘卷	27	縡	載	事	【縡】子代反。《甘泉賦》“上天之縡香旭卉，聖皇穆穆，信厥對”。《坤蒼》“縡，事也”。今並爲載字，在車部。	
919	南朝梁	顧野王	原本《玉篇》殘卷	27	夅	終	終	【夅】亦古文終字也。古文《尚書》如此。	
920	南朝梁	顧野王	原本《玉篇》殘卷	27	絣	彝	彝	【彝】餘之反。《字書》“亦彝字也”。彝，尊也。常也。在糸部。古文爲絣字，在絲部。	
921	南朝梁	顧野王	原本《玉篇》殘卷	27	絣	彝	常規	【彝】餘之反……《尔雅》“彝、彝，器也”，又曰“彝，常也”。野王案：《尚書》“无從匪彝”“彝倫攸叙”是也……古文爲絣字，在爭部。	
922	南朝梁	顧野王	原本《玉篇》殘卷	27	櫨	楚	顏色鮮鱸	【櫨】初旅反……《説文》“合會五采鮮色也”。今亦爲楚字，在林部。	
923	南朝梁	顧野王	原本《玉篇》殘卷	27	黺	粉	畫粉	【黺】甫憤反……《説文》“畫粉也”。今亦爲粉字，在米部。	
924	南朝梁	顧野王	一切經音義	22	馭	御	馭使	【駕馭】馭，魚據反。《玉篇》曰“馭即古之御字也”。今案諸書裝軶爲駕，牽控爲馭也。	慧琳轉引

序號	時代	作者	出處	位置	古字	今字	記錄職能	訓條原文	備注
925	南朝梁	顧野王	一切經音義	22	僮	童	幼童	【僮僕作使】作則各反，使所吏反。案《玉篇》“古之用字，幼童爲僮，僮僕爲童，與今一倍別也”。鄭注《禮記》曰“僕爲賤役之人也”。	慧琳轉引
926	南朝梁	顧野王	一切經音義	22	童	僮	僮僕	【僮僕作使】作則各反，使所吏反。案《玉篇》“古之用字，幼童爲僮，僮僕爲童，與今一倍別也”。鄭注《禮記》曰“僕爲賤役之人也”。	慧琳轉引
927	北齊	顏之推	顏氏家訓	6	瞀	察	省察	或問：《漢書注》“爲元后父名禁，改禁中爲省中”，何故以省代禁？荅曰：案《周禮·宮正》“掌王宫之戒令糺禁”，鄭注云“糺，猶割也，察也”，李登云“省，察也”，張揖云“省，今省，瞀也”。然則小井、所領二反並得訓察。其處既常有禁衛省察，故以省代禁。瞀，古察字也。	
928	隋	杜臺卿	玉燭寶典	1	鄉	嚮	朝向	【《礼·夏小正》曰“正月。啓蟄。言始發也。鴈北鄉】古嚮字也【先言鴈而後言鄉何？見鴈而後數其鄉也。鄉者何？鄉其居也。鴈以北方爲居。何以謂之居？生且長焉尒”。“雉震呴】古雊字也【震者，鳴也。呴者，鼓其翼也。正月必雷，雷不必聞。唯雉必聞之”】	
929	隋	杜臺卿	玉燭寶典	1	呴	雊	雉鳴	【《礼·夏小正》曰“正月。啓蟄。言始發也。鴈北鄉】古嚮字也【先言鴈而後言鄉何？見鴈而後數其鄉也。鄉者何？鄉其居也。鴈以北方爲居。何以謂之居？生且長焉尒”。“雉震呴】古雊字也【震者，鳴也。呴者，鼓其翼也。正月必雷，雷不必聞。唯雉必聞之”】	
930	隋	杜臺卿	玉燭寶典	1	枋	柄	柄	【《礼·夏小正》曰“……初昏枀中，蓋計時也。斗枋】古柄字也【縣在下。言斗枋者，以著枀中之也”】	

序號	時代	作者	出處	位置	古字	今字	記錄職能	訓條原文	備注
931	隋	杜臺卿	玉燭寶典	1	粥	育	養育	【雞桴粥】古育字也【桴也者，相粥之時也。或曰桴，嫗伏也。粥，養也】今案《礼·樂記》“煦嫗覆育万物”，又曰“剖者嫗伏，毛者孕粥”，注云“氣曰煦，體曰嫗”，“孕，任也。粥，生也”。《韓詩外傳》曰“卵之性，雖不得倉雞鷄覆伏孚育，積日累久，則不成爲雛”。《方言》曰“燕、朝鮮謂伏鷄曰菢”。郭璞注云“音房奧反。江東呼燕，音房富反”。《淮南子》曰“剖者嫗伏”。許慎曰“嫗，以氣伏孚卵也”，服虔《通俗文》曰“莩，返付反。卵化也”。字雖加草，理非别。然則桴与孚今古字，並通。	
932	隋	杜臺卿	玉燭寶典	1	孚	桴	孵育	【雞桴粥】古育字也【桴也者，相粥之時也。或曰桴，嫗伏也。粥，養也】今案《礼·樂記》“煦嫗覆育万物”，又曰“剖者嫗伏，毛者孕粥”，注云“氣曰煦，體曰嫗”，“孕，任也。粥，生也”。《韓詩外傳》曰“卵之性，雖不得倉雞鷄覆伏孚育，積日累久，則不成爲雛”。《方言》曰“燕、朝鮮謂伏鷄曰菢”。郭璞注云“音房奧反。江東呼燕，音房富反”。《淮南子》曰“剖者嫗伏”。許慎曰“嫗，以氣伏孚卵也”，服虔《通俗文》曰“莩，返付反。卵化也”。字雖加草，理非别。然則桴与孚今古字，並通。	
933	隋	杜臺卿	玉燭寶典	1	牧	苜	苜蓿	【牧宿子及雜蒜芋】今案：……牧宿或作苜，曾亦作目宿。今古字。並通也。	
934	隋	杜臺卿	玉燭寶典	1	苜	目	苜蓿	【牧宿子及雜蒜芋】今案：……牧宿或作苜，曾亦作目宿。今古字。並通也。	
935	隋	杜臺卿	玉燭寶典	2	巂	巂	方巂	【《易傳》曰“太陽巂出地上”】古巂字。	

續表

序號	時代	作者	出處	位置	古字	今字	記錄職能	訓條原文	備注
936	隋	杜臺卿	玉燭寶典	2	蚤	早	早晨	【《詩·豳風》曰"……四之日其蚤"】古早字。	
937	隋	杜臺卿	玉燭寶典	2	方	旁	旁勃,白蒿別名	【繁,方勃也】今案……旁勃,方、旁今古字也。	
938	隋	杜臺卿	玉燭寶典	2	鼆	鼉	鰐魚	【剝鼆】古鼉字【以爲皷】今案《詩·大雅》"鼉皷逢逢",《魚虫疏》云"鼉形似水蜥蜴,四足,長丈餘,生卵大如鵝卵,甲如鎧甲"。	
939	隋	杜臺卿	玉燭寶典	3	鶴	鶉	鵪鶉	【田鼠化爲鴽鶉也】古鶉字。今案《爾雅》"鴽,牟母",郭璞注云"鶉也"。	
940	隋	杜臺卿	玉燭寶典	4	蜚	飛	飛	【立夏,清明風至,而暑鵯鳴聲搏礐,蜚】古飛字也【電見,早出龍升天】	
941	隋	杜臺卿	玉燭寶典	4	驅	駈	驅逐	【驅】古駈字【獸,毋害五穀】	
942	隋	杜臺卿	玉燭寶典	5	鸜	雊	雊	【《春秋·昭廿五年》有"鸜鵒來巢",《左氏傳》曰"書所無也"。《公羊傳》曰"何以書?記異也,非中國之禽也,宜穴又巢",何休注云"鸜鵒,猶權欲……"】今字多作雊。王逸《九思》云"雊鳴予聽余"。	
943	隋	杜臺卿	玉燭寶典	5	糉/糭/糉	糭/糉/糭	粽	【《續齊諧》云"……今五月五日作粽,并帶練葉、五綵,皆汩羅之遺風"。《吳歌》云:"五月節,蔬生四五尺,縛作九子糉。"】或作糭,亦作糉,今古字,並通。	古今字地位不定
944	隋	杜臺卿	玉燭寶典	7	蠑	蜋	螳蚚	【寒蟬鳴也者,蜺】音帝【蠑也】今案《方言》"螳蚚或謂之蜺蜋",音斷似今古字。	

序號	時代	作者	出處	位置	古字	今字	記錄職能	訓條原文	備注
945	隋	杜臺卿	玉燭寶典	11	襪/絑/袜	袜/襪/絑	袜	【陳思王《冬献練[絑]表》云“拜表奉賀，并白紋履七量，練[絑]百副”】魏北京司徒崔浩《女儀》云“近古婦人常以冬至日進履袜於舅姑。今世不服履，當進鞾。鞾亦履類，踐長之義也，皆有文詞祈永年除凶殃，鞾文曰‘履端踐長，陽從下遷。利見大人，嚮茲永年’”。《蒼頡篇》云“履上大者曰鞾”。《釋名》云“鞾，跨騎也，胡内所名”。魏武《与楊彪書》曰“今遣足下貴室織成鞾一量，使其束脩”。又案《急就章》云“褐袜巾”，衣旁作末，与崔氏義同。舊書作襪或練[絑]者，蓋今古字異也。	古今字地位不定
946	唐	陸德明	經典釋文	2	坤	ꗝ	坤卦	【▤▤坤】本又作ꗝ。ꗝ，今字也，同。	
947	唐	陸德明	經典釋文	2	毓	育	養育	【育德】王肅作毓，古育字。	
948	唐	陸德明	經典釋文	3	處	伏	伏	【伏】古作處。	
949	唐	陸德明	經典釋文	5	徧	遍	周遍	【交徧】古遍字。	
950	唐	陸德明	經典釋文	5	畝	畮	田畝	【十畝之閒】莫后反。古作畮。俗作畝，皆同。	
951	唐	陸德明	經典釋文	5	北	丘	山丘	【旄丘】旄丘音毛丘，或作古北字。	
952	唐	陸德明	經典釋文	5	信	伸	伸展	【信兮】毛音申，極也。案信即古伸字。	
953	唐	陸德明	經典釋文	6	旆/茷	茷/旆	旗之垂飾	【白茷】本又作斾，蒲貝反。繼旐曰茷。《左傳》云“蒨茷”是也。一曰旆與茷古今字殊。	古今字地位不定

序號	時代	作者	出處	位置	古字	今字	記錄職能	訓條原文	備注
954	唐	陸德明	經典釋文	6	它	他	另外	【它山】古他字。	
955	唐	陸德明	經典釋文	6	目	以	以	【目極】音以。古以字。本作以。	
956	唐	陸德明	經典釋文	7	庿/廟	廟/庿	祠廟	【清廟】本又作庿,古今字也。	古今字地位不定
957	唐	陸德明	經典釋文	7	鎒	耨	農具	【鎒】乃豆反。或作耨……鎒,古字也。今作耨,同。	
958	唐	陸德明	經典釋文	7	弇	奄	蓋	【弇】古奄字。	
959	唐	陸德明	經典釋文	7	艁	造	並聯	【造舟】七報反。又七道反……《廣雅》作艁,音同。《説文》艁,古造字。一音才早反。	
960	唐	陸德明	經典釋文	8	徧	遍	周遍	【外府不徧】古遍字。	
961	唐	陸德明	經典釋文	8	灋	法	法令	【灋】古法字。	
962	唐	陸德明	經典釋文	8	囏	艱	艱難	【之囏】古艱字。	
963	唐	陸德明	經典釋文	8	槀	栗	栗木	【槀】古栗字。	
964	唐	陸德明	經典釋文	8	毓	育	養育	【毓】古育字。	

續表

序號	時代	作者	出處	位置	古字	今字	記録職能	訓條原文	備注
965	唐	陸德明	經典釋文	9	窸	崇	高	【崇於】本亦作古窸字。	
966	唐	陸德明	經典釋文	9	槀	栗	栗木	【槀】古栗字。	
967	唐	陸德明	經典釋文	9	畎/畖	畖/畎	田間小溝	【畎也】古犬反，與畖同，古今字也。	古今字地位不定
968	唐	陸德明	經典釋文	10	庿	廟	祠廟	【庿門】……庿，古廟字也。	
969	唐	陸德明	經典釋文	11	珪	圭	玉圭	【賜圭】字又作珪。案《説文》，珪，古字；圭，今字。	
970	唐	陸德明	經典釋文	11	㠯	以	憑藉	【爾㠯】古以字。	
971	唐	陸德明	經典釋文	12	衒	縣	兜售	【爲衒】古縣字。本又作御字，魚據反。	
972	唐	陸德明	經典釋文	13	庿	廟	祠廟	【設廟】本亦作庿，古字。	
973	唐	陸德明	經典釋文	13	弃	棄	丟棄	【棄杖】本亦作古弃字。	
974	唐	陸德明	經典釋文	13	丠	丘	丘陵	【丠陵】此古丘字。	
975	唐	陸德明	經典釋文	14	敶	陳	陳	【君陳】本亦作敶，古陳字。	

序號	時代	作者	出處	位置	古字	今字	記錄職能	訓條原文	備注
976	唐	陸德明	經典釋文	14	睿	慎	慎重	【則慎】本亦作古睿字。	
977	唐	陸德明	經典釋文	21	沴	流	流淌	【沴血】古流字。	
978	唐	陸德明	經典釋文	22	寰	縣	王畿	【寰内】音縣，古縣字。一音環，又音患。寰内，圻内也。	
979	唐	陸德明	經典釋文	24	衒	縣	兜售	【不衒】古縣字，一音玄遍反。	
980	唐	陸德明	經典釋文	26	朋	鳳	鳳鳥	【鵬】……《説文》云朋及鵬，皆古文鳳字也。	
981	唐	陸德明	經典釋文	26	鵬	鳳	鳳鳥	【鵬】……《説文》云朋及鵬，皆古文鳳字也。	
982	唐	陸德明	經典釋文	27	覦	睹	看視	【今我覩】舊音覦。案《説文》睹今字，覦古字。睹，見也。	
983	唐	陸德明	經典釋文	27	𧯆	絶	斷絶	【得水則爲𧯆】此古絶字。徐音絶，今讀音繼。	古絶字當是𢇍。存疑
984	唐	陸德明	經典釋文	27	懼	懼	懼怕	【之懼】如字，或音句，下同。一本作懼，音况縛反。案《説文》懼是正字，懼古文。	
985	唐	陸德明	經典釋文	28	厤	歷	經歷	【厤】古歷字。	
986	唐	陸德明	經典釋文	29	裒	襃	聚集	【裒】古字作襃。	

續表

序號	時代	作者	出處	位置	古字	今字	記錄職能	訓條原文	備注
987	唐	陸德明	經典釋文	29	徧	遍	周遍	【徧】古遍字。	
988	唐	陸德明	經典釋文	29	懋	茂	茂盛	【懋懋】古茂字。	
989	唐	陸德明	經典釋文	29	遹	述	遵循	【遹】古述字。一音餘橘反。	
990	唐	陸德明	經典釋文	29	遹	述	遵循	【不遹】古述字。一音聿。	
991	唐	陸德明	經典釋文	29	畣	荅	應答	【畣】古荅字。	
992	唐	陸德明	經典釋文	29	弇	奄	蓋	【弇】古奄字。於檢反。	
993	唐	陸德明	經典釋文	29	繇	由	介詞	【繇】古由字。	
994	唐	陸德明	經典釋文	29	辠	罪	罪行	【辠】古罪字。秦始皇以其字似皇字改從罒、非。	
995	唐	陸德明	經典釋文	30	蘩	繁	白蒿	【蘩】音煩，字今作繁。	
996	唐	陸德明	經典釋文	30	蟊	蚝	蚝蟲	【蟊】亡侯反。本亦作蚝。《説文》作蟊。蚝，古蟊字。	
997	唐	陸德明	經典釋文	30	蘄	芹	山芹	【蘄】古芹字。	
998	唐	陸德明	經典釋文	30	弇	奄	蓋	【弇】古奄字。又作揜。於檢反。	

序號	時代	作者	出處	位置	古字	今字	記錄職能	訓條原文	備注
999	唐	孔穎達	毛詩正義	1	矜/鰥	鰥/矜	老而無妻	【婚姻以時，國無鰥民也】（老而無妻曰鰥）正義曰：劉熙《釋名》云"無妻曰鰥"者，愁悒不寐，目恒鰥鰥然，故其字從魚，魚目不閉也。無夫曰寡。寡，踝也。單獨之名。鰥或作矜，同。蓋古今字異。	古今字地位不定
1000	唐	孔穎達	毛詩正義	2	信	伸	伸展	【于嗟洵兮，不我信兮】（洵，遠。信，極也）正義曰：信，古伸字。故《易》曰"引而信之"。伸即終極之義，故云"信，極也"。	
1001	唐	孔穎達	毛詩正義	2	殄	腆	善	【燕婉之求，籧篨不殄】（殄，絶也。箋云：殄當作腆，腆，善也）正義曰：……以上章鮮爲善，讀此殄爲腆。腆與殄，古今字之異，故《儀禮注》云"腆，古文字作殄"是也。	
1002	唐	孔穎達	毛詩正義	2	流	鶹	鶹鷅	【言瑣兮而少，尾兮而好者，乃流離之子也】正義曰：陸機云"流離，梟也"。自關西謂梟爲流離。其子適長大還食其母，故張奐云"鶹鷅食母"、許慎云"梟，不孝鳥是也"。流與鶹蓋古今之字。	
1003	唐	孔穎達	毛詩正義	3	釐	僖	僖	【衛世子共伯蚤死】（共伯，僖侯之世子）正義曰：《史記》僖字皆作釐。《列女傳》曰"曹大家云'釐音僖'"，則古今字異而音同也。	
1004	唐	孔穎達	毛詩正義	3	逐	軸	病	【考槃在陸，碩人之軸】（軸，進也。箋云：軸，病也）正義曰：《傳》軸爲迪。《釋詁》云"迪，進也"。《箋》以與陸爲韻，宜讀爲逐。《釋詁》云"逐，病"。逐與軸蓋古今字異。	
1005	唐	孔穎達	毛詩正義	4	觀	醜	醜惡	【無我觀兮，不寁好也】（觀，棄也）正義曰：觀與醜古今字。醜惡，可棄之物，故傳以爲棄，言子無得棄遺我。	
1006	唐	孔穎達	毛詩正義	4	員	云	助詞	【縞衣綦巾，聊樂我員】正義曰：……云、員古今字，助句辭也。	

序號	時代	作者	出處	位置	古字	今字	記錄職能	訓條 原文	備注
1007	唐	孔穎達	毛詩正義	6	伙	次	助	【人無兄弟，胡不伙焉】（伙，助也）正義曰：伙，古次字。欲使相推以次第助之耳。非訓伙爲助也。	
1008	唐	孔穎達	毛詩正義	9	視	示	展示	【我有嘉賓，德音孔昭。視民不恌，君子是則是傚】（恌，愉也。是則是傚，言可法傚也。箋云：德音，先王道德之教也。孔，甚。昭，明也。視，古示字也。飲酒之礼，於旅也語。嘉賓之語先王德教甚明，可以示天下之民，使之不愉於礼義。是乃君子所法傚，言其賢也）正義曰：古之字以目示物、以物示人同作視字，後世而作字異，目視物與示傍見，示人物單示字。由是經傳之中視與示字多相雜亂。此云“視民不恌”，謂以先王之德音示下民，當作小示字。而作視字，是其與古今字異義殊，故鄭辨之“視，古示字也”，言古作示字，正作此視，辨古字之異於今也。《禮記》云“幼子常視無誑”，注云“視，今之示字也”，言古視字之義正與今之示字同，言今之字異於古也。《士昏礼》曰“視諸衿鞶”，注云“示之以衿鞶者，皆託戒使識之也”，“視乃正字，今文作示，俗誤行之”。言“示之以衿鞶”亦宜作示，而古文《儀礼》作視字，於今文視作示字。鄭以見示字合於今世示人物之字，恐人以爲示是視非，故辨之云“視乃正字，而今文視作示者，俗所誤行”。俗以見今世示人物爲此示字，因改視爲示，而非古之正文，故云“誤”也。	
1009	唐	孔穎達	毛詩正義	10	斾	茷	旗之垂飾	【織文鳥章，白斾央央】（……白斾，繼旐者也……）正義曰：……《釋天》云“繼旐曰斾”，故云“白茷，繼旐者也”。茷與斾，古今字也。	
1010	唐	孔穎達	毛詩正義	12	壎	塤	陶塤	【伯氏吹壎，仲氏吹篪】（土曰壎，竹曰篪）正義曰“土曰壎”，《漢書·律曆志》文也。《周禮·小師職》作塤，古今字異耳。	
1011	唐	孔穎達	毛詩正義	12	豔	剡	豔	【十月之交，大夫剡幽王也】（當爲剡屬王……《正月》惡褒姒滅周，此篇疾豔妻煽方處……）正義曰：……《中侯》曰“剡者，配姬以放賢”，剡、豔古今字耳。以剡對姬，剡爲其姓，以此知非褒姒也。	

序號	時代	作者	出處	位置	古字	今字	記録職能	訓條原文	備注
1012	唐	孔穎達	毛詩正義	13	鼖	皋	大鼓	【鼓鍾伐鼖，淮有三洲，憂心且妯】（鼖，大鼓也……）正義曰：鼖即皋也，古今字異耳。《鞞人》云"皋鼓，尋有四尺，長丈二"，是大鼓也。	
1013	唐	孔穎達	毛詩正義	13	齊	資	資	【既齊既稷，既匡既勑】（稷，疾。勑，固也。箋云：齊，減取也……）正義曰：齊與資古今字異。資訓取，齊爲減取。非訓齊爲減取也。	
1014	唐	孔穎達	毛詩正義	14	胥	須	有才智	【君子樂胥，受天之祜】（胥，皆也。箋云：胥，有才知之名也……）正義曰：《周礼》每官之下皆有胥、徒，胥一人則徒十人。是胥以才智之故而爲十徒之長。又有大胥、小胥之官，故知胥有才智之名。《易》"歸妹以須"，注亦云"須，有才智之稱"……是胥爲才智之士。胥、須古今字耳。	
1015	唐	孔穎達	毛詩正義	14	螣	蟘	食葉蟲	【去其螟螣，及其蟊賊，無害我田稺】（食心曰螟，食葉曰螣，食根曰蟊，食節曰賊。箋云：此四蟲者恒害我田中之稺禾，故明君以正己而去之）正義曰：皆《釋蟲》文。李巡云"食禾心爲螟，言其姦冥冥難知也；食禾葉者，言假貸無厭，故曰蟘也；食禾節，言貪很，故曰賊也；食禾根者，言其稅取萬民財貨，故云蟊也"。孫炎曰"皆政貪所致，因以爲名也"。郭璞曰"分別蟲啖禾所在之名耳"。蟘與螣，蟊與蟊，古今字耳。	
1016	唐	孔穎達	毛詩正義	14	蟊	蟊	食根蟲	【去其螟螣，及其蟊賊，無害我田稺】（食心曰螟，食葉曰螣，食根曰蟊，食節曰賊。箋云：此四蟲者恒害我田中之稺禾，故明君以正己而去之）正義曰：皆《釋蟲》文。李巡云"食禾心爲螟，言其姦冥冥難知也；食禾葉者，言假貸無厭，故曰蟘也；食禾節，言貪很，故曰賊也；食禾根者，言其稅取萬民財貨，故云蟊也"。孫炎曰"皆政貪所致，因以爲名也"。郭璞曰"分別蟲啖禾所在之名耳"。蟘與螣，蟊與蟊，古今字耳。	

序號	時代	作者	出處	位置	古字	今字	記錄職能	訓條原文	備注
1017	唐	孔穎達	毛詩正義	15	矜/鰥/鰥	鰥/矜/矜	老而無妻	【何草不玄，何人不矜】（箋云：……無妻曰矜，從役者皆過時不得歸，故謂之矜）正義曰：……《書》亦謂之“有鰥在下”。矜與鰥古今字。	古今字地位不定
1018	唐	孔穎達	毛詩正義	16	於/嗚	嗚/於	嘆辭	【文王在上，於昭于天】（在上，在民上也。於，歎辭。昭，見也。箋云：文王初爲西伯，有功於民，其德著見於天，故天命之以爲王使君天下也，崩謐曰文）正義曰：此言“於昭于天”是《説文》王治民有功而明見上天，故知“在上，在民上也”。《書傳》引“於穆清廟”乃云“於者，歎之”，是於爲歎辭也。《尚書注》云“於者，嗚聲”，則於、嗚古今字耳。	古今字地位不定
1019	唐	孔穎達	毛詩正義	16	坶	牧	牧	【矢于牧野，維予侯興】正義曰：《牧誓》云“至于商郊牧野，乃誓”。《書》序注云“牧野，紂南郊地名”。《禮記》及時作“坶野”，古字耳。	
1020	唐	孔穎達	毛詩正義	17	浮	烰	浮浮，氣上升貌	【釋之叟叟，烝之浮浮】（……叟叟，聲也；浮浮，氣也）正義曰：……《釋訓》云“溞溞，淅也；烰烰，氣也”。樊光引此詩，孫炎曰“溞溞，淅米聲；烰烰，炊之氣”。溞、烰與此不同，古今字耳。	
1021	唐	孔穎達	毛詩正義	17	叟	溞	叟叟，淘米聲	【釋之叟叟，烝之浮浮】（……叟叟，聲也；浮浮，氣也）正義曰：……《釋訓》云“溞溞，淅也；烰烰，氣也”。樊光引此詩，孫炎曰“溞溞，淅米聲；烰烰，炊之氣”。溞、烰與此不同，古今字耳。	
1022	唐	孔穎達	毛詩正義	17	墍	呬	氣息	【不解于位，民之攸墍】（墍，息也）正義曰：《釋詁》云“呬，息也”……郭璞曰“今東齊呼息爲呬”，則墍與呬古今字也。	
1023	唐	孔穎達	毛詩正義	17	朋	鳳	鳳鳥	【鳳皇于飛，翽翽其羽】（鳳皇，靈鳥，仁瑞也。雄曰鳳，雌曰皇）正義曰：……字從鳥，凡聲，鳳飛則羣鳥從以萬數，故鳳古作朋字。	

序號	時代	作者	出處	位置	古字	今字	記錄職能	訓條原文	備注
1024	唐	孔穎達	毛詩正義	18	作	詛	詛咒	【侯作侯祝，靡屆靡究】（作、祝，詛也……）正義曰：作即古詛字。詛與祝别，故各自言侯。傳辨作爲詛，故言作、祝詛也。	
1025	唐	孔穎達	毛詩正義	19	莫	暮	晚	【嗟嗟保介，維莫之春】（箋云：……莫，晚也。周之季春，於夏爲孟春。諸侯朝周之春，故晚春遣之……）正義曰：……古暮字作莫。《説文》云"日在茻中"，爲莫是晚之義也。	
1026	唐	孔穎達	毛詩正義	19	圉	敔	虎形樂器	【應田縣鼓，鞉磬柷圉】（……圉，楬也）正義曰：……《釋樂》"所以鼓柷謂之止，所以鼓敔謂之籈"……圉、敔古今字耳。	
1027	唐	孔穎達	毛詩正義	19	潛	涔	養魚積柴	【潛有多魚】（……潛，糝也……）正義曰：……《釋器》云"糝謂之涔"。李巡曰"今以木投水中養魚曰涔"。孫炎曰"積柴養魚曰糝"……糝字諸家本作米邊，《爾雅》作木邊，積柴之義也。然則糝用木，不用米，當從木爲正也。涔、潛古今字。	
1028	唐	孔穎達	毛詩正義	19	敦	雕	治玉	【敦琢其旅】（箋云：言敦琢者，以賢美之，故玉言之）正義曰：……言敦琢之意，以其此人賢，故以玉言之，謂以治玉之事，言擇人也。《釋器》云"玉謂之雕"，又云"玉謂之琢"，是雕、琢皆治玉之名。敦、雕古今字。	
1029	唐	孔穎達	毛詩正義	19	禡/貉	貉/禡	師祭	【《禡》，講武類禡也。《禡》，武志也】（類也，禡也，皆師祭也）正義曰：……禡之所祭其神不明。《肆師》云"凡四時之大田獵祭表貉，則爲位"，注云"貉，師祭也，於立表處爲師祭，祭造軍法者，禱氣勢之增倍也。其神蓋蚩尤，或曰黄帝"……禡祭，造兵爲軍法者爲表以祭之。禡，《周礼》作貉，貉又或爲貊字，古今之異也。	古今字地位不定

序號	時代	作者	出處	位置	古字	今字	記錄職能	訓條 原文	備注
1030	唐	孔穎達	毛詩正義	19	禡/貉	貉/禡	貉獸	【《桓》，講武類禡也。《桓》，武志也】（類也，禡也，皆師祭也）正義曰：……禡之所祭其神不明。《肆師》云"凡四時之大田獵祭表貉，則爲位"，注云"貉，師祭也，於立表處爲師祭，祭造軍法者，禱氣勢之增倍也。其神蓋蚩尤，或曰黄帝"……禡祭，造兵爲軍法者爲表以祭之。禡，《周礼》作貉，貉又或爲貉字，古今之異也。	古今字地位不定
1031	唐	孔穎達	毛詩正義	19	祈	圻	京畿之地	【《祈父》，刺宣王也】（……祈父之職，掌六軍之事，有九伐之法，祈、圻、畿同）正義曰：……此職掌封畿兵甲，當作畿字。今作圻，故解之。	
1032	唐	孔穎達	毛詩正義	19	於	鳴	鳴呼	【於穆清廟，肅雝顯相】（於，歎辭也）正義曰：於乎、於戲皆古之鳴呼之字，故爲歎辭。	
1033	唐	孔穎達	毛詩正義	19	乎	呼	鳴呼	【於穆清廟，肅雝顯相】（於，歎辭也）正義曰：於乎、於戲皆古之鳴呼之字，故爲歎辭。	
1034	唐	孔穎達	毛詩正義	19	戲	呼	鳴呼	【於穆清廟，肅雝顯相】（於，歎辭也）正義曰：於乎、於戲皆古之鳴呼之字，故爲歎辭。	
1035	唐	孔穎達	毛詩正義	19	茀	粤	茀草	【莫予茀蜂，自求辛螫】（茀蜂，摩曳也）正義曰：《釋訓》文。孫炎曰"謂相掣曳入於惡也"。彼作粤牽，古今字耳。	
1036	唐	孔穎達	毛詩正義	19	蜂	牽	蜂	【莫予茀蜂，自求辛螫】（茀蜂，摩曳也）正義曰：《釋訓》文。孫炎曰"謂相掣曳入於惡也"。彼作粤牽，古今字耳。	
1037	唐	孔穎達	毛詩正義	19	汋	酌	取	【《酌》，告成《大武》也。言能酌先祖之道以養天下也】正義曰：酌，《左傳》作汋，古今字耳。	
1038	唐	孔穎達	毛詩正義	20	緫	揔	總集	【緫假無言，時靡有争】（……緫，揔。假，大也。揔大，無言無争也）正義曰：……緫、揔古今字之異也。故轉之以從今。"假，大"，《釋詁》文。"揔大，無言無争"者，以諸侯大衆揔集，或有言語忿争，故云"無言無争"美其能心平性和也。	

續表

序號	時代	作者	出處	位置	古字	今字	記録職能	訓條原文	備注
1039	唐	孔穎達	尚書正義	2	否	不	否定副詞	【岳曰：否德忝帝位】（否，不。忝，辱也……）正義曰：否，古，今不字。“忝，辱”，《釋言》文。己身不德，恐辱帝位，自辭不堪。	
1040	唐	孔穎達	尚書正義	6	衡	横	横向	【至于衡漳】正義曰：……衡即古横字，漳水横流入河，故云“横漳”……鄭玄亦云“横漳，漳水横流”。	
1041	唐	孔穎達	尚書正義	8	諟	是	正	【先王顧諟天之明命】（……諟，是也……）正義曰：……諟與是古今之字異，故變文爲是也。	
1042	唐	孔穎達	尚書正義	14	斁	塗	塗	【惟其塗丹雘】（……惟其當塗以漆丹以朱而後成……）正義曰：……二文皆言斁，即古塗字，明其終而塗飾之。	
1043	唐	孔穎達	尚書正義	14	梓	杍	治木器	【梓材】（告康叔以爲政之道亦如梓人治材）正義曰：此取下言。“若作梓材，既勤樸斲”，故云“爲政之道如梓人治材”。此古杍字。今文作梓。梓，木名。	
1044	唐	孔穎達	春秋左傳正義	32	屯	窀	厚	【惟是春秋窀穸之事】（窀，厚也；穸，夜也。厚夜猶長夜，春秋謂祭祀，長夜謂葬埋）正義曰:《晉語》云“窀，厚也”，《説文》云“夕，暮也，從月半見”。夜字從夕，知是以夕爲夜也。厚、長意同。故厚夜猶長夜也。《孝經》云“春秋祭祀以時思之”，故春秋謂祭祀也。長夜者，言夜不復明，死不復生，故長夜謂葬埋也，以其事施於葬，故今字皆從穴。	
1045	唐	孔穎達	春秋左傳正義	32	夕	穸	夜	【惟是春秋窀穸之事】（窀，厚也；穸，夜也。厚夜猶長夜，春秋謂祭祀，長夜謂葬埋）正義曰:《晉語》云“窀，厚也”，《説文》云“夕，暮也，從月半見”。夜字從夕，知是以夕爲夜也。厚、長意同。故厚夜猶長夜也。《孝經》云“春秋祭祀以時思之”，故春秋謂祭祀也。長夜者，言夜不復明，死不復生，故長夜謂葬埋也，以其事施於葬，故今字皆從穴。	

序號	時代	作者	出處	位置	古字	今字	記錄職能	訓條原文	備注
1046	唐	孔穎達	春秋左傳正義	41	震	娠	妊娠	【當武王邑姜方震大叔】（邑姜，武王后，齊大公之女。懷胎爲震……）正義曰：……《説文》云"娠，女妊身動也，從女，辰聲"，是懷胎爲震，震取動義。《字書》以是女事，故今字從女耳。	
1047	唐	孔穎達	春秋左傳正義	45	三	四	四	【是四國者，專足畏也】（四國，陳、蔡、二不羹）正義曰：劉炫以爲《楚語》云："靈王城陳、蔡、不羹，使僕夫子晳問於范無宇曰：'今吾城三國，賦皆千乘，亦當晉矣。諸侯其來乎？'對曰：'是三城者，豈不使諸侯之惕焉？'"彼再言三城，無四國也。縱使不羹有二，或當前後遷焉，非是並有二也。炫謂古四字積畫，四當爲三，以規杜過。今知不然者，以三之與四，古雖積畫，錯否難知，但[古]今諸儒所注《春秋傳》本並云四國，無作三者。《國語》是不傳之書，何可執以爲真而攻《左氏》？劉雖有所規，未可從也。	該條爲孔穎達對劉炫意見的轉述，非劉炫注釋原文。"古四字積畫"當是言"三"字。
1048	唐	孔穎達	春秋左傳正義	48	竊	淺	色淺	《爾雅·釋獸》云"虎竊毛謂之虦貓""貓如小熊，竊毛而黃"。竊毛皆謂淺毛，竊即古之淺字。	
1049	唐	孔穎達	禮記正義	1	視	示	展示	【幼子常視毋誑】（視，今之示字。小未有所知，常示以正物，以正教之，無誑欺）正義曰：古者觀視於物及以物視人，則皆作示傍著見。後世已來，觀視於物作示傍著見，以物示人單作示字。故鄭注經中視字者，是今之以物示人之示也。是舉今以辨古。《昏禮》"視諸衿鞶"，注云"視乃正字，今文視作示，俗誤行之"，言視正字也。言古之以物示人作視字爲正。故云"視乃正字"，今文《儀禮》應爲古視字，乃作今示字，故言俗誤也。	
1050	唐	孔穎達	禮記正義	14	宓	伏	伏	【其帝大皞，其神句芒】（……大皞，宓戲氏……）正義曰：……又《帝王世紀》云"取犧牲以供庖廚，食天下，故號曰庖犧氏，或作密戲氏"者，密字誤也。當宀下著必，是古之伏字。	

序號	時代	作者	出處	位置	古字	今字	記錄職能	訓條原文	備注
1051	唐	孔穎達	禮記正義	22	耐	能	能够	【故聖人耐以天下爲一家】（耐，古能字。傳書世異，古字時有存者，則亦有今誤矣……）正義曰：……古之能字爲此耐字。取堪能之義，故古之能字皆作耐字。後來能字乃假借鼈三足爲能，是後世傳書世人殊異，耐字悉作能也，故云"傳書世異"。今書雖悉作能，或有作耐字者，則此"耐以天下爲一家"及《樂記》云人"不耐無樂"仍作耐字，是古字時有存者。云"則亦有今誤矣"者，今書雖存古字爲耐，亦有誤不安寸直作而字。則《易·屯》彖云"利建侯而不寧"及劉向《説苑》能字皆爲而也，是"亦有今誤"矣。	
1052	唐	孔穎達	禮記正義	22	能	台	三台星	【故聖人耐以天下爲一家】……正義曰：……按鄭注《樂記》"耐，古能字，後世變之，此獨存焉，古以能爲三台字"，兩注雖異，其意同矣。彼云"後世變之"即此"傳書世異"也。彼云"此獨存焉"即此云"古字時有存者"云，"古以能爲三台字"者，謂今世以能字爲堪能之能，古者以能字爲三台字，是古今異也。	
1053	唐	孔穎達	禮記正義	28	斯	嘶	酸嘶	【鳥麷色而沙鳴，鬱】（……沙鳴者，沙，嘶也，謂鳴而聲嘶。鳥若如此，其肉腐臭）正義曰：……云"沙猶嘶也"者，嘶謂酸嘶。古之嘶字單作斯耳。	
1054	唐	孔穎達	禮記正義	29	祿	幦	覆苓之物	【君羔幦虎犆】（幦覆苓也……）正義曰：苓即式也。但車式以苓爲之，有豎者，有横者，故《考工記注》云"轛，式之犆者、衡者"也。此云幦覆苓，《詩·大雅》"鞹鞃淺幭"，《毛傳》云"幭，覆式"。幭即幦也。又《周禮·巾車》作祿，但古字耳。	

序號	時代	作者	出處	位置	古字	今字	記録職能	訓條 原文	備注
1055	唐	孔穎達	禮記正義	39	耐	能	能够	【故人不耐無樂，樂不耐無形，形而不爲道，不耐無亂】……正義曰：言經之耐字是古書能字之義。言古書能字皆作耐字。云"後世變之"者，言後世以來變耐爲能，不作耐字也。云"此獨存焉"者，言此《樂記》獨存耐字以爲能也。	
1056	唐	孔穎達	禮記正義	39	能	台	三台星	【故人不耐無樂，樂不耐無形，形而不爲道，不耐無亂】（……耐，古書能字也。後世變之，此獨存焉，古以能爲三台字）正義曰：……云"古以能爲三台字"者，言古時以今能字爲三台之字，是古者之耐字爲今之能字，能字爲三台之字。後世以來廢古耐字，以三台之能替耐字之變而爲能也。又更作三台之字，是今古變也。	
1057	唐	孔穎達	禮記正義	48	傅	溥	廣布	【溥之而橫乎四海】正義曰"溥之而行乎四海"者，溥，布也。布此孝道而橫被於四海，言孝道廣遠也。溥字而定本作傅。傅，溥古字。	
1058	唐	孔穎達	禮記正義	55	雅	牙	牙	【《君雅》曰：夏日暑雨，小民惟曰怨……】（雅，《書序》作牙，假借字也。君雅，周穆王司徒《尚書》篇名也……）正義曰：言古牙字假雅字以爲牙。故《尚書》以爲"君牙"此爲"君雅"。	
1059	唐	顏師古	漢書注	1	它	佗	他	【南海尉它居南方長治之】師古曰：它，古佗字也，書本亦或作他。	
1060	唐	顏師古	漢書注	1	縣	懸	懸	【帶河阻山，縣隔千里】師古曰：此本古之懸字耳，後人轉用爲州縣字，乃更加心目別之，非當借音。他皆類此。	
1061	唐	顏師古	漢書注	1	㠯	夷	夷	【司馬㠯將兵北定楚地】如淳曰"㠯，章邯司馬"。師古曰：㠯，古夷字。	
1062	唐	顏師古	漢書注	1	目	以	以	【今南夷取竹幼時績目爲帳】師古曰：……目，古以字。	

序號	時代	作者	出處	位置	古字	今字	記錄職能	訓條原文	備注
1063	唐	顔師古	漢書注	4	媿	愧	慚愧	【朕甚自媿】師古曰：媿，古愧字。	
1064	唐	顔師古	漢書注	5	晁	朝	朝	【斬御史大夫晁錯目謝七國】師古曰：晁，古朝字。	
1065	唐	顔師古	漢書注	6	徠	來	由遠至近	【氐羌徠服】師古曰：徠，古往來之字也。	
1066	唐	顔師古	漢書注	6	眊	耄	年老之稱	【哀夫老眊孤寡鰥獨】師古曰：眊，古耄字。八十曰耄。耄，老稱也。	
1067	唐	顔師古	漢書注	7	犇	奔	奔	【遣水衡都尉吕破胡募吏民及發犍爲、蜀郡犇命擊益州，大破之】應劭曰"舊時郡國皆有材官騎士目赴急難，今夷反，常兵不足目討之，故權選取精勇。聞命奔走，故謂之奔命"。李斐曰"平居發者二十目上至五十爲甲卒，今者五十目上六十目下爲奔命。奔命，言急也"。師古曰：應説是也。犇，古奔字耳。	
1068	唐	顔師古	漢書注	8	蜚	飛	飛	【鸞鳳萬舉，蜚覽翱翔，集止于旁】師古曰：萬舉，猶言舉以萬數也。蜚，古飛字也。	
1069	唐	顔師古	漢書注	8	婁	屢	多次	【婁蒙嘉瑞，獲茲祉福】師古曰：婁，古屢字。	
1070	唐	顔師古	漢書注	8	遬	速	速	【匈奴呼遬累單于帥衆來降】師古曰：遬，古速字。	
1071	唐	顔師古	漢書注	9	廲	曠	空閑	【衆僚久廲】師古曰：廲，古曠字。曠，空也。不得其人，則職事空廢。	
1072	唐	顔師古	漢書注	9	婁	屢	多次	【婁敕公卿，日望有效】師古曰：婁，古屢字。	

序號	時代	作者	出處	位置	古字	今字	記録職能	訓條原文	備注
1073	唐	顏師古	漢書注	9	縣	懸	懸	【冬，斬其首，傳詣京師，縣蠻夷邸門】師古曰：縣，古懸字也。	
1074	唐	顏師古	漢書注	10	蜚	飛	飛	【有雄蜚集于庭】師古曰：蜚，古飛字也。	
1075	唐	顏師古	漢書注	10	寖	浸	逐漸	【冬，廣漢鄭躬等黨與寖廣】師古曰：寖，古浸字。浸，漸也。	
1076	唐	顏師古	漢書注	10	婁	屢	多次	【地震京師，火災婁降】師古曰：婁，古屢字。	
1077	唐	顏師古	漢書注	10	婁	屢	多次	【數遭水旱疾疫之災，黎民婁困於飢寒】師古曰：婁，古屢字。	
1078	唐	顏師古	漢書注	10	婁	屢	多次	【災異婁發，以告不治】師古曰：婁，古屢字也。	
1079	唐	顏師古	漢書注	11	婁	屢	多次	【婁敕公卿，庶幾有望】……師古曰：婁，古屢字。	
1080	唐	顏師古	漢書注	13	囏	艱	艱辛	【用力如此其囏難也】師古曰：囏，古艱字也。	
1081	唐	顏師古	漢書注	13	粵	越	越族	【外攘胡粵】師古曰：攘，卻也。粵，古越字。	
1082	唐	顏師古	漢書注	14	姍	訕	嘲諷	【姍笑三代，盪滅古法】師古曰：姍，古訕字也。訕，謗也。	
1083	唐	顏師古	漢書注	15	替	僭	僭越	【或替差失軌】師古曰：……替，古僭字也。	

序號	時代	作者	出處	位置	古字	今字	記錄職能	訓條原文	備注
1084	唐	顏師古	漢書注	15	禠	詛	詛	【坐祝禠上，要斬】師古曰：禠，古詛字也，音側據反。	
1085	唐	顏師古	漢書注	16	遬	速	速	【號謚姓名：猗氏敬侯陳遬】師古曰：遬，古速字。	
1086	唐	顏師古	漢書注	16	趮	躁	躁	【東昌趮侯成】師古曰：即古躁字也。	
1087	唐	顏師古	漢書注	16	趮	躁	躁	【高后六年，趮侯甯嗣】師古曰：趮，古躁字。	
1088	唐	顏師古	漢書注	17	倈	來	由遠至近	【徐方既倈】師古曰：……言周之王道信能充實，則徐方、淮夷並來朝也。倈，古來字。	
1089	唐	顏師古	漢書注	17	逎	遒	遒	【逎侯陸彊】師古曰：逎即古遒字，音子修反。涿郡之縣。	
1090	唐	顏師古	漢書注	19	蹢	蹄	蹄	【又牧橐、昆蹢令丞】師古曰：……蹢即古蹄字耳。	
1091	唐	顏師古	漢書注	19	蒜	益	益	【蒜作朕虞，育草木鳥獸】師古曰：蒜，古益字也。	
1092	唐	顏師古	漢書注	21	嬗	禪	禪讓	【堯嬗以天下】師古曰：嬗，古禪讓字也。其下亦同。	
1093	唐	顏師古	漢書注	21	晨	晨	早晨	【晨星始見】師古曰：晨，古晨字也。	
1094	唐	顏師古	漢書注	21	潏	沸	沸	【及微公弗立，潏】師古曰：弗音弗。潏，古沸字。	

序號	時代	作者	出處	位置	古字	今字	記錄職能	訓條 原文	備注
1095	唐	顏師古	漢書注	21	楙	茂	茂盛	【林鐘：林，君也，言陰氣受任，助蕤賓君主種物使長大楙盛也】師古曰：種物，種生之物。楙，古茂字也。	
1096	唐	顏師古	漢書注	21	霸	魄	月初月光	【惟一月壬辰，旁死霸】師古曰：霸，古魄字，同。	
1097	唐	顏師古	漢書注	21	曑	遷	遷移	【周人曑其行序】師古曰：……曑，古遷字。	
1098	唐	顏師古	漢書注	22	犇	奔	奔	【樂官師瞽抱其器而犇散，或適諸侯，或入河海】師古曰：犇，古奔字。	
1099	唐	顏師古	漢書注	22	昜	暢	通暢	【清明昜矣，皇帝孝德】師古曰：昜，古暢字。暢，通也。	
1100	唐	顏師古	漢書注	22	尃	敷	施與	【尃與萬物】師古曰：尃，古敷字也。	
1101	唐	顏師古	漢書注	22	寖	浸	逐漸	【質樸日消，恩愛寖薄】師古曰：寖，古浸字。浸，漸也。	
1102	唐	顏師古	漢書注	22	徠	來	由遠至近	【天馬徠，從西極，涉流沙，九夷服】師古曰：……徠，古徍來字也。	
1103	唐	顏師古	漢書注	22	寮	燎	燎祭	【朝隴首，覽西垠，靁電寮，獲白麟】臣瓚曰"寮祭五時，皆有報應，聲若靁，光若電也"。師古曰：寮，古燎字。	
1104	唐	顏師古	漢書注	22	攘	讓	謙讓	【盛揖攘之容】師古曰：攘，古讓字。	
1105	唐	顏師古	漢書注	22	譱	善	妥當	【移風易俗，莫譱於樂】師古曰：……譱，古善字。	

序號	時代	作者	出處	位置	古字	今字	記錄職能	訓條原文	備注
1106	魏晉	顏師古	漢書注	22	沬	沫	洗面	【太一況，天馬下，霑赤汗，沫流赭】……師古曰：沬、沫兩通。沬者，言被面如頮也，字從水傍午未之未，音呼内反；沫者，言汗流沫出也，字從水傍本末之末，音亦如之。然今書字多作沫面之沫也。	
1107	唐	顏師古	漢書注	22	鸹	翔	飛翔	【神安坐，鸹吉時】師古曰：鸹，古翔字也。言神安坐回翔，皆趣吉時也。	
1108	唐	顏師古	漢書注	22	鸹	翔	飛翔	【聲氣遠條鳳鳥鸹】師古曰：條，達也。鸹，古翔字。	
1109	唐	顏師古	漢書注	22	縣	懸	懸	【高張四縣，樂充宮庭】師古曰：……縣，古懸字。	
1110	唐	顏師古	漢書注	22	匽	偃	收藏	【海内安寧，興文匽武】師古曰：匽，古偃字。	
1111	唐	顏師古	漢書注	22	咏	詠	詠歎	【詩言志，歌咏言】師古曰：咏，古詠字也。	
1112	唐	顏師古	漢書注	23	犇	奔	奔	【或犇走赴秦，號哭請救】師古曰：謂申包胥如秦乞師也。犇，古奔字。	
1113	唐	顏師古	漢書注	23	貌	貌	樣貌	【夫人宵天地之貌】師古曰：……貌，古貌字。	
1114	唐	顏師古	漢書注	24	婁	屢	多次	【然婁敕有司，以農爲務】師古曰：婁，古屢字。	
1115	唐	顏師古	漢書注	24	畮	畝	田畝	【故必建步立畮，正其經界】師古曰：畮，古畝字也。	
1116	唐	顏師古	漢書注	24	澹	贍	供給	【竭天下之資財以奉其政，猶未足以澹其欲也】師古曰：澹，古贍字也。贍，給也。	

序號	時代	作者	出處	位置	古字	今字	記錄職能	訓條原文	備注
1117	唐	顏師古	漢書注	24	饢	餉	供給糧食	【男子力耕不足糧饢】師古曰：饢，古餉字也。	
1118	唐	顏師古	漢書注	24	饢	餉	糧食	【千里負擔餽饢】師古曰：餽亦饋字。饢，古餉字。	
1119	唐	顏師古	漢書注	24	鬻	煮	煮	【因官器作鬻鹽，官與牢盆】師古曰：……鬻，古煮字也。	
1120	唐	顏師古	漢書注	25	宷	崇	尊崇	【莽遂宷鬼神淫祀】師古曰：宷，古崇字。	
1121	唐	顏師古	漢書注	25	宷	崇	尊崇	【以山下戶凡三百封宷高，爲之奉邑】師古曰：宷，古崇字耳。	
1122	唐	顏師古	漢書注	25	墬	地	大地	【周官天墬之祀】師古曰：墬，古地字也。	
1123	唐	顏師古	漢書注	25	靁	雷	雷電	【是歲，雍縣無雲如靁者三】師古曰：靁，古雷字也。空有雷聲也。	
1124	唐	顏師古	漢書注	25	靁	雷	雷電	【水火不相逮，靁風不相誖】師古曰：……靁，古雷字也。	
1125	唐	顏師古	漢書注	25	絫	累	累積	【爵位重絫，震動海內】師古曰：絫，古累字。	
1126	唐	顏師古	漢書注	25	寮	燎	燎祭	【古者壇場有常處，寮禋有常用】師古曰：寮，古燎字。	
1127	唐	顏師古	漢書注	25	寮	燎	燎祭	【天子從昆侖道入，始拜明堂如郊禮。畢，寮堂下而上】師古曰：寮，古燎字。	

序號	時代	作者	出處	位置	古字	今字	記録職能	訓條原文	備注
1128	唐	顔師古	漢書注	25	畮	畝	田畝	【《禮記》曰"天子籍田，千畮以事天墜"】師古曰：畮，古畝字。	
1129	唐	顔師古	漢書注	25	郊	岐	岐山	【大王建國於郊梁】師古曰：……郊，古岐字。	
1130	唐	顔師古	漢書注	25	罨	遷	遷移	【欲罨夏社】……師古曰：罨，古遷字。	
1131	唐	顔師古	漢書注	25	髊	髓	骨髓	【先鬻鶴髊、毒冒、犀玉二十餘物漬種】師古曰：鬻，古煮字也；髊，古髓字也。	
1132	唐	顔師古	漢書注	25	擥	腕	手腕	【莫不搤擥】師古曰：造詞搤，捉持也。擥，古手腕之字也。	
1133	唐	顔師古	漢書注	25	逪	遙	遠	【逪興輕舉】如淳曰"逪，遠也"……師古曰：逪，古遙字也。	
1134	唐	顔師古	漢書注	25	鬻	煮	煮	【先鬻鶴髊、毒冒、犀玉二十餘物漬種】師古曰：鬻，古煮字也；髊，古髓字也。	
1135	唐	顔師古	漢書注	27	犇	奔	奔	【火中成軍，虢公其犇】師古曰：……犇，古奔字。	
1136	唐	顔師古	漢書注	27	犇	奔	奔	【先是宋魚石犇楚】師古曰：犇，古奔字也。	
1137	唐	顔師古	漢書注	27	屮	草	草	【禽獸曰短，屮木曰折】師古曰：屮，古草字。	
1138	唐	顔師古	漢書注	27	仄	側	側	【《詩》云"爾德不明，以亡陪亡卿；不明爾德，以亡背亡仄"】師古曰：《大雅·蕩》之詩也。言不别善惡，有逆背傾仄者，有堪爲卿大夫者，皆不知之也。仄，古側字。	

續表

序號	時代	作者	出處	位置	古字	今字	記錄職能	訓條原文	備注
1139	唐	顏師古	漢書注	27	仄	側	側	【視近臣在國中處旁仄及貴而不正者，忍而誅之】師古曰：仄，古側字。	
1140	唐	顏師古	漢書注	27	仄	側	側	【昭帝時，昌邑王賀遣中大夫之長安，多治仄注冠】……師古曰：仄，古側字也。謂之側注者，言形側立而下注也。	
1141	唐	顏師古	漢書注	27	讇	諂	諂媚	【不知誰主爲佞讇之計】師古曰：讇，古諂字也。	
1142	唐	顏師古	漢書注	27	朝	朝	朝	【尹氏、召伯、毛伯事王子朝】師古曰：……子朝，景王庶子也。朝，古朝字。	
1143	唐	顏師古	漢書注	27	蜚	飛	飛	【《書》序又曰“高宗祭成湯，有蜚雉登鼎耳而雊”】師古曰：《商書·高宗肜日》之序也。蜚，古飛字。	
1144	唐	顏師古	漢書注	27	旤	禍	禍患	【數其旤福，傳以洪範】師古曰：旤，古文禍字。	
1145	唐	顏師古	漢書注	27	寖	浸	逐漸	【其後寖盛】師古曰：寖，古浸字。浸，漸也。	
1146	唐	顏師古	漢書注	27	僇	戮	殺	【佞人祿，功臣僇，天雨血】師古曰：僇，古戮字。	
1147	唐	顏師古	漢書注	27	僇	戮	殺	【刑僇諫者】師古曰：……僇，古戮字。下皆類此。	
1148	唐	顏師古	漢書注	27	僇	戮	殺	【至於身僇家絕】師古曰：僇，古戮字。	
1149	唐	顏師古	漢書注	27	畮	畝	田畝	【皆殺之，身橫九畮】師古曰：畮，古畝字。	

序號	時代	作者	出處	位置	古字	今字	記錄職能	訓條原文	備注
1150	唐	顏師古	漢書注	27	畮	畝	田畝	【其弟以千畮之戰生，名之曰成師】師古曰：……畮，古畝字也。	
1151	唐	顏師古	漢書注	27	難	然	燃燒	【男子孫通等聞山中群鳥蔵鵲聲，往視，見巢難，盡墮地中，有三蔵燉燒死】師古曰：難，古然字。	
1152	唐	顏師古	漢書注	27	侮	侮	輕慢	【慢侮之心生】師古曰：侮，古侮字。	
1153	唐	顏師古	漢書注	27	壄	野	民間	【遠四佞而放諸壄】師古曰：……壄，古野字。	
1154	唐	顏師古	漢書注	27	褆	詛	詛	【屈氂復坐祝褆，要斬】師古曰：褆，古詛字也。	
1155	唐	顏師古	漢書注	28	崈	崇	尊崇	【潁陰，崈高】師古曰：崈，古崇字。	
1156	唐	顏師古	漢書注	28	悳	德	品行節操	【安悳】師古曰：悳，古德字。	
1157	唐	顏師古	漢書注	28	竆	浸	湖澤	【川曰三江，竆曰五湖】師古曰：竆，古浸字也。川，水之通流者也。浸謂引以灌溉者。	
1158	唐	顏師古	漢書注	28	刊	栞	砍伐	【隨山栞木，奠高山大川】師古曰：栞，古刊字也。	
1159	唐	顏師古	漢書注	28	靁	雷	雷	【舜漁靁澤】師古曰：漁，捕魚也。靁，古雷字也。	
1160	唐	顏師古	漢書注	28	曍	遷	遷移	【衛曍于帝丘】師古曰：曍，古遷字。	

序號	時代	作者	出處	位置	古字	今字	記錄職能	訓條 原文	備注
1161	唐	顏師古	漢書注	28	蒫	莎	莎草	【蒫題】師古曰：蒫，古莎字。	
1162	唐	顏師古	漢書注	28	枀	松	松木	【蒼枀】南山枀，陝水所出……師古曰：枀，古松字也。	
1163	唐	顏師古	漢書注	28	惟	濰	濰水	【嵎夷既畧，惟、甾其道】師古曰：嵎夷，地名也，即陽谷所在。畧，言用功少也。惟、甾，二水名。皆復故道也。惟水出琅邪箕屋山，甾水出泰山萊蕪縣。惟字今作濰。甾字或作淄，古今通用也。	
1164	唐	顏師古	漢書注	28	昜	陽	山南水北	【傅昜山、傅昜川在南】師古曰：……昜，古陽字。	
1165	唐	顏師古	漢書注	28	昜	陽	山南水北	【曲昜】師古曰：昜，古陽字。	
1166	唐	顏師古	漢書注	28	壄	野	區域	【方制萬里，畫壄分州】師古曰：……壄，古野字。	
1167	唐	顏師古	漢書注	28	迡	攸	所	【漆、沮既從，酆水迡同】師古曰：……迡，古攸字也。攸，所也。	
1168	唐	顏師古	漢書注	29	寑	浸	浸潤	【農，天下之本也。泉流灌寑，所以育五穀也】師古曰：寑，古浸字。	
1169	唐	顏師古	漢書注	30	耑	端	端緒	【言感物造耑，材知深美】師古曰：耑，古端字也。因物動志，則造辭義之端緒。	
1170	唐	顏師古	漢書注	30	攘	讓	謙讓	【合於堯之克攘】師古曰：《虞書·堯典》稱堯之德曰"允恭克讓"，言其信恭能讓也，故《志》引之云。攘，古讓字。	

序號	時代	作者	出處	位置	古字	今字	記錄職能	訓條原文	備注
1171	唐	顔師古	漢書注	30	侖	禹	禹	【《大侖》三十七篇，傳言禹所作，其文似後世語】師古曰：侖，古禹字。	
1172	唐	顔師古	漢書注	31	蠭	蜂	蜂	【楚蠭起之將皆争附君者】師古曰：蠭，古蜂字也。	
1173	唐	顔師古	漢書注	31	頫	俯	俯身	【百粤之君頫首係頸】師古曰：古俯字。	
1174	唐	顔師古	漢書注	32	螯	戾	反逆	【後相背之螯也】師古曰：螯，古戾字。戾，違也。	
1175	唐	顔師古	漢書注	32	饟	餉	輸送糧食	【饟王離】師古曰：饟，古餉字，謂饋運其軍糧也。	
1176	唐	顔師古	漢書注	33	犇	奔	投奔	【項梁死定陶，成犇懷王】師古曰：犇，古奔字。	
1177	唐	顔師古	漢書注	34	餐	飡	餐食	【令其裨將傳餐】師古曰：餐，古飡字。	
1178	唐	顔師古	漢書注	34	蚤	早	早	【今豹死亡後，且越亦欲王，而君王不蚤定】師古曰：蚤，古早字。	
1179	唐	顔師古	漢書注	35	絫	累	累積	【脅肩絫足，猶懼不見釋】師古曰：……絫，古累字也。	
1180	唐	顔師古	漢書注	35	猛	舐	舐舐	【猛穧及米】師古曰：猛，古舐字。舐，用舌食也，蓋以犬爲喻也。	
1181	唐	顔師古	漢書注	35	饟	餉	輸送糧食	【使輕兵絶淮泗口，塞吳饟道】師古曰：饟，古餉字。	

序號	時代	作者	出處	位置	古字	今字	記錄職能	訓條 原文	備注
1182	唐	顏師古	漢書注	36	讇	諂	諂媚	【今二府奏佞讇不當在位，歷年而不去】如淳曰"二府，丞相、御史也"。師古曰：讇，古諂字。	
1183	唐	顏師古	漢書注	36	靁	雷	雷電	【雨雪靁霆失序相乘】師古曰：……靁，古雷字也。	
1184	唐	顏師古	漢書注	36	絫	累	累積	【吾幸得同姓末屬，絫世蒙漢厚恩】師古曰：絫，古累字。	
1185	唐	顏師古	漢書注	36	埶	藝	藝	【埶爲宛朐侯】師古曰：埶，古藝字。	
1186	唐	顏師古	漢書注	36	蚤	早	早	【不可不蚤慮】師古曰：蚤，古早字。	
1187	唐	顏師古	漢書注	36	蚤	早	早	【長兄伯，次仲，伯蚤卒】師古曰：蚤，古早字也。	
1188	唐	顏師古	漢書注	37	僇	戮	刑辱	【及至困厄奴僇，苟活而不變，何也？】師古曰：僇，古戮字也。奴僇，謂髠鉗爲奴而賣之也。	
1189	唐	顏師古	漢書注	38	寖	浸	逐漸	【事寖淫聞於上】師古曰：寖，古浸字也。寖淫，猶言漸染也。	
1190	唐	顏師古	漢書注	39	遬	速	速	【月餘，魏王豹反，以假丞相別與韓信東攻魏，將孫遬東張，大破之】師古曰：遬，古速字。	
1191	唐	顏師古	漢書注	40	遬	速	速	【因轉攻得雲中守遬、丞相箕肆、將軍博】師古曰：遬，古速字也。	
1192	唐	顏師古	漢書注	40	侮	侮	輕慢	【然大王資侮人】師古曰：資謂天性也。侮，古侮字。	

序號	時代	作者	出處	位置	古字	今字	記錄職能	訓條原文	備注
1193	唐	顔師古	漢書注	40	媕	侮	輕慢	【四人年老矣，皆以上嫚媕士】師古曰：……媕，古侮字。	
1194	唐	顔師古	漢書注	41	饟	餉	輸送糧食	【受詔別擊楚軍後，絕其饟道】師古曰：饟，古餉字。	
1195	唐	顔師古	漢書注	43	絫	累	累積	【積德絫善十餘世】師古曰：絫，古累字。	
1196	唐	顔師古	漢書注	44	䤸	委	枉曲	【皇帝䤸天下正法而許大王】師古曰：䤸，古委字。䤸謂曲也。	
1197	唐	顔師古	漢書注	44	褱	袖	衣袖	【辟陽侯出見之，即自褱金椎椎之】師古曰：褱，古袖字也。謂以金椎藏置褱中，出而椎之。	
1198	唐	顔師古	漢書注	45	仄	側	側	【衆畏其口，見之仄目】師古曰：仄，古側字也。	
1199	唐	顔師古	漢書注	45	讇	諂	諂媚	【苦其讇諛傾險辯慧深刻也】師古曰：讇，古諂字。	
1200	唐	顔師古	漢書注	45	譌	訛	錯誤	【苟爲姦譌，激怒聖朝】師古曰：譌，古訛字也。	
1201	唐	顔師古	漢書注	45	謼	呼	呼喊	【欲掠問，躬仰天大謼】師古曰：謼，古呼字，音火故反。	
1202	唐	顔師古	漢書注	45	噭	叫	呼喊	【如使狂夫噭謼於東崖】師古曰：……噭，古叫字。	
1203	唐	顔師古	漢書注	45	遬	速	僕遬	【諸曹以下僕遬不足數】師古曰：僕遬，凡短之貌也。僕音步木反。遬，古速字。	

序號	時代	作者	出處	位置	古字	今字	記錄職能	訓條原文	備注
1204	唐	顏師古	漢書注	45	唫	吟	吟詠	【秋風爲我唫，浮雲爲我陰】師古曰：唫，古吟字。	
1205	唐	顏師古	漢書注	47	餐	飡	餐食	【太后乃説，爲帝壹餐】師古曰：……餐，古飡字。	
1206	唐	顏師古	漢書注	48	偪	逼	逼迫	【疏者或制大權以偪天子】師古曰：偪，古逼字。	
1207	唐	顏師古	漢書注	48	仄	側	側	【仄聞屈原兮，自湛汨羅】師古曰：仄，古側字。	
1208	唐	顏師古	漢書注	48	惪	德	品行節操	【高皇帝以明聖威武即天子位……惪至渥也】師古曰：惪，古德字。	
1209	唐	顏師古	漢書注	48	嘑	呼	呼喊	【故貴大臣定有其皋矣，猶未斥然正以嘑之也】師古曰：嘑，古呼字。	
1210	唐	顏師古	漢書注	48	旤	禍	禍患	【殃旤之變，未知所移】師古曰：旤，古禍字。	
1211	唐	顏師古	漢書注	48	螫	戾	反逆	【上不使人頸螫而加也】蘇林曰“不戾其頸而親加刀鋸也”。師古曰：螫，古戾字，音盧結反。	
1212	唐	顏師古	漢書注	48	螫	戾	反逆	【病非徒瘇也，又苦踱螫】師古曰：踱，古蹠字也，音之石反。足下曰蹠，今所呼脚掌是也。螫，古戾字，言足蹠反戾，不可行也。	
1213	唐	顏師古	漢書注	48	踱	蹠	脚掌	【病非徒瘇也，又苦踱螫】師古曰：踱，古蹠字也，音之石反。足下曰蹠，今所呼脚掌是也。螫，古戾字，言足蹠反戾，不可行也。	

序號	時代	作者	出處	位置	古字	今字	記録職能	訓條原文	備注
1214	唐	顏師古	漢書注	48	竢	俟	等待	【竢罪長沙】師古曰：竢，古俟字。俟，待也。	
1215	唐	顏師古	漢書注	48	姆	侮	輕慢	【今匈奴嫚姆侵掠，至不敬也】師古曰：姆，古侮字。	
1216	唐	顏師古	漢書注	49	仄	側	側	【險道傾仄，且馳且射】師古曰：仄，古側字。	
1217	唐	顏師古	漢書注	49	龗	朝	朝	【爰盎鼂錯傳第十九】師古曰：鼂，古朝字，其下作朝，蓋通用耳。	
1218	唐	顏師古	漢書注	49	絫	累	累積	【吾不足絫公】師古曰：絫，古累字也。音力瑞反。	
1219	唐	顏師古	漢書注	49	畮	畝	田畝	【此胡人之生業，而中國之所以離南畮也】師古曰：畮，古畝字也。南畝，耕種之處也。	
1220	唐	顏師古	漢書注	49	壄	野	山野	【如飛鳥走獸於廣壄】師古曰：壄，古野字。	
1221	唐	顏師古	漢書注	50	仄	側	側	【仄目而視矣】師古曰：……仄，古側字也。	
1222	唐	顏師古	漢書注	51	蠿	絕	斷絕	【蠿者不可復屬】師古曰：蠿，古絕字。屬，連也，音之欲反。	
1223	唐	顏師古	漢書注	51	絫	累	累積	【臣聞鷙鳥絫百，不如一鶚】師古曰：……絫，古累字。	
1224	唐	顏師古	漢書注	51	絫	累	累積	【雖堯舜禹湯文武絫世廣德】師古曰：絫，古累字。	

續表

序號	時代	作者	出處	位置	古字	今字	記錄職能	訓條原文	備注
1225	唐	顏師古	漢書注	51	骫	委	迂曲	【其文骫骳,曲隨其事,皆得其意】師古曰:骫,古委字也。骳音被。骫骳,猶言屈曲也。	
1226	唐	顏師古	漢書注	51	饟	餉	輸送糧食	【魯東海絶吳之饟道】師古曰:饟,古餉字。	
1227	唐	顏師古	漢書注	51	餉	饐	食物塞喉	【祝餉在前,祝鯁在後】師古曰:餉,古饐字,謂食不下也。	
1228	唐	顏師古	漢書注	52	諕	呼	呼喊	【諕服謝罪】師古曰:……諕,古呼字也。	
1229	唐	顏師古	漢書注	52	㷉	燧	烽火亭	【置㷉㷉然後敢牧馬】師古曰:㷉,古燧字。	
1230	唐	顏師古	漢書注	52	尉	慰	撫慰	【猶頗可得,以尉士大夫心】師古曰:……古尉安之字正如此,其後流俗乃加心耳。	
1231	唐	顏師古	漢書注	52	蚤	早	早	【將軍旦日蚤臨】師古曰:……蚤,古早字。	
1232	唐	顏師古	漢書注	53	靁	雷	雷電	【聚蟊成靁】師古曰:蟊,古蚊字。靁,古雷字。	
1233	唐	顏師古	漢書注	53	絫	累	累積	【臣聞悲者不可爲絫欷】師古曰:絫,古累字。累,重也。欷,歔欷也,音許既反。	
1234	唐	顏師古	漢書注	53	螫	庢	暴庢	【爲人賊螫,又陰痿】師古曰:螫,古庢字。	
1235	唐	顏師古	漢書注	53	蟊	蚊	蚊蟲	【聚蟊成靁】師古曰:蟊,古蚊字。靁,古雷字。	

序號	時代	作者	出處	位置	古字	今字	記錄職能	訓條原文	備注
1236	唐	顏師古	漢書注	54	屮	草	草	【掘野鼠去屮實而食之】師古曰：……屮，古草字。	
1237	唐	顏師古	漢書注	55	犇	奔	奔	【西域王渾邪王及厥衆萌咸犇於率】師古曰：萌字與氓同。犇，古奔字也。	
1238	唐	顏師古	漢書注	55	犇	奔	奔	【遂將其餘騎可八百，犇降單于】師古曰：犇，古奔字也。	
1239	唐	顏師古	漢書注	55	螫	戾	戾	【票騎將軍率戎士隃烏螫】師古曰：……螫，古戾字也。烏螫，山名也。	
1240	唐	顏師古	漢書注	55	遫	速	速	【討遫濮，涉狐奴，歷五王國，輜重人衆攝讋者弗取，幾獲單于子】師古曰：遫，古速字也。	
1241	唐	顏師古	漢書注	56	寖	浸	逐漸	【寖微、寖滅、寖明、寖昌之道】師古曰：寖，古浸字。寖，漸也。	
1242	唐	顏師古	漢書注	56	捄	救	挽救	【將以捄溢扶衰，所遭之變然也】師古曰：捄，古救字也。	
1243	唐	顏師古	漢書注	56	絫	累	累積	【皆積善絫德之效也】師古曰：絫，古累字。	
1244	唐	顏師古	漢書注	56	螫	戾	反逆	【上下不和，則陰陽繆螫而妖孽生矣】師古曰：螫，古戾字。	
1245	唐	顏師古	漢書注	57	稟	貶	貶損	【而適足以稟君自損也】師古曰：稟，古貶字。	

序號	時代	作者	出處	位置	古字	今字	記錄職能	訓條原文	備注
1246	唐	顏師古	漢書注	57	晁	朝	朝	【晁采琬琰，和氏出焉】晉灼曰"晁采闕"。師古曰：晁，古朝字也。朝采者，美玉每旦有白虹之氣，光采上出，故名朝采，猶言夜光之璧矣。	
1247	唐	顏師古	漢書注	57	蜚	飛	飛	【蜚纖垂髾】……師古曰：……蜚，古飛字也。	
1248	唐	顏師古	漢書注	57	蜚	飛	飛	【揚微波，蜚英聲，騰茂實】師古曰：蜚，古飛字。	
1249	唐	顏師古	漢書注	57	頫	俯	俯身	【頫杳眇而無見，仰拚橑而捫天】師古曰：頫，古俯字也。杳眇，視遠貌。拚，古攀字也。橑，椽也。捫，摸也。言臺榭之高，有升上之者，俯視則不見地，仰攀其椽可以摸天也。橑音老。捫音門。	
1250	唐	顏師古	漢書注	57	拚	攀	攀緣	【頫杳眇而無見，仰拚橑而捫天】師古曰：頫，古俯字也。杳眇，視遠貌。拚，古攀字也。橑，椽也。捫，摸也。言臺榭之高，有升上之者，俯視則不見地，仰攀其椽可以摸天也。橑音老。捫音門。	
1251	唐	顏師古	漢書注	57	瑪	鴻	鴻雁	【瑪鸐鵠鴇】……師古曰：瑪，古鴻字。	
1252	唐	顏師古	漢書注	57	茻	卉	卉	【薊茝茻歙】師古曰：……茻，古卉字也，音諱。	
1253	唐	顏師古	漢書注	57	綺	袴	褲	【綺白虎】張揖曰"著白虎文綺也"。師古曰：綺，古袴字。	
1254	唐	顏師古	漢書注	57	靁	雷	雷電	【車騎靁起，殷天動地】郭璞曰"殷猶震也"。師古曰：靁，古雷字也。殷音隱。	
1255	唐	顏師古	漢書注	57	糸	累	累積	【夷嶄築堂，糸臺增成】師古曰：……糸，古累字。言平山而築堂於其上爲累臺也。增，重也，一重爲一成也。	

序號	時代	作者	出處	位置	古字	今字	記錄職能	訓條原文	備注
1256	唐	顔師古	漢書注	57	縏	累	累積	【雜襲縏輯】師古曰：雜襲，相因也。縏輯，重積也。縏，古累字。	
1257	唐	顔師古	漢書注	57	懯	戾	暴戾	【若枯旱之望雨，懯夫爲之垂涕】張揖曰“很戾之夫也”。師古曰：懯，古戾字。	
1258	唐	顔師古	漢書注	57	懯	戾	曲折	【宛潬膠懯】郭璞曰“憤薄相樛也”。師古曰：宛音婉。潬音善。懯，古戾字。	
1259	唐	顔師古	漢書注	57	枺	茂	茂盛	【夸條直暢，實葉葰枺】師古曰：……枺，古茂字也。	
1260	唐	顔師古	漢書注	57	嗛	謙	謙讓	【陛下嗛讓而弗發也】師古曰：嗛，古謙字。	
1261	唐	顔師古	漢書注	57	攘	讓	謙讓	【進攘之道】師古曰：攘，古讓字也。	
1262	唐	顔師古	漢書注	57	骫	委	屈曲	【崔錯癹骫】師古曰：崔錯，交雜也。癹委，蟠戾也。崔音千賄反。癹音步葛反。骫，古委字。	
1263	唐	顔師古	漢書注	57	骫	委	從隨	【跮踱輵螛容以骫麗兮】張揖曰“跮踱，互前卻也。輵螛，搖目吐舌也。容，龍體貌也。骫麗，左右相隨也”。師古曰：跮音丑日反。踱音丑略反。輵音遏。螛音曷。骫，古委字也。	
1264	唐	顔師古	漢書注	57	埜	野	山野	【膏液潤埜中而不辭也】師古曰：埜與壄同，古野字也。	
1265	唐	顔師古	漢書注	58	婁	屢	多次	【時上方興功業，婁舉賢良】師古曰：婁，古屢字。	

續表

序號	時代	作者	出處	位置	古字	今字	記錄職能	訓條原文	備注
1266	唐	顏師古	漢書注	59	犇	奔	奔	【宮中皆犇走伏匿】師古曰：犇，古奔字。	
1267	唐	顏師古	漢書注	59	蚤	早	早	【賀有一子蚤死】師古曰：蚤，古早字。	
1268	唐	顏師古	漢書注	60	蚤	早	早	【將軍輔政而不蚤定】師古曰：蚤，古早字。	
1269	唐	顏師古	漢書注	62	犇	奔	投奔	【晉中軍隨會犇魏】……師古曰：犇，古奔字也。	
1270	唐	顏師古	漢書注	62	沬	頮	洗臉	【沬血飲泣】師古曰：沬，古頮字。頮，洒面也。言流血在面如盥頮。	
1271	唐	顏師古	漢書注	62	攘	讓	謙讓	【小子何敢攘焉】師古曰：攘，古讓字。言當述成先人之業，何敢自謙，當五百歲而讓之也。	
1272	唐	顏師古	漢書注	62	澹	瞻	供給	【動合無形，澹足萬物】師古曰：澹，古瞻字。	
1273	唐	顏師古	漢書注	62	竢	俟	等待	【以竢後聖君子】師古曰：竢，古俟字。	
1274	唐	顏師古	漢書注	62	虖	呼	嗚呼	【太史公仍父子相繼籑其職，曰"於戲！余維先人嘗掌斯事，顯於唐虞"】師古曰：於戲，歎聲也。於讀曰烏，戲讀曰呼。古字或作嗚虖，今字或作烏呼，音義皆同耳。	
1275	唐	顏師古	漢書注	62	嗚	烏	嗚呼	【太史公仍父子相繼籑其職，曰"於戲！余維先人嘗掌斯事，顯於唐虞"】師古曰：於戲，歎聲也。於讀曰烏，戲讀曰呼。古字或作嗚虖，今字或作烏呼，音義皆同耳。	

序號	時代	作者	出處	位置	古字	今字	記録職能	訓條原文	備注
1276	唐	顏師古	漢書注	62	於	烏	嗚呼	【太史公仍父子相繼纂其職，曰“於戲！余維先人嘗掌斯事，顯於唐虞”。】師古曰：於戲，歎聲也。於讀曰烏，戲讀曰呼。古字或作嗚虖，今字或作烏呼，音義皆同耳。	
1277	唐	顏師古	漢書注	62	蚤	早	早	【神形蚤衰】師古曰：蚤，古早字。	
1278	唐	顏師古	漢書注	63	棐	匪	非	【毋作棐德】師古曰：棐，古匪字也。匪，非也。	
1279	唐	顏師古	漢書注	63	寖	浸	逐漸	【後王廢，胥寖信女須等】師古曰：寖，古浸字也。寖，漸也，益也。	
1280	唐	顏師古	漢書注	63	菑	災	災難	【從高皇帝墾菑除害】師古曰：菑，古災字。	
1281	唐	顏師古	漢書注	64	犇	奔	奔跑	【大將軍秉鉞，單于犇幕】師古曰：犇，古奔字。	
1282	唐	顏師古	漢書注	64	讇	諂	諂媚	【讇諛者衆】師古曰：讇，古諂字。	
1283	唐	顏師古	漢書注	64	朝	朝	朝	【晁不及夕】師古曰：晁，古朝字也。言憂危亡不自保也。	
1284	唐	顏師古	漢書注	64	婁	屢	多次	【朝廷多事，婁舉賢良文學之士】師古曰：婁，古屢字。	
1285	唐	顏師古	漢書注	64	竢	俟	等待	【設官竢賢，縣賞待功】師古曰：竢，古俟字。	

序號	時代	作者	出處	位置	古字	今字	記録職能	訓條原文	備注
1286	唐	顏師古	漢書注	64	謕	啼	啼哭	【親老涕泣，孤子謕號】師古曰：謕，古啼字。	
1287	唐	顏師古	漢書注	64	菑	災	災難	【是以比年凶菑害衆】師古曰：菑，古災字。	
1288	唐	顏師古	漢書注	65	藗	藂	叢生	【飾文采，藗珍怪】師古曰：藗，古藂字。	
1289	唐	顏師古	漢書注	65	蜚	飛	飛	【遂及蜚廉、惡來革等】蘇林曰"二人皆紂時邪佞人也"。孟康曰"蜚廉善走"。師古曰：蜚，古飛字。	
1290	唐	顏師古	漢書注	65	筦	管	竹管	【以筦闚天，以蠡測海】師古曰：筦，古管字。	
1291	唐	顏師古	漢書注	65	澹	贍	供給	【朔之進對澹辭，皆此類也】師古曰：澹，古贍字也。贍，給也。	
1292	唐	顏師古	漢書注	65	蚤	早	早	【伏日當蚤歸】師古曰：蚤，古早字。	
1293	唐	顏師古	漢書注	66	犇	奔	奔	【高昌侯車犇入北掖門】師古曰：犇，古奔字也。	
1294	唐	顏師古	漢書注	66	讕	諂	諂媚	【咸叩頭謝曰"具曉所言，大要教咸讕也"】師古曰：大要，大歸也。讕，古諂字也。	
1295	唐	顏師古	漢書注	66	尉	慰	撫慰	【思欲寬廣上意，尉安衆庶】師古曰：尉安之字，本無心也，是以《漢書》往往存古體字焉。	
1296	唐	顏師古	漢書注	67	犇	奔	奔跑	【犇射追吏，吏散走】師古曰：犇，古奔字也。奔走赴之而射也。	

序號	時代	作者	出處	位置	古字	今字	記錄職能	訓條原文	備注
1297	唐	顏師古	漢書注	68	褒	袖	衣袖	【須臾，何羅褒白刃從東箱上】師古曰：置刃於衣褒中也。褒，古袖字。	
1298	唐	顏師古	漢書注	69	墬	地	大地	【令不得歸肥饒之墬】師古曰：墬，古地字也。	
1299	唐	顏師古	漢書注	69	摒	撫	安撫	【選擇良吏知其俗者摒循和輯】師古曰：摒，古撫字。	
1300	唐	顏師古	漢書注	69	婁	屢	多次	【嘗平守節，婁奏封章】師古曰：婁，古屢字。	
1301	唐	顏師古	漢書注	69	畮	畝	田畝	【田事出，賦人二十畮】師古曰：田事出，謂至春人出營田也。賦謂班與之也。畮，古畝字。	
1302	唐	顏師古	漢書注	69	澹	贍	供給	【今久轉運煩費，傾我不虞之用以澹一隅】師古曰：澹，古贍字。贍，給也。	
1303	唐	顏師古	漢書注	70	犇	奔	奔	【父死不犇喪】師古曰：犇，古奔字。	
1304	唐	顏師古	漢書注	70	犇	奔	奔	【夜，數犇營，不利，輒卻】師古曰：犇，古奔字也。	
1305	唐	顏師古	漢書注	70	仄	側	側	【文公爲之仄席而坐】師古曰：……《禮記》曰"有憂者仄席而坐"，蓋自貶之。仄，古側字也。	
1306	唐	顏師古	漢書注	70	難	然	燃燒	【至難脂火夜作】師古曰：難，古然字也。	
1307	唐	顏師古	漢書注	71	絫	累	累積	【絫遷長信少府，大鴻臚、光禄勳】師古曰：絫，古累字。	

續表

序號	時代	作者	出處	位置	古字	今字	記録職能	訓條原文	備注
1308	唐	顔師古	漢書注	71	絫	累	拖累	【我老，久絫丁壯】師古曰：絫，古累字也，音力瑞反。	
1309	唐	顔師古	漢書注	71	竢	俟	等待	【乞骸骨歸鄉里，竢寘溝壑】師古曰：竢，古俟字。	
1310	唐	顔師古	漢書注	72	仄	側	側	【罷退外親及旁仄素餐之人】師古曰：仄，古側字也。	
1311	唐	顔師古	漢書注	72	讇	諂	諂媚	【致誅姦臣，遠放讇佞】師古曰：遠，離也。音于萬反。讇，古諂字。	
1312	唐	顔師古	漢書注	72	嫷	惰	怠惰	【疾言辯訟，嫷謾亡狀】師古曰：疾，急也。嫷，古惰字。謾讀與慢同。亡狀，無善狀也。	
1313	唐	顔師古	漢書注	72	絝	袴	褲	【衣服履絝刀劍，亂於主上】師古曰：絝，古袴字。	
1314	唐	顔師古	漢書注	72	訢	欣	喜悦	【訢訢焉發憤忘食，日新厥德】師古曰：訢，古欣字。	
1315	唐	顔師古	漢書注	73	嫷	惰	怠惰	【嫷彼車服，黜此附庸】師古曰：嫷，古惰字也。	
1316	唐	顔師古	漢書注	73	憜	惰	怠惰	【供事靡憜】師古曰：……憜，古惰字。	
1317	唐	顔師古	漢書注	73	嫷	惰	怠惰	【無嫷爾儀，以保爾域】師古曰：嫷亦古惰字也。	
1318	唐	顔師古	漢書注	73	囏	艱	艱辛	【玄成復作詩，自著復玷缺之囏難】師古曰：……囏，古艱字。	

序號	時代	作者	出處	位置	古字	今字	記錄職能	訓條原文	備注
1319	唐	顔師古	漢書注	73	瑑	遷	遷移	【我祖斯微，瑑于彭城】師古曰：……瑑，古遷字。	
1320	唐	顔師古	漢書注	74	犇	奔	奔	【此馭吏邊郡人，習知邊塞發犇命警備事】師古曰：犇，古奔字也。有命則奔赴之，言應速也。	
1321	唐	顔師古	漢書注	74	捄	救	挽救	【賴明詔振捄，乃得蒙更生】師古曰：捄，古救字。	
1322	唐	顔師古	漢書注	74	蚤	早	早	【臣竊寒心，宜蚤圖其備】師古曰：蚤，古早字也。	
1323	唐	顔師古	漢書注	75	讕	諂	諂媚	【諸閹茸佞讕，抱虛求進】師古曰：……讕，古諂字。	
1324	唐	顔師古	漢書注	75	捄	救	挽救	【開府臧，振捄貧民】師古曰：捄，古救字。	
1325	唐	顔師古	漢書注	75	靁	雷	雷電	【夏霜冬靁】師古曰：靁，古雷字。	
1326	唐	顔師古	漢書注	76	婧	惰	怠惰	【然被輕婧之名】師古曰：婧，古惰字也。	
1327	唐	顔師古	漢書注	76	嗛	謙	謙讓	【然温良嗛退，不以行能驕人】師古曰：嗛，古以爲謙字。	
1328	唐	顔師古	漢書注	76	姍	訕	嘲諷	【外爲大言，倨嫚姍上】師古曰：姍，古訕字也。	
1329	唐	顔師古	漢書注	76	蚤	早	早	【孝昭皇帝蚤崩無嗣】師古曰：蚤，古早字。	

序號	時代	作者	出處	位置	古字	今字	記錄職能	訓條原文	備注
1330	唐	顔師古	漢書注	77	讕	詔	詔媚	【朝廷無讕諛之士】師古曰：元首謂天子也。讕，古詔字也。	
1331	唐	顔師古	漢書注	77	蚤	早	早	【故衰世之君夭折蚤没】師古曰：蚤，古早字也。	
1332	唐	顔師古	漢書注	78	仄	側	側	【恭、顯又時傾仄見詘】文穎曰"恭、顯心不自安也"。師古曰：文説非也。言其不能持正，故議論大事見詘於天子也。仄，古側字。	
1333	唐	顔師古	漢書注	78	督	愆	過失	【帥意亡督，靡有後言】師古曰：督，古愆字也。	
1334	唐	顔師古	漢書注	78	攘	讓	謙讓	【踞慢不遜攘】師古曰：攘，古讓字。	
1335	唐	顔師古	漢書注	78	竢	俟	等待	【竢見二子】師古曰：……竢，古俟字也。俟，待也。	
1336	唐	顔師古	漢書注	80	徧	遍	周遍	【孝元之後，徧有天下】師古曰：……徧即古遍字。	
1337	唐	顔師古	漢書注	80	讕	詔	詔媚	【以讕惑王】師古曰：讕，古詔字也。	
1338	唐	顔師古	漢書注	80	蚤	早	早	【太子蚤失母，故弗忍也】師古曰：蚤，古早字也。	
1339	唐	顔師古	漢書注	81	蚤	早	早	【少以經行自著，進官蚤成】師古曰：蚤，古早字。	
1340	唐	顔師古	漢書注	82	愁	惕	憂傷	【卒無怵愁憂】師古曰：……愁，古惕字也。	

序號	時代	作者	出處	位置	古字	今字	記錄職能	訓條原文	備注
1341	唐	顏師古	漢書注	82	咲	笑	笑	【於是上嘿然而咲】師古曰：咲，古笑字。	
1342	唐	顏師古	漢書注	83	仄	側	側	【躬有日仄之勞，而亡佚豫之樂】師古曰：《周書》亡逸之篇稱文王之德曰“至于日中仄，弗皇暇食”，宣引此言也。仄，古側字也。	
1343	唐	顏師古	漢書注	83	关	笑	笑	【設酒肴，請鄰里，壹关相樂】師古曰：……关，古笑字也。	
1344	唐	顏師古	漢書注	84	謅	諂	諂媚	【邪謅無常】師古曰：謅，古諂字也。	
1345	唐	顏師古	漢書注	84	囏	艱	險惡	【惟大囏人翟義、劉信大逆】師古曰：……囏，古艱字。	
1346	唐	顏師古	漢書注	84	壄	野	山野	【河圖雒書遠自昆侖，出於重壄】師古曰：……壄，古野字。	
1347	唐	顏師古	漢書注	84	蚤	早	早	【孝平皇帝短命蚤崩】師古曰：蚤，古早字。	
1348	唐	顏師古	漢書注	85	捄	救	挽救	【《詩》云“凡民有喪，扶服捄之”】師古曰：……捄，古救字。	
1349	唐	顏師古	漢書注	85	捄	救	挽救	【存卹振捄困乏之人以弭遠方】師古曰：捄，古救字也。	
1350	唐	顏師古	漢書注	85	絫	累	累積	【絫親疏，序材能，宜在君侯】師古曰：絫，古累字。絫親疏，謂積累其次而計之。	
1351	唐	顏師古	漢書注	85	婁	屢	多次	【婁失中興】師古曰：婁，古屢字也。	

序號	時代	作者	出處	位置	古字	今字	記錄職能	訓條 原文	備注
1352	唐	顏師古	漢書注	85	娶	屢	多次	【夙夜孳孳，娶省無怠】師古曰：娶，古屢字也。屢省，屢自觀省也。	
1353	唐	顏師古	漢書注	85	关	笑	笑	【放去淫溺之樂，罷歸倡優之关】師古曰：关，古笑字。	
1354	唐	顏師古	漢書注	85	蚤	早	早	【今大將軍不幸蚤薨】師古曰：蚤，古早字。	
1355	唐	顏師古	漢書注	86	娶	屢	多次	【寒暑失常，變異娶臻】師古曰：娶，古屢字。	
1356	唐	顏師古	漢書注	86	娶	屢	多次	【四夷賓服，神爵、五鳳之間娶蒙瑞應】師古曰：娶，古屢字也。	
1357	唐	顏師古	漢書注	86	菀	苑	苑囿	【詔書罷菀，而以賜賢二千餘頃】師古曰：菀，古苑字。	
1358	唐	顏師古	漢書注	87	偪	逼	逼迫	【當是時，偪揚侯】師古曰：……偪，古逼字。	
1359	唐	顏師古	漢書注	87	領	悴	憂傷	【慶夭領而喪榮】師古曰：……領，古悴字。	
1360	唐	顏師古	漢書注	87	霏	霏	霏霏	【雲霏霏而來迎兮】師古曰：霏，古霏字。霏霏，雲起貌。	
1361	唐	顏師古	漢書注	87	絋	紘	繩	【遥噱虖絋中】師古曰：……絋，古紘字。	
1362	唐	顏師古	漢書注	87	虖	乎	語氣詞	【超既離虖皇波】師古曰：……虖，古乎字。	

序號	時代	作者	出處	位置	古字	今字	記錄職能	訓條原文	備注
1363	唐	顔師古	漢書注	87	爌	晃	明	【西燿流沙，北爌幽都】師古曰：爌，古晃字。	
1364	唐	顔師古	漢書注	87	鱷	鯨	鯨	【取其鱷鯢築武軍】師古曰：……鱷，古鯨字。	
1365	唐	顔師古	漢書注	87	采	攀	攀附	【采既釆夫傅説兮，奚不信而遂行】晉灼曰“釆，慕也。《離騷》曰‘説操築於傅巖兮，武丁用之而不疑’”。師古曰：采，古攀字。既攀援傅説，何不信其所行，自見用而遂去？	
1366	唐	顔師古	漢書注	87	掀	披	張開	【掀桂椒，鬱栘楊】師古曰：……掀，古披字。	
1367	唐	顔師古	漢書注	87	摼	牽	牽領	【摼象犀】師古曰：摼，古牽字。	
1368	唐	顔師古	漢書注	87	廑	勤	勤勞	【其廑至矣】師古曰：廑，古勤字。	
1369	唐	顔師古	漢書注	87	鞉	鼗	長柄搖鼓	【鳴鞉磬之和】師古曰：鞉，古鼗字。	
1370	唐	顔師古	漢書注	87	逞	往	往	【逞逞離宮般以相燭兮，封巒石關施靡虡延屬】師古曰：逞，古往字。	
1371	唐	顔師古	漢書注	87	骫	委	從隨	【從者仿佛，骫屬而還】張晏曰“從者見仿佛，委釋迴旋”。師古曰：車不安軔，未及止也。日未靡旈，不移景也。仿佛讀曰髴髴。骫，古委字也。屬音之欲反。還讀曰旋也。	
1372	唐	顔師古	漢書注	87	颺	揚	飛升	【何必颺纍之蛾眉】師古曰：纍，美貌也。颺，古揚字也。	

序號	時代	作者	出處	位置	古字	今字	記録職能	訓條原文	備注
1373	唐	顏師古	漢書注	87	菑	災	災難	【灑沈菑於豁瀆兮，播九河於東瀕】師古曰：灑，分也。菑，古災字也。	
1374	唐	顏師古	漢書注	87	蚤	早	早	【吾纍忽焉而不蚤睹】師古曰：蚤，古早字也。	
1375	唐	顏師古	漢書注	87	焯	灼	光明	【隨珠和氏，焯爍其陂】師古曰：焯，古灼字也。焯爍，光貌。	
1376	唐	顏師古	漢書注	88	墬	地	大地	【式恥之，陽醉邅墬】師古曰：……墬，古地字。	
1377	唐	顏師古	漢書注	88	墬	地	大地	【先敺旄頭劍挺墮墬，首垂泥中】師古曰：……墬，古地字。	
1378	唐	顏師古	漢書注	88	呐	訥	語遲	【江公呐於口】師古曰：……呐，古訥字。	
1379	唐	顏師古	漢書注	89	仄	側	側	【及至孝、宣，繇仄陋而登至尊】師古曰：仄，古側字。仄陋，言非正統，而身經微賤也。	
1380	唐	顏師古	漢書注	89	媿	愧	慚愧	【郎中令善媿人】師古曰：媿，古愧字。愧，辱也。	
1381	唐	顏師古	漢書注	89	難	然	燃燒	【晝夜難蘊火，待溫氣乃生】師古曰：難，古然字。	
1382	唐	顏師古	漢書注	90	絫	累	累積	【温舒死，家絫千金】師古曰：絫，古累字。	
1383	唐	顏師古	漢書注	90	婁	屢	多次	【郡中亦平，婁蒙豐年】師古曰：婁，古屢字。	

序號	時代	作者	出處	位置	古字	今字	記録職能	訓條原文	備注
1384	唐	顔師古	漢書注	91	茬	槎	斜砍	【既順時而取物，然猶山不茬蘖，澤不伐夭】師古曰：茬，古槎字也。槎，邪斫木也。	
1385	唐	顔師古	漢書注	91	頫	俯	俯身	【頫有拾，卬有取】師古曰：頫，古俯字也。	
1386	唐	顔師古	漢書注	91	蹏	蹄	量詞	【陸地牧馬二百蹏】師古曰：蹏，古蹄字。	
1387	唐	顔師古	漢書注	92	耤	藉	借助	【以驅耤友報仇】師古曰：耤，古藉字。	
1388	唐	顔師古	漢書注	93	絫	累	累積	【賂遺賞賜亦絫鉅萬】師古曰：絫，古累字也。	
1389	唐	顔師古	漢書注	93	姍	訕	嘲諷	【望之當世名儒，顯恐天下學士姍己】師古曰：姍，古訕字。訕，謗也，音所諫反。	
1390	唐	顔師古	漢書注	93	侮	侮	輕慢	【長具服戲侮長定宮】師古曰：侮，古侮字。	
1391	唐	顔師古	漢書注	93	褏	袖	衣袖	【嘗晝寢，偏藉上】師古曰：藉謂身卧其上也。褏，古袖字。	
1392	唐	顔師古	漢書注	93	菑	災	災難	【陰陽不調，菑害並臻】師古曰：菑，古災字。	
1393	唐	顔師古	漢書注	94	犇	奔	奔跑	【匈奴聞漢兵大出，老弱犇走，毆畜産遠遁逃】師古曰：犇，古奔字。	
1394	唐	顔師古	漢書注	94	讇	諂	諂媚	【匈奴復讇以甘言】師古曰：讇，古諂字。	

續表

序號	時代	作者	出處	位置	古字	今字	記錄職能	訓條原文	備注
1395	唐	顏師古	漢書注	94	墬	地	大地	【使韓安國將三十萬衆徼於便墬】師古曰:……墬,古地字。	
1396	唐	顏師古	漢書注	94	鬴	釜	釜	【多齎鬴鍑薪炭】師古曰:鬴,古釜字也。	
1397	唐	顏師古	漢書注	94	蔾	黎	黎	【三世無犬吠之警,蔾庶亡干戈之役】師古曰:蔾,古黎字。	
1398	唐	顏師古	漢書注	94	黐	戾	戾草	【賜以冠帶衣裳,黃金璽黐綬】師古曰:黐,古戾字。戾,草名也。以戾染綬,亦諸侯王之制也。	
1399	唐	顏師古	漢書注	94	郂	岐	岐山	【當時秦襄公伐戎至郂】師古曰:郂,古岐字。	
1400	唐	顏師古	漢書注	94	遬	速	速	【呼韓邪單于左大將烏厲屈與父呼遬累皆見匈奴亂】師古曰:呼遬累者,其官號也。遬,古速字也。	
1401	唐	顏師古	漢書注	94	遬	速	速	【甯侯魏遬爲北地將軍】師古曰:遬,古速字。	
1402	唐	顏師古	漢書注	94	蟁	蚊	蚊蟲	【譬猶蟁蝱之螫】師古曰:蟁,古蚊字也。	
1403	唐	顏師古	漢書注	94	唫	吟	吟詠	【今歌唫之聲未絕,傷痍者甫起】師古曰:唫,古吟字。	
1404	唐	顏師古	漢書注	94	菑	災	災難	【雲徹席卷,後無餘菑】師古曰:菑,古災字也。	
1405	唐	顏師古	漢書注	95	犇	奔	奔	【遣水衡都尉發蜀郡、犍爲犇命萬餘人】師古曰:犇,古奔字。	

續表

序號	時代	作者	出處	位置	古字	今字	記録職能	訓條原文	備注
1406	唐	顔師古	漢書注	95	饟	餉	供糧	【巴蜀四郡通西南夷道，載轉相饟】師古曰：饟，古餉字。	
1407	唐	顔師古	漢書注	96	諂	諂	諂媚	【宛貴人以爲昧蔡諂，使我國遇屠】師古曰：諂，古諂字。	
1408	唐	顔師古	漢書注	96	鬴	釜	釜	【北伐行將，於鬴山必克】師古曰：……鬴，古釜字。	
1409	唐	顔師古	漢書注	96	爇	然	燃燒	【得三四百人，去校尉府數里止，晨火爇】師古曰：古然字。	
1410	唐	顔師古	漢書注	96	它	他	他	【民隨畜牧逐水草，有驢馬，多橐它】師古曰：它，古他字也。	
1411	唐	顔師古	漢書注	96	縣	懸	懸	【其西則有縣度】師古曰：縣繩而度也。縣，古懸字耳。	
1412	唐	顔師古	漢書注	96	蚤	早	早	【太子蚤死】師古曰：蚤，古早字。	
1413	唐	顔師古	漢書注	97	褱	懷	懷抱	【將相大臣褱誠秉忠，唯義是從】師古曰：褱，古懷字。	
1414	唐	顔師古	漢書注	97	芫	悅	悅	【寖淫敞芫】師古曰：芫，古悅字。	
1415	唐	顔師古	漢書注	97	捄	救	挽救	【匡捄銷滅既往之過】師古曰：捄，古救字。	
1416	唐	顔師古	漢書注	97	絝	袴	褲	【傅絝韈】師古曰：……絝，古袴字也。	

序號	時代	作者	出處	位置	古字	今字	記錄職能	訓條原文	備注
1417	唐	顏師古	漢書注	97	綺	袴	褲	【雖宮人使令皆爲窮綺，多其帶】服虔曰"窮綺，有前後當，不得交通也"。師古曰：使令，所使之人也。綺，古袴字也。窮綺即今之緄襠袴也。	
1418	唐	顏師古	漢書注	97	縲	累	多次	【每瘝寐而縲息兮，申佩離以自思】師古曰：縲息，言懼而喘息也……縲，古累字。	
1419	唐	顏師古	漢書注	97	縲	累	拖累	【將軍家重身尊，不宜以吏職自縲】師古曰：縲，古累字也，音力瑞反。	
1420	唐	顏師古	漢書注	97	婁	屢	多次	【成形之禍月以迫切，不救之患日寖婁深】師古曰：寖，甚也。婁，古屢字。	
1421	唐	顏師古	漢書注	97	侮	侮	輕慢	【不畏天命，侮聖人言】師古曰：……侮，古侮字。	
1422	唐	顏師古	漢書注	97	咲	笑	笑	【旅人先咲後號咷】師古曰：咲，古笑字也。	
1423	唐	顏師古	漢書注	97	譴	詛	詛	【祝譴後宮有身者王美人及鳳等】師古曰：譴，古詛字。	
1424	唐	顏師古	漢書注	98	犇	奔	投奔	【完字敬仲，犇齊】師古曰：犇，古奔字。	
1425	唐	顏師古	漢書注	98	婁	屢	多次	【故天變婁臻，咸在朕躬】師古曰：婁，古屢字。	
1426	唐	顏師古	漢書注	99	犇	奔	奔跑	【博士李充爲犇走】師古曰：犇，古奔字。	
1427	唐	顏師古	漢書注	99	犇	奔	奔跑	【馳犇賊，皆戰死】師古曰：犇，古奔字也。	

序號	時代	作者	出處	位置	古字	今字	記録職能	訓條原文	備注
1428	唐	顏師古	漢書注	99	嬗	禪	禪讓	【戊辰,莽至高廟拜受金匱神嬗】師古曰:嬗,古禪字。言有神命,使漢禪位於莽也。	
1429	唐	顏師古	漢書注	99	嬗	禪	禪讓	【予之皇始祖考虞帝受嬗于唐】師古曰:嬗,古禪字。	
1430	唐	顏師古	漢書注	99	蜚	飛	飛	【大風蜚瓦】師古曰:蜚,古飛字。	
1431	唐	顏師古	漢書注	99	蜚	飛	飛	【夏,蝗從東方來,蜚蔽天】師古曰:蜚,古飛字也。	
1432	唐	顏師古	漢書注	99	厷	肱	協助	【日德元厷右,司徒典致文瑞,考圖合規】師古曰:厷,古肱字。	
1433	唐	顏師古	漢書注	99	靁	雷	雷電	【冬,靁】師古曰:古雷字。	
1434	唐	顏師古	漢書注	99	婁	屢	多次	【婁省朝政】師古曰:婁,古屢字。	
1435	唐	顏師古	漢書注	99	皃	貌	容貌	【皃佷自臧】師古曰:皃,古貌字也。皃佷,言其佷戾見於容貌也。臧,善也。自以爲善,而固持其所見,不可移易。	
1436	唐	顏師古	漢書注	99	眡	視	看視	【今移病,固當聽其讓,令眡事邪】師古曰:眡,古視字。	
1437	唐	顏師古	漢書注	99	眡	視	看視	【騎都尉崔發等眡説】師古曰:眡,古視字也。視其文而説其意也。	
1438	唐	顏師古	漢書注	99	誂	啼	啼哭	【宮人婦女誂讙曰"當奈何"】師古曰:誂,古啼字也。	

序號	時代	作者	出處	位置	古字	今字	記錄職能	訓條 原文	備注
1439	唐	顏師古	漢書注	99	僊	仙	登仙	【黃帝皆僊上天】師古曰：僊，古仙字。	
1440	唐	顏師古	漢書注	99	蚤	早	早	【唯莽父曼蚤死，不侯】師古曰：蚤，古早字。	
1441	唐	顏師古	漢書注	100	墬	地	大地	【參天墬而施化，豈云人事之厚薄哉】師古曰：墬，古地字。	
1442	唐	顏師古	漢書注	100	墬	地	大地	【坤作墬埶，高下九則】師古曰：墬，古地字。	
1443	唐	顏師古	漢書注	100	墬	地	大地	【始皇之末，班壹避墬於樓煩】師古曰：墬，古地字。	
1444	唐	顏師古	漢書注	100	墬	地	大地	【惟天墬之無窮兮，鱻生民之脢在】師古曰：墬，古地字也。	
1445	唐	顏師古	漢書注	100	墬	地	大地	【壹陰壹陽，天墬之方】師古曰：墬，古地字也。	
1446	唐	顏師古	漢書注	100	墬	地	大地	【知隗囂終不寤，乃避墬於河西】師古曰：墬，古地字。	
1447	唐	顏師古	漢書注	100	逯	迣	逃	【攜手逯秦】師古曰：逯，古迣字也。	
1448	唐	顏師古	漢書注	100	龢	和	和	【賔又不聞龢氏之璧輻於荊石】師古曰：龢，古和字也。	
1449	唐	顏師古	漢書注	100	龢	和	諧和	【吙中龢爲庶幾兮】師古曰：吙，古聿字也。龢，古和字也。	

續表

序號	時代	作者	出處	位置	古字	今字	記録職能	訓條原文	備注
1450	唐	顔師古	漢書注	100	欥	聿	發語詞	【欥中龢爲庶幾兮】師古曰：欥，古聿字也。龢，古和字也。	
1451	唐	顔師古	漢書注	100	靖	静	安静	【靖潛處以永思兮】師古曰：靖，古静字也。	
1452	唐	顔師古	漢書注	100	槀	栗	戰栗	【郡中震槀，咸稱神明】師古曰：槀，古栗字。	
1453	唐	顔師古	漢書注	100	厸	鄰	相鄰	【東厸虐而殲仁兮】師古曰：厸，古鄰字也。	
1454	唐	顔師古	漢書注	100	厸	鄰	相鄰	【謨先聖之大猷兮，亦厸惪而助信】劉德曰"厸，近也"。師古曰：謨，謀也。猷，道也。厸，古鄰字。	
1455	唐	顔師古	漢書注	100	廑	勤	勤勞	【賈廑從旅，爲鎮淮、楚】師古曰：……廑，古以爲勤字。	
1456	唐	顔師古	漢書注	100	眠	視	看視	【伯惶恐，起眠事】師古曰：眠，古視字。	
1457	唐	顔師古	漢書注	100	关	笑	笑	【談关大噱】師古曰：关，古笑字也。	
1458	唐	顔師古	漢書注	100	齅	嗅	聞	【不齅驕君之餌】師古曰：齅，古嗅字也。	
1459	唐	顔師古	漢書注	100	縣	懸	懸	【炫炫上天，縣象著明】師古曰：……縣，古懸字。	
1460	唐	顔師古	漢書注	100	逌	攸	笑貌	【主人逌爾而咲曰】師古曰：逌，古攸字也。攸，咲貌也。	

序號	時代	作者	出處	位置	古字	今字	記錄職能	訓條原文	備注
1461	唐	顏師古	漢書注	100	遚	攸	所	【八卦成列，九疇遚敍】師古曰：……遚，古攸字。	
1462	唐	顏師古	漢書注	100	遚	攸	所	【度量權衡，曆算遚出】師古曰：遚，古攸字也。攸，所也。	
1463	唐	顏師古	漢書注	100	遚	攸	所	【橐取弔于遚吉兮，王膺慶於所感】師古曰：遚，古攸字也。攸亦所也。	
1464	唐	顏師古	匡謬正俗	1	搯	抽	抽	《説文解字》曰"籀，讀也。從竹，搯聲"。搯即古抽字。	
1465	唐	顏師古	匡謬正俗	1	專	漙	露多貌	漙，《鄭詩·野有蔓草》篇云"野有蔓草，零露漙兮，有美一人，清揚婉兮"。《詩》古本有水旁作漙字者，亦有單作專字者，後人輒改爲之漙字，讀爲團圓之團。作辭賦篇什用之，遞相因襲，曾無疑者。按呂氏《字林》"雨"下作"專"，訓云"露貌，音上竞反"。此字本作霉，或作漙耳。單作專者，古字從省。	
1466	唐	顏師古	匡謬正俗	1	專	霉	露多貌	漙，《鄭詩·野有蔓草》篇云"野有蔓草，零露漙兮，有美一人，清揚婉兮"。《詩》古本有水旁作漙字者，亦有單作專字者，後人輒改爲之漙字，讀爲團圓之團。作辭賦篇什用之，遞相因襲，曾無疑者。按呂氏《字林》"雨"下作"專"，訓云"露貌，音上竞反"。此字本作霉，或作漙耳。單作專者，古字從省。	
1467	唐	顏師古	匡謬正俗	2	翼	戮	殺戮	【翼】古文戮字【《商書·湯斷》】古誓字【云"予則孥翼汝"，孔安國傳云"古之用刑，父子兄弟，罪不相及，今云孥戮，權以脅之，使勿犯也"。按孥戮者，或以爲奴，或加刑戮，無有所赦耳】	

序號	時代	作者	出處	位置	古字	今字	記錄職能	訓條原文	備注
1468	唐	顏師古	匡謬正俗	2	斸	誓	約誓	【斸】古文斁字【《商書·湯斸》】古誓字【云“予則孥戮汝”，孔安國傳云“古之用刑，父子兄弟，罪不相及，今云孥戮，權以脅之，使勿犯也”。按孥戮者，或以爲奴，或加刑戮，無有所赦耳】	
1469	唐	郎知本	正名要錄		扗	遷	遷	【扗】古文遷字。	
1470	唐	郎知本	正名要錄		珤	寶	寶	【善嚴珤】古寶字。	
1471	唐	郎知本	正名要錄		燕	醼	宴飲	【醼】飲也。古燕飲字無傍酉。	
1472	唐	玄應	一切經音義	1	硋	礙	阻礙	【罣礙】……下古文硋，同。五代反。《説文》“礙，止也”。	
1473	唐	玄應	一切經音義	1	壛	曀	陰翳	【塵曀】古文壛，同。於計反。《小爾雅》云“幽、曀、闇、昧，冥也”……《釋名》云“曀亦翳也，使日不明淨也”。	
1474	唐	玄應	一切經音義	1	惸	煢	孤單	【孤煢】古文惸、偞二形，同。渠營反。無父曰孤，無子曰獨，無兄弟曰煢。煢，單也。	
1475	唐	玄應	一切經音義	1	偞	煢	孤單	【孤煢】古文惸、偞二形，同。渠營反。無父曰孤，無子曰獨，無兄弟曰煢。煢，單也。	
1476	唐	玄應	一切經音義	1	陦	島	島嶼	【海島】古文陦，同。都道、都胶二反。《説文》“海中有山可依止曰島”。	
1477	唐	玄應	一切經音義	1	軸	冑	頭盔	【甲冑】古文軸，同。除救反。《廣雅》“冑，兜鍪也”。	

續表

序號	時代	作者	出處	位置	古字	今字	記錄職能	訓條原文	備注
1478	唐	玄應	一切經音義	1	瘄	悸	悸動	【焦悸】子遥反。焦燒也。下古文瘄，同。其季反。《字林》"心動也"。《説文》"氣不定也"。	
1479	唐	玄應	一切經音義	1	勬	僅	纔	【僅半】古文勬、廑二形，同。渠鎮反。僅，劣也，僅，猶纔也。	
1480	唐	玄應	一切經音義	1	廑	僅	纔	【僅半】古文勬、廑二形，同。渠鎮反。僅，劣也，僅，猶纔也。	
1481	唐	玄應	一切經音義	1	阱	穽	陷阱	【坑穽】古文阱、㐬二形，同。才性反。《説文》"大陷也"。	
1482	唐	玄應	一切經音義	1	㐬	穽	陷阱	【坑穽】古文阱、㐬二形，同。才性反。《説文》"大陷也"。	
1483	唐	玄應	一切經音義	1	閼	遏	遏調伏	【名遏】古文閼，同。安曷反。《蒼頡篇》"遏，遮也"。《詩傳》曰"遏，止也"。亦絶也。	佛典原文爲"或名遏調伏"，"遏調伏"爲音譯詞
1484	唐	玄應	一切經音義	1	瞶	瞶	耳聾	【聾瞶】古文䫌、瞶二形，同。今作瞶，又作聵，同。牛快反。《國語》"瞶不可使聽"，賈逵曰"生聾曰瞶"。	
1485	唐	玄應	一切經音義	1	䫌	瞶	耳聾	【聾瞶】古文䫌、瞶二形，同。今作瞶，又作聵，同。牛快反。《國語》"瞶不可使聽"，賈逵曰"生聾曰瞶"。	
1486	唐	玄應	一切經音義	1	痠	衰	衰穨	【衰耄】字體作痠，同。所鬽反。《説文》"痠，減也，亦損也"。《禮記》"年五十始痠"。痠，懈也。今皆作衰。	
1487	唐	玄應	一切經音義	1	薹	耗	年老之稱	【衰耄】……下古文薹、耄二形，今作耗，同。莫報反。《禮記》"八十曰耄"。鄭玄曰"耄，惛忘也，亦亂也"。	
1488	唐	玄應	一切經音義	1	耄	耗	年老之稱	【衰耄】……下古文薹、耄二形，今作耗，同。莫報反。《禮記》"八十曰耄"。鄭玄曰"耄，惛忘也，亦亂也"。	

續表

序號	時代	作者	出處	位置	古字	今字	記錄職能	訓條原文	備注
1489	唐	玄應	一切經音義	1	遞	遞	更替	【遞相】古文遞，同。徒禮反。《爾雅》“遞，迭也”。郭璞曰“遞，更易也”。迭音徒結反。	
1490	唐	玄應	一切經音義	1	仞	刃	七尺	【七仞】如振反……《論語》“夫子之牆數仞”，包曰“七尺曰仞”。今皆作刃，非也。	
1491	唐	玄應	一切經音義	1	氓	萌	黎民	【羣萌】古文氓，同。麥耕反。萌芽也。《廣雅》“萌，始也”。案萌，冥昧兒也，言衆無知也。《漢書》“氓氓群黎”是也。	
1492	唐	玄應	一切經音義	1	遁	遯	逃	【遁走】今作遯、遂[遂]二形，同。徒頓反。遁，逃也。《廣雅》“遁，避也”。	
1493	唐	玄應	一切經音義	1	遁	遂	逃	【遁走】今作遯、遂[遂]二形，同。徒頓反。遁，逃也。《廣雅》“遁，避也”。	
1494	唐	玄應	一切經音義	1	憼	警	警惕	【慎憼】古文憼、儆二形，今作警，同。居影反。警，戒慎也。《廣雅》“警，不安也”。	
1495	唐	玄應	一切經音義	1	儆	警	警惕	【慎憼】古文憼、儆二形，今作警，同。居影反。警，戒慎也。《廣雅》“警，不安也”。	
1496	唐	玄應	一切經音義	1	怵	恃	依賴	【恃怙】古文怖，同。時止反。下胡友反。恃，賴也。	
1497	唐	玄應	一切經音義	1	惏	婪	貪婪	【貪惏】……今亦作婪，同。力南反。惏亦貪也。	
1498	唐	玄應	一切經音義	1	肵	拼	手掌支撐	【拓地】古文肵、祐二形，今作拼，同。	
1499	唐	玄應	一切經音義	1	祐	拼	手掌支撐	【拓地】古文肵、祐二形，今作拼，同。	

續表

序號	時代	作者	出處	位置	古字	今字	記錄職能	訓條原文	備注
1500	唐	玄應	一切經音義	1	䴬	䐣	炒	【炒粳】古文䴬[䴬]、𪐫、焣、䊮四形。今作䐣。	
1501	唐	玄應	一切經音義	1	𪐫	䐣	炒	【炒粳】古文䴬[䴬]、𪐫、焣、䊮四形。今作䐣。	
1502	唐	玄應	一切經音義	1	焣	䐣	炒	【炒粳】古文䴬[䴬]、𪐫、焣、䊮四形。今作䐣。	
1503	唐	玄應	一切經音義	1	䊮	䐣	炒	【炒粳】古文䴬[䴬]、𪐫、焣、䊮四形。今作䐣。	
1504	唐	玄應	一切經音義	1	觜	𪘚	鳥嘴	【鐵觜】今作𪘚。又作觜，同。子累反。《廣雅》“觜，口也。《字書》“觜，鳥喙也”。	
1505	唐	玄應	一切經音義	1	斸	斲	砍剁	【斤斲】……下古文斸，同。竹角反。《説文》“斲，斫也”。	
1506	唐	玄應	一切經音義	1	馭	御	馭使	【善馭】今作御，同。魚據反。駕馭也。謂指麾使馬也。	
1507	唐	玄應	一切經音義	1	繫	係	捆綁	【係心】古文繫、繼二形，同。古詣反。係綴也，繫束也。	
1508	唐	玄應	一切經音義	1	繼	係	捆綁	【係心】古文繫、繼二形，同。古詣反。係綴也，繫束也。	
1509	唐	玄應	一切經音義	1	愃	宣	遍及	【宣叙】古文愃，同。雪緣反。《爾雅》“宣，徧也”。	
1510	唐	玄應	一切經音義	1	姁	眩	惑亂	【眩惑】古文姁、眴二形，同。矦徧反。《字林》“眩亂也”。《漢書》“黎軒條支國善眩”。案眩亦幻也。軒音居言反。	

序號	時代	作者	出處	位置	古字	今字	記録職能	訓條原文	備注
1511	唐	玄應	一切經音義	1	迿	眩	惑亂	【眩惑】古文姰、迿二形，同。庆徧反。《字林》“眩亂也”。《漢書》“黎軒條支國善眩”。案眩亦幻也。軒音居言反。	
1512	唐	玄應	一切經音義	1	徇	循	遍及	【循身】古文作徇，同。似遵反。《三蒼》“徇，遍也”。	
1513	唐	玄應	一切經音義	1	瞽	監	監察	【監領】古文瞽，同。公衫反。《方言》“監，察也，亦覽也”。《經》文作鑒，非體也。	
1514	唐	玄應	一切經音義	1	戩	襲	突襲	【掩襲】古文戩、褶二形，同。辭立反。《左傳》“凡師輕曰襲”，注云“……夜戰曰襲”。	
1515	唐	玄應	一切經音義	1	褶	襲	突襲	【掩襲】古文戩、褶二形，同。辭立反。《左傳》“凡師輕曰襲”，注云“……夜戰曰襲”。	
1516	唐	玄應	一切經音義	1	嬰	怡	怡懌	【怡懌】古文嬰，同。翼之反。下以石反。《爾雅》“怡懌，樂也”。	
1517	唐	玄應	一切經音義	1	繒	絖	絲棉絮	【繒纊】自陵反。下今作絖，同。音曠。《説文》“繒，帛也；纊，緜也”。絮之細者曰纊。	
1518	唐	玄應	一切經音義	2	訾	呰	誹謗	【毁呰】古文些 [訾]、欨二形，同。子爾反。《説文》“呰，呵也”。鄭玄注《禮記》云“口毁曰呰”是也。	
1519	唐	玄應	一切經音義	2	欨	呰	誹謗	【毁呰】古文些 [訾]、欨二形，同。子爾反。《説文》“呰，呵也”。鄭玄注《禮記》云“口毁曰呰”是也。	
1520	唐	玄應	一切經音義	2	魅	魖	精靈	【鬼魖】古文魅、魖二形，同。莫冀反。《通俗文》“山澤怪謂之魑魅”。《説文》“老物精也”。	
1521	唐	玄應	一切經音義	2	鶴	雈	鶴	【白鶴】古文鶴，今作雈，同。何各反。《古今注》云“白鶴千歲則變蒼，又千歲則變黑”。	

序號	時代	作者	出處	位置	古字	今字	記錄職能	訓條原文	備注
1522	唐	玄應	一切經音義	2	殮	斂	收殮	【殯斂】古文殮，同。力艷反。衣尸也。	
1523	唐	玄應	一切經音義	2	抄	鈔	掠奪	【抄掠】古文抄、勦二形，今作鈔，同。初效反……《字書》“抄，掠也”。	
1524	唐	玄應	一切經音義	2	勦	鈔	掠奪	【抄掠】古文抄、勦二形，今作鈔，同。初效反……《字書》“抄，掠也”。	
1525	唐	玄應	一切經音義	2	戧	創	創傷	【創皰】古文戧、刅二形，同。楚良反。《説文》“創，傷也”。	
1526	唐	玄應	一切經音義	2	刅	創	創傷	【創皰】古文戧、刅二形，同。楚良反。《説文》“創，傷也”。	
1527	唐	玄應	一切經音義	2	媅	耽	嗜好	【耽湎】古文媅、妉二形，諸書作酖、沈二形，同。都含反。《説文》“媅，樂也”。《國語》“耽，嗜也”。湎，古文酾，同。亡善反。《説文》“湎，沈於酒也。謂酒樂也”。	
1528	唐	玄應	一切經音義	2	妉	耽	嗜好	【耽湎】古文媅、妉二形，諸書作酖、沈二形，同。都含反。《説文》“媅，樂也”。《國語》“耽，嗜也”。湎，古文酾，同。亡善反。《説文》“湎，沈於酒也。謂酒樂也”。	
1529	唐	玄應	一切經音義	2	酾	湎	沉湎	【耽湎】古文媅、妉二形，諸書作酖、沈二形，同。都含反。《説文》“媅，樂也”。《國語》“耽，嗜也”。湎，古文酾，同。亡善反。《説文》“湎，沈於酒也。謂酒樂也”。	
1530	唐	玄應	一切經音義	2	斷	斷	截斷	【當斷】古文斷、㪍二形，同。都緩反。斷，截也。	

350

續表

序號	時代	作者	出處	位置	古字	今字	記錄職能	訓條原文	備注
1531	唐	玄應	一切經音義	2	斳	斷	截斷	【當斷】古文斳、斳二形，同。都緩反。斷，截也。	
1532	唐	玄應	一切經音義	2	陡	隄	堤防	【隄塘】古文陡，同。都奚反，下徒郎反……李巡曰"隄，防也"。	
1533	唐	玄應	一切經音義	2	琱	雕	雕刻	【雕文】古文彫、琱二形，今作彫，同。都聊反。《説文》"彫，琢文也"。《三蒼》"彫，飾也"。字從彡，今皆從隹作雕。	
1534	唐	玄應	一切經音義	2	彫	雕	雕刻	【雕文】古文彫、琱二形，今作彫，同。都聊反。《説文》"彫，琢文也"。《三蒼》"彫，飾也"。字從彡，今皆從隹作雕。	
1535	唐	玄應	一切經音義	2	闌	欄	遮攔物	【欄楯】力干反。謂鉤闌也。今皆從木作欄。	
1536	唐	玄應	一切經音義	2	孠	嗣	子嗣	【家嗣】古文孠，同。辭利反。《爾雅》"嗣，繼也，又續也"。	
1537	唐	玄應	一切經音義	2	羈	鞲	馬籠頭	【羈鏁】今作鞲，同。居猗反。革絡馬頭曰羈。《釋名》"羈，撿也。所以撿持制之也"。鏁，桑果反。字從貝、從小。	
1538	唐	玄應	一切經音義	2	奉	俸	薪俸	【奉禄】防用反。奉，與也，所以奉百官也。今皆作俸。	
1539	唐	玄應	一切經音義	2	範	笵	範式	【師範】……下今作笵，同。音犯。《爾雅》"範，法也"。謂楷式法則也。	
1540	唐	玄應	一切經音義	2	嫳	憋	急性	【妬憋】古文嫳，同。脾滅反。《方言》"憋，惡也"，郭璞云"急性也"。	
1541	唐	玄應	一切經音義	2	㕙	隙	嫌隙	【釁隙】古文㕙，同。丘逆反。隙，疊也。《説文》"壁際孔也"。《廣雅》"隙，裂也"。字從阜、從白上下小。《經》文作郄，地名也。	

序號	時代	作者	出處	位置	古字	今字	記錄職能	訓條原文	備注
1542	唐	玄應	一切經音義	2	娉	聘	問婚	【娉妻】今作聘，同。匹勁反。問婚也。《説文》"聘，訪也"。《爾雅》"聘，問也"。	
1543	唐	玄應	一切經音義	2	霸	覇	霸權	【霸王】今作覇，同。補駕反。《國語》"晉猶霸"。賈逵曰"霸猶把也，言把持諸侯之權也"。諸侯把王事臣道也。故字從月，覇聲。	
1544	唐	玄應	一切經音義	2	謝	懟	怨恨	【懟恨】古文謝，《字林》同。大淚反。《爾雅》"懟，怨也"。	
1545	唐	玄應	一切經音義	2	弒	試	殺上級	【而弒】今作試，同。尸至反。《左傳》"自虐其君曰弒"。《周易》"臣弒君，子弒父，非一朝一夕，其所由來漸也"。《釋名》云"下煞上曰弒。弒，伺也。伺間而後得其便也"。	
1546	唐	玄應	一切經音義	2	垛	垜	邨垜	【邨垜】鄙旻反。垜，古文垛，同。直飢反。梵言也，正云阿那他擯荼陁。	垜在此處是音譯用字
1547	唐	玄應	一切經音義	2	礪	厲	磨刀石	【法厲】古文礪，同。力制反。磨石也。砥細於礪，皆可以磨刀刃。	
1548	唐	玄應	一切經音義	2	眆	仿	仿佛	【仿佛】古文作眆眲，……謂相似見不諦也。	
1549	唐	玄應	一切經音義	2	眲	佛	仿佛	【仿佛】古文作眆眲，……謂相似見不諦也。	
1550	唐	玄應	一切經音義	2	炎	焚	焚燒	【焚身】古文炎、燌二形，同。扶雲反。焚亦燒。字從火燒林意也。	
1551	唐	玄應	一切經音義	2	燌	焚	焚燒	【焚身】古文炎、燌二形，同。扶雲反。焚亦燒。字從火燒林意也。	

序號	時代	作者	出處	位置	古字	今字	記録職能	訓條原文	備注
1552	唐	玄應	一切經音義	2	勇	敷	普遍	【敷在】古文勇,同……敷,遍也。	
1553	唐	玄應	一切經音義	2	孖	髦	毛髮	【髦尾】古文孖,同。莫高反。《説文》“髦,髮也”。謂毛中之髦也。《經》文有作駿,子公反。	
1554	唐	玄應	一切經音義	2	賍	賦	賦税	【賦給】古文賍,同。甫務反。《説文》“賦,斂也”。《廣雅》“賦,税也”。	
1555	唐	玄應	一切經音義	2	䰞	鍋	鍋	【甘鍋】……《方言》“秦云土釜也”。《字體》從鬲,丱聲。今皆作鍋。	
1556	唐	玄應	一切經音義	2	骾	哽	噎塞	【哽噎】古文骾、腰二形,又作鯁,同。古杏反。《聲類》云“哽,食、骨留嗌中也”。	
1557	唐	玄應	一切經音義	2	腰	哽	噎塞	【哽噎】古文骾、腰二形,又作鯁,同。古杏反。《聲類》云“哽,食、骨留嗌中也”。	
1558	唐	玄應	一切經音義	2	寞	填	填塞	【廁填】古文寞,同。徒堅反。《三蒼》“廁,雜也”。《廣雅》“填,塞也,滿也”。	
1559	唐	玄應	一切經音義	2	鞋	屣	皮鞋	【革屣】古文鞋、韅二形,同。	
1560	唐	玄應	一切經音義	2	韅	屣	皮鞋	【革屣】古文鞋、韅二形,同。	
1561	唐	玄應	一切經音義	2	筩	筒	竹筒	【木筩】徒東反。《三蒼》“筩,竹管也”。《説文》“筩,斷竹也”。《方言》“箸筩也”。郭璞曰“謂盛匕箸也”。《經》文作筒。《説文》徒棟反。謂無底蕭也。今亦爲筩字。	

序號	時代	作者	出處	位置	古字	今字	記録職能	訓條原文	備注
1562	唐	玄應	一切經音義	2	敹	撻	打擊	【楚撻】楚，一名荆也。撻，古文敹，同。他達反。箠也。《廣雅》“撻，擊也”。	
1563	唐	玄應	一切經音義	2	鑰	闟	鑰匙	【户闟】古文鑰，同。余酌反。《方言》“關東謂之鍵，關西謂之闟”。	
1564	唐	玄應	一切經音義	2	婚	昏	婚	【婚姻】今作昏。《説文》“婦嫁也”。《禮記》“取婦以昏時入，故曰昏”。《爾雅》“婦之父母爲昏也”。姻古文婣、姻二形，今作因。《説文》“壻家也，女之所因，故曰姻”。《爾雅》“婿之父爲姻”。婿音細。	
1565	唐	玄應	一切經音義	2	婣	因	夫家	【婚姻】今作昏。《説文》“婦嫁也”。《禮記》“取婦以昏時入，故曰昏”。《爾雅》“婦之父母爲昏也”。姻古文婣、姻二形，今作因。《説文》“壻家也，女之所因，故曰姻”。《爾雅》“婿之父爲姻”。婿音細。	
1566	唐	玄應	一切經音義	2	姻	因	夫家	【婚姻】今作昏。《説文》“婦嫁也”。《禮記》“取婦以昏時入，故曰昏”。《爾雅》“婦之父母爲昏也”。姻古文婣、姻二形，今作因。《説文》“壻家也，女之所因，故曰姻”。《爾雅》“婿之父爲姻”。婿音細。	
1567	唐	玄應	一切經音義	2	斠	角	較量	【角力】古文斠，同……《説文》“平斗斠也，音單作角”。	
1568	唐	玄應	一切經音義	2	匳	籢	鏡匣	【匳底】今作籢，同。力占反。《蒼頡篇》“盛鏡器名也”。	
1569	唐	玄應	一切經音義	2	蠃	螺	螺螄	【螺王】古文蠃，同。力戈反。螺，蚌也。《經》文作蠡，力西、力底二反，借音耳。	
1570	唐	玄應	一切經音義	2	簐	鞠	鞠球	【拍毱】古文簐，今作鞠……郭璞注《三蒼》云“毛丸可蹋戲者曰鞠”。	

序號	時代	作者	出處	位置	古字	今字	記錄職能	訓條原文	備注
1571	唐	玄應	一切經音義	2	胖	判	得偶而合	【判合】古文胖。又作胖,同。普旦反……得偶而合曰判。	
1572	唐	玄應	一切經音義	2	繁	紙	紙婆樹	【紙婆】古文繁,同。女林、如深二反。樹名也。葉苦,可煮爲飲,治頭痛也。	"紙婆"是音譯詞
1573	唐	玄應	一切經音義	2	紹	紹	繼續	【紹三】古文紹,同。市繞反。《爾雅》"紹,繼也"。	
1574	唐	玄應	一切經音義	2	嗟	吒	痛惜	【私吒】古文嗟,同……服虔云"痛惜曰吒"是也。	
1575	唐	玄應	一切經音義	2	凷	塊	土塊	【遂塊】古文凷,同。若對反。結土也。	
1576	唐	玄應	一切經音義	2	剖	討	討伐	【往討】古文剖,同。恥老反。《漢書音義》曰"討,除也"。	
1577	唐	玄應	一切經音義	2	飤	食	供食	【餧飤】《石經》今作食,同。囚[四]恣反。《聲類》"飤,哺也"。《説文》"飤,糧也"。從人,仰食也。	
1578	唐	玄應	一切經音義	2	瘕	疵	病	【瑕疵】古文瘕。《字林》才雌反。《説文》"疵,病也"。	
1579	唐	玄應	一切經音義	2	的	的	箭靶	【因的】古文的。《説文》作的,同。都狄反。的,明也	
1580	唐	玄應	一切經音義	2	鼻	劓	割鼻	【刖劓】……下古文鼻,同。魚器反。《字林》"刖,斷耳也;劓,刖鼻也"。	
1581	唐	玄應	一切經音義	2	戉	鉞	大斧	【鉞斧】古文戉,同。禹發反。《説文》"戉,大斧也"。	

序號	時代	作者	出處	位置	古字	今字	記録職能	訓條原文	備注
1582	唐	玄應	一切經音義	2	齰	齚	咬	【齰齧】古文齚。又作咋，同。	
1583	唐	玄應	一切經音義	2	佷	態	態	【恣態】古文佷，《字林》同。他代反。恣，姿也。謂能度人情皃也。	
1584	唐	玄應	一切經音義	3	椉	乘	駕車	【百乘】古文椉、𪄳二形，同。承證反。《廣雅》“乘，駕也”。	
1585	唐	玄應	一切經音義	3	𪄳	乘	駕車	【百乘】古文椉、𪄳二形，同。承證反。《廣雅》“乘，駕也”。	
1586	唐	玄應	一切經音義	3	簙	博	博戲	【博弈】古文簙，同。補莫反。《方言》“博，或謂之棊”。	
1587	唐	玄應	一切經音義	3	猜	悆	猜疑	【猜焉】古文膱、猜二形，今作悆，同。倉來反。案猜亦名疑也。《廣雅》“猜，懼也”。	
1588	唐	玄應	一切經音義	3	膱	悆	猜疑	【猜焉】古文膱、猜二形，今作悆，同。倉來反。案猜亦名疑也。《廣雅》“猜，懼也”。	
1589	唐	玄應	一切經音義	3	踣	仆	倒	【倒仆】古文踣，同。蒲北反。《説文》“仆，頓也，謂前覆也”。	
1590	唐	玄應	一切經音義	3	瘉	愈	痊愈	【得愈】古文瘉，同。	
1591	唐	玄應	一切經音義	3	姟	垓	十經之數	【垓劫】古文姟、姟二形，今作垓，同。古才反。數名也。《風俗通》曰“……十經曰姟”，姟猶大數也。	
1592	唐	玄應	一切經音義	3	姟	垓	十經之數	【垓劫】古文姟、姟二形，今作垓，同。古才反。數名也。《風俗通》曰“……十經曰姟”，姟猶大數也。	

序號	時代	作者	出處	位置	古字	今字	記錄職能	訓條原文	備注
1593	唐	玄應	一切經音義	3	姟	姟	十經之數	【姟劫】古文姟、姿二形,今作姟,同。古才反。數名也。《風俗通》曰"……十經曰姟",姟猶大數也。	
1594	唐	玄應	一切經音義	3	姿	姟	十經之數	【姟劫】古文姟、姿二形,今作姟,同。古才反。數名也。《風俗通》曰"……十經曰姟",姟猶大數也。	
1595	唐	玄應	一切經音義	3	姟	姟	十經之數	【姟劫】古文姟、姿二形,今作姟,同。古才反。數名也。《風俗通》曰"……十經曰姟",姟猶大數也。	
1596	唐	玄應	一切經音義	3	氂	耗	十毫之距	【豪氂】又作毫,同。胡高反。下古文氂、綟二形,今作耗,同。力之反。《漢書》"不失毫氂",孟康注云"毫,兔毫也。十豪曰氂"。今皆作氂,亦由古字通用也,然非字體。	
1597	唐	玄應	一切經音義	3	綟	耗	十毫之距	【豪氂】又作毫,同。胡高反。下古文氂、綟二形,今作耗,同。力之反。《漢書》"不失毫氂",孟康注云"毫,兔毫也。十豪曰氂"。今皆作氂,亦由古字通用也,然非字體。	
1598	唐	玄應	一切經音義	3	綟	氂	十毫之距	【豪氂】又作毫,同。胡高反。下古文氂、綟二形,今作耗,同。力之反。《漢書》"不失毫氂",孟康注云"毫,兔毫也。十豪曰氂"。今皆作氂,亦由古字通用也,然非字體。	
1599	唐	玄應	一切經音義	3	氂	氂	十毫之距	【豪氂】又作毫,同。胡高反。下古文氂、綟二形,今作耗,同。力之反。《漢書》"不失毫氂",孟康注云"毫,兔毫也。十豪曰氂"。今皆作氂,亦由古字通用也,然非字體。	
1600	唐	玄應	一切經音義	3	袞	裕	裕	【宏裕】古文袞,同。瑜句反。《廣雅》"裕,寬緩也"。《說文》"衣物饒也"。	
1601	唐	玄應	一切經音義	3	繫	係	捆綁	【繫念】古文繫、繼二形,今作係,同。古帝反。又《說文》"係,結束也"。	

序號	時代	作者	出處	位置	古字	今字	記錄職能	訓條原文	備注
1602	唐	玄應	一切經音義	3	繼	係	捆綁	【繫念】古文繫、繼二形，今作係，同。古帝反。又《説文》"係，結束也"。	
1603	唐	玄應	一切經音義	3	躰	洟	鼻涕	【洟洟】古文躰，同。勑計反。《三蒼》"鼻液也"。	
1604	唐	玄應	一切經音義	3	匲	籢	鏡匣	【匲底】今作籢，同。力占反……《蒼頡篇》"盛鏡器曰匲"。	
1605	唐	玄應	一切經音義	3	鹵	虜	俘虜	【虜掠】古文作鹵，同。力古反……虜，獲也，服也。戰而俘獲也。《漢書》晉灼曰"生得曰虜，斬首曰獲"。	
1606	唐	玄應	一切經音義	3	戉	矛	長矛	【矛箭】古文戉、鉾、鉥三形，同。莫浮反。《方言》"楚謂戟爲矛"。《説文》"矛長二丈，建於兵車"。	
1607	唐	玄應	一切經音義	3	鉾	矛	長矛	【矛箭】古文戉、鉾、鉥三形，同。莫浮反。《方言》"楚謂戟爲矛"。《説文》"矛長二丈，建於兵車"。	
1608	唐	玄應	一切經音義	3	鉥	矛	長矛	【矛箭】古文戉、鉾、鉥三形，同。莫浮反。《方言》"楚謂戟爲矛"。《説文》"矛長二丈，建於兵車"。	
1609	唐	玄應	一切經音義	3	暯	僕	僕役	【僕隸】古文暯，同。蒲木反。《廣雅》云"僕，役使也"。僕，附也。	
1610	唐	玄應	一切經音義	3	侮	侮	輕慢	【欺侮】古文侮，同。亡甫反。侮，猶輕慢也。	
1611	唐	玄應	一切經音義	3	愙	恪	恭敬	【謙恪】古文愙，同。苦各反。《字林》"恪，恭也。亦敬也"。謂謙虛敬讓。	
1612	唐	玄應	一切經音義	3	燕	宴	安息貌	【燕坐】又作宴。《石經》古文燕，同。一見反。《説文》"宴，安也。謂安息兒也"。	

序號	時代	作者	出處	位置	古字	今字	記錄職能	訓條原文	備注
1613	唐	玄應	一切經音義	3	佚	姝	淫蕩	【姝夫】古文佚。今作姝。又作妟，同。與一反。《蒼頡篇》“佚，蕩也”，姝亦瑶也。	
1614	唐	玄應	一切經音義	3	翄	翅	鳥翼	【有翅】古文翄、翄二形，同。施致反。《説文》“翅，翼也”。	
1615	唐	玄應	一切經音義	3	翄	翅	鳥翼	【有翅】古文翄、翄二形，同。施致反。《説文》“翅，翼也”。	
1616	唐	玄應	一切經音義	3	闍	祐	幫助	【祐助】古文闍、佑二形。于救反。《周易》“自天祐之”。孔子曰“祐，助也”。天之所助者也。	
1617	唐	玄應	一切經音義	3	佑	祐	幫助	【祐助】古文闍、佑二形。于救反。《周易》“自天祐之”。孔子曰“祐，助也”。天之所助者也。	
1618	唐	玄應	一切經音義	3	翾	蜎	蟲蠕動	【蜎蜑】一泉反。《字林》“虫兒也，動也”。或作蠉。古文翾，同。	
1619	唐	玄應	一切經音義	3	粗	糅	摻雜	【雜糅】古文粗、餐二形，同。女救反。《説文》“糅，雜飯也”。今謂異色物相集曰糅也。	
1620	唐	玄應	一切經音義	3	餐	糅	摻雜	【雜糅】古文粗、餐二形，同。女救反。《説文》“糅，雜飯也”。今謂異色物相集曰糅也。	
1621	唐	玄應	一切經音義	3	稷	稷	稷	【種稷】古文稷，同。子力反。稷，五穀之長也。	
1622	唐	玄應	一切經音義	3	祘	筭	算	【莊筭】……下古文祘，同。桑亂反。《爾雅》“筭，數也，長六寸，計數者也”。	
1623	唐	玄應	一切經音義	3	孖	滋	滋潤	【滋味】古文孖、稵二形，同。子夷反。滋，益也，潤也。	

續表

序號	時代	作者	出處	位置	古字	今字	記錄職能	訓條原文	備注
1624	唐	玄應	一切經音義	3	秶	滋	滋潤	【滋味】古文秄、秶二形，同。子夷反。滋，益也，潤也。	
1625	唐	玄應	一切經音義	3	眩	衒	流動售賣	【自衒】古文眩、衙二形，同。胡麵反。《説文》“行且賣也”。《廣雅》“衒，詉”。	
1626	唐	玄應	一切經音義	3	衙	衒	流動售賣	【自衒】古文眩、衙二形，同。胡麵反。《説文》“行且賣也”。《廣雅》“衒，詉”。	
1627	唐	玄應	一切經音義	3	聮	連	連續	【連緜】古文聮，同。力錢反。《廣雅》“連，續也，合也”。	
1628	唐	玄應	一切經音義	3	疇	儔	伴侶	【疇匹】除留反。《楚辭》“誰可與兮匹儔”。王逸注曰“二人爲匹，四人爲疇”。疇亦類也，今或作儔。	
1629	唐	玄應	一切經音義	3	寋	愆	過失	【三愆】古文寋、迲二形，籀文作諐，今作愆，同。去連反。《説文》“諐，過也，失也”。	
1630	唐	玄應	一切經音義	3	迲	愆	過失	【三愆】古文寋、迲二形，籀文作諐，今作愆，同。去連反。《説文》“諐，過也，失也”。	
1631	唐	玄應	一切經音義	3	抲	荷	負擔	【荷擔】《説文》何，古文抲同。胡歌反……《詩》云“百禄是何”。《傳》曰“何，任也”。今皆作荷。	
1632	唐	玄應	一切經音義	4	曜	燿	明亮	【光燿】古文曜，同。餘照反。《廣雅》“曜，照也，明也”。	
1633	唐	玄應	一切經音義	4	蚼	虹	彩虹	【白虹】古文蚼，同。胡公反。《説文》“螮蝀，虹也”。	
1634	唐	玄應	一切經音義	4	績	勣	功績	【敗績】今作勣，同。子歷反。《聲類》云“勣，功也”。	

續表

序號	時代	作者	出處	位置	古字	今字	記録職能	訓條原文	備注
1635	唐	玄應	一切經音義	4	矴	礦	礦石	【寶礦】古文矴，《字書》作礦，同。狐猛反。《説文》“礦，銅鐵璞也”。	
1636	唐	玄應	一切經音義	4	賄	賄	布帛	【財賄】古文賄，同。呼罪反。財貨也。《通俗文》“財帛曰賄”。《周禮》“通貨賄”。鄭玄曰“金玉曰貨，布帛曰賄也”。	
1637	唐	玄應	一切經音義	4	曒	皎	明晰	【曒然】古文曒、暤二形，今作皎，同。公鳥反。《埤蒼》“曒，明也，净也”。	
1638	唐	玄應	一切經音義	4	暤	皎	明晰	【曒然】古文曒、暤二形，今作皎，同。公鳥反。《埤蒼》“曒，明也，净也”。	
1639	唐	玄應	一切經音義	4	辟	辟	去除	【大辟】古文辟、㔻二形，同。神尺反。辟，法也，除也。《經》文作邪僻之僻，非也。	
1640	唐	玄應	一切經音義	4	㔻	辟	去除	【大辟】古文辟、㔻二形，同。神尺反。辟，法也，除也。《經》文作邪僻之僻，非也。	
1641	唐	玄應	一切經音義	4	妉	媅	嗜好	【媅著】古文妉，同。都含反。《説文》“媅，樂也”。嗜也。今皆作耽也。	
1642	唐	玄應	一切經音義	4	妉	耽	嗜好	【媅著】古文妉，同。都含反。《説文》“媅，樂也”。嗜也。今皆作耽也。	
1643	唐	玄應	一切經音義	4	媅	耽	嗜好	【媅著】古文妉，同。都含反。《説文》“媅，樂也”。嗜也。今皆作耽也。	
1644	唐	玄應	一切經音義	4	胴	囟	囟門	【頂囟】古文胴、膟二形，同。先進、先恣二反。《説文》“頭會腦葢頷空”。	
1645	唐	玄應	一切經音義	4	膟	囟	囟門	【頂囟】古文胴、膟二形，同。先進、先恣二反。《説文》“頭會腦葢頷空”。	

序號	時代	作者	出處	位置	古字	今字	記録職能	訓條原文	備注
1646	唐	玄應	一切經音義	4	渾	動	動作	【動他】古文渾，同。徒董反。《爾雅》"摇動作也"。《經》文從言作踵，非也。	
1647	唐	玄應	一切經音義	4	蜚	飛	飛揚	【蜚尸】古書飛多作蜚，同。府韋反。飛謂飛揚也。	
1648	唐	玄應	一切經音義	4	歙	吸	吸食	【呼噏】古文歙、噏二形，今作吸，同。羲及反。《廣雅》"歙，飲也，引也"。	
1649	唐	玄應	一切經音義	4	噏	吸	吸食	【呼噏】古文歙、噏二形，今作吸，同。羲及反。《廣雅》"歙，飲也，引也"。	
1650	唐	玄應	一切經音義	4	熿	晃	明亮	【晃煜】又作晄，古文熿，同。胡廣反……《説文》"晃，明也"。	
1651	唐	玄應	一切經音義	4	鮫	蛟	海鱼	【鮫魚】今作蛟，同。古肴反。《説文》云"海魚也"。	
1652	唐	玄應	一切經音義	4	皦	皎	明浄	【皦然】古文皦、暞二形，今作皎，同。公鳥反。《埤蒼》"皦，明也，浄也"。	
1653	唐	玄應	一切經音義	4	暞	皎	明浄	【皦然】古文皦、暞二形，今作皎，同。公鳥反。《埤蒼》"皦，明也，浄也"。	
1654	唐	玄應	一切經音義	4	龈	懇	誠懇	【懇惻】古文龈，同。口很反。《通俗文》"至誠曰懇"。懇，信也，亦堅忍也。下古文恖，同。楚力反。《廣雅》"惻，悲也"。《説文》"惻，痛也"。	
1655	唐	玄應	一切經音義	4	恖	惻	悲傷	【懇惻】古文龈，同。口很反。《通俗文》"至誠曰懇"。懇，信也，亦堅忍也。下古文恖，同。楚力反。《廣雅》"惻，悲也"。《説文》"惻，痛也"。	

續表

序號	時代	作者	出處	位置	古字	今字	記録職能	訓條原文	備注
1656	唐	玄應	一切經音義	4	憹	惱	怨恨	【懊憹】今皆作惱，同。奴道反。懊憹，憂痛也。	
1657	唐	玄應	一切經音義	4	觜	唻	鳥嘴	【利觜】古文觜，今作唻，同。子累反。《字書》“觜，鳥啄也”。	
1658	唐	玄應	一切經音義	4	粈	粸	雜飯	【粸以】古文粈、肚二形，同。女救反。《通俗文》“青雜曰粸也”。	
1659	唐	玄應	一切經音義	4	肚	粸	雜飯	【粸以】古文粈、肚二形，同。女救反。《通俗文》“青雜曰粸也”。	
1660	唐	玄應	一切經音義	4	匣	狎	箱櫃	【入匣】今作狎，同。胡甲反。《説文》“匣，匱也”。	
1661	唐	玄應	一切經音義	4	竢	俟	等待	【俟用】古文竢、糇、圯三形，同。事几反。《爾雅》“俟，待也”。	
1662	唐	玄應	一切經音義	4	糇	俟	等待	【俟用】古文竢、糇、圯三形，同。事几反。《爾雅》“俟，待也”。	
1663	唐	玄應	一切經音義	4	圯	俟	等待	【俟用】古文竢、糇、圯三形，同。事几反。《爾雅》“俟，待也”。	
1664	唐	玄應	一切經音義	4	閾	閾	界限	【門閾】古文閾，同。呼域反。《爾雅》“柣謂之閾”，郭璞曰“即門限也”。	
1665	唐	玄應	一切經音義	4	啎	忤	忤逆	【邪忤】古文啎、遻、迕三形，今作忤，同。吾故反。忤，逆也。	
1666	唐	玄應	一切經音義	4	遻	忤	忤逆	【邪忤】古文啎、遻、迕三形，今作忤，同。吾故反。忤，逆也。	

序號	時代	作者	出處	位置	古字	今字	記錄職能	訓條原文	備注
1667	唐	玄應	一切經音義	4	连	忏	忏逆	【邪忏】古文悟、遌、连三形，今作忏，同。吾故反。忏，逆也。	
1668	唐	玄應	一切經音義	4	顒	喁	顒顒	【顒顒】今作喁，同。魚凶反。《詩》云“顒顒昂昂”，《傳》曰“溫恭皃”。	
1669	唐	玄應	一切經音義	4	跀	刖	割	【刖耳】古文跀、趴二形，同。魚厥、五刮二反。刖猶割也。	
1670	唐	玄應	一切經音義	4	趴	刖	割	【刖耳】古文跀、趴二形，同。魚厥、五刮二反。刖猶割也。	
1671	唐	玄應	一切經音義	4	獘	弊	倒下	【獘地】古文獘、獎二形，今作弊，同。毗世反。《説文》“獘，仆也”。	
1672	唐	玄應	一切經音義	4	獎	弊	倒下	【獘地】古文獘、獎二形，今作弊，同。毗世反。《説文》“獘，仆也”。	
1673	唐	玄應	一切經音義	4	櫱	蘖	再生枝芽	【栽桻】古文櫱、桻、不三形，今作蘖，同。五割反。《爾雅》“桻，餘也，載也”。言木餘載生桻栽也。	
1674	唐	玄應	一切經音義	4	桻	蘖	再生枝芽	【栽桻】古文櫱、桻、不三形，今作蘖，同。五割反。《爾雅》“桻，餘也，載也”。言木餘載生桻栽也。	
1675	唐	玄應	一切經音義	4	不	蘖	再生枝芽	【栽桻】古文櫱、桻、不三形，今作蘖，同。五割反。《爾雅》“桻，餘也，載也”。言木餘載生桻栽也。	
1676	唐	玄應	一切經音義	4	尪	尣	跛	【尪羸】今作尣，同。烏黃反。尪，弱也。《通俗文》“短小曰尪也”。	
1677	唐	玄應	一切經音義	4	運	動	動	【動他】古文運，同。徒董反。《爾雅》“搖動作也”。	

序號	時代	作者	出處	位置	古字	今字	記錄職能	訓條原文	備注
1678	唐	玄應	一切經音義	4	蠥	孽	災異	【妖蠥】宜列反。《説文》“衣服歌謡之怪謂之妖，禽獸蟲蝗之怪謂之蠥”。蠥，災也。今皆作孽，亦古字通用也。	
1679	唐	玄應	一切經音義	4	飤	食	供食	【以飤】今作食，同。囟恣反。《廣雅》“飤，餯也”，謂以食供設人曰飤。經文作飴，古字通用耳。	
1680	唐	玄應	一切經音義	4	頿	誚	呵責	【輕誚】情笑反。《考聲》云“責讓笑也”。《蒼頡篇》云“訶也”。《説文》云“嬈也”。或作譙，古文作頿。	
1681	唐	玄應	一切經音義	5	眞	塡	塡塞	【寶眞】古文眞，今作塡，同。徒見、徒堅二反。《廣雅》“塡，塞也，滿也”。	
1682	唐	玄應	一切經音義	5	罷	疲	疲憊	【罷極】今作疲，同。被羈反。《廣雅》“疲猶倦也”。亦勞也。	
1683	唐	玄應	一切經音義	5	扢	㮣	平斛器具	【不㮣】古文扢，同。公礙、公内反。扢，量也。《廣雅》“扢，摩也”。《蒼頡篇》“平斗斛曰㮣也”。	
1684	唐	玄應	一切經音義	5	衕	洞	通過	【洞清】古文衕、迵二形，同。徒貢反。案：洞，猶通過也，亦深邃之皃。《經》作峒，非也。	
1685	唐	玄應	一切經音義	5	迵	洞	通過	【洞清】古文衕、迵二形，同。徒貢反。案：洞，猶通過也，亦深邃之皃。《經》作峒，非也。	
1686	唐	玄應	一切經音義	5	斁	杜	杜塞	【杜門】古文斁，同。徒古反。《國語》“杜門不出”，賈逵曰“塞也。塞閉也”。	
1687	唐	玄應	一切經音義	5	裔	襃	後裔	【繁襃】……下古文裔，同。餘制反。《説文》“裔，衣裾也”。以雲孫爲苗裔，取其下垂之義。	
1688	唐	玄應	一切經音義	5	佄	酣	酣醉	【酣醉】古文佄，同。胡甘反。《漢書》應劭曰“不醉不醒曰酣”。一云樂酒曰酣。	

365

序號	時代	作者	出處	位置	古字	今字	記録職能	訓條 原文	備注
1689	唐	玄應	一切經音義	5	鶒	鴨	鴨	【鶋鴨】……下古文鶒，同。烏甲反。	
1690	唐	玄應	一切經音義	5	癏	瘠	瘦弱	【羸瘠】古文癏、瘷、腈三形，同。才亦反。瘠，瘦也。	
1691	唐	玄應	一切經音義	5	瘷	瘠	瘦弱	【羸瘠】古文癏、瘷、腈三形，同。才亦反。瘠，瘦也。	
1692	唐	玄應	一切經音義	5	腈	瘠	瘦弱	【羸瘠】古文癏、瘷、腈三形，同。才亦反。瘠，瘦也。	
1693	唐	玄應	一切經音義	5	寒	愆	過失	【愆咎】古文寒、迦二形，籀文僁，今作愆，同。去連反。《説文》“僁，過也”。亦失也，咎罪也。	“寒”疑是“寋”字之誤。
1694	唐	玄應	一切經音義	5	迦	愆	過失	【愆咎】古文寒、迦二形，籀文僁，今作愆，同。去連反。《説文》“僁，過也”。亦失也，咎罪也。	“寒”疑是“寋”字之誤。
1695	唐	玄應	一切經音義	5	傷	易	輕慢	【輕傷】又作敭。今作易，同。以豉反。《蒼頡篇》“慢也，平也”。	
1696	唐	玄應	一切經音義	5	惸	煢	孤單	【煢悸】古文惸、僡二形，同。巨營反。煢，單也。煢煢然無所依也。	
1697	唐	玄應	一切經音義	5	僡	煢	孤單	【煢悸】古文惸、僡二形，同。巨營反。煢，單也。煢煢然無所依也。	
1698	唐	玄應	一切經音義	5	館	舘	客舍	【入館】古換反。《説文》“客舍也”……今又從舍作舘，近字者也。	
1699	唐	玄應	一切經音義	5	薹	耗	昏亂	【瘦薹】古文薹、毭二形，今作耗，同。莫報反。《禮記》“八十曰薹”，注云“薹，惛忘也”亦亂也。	

序號	時代	作者	出處	位置	古字	今字	記錄職能	訓條原文	備注
1700	唐	玄應	一切經音義	5	耄	秏	昏亂	【瘦耄】古文耄、眊二形，今作秏，同。莫報反。《禮記》“八十曰耄”，注云“耄，惛忘也”亦亂也。	
1701	唐	玄應	一切經音義	5	恅	幟	幡幟	【爲幟】古文恅，同。尺志反。幖也。《廣雅》“幟幡，幟也”。	
1702	唐	玄應	一切經音義	5	歕	吸	吸	【噏氣】古文歕，今作吸，同。希及反。《廣雅》“飲也”。《説文》“内息也”。引也，謂引氣息入也。	
1703	唐	玄應	一切經音義	5	噏	吸	吸	【噏氣】古文歕，今作吸，同。希及反。《廣雅》“飲也”。《説文》“内息也”。引也，謂引氣息入也。	
1704	唐	玄應	一切經音義	5	戠	襲	因襲	【襲續】古文戠，同。辭立反。襲，受也。《廣雅》“襲，及也”。亦合也，仍也。	
1705	唐	玄應	一切經音義	5	蛘	癢	瘙癢	【下蛘】餘掌反……《禮記》“蛘不敢搔”是也。字從虫。今皆作癢，近字也。	
1706	唐	玄應	一切經音義	5	臺	殪	殆盡	【消殪】古文作臺，同。於計反。《爾雅》“殪，死也”。殪，煞也，亦盡也。	
1707	唐	玄應	一切經音義	5	燹	燧	取火之器	【陽燧】古文作燹、鑒二形，今作燧。《聲類》或作燧，同。辭醉反。	
1708	唐	玄應	一切經音義	5	鑒	燧	取火之器	【陽燧】古文作燹、鑒二形，今作燧。《聲類》或作燧，同。辭醉反。	
1709	唐	玄應	一切經音義	5	燹	燧	取火之器	【陽燧】古文作燹、鑒二形，今作燧。《聲類》或作燧，同。辭醉反。	
1710	唐	玄應	一切經音義	5	鑒	燧	取火之器	【陽燧】古文作燹、鑒二形，今作燧。《聲類》或作燧，同。辭醉反。	

序號	時代	作者	出處	位置	古字	今字	記錄職能	訓條原文	備注
1711	唐	玄應	一切經音義	5	翠	罩	捕魚籠	【籠罩】古文翠、箄、劅[劉]三形，今作罩，同。陟挍反。捕魚籠也。	
1712	唐	玄應	一切經音義	5	箄	罩	捕魚籠	【籠罩】古文翠、箄、劅[劉]三形，今作罩，同。陟挍反。捕魚籠也。	
1713	唐	玄應	一切經音義	5	劅	罩	捕魚籠	【籠罩】古文翠、箄、劅[劉]三形，今作罩，同。陟挍反。捕魚籠也。	
1714	唐	玄應	一切經音義	5	愻	遜	謙遜	【卑愻】蘇寸反。《字林》“愻，順也”。亦謙恭也。今作遜。	
1715	唐	玄應	一切經音義	5	理	里	連理	【親理】力紀反……今多作里，二十五家爲里，居方一里之中也。	
1716	唐	玄應	一切經音義	5	伋	汲	伋伋	【伋伋】居及反。《説文》“伋伋，急行也”。《廣雅》“伋伋，遽也”。字從彳，今皆從水作汲。	
1717	唐	玄應	一切經音義	6	爆	爆	火迸散	【爆聲】古文爆、爆二形，同。方孝反、普剥反。《説文》“爆，灼也”，謂皮散起也。	
1718	唐	玄應	一切經音義	6	爆	爆	火迸散	【爆聲】古文爆、爆二形，同。方孝反、普剥反。《説文》“爆，灼也”，謂皮散起也。	
1719	唐	玄應	一切經音義	6	與	豫	及	【不豫】古文與，同。余據反。《爾雅》“逮、及，與也”。《左傳》云“必與焉是之乎”。	所謂“古文與”當是言{參與}義上，與是古字，存疑。
1720	唐	玄應	一切經音義	6	鴟	鵄	猫頭鷹	【鴟鼻】古文鴟、鵄二形，今作鵄，同。充尸反……喜食鼠，大目也。	

序號	時代	作者	出處	位置	古字	今字	記録職能	訓條原文	備注
1721	唐	玄應	一切經音義	6	魖	彪	精靈	【魖魅】《説文》作离，《三蒼》諸字書作螭，近作魖，同。勑知反。下古文魅、魆二形，今作彪，同。莫冀反。《説文》“老物精也”。《通俗文》“山澤怪謂之魖魅”。	
1722	唐	玄應	一切經音義	6	魅	彪	精靈	【魖魅】《説文》作离，《三蒼》諸字書作螭，近作魖，同。勑知反。下古文魅、魆二形，今作彪，同。莫冀反。《説文》“老物精也”。《通俗文》“山澤怪謂之魖魅”。	
1723	唐	玄應	一切經音義	6	媅	耽	嗜好	【耽湎】古文媅、妉二形，同。都含反。《説文》“媅，樂也”。耽亦嗜也。湎，古文酾，同。亡善反。《説文》“沉於酒也”。	
1724	唐	玄應	一切經音義	6	妉	耽	嗜好	【耽湎】古文媅、妉二形，同。都含反。《説文》“媅，樂也”。耽亦嗜也。湎，古文酾，同。亡善反。《説文》“沉於酒也”。	
1725	唐	玄應	一切經音義	6	酾	湎	沉湎	【耽湎】古文媅、妉二形，同。都含反。《説文》“媅，樂也”。耽亦嗜也。湎，古文酾，同。亡善反。《説文》“沉於酒也”。	
1726	唐	玄應	一切經音義	6	籭	筵	篩子	【籌籭】古文籭、籂二形，《聲類》作篩，同。所佳、所飢二反。《説文》“竹器也，可以除麤取細也”。	
1727	唐	玄應	一切經音義	6	籂	筵	篩子	【籌籭】古文籭、籂二形，《聲類》作篩，同。所佳、所飢二反。《説文》“竹器也，可以除麤取細也”。	
1728	唐	玄應	一切經音義	6	勢	豪	豪俊	【豪貴】古文勢，同。胡刀反。《説文》“勢，健”。《淮南子》曰“智出百人謂之豪也”。	
1729	唐	玄應	一切經音義	6	獋	嘷	咆哮	【嘷吠】古文獋，同。胡高反。《説文》“嘷，咆也”。	

序號	時代	作者	出處	位置	古字	今字	記錄職能	訓條原文	備注
1730	唐	玄應	一切經音義	6	諕	嫉	妒忌	【嫉妒】古文諕、俟、恢三形，同。茨栗反……王逸曰“害賢曰嫉，害色曰妒也”。	
1731	唐	玄應	一切經音義	6	俟	嫉	妒忌	【嫉妒】古文諕、俟、恢三形，同。茨栗反……王逸曰“害賢曰嫉，害色曰妒也”。	
1732	唐	玄應	一切經音義	6	恢	嫉	妒忌	【嫉妒】古文諕、俟、恢三形，同。茨栗反……王逸曰“害賢曰嫉，害色曰妒也”。	
1733	唐	玄應	一切經音義	6	誡	戒	警敕	【戒雷】古文作誡，同……誡，警敕也。	
1734	唐	玄應	一切經音義	6	殠	槁	木枯	【枯槁】古文殠字。《説文》作“槀”。《字林》“古道反”。槁，木枯也。	
1735	唐	玄應	一切經音義	6	稚	穉	婆稚	【婆稚】古文稚、稺二形，今作穉，同。除致反。正言“跋稚迦”，此譯云“團圓”，即《正法華》云“一名最勝”是也。今有譯爲縛者，誤也。案梵語跋陀名縛。	
1736	唐	玄應	一切經音義	6	稺	穉	婆稚	【婆稚】古文稚、稺二形，今作穉，同。除致反。正言“跋稚迦”，此譯云“團圓”，即《正法華》云“一名最勝”是也。今有譯爲縛者，誤也。案梵語跋陀名縛。	
1737	唐	玄應	一切經音義	6	媝	姝	美好	【姝好】古文媝，同。充朱反。《字林》“姝，好皃也”。	
1738	唐	玄應	一切經音義	6	庿	廟	廟宇	【塔廟】塔婆或義譯爲廟，古文庿。《白虎通》曰“廟者，皃也，先祖尊皃也”。今取其義矣。	

序號	時代	作者	出處	位置	古字	今字	記錄職能	訓條原文	備注
1739	唐	玄應	一切經音義	6	頹	隤	崩壞	【頹毀】古文頹、壝二形，今作隤，同。徒雷反。《説文》“隤，墜下也”。《廣雅》“隤，壞也”。字從㱃，貴聲。	
1740	唐	玄應	一切經音義	6	壝	隤	崩壞	【頹毀】古文頹、壝二形，今作隤，同。徒雷反。《説文》“隤，墜下也”。《廣雅》“隤，壞也”。字從㱃，貴聲。	
1741	唐	玄應	一切經音義	6	硋	礙	阻礙	【無礙】古文硋，同。五代反。《説文》“礙，止也”。《廣雅》“礙，閡也”，《經》文有作閡，亦古文礙字也。	
1742	唐	玄應	一切經音義	6	閡	礙	阻礙	【無礙】古文硋，同。五代反。《説文》“礙，止也”。《廣雅》“礙，閡也”，《經》文有作閡，亦古文礙字也。	
1743	唐	玄應	一切經音義	6	瘒	疵	缺陷	【瑕疵】古文瘒，同。才雌反。瑕，過也。	
1744	唐	玄應	一切經音義	6	柙	匣	箱櫃	【壓油】《説文》“於甲反”。壓，壞也，鎮也……《經》文作柙，古文匣字。《説文》“柙，檻也”。《論語》“虎兕出於柙”是也。	
1745	唐	玄應	一切經音義	6	硋	姟	十經之數	【億姟】古文硋、奒二形，今作姟字，古才反。數名也。《風俗通》曰“十千曰萬，十萬曰億，十億曰兆，十兆曰經，十經曰姟”。姟，猶大數也。	
1746	唐	玄應	一切經音義	6	奒	姟	十經之數	【億姟】古文硋、奒二形，今作姟字，古才反。數名也。《風俗通》曰“十千曰萬，十萬曰億，十億曰兆，十兆曰經，十經曰姟”。姟，猶大數也。	
1747	唐	玄應	一切經音義	6	覒	營	侍衛	【營從】古文覒，同。役瓊反。又《蒼頡篇》云“衛也”。亦部也。	
1748	唐	玄應	一切經音義	6	憿	邃	深遠	【幽邃】古文憿，同。私醉反。《説文》“邃，深遠也”。	

序號	時代	作者	出處	位置	古字	今字	記錄職能	訓條原文	備注
1749	唐	玄應	一切經音義	6	蜼	狖	狖猴	【狖貍】古文蜼。《字林》余繡反……《山海經》"鬲山多蜼"，郭璞曰"似獼猴而大……"《爾雅》"蜼，仰鼻而長尾是也"。	
1750	唐	玄應	一切經音義	6	歔	漁	捕魚	【漁捕】古文歔，或作敔，同。言居反。《説文》"漁，捕魚也"。	
1751	唐	玄應	一切經音義	6	蠑	蚖	蠑螈	【蚖蛇】案字義古文作蠑。《字林》五官反。蛇醫也。	
1752	唐	玄應	一切經音義	6	祝	呪	詛呪	【祝詛】《説文》作詶，之授反。詶，詛也。今皆作呪。	
1753	唐	玄應	一切經音義	6	詶	呪	詛呪	【祝詛】《説文》作詶，之授反。詶，詛也。今皆作呪。	
1754	唐	玄應	一切經音義	6	匱	櫃	匱乏	【不匱】今作櫃，同。渠愧反。《禮記》"即財不匱"。鄭玄曰"乏也"。《詩》云"孝子不匱"。《傳》曰"匱，竭也"。	
1755	唐	玄應	一切經音義	6	註	注	注釋	【註記】竹句、之喻二反。《廣雅》"註，疏也，識也"。《字林》"註，解也"。《通俗文》"説物曰註"。今亦作注也。	
1756	唐	玄應	一切經音義	6	自	堆	高土堆	【堆阜】古文自、陮、崔三形，同。都雷反。堆，高土也。阜，山庫而大者。庫音父尓反，卑也。	
1757	唐	玄應	一切經音義	6	陮	堆	高土堆	【堆阜】古文自、陮、崔三形，同。都雷反。堆，高土也。阜，山庫而大者。庫音父尓反，卑也。	
1758	唐	玄應	一切經音義	6	崔	堆	高土堆	【堆阜】古文自、陮、崔三形，同。都雷反。堆，高土也。阜，山庫而大者。庫音父尓反，卑也。	
1759	唐	玄應	一切經音義	6	坖	丘	土丘	【丘坑】古文坖。《説文》"土之高也。非人所爲也。一曰四方高中央下亦曰丘也"。	

續表

序號	時代	作者	出處	位置	古字	今字	記録職能	訓條原文	備注
1760	唐	玄應	一切經音義	6	祝	呪	詛咒	【祝詛】《説文》作詶，之授反。詶，詛也。今皆作呪。下古文禮，同。	
1761	唐	玄應	一切經音義	6	詶	呪	詛咒	【祝詛】《説文》作詶，之授反。詶，詛也。今皆作呪。下古文禮，同。	
1762	唐	玄應	一切經音義	6	禮	詛	詛咒	【祝詛】《説文》作詶，之授反。詶，詛也。今皆作呪。下古文禮，同。	
1763	唐	玄應	一切經音義	6	㑆	兵	兵器	【兵戈】……《説文》"兵，械也"。從廾（廾音拱）持斤刃也。籀文從人、從干[廾]、從大作[㑆]，古字也。	
1764	唐	玄應	一切經音義	6	岎	芬	香氣	【芬馥】上芳文反。《考聲》云"芬芬，香氣皃也"。《説文》"土草初生，香氣分布也"。本從屮，音丑列反，今或從草，分聲也。《經》文有從气作氛音墳，祥氣也，非經義。	
1765	唐	玄應	一切經音義	7	店	坫	店鋪	【店肆】今作坫，同。都念反。肆，陳也。言此皆陳物賣買之處也。	
1766	唐	玄應	一切經音義	7	惌	冤	委屈	【煩冤】古文作冤、惌二形，今作宛，同。於元反。《説文》"冤，屈也"。《廣雅》"冤，枉也"。	
1767	唐	玄應	一切經音義	7	冤	宛	委屈	【煩冤】古文作冤、惌二形，今作宛，同。於元反。《説文》"冤，屈也"。《廣雅》"冤，枉也"。	
1768	唐	玄應	一切經音義	7	惌	宛	委屈	【煩冤】古文作冤、惌二形，今作宛，同。於元反。《説文》"冤，屈也"。《廣雅》"冤，枉也"。	
1769	唐	玄應	一切經音義	7	績	勣	功績	【功績】今作勣，同。子歷反。《聲類》云"勣亦功也"。	

續表

序號	時代	作者	出處	位置	古字	今字	記錄職能	訓條原文	備注
1770	唐	玄應	一切經音義	7	秏	芒	草尖	【豪芒】古文作秏，同。無方反。謂其纖利如禾芒也。	
1771	唐	玄應	一切經音義	7	薨	殪	死亡	【薨殪】呼宏反。《廣雅》“薨，亡也”。諸侯死曰薨。下古文作薨，同。於計反。謂一發而死曰殪，殪，亦死也。	
1772	唐	玄應	一切經音義	7	虫	虺	虺蛇	【虺蛇】古文虫、蜲二形，今作虺，同。呼鬼反。毒蟲也。	
1773	唐	玄應	一切經音義	7	蜲	虺	虺蛇	【虺蛇】古文虫、蜲二形，今作虺，同。呼鬼反。毒蟲也。	
1774	唐	玄應	一切經音義	7	榷	較	粗略	【較略】古文榷，同。古學反。較，粗略也。《廣雅》“較，明也”。	
1775	唐	玄應	一切經音義	7	覈	核	考核	【精覈】又作覈。今作核，同。胡革反。《說文》“考實事也”。亦審覈之。	
1776	唐	玄應	一切經音義	7	罝	罝	捕兔繩網	【罝罟】古文罝、罝二形，同。子邪反。《爾雅》“兔罟謂之罝”。	
1777	唐	玄應	一切經音義	7	罝	罝	捕兔繩網	【罝罟】古文罝、罝二形，同。子邪反。《爾雅》“兔罟謂之罝”。	
1778	唐	玄應	一切經音義	7	興	勛	壯大	【力勛】古文興、惥、奭三形，今作勛，同。皮冀反。《說文》“勛，壯大也”。	
1779	唐	玄應	一切經音義	7	惥	勛	壯大	【力勛】古文興、惥、奭三形，今作勛，同。皮冀反。《說文》“勛，壯大也”。	
1780	唐	玄應	一切經音義	7	奭	勛	壯大	【力勛】古文興、惥、奭三形，今作勛，同。皮冀反。《說文》“勛，壯大也”。	

續表

序號	時代	作者	出處	位置	古字	今字	記録職能	訓條原文	備注
1781	唐	玄應	一切經音義	7	箓	麓	山麓	【林麓】古文箓，同。力穀反。謂林屬於山曰麓。《詩》云"瞻彼早麓"，《傳》曰"山足也"。	
1782	唐	玄應	一切經音義	7	�	勉	全面	【勱勵】古文勱，今作勉，同。靡辯反。勱，强也，謂自勸强也。	
1783	唐	玄應	一切經音義	7	溥	普	大	【溥演】匹古反。此古文普字。《詩傳》曰"溥，大也"。亦遍也。	
1784	唐	玄應	一切經音義	7	飦	饕	貪財	【饕餮】古文飦、叨二形，同。他勞反。下又作飻，同。他結反。貪財曰饕，貪食曰飻。	
1785	唐	玄應	一切經音義	7	叨	饕	貪財	【饕餮】古文飦、叨二形，同。他勞反。下又作飻。同。他結反。貪財曰饕，貪食曰飻。	
1786	唐	玄應	一切經音義	7	寓	宇	屋檐	【屋宇】古文寓，籀文作㝢，同。于甫反。《説文》"宇，屋邊檐也"。《釋名》"宇，羽也，如鳥羽翼自覆蔽也"。《左傳》"失其宇"，注曰"於國則四垂爲宇"。宇亦屋溜也，居也。	
1787	唐	玄應	一切經音義	7	誖	悖	逆亂	【殉悖】又作凶，同。許恭反。下古文誖、愂二形，同蒲没、補潰二反。悖，亂也，亦逆也。	
1788	唐	玄應	一切經音義	7	愂	悖	逆亂	【殉悖】又作凶，同。許恭反。下古文誖、愂二形，同蒲没、補潰二反。悖，亂也，亦逆也。	
1789	唐	玄應	一切經音義	7	䢿	聚	聚落	【墟隳】……下古文䢿、郳二形，今作聚，同。才句反。《廣雅》"聚，居也"，謂人所聚居之也。	
1790	唐	玄應	一切經音義	7	郳	聚	聚落	【墟隳】……下古文䢿、郳二形，今作聚，同。才句反。《廣雅》"聚，居也"，謂人所聚居之也。	

序號	時代	作者	出處	位置	古字	今字	記錄職能	訓條原文	備注
1791	唐	玄應	一切經音義	7	聲	韶	韶樂	【音韶】古文聲，同。視招反。舜樂名也。韶之言紹也。	
1792	唐	玄應	一切經音義	7	䄅	糅	摻雜	【雜糅】古文䄅、䏶二形，同。女救反。今以異色物相參曰糅也。	
1793	唐	玄應	一切經音義	7	䏶	糅	摻雜	【雜糅】古文䄅、䏶二形，同。女救反。今以異色物相參曰糅也。	
1794	唐	玄應	一切經音義	7	雔	弋	繳射	【雔射】今作弋，同。餘力反。弋，繳射也，獵也。繳音之若反。	
1795	唐	玄應	一切經音義	7	䭫	稽	叩頭至地	【稽顙】古文䭫，同。苦禮反。	
1796	唐	玄應	一切經音義	7	𣥶	澁	不滑	【粗澁】且孤反。下古文𣥶，今作澁，同。所及反。𣥶者，不滑也。	
1797	唐	玄應	一切經音義	7	嫺	閑	優雅	【嫺睞】胡間反。《説文》"嫺雅謂淹静也"。今並爲閑字。	
1798	唐	玄應	一切經音義	7	焣	䙵	烤	【䙵焚】古文焣、䅻二形，又作㷇。同。扶逼反。《方言》"焣，火乾也"。《説文》"以火乾肉曰焣"。	
1799	唐	玄應	一切經音義	7	䅻	䙵	烤	【䙵焚】古文焣、䅻二形，又作㷇。同。扶逼反。《方言》"焣，火乾也"。《説文》"以火乾肉曰焣"。	
1800	唐	玄應	一切經音義	7	仂	力	盡力	【勤仂】六翼反。《字書》"仂，勤也"。今皆爲力字"。	
1801	唐	玄應	一切經音義	8	痗	賄	財帛	【財賄】古文痗，同。呼罪反。財貨也。	

序號	時代	作者	出處	位置	古字	今字	記録職能	訓條原文	備注
1802	唐	玄應	一切經音義	8	謿	嘲	嘲笑	【謿譁】今作嘲，同。竹包反，調也。譁宜作話，胡快反。	
1803	唐	玄應	一切經音義	8	醻	酬	報酬	【酬對】古文醻。《三蒼》作詶，同。時周反。《爾雅》"酬，報也"。	
1804	唐	玄應	一切經音義	8	佑	祐	幫助	【福祐】古文佑、閏二形，同。胡救反。祐，助也。	
1805	唐	玄應	一切經音義	8	閏	祐	幫助	【福祐】古文佑、閏二形，同。胡救反。祐，助之也。	
1806	唐	玄應	一切經音義	8	豁	豁	空	【豁然】古文霩、眖二形，同。呼活反。《廣雅》"豁，空也"。	
1807	唐	玄應	一切經音義	8	眖	豁	空	【豁然】古文霩、眖二形，同。呼活反。《廣雅》"豁，空也"。	
1808	唐	玄應	一切經音義	8	飢	飢	穀不熟	【飢饉】古文飢，又作饑，同。几治反。《爾雅》"穀不熟爲飢，蔬不熟爲饉"。	
1809	唐	玄應	一切經音義	8	鼍	孕	懷孕	【空孕】古文鼍，同。翼證反，依字。含實曰孕。妊子也。	
1810	唐	玄應	一切經音義	8	蕵	懑	煩悶	【苦懑】古文蕵，同。莫本反。《説文》"懑，煩也"。《蒼頡篇》"懑，悶也"。亦憤也。	
1811	唐	玄應	一切經音義	8	歙	吸	吸食	【吸著】古文歙、噏二形，同。義及反。《廣雅》"吸，飲"。	
1812	唐	玄應	一切經音義	8	噏	吸	吸食	【吸著】古文歙、噏二形，同。義及反。《廣雅》"吸，飲"。	

序號	時代	作者	出處	位置	古字	今字	記錄職能	訓條原文	備注
1813	唐	玄應	一切經音義	8	毃	扚	撞擊	【相敦】古文毃、毃、桙三形，今作扚，同。丈衡反。謂敦，觸也。	
1814	唐	玄應	一切經音義	8	毃	扚	撞擊	【相敦】古文毃、毃、桙三形，今作扚，同。丈衡反。謂敦，觸也。	
1815	唐	玄應	一切經音義	8	桙	扚	撞擊	【相敦】古文毃、毃、桙三形，今作扚，同。丈衡反。謂敦，觸也。	
1816	唐	玄應	一切經音義	8	肬	疣	贅肉	【肬贅】籀文作䵷。今亦作疣，同。有流反，下之芮反。小曰疣，大曰贅。《經》文作肬、腦二形，非也。	
1817	唐	玄應	一切經音義	8	賙	周	賙濟	【周窮】古文賙，同。之由反。謂以財物與人曰賙。《詩》云“靡人不賙”，《傳》曰“賙，救也，將救其急也”。《字林》“賙，贍也”。	
1818	唐	玄應	一切經音義	8	蟲	虫	蟲	【胆蟲】……下今或作虫，同。除中反。《爾雅》“有足謂之蟲”。	
1819	唐	玄應	一切經音義	8	雒	雉	雉禽	【烏雉】古文雒，同。直里反。《經》文作鴙，餘詰、徒結二反。《爾雅》“鴙鋪豉也”。	
1820	唐	玄應	一切經音義	8	盤	柈	盤	【漆柈】……古文作盤……蒲寒反。圜器也。	
1821	唐	玄應	一切經音義	9	姓	晴	精明	【便晴】古文姓、暒二形，同。藉盈反。《漢書》“天晴而見景星”，孟康曰“晴，精明也”。	
1822	唐	玄應	一切經音義	9	暒	晴	精明	【便晴】古文姓、暒二形，同。藉盈反。《漢書》“天晴而見景星”，孟康曰“晴，精明也”。	
1823	唐	玄應	一切經音義	9	杚	概	平斛器具	【不概】古文杚，同。該礙反。《字林》“工内反。謂平斗斛者也”。《廣雅》“概，量也，平也”。	

序號	時代	作者	出處	位置	古字	今字	記錄職能	訓條原文	備注
1824	唐	玄應	一切經音義	9	跐	跽	長跪	【長跽】古文跐，同。奇几、其矣二反。《説文》"跽，長跪也"。	
1825	唐	玄應	一切經音義	9	黜	絀	貶謫	【黜而】今作絀，同。敕律反。《左傳》"使無黜嫚"，杜預曰"黜，放也"。	
1826	唐	玄應	一切經音義	9	壁	辟	刑法	【大辟】古文壁、壁二形，同。脾尺反。《字林》"辟，法也"。	
1827	唐	玄應	一切經音義	9	壁	辟	刑法	【大辟】古文壁、壁二形，同。脾尺反。《字林》"辟，法也"。	
1828	唐	玄應	一切經音義	9	滌	盪	洗涮	【盪滌】古文滌，同。徒朗反。下徒歷反。盪滌，謂洒器也。	
1829	唐	玄應	一切經音義	9	顒	髑	髑髏	【髑髏】古文顒、顖二形，同。徒木、力侯反。頭骨也。	
1830	唐	玄應	一切經音義	9	顖	髏	髑髏	【髑髏】古文顒、顖二形，同。徒木、力侯反。頭骨也。	
1831	唐	玄應	一切經音義	9	膰	塍	田畦	【溝塍】古文膰、塍二形，今作埞，同。示陵反。《説文》"塍，稻田畦也"。《史記》"大曰隄，小曰塍"。《廣雅》云"塍，隄也"。《蒼頡篇》云"塍，畔也"。	
1832	唐	玄應	一切經音義	9	塍	埞	田畦	【溝塍】古文膰、塍二形，今作埞，同。示陵反。《説文》"塍，稻田畦也"。《史記》"大曰隄，小曰塍"。《廣雅》云"塍，隄也"。《蒼頡篇》云"塍，畔也"。	
1833	唐	玄應	一切經音義	9	惈	果	勇於決斷	【惈敢】古禍反。《廣雅》"惈，勇也"……今亦作果憨，音胡濫反。	

序號	時代	作者	出處	位置	古字	今字	記錄職能	訓條原文	備注
1834	唐	玄應	一切經音義	9	敢	憨	勇敢	【悍敢】古禍反。《廣雅》“悍，勇也”……今亦作果憨，音胡濫反。	
1835	唐	玄應	一切經音義	9	敤	扞	抵禦	【捍格】古文敤、戰、捍、仟四形，今作扞，同。胡旦反。捍，禦也。格古文敔，同。古額反。格，鬬也。	
1836	唐	玄應	一切經音義	9	戰	扞	抵禦	【捍格】古文敤、戰、捍、仟四形，今作扞，同。胡旦反。捍，禦也。格古文敔，同。古額反。格，鬬也。	
1837	唐	玄應	一切經音義	9	捍	扞	抵禦	【捍格】古文敤、戰、捍、仟四形，今作扞，同。胡旦反。捍，禦也。格古文敔，同。古額反。格，鬬也。	
1838	唐	玄應	一切經音義	9	仟	扞	抵禦	【捍格】古文敤、戰、捍、仟四形，今作扞，同。胡旦反。捍，禦也。格古文敔，同。古額反。格，鬬也。	
1839	唐	玄應	一切經音義	9	敔	格	格鬬	【捍格】古文敤、戰、捍、仟四形，今作扞，同。胡旦反。捍，禦也。格古文敔，同。古額反。格，鬬也。	
1840	唐	玄應	一切經音義	9	樓	膢	祭名	【呵膢】古文樓，同。力候反。依字《三蒼》“八月祭名也”。《經》文有作樓也。	
1841	唐	玄應	一切經音義	9	朘	孕	懷孕	【懷孕】古文朘，同。移證反。謂含實曰孕。《三蒼》云“懷子也”。《廣雅》“孕，偁也”。字從子，乃聲。《論》文有作懷妊，如禁反。妊，孕之也。	
1842	唐	玄應	一切經音義	9	芫	怳	心神不定貌	【怳忽】古文芫、恍二形，同。呼晃反。恍，忽忘也。	
1843	唐	玄應	一切經音義	9	恍	怳	心神不定貌	【怳忽】古文芫、恍二形，同。呼晃反。恍，忽忘也。	
1844	唐	玄應	一切經音義	9	麚	麀	雄鹿	【麠麀】古遐反，牡鹿也。《説文》“以夏至解角也；麋，冬至解角也”。麀古文麚，同。於牛反。	

序號	時代	作者	出處	位置	古字	今字	記錄職能	訓條原文	備注
1845	唐	玄應	一切經音義	9	謇	謇	言語遲緩	【謇吃】古文謇、謇二形，今作謇。《聲類》作謇……《方言》"謇，吃也。楚人語也"。《周易》"謇者，難也"。《論》文作謇，跛謇也。謇非此義。吃，古文欠，同。居乙反。氣重言也。	
1846	唐	玄應	一切經音義	9	謇	謇	言語遲緩	【謇吃】古文謇、謇二形，今作謇。《聲類》作謇……《方言》"謇，吃也。楚人語也"。《周易》"謇者，難也"。《論》文作謇，跛謇也。謇非此義。吃，古文欠，同。居乙反。氣重言也。	
1847	唐	玄應	一切經音義	9	欠	吃	口吃	【謇吃】古文謇、謇二形，今作謇。《聲類》作謇……《方言》"謇，吃也。楚人語也"。《周易》"謇者，難也"。《論》文作謇，跛謇也。謇非此義。吃，古文欠，同。居乙反。氣重言也。	
1848	唐	玄應	一切經音義	9	嬌	姣	妖媚不實	【姣輪】古文嬌，同。古飽反……姣，猶妖媚不實也。	
1849	唐	玄應	一切經音義	9	唫	噤	閉口不開	【噤戰】古文唫，同。渠飲反。《楚辭》"噤閉而不言"，王逸曰"閉口不開爲噤也"。	
1850	唐	玄應	一切經音義	9	剠	掠	拷問	【考掠】古文剠、㾭二形，同。力尚反。《蒼頡篇》"掠，問也"。謂搒捶治人也。	
1851	唐	玄應	一切經音義	9	㾭	掠	拷問	【考掠】古文剠、㾭二形，同。力尚反。《蒼頡篇》"掠，問也"。謂搒捶治人也。	
1852	唐	玄應	一切經音義	9	悤	獧	獧介	【狂狷】古文悤、狷二形，今作獧，同。俱面反。狂者進取於善道，狷者守節無爲也。	
1853	唐	玄應	一切經音義	9	狷	獧	獧介	【狂狷】古文悤、狷二形，今作獧，同。俱面反。狂者進取於善道，狷者守節無爲也。	

序號	時代	作者	出處	位置	古字	今字	記録職能	訓條原文	備注
1854	唐	玄應	一切經音義	9	蚰	蜫	昆蟲	【蜫蟲】古文蚰，同。古魂反……《夏小正》曰"蜫，小蟲也"。	
1855	唐	玄應	一切經音義	9	襤	襤	衣破	【襤褸】古文襤，又作縭，同。力甘反。襤褸，謂衣敗也。	
1856	唐	玄應	一切經音義	9	覒	冒	突前	【覒死】莫勒反。《説文》"覒，突前也"。《國語》"戎狄覒没輕儳"。賈逵曰"覒没，猶輕觸也"。《字體》從曰、從見。今皆作冒。案冒，亡報反。冒，覆也，蒙也。冒，貪也。	
1857	唐	玄應	一切經音義	9	慣	窒	堵塞	【彌窒】古文慣，同。丁結、豬栗二反。秦言善知識。依字。窒，塞也。	
1858	唐	玄應	一切經音義	9	軯	拼	彈	【拼度】古文用軯、鞞二形，同。補耕反。拼謂振繩墨也。	
1859	唐	玄應	一切經音義	9	鞞	拼	彈	【拼度】古文用軯、鞞二形，同。補耕反。拼謂振繩墨也。	
1860	唐	玄應	一切經音義	9	楂	岐	分支	【岐道】古文楂、翅二形，同。渠宜反。謂枝別義也。	
1861	唐	玄應	一切經音義	9	翅	岐	分支	【岐道】古文楂、翅二形，同。渠宜反。謂枝別義也。	
1862	唐	玄應	一切經音義	9	窒	罄	中空	【罄竭】古文窒，同。可定反。《説文》"器中空也"。《爾雅》"罄，盡也"。孫炎曰"罄，竭也，盡也"。	
1863	唐	玄應	一切經音義	9	厸	蹂	踐穀	【蹂場】古文厸，同。仁求、仁柳二反。《通俗文》"踐穀曰蹂"。	

序號	時代	作者	出處	位置	古字	今字	記錄職能	訓條原文	備注
1864	唐	玄應	一切經音義	9	慹	慴	恐嚇	【慴伏】古文慹。或作慹、傝二形，同。占涉反。《字林》“慴，服也”。《禮記》“而氣不慴”。鄭元曰“慴，恐懼也”。又曰“貧賤而知好禮，則意不慴”。鄭元曰“慴，猶怯惑也”。	
1865	唐	玄應	一切經音義	9	峭	陗	陡峻	【深峭】今作陗。或作峭，同。且蘸反。《廣雅》“峭，急也”。《通俗文》“峻阪曰峭”。山陵險陵亦謂之峭。	
1866	唐	玄應	一切經音義	9	溶	浚	深	【深溶】古文溶、濬二形，今作浚，同。私閏反。溶，深之也。	
1867	唐	玄應	一切經音義	9	濬	浚	深	【深濬】古文溶、濬二形，今作浚，同。私閏反。溶，深之也。	
1868	唐	玄應	一切經音義	9	䭕	保	保育	【師保】古文䭕、杲、保三形，同。補道反……《說文》“保，養也”。	
1869	唐	玄應	一切經音義	9	杲	保	保育	【師保】古文䭕、杲、保三形，同。補道反……《說文》“保，養也”。	
1870	唐	玄應	一切經音義	9	保	保	保育	【師保】古文䭕、杲、保三形，同。補道反……《說文》“保，養也”。	
1871	唐	玄應	一切經音義	9	隅	鏬	裂縫	【石鏬】古文隅、塃二形，或作磈，同。呼嫁反。《說文》“鏬，裂也，坼也”。謂石壁小開也。	
1872	唐	玄應	一切經音義	9	塃	鏬	裂縫	【石鏬】古文隅、塃二形，或作磈，同。呼嫁反。《說文》“鏬，裂也，坼也”。謂石壁小開也。	
1873	唐	玄應	一切經音義	9	麾	撝	指	【手麾】今作撝，同。呼皮反，舉手曰麾，謂手之指也。案以旌旗指麾衆，因以名焉。	

續表

序號	時代	作者	出處	位置	古字	今字	記錄職能	訓條原文	備注
1874	唐	玄應	一切經音義	9	眞	塡	塞滿	【塡積】古文眞,同。徒堅反。塡,滿也。《廣雅》云"塡,塞也"。	
1875	唐	玄應	一切經音義	9	違	帷	帷帳	【帷帳】古文違,同。于追反……《釋名》云"帷,圍也"……今皆作幃。	
1876	唐	玄應	一切經音義	9	帷	幃	帷帳	【帷帳】古文違,同。于追反……《釋名》云"帷,圍也"……今皆作幃。	
1877	唐	玄應	一切經音義	9	違	幃	帷帳	【帷帳】古文違,同。于追反……《釋名》云"帷,圍也"……今皆作幃。	
1878	唐	玄應	一切經音義	9	咎	皋	皋	【無咎】渠九反。《詩》云"或慘慘畏咎"。注云"咎猶罪過也"……古文以爲皋繇之皋字也。	
1879	唐	玄應	一切經音義	9	噏	吸	吸食	【噏風】古文歙、噏二形,今作吸,同。義及反。《廣雅》"吸,飮也"。《説文》"内息也。謂氣息入也"。亦引也。	
1880	唐	玄應	一切經音義	9	歙	吸	吸食	【噏風】古文歙、噏二形,今作吸,同。義及反。《廣雅》"吸,飮也"。《説文》"内息也。謂氣息入也"。亦引也。	
1881	唐	玄應	一切經音義	9	攕	孅	細小	【孅指】古文攕,《字書》作纖,同。思廉反……《方言》"纖,小也,細也"。	
1882	唐	玄應	一切經音義	9	庠	序	學校	【庠序】徐陽反。下古文阼,同。徐舉反,學也。謂儀容有法度也。周曰庠,夏曰序。	
1883	唐	玄應	一切經音義	9	皂	廄	牲畜棚欄	【象廄】古文皂、匔二形,同。居宥反。《説文》"馬舍也"。《釋名》云"廄,鳩聚也,牛馬之所聚也"。	
1884	唐	玄應	一切經音義	9	匔	廄	牲畜棚欄	【象廄】古文皂、匔二形,同。居宥反。《説文》"馬舍也"。《釋名》云"廄,鳩聚也,牛馬之所聚也"。	

序號	時代	作者	出處	位置	古字	今字	記録職能	訓條原文	備注
1885	唐	玄應	一切經音義	9	買	囂	喧囂	【囂塵】古文買，同。許朝反。囂，讙也，讙，誼讙也。《左傳》“湫隘囂塵”是也。	
1886	唐	玄應	一切經音義	9	軼	逸	逃逸	【逸馬】古文軼，同。余質反。《廣雅》“逸，走去也”。	
1887	唐	玄應	一切經音義	9	覓	營	侍衛	【營從】古文覓，同。役瓊反。《蒼頡篇》“營，衛也”。亦部從也。	
1888	唐	玄應	一切經音義	9	敔	禦	止禦	【禦寒】古文敔，同。魚舉反。《廣雅》“禦，正也”。	
1889	唐	玄應	一切經音義	9	蹇	蹶	蹬踢	【則蹙】……《論》文作蹶。古文蹇，同。居衛、居月二反。《爾雅》“蹶，動也”。案蹶，驚駭急疾之意也。	
1890	唐	玄應	一切經音義	9	賙	周	賙濟	【賙救】今作周，同。之由反。謂以財物與人曰賙。《周禮》“五黨爲周，使之相賙”，鄭玄曰“賙，謂禮物不備相給足也”。《詩》云“靡人不賙”，《傳》曰“賙，救也”，《箋》云“將救其急也”。	
1891	唐	玄應	一切經音義	9	詎	距	雞足後突	【觜距】今作味，同。子累反。《廣雅》“觜，口也”。《字書》“鳥喙也”。或作觜。《論》文作嘴，檢諸經史無如此字，唯傅毅《七激》云“嘴塴飲泉”作此字，音徐奊反。非字義。距，古文詎、岠二形，同。居吕、渠吕二反。《説文》“鷄足距也”。	
1892	唐	玄應	一切經音義	9	岠	距	雞足後突	【觜距】今作味，同。子累反。《廣雅》“觜，口也”。《字書》“鳥喙也”。或作觜。《論》文作嘴，檢諸經史無如此字，唯傅毅《七激》云“嘴塴飲泉”作此字，音徐奊反。非字義。距，古文詎、岠二形，同。居吕、渠吕二反。《説文》“鷄足距也”。	

序號	時代	作者	出處	位置	古字	今字	記錄職能	訓條原文	備注
1893	唐	玄應	一切經音義	9	柴	唻	鳥嘴	【柴距】今作唻，同。子累反。《廣雅》“柴，口也”。《字書》“鳥喙也”。或作觜。《論》文作觜，檢諸經史無如此字，唯傅毅《七激》云“觜堙飲泉”作此字，音徐叡反。非字義。距，古文鉅、岠二形，同。居吕、渠吕二反。《説文》“雞足距也”。	
1894	唐	玄應	一切經音義	9	哺	鋪	吃	【乳哺】蒲路反。哺，含食也。《淮南子》云“含哺而熙”。許叔重曰“口中嚼食也”。今亦作鋪。	
1895	唐	玄應	一切經音義	9	驟	澱	沉澱	【潘澱】……澱，古文驟，同。徒見反。《爾雅》“澱謂之垽”。郭璞曰“澱，滓也。江東呼爲垽”。《論》文作淀，水名，在新陽。又如淵而淺，亦曰淀。淀非此義。	
1896	唐	玄應	一切經音義	9	摜	串	習慣	【串樂】古文作摜、遺二形。又作慣，同。古患反。《爾雅》“串，習也”。	
1897	唐	玄應	一切經音義	9	遺	串	習慣	【串樂】古文作摜、遺二形。又作慣，同。古患反。《爾雅》“串，習也”。	
1898	唐	玄應	一切經音義	9	潙	盪	洗涮器皿	【盪滌】古文潙，同。徒朗反。下徒歷反。盪滌，謂洒器也。	
1899	唐	玄應	一切經音義	9	厇	磔	裂體	【磔牛】古文厇，同。知格反。《廣雅》“磔，張也”，磔，開也。《説文》“磔，辜也”。《爾雅》“祭風曰磔”。孫炎曰“既祭，披磔，其牲以風散也”。《論》文作拓，未見所出。	
1900	唐	玄應	一切經音義	9	踢	邊	踢突	【踢突】今作邊[邊]，同。徒郎反。《説文》“搶也”。《蒼頡篇》“馳馳皃”，亦失跡也。《聲類》“踢，跌也”。案字宜作搪揆二形。	
1901	唐	玄應	一切經音義	9	袷	會	會合	【機會】……會，古文合[袷]，同。胡外反。《爾雅》“會，對也”，謂相當對也。又會亦聚也，合也。	

序號	時代	作者	出處	位置	古字	今字	記錄職能	訓條原文	備注
1902	唐	玄應	一切經音義	10	絬	褻	鄙陋	【鄙褻】古文絬、媟、暬、渫四形，同。思列反。褻，鄙陋也，褻黷之也。	
1903	唐	玄應	一切經音義	10	媟	褻	鄙陋	【鄙褻】古文絬、媟、暬、渫四形，同。思列反。褻，鄙陋也，褻黷之也。	
1904	唐	玄應	一切經音義	10	暬	褻	鄙陋	【鄙褻】古文絬、媟、暬、渫四形，同。思列反。褻，鄙陋也，褻黷之也。	
1905	唐	玄應	一切經音義	10	渫	褻	鄙陋	【鄙褻】古文絬、媟、暬、渫四形，同。思列反。褻，鄙陋也，褻黷之也。	
1906	唐	玄應	一切經音義	10	賑	辰	賑救	【辰給】古文賑、辰二形，同。諸胤反。《小爾雅》云"賑，救也"。《説文》"振，舉也"。	
1907	唐	玄應	一切經音義	10	覓	冐	突前	【干覓】亡北反。覓没，猶抵觸也。《説文》"覓，突前也"。今皆作冐也。	
1908	唐	玄應	一切經音義	10	喬	矯	假稱	【矯異】几小反。假稱謂之矯。矯，詐也。非先王之法曰喬，今皆作矯。	
1909	唐	玄應	一切經音義	10	俈	酷	苦之甚	【苦酷】古文俈、礐、焅三形，今作酷，同。口梏反。《説文》云"酷，急也"。苦之甚曰酷。亦暴虐也。	
1910	唐	玄應	一切經音義	10	礐	酷	苦之甚	【苦酷】古文俈、礐、焅三形，今作酷，同。口梏反。《説文》云"酷，急也"。苦之甚曰酷。亦暴虐也。	
1911	唐	玄應	一切經音義	10	焅	酷	苦之甚	【苦酷】古文俈、礐、焅三形，今作酷，同。口梏反。《説文》云"酷，急也"。苦之甚曰酷。亦暴虐也。	
1912	唐	玄應	一切經音義	10	錬	湅	冶煉	【練摩】古文錬、潄、練三形，今作湅，同。力見反。《説文》"錬，冶也"。下古文劇、擵二形，同。莫羅反……《爾雅》"石謂之摩"，郭璞曰"玉石被摩，猶人修飾也"。	

序號	時代	作者	出處	位置	古字	今字	記錄職能	訓條原文	備注
1913	唐	玄應	一切經音義	10	瀲	湅	冶煉	【練摩】古文鍊、瀲、練三形，今作湅，同。力見反。《説文》“鍊，冶也”。下古文劚、擵二形，同。莫羅反……《爾雅》“石謂之摩”，郭璞曰“玉石被摩，猶人修飾也”。	
1914	唐	玄應	一切經音義	10	練	湅	冶煉	【練摩】古文鍊、瀲、練三形，今作湅，同。力見反。《説文》“鍊，冶也”。下古文劚、擵二形，同。莫羅反……《爾雅》“石謂之摩”，郭璞曰“玉石被摩，猶人修飾也”。	
1915	唐	玄應	一切經音義	10	劚	摩	琢磨	【練摩】古文鍊、瀲、練三形，今作湅，同。力見反。《説文》“鍊，冶也”。下古文劚、擵二形，同。莫羅反……《爾雅》“石謂之摩”，郭璞曰“玉石被摩，猶人修飾也”。	
1916	唐	玄應	一切經音義	10	擵	摩	琢磨	【練摩】古文鍊、瀲、練三形，今作湅，同。力見反。《説文》“鍊，冶也”。下古文劚、擵二形，同。莫羅反……《爾雅》“石謂之摩”，郭璞曰“玉石被摩，猶人修飾也”。	
1917	唐	玄應	一切經音義	10	髹	髻	髮髻	【贏髻】又作螺，同。力戈反。下古文作髹，同。音計。《經》中或作編髮，同一也。	
1918	唐	玄應	一切經音義	10	竦	聳	高聳	【聳翮】古文竦、慫、懲三形，今作聳，同。先勇反。聳謂前上也。下胡革反。《爾雅》“羽本謂之翮。鳥羽根也”。《説文》云“羽莖也”。	
1919	唐	玄應	一切經音義	10	慫	聳	高聳	【聳翮】古文竦、慫、懲三形，今作聳，同。先勇反。聳謂前上也。下胡革反。《爾雅》“羽本謂之翮。鳥羽根也”。《説文》云“羽莖也”。	
1920	唐	玄應	一切經音義	10	懲	聳	高聳	【聳翮】古文竦、慫、懲三形，今作聳，同。先勇反。聳謂前上也。下胡革反。《爾雅》“羽本謂之翮。鳥羽根也”。《説文》云“羽莖也”。	

序號	時代	作者	出處	位置	古字	今字	記錄職能	訓條原文	備注
1921	唐	玄應	一切經音義	10	彣	紋	圖紋	【紋身】無分反。謂繒有文章曰紋。又作文，古文彣。青與赤爲文。《説文》“錯畫也”。	
1922	唐	玄應	一切經音義	10	預	豫	預備	【預立】古文預、忬二形，今作豫，同。余據反。先辨也。豫猶備也。逆爲之具，故曰預也。	
1923	唐	玄應	一切經音義	10	忬	豫	預備	【預立】古文預、忬二形，今作豫，同。余據反。先辨也。豫猶備也。逆爲之具，故曰預也。	
1924	唐	玄應	一切經音義	10	呐	訥	語遲	【拙訥】古文呐，同。奴骨反。訥，遲鈍也。《説文》“難也”。	
1925	唐	玄應	一切經音義	10	析	枡	剖析	【如蔑】眠結反。《埤蒼》“析竹膚也”。《聲類》“蔑，篾也”。今蜀土及關中皆謂竹蔑爲篾，音彌。析音思歷反，字從斤分木爲析，今俗作枡，皆從片。	
1926	唐	玄應	一切經音義	10	須	鬚	鬚	【其鬚】相瑜反。蓮花鬚也。《説文》正體從頁（賢結反，頁，頭也）、從彡（音衫）作須，象形字也。今隸書加髟（必遙反）作鬚，亦通用。	
1927	唐	玄應	一切經音義	10	羅	網	網	【羅網】……下無倣反。顧野王曰“網者，羅罟之總名也”。《易》曰“昔疱［庖］義氏結繩爲網，以畋以漁，以養萬民”……或作羅，或作罒，皆古字也。	
1928	唐	玄應	一切經音義	10	罒	網	網	【羅網】……下無倣反。顧野王曰“網者，羅罟之總名也”。《易》曰“昔疱［庖］義氏結繩爲網，以畋以漁，以養萬民”……或作羅，或作罒，皆古字也。	
1929	唐	玄應	一切經音義	11	甭	勇	勇敢	【勇躍】上羊種反。《謚法》曰“懸命爲仁曰勇，知死不避曰勇”。《説文》“勇，氣也。從力、甬（羊種反）聲也”。或從戈（古禾反）、從用作甭，古字也。	
1930	唐	玄應	一切經音義	11	騁	騁	奔跑	【馳騁】……下敕領反。《廣雅》“騁，奔也”。杜預注《左傳》云“騁，走也”。《説文》“直驅也。從馬、粤（匹丁反）聲也”。《説文》又説粤字從由、從丂（音考）。今經中從丂作騁，非也。	

389

序號	時代	作者	出處	位置	古字	今字	記錄職能	訓條原文	備注
1931	唐	玄應	一切經音義	11	襍	雜	混雜	【誼襍】……下財合反。俗字也。正體作襍。《説文》云“集五彩之衣曰雜。從衣，集聲也”。今作雜，變體俗字也。因草書變衣爲立，謬也。	
1932	唐	玄應	一切經音義	11	㲲	疊	毛布	【白㲲】《字體》作毨，古文㲲，同。徒頬反。毛布也。	
1933	唐	玄應	一切經音義	11	蠡	磋	般磋	【般磋】古文蠡，同。粗何反。梵言也。	
1934	唐	玄應	一切經音義	11	蠡	嗟	般磋	【般嗟】古文蠡，同。粗何反。梵言也。	
1935	唐	玄應	一切經音義	11	絬	褻	輕慢	【鄙褻】古文絬、媟、嫯、渫四形，今作褻，同。息列反。褻，黷也。	
1936	唐	玄應	一切經音義	11	媟	褻	輕慢	【鄙褻】古文絬、媟、嫯、渫四形，今作褻，同。息列反。褻，黷也。	
1937	唐	玄應	一切經音義	11	嫯	褻	輕慢	【鄙褻】古文絬、媟、嫯、渫四形，今作褻，同。息列反。褻，黷也。	
1938	唐	玄應	一切經音義	11	渫	褻	輕慢	【鄙褻】古文絬、媟、嫯、渫四形，今作褻，同。息列反。褻，黷也。	
1939	唐	玄應	一切經音義	11	膻	顫	顫動	【顫顉】古文膻。又作𩣡，同。之繕反。下古文鈂、疢、顪三形，今作疣，同。尤富反。《通俗文》“四支寒動謂之戰顪”。	
1940	唐	玄應	一切經音義	11	鈂	疣	四肢顫動	【顫顉】古文膻。又作𩣡，同。之繕反。下古文鈂、疢、顪三形，今作疣，同。尤富反。《通俗文》“四支寒動謂之戰顪”。	
1941	唐	玄應	一切經音義	11	疢	疣	四肢顫動	【顫顉】古文膻。又作𩣡，同。之繕反。下古文鈂、疢、顪三形，今作疣，同。尤富反。《通俗文》“四支寒動謂之戰顪”。	

續表

序號	時代	作者	出處	位置	古字	今字	記錄職能	訓條原文	備注
1942	唐	玄應	一切經音義	11	頯	疣	四肢頯動	【頯頯】古文膻。又作齳,同。之繕反。下古文釳、疢、頯三形,今作疣,同。尤富反。《通俗文》"四支寒動謂之戰頯"。	
1943	唐	玄應	一切經音義	11	崺	蚩	相輕笑	【蚩笑】古文崺,同。尺詩反。《廣雅》云"蚩,輕也"。謂相輕而笑也。	
1944	唐	玄應	一切經音義	11	蔇	稇	稠	【稠稇】古文蔇,同。居置反。《説文》"稠多也"。稇,稠也。	
1945	唐	玄應	一切經音義	11	瑇	蟕	瑇瑁	【瑇瑁】今作蟕蝐二形,古文作疇、瑁二形,同。音代妹。《異物志》云"如龜,生南海中,大者如籧篨,背上有鱗,將欲用毒之。其皮則柔,隨意所作也"。	
1946	唐	玄應	一切經音義	11	瑁	蝐	瑇瑁	【瑇瑁】今作蟕蝐二形,古文作疇、瑁二形,同。音代妹。《異物志》云"如龜,生南海中,大者如籧篨,背上有鱗,將欲用毒之。其皮則柔,隨意所作也"。	
1947	唐	玄應	一切經音義	11	疇	蟕	瑇瑁	【瑇瑁】今作蟕蝐二形,古文作疇、瑁二形,同。音代妹。《異物志》云"如龜,生南海中,大者如籧篨,背上有鱗,將欲用毒之。其皮則柔,隨意所作也"。	
1948	唐	玄應	一切經音義	11	瑁	蝐	瑇瑁	【瑇瑁】今作蟕蝐二形,古文作疇、瑁二形,同。音代妹。《異物志》云"如龜,生南海中,大者如籧篨,背上有鱗,將欲用毒之。其皮則柔,隨意所作也"。	
1949	唐	玄應	一切經音義	11	潙	盪	洗涮	【盪鉢】古文潙,又作蕩,同。徒朗反。盪,滌洒器也。	
1950	唐	玄應	一切經音義	11	磊	話	話語	【調話】古文磊、譮、[詤]三形,同。胡快反。合會善言也。	
1951	唐	玄應	一切經音義	11	譮	話	話語	【調話】古文磊、譮、[詤]三形,同。胡快反。合會善言也。	

序號	時代	作者	出處	位置	古字	今字	記録職能	訓條原文	備注
1952	唐	玄應	一切經音義	11	誠	話	話語	【調話】古文嚣、譮、[誠]三形，同。胡快反。合會善言也。	
1953	唐	玄應	一切經音義	11	飰	飯	飯食	【飯食】古文飰，同。扶萬反。黄帝始炊穀爲飯。飯，食也。	
1954	唐	玄應	一切經音義	11	燌	焚	焚燒	【焚燒】古文燌，同。扶雲反。案焚亦燒也。字從火燒林字意也。	
1955	唐	玄應	一切經音義	11	揘	輂	負擔	【負揘】力甈反……許叔重曰"揘，擔之也"。今皆作輂也。	
1956	唐	玄應	一切經音義	11	觕	觸	觸	【構牛】古俟反。謂構捋取乳也。《經》文作觕，古觸字。誤作也。	
1957	唐	玄應	一切經音義	11	雅	鴻	鴻鵠	【鴻鳥】古文雅。《聲類》"或鴻字"，同。胡公反。鴻，鵠也。	
1958	唐	玄應	一切經音義	11	頜	瘁	憂傷	【惛悴】呼昆反。下古文頜、悴二形，今作瘁，同。茨醉反。惛，亂也，亦癡也。悴，傷也，亦憂也，病也。	
1959	唐	玄應	一切經音義	11	悴	瘁	憂傷	【惛悴】呼昆反。下古文頜、悴二形，今作瘁，同。茨醉反。惛，亂也，亦癡也。悴，傷也，亦憂也，病也。	
1960	唐	玄應	一切經音義	11	膌	瘠	瘦弱	【瘠薄】古文膌、膚、瘯三形，同。才亦反。《説文》云"膌，薄也，瘦也"。	
1961	唐	玄應	一切經音義	11	膚	瘠	瘦弱	【瘠薄】古文膌、膚、瘯三形，同。才亦反。《説文》云"膌，薄也，瘦也"。	
1962	唐	玄應	一切經音義	11	瘯	瘠	瘦弱	【瘠薄】古文膌、膚、瘯三形，同。才亦反。《説文》云"膌，薄也，瘦也"。	

序號	時代	作者	出處	位置	古字	今字	記録職能	訓條原文	備注
1963	唐	玄應	一切經音義	11	掇	餟	醊祭	【祭餟】古文掇,《聲類》作醊,同。豬芮反……《字林》"以酒渜也,祭也"。	
1964	唐	玄應	一切經音義	11	憼	警	警惕	【警寤】古文憼、儆二形,同。居影反。警,戒也。戒慎也。《經》文作景,非義也。	
1965	唐	玄應	一切經音義	11	儆	警	警惕	【警寤】古文憼、儆二形,同。居影反。警,戒也。戒慎也。《經》文作景,非義也。	
1966	唐	玄應	一切經音義	11	濬	浚	深	【浚輪】古文濬、濬二形,今作浚,同。雛閏反。浚,深也。	
1967	唐	玄應	一切經音義	11	濬	浚	深	【浚輪】古文濬、濬二形,今作浚,同。雛閏反。浚,深也。	
1968	唐	玄應	一切經音義	11	餽	饋	饋贈	【饋遺】古文作餽,同。渠愧反。《説文》云"饋,餉也,遺與也"。	
1969	唐	玄應	一切經音義	11	柬	楝	楝木	【楝樹】古文柬,同。力見反。子白而黏,可以浣衣者也。《經》文作練,非體也。	
1970	唐	玄應	一切經音義	11	閾	閾	門限	【門閾】古文閾,同。呼域反。《爾雅》云"柣謂之閾",郭璞曰"門限也"。	
1971	唐	玄應	一切經音義	11	念	捻	捻	【捻挃】古文念,同。乃頰反。指持謂手捻也。下豬栗反。《廣雅》"挃,刺也"。	
1972	唐	玄應	一切經音義	11	豐	癑	潰血	【膿血】古文豐、膿二形,今作癑,同。奴公反。潰血也。	
1973	唐	玄應	一切經音義	11	膿	癑	潰血	【膿血】古文豐、膿二形,今作癑,同。奴公反。潰血也。	

續表

序號	時代	作者	出處	位置	古字	今字	記録職能	訓條原文	備注
1974	唐	玄應	一切經音義	11	輣	棚	連閣	【棚閣】今作輣，同。蒲庚反。連閣曰棚。	
1975	唐	玄應	一切經音義	11	徬	蹁	蹁躚	【蹁躚】古文徬，同。蒲眠反。	
1976	唐	玄應	一切經音義	11	炁	氣	氣息	【氣劣】古文旣、炁二形，同。摅既反。氣息也。	
1977	唐	玄應	一切經音義	11	旣	氣	氣息	【氣劣】古文旣、炁二形，同。摅既反。氣息也。	
1978	唐	玄應	一切經音義	11	苿	釫	犁刃	【若鏵】古文苿、鏵二形，今作釫，或作鋘，同。胡瓜反。犁刀也。	
1979	唐	玄應	一切經音義	11	鏵	釫	犁刃	【若鏵】古文苿、鏵二形，今作釫，或作鋘，同。胡瓜反。犁刀也。	
1980	唐	玄應	一切經音義	11	舓	狧	舔舐	【舓手】古文舓、舏二形，今作狧，又作舐，同。食爾反。以舌取食也。	
1981	唐	玄應	一切經音義	11	舏	狧	舔舐	【舓手】古文舓、舏二形今作狧，同。食爾反。	
1982	唐	玄應	一切經音義	11	㾊	瘠	瘦弱	【瘦瘠】古文㾊、膌、膌三形，同。才積反。《説文》“膌，瘦也”。	
1983	唐	玄應	一切經音義	11	膌	瘠	瘦弱	【瘦瘠】古文㾊、膌、膌三形，同。才積反。《説文》“膌，瘦也”。	
1984	唐	玄應	一切經音義	11	膌	瘠	瘦弱	【瘦瘠】古文㾊、膌、膌三形，同。才積反。《説文》“膌，瘦也”。	

序號	時代	作者	出處	位置	古字	今字	記錄職能	訓條原文	備注
1985	唐	玄應	一切經音義	11	竢	俟	等待	【俟彼】古文竢、姟、𨙨三形，同。事几反。《爾雅》云“俟，待也”。	
1986	唐	玄應	一切經音義	11	姟	俟	等待	【俟彼】古文竢、姟、𨙨三形，同。事几反。《爾雅》云“俟，待也”。	
1987	唐	玄應	一切經音義	11	𨙨	俟	等待	【俟彼】古文竢、姟、𨙨三形，同。事几反。《爾雅》云“俟，待也”。	
1988	唐	玄應	一切經音義	11	頲	侹	平直	【侹直】古文頲，同。勅頂反。《通俗文》云“平直曰侹”。	
1989	唐	玄應	一切經音義	11	恉	幟	幡幟	【爲幟】古文恉，同。尺志反。幖也。《通俗文》“私記曰幟”。謂劍蓋等五物幖爲記也。	
1990	唐	玄應	一切經音義	11	罝	置	捕兔繩網	【圍置】古文罝、置二形，同。子耶反。《爾雅》“兔罟謂之置”。	
1991	唐	玄應	一切經音義	11	置	置	捕兔繩網	【圍置】古文罝、置二形，同。子耶反。《爾雅》“兔罟謂之置”。	
1992	唐	玄應	一切經音義	11	骹	骱	腰骨	【尾骼】古文骹，今作骱，同。口亞反。《埤蒼》“膏骨也”。《經》文作骼，歌領反。骨枯曰骼，骼非此義也。	
1993	唐	玄應	一切經音義	11	㳙	沃	灌溉	【沃溉】古文㳙，同。烏木反。沃猶溉灌也。沃，亦漬也，澆也。	
1994	唐	玄應	一切經音義	11	刪	刻	刻畫	【五刻】古文刪，同。苦則反。刻，削也，刻畫也。《經》言刀劍等刻削之是也。《經》文作刓，非也。	
1995	唐	玄應	一切經音義	11	迵	眩	惑亂	【眩惑】古文迵、眴二形，同。胡遍反。《廣雅》“眩，惑亂也”。亦闇不明也。	

序號	時代	作者	出處	位置	古字	今字	記錄職能	訓條 原文	備注
1996	唐	玄應	一切經音義	11	眴	眩	惑亂	【眩惑】古文迵、眴二形，同。胡遍反。《廣雅》"眩，惑亂也"。亦闇不明也。	
1997	唐	玄應	一切經音義	11	笮	窄	壓榨	【厭笮】今作窄，同。側格反。《説文》云"窄，壓也"。謂笮出汁也。	
1998	唐	玄應	一切經音義	11	敭	揚	飛揚	【揚治】古文敭、颺二形，同。余章反。《説文》云"揚，飛舉也"。	
1999	唐	玄應	一切經音義	11	颺	揚	飛揚	【揚治】古文敭、颺二形，同。余章反。《説文》云"揚，飛舉也"。	
2000	唐	玄應	一切經音義	11	亜	咽	堙羅那	【堙羅】古文亜、窒二形，今作咽，同。於仁反。帝釋象王名也。《經》中或名哩那婆，或言伊羅鉢多羅。	"堙羅那"係音譯詞
2001	唐	玄應	一切經音義	11	窒	咽	堙羅那	【堙羅】古文亜、窒二形，今作咽，同。於仁反。帝釋象王名也。《經》中或名哩那婆，或言伊羅鉢多羅。	"堙羅那"係音譯詞
2002	唐	玄應	一切經音義	11	儹	攢	聚集	【攢箭】古文儹，同。徂丸反。《蒼頡篇》云"攢，聚也"。	
2003	唐	玄應	一切經音義	11	鵜	雉	雉鳥	【雉鳥】古文鵜，同。直理反。《經》文作鴶，余詰、徒結二反。《爾雅》云"鴶，鋪豉也"。	
2004	唐	玄應	一切經音義	11	僡	纂	接續	【纂修】古文僡，同。子卵反。字或作續。《爾雅》"續，繼也，繼前修者也"。	
2005	唐	玄應	一切經音義	11	耎	嫩	嫩	【耎枘】而兖反，下乃困反。《字苑》作腝，柔脆也。《通俗文》作枘，再生也。又作嫩，近字也。《經》文作濡，又作㮈，並非體也。	
2006	唐	玄應	一切經音義	11	呴	狗	吼叫	【呴喊】古文呴、吽二形，今作拘[狗]，同。呼苟反。《聲類》"吽，嘷也"。	

序號	時代	作者	出處	位置	古字	今字	記錄職能	訓條原文	備注
2007	唐	玄應	一切經音義	11	吽	狗	吼叫	【呴喊】古文呴、吽二形，今作拘[狗]，同。呼苟反。《聲類》"吽，嘷也"。	
2008	唐	玄應	一切經音義	11	痹	痹	麻痹	【頑痹】今作痹，同。婢利反。《説文》"足氣不至也"。《經》文作庳，必二反。《説文》"濕病也"。風痹，冷痹。	
2009	唐	玄應	一切經音義	11	禩	餟	倒酒於地祭祀	【祭餟】古文掇[禩]，《聲類》作酸，同。豬芮反……《字林》"以酒沃也，祭也"。	
2010	唐	玄應	一切經音義	11	攈	捃	拾取	【捃拾】古文攈，同。居運反。《方言》"捃，取也"。	
2011	唐	玄應	一切經音義	11	斮	剒	剔	【剒治】古文斮、鉻二形，同。力各反。《通俗文》"去節曰剒"。《經》文或作芟，所巖反，刈草也。或作落，非體也。	
2012	唐	玄應	一切經音義	11	鉻	剒	剔	【剒治】古文斮、鉻二形，同。力各反。《通俗文》"去節曰剒"。《經》文或作芟，所巖反，刈草也。或作落，非體也。	
2013	唐	玄應	一切經音義	11	鱮	鱣	大黄魚	【鱣魚】古文鱮，同。知連反。大黄魚也，口在頷下，大者長二三丈也。	
2014	唐	玄應	一切經音義	11	猨	蝯	猿	【猨猴】今作蝯，同。禹煩反。似彌猴而大，臂長。其色有黑有黄，鳴聲甚哀也。《經》文作狁，非也。	
2015	唐	玄應	一切經音義	11	鋄	鐯	矛鐯	【矛鐯】粗亂反。排鐯也。《字林》"小矛也"。《經》文作鋄，古文鐯字。又作爨，炊也。並非字義也。	
2016	唐	玄應	一切經音義	11	颮	帆	帆	【大帆】又作颿，古文颮，同。扶嚴、扶泛二反。《聲類》"船上帳也"。《釋名》"船隨風張幔曰颿"。颮，汎也。便風疾汎汎然也。	
2017	唐	玄應	一切經音義	11	芌	蒟	草	【負蒟】測虞反。《集訓》云"蒟者，草之總名也"，作葟。古作芌，非也。	

序號	時代	作者	出處	位置	古字	今字	記録職能	訓條原文	備注
2018	唐	玄應	一切經音義	12	陪	暗	不明	【晻忽】古文晻、陪二形，今作暗，同。於感反。《説文》"晻。不明也"。《廣雅》云"晻，晻也"。	
2019	唐	玄應	一切經音義	12	晻	暗	不明	【晻忽】古文晻、陪二形，今作暗，同。於感反。《説文》"晻。不明也"。《廣雅》云"晻，晻也"。	
2020	唐	玄應	一切經音義	12	驣	奔	奔跑	【奔走】古文驣，今作奔，同。補門反。《爾雅》"奔，走也"。亦疾也。	
2021	唐	玄應	一切經音義	12	踵	腄	足跟	【髀踵】……下古文踵，今作腄，同。之勇反。《説文》"足跟也"。《廣雅》"腄，迹也"。	
2022	唐	玄應	一切經音義	12	昺	炳	明亮	【昺著】古文昺、芮二形，今作炳，同。碧皿反。《廣雅》云"昺，明也"。	
2023	唐	玄應	一切經音義	12	芮	炳	明亮	【昺著】古文昺、芮二形，今作炳，同。碧皿反。《廣雅》云"昺，明也"。	
2024	唐	玄應	一切經音義	12	餗	飽	飽滿	【并饜】人名也，相承音飽，未詳所出。案古文餗、饟二形，今作飽，同。飽猶滿也。此應饜字誤作也，饜音於焰反。	
2025	唐	玄應	一切經音義	12	饟	飽	飽滿	【并饜】人名也，相承音飽，未詳所出。案古文餗、饟二形，今作飽，同。飽猶滿也。此應饜字誤作也，饜音於焰反。	
2026	唐	玄應	一切經音義	12	扢	槩	平斛器具	【不槩】古文扢，同。古礙反。《廣雅》"槩，摩也，平也"。謂平斗斛曰槩也。	
2027	唐	玄應	一切經音義	12	謿	嘲	嘲笑	【嘲説】古文謿，今作嘲。又作啁，同。陟交反。《蒼頡篇》"啁調，謂相戲調也"。	
2028	唐	玄應	一切經音義	12	庤	偫	儲備	【儲偫】直於反。下古文作庤、峙、畤三形，同。除理反。《説文》"偫，待也"。儲、偫，具也。	

續表

序號	時代	作者	出處	位置	古字	今字	記錄職能	訓條原文	備注
2029	唐	玄應	一切經音義	12	時	偫	儲備	【儲偫】直於反。下古文庤、時、畤三形，同。除理反。《説文》“偫，待也”。儲、偫，具也。	
2030	唐	玄應	一切經音義	12	畤	偫	儲備	【儲偫】直於反。下古文庤、時、畤三形，同。除理反。《説文》“偫，待也”。儲、偫，具也。	
2031	唐	玄應	一切經音義	12	磓	搥	投放	【搥砰】古文磓，同。都迴反。投下也。下於甲反。自上加下也。《經》文作推坤，非體也。	
2032	唐	玄應	一切經音義	12	誼	義	義理	【道誼】今作義，同。宜寄反……誼，善也，善義理也。	
2033	唐	玄應	一切經音義	12	瘃	瘃	凍瘡	【凍瘃】古文瘃，同。知録反。謂手中寒作瘡。	
2034	唐	玄應	一切經音義	12	磤	隊	隊	【隊隊】古文磤，同。徒對反。言羣隊相隨逐也。	
2035	唐	玄應	一切經音義	12	蔿	訛	詭言	【訛言】古文蔿、譌、吪三形，同。五戈反。《詩》云“民之訛言”，《箋》云“訛，偽也”。訛亦詭言。	
2036	唐	玄應	一切經音義	12	譌	訛	詭言	【訛言】古文蔿、譌、吪三形，同。五戈反。《詩》云“民之訛言”，《箋》云“訛，偽也”。訛亦詭言。	
2037	唐	玄應	一切經音義	12	吪	訛	詭言	【訛言】古文蔿、譌、吪三形，同。五戈反。《詩》云“民之訛言”，《箋》云“訛，偽也”。訛亦詭言。	
2038	唐	玄應	一切經音義	12	扢	槩	平斛器具	【扢工】古文扢、概二形，今作槩，同。公礙反。扢，量也。《廣雅》“扢，摩也。扢亦平也”。平斗斛曰扢也。	
2039	唐	玄應	一切經音義	12	概	槩	平斛器具	【扢工】古文扢、概二形，今作槩，同。公礙反。扢，量也。《廣雅》云“扢，摩也”。扢，亦平也，平斗斛曰扢。	

序號	時代	作者	出處	位置	古字	今字	記錄職能	訓條原文	備注
2040	唐	玄應	一切經音義	12	欨	哈	啜	【呼哈】古文欨、齡二形，同。呼合反。《説文》"欨，啜也"。	
2041	唐	玄應	一切經音義	12	齡	哈	啜	【呼哈】古文欨、齡二形，同。呼合反。《説文》"欨，啜也"。	
2042	唐	玄應	一切經音義	12	叩	讙	喧嘩	【讙呼】古文作叩，又作誼，同。虚袁反。《廣雅》"誼，謳也"。《聲類》"誼，讙也"。誼，聲也，驚呼也。	
2043	唐	玄應	一切經音義	12	艆	楎	未劈原木	【楎煮】古文艆，同。胡昆反。《通俗文》"合心曰楎"。《篆文》云"未判爲楎"。《經》中作渾濁之渾，非此義也。	
2044	唐	玄應	一切經音義	12	孩	咳	小兒笑	【咳笑】古文孩，同。胡來反。《説文》"咳，小兒笑也"。《禮記》"子生三月，父執子之手，咳而名之"是也。	
2045	唐	玄應	一切經音義	12	誏	懇	誠懇	【懇惻】古文誏，同。口很反。《通俗文》"至誠曰懇"。懇亦堅忍也。下古文恖，同。楚力反。《廣雅》"惻，悲也"，《説文》"惻，痛也"。	
2046	唐	玄應	一切經音義	12	恖	惻	悲傷	【懇惻】古文誏，同。口狠反。《通俗文》"至誠曰懇"。懇亦堅忍也。下古文恖，同。楚力反。《廣雅》"惻，悲也"，《説文》"惻，痛也"。	
2047	唐	玄應	一切經音義	12	髻	括	括束髮	【髻髮】古文髻、髻二形，今作括，同。古活反。《字林》"髻，絜髮也"，謂括束髮也。或作結髮字也。	
2048	唐	玄應	一切經音義	12	髻	括	括束髮	【髻髮】古文髻、髻二形，今作括，同。古活反。《字林》"髻，絜髮也"，謂括束髮也。或作結髮字也。	
2049	唐	玄應	一切經音義	12	㦧	襤	衣破	【襤褸】古文㦧，又作繿，同。力甘反。謂衣敗也。	

序號	時代	作者	出處	位置	古字	今字	記錄職能	訓條原文	備注
2050	唐	玄應	一切經音義	12	梛	邲	林邲尼	【林邲】古文梛、幽二形，今作邲，同。府貧反。樹名也。	"林邲尼"爲梵語地名
2051	唐	玄應	一切經音義	12	幽	邲	林邲尼	【林邲】古文梛、幽二形，今作邲，同。府貧反。樹名也。	"林邲尼"爲梵語地名
2052	唐	玄應	一切經音義	12	瀶	淋	淋灌	【淋甚】古文瀶，同。力金反。《三蒼》"淋，漉水下也"。	
2053	唐	玄應	一切經音義	12	甬	勇	勇敢	【名甙】古文甬、甙二形，今作勇，同。踰腫反。勇謂果決也，知死不避曰勇也。	
2054	唐	玄應	一切經音義	12	甙	勇	勇敢	【名甙】古文甬、甙二形，今作勇，同。踰腫反。勇謂果決也，知死不避曰勇也。	
2055	唐	玄應	一切經音義	12	喆	哲	智慧	【明喆】古文喆、悊二形，今作哲，同。知列反。《爾雅》云"哲，智也"。亦了也。	
2056	唐	玄應	一切經音義	12	悊	哲	智慧	【明喆】古文喆、悊二形，今作哲，同。知列反。《爾雅》云"哲，智也"。亦了也。	
2057	唐	玄應	一切經音義	12	研	企	抬脚跟	【企望】古文研、佥二形，同。墟豉反。《通俗文》"舉跟曰跂也"。字從人、從止。	
2058	唐	玄應	一切經音義	12	佥	企	抬脚跟	【企望】古文研、佥二形，同。墟豉反。《通俗文》"舉跟曰跂也"。字從人、從止。	
2059	唐	玄應	一切經音義	12	疇	訓	誄	【佉訓】古文疇、嘼二形，同。是由、竹鳩二反。依字訓誄也。	

序號	時代	作者	出處	位置	古字	今字	記錄職能	訓條原文	備注
2060	唐	玄應	一切經音義	12	霒	詶	詶	【佉詶】古文讁、霒二形，同。是由、竹鳩二反。依字訓詶也。	
2061	唐	玄應	一切經音義	12	謂	憳	聰明	【權憳】古文謂，同。息與反。《通俗文》"多意謂之佇憳"。《字林》"佇憳，知也"。佇音張吕反。	
2062	唐	玄應	一切經音義	12	愻	竦	高上	【森竦】所金反。《説文》"多木長皃也"。下古文愻。先勇反。《廣雅》"竦，上也"。謂高上也。	
2063	唐	玄應	一切經音義	12	歎	嘆	驚歎	【嘆咤】古文歎、鸐二形，同。他且反。歎，吟也。吒又作嗻，同。竹嫁反。《通俗文》"痛惜曰咤也"。	
2064	唐	玄應	一切經音義	12	鸐	嘆	驚歎	【嘆咤】古文歎、鸐二形，同。他且反。歎，吟也。吒又作嗻，同。竹嫁反。《通俗文》"痛惜曰咤也"。	
2065	唐	玄應	一切經音義	12	罔	罔	迷惘	【罔然】古文罔、网二形。無往反。罔罔然，無知意也。亦惶遽之皃也。	
2066	唐	玄應	一切經音義	12	网	罔	迷惘	【罔然】古文罔、网二形。無往反。罔罔然，無知意也。亦惶遽之皃也。	
2067	唐	玄應	一切經音義	12	黿	噈	嗚噈，親吻	【嗚噈】古文黿，同。子六、子合二反。《聲類》"噈，亦嗚也"。	
2068	唐	玄應	一切經音義	12	繼	係	捆綁	【無係】古文繼、繫二形，同。古帝反。《説文》"係，絜束也"。	
2069	唐	玄應	一切經音義	12	繫	係	捆綁	【無係】古文繼、繫二形，同。古帝反。《説文》"係，絜束也"。	
2070	唐	玄應	一切經音義	12	腗	囟	囟門	【囟上】古文腦、腗二形，同。先進、先恣二反。《説文》"頭會腦蓋也"。	

序號	時代	作者	出處	位置	古字	今字	記錄職能	訓條原文	備注
2071	唐	玄應	一切經音義	12	腦	囟	囟門	【囟上】古文腦、膟二形，同。先進、先恣二反。《説文》"頭會腦蓋也"。	
2072	唐	玄應	一切經音義	12	唏	欷	歔欷	【歔欷】古文唏，同。欣居、欣既反。《蒼頡篇》"泣餘聲也，亦悲也"。	
2073	唐	玄應	一切經音義	12	泫	泉	泉	【穴泉】古文作泫，同。絶緣反。水自出爲泉。《經》中作原，或作源，非體也。	
2074	唐	玄應	一切經音義	12	梐	箷	格架	【桅架】古文梐、桅二形，今作箷，同。余支反……《蒼頡篇》云"桅，格也"。	
2075	唐	玄應	一切經音義	12	桅	箷	格架	【桅架】古文梐、桅二形，今作箷，同。余支反……《蒼頡篇》云"桅，格也"。	
2076	唐	玄應	一切經音義	12	繋	係	捆綁	【異係】古文繋、繼二形，同。古莫反。係，綴也。係，嗣也，續也。	
2077	唐	玄應	一切經音義	12	繼	係	捆綁	【異係】古文繋、繼二形，同。古莫反。係，綴也。係，嗣也，續也。	
2078	唐	玄應	一切經音義	12	誾	誾	誾誾	【誾誾】古文嘗，同。魚巾反。《説文》"誾誾，和悦而争"。《禮記》"誾誾，和敬之皃也"。	
2079	唐	玄應	一切經音義	12	皃	貌	容貌	【鬱皃】……下古文皃、貃二形，今作貌，同。莫效反。容皃也。	
2080	唐	玄應	一切經音義	12	貃	貌	容貌	【鬱皃】……下古文皃、貃二形，今作貌，同。莫效反。容皃也。	
2081	唐	玄應	一切經音義	12	圙	囿	封閉園林	【苑囿】古文作圙，同。于救反。《字林》"囿，有垣也。亦禁苑也"。《三蒼》"養牛、馬林木曰苑，養禽獸處曰囿也"。	

序號	時代	作者	出處	位置	古字	今字	記錄職能	訓條原文	備注
2082	唐	玄應	一切經音義	12	麲	麰	麥麨	【曰麰】正體作麨,古文作麰,同。妨虞反。	
2083	唐	玄應	一切經音義	12	鼃	蜛	蜘蛛	【蜛蛛】古文作鼃、鼀二形,同。音知株。謂有草蜛蛛,有土蜛蛛也。	
2084	唐	玄應	一切經音義	12	鼀	蛛	蜘蛛	【蜛蛛】古文作鼃、鼀二形,同。音知株。謂有草蜛蛛,有土蜛蛛也。	
2085	唐	玄應	一切經音義	12	蹩	迶	挫辱	【躓頓】古文蹩、躓二形,今作迶,同。陟利反。謂挫辱也。	
2086	唐	玄應	一切經音義	12	躓	迶	挫辱	【躓頓】古文蹩、躓二形,今作迶,同。陟利反。謂挫辱也。	
2087	唐	玄應	一切經音義	12	訰	諄	諄那	【諄那】古文訰,同。之閏反。此譯云碎末,謂人名也。	
2088	唐	玄應	一切經音義	12	贏	盈	有富餘	【贏長】弋成反。《字林》"贏,有餘也"。《廣雅》"贏,益也"。亦緩也。今皆作盈。	
2089	唐	玄應	一切經音義	12	轟	輷	象聲詞	【轟轟】今作輷。《字書》作輷,同。呼萌反。《説文》"轟轟,群車聲也"。	
2090	唐	玄應	一切經音義	12	刎	刎	割	【刎口】古文刎,同。亡粉反。《公羊傳》"遂刎脰而死"。何休曰"刎,割也"。《經》文從口作吻,非體也。	
2091	唐	玄應	一切經音義	12	何	荷	負荷	【荷檐[擔]】上音何,下多甘反。《説文》並從人作何儋(都甘反)。《玉篇》云"負、任、儋,何也"。今《經》文荷字從草,檐[擔]從手,俗用,非本字也。音賀者聲轉也。	

序號	時代	作者	出處	位置	古字	今字	記錄職能	訓條原文	備注
2092	唐	玄應	一切經音義	12	儋	擔	負擔	【荷檐[擔]】上音何,下多甘反。《説文》並從人作何儋(都甘反)。《玉篇》云“負、任、儋,何也”。今《經》文荷字從草,檐[擔]從手,俗用,非本字也。音賀者聲轉也。	
2093	唐	玄應	一切經音義	13	鴽	鸝	鸝	【黄鸝】力知反。《方言》“黄鸝,鶬鶊也……”黄離留或作鴽、鶒,古字也。	
2094	唐	玄應	一切經音義	13	鶒	鸝	鸝	【黄鸝】力知反。《方言》“黄鸝,鶬鶊也……”黄離留或作鴽、鶒,古字也。	
2095	唐	玄應	一切經音義	13	警	速	阿遫	【阿遫】案《説文》籀文作遫,古文作警,今作速,同。桑鹿反。人名也。	
2096	唐	玄應	一切經音義	13	遫	速	阿遫	【阿遫】案《説文》籀文作遫,古文作警,今作速,同。桑鹿反。人名也。	
2097	唐	玄應	一切經音義	13	贄	幣	幣帛	【財幣】古文作贄,同。脾制反。幣,帛也。	
2098	唐	玄應	一切經音義	13	雰	氛	祥氣	【氛翳】古文作雰,同。敷雲反。《説文》“氛,祥氣也”。	
2099	唐	玄應	一切經音義	13	屹	仡	高大	【屹然】今作仡,同。魚訖反。《説文》“高大皃也”。《經》文作屹,未見所出也。	
2100	唐	玄應	一切經音義	13	畺	疆	疆界	【畺場】古文疅、畺二形,今作疆,同。經良反。畺,界也。下以赤反。《毛詩》云“畺場翼翼”。《傳》曰“場,畔也,啜也”。《廣雅》云“畺場,界也”。啜音豬衛反,謂兩陌間道也。	

序號	時代	作者	出處	位置	古字	今字	記錄職能	訓條原文	備注
2101	唐	玄應	一切經音義	13	畺	疆	疆界	【畺場】古文疆、畺二形，今作疆，同。經良反。畺，界也。下以赤反。《毛詩》云“畺場翼翼”。《傳》曰“場，畔也，啜也”。《廣雅》云“畺場，界也”。啜音豬衛反，謂兩陌間道也。	
2102	唐	玄應	一切經音義	13	鮫	蛟	海魚	【鮫魚】今作蛟，同。古肴反。《說文》云“海魚也”。	
2103	唐	玄應	一切經音義	13	逮	茝	茝吒	【茝吒】古文作逮，同。音力四、力季二反。	“茝吒”是音譯詞
2104	唐	玄應	一切經音義	13	勑	陵	陵遲	【陵遲】古文作勑。本作夌，同。力蒸反。《淮南子》云“山以陵遲，故能高”。案陵遲猶靡迆陂陀也，平易不陁峻者也。	
2105	唐	玄應	一切經音義	13	閫	閾	界限	【門閫】古文作閫，同。呼域反。《爾雅》“柣謂之閾”。郭璞曰“門限也”。	
2106	唐	玄應	一切經音義	13	息	暨	及	【難暨】古文作息，同。其器反。暨，及也，至也，與也。	
2107	唐	玄應	一切經音義	13	歕	噴	噴	【噴鳴】古文作歕，同。普寸反。《說文》“鼓鼻也”。	
2108	唐	玄應	一切經音義	13	纚	縰	絲巾	【披纚】今作縰，同。山綺反。案森纚，好皃也；颯纚，長袖皃也；纚，筵也。颯音桑答反。	
2109	唐	玄應	一切經音義	13	昵	暱	親近	【親昵】今作暱，同。女栗反。《爾雅》“昵，近也”。郭璞曰“謂相近也”。亦親也，私昵也。	
2110	唐	玄應	一切經音義	13	頸	俓	平直	【俓直】古文作頸，同。他頂反。《通俗文》“平直曰俓”。	

序號	時代	作者	出處	位置	古字	今字	記録職能	訓條原文	備注
2111	唐	玄應	一切經音義	13	烾	彤	丹飾	【彤華】古文烾、蚺二形，同。徒冬反。《説文》“丹飾也”。又《廣雅》“彤，赤也”。	
2112	唐	玄應	一切經音義	13	蚺	彤	丹飾	【彤華】古文烾、蚺二形，同。徒冬反。《説文》“丹飾也”。又《廣雅》“彤，赤也”。	
2113	唐	玄應	一切經音義	13	槩	餼	贈送食物	【餼施】古文槩，同。虛氣反。《儀禮》“餼之以其禮”。鄭玄曰“以牲曰餼，餼猶稟給也”。《埤蒼》“餼，饋也”。《字書》“餼，餉也”。《方言》“餼而熟也”。	
2114	唐	玄應	一切經音義	13	槩	餼	贈送食物	【餼施】古文槩，同。虛氣反。《儀禮》“餼之以其禮”。鄭玄曰“以牲曰餼，餼猶稟給也”。《埤蒼》云“餼，饋也”。《字書》“餼，餉也”。《方言》“餼，熟之也”。	
2115	唐	玄應	一切經音義	13	銘	陷	墜入	【陷此】古文銘，同。陷，猶墜入也，亦没也。	
2116	唐	玄應	一切經音義	13	奸	干	干犯	【相干】古文作奸，同。古寒反。干，犯也，觸也。	
2117	唐	玄應	一切經音義	13	敲	打	撞擊	【相敲】古文作敲、敦、樗三形，今作打，同。丈衡反。敦，觸也。	
2118	唐	玄應	一切經音義	13	敦	打	撞擊	【相敦】古文作敲、敦、樗三形，今作打，同。丈衡反。敦，觸也。	
2119	唐	玄應	一切經音義	13	樗	打	撞擊	【相敦】古文作敲、敦、樗三形，今作打，同。丈衡反。敦，觸也。	
2120	唐	玄應	一切經音義	13	森	槮	繁茂	【蕭森】今作槮，同。所金反。《説文》云“多木長兒也”。	

序號	時代	作者	出處	位置	古字	今字	記録職能	訓條 原文	備注
2121	唐	玄應	一切經音義	13	熛	熛	火飛迸	【熖熛】古文作熛，同。俾堯反。《説文》"火飛也"。	
2122	唐	玄應	一切經音義	13	臺	殪	死亡	【殪入】古文作臺，同。於計反。《爾雅》"殪，死也"。《尚書》"殪戎殷"，孔安國曰"殪，殺也，亦盡也"。《漢書音義》云"一發而死曰殪也"。	
2123	唐	玄應	一切經音義	13	餕	餲	腐敗	【餲口】古文作餕，同。於吏反。《論語》"食饐而餲"，孔安國曰"饐、餲，臭味變也"。	
2124	唐	玄應	一切經音義	13	嫍	惱	煩惱	【憂嫍】奴道反。《説文》"有所恨痛也"。今汝南人有所恨言嫍，今皆作惱。	
2125	唐	玄應	一切經音義	13	顒	喁	喁喁	【喁喁】古文顒，同。牛匈反。《説文》"衆口上見也"，謂羣生仰其德也。《詩》云"顒顒昂昂"。《傳》曰"顒顒，温兒"。	
2126	唐	玄應	一切經音義	13	朧	孕	懷孕	【孕婦】古文朧，同。餘證反。《説文》"裹子也"。《廣雅》"孕，身也"。謂任孕子也。含實曰孕子也。字從子，從乃聲。	
2127	唐	玄應	一切經音義	13	粗	糅	摻雜	【雜糅】古文粗、鈕二形，同。女救反。《説文》"雜飯也"。今以異色物相參曰糅。糅，雜也。	
2128	唐	玄應	一切經音義	13	鈕	糅	摻雜	【雜糅】古文粗、鈕二形，同。女救反。《説文》"雜飯也"。今以異色物相參曰糅。糅，雜也。	
2129	唐	玄應	一切經音義	13	蹔	暫	短暫	【暫替】古文蹔，不久也。	
2130	唐	玄應	一切經音義	13	伀	松	驚恐	【忪松】之盈反。古文伀，同。之容反。《方言》"忪松，惶遽也"。	
2131	唐	玄應	一切經音義	13	蟲	螽	蝗蟲	【螽蝗】古文蟲，同。止戎反。《詩》云"螽螽羽"。《傳》曰"螽螽，蚣蝑也"。亦即蝗也，音胡光反。	

序號	時代	作者	出處	位置	古字	今字	記錄職能	訓條原文	備注
2132	唐	玄應	一切經音義	13	訰	諄	諄那	【諄那】古文訰，同。之閏反。此譯云碎末，謂人名也。《經》文作乿，誤也。	
2133	唐	玄應	一切經音義	13	脋	腜	厚	【腜美】古文作脋，同……腜，厚也。	
2134	唐	玄應	一切經音義	13	郻	聚	聚落	【鄰隊】古文郻、聰二形，今作聚，同。才句反。《廣雅》“聚，居也”，謂人所聚居也。	
2135	唐	玄應	一切經音義	13	聰	聚	聚落	【鄰隊】古文郻、聰二形，今作聚，同。才句反。《廣雅》“聚，居也”，謂人所聚居也。	
2136	唐	玄應	一切經音義	13	憎	脅	威脅	【憎將】虚業反。《方言》“脅閲，懼也”，謂以威力相恐懼也。閲，郭璞音呼隔反。《廣雅》“憎，怯也”。《公羊傳》曰“憎于齊”。劉兆曰“脅，畏迫也”。今皆作脅。	
2137	唐	玄應	一切經音義	14	迸	进	进發	【进石】古文迸。或作逬，同。班孟反。进，謂散走也。	
2138	唐	玄應	一切經音義	14	鋙	鏵	犁刃	【鉢盂】……下羽俱反。《説文》“飯器也”。《律》文作鋙，古文鏵字，音胡瓜反，犁鏵也。鏵非此用也。	
2139	唐	玄應	一切經音義	14	㾕	褚	以綿裝衣	【褚繩】古文㾕，同。竹與反。謂以綿裝衣也。今作楮，同。	
2140	唐	玄應	一切經音義	14	潟	盪	洗涮器皿	【盪滌】古文潟，同。徒朗、徒的二反。《通俗文》“澡器謂之盪滌也”。	
2141	唐	玄應	一切經音義	14	氾	泛	漂浮	【泛長】古文氾，同。敷劍反。《説文》“泛，浮也”。《廣雅》“泛，普也”。《律》文作汎，古文渢，同。扶弓反。亦浮也。	

續表

序號	時代	作者	出處	位置	古字	今字	記錄職能	訓條原文	備注
2142	唐	玄應	一切經音義	14	渢	泛	漂浮	【泛長】古文氾，同。敷劍反。《説文》"泛，浮也"。《廣雅》"泛，普也"。《律》文作汎。古文渢，同。扶弓反。亦浮也。	
2143	唐	玄應	一切經音義	14	勣	績	捻綫	【紡績】古文勣，同。子狄反。《字林》"績，緝也"。	
2144	唐	玄應	一切經音義	14	跣	屣	鞋	【革屣】古文鞻、鞾、跣三形，同。所倚、所解二反。《聲類》"屣。鞻屬也"。	
2145	唐	玄應	一切經音義	14	鞾	屣	鞋	【革屣】古文鞻、鞾、跣三形，同。所倚、所解二反。《聲類》"屣。鞻屬也"。	
2146	唐	玄應	一切經音義	14	鞻	屣	鞋	【革屣】古文鞻、鞾、跣三形，同。所倚、所解二反。《聲類》"屣。鞻屬也"。	
2147	唐	玄應	一切經音義	14	鏹	劈	劈	【跟劈】古文鏹、脈二形，同。音匹狄反。破也。關中行此音。	
2148	唐	玄應	一切經音義	14	脈	劈	劈	【跟劈】古文鏹、脈二形，同。音匹狄反。破也。關中行此音。	
2149	唐	玄應	一切經音義	14	骰	股	大腿	【股間】古文骰，同。公户反。《説文》"股，髀也"。	
2150	唐	玄應	一切經音義	14	脆	賹	財貨	【賹金】古文脆，同。凡僞反。《廣雅》云"賹，賭也"。《説文》云"賹，貨"。	
2151	唐	玄應	一切經音義	14	抲	荷	負荷	【荷枕】古文抲，同。胡我反。《穀梁傳》曰"何，負也"。《説文》"何，儋也"。今皆作荷也。	
2152	唐	玄應	一切經音義	14	何	荷	負荷	【荷枕】古文抲，同。胡我反。《穀梁傳》曰"何，負也"。《説文》"何，儋也"。今皆作荷也。	

序號	時代	作者	出處	位置	古字	今字	記錄職能	訓條原文	備注
2153	唐	玄應	一切經音義	14	篲	彗	掃帚	【彗星】古文篲、篲二形，同。四芮反……《釋名》云“星光稍似彗也”。	
2154	唐	玄應	一切經音義	14	篲	彗	掃帚	【彗星】古文篲、篲二形，同。四芮反……《釋名》云“星光稍似彗也”。	
2155	唐	玄應	一切經音義	14	飢	飢	穀不熟	【飢饉】古文飢，同。几持反。《説文》“飢，餓也”。《爾雅》“穀不孰爲飢，蔬不熟爲饉”。	
2156	唐	玄應	一切經音義	14	韌	朌	堅韌	【堅韌】今作朌，同。而振反。《通俗文》“柔堅曰朌”。《管子》曰“筋朌而骨强”是也。	
2157	唐	玄應	一切經音義	14	憼	警	警惕	【警心】古文憼、儆二形，同。居影反。謂戒慎也。警戒也。《廣雅》“警，不安也”。	
2158	唐	玄應	一切經音義	14	儆	警	警惕	【警心】古文憼、儆二形，同。居影反。謂戒慎也。警戒也。《廣雅》“警，不安也”。	
2159	唐	玄應	一切經音義	14	斲	斮	砍剁	【鑼斮】古文斲，同。竹角反。《説文》“斮，斫也”。	
2160	唐	玄應	一切經音義	14	罅	罅	裂縫	【孔罅】古文罅、墢二形，同。呼亞反。《説文》“罅，裂也、坼也”。	
2161	唐	玄應	一切經音義	14	墢	罅	裂縫	【孔罅】古文罅、墢二形，同。呼亞反。《説文》“罅，裂也、坼也”。	
2162	唐	玄應	一切經音義	14	揩	扙	擦拭	【摩扙】古文揩，同。亡粉反。《字林》云“扙，拭也”。	
2163	唐	玄應	一切經音義	14	革	革	皮革	【皮革】古文革、愅[愊]、譁三形，同。古核反。《説文》“獸去毛曰革”。	

序號	時代	作者	出處	位置	古字	今字	記録職能	訓條原文	備注
2164	唐	玄應	一切經音義	14	愯	革	皮革	【皮革】古文革、愯[愯]、譁三形，同。古核反。《説文》"獸去毛曰革"。	
2165	唐	玄應	一切經音義	14	譁	革	皮革	【皮革】古文革、愯[愯]、譁三形，同。古核反。《説文》"獸去毛曰革"。	
2166	唐	玄應	一切經音義	14	聯	連	連續	【皮連】古文聯，同。力錢反。《廣雅》"連，續也"。	
2167	唐	玄應	一切經音義	14	歧	迫	逼迫	【迫難】古文歧，同。補格反……案迫猶逼也。	
2168	唐	玄應	一切經音義	14	仚	企	開啓	【企床】古文仚，同。丘鼓反。《釋名》云"企，啓也。啓，開也"。言自延竦之時樞機皆開張也。《律》文從山作仚。小延反。《説文》"上山皃也"。亦古文危字。但此二字人多致惑。所以具釋之也。	
2169	唐	玄應	一切經音義	14	仚	危	危	【企床】古文仚，同。丘鼓反。《釋名》云"企，啓也。啓，開也"。言自延竦之時樞機皆開張也。《律》文從山作仚。小延反。《説文》"上山皃也"。亦古文危字。但此二字人多致惑。所以具釋之也。	仚非古危字，疑該條混淆仚、广二字
2170	唐	玄應	一切經音義	14	痟	消	消失	【乾消】古寒反。下古文痟，同。思遥反。《説文》"消，盡也"。《律》文作疒，非也。	
2171	唐	玄應	一切經音義	14	蒨	蒐	染料用草	【茜草】古文蒨、茜二形，今作蒐，同。千見反。《説文》"茅蒐地血所生"。案茜可以染絳也。	
2172	唐	玄應	一切經音義	14	茜	蒐	染料用草	【茜草】古文蒨、茜二形，今作蒐，同。千見反。《説文》"茅蒐地血所生"。案茜可以染絳也。	

序號	時代	作者	出處	位置	古字	今字	記錄職能	訓條原文	備注
2173	唐	玄應	一切經音義	14	屋	厚	厚重	【親厚】古文屋，同。胡苟反。按厚者，不薄也。《律》文或作友，于久反。《説文》“友，同志也”。《廣雅》“友愛，親也”。	
2174	唐	玄應	一切經音義	14	劗	剪	剪斷	【若楱】古文劗、鬋、翦三形，同。姊踐反。《字林》“去楱，撽也”，亦斷也。	
2175	唐	玄應	一切經音義	14	鬋	剪	剪斷	【若楱】古文劗、鬋、翦三形，同。姊踐反。《字林》“去楱，撽也”，亦斷也。	
2176	唐	玄應	一切經音義	14	翦	剪	剪斷	【若楱】古文劗、鬋、翦三形，同。姊踐反。《字林》“去楱，撽也”，亦斷也。	
2177	唐	玄應	一切經音義	14	寘	填	填塞	【填滿】古文寘，同。徒堅反。《廣雅》“填，塞也”。	
2178	唐	玄應	一切經音義	14	瞎	瞙	瞎	【禿瞎】今作瞙，同。呼鎋反。《字書》“一目合也”。	
2179	唐	玄應	一切經音義	14	輓	挽	引車	【挽出】古文輓，同。無遠反。《説文》“引車”。	
2180	唐	玄應	一切經音義	14	歃	吸	吸食	【噏飯】古文歃、噏二形，今作吸，同。許及反。《廣雅》“吸，飲也。謂七夕入之也”。	
2181	唐	玄應	一切經音義	14	噏	吸	吸食	【噏飯】古文歃、噏二形，今作吸，同。許及反。《廣雅》“吸，飲也。謂七夕入之也”。	
2182	唐	玄應	一切經音義	14	綌	隙	孔隙	【嫌隙】古文綌，同。丘逆反。《國語》“上下無隙”，賈逵曰“隙，釁也”。《説文》“隙，壁際孔也”。	
2183	唐	玄應	一切經音義	14	驖	瞷	目病	【瞷眼】古文驖，同。胡間反。《説文》“戴眼也”。《蒼頡篇》“目病也”。《爾雅》“馬一眼白曰驖也”。	

序號	時代	作者	出處	位置	古字	今字	記錄職能	訓條原文	備注
2184	唐	玄應	一切經音義	14	吚	哯	吐	【哯出】古文吚，同。下祆反。《説文》"不嘔而吐也"。今謂小兒吐乳爲哯也。	
2185	唐	玄應	一切經音義	14	結	褻	親狎	【媟嬻】古文結、媟、嫯、渫四形，今作褻，同。梵結反。謂鄙媟也。《説文》"媟，嬻也"。《方言》"媟，狎也"。郭璞曰"相親狎也"。《尚書》"或造忽媟"，孔安國曰"媟，慢也，傷也"。下古文嬻、嬻二形，今作嬻，同。徒木反。《通俗文》"相狎習謂之媟嬻也"。	
2186	唐	玄應	一切經音義	14	媟	褻	親狎	【媟嬻】古文結、媟、嫯、渫四形，今作褻，同。梵結反。謂鄙媟也。《説文》"媟，嬻也"。《方言》"媟，狎也"。郭璞曰"相親狎也"。《尚書》"或造忽媟"，孔安國曰"媟，慢也，傷也"。下古文嬻、嬻二形，今作嬻，同。徒木反。《通俗文》"相狎習謂之媟嬻也"。	
2187	唐	玄應	一切經音義	14	嫯	褻	親狎	【媟嬻】古文結、媟、嫯、渫四形，今作褻，同。梵結反。謂鄙媟也。《説文》"媟，嬻也"。《方言》"媟，狎也"。郭璞曰"相親狎也"。《尚書》"或造忽媟"，孔安國曰"媟，慢也，傷也"。下古文嬻、嬻二形，今作嬻，同。徒木反。《通俗文》"相狎習謂之媟嬻也"。	
2188	唐	玄應	一切經音義	14	渫	褻	親狎	【媟嬻】古文結、媟、嫯、渫四形，今作褻，同。梵結反。謂鄙媟也。《説文》"媟，嬻也"。《方言》"媟，狎也"。郭璞曰"相親狎也"。《尚書》"或造忽媟"，孔安國曰"媟，慢也，傷也"。下古文嬻、嬻二形，今作嬻，同。徒木反。《通俗文》"相狎習謂之媟嬻也"。	

序號	時代	作者	出處	位置	古字	今字	記録職能	訓條原文	備注
2189	唐	玄應	一切經音義	14	遻	黷	褻瀆	【媟嬻】古文絬、媟、嫳、渫四形，今作褻，同。梵結反。謂鄙媟也。《説文》"媟，黷也"。《方言》"媟，狎也"。郭璞曰"相親狎也"。《尚書》"或造忽媟"，孔安國曰"媟，慢也，傷也"。下古文遻、嬻二形，今作黷，同。徒木反。《通俗文》"相狎習謂之媟嬻也"。	
2190	唐	玄應	一切經音義	14	嬻	黷	褻瀆	【媟嬻】古文絬、媟、嫳、渫四形，今作褻，同。梵結反。謂鄙媟也。《説文》"媟，黷也"。《方言》"媟，狎也"。郭璞曰"相親狎也"。《尚書》"或造忽媟"，孔安國曰"媟，慢也，傷也"。下古文遻、嬻二形，今作黷，同。徒木反。《通俗文》"相狎習謂之媟嬻也"。	
2191	唐	玄應	一切經音義	14	鏟	剗	刀鏟	【須剗】古文鏟，同。初簡反。《説文》"鏟，平鐵也"。今方刃施柄者也。	
2192	唐	玄應	一切經音義	14	鐎	銚	三足炊具	【須銚】古文鐎，同。余招反。《廣雅》"銷謂之銚"。《説文》"温器也，似鬲，上有鐶"。	
2193	唐	玄應	一切經音義	14	尒	爾	你	【於尒】今作爾，同。而是反。《詩》云"百尒君子"，《箋》云"尒，汝也"。或作你，如履反，你我也。	
2194	唐	玄應	一切經音義	14	諭	喻	宣告	【諛詔】以朱反。《周書》"面從曰諛"。《莊子》"不擇是非而言謂之諛"。《律》文作諭。古文諭，今作喻，同。翼樹反。告也，譬諫也。	
2195	唐	玄應	一切經音義	14	逑	仇	仇家	【怨仇】古文逑，同。渠牛反。《左傳》"怨耦曰仇"。《爾雅》云"仇，讎匹也"。孫炎曰"仇，相求之匹也"。	
2196	唐	玄應	一切經音義	14	鈕	糅	摻雜	【雜糅】古文鈕、粗二形，同。拏救反。《説文》"粗雜飯也"。	

序號	時代	作者	出處	位置	古字	今字	記錄職能	訓條原文	備注
2197	唐	玄應	一切經音義	14	粗	糅	掺雜	【雜糅】古文飷、粗二形,同。拏救反。《説文》"粗雜飯也"。	
2198	唐	玄應	一切經音義	14	斯	斟	舀取	【斟酌】古文裁[斯],同。之任反。《國語》"王斟酌焉"。賈逵曰"斟酌,取也。酌,行也"。《廣雅》云"斟酌,益也"。《律》文"作斟",未闻也。	
2199	唐	玄應	一切經音義	14	支	榰	支撑	【支肩】今作榰,同。音枝。支猶薦也。	
2200	唐	玄應	一切經音義	14	韜	搨	指套	【指搨】古文韜,同。徒荅反……今之射韜是也。	
2201	唐	玄應	一切經音義	14	踁	脛	小腿	【捉脛】古文踁,同。下定反。《字林》"脚胻也"。《釋名》云"脛,莖也,直而長似物莖也"。	
2202	唐	玄應	一切經音義	14	䞐	賦	賦税	【租賦】古文䞐,同。方務反。《説文》"賦,斂也"。	
2203	唐	玄應	一切經音義	14	韤	袜	足衣	【作袜】古文韤。或作襪、袜、袜三形,同。無發反。足衣也。《釋名》"袜,末也"。在脚末也。	
2204	唐	玄應	一切經音義	14	屟	屧	鞋底	【作屟】古文屟,今作牒[蘸],同。思煩反。《説文》"履之薦也"。	
2205	唐	玄應	一切經音義	14	屟	蘸	鞋底	【作屟】古文屟,今作牒[蘸],同。思煩反。《説文》"履之薦也"。	
2206	唐	玄應	一切經音義	14	竻	箸	夾物器具	【作箸】古文竻,同。直慮反。《廣雅》"筴謂之樎"。《律》文作樎、鐥二形,同。	
2207	唐	玄應	一切經音義	14	庸	狎	近	【狎習】古文庸、狭二形,同。胡甲反。近也,習也,謂附而近之,習其所行也。《律》文作洽,非體也。	

序號	時代	作者	出處	位置	古字	今字	記錄職能	訓條原文	備注
2208	唐	玄應	一切經音義	14	挌	駕	車駕	【嚴駕】古文挌[挌]，同。加暇反。《三蒼》"馬曰駕"。《字林》"馬在軛中曰駕"。《廣雅》"駕，行也"，"駕，乘也"。	
2209	唐	玄應	一切經音義	14	狹	狎	近	【狎習】古文庸、狹二形，同。胡甲反。近也，習也，謂附而近之，習其所行也。《律》文作洽，非體也。	
2210	唐	玄應	一切經音義	14	緹	繭	蠶繭	【暴繭】蒲穀反。《説文》"暴，晞乾也"。繭，古文作緹，同。公殄反。蠶，縈絲也。	
2211	唐	玄應	一切經音義	14	犦	尨	雜色牛	【分犦】……鄭玄曰：犦，雜也。《説文》"白黑雜毛牛也"。今多作尨，犬多毛也。	
2212	唐	玄應	一切經音義	14	撩	料	管理	【撩理】力條反。《通俗文》"理亂謂之撩理"。又《説文》云"撩，理之也"。謂撩捋整理也。今多作料量之料字也。	
2213	唐	玄應	一切經音義	14	賈	商	流動售賣	【賈買】公户反。《周禮》"九職，六曰賈買"。鄭玄云"行曰賈，處曰買"。《白虎通》曰"賈者，固也"。言固物以待民來求其利也。今皆作商。	
2214	唐	玄應	一切經音義	14	禮	詛	詛咒	【祝禮】《説文》作詶，之授反。詛也。古文禮，今作詛，同。	
2215	唐	玄應	一切經音義	14	歧	迫	逼迫	【迫難】古文歧，同。補格反……案迫猶逼也。	
2216	唐	玄應	一切經音義	15	唉	歠	吸食	【歠粥】古文唉，同。昌悦反。《説文》"歠，飲也"。欲歠也。下古文作精，同。之育反。	
2217	唐	玄應	一切經音義	15	精	粥	湯粥	【歠粥】古文唉，同。昌悦反。《説文》"歠，飲也"。欲歠也。下古文作精，同。之育反。	
2218	唐	玄應	一切經音義	15	匣	柙	箱櫃	【刀匣】今作柙，同。胡甲反。《説文》"匣，匱也"。	

序號	時代	作者	出處	位置	古字	今字	記録職能	訓條原文	備注
2219	唐	玄應	一切經音義	15	勳	績	捻綫	【紡績】古文作勳，同。子狄反。《字林》"績，緝也"。	
2220	唐	玄應	一切經音義	15	㻲	鞝	車鞝	【革鞝】又作靪，古文作㻲，同。瑚犬反。車鞝也，謂大車縛轅者也。	
2221	唐	玄應	一切經音義	15	熿	晃	照耀	【晃煜】又作晄。古文熿，同。胡廣反。《説文》"晃，明也"。《廣雅》"晃，暉也，光也"。	
2222	唐	玄應	一切經音義	15	枡	楣	柱上方木	【枡梁】今作楣，同。言奚反。《蒼頡篇》"柱上方木也"。	
2223	唐	玄應	一切經音義	15	覒	弭	耳卧	【弭耳】古文覒，同。彌爾反。謂耳卧爲弭也。	
2224	唐	玄應	一切經音義	15	仚	企	踮脚	【企行】古文仚，同。祛鼓反。《通俗文》"舉踵曰企"。企，望也。字從止。	
2225	唐	玄應	一切經音義	15	鑐	銚	三足炊具	【索鑐】今作銚，同。子消反。《韻集》云"鑐，温器也。三足，有柄"。《字林》云"鑐，容一斗，似銚"。	銚、鑐並非同物。存疑。
2226	唐	玄應	一切經音義	15	鵮	黔	黑	【黔地】古文鵮，同。渠占、渠今二反。	
2227	唐	玄應	一切經音義	15	蚩	虹	彩虹	【青虹】古文作蚩，同。胡公反。《説文》"螮蝀也。狀似虫，字從虫。俗呼爲美人螮（音帝）蝀（音董）"。	
2228	唐	玄應	一切經音義	15	顉	卷	捲曲	【若卷】古文顉、捲、菤三形，今作卷，同。渠員反。《詩》云"有卷者"。	
2229	唐	玄應	一切經音義	15	捲	卷	捲曲	【若卷】古文顉、捲、菤三形，今作卷，同。渠員反。《詩》云"有卷者"。	

序號	時代	作者	出處	位置	古字	今字	記錄職能	訓條原文	備注
2230	唐	玄應	一切經音義	15	觠	卷	捲曲	【若卷】古文䫏、捲、觠三形，今作卷，同。渠員反。《詩》云“有卷者”。	
2231	唐	玄應	一切經音義	15	鱣	鱣	大黃魚	【鱣魚】古文鱣，同。知連反。大黃魚也，口在頷下，體無鱗甲，肉黃，大者長二三丈。江東呼爲黃魚是也。	
2232	唐	玄應	一切經音義	15	竦	聳	聳抬	【聳耳】古文竦、㩳、慫三形，同。須勇反。《爾雅》“聳，聾也”。郭璞曰“言無所聞常聳耳也”。聳又竦也，謂敬悚也。	
2233	唐	玄應	一切經音義	15	㩳	聳	聳抬	【聳耳】古文竦、㩳、慫三形，同。須勇反。《爾雅》“聳，聾也”。郭璞曰“言無所聞常聳耳也”。聳又竦也，謂敬悚也。	
2234	唐	玄應	一切經音義	15	慫	聳	聳抬	【聳耳】古文竦、㩳、慫三形，同。須勇反。《爾雅》“聳，聾也”。郭璞曰“言無所聞常聳耳也”。聳又竦也，謂敬悚也。	
2235	唐	玄應	一切經音義	15	竺	篤	天竺	【天竺】今作篤，或言身毒，或云賢豆，皆訛也。正言印度。	“天竺”係音譯詞
2236	唐	玄應	一切經音義	15	綡	紉	繩索	【挽綯】古文綠[綡]、紭[紃]二形，同。丈忍反。《説文》“牛索也”。	原書緣字如是，紉字右從艺。今據慧琳所引校如是。
2237	唐	玄應	一切經音義	15	紃	紉	繩索	【挽綯】古文綠[綡]、紭[紃]二形，同。丈忍反。《説文》“牛索也”。	原書緣字如是，紉字右從艺。今據慧琳所引校如是。
2238	唐	玄應	一切經音義	15	飤	食	喂養	【養飤】今作食，同。四恣反。《説文》“飤，糧也”。《廣雅》“餢，飤也”。謂以食供設人曰飤，字從食、從人。《律》文作飼，近字也。	

序號	時代	作者	出處	位置	古字	今字	記錄職能	訓條原文	備注
2239	唐	玄應	一切經音義	15	饊	糝	以米和羹	【餘饊】古文饊、糂、糝、餯四形，今作糝，同。桑感反。《説文》"以米和羹也。一曰粒也"。《律》文作糫，非也。	
2240	唐	玄應	一切經音義	15	糂/糝	糝/糂	以米和羹	【餘饊】古文饊、糂、糝、餯四形，今作糝，同。桑感反。《説文》"以米和羹也。一曰粒也"。《律》文作糫，非也。	
2241	唐	玄應	一切經音義	15	糝	糝	以米和羹	【餘饊】古文饊、糂、糝、餯四形，今作糝，同。桑感反。《説文》"以米和羹也。一曰粒也"。《律》文作糫，非也。	
2242	唐	玄應	一切經音義	15	餯	糝	以米和羹	【餘饊】古文饊、糂、糝、餯四形，今作糝，同。桑感反。《説文》"以米和羹也。一曰粒也"。《律》文作糫，非也。	
2243	唐	玄應	一切經音義	15	糝/糂	糂/糝	以米和羹	【糂米】古文作糝，籀文作糂，同。桑感反。《説文》"米和羹也"。《律》文作糫，非也。	
2244	唐	玄應	一切經音義	15	逑	仇	仇讎	【者仇】古文逑，同。渠牛反。怨耦曰仇。《爾雅》"仇，讎匹也"。	
2245	唐	玄應	一切經音義	15	篗	築	擣杵	【築時】古文篗，同。陟逐反。《説文》"築，搗也"。《廣雅》"築，刺也"。	
2246	唐	玄應	一切經音義	15	鎭	瑱	塞耳之玉	【捉瑱】古文鎭，同。他見反。《周禮》"弁師，掌冕、玉瑱、玉笄"。注云"瑱，塞耳者也"。	
2247	唐	玄應	一切經音義	15	胃	策	謀劃	【策謀】古文胃、冊、笧三形，同。初革反。策亦謀也。下莫侯反。謀，論也。謀事爲謀，謂謀事之難易也。	
2248	唐	玄應	一切經音義	15	冊	策	謀劃	【策謀】古文胃、冊、笧三形，同。初革反。策亦謀也。下莫侯反。謀，論也。謀事爲謀，謂謀事之難易也。	
2249	唐	玄應	一切經音義	15	笧	策	謀劃	【策謀】古文胃、冊、笧三形，同。初革反。策亦謀也。下莫侯反。謀，論也。謀事爲謀，謂謀事之難易也。	

序號	時代	作者	出處	位置	古字	今字	記錄職能	訓條原文	備注
2250	唐	玄應	一切經音義	15	榰	支	支撑	【石榰】今作支，同。之移反。《爾雅》"榰，柱也"。《説文》"柱下也"。	
2251	唐	玄應	一切經音義	16	拹	鋪	鋪陳	【拹草】普胡反……今皆作鋪，鋪陳也。	
2252	唐	玄應	一切經音義	16	㞢	之	之	【大寺】……《釋名》云"寺，嗣也，治事者相嗣續於其内也"。字從寸，㞢聲。㞢，古之字也。	
2253	唐	玄應	一切經音義	16	㚞	叟	老叟	【二叟】古文㚞、俊二形，今作叟，同。蘇走反。《方言》"叟，父長老也"。	
2254	唐	玄應	一切經音義	16	俊	叟	老叟	【二叟】古文㚞、俊二形，今作叟，同。蘇走反。《方言》"叟，父長老也"。	
2255	唐	玄應	一切經音義	16	塊	瞗	賭	【瞗金】古文作塊，同。几髮反。《廣雅》"瞗，賭也"。	
2256	唐	玄應	一切經音義	16	窫	絜	捆綁	【絜裹】古文作窫，同。古纈反。絜，束也，繫也。	
2257	唐	玄應	一切經音義	16	誾	懇	誠懇	【懇惻】古文誾，同。口很反。《通俗文》"至誠曰懇"。懇，信也，亦堅忍也。下古文㥊，同。楚力反。《廣雅》"惻，悲也"。《説文》"惻，痛也"。	
2258	唐	玄應	一切經音義	16	㥊	惻	悲傷	【懇惻】古文誾，同。口很反。《通俗文》"至誠曰懇"。懇，信也，亦堅忍也。下古文㥊，同。楚力反。《廣雅》"惻，悲也"。《説文》"惻，痛也"。	
2259	唐	玄應	一切經音義	16	瀶	淋	淋灌	【淋水】古文瀶，同。力針反。《字林》"以水沃也"。	

序號	時代	作者	出處	位置	古字	今字	記錄職能	訓條原文	備注
2260	唐	玄應	一切經音義	16	泆	溢	滿溢	【漏溢】古文泆,同。弋一反。《字林》"溢,滿也"。	
2261	唐	玄應	一切經音義	16	愵	惄	軟弱	【搦態】而酌反。弱,奭弱也。《經》文從心作惄。古文愵、愨二形,今作惄,同。奴的反。惄,憂也。	
2262	唐	玄應	一切經音義	16	愨	惄	軟弱	【搦態】而酌反。弱,奭弱也。《經》文從心作惄。古文愵、愨二形,今作惄,同。奴的反。惄,憂也。	
2263	唐	玄應	一切經音義	16	屼	危	開啓	【企摩】去豉反。人名也。依字。企,立也。從人、從止。《經》文從山作屼,古文危字。人在山上皃也。	
2264	唐	玄應	一切經音義	16	跰	企	踮脚	【企望】古文跰、企二形,同。墟豉反。謂舉踵曰企也。	
2265	唐	玄應	一切經音義	16	企	企	踮脚	【企望】古文跰、企二形,同。墟豉反。謂舉踵曰企也。	
2266	唐	玄應	一切經音義	16	蕤	挼	挼草	【蕤子】今作挼,同。汝誰反。藥草也,核可治眼。字從生,從豕聲。	
2267	唐	玄應	一切經音義	16	牽	轄	插銷	【失轄】古文牽、鎋二形,同。胡瞎反。轄端鐵也。《説文》"轄,鍵也"。	
2268	唐	玄應	一切經音義	16	鎋	轄	插銷	【失轄】古文牽、鎋二形,同。胡瞎反。轄端鐵也。《説文》"轄,鍵也"。	
2269	唐	玄應	一切經音義	16	佟	淡	恬静	【佟然】徒闞反。《蒼頡篇》"佟,恬也"。《説文》"佟,安也"。《廣雅》"佟,静也"。今皆作淡。	
2270	唐	玄應	一切經音義	16	噏	吸	吸食	【噏飯】古文噏、歙二形,今作吸,同。許及反。《廣雅》"吸,飲也"。	

序號	時代	作者	出處	位置	古字	今字	記録職能	訓條原文	備注
2271	唐	玄應	一切經音義	16	歃	吸	吸食	【歃飯】古文歃、歆二形，今作吸，同。許及反。《廣雅》"吸，飲也"。	
2272	唐	玄應	一切經音義	16	繫	係	捆綁	【係縛】古文繫、繼二形，同。古帝反。《説文》"係，絜束也"。繫亦連綴。	
2273	唐	玄應	一切經音義	16	繼	係	捆綁	【係縛】古文繫、繼二形，同。古帝反。《説文》"係，絜束也"。繫亦連綴。	
2274	唐	玄應	一切經音義	16	羑	誘	引導	【誘詍】古文羑、誆、諛三形，同。餘手反。《説文》"誘，道也"，導也，教也。	
2275	唐	玄應	一切經音義	16	誆	誘	引導	【誘詍】古文羑、誆、諛三形，同。餘手反。《説文》"誘，道也"，導也，教也。	
2276	唐	玄應	一切經音義	16	諛	誘	引導	【誘詍】古文羑、誆、諛三形，同。餘手反。《説文》"誘，道也"，導也，教也。	
2277	唐	玄應	一切經音義	16	鴆	酖	鴆鳥	【鴆餌】今作酖，同。除禁反。大如雕紫，緑色，長頸，赤喙，食蛇者以羽畫酒，飲之煞人也。	
2278	唐	玄應	一切經音義	16	篴	笛	竹笛	【筝笛】古文篴，同。從的反。《説文》"七孔蕭也"。	
2279	唐	玄應	一切經音義	16	捁	攪	擾亂	【指攪】古文捁，同。古巧反。《字書》"攪，撓也"。亦亂也。	
2280	唐	玄應	一切經音義	16	彀	彀	稚彀	【稚彀】梵言壹芻，此云箭也。今作彀，古豆反。《説文》"張弓弩也"。	
2281	唐	玄應	一切經音義	16	儿	人	人	【庆亮】上力計反，下力丈反。上從高省，下從儿 [儿]，古人字也。	

續表

序號	時代	作者	出處	位置	古字	今字	記錄職能	訓條原文	備注
2282	唐	玄應	一切經音義	16	呧	舐	舓舐	【舌舐】……下食爾反，俗字也。《説文》云"舐者，以舌取物也。從舌，氏聲"。正作舓。《經》從口作呧，非也。《考聲》或作猻、䑛、舐、咶。五體並古字也。出諸史籍。	
2283	唐	玄應	一切經音義	16	䑛	舐	舓舐	【舌舐】……下食爾反，俗字也。《説文》云"舐者，以舌取物也。從舌，氏聲"。正作舓。《經》從口作呧，非也。《考聲》或作猻、䑛、舐、咶。五體並古字也。出諸史籍。	
2284	唐	玄應	一切經音義	16	猻	舐	舓舐	【舌舐】……下食爾反，俗字也。《説文》云"舐者，以舌取物也。從舌，氏聲"。正作舓。《經》從口作呧，非也。《考聲》或作猻、䑛、舐、咶。五體並古字也。出諸史籍。	
2285	唐	玄應	一切經音義	16	舐	舐	舓舐	【舌舐】……下食爾反，俗字也。《説文》云"舐者，以舌取物也。從舌，氏聲"。正作舓。《經》從口作呧，非也。《考聲》或作猻、䑛、舐、咶。五體並古字也。出諸史籍。	
2286	唐	玄應	一切經音義	16	咶	舐	舓舐	【舌舐】……下食爾反，俗字也。《説文》云"舐者，以舌取物也。從舌，氏聲"。正作舓。《經》從口作呧，非也。《考聲》或作猻、䑛、舐、咶。五體並古字也。出諸史籍。	
2287	唐	玄應	一切經音義	16	剏	瘡	創傷	【創皰】楚霜反。今通俗作瘡。《説文》作刅。古文作剏。	
2288	唐	玄應	一切經音義	17	呭	泄	泄漏	【氣泄】古文呭，同。思列反。《詩》云"俾民憂泄"。《箋》云"泄，出也，發也"。《廣雅》"泄，漏也"。	
2289	唐	玄應	一切經音義	17	革	革	變更	【不革】古文䩤、愅、譯三形，同。古核反。革，更也。謂改更也。《説文》"獸去毛曰革"，言治去毛變更之也。	

序號	時代	作者	出處	位置	古字	今字	記錄職能	訓條原文	備注
2290	唐	玄應	一切經音義	17	愅	革	變更	【不革】古文革、愅、諽三形，同。古核反。革，更也。謂改更也。《説文》“獸去毛曰革”，言治去毛變更之也。	
2291	唐	玄應	一切經音義	17	諽	革	變更	【不革】古文革、愅、諽三形，同。古核反。革，更也。謂改更也。《説文》“獸去毛曰革”，言治去毛變更之也。	
2292	唐	玄應	一切經音義	17	䖃	孕	懷孕	【不孕】古文䖃，同。餘證反。《説文》“裹子也”。《廣雅》“孕，娠”。含實曰孕也。	
2293	唐	玄應	一切經音義	17	册	策	馬鞭	【乘策】古文册、箃、䇲三形，同。楚革反。策，馬撾也，所以捶馬駈馳也。	
2294	唐	玄應	一切經音義	17	箃	策	馬鞭	【乘策】古文册、箃、䇲三形，同。楚革反。策，馬撾也，所以捶馬駈馳也。	
2295	唐	玄應	一切經音義	17	䇲	策	馬鞭	【乘策】古文册、箃、䇲三形，同。楚革反。策，馬撾也，所以捶馬駈馳也。	
2296	唐	玄應	一切經音義	17	芻	蒭	蒭草	【蒭槀】古文芻，同。測俱反。下古老反。《小爾雅》云“稈謂之芻，所以飼獸曰芻”。	
2297	唐	玄應	一切經音義	17	敳	揣	測度	【揣觸】古文敳，同。初委反。謂測度前人也。	
2298	唐	玄應	一切經音義	17	戗	創	創傷	【瘡痍】古文戗、刃二形，今作創，同。楚良反。《説文》“創，傷也”。	
2299	唐	玄應	一切經音義	17	刃	創	創傷	【瘡痍】古文戗、刃二形，今作創，同。楚良反。《説文》“創，傷也”。	
2300	唐	玄應	一切經音義	17	卦	挂	懸挂	【挂置】古文作卦，同。古賣反。《廣雅》“挂，懸也”。	

續表

序號	時代	作者	出處	位置	古字	今字	記錄職能	訓條 原文	備注
2301	唐	玄應	一切經音義	17	氂	耗	十毫之距	【毫氂】……下古文氂、𣯵二形，今作耗，同。力之反。《漢書·律曆志》云"不失毫氂"，孟康注云"毫，兔毛也，十毫曰氂"。《三蒼》"氂，毛也"。	
2302	唐	玄應	一切經音義	17	𣯵	耗	十毫之距	【毫氂】……下古文氂、𣯵二形，今作耗，同。力之反。《漢書·律曆志》云"不失毫氂"，孟康注云"毫，兔毛也，十毫曰氂"。《三蒼》"氂，毛也"。	
2303	唐	玄應	一切經音義	17	何	荷	負荷	【何負】胡可、眉多二反……《廣雅》"何，任也"，今皆作荷也。	
2304	唐	玄應	一切經音義	17	𡥀	宏	宏大	【宏曠】古文𡥀，同。胡萌反。宏，大也。《廣雅》"宏曠，遠也"。	
2305	唐	玄應	一切經音義	17	瘠	瘠	瘦弱	【瘠田】古文瘠、瘯、膌三形，同。才赤反。瘠薄也。	
2306	唐	玄應	一切經音義	17	瘯	瘠	瘦弱	【瘠田】古文瘠、瘯、膌三形，同。才赤反。瘠薄也。	
2307	唐	玄應	一切經音義	17	膌	瘠	瘦弱	【瘠田】古文瘠、瘯、膌三形，同。才赤反。瘠薄也。	
2308	唐	玄應	一切經音義	17	恕	嘉	美善	【嘉苗】古文恕，同。賈遐反。嘉，善也。《爾雅》"嘉，美也"。	
2309	唐	玄應	一切經音義	17	宭	宄	奸邪	【姦宄】古文宭、宊二字，同。居美反。《廣雅》"宄，盜"。	
2310	唐	玄應	一切經音義	17	宊	宄	奸邪	【姦宄】古文宭、宊二字，同。居美反。《廣雅》"宄，盜"。	

續表

序號	時代	作者	出處	位置	古字	今字	記録職能	訓條原文	備注
2311	唐	玄應	一切經音義	17	澣	浣	洗滌	【湔浣】……下古文澣，同。胡滿反。湔，洗也，浣擢也。	
2312	唐	玄應	一切經音義	17	奩	斂	方底匣子	【奩子】今作斂，同。力占反。《説文》“鏡奩也”，謂方底者也。今江南有碁奩、粉奩是也。	
2313	唐	玄應	一切經音義	17	竢	俟	等待	【憑俟】皮冰反。《三蒼》“憑，依也”。下古文竢、挨、竾三形，同。事几反。《爾雅》“俟，待也”。	
2314	唐	玄應	一切經音義	17	挨	俟	等待	【憑俟】皮冰反。《三蒼》“憑，依也”。下古文竢、挨、竾三形，同。事几反。《爾雅》“俟，待也”。	
2315	唐	玄應	一切經音義	17	竾	俟	等待	【憑俟】皮冰反。《三蒼》“憑，依也”。下古文竢、挨、竾三形，同。事几反。《爾雅》“俟，待也”。	
2316	唐	玄應	一切經音義	17	歫	企	踮脚	【企望】古文歫，同。袪弭反。《通俗文》“舉踵曰企”。企亦望也。字從止也。	
2317	唐	玄應	一切經音義	17	礽	仍	虛詞	【仍託】古文礽、訒、杁三形，同。如陵反。《爾雅》“仍，乃也”，又“仍，因也”。郭璞曰“謂因緣也”。	
2318	唐	玄應	一切經音義	17	訒	仍	虛詞	【仍託】古文礽、訒、杁三形，同。如陵反。《爾雅》“仍，乃也”，又“仍，因也”。郭璞曰“謂因緣也”。	
2319	唐	玄應	一切經音義	17	杁	仍	虛詞	【仍託】古文礽、訒、杁三形，同。如陵反。《爾雅》“仍，乃也”，又“仍，因也”。郭璞曰“謂因緣也”。	
2320	唐	玄應	一切經音義	17	聶	話	言談	【俗話】籀文作譮。古文作聶、譮二形，同。胡快反。《廣雅》“話，調也”，謂調戲也。	
2321	唐	玄應	一切經音義	17	譮	話	言談	【俗話】籀文作譮。古文作聶、譮二形，同。胡快反。《廣雅》“話，調也”，謂調戲也。	

續表

序號	時代	作者	出處	位置	古字	今字	記錄職能	訓條原文	備注
2322	唐	玄應	一切經音義	17	怗	慄	安静	【怗然】古話，今作慄，同。他煩反。《廣雅》"怗，静也"。謂安静也。怗亦服也。	
2323	唐	玄應	一切經音義	17	薟	蘞	白蒼	【薟苦】古文薟，今作蘞，同。理儉、理沽二反。《説文》"薟，白薟也"。蔓生於野者也。	
2324	唐	玄應	一切經音義	17	弣	的	箭靶	【一的】古文弣。《説文》作的，同。都歷反。的，明也。	
2325	唐	玄應	一切經音義	17	尋	尋	兩臂之距	【一尋】古文尋……謂人兩臂爲尋。	
2326	唐	玄應	一切經音義	17	罝	罝	捕兔繩網	【於置】古文罝、罝二形，同。子邪反。《爾雅》"兔罟謂之罝"。	
2327	唐	玄應	一切經音義	17	罝	罝	捕兔繩網	【於置】古文罝、罝二形，同。子邪反。《爾雅》"兔罟謂之罝"。	
2328	唐	玄應	一切經音義	17	針	鍼	針	【鍼筒】古文箴、針二形，今作鍼，同。支諶反。《説文》"所以用縫衣者"也。	
2329	唐	玄應	一切經音義	17	箴	鍼	針	【鍼筒】古文箴、針二形，今作鍼，同。支諶反。《説文》"所以用縫衣者"也。	
2330	唐	玄應	一切經音義	17	住	駐	執駐	【執駐】古文住、尌、侸、逗四形，同。雉具、徵具二反。地獄受罪之名也。依字，《蒼頡篇》"駐，止也"。《説文》"駐，馬立也"。	
2331	唐	玄應	一切經音義	17	尌	駐	執駐	【執駐】古文住、尌、侸、逗四形，同。雉具、徵具二反。地獄受罪之名也。依字，《蒼頡篇》"駐，止也"。《説文》"駐，馬立也"。	

序號	時代	作者	出處	位置	古字	今字	記錄職能	訓條原文	備注
2332	唐	玄應	一切經音義	17	𠄌	駐	執駐	【執駐】古文住、𩵋、𠄌、逗四形，同。雉具、徵具二反。地獄受罪之名也。依字，《蒼頡篇》“駐，止也”。《説文》“駐，馬立也”。	
2333	唐	玄應	一切經音義	17	逗	駐	執駐	【執駐】古文住、𩵋、𠄌、逗四形，同。雉具、徵具二反。地獄受罪之名也。依字，《蒼頡篇》“駐，止也”。《説文》“駐，馬立也”。	
2334	唐	玄應	一切經音義	17	詶	祝	祝禱	【祝詛】《説文》作詶，今作祝，同。之授反。下古文𣙡，同。側據反。《釋名》“祝，屬也”。以善惡之辭相屬著也。詛，阻也。謂使人行事阻於言也。	
2335	唐	玄應	一切經音義	17	𣙡	詛	詛咒	【祝詛】《説文》作詶，今作祝，同。之授反。下古文𣙡，同。側據反。《釋名》“祝，屬也”。以善惡之辭相屬著也。詛，阻也。謂使人行事阻於言也。	
2336	唐	玄應	一切經音義	17	惔	淡	恬淡	【惔然】徒闞反。《蒼頡篇》“惔，恬也”。《説文》“惔，安也”。《廣雅》“惔，静也”。今皆作淡。	
2337	唐	玄應	一切經音義	17	矢	屎	糞便	【屎屁】又作菌。古書亦作矢，同。失旨反。《説文》“菌，糞也”。	
2338	唐	玄應	一切經音義	17	逾	踰	越	【逾之】今作踰，同。庾俱反。踰，越也，度也。	
2339	唐	玄應	一切經音義	17	晷	晷	日影計時器	【晷刻】古文𣅶，同。居美反。《説文》“晷，日景也”，“刻，漏刻也”。	
2340	唐	玄應	一切經音義	17	癒	愈	痊愈	【病愈】古文癒，同。榆主反。《方言》“差間曰愈也”。《説文》“瘉，病瘳也”。	
2341	唐	玄應	一切經音義	17	稸	蓄	積蓄	【儲蓄】……下蓄，古文稸，同。恥六反。蓄，積也，聚也。	

續表

序號	時代	作者	出處	位置	古字	今字	記錄職能	訓條 原文	備注
2342	唐	玄應	一切經音義	18	桼	漆	油漆	【骯節】又作垸，同。胡灌反。《通俗文》“燒骨以漆曰垸”，《蒼頡訓詁》“垸，以桼和之”……桼，古漆字。	
2343	唐	玄應	一切經音義	18	擢	較	比量	【比較】古文擢，同。古敩反。較，量也。	
2344	唐	玄應	一切經音義	18	坁	坻	邠坻	【邠坻】補貧反。下古文坁，同。直飢反。此言訛也，正言賓荼馱寫耶，此云圍與。舊譯云給孤獨，猶是須達多之別名也。須達多，此云善與之。	“邠坻”爲音譯詞
2345	唐	玄應	一切經音義	18	㡠	幟	幡幟	【幡幟】古文㡠，同。尺志反。《通俗文》“私記曰幟”。幟，幖也。	
2346	唐	玄應	一切經音義	18	䑖	孕	懷孕	【裹孕】……下古文䑖，同。餘證反。《説文》“孕子也。《廣雅》“孕，偯也”。謂孕子也。含實曰孕，字從子乃聲。	
2347	唐	玄應	一切經音義	18	尊	貶	貶損	【譏貶】居衣反。《廣雅》“譏，剌也”。《説文》“譏，誹也”。下古文尊，同。碑儉反。貶，損也，减也，亦墜也。	
2348	唐	玄應	一切經音義	18	狡	獪	狡獪	【狡獪】古卯反，下古文猾、狯二形。又作狭，同。古快反。《通俗文》“小兒戲謂之狡獪”。今關中言狡刮，訛也。	
2349	唐	玄應	一切經音義	18	猾	獪	狡猾	【狡獪】古卯反，下古文猾、狯二形。又作狭，同。古快反。《通俗文》“小兒戲謂之狡獪”。今關中言狡刮，訛也。	
2350	唐	玄應	一切經音義	18	枆	銛	犁刃	【犁鑗】古文枆、釬二形，今作銛。《古文奇字》作鎫，同。下瓜反。犁刃也。《説文》“兩刃函也”。	
2351	唐	玄應	一切經音義	18	釬	銛	犁刃	【犁鑗】古文枆、釬二形，今作銛。《古文奇字》作鎫，同。下瓜反。犁刃也。《説文》“兩刃函也”。	
2352	唐	玄應	一切經音義	18	釬	鑗	犁刃	【犁鑗】古文枆、釬二形，今作銛。《古文奇字》作鎫，同。下瓜反。犁刃也。《説文》“兩刃函也”。	

序號	時代	作者	出處	位置	古字	今字	記録職能	訓條 原文	備注
2353	唐	玄應	一切經音義	18	茉	鎃	犁刃	【犁鎃】古文茉、釬二形，今作鎃。《古文奇字》作鎃，同。下瓜反。犁刃也。《説文》“兩刃函也”。	
2354	唐	玄應	一切經音義	18	閾	閾	門限	【門閾】古文閾，同。許域反。又音域。《爾雅》“柣謂之閾”。郭璞曰“門限也”。柣音千結反。	
2355	唐	玄應	一切經音義	18	汙	泅	泅泳	【泅水】古文作汙，同。似由反。《説文》“泅謂水土浮也”。今江南謂拍浮爲泅也。	
2356	唐	玄應	一切經音義	18	針	鍼	針	【如鍼】《字詁》又針、箴二形，今作鍼，同。支淫反。《廣雅》“針，刺也”。《説文》“鍼，所以縫衣裳者也”。	
2357	唐	玄應	一切經音義	18	箴	鍼	針	【如鍼】《字詁》又針、箴二形，今作鍼，同。支淫反。《廣雅》“針，刺也”。《説文》“鍼，所以縫衣裳者也”。	
2358	唐	玄應	一切經音義	18	鱧	鱣	大黄魚	【鱣魚】古文鱧，同。知連反。大黄魚也，口在頷下，體無鱗甲，肉黄，大者長二三丈。江東呼爲黄魚是也。	
2359	唐	玄應	一切經音義	18	竦	聳	聳抬	【聳身】古文竦、慫、慫三形，今作聳，同。須奉、所項二反。《廣雅》“聳，上也，跳也”。	
2360	唐	玄應	一切經音義	18	慫	聳	聳抬	【聳身】古文竦、慫、慫三形，今作聳，同。須奉、所項二反。《廣雅》“聳，上也，跳也”。	
2361	唐	玄應	一切經音義	18	慫	聳	聳抬	【聳身】古文竦、慫、慫三形，今作聳，同。須奉、所項二反。《廣雅》“聳，上也，跳也”。	
2362	唐	玄應	一切經音義	18	繼	係	捆綁	【係在】古文繼、繫二形，同。古帝反。《説文》“係，結束也。亦相係嗣也”。	
2363	唐	玄應	一切經音義	18	繫	係	捆綁	【係在】古文繼、繫二形，同。古帝反。《説文》“係，結束也。亦相係嗣也”。	

續表

序號	時代	作者	出處	位置	古字	今字	記録職能	訓條原文	備注
2364	唐	玄應	一切經音義	18	横	桄	車下横木	【一桄】古文横、横二形，今作桄，同。古黄反。《聲類》作軓，“車下横木也”。	
2365	唐	玄應	一切經音義	18	横	桄	車下横木	【一桄】古文横、横二形，今作桄，同。古黄反。《聲類》作軓，“車下横木也”。	
2366	唐	玄應	一切經音義	18	與	豫	猶豫	【猶豫】弋周反。下古文與，同。弋庶反。《説文》“隴西謂犬子爲猶，猶性多豫在人前，故凡不决者，皆謂之猶豫”。又《爾雅》“猶如麂，善登木”。	
2367	唐	玄應	一切經音義	18	逑	仇	仇讎	【怨仇】古文逑，同。渠牛反。怨耦曰仇。《爾雅》“仇，讎匹也”。	
2368	唐	玄應	一切經音義	18	櫱	蘖	再生枝芽	【栽桙】……下古文櫱、桙、不三形，今作蘖，同。五割反。《爾雅》“蘖，餘也，栽也”。言木餘栽生。桙，栽也。	
2369	唐	玄應	一切經音義	18	桙	蘖	再生枝芽	【栽桙】……下古文櫱、桙、不三形，今作蘖，同。五割反。《爾雅》“蘖，餘也，栽也”。言木餘栽生。桙，栽也。	
2370	唐	玄應	一切經音義	18	不	蘖	再生枝芽	【栽桙】……下古文櫱、桙、不三形，今作蘖，同。五割反。《爾雅》“蘖，餘也，栽也”。言木餘栽生。桙，栽也。	
2371	唐	玄應	一切經音義	18	震	支	震旦	【振旦】或作震旦。或言真丹，皆一也。舊譯云漢國。《經》中亦作脂那，今作支那，此無正翻，直神州之總名也。	
2372	唐	玄應	一切經音義	18	旦	那	震旦	【振旦】或作震旦。或言真丹，皆一也。舊譯云漢國。《經》中亦作脂那，今作支那，此無正翻，直神州之總名也。	
2373	唐	玄應	一切經音義	18	剄	刎	割	【自刎】古文剄，同。亡粉反。《公羊傳》云“公遂刎脰而死”。何休曰“刎，割也。脰音豆”。	
2374	唐	玄應	一切經音義	18	鵬	歡	歡	【魯鵬】此古歡字，音呼官反。此應作騰，羅盍反。	魯鵬，疑是魯騰之誤。

序號	時代	作者	出處	位置	古字	今字	記錄職能	訓條原文	備注
2375	唐	玄應	一切經音義	19	鐙	燈	燈	【韓隥】又作隥，同。都鄧反。馬鞍上隥也。登馬所躡者也。《經》作鐙，古燈字。	
2376	唐	玄應	一切經音義	19	冤	怨	委屈	【稱冤】古文冤、窓二形，今作怨，同。於原反。冤，枉也，曲也，屈也。亦不理也。	
2377	唐	玄應	一切經音義	19	窓	怨	委屈	【稱冤】古文冤、窓二形，今作怨，同。於原反。冤，枉也，曲也，屈也。亦不理也。	
2378	唐	玄應	一切經音義	19	颺	帆	風帆	【帆者】又作颶。古文颺，同。扶嚴、扶泛二反。《聲類》"舡上帳也"。《釋名》"舡隨風張幔曰帆"。帆，泛也。使風疾汎汎然也。	
2379	唐	玄應	一切經音義	19	朓	孕	懷孕	【懷孕】古文朓，同。夷證反。《三蒼》"孕，懷子也"。《廣雅》"孕，身也"。字從子，乃聲也。	
2380	唐	玄應	一切經音義	19	膂	呂	脊骨	【脊膂】今作呂，同。力舉反。膂，亦脊也。《說文》"脊骨也"。	
2381	唐	玄應	一切經音義	19	脈	拓	拓展	【開拓】古文脈、柘二形，今作析［柝］，同。他各反。《廣雅》"拓，大也，亦開也"。《經》文作柘字，與摭同。之石反。柘，拾也，柘非字義。	
2382	唐	玄應	一切經音義	19	柘	拓	拓展	【開拓】古文脈、柘二形，今作析［柝］，同。他各反。《廣雅》"拓，大也，亦開也"。《經》文作柘字，與摭同。之石反。柘，拾也，柘非字義。	
2383	唐	玄應	一切經音義	19	脈	柝	拓展	【開拓】古文脈、柘二形，今作析［柝］，同。他各反。《廣雅》"拓，大也，亦開也"。《經》文作柘字，與摭同。之石反。柘，拾也，柘非字義。	
2384	唐	玄應	一切經音義	19	柘	柝	拓展	【開拓】古文脈、柘二形，今作析［柝］，同。他各反。《廣雅》"拓，大也，亦開也"。《經》文作柘字，與摭同。之石反。柘，拾也，柘非字義。	

續表

序號	時代	作者	出處	位置	古字	今字	記録職能	訓條原文	備注
2385	唐	玄應	一切經音義	19	癀	瘠	瘦弱	【羸瘠】古文癀、痩、膌三形，同。才亦反。《左傳》"瘠即甚矣"。	
2386	唐	玄應	一切經音義	19	痩	瘠	瘦弱	【羸瘠】古文癀、痩、膌三形，同。才亦反。《左傳》"瘠即甚矣"。	
2387	唐	玄應	一切經音義	19	膌	瘠	瘦弱	【羸瘠】古文癀、痩、膌三形，同。才亦反。《左傳》"瘠即甚矣"。	
2388	唐	玄應	一切經音義	19	冊	笧	簡冊	【理冊】古文笧，同。楚責反。冊，簡冊也。	
2389	唐	玄應	一切經音義	19	踔	髀	大腿	【髂髀】古文踔，同。蒲米反。《説文》"股外曰髀"。	
2390	唐	玄應	一切經音義	19	蔉	麓	山麓	【山麓】古文蔉，同。力穀反。《詩》云"瞻彼旱麓"，《傳》曰"山足也"。謂林屬於山曰麓。	
2391	唐	玄應	一切經音義	19	蓺	炳	燃燒	【燒蓺】今作炳，同。而悦反。《通俗文》"燃火曰炳"。炳亦燒也。	
2392	唐	玄應	一切經音義	19	舓	狧	舔舐	【舓欶】古文舓、䑛二形，今作狧，又作舓，同。食爾反。以舌取食也。	
2393	唐	玄應	一切經音義	19	䑛	狧	舔舐	【舓欶】古文舓、䑛二形，今作狧，又作舓，同。食爾反。以舌取食也。	
2394	唐	玄應	一切經音義	19	舓	舓	舔舐	【舓欶】古文舓、䑛二形，今作狧，又作舓，同。食爾反。以舌取食也。	
2395	唐	玄應	一切經音義	19	䑛	舓	舔舐	【舓欶】古文舓、䑛二形，今作狧，又作舓，同。食爾反。以舌取食也。	

序號	時代	作者	出處	位置	古字	今字	記錄職能	訓條原文	備注
2396	唐	玄應	一切經音義	19	娠	身	懷胎	【有娠】書隣、之刃二反。《詩》云"大妊有娠",《傳》曰"娠,動也"。娠謂懷胎孕者也。《廣雅》"娠,㑴也"。今皆作身。	
2397	唐	玄應	一切經音義	19	娠	身	懷胎	【有娠】書隣、之刃二反。《詩》云"大妊有娠",《傳》曰"娠,動也"。娠謂懷胎孕者也。《廣雅》"娠,㑴也"。今皆作身。	
2398	唐	玄應	一切經音義	19	膡	羞	美食	【珍羞】《周禮》有八珍。珍,貴也。下古文作膡,同。私由反。《方言》"羞,孰也",郭璞曰"羞謂熟食也"。《周禮》"膳夫,掌王之膳羞",鄭玄曰"羞,有滋味者也"。雜味爲羞。	
2399	唐	玄應	一切經音義	19	鏒	糝	以米和羹	【脂糝】古文鏒、糌、鍟、糂四形,今作糝,同。桑感反。《説文》"以米和羹也"。一曰粒也。	
2400	唐	玄應	一切經音義	19	糌	糝	以米和羹	【脂糝】古文鏒、糌、鍟、糂四形,今作糝,同。桑感反。《説文》"以米和羹也"。一曰粒也。	
2401	唐	玄應	一切經音義	19	鍟	糝	以米和羹	【脂糝】古文鏒、糌、鍟、糂四形,今作糝,同。桑感反。《説文》"以米和羹也"。一曰粒也。	
2402	唐	玄應	一切經音義	19	糂	糝	以米和羹	【脂糝】古文鏒、糌、鍟、糂四形,今作糝,同。桑感反。《説文》"以米和羹也"。一曰粒也。	
2403	唐	玄應	一切經音義	19	氎	疊	毛布	【白疊】古文氎,同。徒頰反。毛布也。《經》文作㲲,知立反。㲲,絆也。㲲非字義。	
2404	唐	玄應	一切經音義	19	溼	泝	溯	【泝水】古文溼,同。桑故反。《三蒼》"逆流而上曰泝"。泝,向也。亦行也。	
2405	唐	玄應	一切經音義	20	賄	賄	財帛	【財賄】古文賄,同。呼罪反。《通俗文》"財帛曰賄"。	

序號	時代	作者	出處	位置	古字	今字	記錄職能	訓條原文	備注
2406	唐	玄應	一切經音義	20	櫕	蹲	蹲伽	【蹲伽】古文櫕，同。徂陵反。依字，所寢櫕，謂豬卧處也。	
2407	唐	玄應	一切經音義	20	逑	仇	仇讎	【仇憾】古文逑，同。渠牛反。下胡闇反。《爾雅》“仇，讎也”。怨偶曰仇。《小爾雅》云“憾，猜恨也”。	
2408	唐	玄應	一切經音義	20	跖	蹠	足底	【非跖】之石反。《説文》“足下也”。今皆作蹠也。	
2409	唐	玄應	一切經音義	20	衖	軌	軌跡	【軌地】古文衖、辿二形，同。居美反。《廣雅》“軌，跡也”。	
2410	唐	玄應	一切經音義	20	辿	軌	軌跡	【軌地】古文衖、辿二形，同。居美反。《廣雅》“軌，跡也”。	
2411	唐	玄應	一切經音義	20	惏	襤	衣破	【襤褸】古文惏，又作繿，同。力甘反。謂衣敗也。	
2412	唐	玄應	一切經音義	20	閲	閾	門限	【門閾】古文閲，同。呼域反。《爾雅》“柣謂之閾”，郭璞曰“即門限也”。	
2413	唐	玄應	一切經音義	20	揗	抆	擦拭	【抆之】古文揗，同。亡粉反。抆，拭也。	
2414	唐	玄應	一切經音義	20	眱	眲	眲那	【眲那】古文眱，同。翼指、大奚二反。	
2415	唐	玄應	一切經音義	20	歐	嘔	吐	【歐吐】今爲嘔，同。於口反。歐，吐也。嘔，傴也。	
2416	唐	玄應	一切經音義	20	鱣	鱣	大黄魚	【鱣魚】古文鱮，同。知連反。大黄魚也。口在頷下，大者長二三丈也。	

續表

序號	時代	作者	出處	位置	古字	今字	記録職能	訓條原文	備注
2417	唐	玄應	一切經音義	20	尪	尣	弱	【尪弱】今作尣，同。烏皇反。尪，弱也。《通俗文》“短小曰尫”。尫亦小也。	
2418	唐	玄應	一切經音義	20	揟	揎	挽	【揎調】古文作揟，同。斯緣反。調，揎衣出臂也。	
2419	唐	玄應	一切經音義	20	線	綫	綫縷	【一線】今作綫，同。私賤反。謂縫衣縷也。	
2420	唐	玄應	一切經音義	20	喆	哲	智慧	【勇喆】古文嚞，《字書》作喆。今作哲，同。知列反。《爾雅》“哲，智也”。	
2421	唐	玄應	一切經音義	20	嚞	哲	智慧	【勇喆】古文嚞，《字書》作喆。今作哲，同。知列反。《爾雅》“哲，智也”。	
2422	唐	玄應	一切經音義	20	殘	殲	殲滅	【怨殲】古文殘，同。子廉反。《詩》云“殲我良人”，《傳》曰“殲，盡也，絶也”。	
2423	唐	玄應	一切經音義	20	嚾	喚	呼喚	【吼嚾】又作䠨，同。荒幔反。《聲類》“嚾，呼也”。今作喚。	
2424	唐	玄應	一切經音義	20	担	摣	取	【摣掣】古文作担，同。側伽反。《方言》“摣，取也”。《聲類》“五指摣捉也”。	
2425	唐	玄應	一切經音義	21	愋	諠	喧嘩	【諠譁】古文愋、讙二形，今作諠，同。虚元反。	
2426	唐	玄應	一切經音義	21	讙	諠	喧嘩	【諠譁】古文愋、讙二形，今作諠，同。虚元反。	
2427	唐	玄應	一切經音義	21	職	倸	猜疑	【猜疑】古文職、䚟二形，今作倸，同。麤來反。猜亦疑也。	

續表

序號	時代	作者	出處	位置	古字	今字	記錄職能	訓條 原文	備注
2428	唐	玄應	一切經音義	21	愢	㥯	猜疑	【猜疑】古文職、愢二形，今作㥯，同。麤來反。猜亦疑也。	
2429	唐	玄應	一切經音義	21	殢	槄	木枯	【枯槄】古文殢。《説文》作槀，同。苦道反。槄，木枯也。	
2430	唐	玄應	一切經音義	21	襚	燎	焚燒	【庭燎】徒經反。下古文襚，同。力燒反。《周禮》"供墳燭庭燎"，鄭玄曰"墳，大也。樹於門外曰大燭，門內曰庭燎。天子百，公五十，侯伯子三十也"。	
2431	唐	玄應	一切經音義	21	牆	墻	墻	【垣墙繚繞】……牆字籀文、隸文皆作牆，今或加土也。	
2432	唐	玄應	一切經音義	21	耘	芸	除草	【耘除】耘，于君反。《韻圃》稱"耘，鋤也"。《毛詩傳》曰"耘，除草也"……今《經》本作芸字者，此乃芸薹菜名。	
2433	唐	玄應	一切經音義	21	劓	劓	割鼻	【劓鼻】古文劓，同。魚器反。《説文》"劓，决鼻也"。	
2434	唐	玄應	一切經音義	21	闓	鍵	插銷	【關鍵】古文闓、揵二形，同。奇寋反。《方言》"關東謂之鍵，關西謂之鑰"。鑰，牡也。	
2435	唐	玄應	一切經音義	21	揵	鍵	插銷	【關鍵】古文闓、揵二形，同。奇寋反。《方言》"關東謂之鍵，關西謂之鑰"。鑰，牡也。	
2436	唐	玄應	一切經音義	22	菒	革	變更	【變革】古文菒、愼、諽三形，同。古核反。革，更也。	
2437	唐	玄應	一切經音義	22	愼	革	變更	【變革】古文菒、愼、諽三形，同。古核反。革，更也。	
2438	唐	玄應	一切經音義	22	諽	革	變更	【變革】古文菒、愼、諽三形，同。古核反。革，更也。	

序號	時代	作者	出處	位置	古字	今字	記錄職能	訓條原文	備注
2439	唐	玄應	一切經音義	22	瞍	猜	猜疑	【猜度】古文瞍，今作怢，同。麤來反。猜，疑也。	
2440	唐	玄應	一切經音義	22	瞍	怢	猜疑	【猜度】古文瞍，今作怢，同。麤來反。猜，疑也。	
2441	唐	玄應	一切經音義	22	猜	怢	猜疑	【猜度】古文瞍，今作怢，同。麤來反。猜，疑也。	
2442	唐	玄應	一切經音義	22	寃	怨	委屈	【寃結】古文寃、窓二形，今作怨，同。於元反。《說文》“寃，屈也”。	
2443	唐	玄應	一切經音義	22	窓	怨	委屈	【寃結】古文寃、窓二形，今作怨，同。於元反。《說文》“寃，屈也”。	
2444	唐	玄應	一切經音義	22	媅	耽	沉湎	【耽湎】古文媅、妉二形，同。都含反。下古文醓，同。亡善反。《說文》“媅，樂也”。嗜也。湎，耽於酒也。謂酒樂也。	
2445	唐	玄應	一切經音義	22	妉	耽	嗜好	【耽湎】古文媅、妉二形，同。都含反。下古文醓，同。亡善反。《說文》“媅，樂也”。嗜也。湎，耽於酒也。謂酒樂也。	
2446	唐	玄應	一切經音義	22	醓	湎	嗜好	【耽湎】古文媅、妉二形，同。都含反。下古文醓，同。亡善反。《說文》“媅，樂也”。嗜也。湎，耽於酒也。謂酒樂也。	
2447	唐	玄應	一切經音義	22	潒	盪	洗涮器皿	【盪滌】古文潒，同。徒朗反。下徒的反。《通俗文》“澡器謂之盪滌也”。	
2448	唐	玄應	一切經音義	22	虒	遞	交替	【遞相】古文虒，同。徒禮反。《爾雅》“遞，迭也”。郭璞曰“謂更易也”。《方言》“遞，互也”。迭音徒結反。	
2449	唐	玄應	一切經音義	22	惇	敦	敦厚	【敦肅】古文惇，同。都魂反。《說文》“惇，厚也”。	

序號	時代	作者	出處	位置	古字	今字	記錄職能	訓條原文	備注
2450	唐	玄應	一切經音義	22	詁	故	訓古言	【詁訓】古文作詁，今作故，同。姑護反。又音古。《説文》"詁，訓古言也"。	
2451	唐	玄應	一切經音義	22	癀	瘠	瘦弱	【瘠田】古文癀、痸、膌三形，同。才亦反。	
2452	唐	玄應	一切經音義	22	痸	瘠	瘦弱	【瘠田】古文癀、痸、膌三形，同。才亦反。	
2453	唐	玄應	一切經音義	22	膌	瘠	瘦弱	【瘠田】古文癀、痸、膌三形，同。才亦反。	
2454	唐	玄應	一切經音義	22	鈾	胄	頭盔	【甲胄】古文鈾，同。除救反。《説文》"胄，兜鍪也"。	
2455	唐	玄應	一切經音義	22	謇	謇	困難	【謇吃】古文謇、謇二形，今作謇，同。居展反……《方言》"謇吃，楚語也"。謇，難也，吃，重言也。	
2456	唐	玄應	一切經音義	22	謇	謇	困難	【謇吃】古文謇、謇二形，今作謇，同。居展反……《方言》"謇吃，楚語也"。謇，難也，吃，重言也。	
2457	唐	玄應	一切經音義	22	剢	角	比量	【角力】古文剢，同。古學反。《廣雅》"角，量也。角，試也"。《説文》"角，平斗斛也"。音單作角。或作牭者，此古文麤字，音在古反，麤略也。牭非此用。	
2458	唐	玄應	一切經音義	22	牭	麤	粗	【角力】古文剢，同。古學反。《廣雅》"角，量也。角，試也"。《説文》"角，平斗斛也"。音單作角。或作牭者，此古文麤字，音在古反，麤略也。牭非此用。	
2459	唐	玄應	一切經音義	22	眴	眩	惑亂	【目眩】古文眴，同。胡遍、胡蠲二反。《字林》"眩，亂也。惑也"。《三蒼》"視不明也"。	

序號	時代	作者	出處	位置	古字	今字	記錄職能	訓條原文	備注
2460	唐	玄應	一切經音義	22	窒	罄	中空	【罄竭】古文窒，同。口定反。《説文》“器中空也”。《爾雅》“罄，盡也”。	
2461	唐	玄應	一切經音義	22	嗽	唉	吸食	【唉食】古文嗽，又作呀，同。子盉反。《通俗文》“入口曰呀，蟲食曰唉也”。	
2462	唐	玄應	一切經音義	22	竦	聳	聳抬	【竦肩】古文竦、憽、慫三形，今作聳，同。須奉、所項二反。《廣雅》“聳，上也”。	
2463	唐	玄應	一切經音義	22	慫	聳	聳抬	【竦肩】古文竦、憽、慫三形，今作聳，同。須奉、所項二反。《廣雅》“聳，上也”。	
2464	唐	玄應	一切經音義	22	憽	聳	聳抬	【竦肩】古文竦、憽、慫三形，今作聳，同。須奉、所項二反。《廣雅》“聳，上也”。	
2465	唐	玄應	一切經音義	22	垕	邱	土丘	【土邱】古文垕。《説文》“土之高也”。	
2466	唐	玄應	一切經音義	22	繫	係	捆綁	【係念】古文繼、繫二形，同。古帝反。《説文》“係，絜束也。亦相嗣也。	
2467	唐	玄應	一切經音義	22	繼	係	捆綁	【係念】古文繼、繫二形，同。古帝反。《説文》“係，絜束也。亦相嗣也。	
2468	唐	玄應	一切經音義	22	虓	哮	虎鳴	【哮吼】古文虓，同。呼交、呼校二反。《説文》“虎鳴也”，一曰師子大怒聲也。下古文呴、吽二形，今作拘。又作呴，同。呼狗反。《聲類》“呼，皋也”。	
2469	唐	玄應	一切經音義	22	吽	拘	吼叫	【哮吼】古文虓，同。呼交、呼校二反。《説文》“虎鳴也”，一曰師子大怒聲也。下古文呴、吽二形，今作拘。又作呴，同。呼狗反。《聲類》“呼，皋也”。	

序號	時代	作者	出處	位置	古字	今字	記錄職能	訓條原文	備注
2470	唐	玄應	一切經音義	22	呴	拘	吼叫	【哮吼】古文虓，同。呼交、呼校二反。《説文》“虎鳴也”，一曰師子大怒聲也。下古文呴、吽二形，今作拘。又作唴，同。呼狗反。《聲類》“呴，皋也”。	
2471	唐	玄應	一切經音義	22	吽	吼	吼叫	【哮吼】古文虓，同。呼交、呼校二反。《説文》“虎鳴也”，一曰師子大怒聲也。下古文呴、吽二形，今作拘。又作唴，同。呼狗反。《聲類》“呴，皋也”。	
2472	唐	玄應	一切經音義	22	呴	吼	吼叫	【哮吼】古文虓，同。呼交、呼校二反。《説文》“虎鳴也”，一曰師子大怒聲也。下古文呴、吽二形，今作拘。又作唴，同。呼狗反。《聲類》“呴，皋也”。	
2473	唐	玄應	一切經音義	22	叩	詯	呼叫	【詯譟】古文作叩，又作謹，同。虛衮反。《廣雅》“詯，鳴也”。	
2474	唐	玄應	一切經音義	22	劓	劓	割鼻	【劓鼻】古文劓，同。魚器反。《字林》“割鼻也”。	
2475	唐	玄應	一切經音義	22	宸	振	救	【振恤】古文宸、抵二形，同。諸允反。《小爾雅》“振，救也”。《説文》“振，舉也”。	
2476	唐	玄應	一切經音義	22	抵	振	救	【振恤】古文宸、抵二形，同。諸允反。《小爾雅》“振，救也”。《説文》“振，舉也”。	
2477	唐	玄應	一切經音義	22	瞚	瞬	眨眼	【不瞬】瞬，舒閏反。《説文》曰“瞬謂目開閉數搖也”。字正體作瞚，今並隨俗作瞬也。	
2478	唐	玄應	一切經音義	22	橫	桄	橫木	【桄梯】古文橫、橫二形，同。古黃反。《聲類》作軦，車下橫木也。今車、牀、梯、舉下橫木皆曰桄也。	
2479	唐	玄應	一切經音義	22	橫	桄	橫木	【桄梯】古文橫、橫二形，同。古黃反。《聲類》作軦，車下橫木也。今車、牀、梯、舉下橫木皆曰桄也。	

序號	時代	作者	出處	位置	古字	今字	記錄職能	訓條原文	備注
2480	唐	玄應	一切經音義	22	蹕	髀	大腿	【其脾與膞】脾字正宜作髀，古文作蹕，今脾未詳所出。膞字宜作腨，今《經》本作膞者，謬也。	
2481	唐	玄應	一切經音義	22	蹕	脾	大腿	【其脾與膞】脾字正宜作髀，古文作蹕，今脾未詳所出。膞字宜作腨，今《經》本作膞者，謬也。	
2482	唐	玄應	一切經音義	23	睿	叡	睿智	【聰叡】古文睿、壑二形，同。以芮反。《廣雅》“叡，智也”。	
2483	唐	玄應	一切經音義	23	壑	叡	睿智	【聰叡】古文睿、壑二形，同。以芮反。《廣雅》“叡，智也”。	
2484	唐	玄應	一切經音義	23	謇	謇	困難	【謇澀】古文諓、謇二形，今作謇，同。飢展反。《方言》“謇，吃也，楚人語”。謇，難也。	
2485	唐	玄應	一切經音義	23	謇	謇	困難	【謇澀】古文諓、謇二形，今作謇，同。飢展反。《方言》“謇，吃也，楚人語”。謇，難也。	
2486	唐	玄應	一切經音義	23	殨	潰	崩潰	【潰散】古文殨，同。胡對反。《蒼頡篇》“潰，旁決也”。《説文》“潰，漏者也”。	
2487	唐	玄應	一切經音義	23	竦	聳	聳抬	【竦肩】古文竦、慫二形，今作聳，同。須奉、所項二反。《廣雅》“竦，上也。眺也”。	
2488	唐	玄應	一切經音義	23	慫	聳	聳抬	【竦肩】古文竦、慫二形，今作聳，同。須奉、所項二反。《廣雅》“竦，上也。眺也”。	
2489	唐	玄應	一切經音義	23	袑	循	自	【循身】古文袑，同。似遵反。《爾雅》“率循，自也”。	
2490	唐	玄應	一切經音義	23	吝	悋	貪吝	【慳吝】古文吝，同。力鎮反。堅著多惜曰吝。《方言》“荆汝江湘之間凡貪而不施謂之吝”。	

序號	時代	作者	出處	位置	古字	今字	記錄職能	訓條原文	備注
2491	唐	玄應	一切經音義	23	柯	荷	負擔	【又荷】古文柯，同。胡歌、胡可反。《説文》"荷，揭擔也"。	
2492	唐	玄應	一切經音義	23	亩	稟	接受	【稟善知識】稟，彼錦反。孔安國注《書》曰"稟，受也"。字從米[示]，亩聲，古文作亩也。	
2493	唐	玄應	一切經音義	24	𧩙	悰	猜疑	【猜阻】古文𧩙、猜二形，今作悰，同。麤來反。猜疑也。《廣雅》"猜，懼也"。	
2494	唐	玄應	一切經音義	24	猜	悰	猜疑	【猜阻】古文𧩙、猜二形，今作悰，同。麤來反。猜疑也。《廣雅》"猜，懼也"。	
2495	唐	玄應	一切經音義	24	陡	隄	堤防	【隄塘】古文陡，同。都奚反，下徒郎反……李巡曰"隄，防也"。	
2496	唐	玄應	一切經音義	24	撩	燎	焚燒	【焚燎】古文撩，同。力照反。燎謂放火也。火田爲燎也。《説文》"燎，燒田也"。	
2497	唐	玄應	一切經音義	24	志	固	必	【固唯】古文作志，同。古護反。固，必也。	
2498	唐	玄應	一切經音義	24	飫	飢	穀不熟	【飢饉】古文作飫，又作饑，同。几冶反。《爾雅》"穀不熟爲飢，蔬不熟爲饉"。案凡草木可食者通名蔬菜也。	
2499	唐	玄應	一切經音義	24	憼	警	警惕	【警覺】古文憼、儆二形，同。居影反。警誡慎也。勑戒之也。起也。《廣雅》"警，不安也"。	
2500	唐	玄應	一切經音義	24	儆	警	警惕	【警覺】古文憼、儆二形，同。居影反。警誡慎也。勑戒之也。起也。《廣雅》"警，不安也"。	
2501	唐	玄應	一切經音義	24	羅	罝	捕兔繩網	【罝罞】古文羅、罝二形，同。子邪反。下渠亮反。《爾雅》"兔罟謂之罝"。	

序號	時代	作者	出處	位置	古字	今字	記錄職能	訓條原文	備注
2502	唐	玄應	一切經音義	24	罝	罝	捕兔繩網	【罝罦】古文羅、罝二形，同。子邪反。下渠亮反。《爾雅》“兔罟謂之罝”。	
2503	唐	玄應	一切經音義	24	辳	農	農耕	【農夫】古文辳、辳二形，同。奴冬反。《説文》“農，耕也”。	
2504	唐	玄應	一切經音義	24	辳	農	農耕	【農夫】古文辳、辳二形，同。奴冬反。《説文》“農，耕也”。	
2505	唐	玄應	一切經音義	24	竦	聳	聳抬	【聳幹】古文竦、慫二形，同。須奉、所項二反。《廣雅》“聳，上也”。下公旦反。幹謂莖本也。枝幹也。	
2506	唐	玄應	一切經音義	24	慫	聳	聳抬	【聳幹】古文竦、慫二形，同。須奉、所項二反。《廣雅》“聳，上也”。下公旦反。幹謂莖本也。枝幹也。	
2507	唐	玄應	一切經音義	24	歆	禦	捍衛	【禦捍】古文歆，同。魚舉反。《小爾雅》“禦，抗也。禦，當也”。《爾雅》“禦，禁也。謂未有而預備之也”。字從示。	
2508	唐	玄應	一切經音義	24	泛	汎	浮	【涌泛】今作汎，同。敷劍反。《廣雅》“泛泛，浮皃也”。亦駛疾也。	
2509	唐	玄應	一切經音義	25	貦	玩	玩賞物	【寶玩】古文貦，同。五唤反。《字林》“玩，弄也”。《廣雅》“玩，好也”。	
2510	唐	玄應	一切經音義	25	譶	話	言談	【耽話】籀文作譮，古文作譶、誠二形，同。胡快反。《聲類》云“話，訛言也”。《廣雅》“話，調也”。	
2511	唐	玄應	一切經音義	25	誠	話	言談	【耽話】籀文作譮，古文作譶、誠二形，同。胡快反。《聲類》云“話，訛言也”。《廣雅》“話，調也”。	
2512	唐	玄應	一切經音義	25	朧	孕	懷孕	【懷孕】古文朧，同。移證反。含實曰孕。《三蒼》“孕，懷子也”。《廣雅》“孕，娠也”。字從子、從乃。	

續表

序號	時代	作者	出處	位置	古字	今字	記錄職能	訓條 原文	備注
2513	唐	玄應	一切經音義	25	踁	脛	小腿	【脛踝】古文踁，同。胡定反。《字林》“脚胻也”。《釋名》“脛，莖也”。直而長如物莖也。	
2514	唐	玄應	一切經音義	25	眩	衒	沿街叫賣	【誇衒】古文眩、衒二形，同。胡麵、公縣二反。《説文》“衒，行且賣也”。	
2515	唐	玄應	一切經音義	25	氓	萌	萌發	【萌芽】古文氓，同。麥耕反。《廣雅》“萌，始也”。萌亦冥昧兒也。	
2516	唐	玄應	一切經音義	25	輓	挽	引車	【挽出】古文輓，同。無遠反。《説文》“輓，引車也”。	
2517	唐	玄應	一切經音義	25	蝄	魍	魍魎	【魍魎】古文蝄、蛧二形，同。亡禓、力掌二反。《説文》“蝄蛧，山川之精物也”。	
2518	唐	玄應	一切經音義	25	蛧	魍	魍魎	【魍魎】古文蝄、蛧二形，同。亡禓、力掌反。《説文》“蝄蛧，山川之精物也”。	
2519	唐	玄應	一切經音義	25	寓	宇	屋檐	【屋宇】古文寓，籀文作庽，同。于甫反。《説文》“宇，屋邊檐也”。《釋名》“宇，羽也，如鳥羽翼自覆蔽也”。《左傳》“失其宇”，注曰“於國則四垂爲宇”。宇亦屋溜也，居也。	
2520	唐	玄應	一切經音義	25	噏	吸	吸食	【吸水】古文噏、歙二形，同。義及反。《廣雅》“吸，飲也。氣息引入也”。	
2521	唐	玄應	一切經音義	25	歙	吸	吸食	【吸水】古文噏、歙二形，同。義及反。《廣雅》“吸，飲也。氣息引入也”。	
2522	唐	玄應	一切經音義	56	罰	罩	捕魚籠	【如罩】古文罩、罰二形，同。陟挍反……郭璞曰“捕魚籠也”。	

序號	時代	作者	出處	位置	古字	今字	記錄職能	訓條原文	備注
2523	唐	李善	文選注	6	裾	據	依據	【因長川之裾勢】善曰：……裾，古據字。	
2524	唐	李善	文選注	7	蜚	飛	飛揚	【蜚襂垂髾】善曰：……蜚，古飛字也。	
2525	唐	李善	文選注	7	逴	往	往往	【逴逴離宮般以相爥兮】善曰：……應劭曰“言秦離宮三百，武帝復往往脩理之”也。往往作逴逴，古文往字也。往往，言非一也。	
2526	唐	李善	文選注	8	靁	雷	雷動	【車騎靁起，殷天動地】善曰：……靁，古雷字。	
2527	唐	李善	文選注	8	芔	卉	卉	【卉歙】善曰：……芔，古卉字。	
2528	唐	李善	文選注	8	距	岠	極至	【騰空虛，距連卷】善曰：……距，古岠字也。孔安國《尚書傳》曰“距，至也”。	
2529	唐	李善	文選注	8	絫	累	重疊	【雜襲絫輯】善曰：……絫，古累字。	
2530	唐	李善	文選注	9	蛾	蟻	螞蟻	【扶服蛾伏】善曰：……蛾伏，如蟻之伏也。蛾，古蟻字。	
2531	唐	李善	文選注	9	詘	屈	委屈	【廼展民之所屈】善曰：……詘，古屈字也。	疑李善所據本“屈”字作“詘”
2532	唐	李善	文選注	9	髓	髓	骨髓	【腦沙幕，髓余吾】善曰：……髓，古髓字。	
2533	唐	李善	文選注	9	骫	委	從隨	【骫屬而還】善曰：……骫，古委字也。	
2534	唐	李善	文選注	11	箴	針	針	善曰：……《淮南子》曰“離朱之明，察箴末於百步之外”，箴，古針字。	
2535	唐	李善	文選注	12	椵	霞	彩霞	【絶岸萬丈，壁立椵駮】善曰：……椵，古霞字。	
2536	唐	李善	文選注	12	斥	烏	鹽碱地	【襄陵廣烏，濔濔浩汗】善曰：……《尚書》曰“懷山襄陵”，又曰“海濱廣斥”。《史記》曰斥爲烏，古今字也。	

序號	時代	作者	出處	位置	古字	今字	記錄職能	訓條原文	備注
2537	唐	李善	文選注	13	能	台	三台星	【增華台室，揚采軒宫】善曰：……《史記》曰"中宫文昌魁下六星，兩兩相比，名曰三能"。能，古台字也。	
2538	唐	李善	文選注	15	嚶	嚶	象聲詞	【鳴玉鸞之嚶嚶】善曰：……嚶，古嚶字。	
2539	唐	李善	文選注	17	龢	和	和諧	【與謳謡乎相龢】善曰：……龢，古和字。	
2540	唐	李善	文選注	18	靁	雷	雷電	【靁嘆頹息】善曰：……《楚辭》曰"吒增欷兮如雷"，靁與雷古今字，通。	
2541	唐	李善	文選注	18	均	韻	聲韻	【音均不恒，曲無定制】善曰：均，古韻字也。	
2542	唐	李善	文選注	21	瑜	和	和	【趙氏有和璧，天下無不傳】善曰：……瑜，古和字。《史記》"秦王曰'和氏璧，天下共傳寶也'"。	
2543	唐	李善	文選注	23	臺	握	持握	【潛沖得茂彦，夫子值狂生】善曰：《淮南子》曰"臺無所鑒，謂之狂生"，高誘曰"臺，持也，所鑒者玄德，故爲狂生"。臺，古握字也。	
2544	唐	李善	文選注	24	瞑	眠	睡眠	【終朝理文案，薄暮不遑瞑】善曰：……瞑，古眠字。	
2545	唐	李善	文選注	26	瑜	和	和	【空班趙氏璧，徒乖魏王瓠】善曰：……蔡邕《琴操》曰"楚明光者，楚王大夫也。昭王得瑜氏璧，欲以貢於趙王，於是遣明光奉璧之趙"。瑜，古和字。	
2546	唐	李善	文選注	28	跀	刖	刖刑	善曰：韓子曰"……衞國之法，竊駕君車者罪跀……"跀，古刖字也。	
2547	唐	李善	文選注	34	底	座	礙止	【發怒座杏】善曰：……《説文》曰"座，礙止也"，座，竹栗切。座或爲底，古字也。	
2548	唐	李善	文選注	34	苓	蓮	蓮	【蔓草芳苓】善曰：……苓，古蓮字也。	

序號	時代	作者	出處	位置	古字	今字	記錄職能	訓條原文	備注
2549	唐	李善	文選注	34	趡	蹄	趨行	【踚捷若飛，蹈虛遠蹄】善曰：《廣雅》曰“趡，趨行也”。今爲蹄，古字無定也。	
2550	唐	李善	文選注	34	堆	追	沙丘	【窮曲隨隈，踚岸出追】……《上林賦》曰“觸穹石，激堆碕”，郭璞曰“沙堆也”，音同上。追亦堆字，今爲追，古字假借之也。	
2551	唐	李善	文選注	34	駴	駭	如雷聲	【於是駴鍾鳴鼓】善曰：《周禮》曰“鼓皆駴”，鄭玄曰“雷擊鼓曰駭”。駴，古駭字。	
2552	唐	李善	文選注	38	絖	纊	絲綿絮	善曰：……《大戴禮》曰：“孔子曰：‘古者統而前旒，所以蔽明也；黈絖塞耳，所以掩聰也。’”統，古冕字，絖，古纊字，音義並同。	
2553	唐	李善	文選注	38	統	冕	禮冠	善曰：……《大戴禮》曰：“孔子曰：‘古者統而前旒，所以蔽明也；黈絖塞耳，所以掩聰也。’”統，古冕字，絖，古纊字，音義並同。	
2554	唐	李善	文選注	39	湛	沈	沉迷	【不能止幽王之湛患】……善曰：湛，今沈字。	
2555	唐	李善	文選注	39	疏	蔬	蔬菜	善曰：《列士傳》曰“……弃其疏，乃立枯於洛水之上”。疏即古蔬字。	
2556	唐	李善	文選注	41	頮	沫	洗面	【沬血飲泣】善曰：孟康曰“沬音頮”。頮，古沬字，言流血在面如盥頮也。	
2557	唐	李善	文選注	43	郄	隙	孔隙	【雖隙駟不留】善曰：墨子曰“人之生乎地上，無幾何也，譬之猶駟而過郄也”，郄，古馳隙字也。	
2558	唐	李善	文選注	45	湛	沉	沉	【浮英華，湛道德】善曰：……浮沉，言其洋溢，可游泳也……湛，古沉字。或爲耽，於義雖同，非古文也。	
2559	唐	李善	文選注	45	龢	和	和諧	【沐浴玄德，稟仰大龢】善曰：……《法言》曰“或問太和，曰：共在唐虞、成周也”。龢，古和字。	

序號	時代	作者	出處	位置	古字	今字	記録職能	訓條原文	備注
2560	唐	李善	文選注	45	埽	掃	打掃	【洒埽罋甒】善曰：……埽即今掃字也。	
2561	唐	李善	文選注	48	蜚	飛	飛揚	【蜚英聲，騰茂實】善曰：蜚，古飛字也。	
2562	唐	李善	文選注	48	難	然	焚燃	【難除仲尼之篇籍】善曰：難，古然字。翰曰：難，燒也，勒記也。	
2563	唐	李善	文選注	53	麤	粗	粗略	【百度之缺麤脩】善曰：麤，古粗字也。韋昭《漢書注》曰"粗，略也"。	
2564	唐	李善	文選注	53	瞑	眠	睡眠	【夜分而坐，則低迷思寢，内懷殷憂，則達旦不瞑】善曰：古眠字。	
2565	唐	李善	文選注	53	鬻	煮	煮	善曰：……《周禮》曰"凡齊事，鬻鹽以待戒令"，鄭曰"鬻鹽，謂練化之"。鬻，今之煮字也。	
2566	唐	李善	文選注	54	衡	橫	驕橫	【一夫從橫，則城池自夷】善曰：一夫，謂董卓也。《漢書》曰"從，恣意"。衡，古橫字也。翰曰：從橫，謂亂也。	
2567	唐	李善	文選注	56	紱	黻	祭服	【青社白茅，亦朱其紱】善曰：……毛萇《詩傳》曰"諸侯赤黻"，黻與紱古今字，同。	
2568	唐	李善	文選注	57	夏	檟	檟木	善曰：……《禮記》曰"夏、楚二物收其威也"，鄭玄曰"夏，檟也；楚，荆也"。夏與檟古今字也。	
2569	唐	李善	文選注	58	杼	序	序	【餐東野之秘寶】……《典引》曰"御東序之祕寶"，然野當爲杼，古序字也。	
2570	唐	李善	文選注	60	蘑	汏	蘑闑	善曰：……《漢書》息夫躬絶命辭曰"涕泣流兮蘑闑"，臣瓚曰"蘑闑，涕泣闑斡也"。蘑與汏古今字，同。	
2571	唐	李賢	後漢書注	1	珤	寶	寶物	【今若破敵，珍珤萬倍】珤，古寶字。	
2572	唐	李賢	後漢書注	1	逗	住	停留	【追虜料敵不拘以逗留法】《説文》曰"逗，留止也"……漢法，軍行逗留畏懦者斬……逗，古住字。	

序號	時代	作者	出處	位置	古字	今字	記錄職能	訓條原文	備注
2573	唐	李賢	後漢書注	3	餉	餉	糧餉	【賜給公田，爲雇耕傭，賃種餉】餉，糧也，古餉字，音式上反。	
2574	唐	李賢	後漢書注	7	悥	悟	悟	【及中常侍單超、徐璜、具瑗、左悟】《説文》曰“悥，憂也”，音工矣反。今作心旁官，即悥字也。今相傳音綰。	
2575	唐	李賢	後漢書注	10	修	蓨	蓨	【以后兄子衛尉修侯重爲驃騎將軍】修，今德州縣也，故城在縣南。修今作蓨，音修。	
2576	唐	李賢	後漢書注	53	幹	管	主管	【内幹機密，出宣誥命】幹，主也，或曰古管字也。	
2577	唐	李賢	後漢書注	64	禮	禪	替代	【松子禹遣從兄禮奏記三府】禮，古禪字也。	
2578	唐	李賢	後漢書注	79	舖	晡	傍晚	【百姓廢農桑而趨府廷者，相續道路，非朝舖不得通，非意氣不得見】《説文》曰“舖，謂日加申時也”。今爲晡字也。	
2579	唐	李賢	後漢書注	89	斁	度	度	【惟盤逸之無斁兮，懼樂往而哀來】……斁，厭也，音亦，又音徒故反。古度字也。	斁表｛度｝是另一用法
2580	唐	李賢	後漢書注	90	桰	攬	攬擾	【散毛族，桰羽群】……桰，諸家並古酷反。案《字書》桰從手，即古文攬字。謂攬擾也。	
2581	唐	李賢	後漢書注	98	褒	袖	衣袖	【融幅巾奮褒】……褒，古袖字。	
2582	唐	李賢	後漢書注	101	犕	服	信服	【卓風令御史中丞已下皆拜以屈嵩，既而抵手言曰：“義真犕未乎？”】犕音服。《説文》曰“犕牛乘馬”。犕即古服字也，今河朔人猶有此言。音備。	
2583	唐	李賢	後漢書注	110	骫	委	彎曲	【見骫桑之下有卧餓人】……骫，古委字也。	
2584	唐	李賢	後漢書注	110	爇	然	燃燒	【暮還輒爇柴以讀書】爇，古然字。	
2585	唐	李賢	後漢書注	100	甄	鄄	鄄地	【使或守甄城】縣名，屬濟陰郡，今濮州縣也。甄今作鄄，音絹。	

續表

序號	時代	作者	出處	位置	古字	今字	記録職能	訓條原文	備注
2586	唐	李賢	後漢書注	102	闈	閿	閿地	【封閿鄉侯】閿鄉，今虢州縣也。《説文》闈，今作閿，流俗誤也。	
2587	唐	王仁昫	刊謬補缺切韻	1	翻	儔	同類	【儔】直由反。類。古作翻字。	
2588	唐	王仁昫	刊謬補缺切韻	1	創	瘡	創傷	【瘡】楚良反。痍。古作創。	
2589	唐	王仁昫	刊謬補缺切韻	1	澗	乾	乾燥	【乾】燥。古作澗。	
2590	唐	王仁昫	刊謬補缺切韻	1	鑑	監	鏡鑒	【監】監諸，以取月水。又明。古作鑑。或作監。	
2591	唐	王仁昫	刊謬補缺切韻	1	辝	辬	辭别	【辬】别。古作辝。	
2592	唐	王仁昫	刊謬補缺切韻	1	櫼	枚	泄水器	【枚】枚鑺。古作櫼。	
2593	唐	王仁昫	刊謬補缺切韻	1	鳳	朋	朋黨	【朋】步崩反。黨□。古文鳳，今爲朋。	
2594	唐	王仁昫	刊謬補缺切韻	1	件	牟	侔	【件】本爲侔字。今爲牟。	
2595	唐	王仁昫	刊謬補缺切韻	1	睚	畦	畦	【睚】息爲反。姓。今作畦。又下圭反。	
2596	唐	王仁昫	刊謬補缺切韻	3	邧	沈	沈	【沈】式稔反。古作邧。	

序號	時代	作者	出處	位置	古字	今字	記錄職能	訓條原文	備注
2597	唐	王仁昫	刊謬補缺切韻	3	珤	寶	寶	【寶】博抱反。古作珤。	
2598	唐	王仁昫	刊謬補缺切韻	3	㠯	以	用	【以】羊止反。古作㠯。用。	
2599	唐	王仁昫	刊謬補缺切韻	4	懋	茂	茂盛	【茂】莫候反。草木盛。古作懋。	
2600	唐	王仁昫	刊謬補缺切韻	4	寰	縣	縣邑	【縣】黃練反。古郡。古作寰字。	
2601	唐	王仁昫	刊謬補缺切韻	4	屬	属	托付	【属】付。古作屬。	
2602	唐	王仁昫	刊謬補缺切韻	4	术	秫	黏高粱	【秫】穀名。古作术。	
2603	唐	王仁昫	刊謬補缺切韻	4	猚	恙	猛獸	【恙】憂。古者草居，爲恙所害，故□□□□。恙，古作猚。蟲，害人。	
2604	唐	王仁昫	刊謬補缺切韻	4	垗	壞	可居之處	【壞】四壞。古文作垗。	
2605	唐	王仁昫	刊謬補缺切韻	4	虣	暴	猛獸	【暴】薄報反。古作虣。	
2606	唐	王仁昫	刊謬補缺切韻	4	擿	擲	挑出	【擲】直炙反。投。古作擿。	
2607	唐	王仁昫	刊謬補缺切韻	4	細	鈿	花形金飾	【細】寶細。今通用作此鈿。	

序號	時代	作者	出處	位置	古字	今字	記錄職能	訓條原文	備注
2608	唐	王仁昫	刊謬補缺切韻	4	䁾	請	奉請	【䁾】賜□□□古奉請亦作此字。	
2609	唐	長孫訥言	箋注本切韻	44	𦙑	朕	自稱代詞	【朕】古作𦙑。直稔反。	
2610	唐	長孫訥言	箋注本切韻	44	邥	沈	沈	【沈】古作邥。式稔反。	
2611	唐	孫愐	唐韻	5葉	臕	脆	肉肥軟	【脆】肉肥臕。古作臕。	
2612	唐	孫愐	唐韻	11葉	寰	縣	縣邑	【縣】郡縣。古作寰。楚王滅陳以爲縣，縣名自此始也。	
2613	唐	孫愐	唐韻	11葉	燕	醼	宴飲	【醼】醼飲。古無酉。今通用之。亦作宴。	
2614	唐	孫愐	唐韻	12葉	萗	卷	書卷	【萗】書萗。今亦作卷。	
2615	唐	孫愐	唐韻	16葉	扔	創	初創	【創】初也。懲也。古作扔。初亮反。	
2616	唐	孫愐	唐韻	18葉	瀞	净	净	【净】古作瀞。	
2617	唐	孫愐	唐韻	19葉	懋	茂	草木繁盛	【茂】卉木盛。古作懋。	
2618	唐	孫愐	唐韻	25葉	牬	觸	抵觸	【觸】突也。古作牬。	
2619	唐	孫愐	唐韻	27葉	术	秫	秫穀	【秫】穀名。古作术。	
2620	唐	孫愐	唐韻	28葉	爵	爵	爵草	【爵】古作爵。草也。又姓。出《何氏姓苑》。	

序號	時代	作者	出處	位置	古字	今字	記錄職能	訓條原文	備注
2621	唐	孫愐	唐韻	28葉	粤	曰	曰	【曰】舝。古粤。	
2622	唐	孫愐	唐韻	28葉	身	厥	代詞	【厥】其也。古作身。亦短也。又姓。	
2623	唐	孫愐	唐韻	29葉	曶	忽	忽	【曶】古忽字。	
2624	唐	孫愐	唐韻	30葉	敓	奪	强取	【敓】强取。又姓，出《説文》。古奪字。	
2625	唐	孫愐	唐韻	43葉	敕	勑	誡命	【勑】誡也。古作敕。	
2626	唐	孫愐	唐韻	34葉	遏	遜	遠	【遜】遠。古作遏。他歷反。	
2627	唐	孫愐	唐韻	34葉	休	溺	淹没	【溺】溺水。古作休。	
2628	唐	孫愐	唐韻	36葉	伇	役	役	【役】古從亻，今彳。	
2629	唐	孫愐	唐韻	38葉	陜	狹	狹隘	【狹】隘。古作陜。	
2630	唐	孫愐	唐韻	39葉	叶	諧	和諧	【恊】和也。古作叶。胡頰反。	
2631	唐	孫愐	唐韻	39葉	鉀	甲	鎧甲	【鉀】《音譜》云“錯鎧屬”。今單作甲。	
2632	唐	孫愐	唐韻	41葉	爵	爵	爵	【爵】封。古作爵。爵俗。即略反。	
2633	唐	慧琳	一切經音義	1	偆	蠢	蠢蠢	【蠢蠢】春尹反。《毛詩傳》曰“蠢蠢，虫動也”，郭璞注《爾雅》云“動揺貌也”。從蚰，春聲也。或作偆，或作蠢、作惷，皆古字。	
2634	唐	慧琳	一切經音義	1	蠢	蠢	蠢蠢	【蠢蠢】春尹反。《毛詩傳》曰“蠢蠢，虫動也”，郭璞注《爾雅》云“動揺貌也”。從蚰，春聲也。或作偆，或作蠢、作惷，皆古字。	

序號	時代	作者	出處	位置	古字	今字	記錄職能	訓條原文	備注
2635	唐	慧琳	一切經音義	1	惷	蠢	蠢蠢	【蠢蠢】春尹反。《毛詩傳》曰"蠢蠢，虫動也"，郭璞注《爾雅》云"動搖貌也"。從蚰，春聲也。或作偆，或作𧌪、作惷，皆古字。	
2636	唐	慧琳	一切經音義	1	珪	圭	圭板	【珪璋】上桂畦反。《説文》"瑞玉也，上圓下方，公、侯、伯所執，從重土"……珪，古字也。	
2637	唐	慧琳	一切經音義	1	𪓵	劑	分割	【劑限】情細反。《考聲》云"分段也"……《經》文作齊，古文作𪓵，皆一也。	
2638	唐	慧琳	一切經音義	1	踔	髀	大腿	【兩髀】鑿米反。《考聲》"髀，股也"。《説文》正從骨作髀。"髀，股外也。卑聲也"。或作踔，古字也。今《經》從月作脾，非也，本無此字。	
2639	唐	慧琳	一切經音義	1	踔	脾	大腿	【兩髀】鑿米反。《考聲》"髀，股也"。《説文》正從骨作髀。"髀，股外也。卑聲也"。或作踔，古字也。今《經》從月作脾，非也，本無此字。	
2640	唐	慧琳	一切經音義	1	𢩹	肘	臂節	【兩肘】張柳反。《説文》"臂節也"……或作𢩹、肘，皆古字也。	
2641	唐	慧琳	一切經音義	1	肘	肘	臂節	【兩肘】張柳反。《説文》"臂節也"……或作𢩹、肘，皆古字也。	
2642	唐	慧琳	一切經音義	1	胖	胮	腫脹	【胮脹】上普邦反，下張亮反。《埤蒼》云"腹滿也"，竝從肉。或作胖痕，皆古字也。	
2643	唐	慧琳	一切經音義	1	胖	胮	腫脹	【胮脹】上普邦反，下張亮反。《埤蒼》云"腹滿也"，竝從肉。或作胖痕，皆古字也。	
2644	唐	慧琳	一切經音義	1	痕	脹	脹	【胮脹】上普邦反，下張亮反。《埤蒼》云"腹滿也"，竝從肉。或作胖痕，皆古字也。	

續表

序號	時代	作者	出處	位置	古字	今字	記錄職能	訓條原文	備注
2645	唐	慧琳	一切經音義	1	臏	嘁	皺眉	【嚬嘁】上毘寅反。下酒育反。《文字集略》云"嚬者，嘁眉也"……古文作顰。亦作響。今從省略。下嘁字或作蹙，亦同。古文作臏，《經》文作蹙。	
2646	唐	慧琳	一切經音義	1	顰	嚬	皺眉	【嚬嘁】上毘寅反。下酒育反。《文字集略》云"嚬者，嘁眉也"……古文作顰。亦作響。今從省略。下嘁字或作蹙，亦同。古文作臏，《經》文作蹙。	
2647	唐	慧琳	一切經音義	1	響	嚬	皺眉	【嚬嘁】上毘寅反。下酒育反。《文字集略》云"嚬者，嘁眉也"……古文作顰。亦作響。今從省略。下嘁字或作蹙，亦同。古文作臏，《經》文作蹙。	
2648	唐	慧琳	一切經音義	1	臏	嘁	局促	【嚬嘁】上毘寅反。下酒育反。《文字集略》云"嚬者，嘁眉也"……古文作顰。亦作響。今從省略。下嘁字或作蹙，亦同。古文作臏，《經》文作蹙。	
2649	唐	慧琳	一切經音義	1	揬	探	探取	【揬賾】上他含反。變體俗字也。古文從突作揬，突音徒感反。孔注《尚書》云"探，取"。	
2650	唐	慧琳	一切經音義	1	荃	臻	至	【同臻】側巾反。古文作荃。《字書》"臻，到也。去聲，聚也"。《説文》云"從至，秦聲"。	荃是之部字，臻是真部字，讀音差異大，不是同詞。存疑。
2651	唐	慧琳	一切經音義	1	台	以	以	【熙怡】……下以之反。《考聲》"怡，喜悦也"。《説文》"和也，從心，台聲"。台本古文以字也。	
2652	唐	慧琳	一切經音義	1	嬔	美	美	【緇滑】……《廣雅》"滑，嬔也"。《玉篇》"不濇也"。濇猶澀也。《説文》"利也。從水，骨聲"也。嬔音美，古美字也。濇音色。	
2653	唐	慧琳	一切經音義	1	腥	胭	咽喉	【項脰】……下宴堅反。《聲類》"脰，喉也"……或作腥、臙，皆古字也。《經》從口作咽，非也。	

序號	時代	作者	出處	位置	古字	今字	記録職能	訓條 原文	備注
2654	唐	慧琳	一切經音義	1	膍	胭	咽喉	【項胭】……下宴堅反。《聲類》“胭，喉也”……或作腫、膍，皆古字也。《經》從口作咽，非也。	
2655	唐	慧琳	一切經音義	1	岳	嶽	嶽	【足岳】……《廣雅》“嶽，确也”……或作嶽。《經》作岳，古字也。	
2656	唐	慧琳	一切經音義	1	暜	替	更替	【隆替】……天計反。俗字也。《爾雅》“相待也”……《説文》作暜，“廢也”。並兩立，一偏下曰替，會意字。今作替，俗字也。	
2657	唐	慧琳	一切經音義	1	冋	迥	都邑远郊	【迥出】螢穎反。上聲字。古文作冋，象國邑，從口。《説文》“邑外謂之郊，郊外謂之野，野外謂之林，林外謂之冋”。冋音癸營反，象遠界也。從辵，今俗從向者，非也。	
2658	唐	慧琳	一切經音義	1	冋	迥	都邑远郊	【迥出】螢穎反。上聲字。古文作冋，象國邑，從口。《説文》“邑外謂之郊，郊外謂之野，野外謂之林，林外謂之冋”。冋音癸營反，象遠界也。從辵，今俗從向者，非也。	
2659	唐	慧琳	一切經音義	1	巣	業	行爲	【業墜】上嚴劫反。《爾雅》“業，事也”。《國語》“敘也，大也”。《説文》從丵、從巾。今隸書從木，變體也。丵音鋤學反。	
2660	唐	慧琳	一切經音義	1	屮	卉	草之總名	【卉木】暉貴反。《説文》“草之總名也。從屮、從草”。今從三十作卉，訛也。屮音丑列反。	
2661	唐	慧琳	一切經音義	1	瘳	夢	夢	【夢境】蒙洞反。《蒼頡篇》“夢，想也”。《説文》“寐覺也”。正作瘳，今從省。下居影反。俗字也。《考聲》“界也”。從土，竟聲也。	
2662	唐	慧琳	一切經音義	1	壄	野	郊野	【壙野】……下以者反。《爾雅》云“邑外爲郊，郊外爲牧，牧外爲野”。古文作壄。	

續表

序號	時代	作者	出處	位置	古字	今字	記錄職能	訓條原文	備注
2663	唐	慧琳	一切經音義	1	殖	植	種植	【自殖】時力反。《纂韻》云“殖，種也”。《方言》“立也”。《説文》從网作櫃。今隸書略去网，或從木作植。	
2664	唐	慧琳	一切經音義	2	寢	寢	臥	【寤寢】……下侵審反。《廣雅》“寢，幽也”。《説文》“寢，臥也”。篆文從帚、從又，今順俗從省略，從宀，侵聲也。	
2665	唐	慧琳	一切經音義	2	竊	竊	竊	【竊作】七結反。《考聲》云“私取也”。《説文》云“盜自中出也”。從穴、從廿、從米，离聲也。今順俗從省去廿。廿音疾，离音薛也。	
2666	唐	慧琳	一切經音義	2	圵	丘	山丘	【虛空】許居反。《説文》從虍、從丘。或作虛。圵，古文丘字也。虍音呼。《經》作虗，不成字也。	
2667	唐	慧琳	一切經音義	2	禰	厭	禰祭	【厭禱】上伊琰反。《楚辭》王逸注云“厭也”。賈注《國語》“合也”。《説文》“厭，笮也。從厂，猒聲也”。正作禰，今從省。	
2668	唐	慧琳	一切經音義	2	包	胞	胎衣	【胞胎】上補交反。古文作包，象形字也。爲是胎衣。	
2669	唐	慧琳	一切經音義	2	自	鼻	鼻	【殠物】昌咒反。《考聲》云“敗惡氣也”。《説文》云“禽走而知其跡者，犬也”。自者，古鼻也。	
2670	唐	慧琳	一切經音義	2	酉	酒	酒	【歡飲】……下邑錦反。《説文》從酉作飲。酉者，古文酒字也。從酉，飲也。今省去酉作飲。古文從水作㲉。	
2671	唐	慧琳	一切經音義	2	歙	飲	飲	【歡飲】……下邑錦反。《説文》從酉作飲。酉者，古文酒字也。從酉，飲也。今省去酉作飲。古文從水作㲉。	
2672	唐	慧琳	一切經音義	2	㲉	飲	飲	【歡飲】……下邑錦反。《説文》從酉作飲。酉者，古文酒字也。從酉，飲也。今省去酉作飲。古文從水作㲉。	

序號	時代	作者	出處	位置	古字	今字	記錄職能	訓條原文	備注
2673	唐	慧琳	一切經音義	2	串	摜	習慣	【摜習】古患反。《説文》或從辵作遺，云"習也"。《爾雅》亦同。從手，貫聲。或作串，古字也。《經》文從心作慣，非也。竝無此字也。	
2674	唐	慧琳	一切經音義	2	袜	魅	精靈	【鬼魅】……下眉祕反。《山海經》云"魅之爲物，人身、黑首、縱目"。《考聲》云"魅，鬼神怪也"。《説文》云"老物精也。從鬼，末聲"也。或作鬼袜，《聲類》作鬽，皆古字也。	
2675	唐	慧琳	一切經音義	2	鬽	魅	精靈	【鬼魅】……下眉祕反。《山海經》云"魅之爲物，人身、黑首、縱目"。《考聲》云"魅，鬼神怪也"。《説文》云"老物精也。從鬼，末聲"也。或作鬼袜，《聲類》作鬽，皆古字也。	
2676	唐	慧琳	一切經音義	2	忎	恐	恐懼	【恐懼】上曲拱反……《説文》"從心，巩聲"也。古文作忎。	
2677	唐	慧琳	一切經音義	2	殢	枯	木乾死	【枯涸】上康胡反。《考聲》云"木乾死也"。或從歹作殢，古字也。	
2678	唐	慧琳	一切經音義	2	䙊	亂	錯亂	【擾亂】……下樂段反。《爾雅》"亂，治也"。《考聲》"煩也，錯也"……《字林》從攴作斁，俗作乱，古文作䙊。	
2679	唐	慧琳	一切經音義	2	巛	災	災害	【三災】宰來反。《説文》云"天火曰災"，古文作巛。亦作秋，古字也。	
2680	唐	慧琳	一切經音義	2	秋	災	災害	【三災】宰來反。《説文》云"天火曰災"，古文作巛。亦作秋，古字也。	
2681	唐	慧琳	一切經音義	2	㳡	涉	涉水	【涉壤】上時葉反。《韓詩》"涉，渡也"。《漢書》"歷也"。《説文》云"徒行涉水。從步、從林"。會意字。今省爲涉也。	

序號	時代	作者	出處	位置	古字	今字	記錄職能	訓條原文	備注
2682	唐	慧琳	一切經音義	2	㳄	溺	沉溺	【沈溺】……《説文》云“没水中”。正從人作㳄，今通作溺，水溺。	
2683	唐	慧琳	一切經音義	2	㭊	析	剖分	【條析】……下星亦反。《廣雅》“析，分也”。《説文》“破木也，從木、從片”。或作析。㭊，古字也。	
2684	唐	慧琳	一切經音義	3	遟	遲	遲緩	【遲鈍】長尼反。《毛詩傳》云“遲，緩也”……或作遟，古字也。	
2685	唐	慧琳	一切經音義	3	自	鼻	鼻	【臭穢】上昌咒反。《説文》云“禽走，鼻而知其跡者，犬也。從犬、從自”。自，古鼻字也。	
2686	唐	慧琳	一切經音義	3	掔	牽	牽挽	【方牽】企堅反。《廣雅》“牽，連也。挽也”……古文從手作掔。	
2687	唐	慧琳	一切經音義	3	擿	擲	投擲	【或擲】呈戟反……《説文》“投也，從手，鄭聲”也。古文作擿。	
2688	唐	慧琳	一切經音義	3	乿	瞀	留止	【瞀罶】上經霓反。《考聲》云“瞀，滯也”……古文作乿。或作卟。	
2689	唐	慧琳	一切經音義	3	罶	留	留止	【瞀罶】……下力求反。訓與前同。《考聲》“久也”……今《經》文變體作留。	
2690	唐	慧琳	一切經音義	3	㴚	涉	涉水	【交涉】時葉反。晋灼曰“涉，入也”，《漢書》“涉，賤也”。《説文》從二水作㴚，古字。隸書今省去一水作涉。	
2691	唐	慧琳	一切經音義	3	競	競	競逐	【競來】擎敬反……《考聲》“競，逐遽也”……或作競，古字。《經》作競，俗字也。	
2692	唐	慧琳	一切經音義	3	袜	魅	精靈	【魅著】眉秘反。《考聲》云“神鬼爲怪也”。《説文》“老物精也”。或作彲，《聲類》作魈。古文作袜。	

序號	時代	作者	出處	位置	古字	今字	記錄職能	訓條原文	備注
2693	唐	慧琳	一切經音義	3	㠯	以	以	【能紹】……《説文》“獸也。熊屬也。足似鹿，從二匕，堅中，故稱賢能，而强壯故稱能傑，從肉，㠯聲”也。今隸書作能，漸訛。言㠯，古文以字也。	
2694	唐	慧琳	一切經音義	3	㱃	悋	吝惜	【慳悋】……下隣信反。《廣雅》“悋，鄙也”。《字書》“貪惜也”。《韻英》云“慳悋，固惜也”。或作㗁、遴。古文作㱃、吝。	
2695	唐	慧琳	一切經音義	3	吝	悋	吝惜	【慳悋】……下隣信反。《廣雅》“悋，鄙也”。《字書》“貪惜也”。《韻英》云“慳悋，固惜也”。或作㗁、遴。古文作㱃、吝。	
2696	唐	慧琳	一切經音義	3	畣	荅	對答	【酸荅】下當納反。《韻英》“荅，對至”。《説文》“從草，合聲”。古文從曰、從合作畣，今不行。因草書變上草作荅，落、莫、薄、若等皆是也。	
2697	唐	慧琳	一切經音義	3	㲉	投	相合	【投趣】……王注《楚辭》云“合也”……《説文》作㲉，古投字也。	
2698	唐	慧琳	一切經音義	3	㣇	希	稀罕	【希有】虛依反。《爾雅》云“希，罕也”……《經》文往往作㣇，古希字也。	
2699	唐	慧琳	一切經音義	3	弖	引	引導	【引彄】以忍反。杜注《左傳》“導也”。賈注《國語》“伸也”。《説文》“開弓也”。古文從人作弖。或從手作扖。會意字也。	
2700	唐	慧琳	一切經音義	3	敚	奪	奪取	【引彄】……下徒活反。《考聲》“奪，失也”。《字書》“手持一鳥，失之曰奪”，從大、隹、又。石《經》從寸作奪。古文作敚、扷。	
2701	唐	慧琳	一切經音義	3	扷	奪	奪取	【引彄】……下徒活反。《考聲》“奪，失也”。《字書》“手持一鳥，失之曰奪”，從大、隹、又。石《經》從寸作奪。古文作敚、扷。	

序號	時代	作者	出處	位置	古字	今字	記錄職能	訓條原文	備注
2702	唐	慧琳	一切經音義	3	歾	歿	死	【殉歿】上雲敏反。下門骨反。《考聲》"殉、歿皆死也"……古文作歾。	
2703	唐	慧琳	一切經音義	3	荓	戰	顫抖	【戰慄】之善反，下隣一反。《集訓》云"戰慄，危懼也"……《說文》"從戈，單聲"也。或從心作懾。古文作荓。	
2704	唐	慧琳	一切經音義	3	厽	累	積累	【囑累】……下力僞反。王注《楚辭》云"重也"。《左傳》"相時而動無累"。後人劉兆注《公羊》云"累，次積也"……古文作厽、絫，皆象形字也。或從三田作畾，或作累、纍。	
2705	唐	慧琳	一切經音義	3	絫	累	積累	【囑累】……下力僞反。王注《楚辭》云"重也"。《左傳》"相時而動無累"。後人劉兆注《公羊》云"累，次積也"……古文作厽、絫，皆象形字也。或從三田作畾，或作累、纍。	
2706	唐	慧琳	一切經音義	3	茮	蕉	蕉	【芭蕉】……下子姚反。《字指》云"蕉生交趾，葉如席，煮可紡績爲布，汁可以漚麻也。葉廣二三尺，長七八尺"。《說文》云"焦［茮］，菜［菉］也"。並從草。巴、朱皆聲，失［朱］，正茮字。今俗用相傳作蕉，本非字也。	
2707	唐	慧琳	一切經音義	4	夂	支	竹枝	【攀枝】普班反。《說文》"引也。從手，樊聲"。樊音煩。下止移反。《集訓》"枝，條也"。從木。《說文》云"手持半竹"曰支。古文作夂。	
2708	唐	慧琳	一切經音義	4	覲	艱	艱難	【覲辛】草［革］閑反。《爾雅》"艱，難也"。《說文》"土難治也。從堇，艮聲也"。堇音謹。字從此，今俗用從莫，訛也。	
2709	唐	慧琳	一切經音義	4	著	着	虛詞	【推著】……下張略反。正從草從者，或從人作偖，或從手作揩。今《經》兩點下作著［着］，因草書謬也。	

序號	時代	作者	出處	位置	古字	今字	記錄職能	訓條 原文	備注
2710	唐	慧琳	一切經音義	4	丱	卵	卵	【鷇卵】……下洛管反。《説文》云“凡物無乳者卵生也”。古文作丱，或作𠃑，象形字也。	
2711	唐	慧琳	一切經音義	4	兠	卵	卵	【卵生】上樂管反。《説文》“凡物無乳而生者卵生也。象形”。古文作兠。	
2712	唐	慧琳	一切經音義	4	賊	賊	殘害	【狂賊】……下藏則反。《韓詩》“殘義曰賊”。《説文》“敗也。從戈、從刀、從貝”，今俗從戎，誤也，非正者也。	
2713	唐	慧琳	一切經音義	4	敖	敖	敖	【傲慢】上吾告反。孔注《尚書》“慢也”。《廣雅》“蕩也”。《説文》“倨也，從敖聲也”。敖字《説文》從出、從放。今俗從土作敖，訛也。	
2714	唐	慧琳	一切經音義	4	桀	乗	車乗	【顉乗】……下承證反。《考聲》云“駟馬車也，亦車之通名也”……古作桀，從入，桀聲也。	
2715	唐	慧琳	一切經音義	4	匚	篋	箱櫃	【寶篋】輕頰反。《文字集略》“箱類也”。《古今正字》“篋，笥也”。《韻英》“箱，篋也”。本作匚，今加竹。《周禮》盛物之械也。	
2716	唐	慧琳	一切經音義	4	肘	得	獲取	【逮得】……下登勒反。《考聲》“得，獲也”。亦作㝶。㝶，取也……古文作肘、㝶、㝵三體，同。音得。今俗用皆從㝵作得，訛謬。	
2717	唐	慧琳	一切經音義	4	㝶	得	獲取	【逮得】……下登勒反。《考聲》“得，獲也”。亦作㝶。㝶，取也……古文作肘、㝶、㝵三體，同。音得。今俗用皆從㝵作得，訛謬。	
2718	唐	慧琳	一切經音義	4	㝵	得	獲取	【逮得】……下登勒反。《考聲》“得，獲也”。亦作㝶。㝶，取也……古文作肘、㝶、㝵三體，同。音得。今俗用皆從㝵作得，訛謬。	

續表

序號	時代	作者	出處	位置	古字	今字	記録職能	訓條原文	備注
2719	唐	慧琳	一切經音義	4	亙	亘	久遠	【亘以】可鐙反……《考聲》"遠過也"……或作亙，古字。	
2720	唐	慧琳	一切經音義	4	鳿	鴻	鴻雁	【鴻鴈】上胡公反。《韻英》"水鳥也"。《考聲》"鴻，代也"。郭璞云"鴻鳥知運代也"。或作㳌、鳿，皆古字也。	
2721	唐	慧琳	一切經音義	4	㳌	鴻	鴻雁	【鴻鴈】上胡公反。《韻英》"水鳥也"。《考聲》"鴻，代也"。郭璞云"鴻鳥知運代也"。或作㳌、鳿，皆古字也。	
2722	唐	慧琳	一切經音義	4	歌	鵝	鵝	【鴻鴈】……下顔諫反……《説文》"鴈，鵝屬也"……鵝或作歌，古字也。	
2723	唐	慧琳	一切經音義	4	衖	巷	里間道	【街巷】……下學降反。《毛詩傳》"里間道也"……或作衖，皆古字也。今省爲巷也。	
2724	唐	慧琳	一切經音義	4	䋄	網	繩網	【鞔網】……下武昉反。此言如來十指之間猶如羅網也。《易》曰"庖羲氏結繩爲輞"。《説文》作䋄，古字也。	
2725	唐	慧琳	一切經音義	4	目	以	以	【能剌】上奴登反……《説文》"能，熊屬也。足似鹿，故從二匕。從肉，目聲"也。目，古以字也。	
2726	唐	慧琳	一切經音義	4	㖆	悋	吝惜	【慳悋】……下隣信反。《廣雅》"悋，鄙也"。《字書》"貪惜也"。《韻英》云"慳悋，固惜也"。或作賝、遴。古文作㖆、吝。	
2727	唐	慧琳	一切經音義	4	吝	悋	吝惜	【慳悋】……下隣信反。《廣雅》"悋，鄙也"。《字書》"貪惜也"。《韻英》云"慳悋，固惜也"。或作賝、遴。古文作㖆、吝。	
2728	唐	慧琳	一切經音義	4	鵃	鷺	鷺鳥	【鶖鷺】上音秋，下音路。或作鵃、䴪，皆古字也。	

續表

序號	時代	作者	出處	位置	古字	今字	記錄職能	訓條原文	備注
2729	唐	慧琳	一切經音義	4	鷗	鶖	鶖鳥	【鶖鷖】上音秋,下音路。或作搗、鶖,皆古字也。	
2730	唐	慧琳	一切經音義	4	睿	慎	慎	【如燎】遼銚、遼鳥二反……《説文》云"放火也。從火,寮聲"也。寮字從火、從睿。睿音慎,古慎字。	
2731	唐	慧琳	一切經音義	4	㞷	枉	枉	【枉生】威往反。《方言》云"齊魯之間謂光景爲枉矢"。《説文》從木,王聲。古文從文作㞷。	
2732	唐	慧琳	一切經音義	4	匘	匘	腦	【髓匘】……下能老反。《文字集略》云"頭中實也"。此字訛謬甚多……《説文》正體從匕、從囟。囟音信。囟,頭也。從巛,巛象髮。匕者,相比著也,匘聲也。匘音能老反,本古字也。	
2733	唐	慧琳	一切經音義	4	无	無	否定副詞	【无暇】上音無,出《古文奇字》。古無字也。	
2734	唐	慧琳	一切經音義	4	峷	釁	罅隙	【釁心】香靳反……《考聲》"瑕隙也"。或作峷,古字也。	
2735	唐	慧琳	一切經音義	4	雝	擁	抱	【擁曲】邕拱反。鄭注《儀禮》云"擁,抱也"。《考聲》"持也,護也"。《字書》"遮也"。《説文》"從手,雍聲"。正體本作雝,古字也。	
2736	唐	慧琳	一切經音義	4	疢	疣	贅肉	【疣贅】上有憂反。《蒼頡篇》云"疣,贅病也"。或從肉作肬,古作疢。	《説文》:"疢,顛也。從疒,又聲。"疑疢是字疢之變異。
2737	唐	慧琳	一切經音義	4	瑰	愧	慚愧	【有愧生惡】……《爾雅》"愧亦慚也"……或作媿、瑰二體,皆古字也。	

序號	時代	作者	出處	位置	古字	今字	記錄職能	訓條原文	備注
2738	唐	慧琳	一切經音義	4	媿	愧	慚愧	【有愧生惄】……《爾雅》"愧亦慚也"……或作媿、聭二體,皆古字也。	
2739	唐	慧琳	一切經音義	4	趡	愆	過失	【之愆】揭焉反。《考聲》云"愆,失也"。《説文》"過也。從心,衍聲也"。或作諐,皆同也。《經》多從二天,作僁,俗字也。或作趡、卼,皆古字也。	
2740	唐	慧琳	一切經音義	4	卼	愆	過失	【之愆】揭焉反。《考聲》云"愆,失也"。《説文》"過也。從心,衍聲也"。或作諐,皆同也。《經》多從二天,作僁,俗字也。或作趡、卼,皆古字也。	
2741	唐	慧琳	一切經音義	4	畷	綴	聯結	【綴以】追衛反。賈逵注《國語》云"綴,連也"。王逸注《楚辭》云"綴結也"。《説文》"綴,合著也"。或作畷,皆古字也。	
2742	唐	慧琳	一切經音義	4	靑	青	青	【紺靑】……下青字,《説文》"從生、從丹"。今隸書訛略也。	
2743	唐	慧琳	一切經音義	4	𢪒	攀	攀爬	【攀緣】普班反。《古今正字》云"攀,引也"。古文從反拱字爲𢪒。從手,攀聲也。	
2744	唐	慧琳	一切經音義	5	𡿺	腦	腦	【腦膜】上乃倒反。《説文》云"頭中髓也"。古文作𡿺。	
2745	唐	慧琳	一切經音義	5	夨	屎	糞便	【屎尿】上音始。《字書》云"糞,屎也"。《古今正字》作屎,相傳作屎,俗字也。古作夨。正體從尾省、夨聲也。	
2746	唐	慧琳	一切經音義	5	夨	屎	糞便	【屎尿】上音始。《字書》云"糞,屎也"。《古今正字》作屎,相傳作屎,俗字也。古作夨。正體從尾省、夨聲也。	
2747	唐	慧琳	一切經音義	5	綠	綠	帛青色	【碧綠】……下力足反。《説文》云"帛青色"。或作碌,石碌也。又作綠,古字也。	

序號	時代	作者	出處	位置	古字	今字	記錄職能	訓條原文	備注
2748	唐	慧琳	一切經音義	5	粃	壞	敗壞	【弊壞】……《考聲》"崩摧也，敗也"。又作粃，古字也。	
2749	唐	慧琳	一切經音義	5	睡	捶	捶擊	【捶打】章縈反。《考聲》云"捶擊也"。或作睡，古字也。或作箠，亦通。	
2750	唐	慧琳	一切經音義	5	串	慣	習慣	【慣習】……《經》中作串，古字，亦通也。	
2751	唐	慧琳	一切經音義	5	訿	訾	惡罵	【毀訾】下子爾反……或作訿、炊、呰、䞔四形，多是古字也。《韻英》云"訾，罾言也"。鄭注《禮記》云"訾毀者，惡罵也"。	
2752	唐	慧琳	一切經音義	5	炊	訾	惡罵	【毀訾】下子爾反……或作訿、炊、呰、䞔四形，多是古字也。《韻英》云"訾，罾言也"。鄭注《禮記》云"訾毀者，惡罵也"。	
2753	唐	慧琳	一切經音義	5	呰	訾	惡罵	【毀訾】下子爾反……或作訿、炊、呰、䞔四形，多是古字也。《韻英》云"訾，罾言也"。鄭注《禮記》云"訾毀者，惡罵也"。	
2754	唐	慧琳	一切經音義	5	䞔	訾	惡罵	【毀訾】下子爾反……或作訿、炊、呰、䞔四形，多是古字也。《韻英》云"訾，罾言也"。鄭注《禮記》云"訾毀者，惡罵也"。	
2755	唐	慧琳	一切經音義	5	惢	誑	欺騙	【矯誑】……賈逵注《國語》云"誑猶惑也"。杜預注《左傳》云"誑，欺也"。《聲類》或作惢，古字也。	
2756	唐	慧琳	一切經音義	5	殢	枯死	【枯涸】康姑反。《考聲》云"木乾死也"。或作殢，古字也。	
2757	唐	慧琳	一切經音義	5	撫	模	模樣	【揆模】……下莫胡反。《字林》云"模，法也"。字從木，莫聲。《考聲》云"模，形也，規模也"。《字書》云"模，樣也"。有從扌（音手）作摸。摸，取也。非此中義。或作撫、摹，皆古字也。	

序號	時代	作者	出處	位置	古字	今字	記錄職能	訓條原文	備注
2758	唐	慧琳	一切經音義	5	撲	模	模樣	【撲模】……下莫胡反。《字林》云"模,法也"。字從木,莫聲。《考聲》云"模,形也,規模也"……或作撫、撲,皆古字也。	
2759	唐	慧琳	一切經音義	5	㲱	溺	沉溺	【漂溺】……下泥的反。《説文》云"溺,沉也",或作㲱,古字也。	
2760	唐	慧琳	一切經音義	5	瘁	頜	憂傷	【窮頜】牆醉反……《蒼頡篇》云"頜,憂也"。或作悴、瘁、顇三體。後二古字也。	
2761	唐	慧琳	一切經音義	5	顇	頜	憂傷	【窮頜】牆醉反……《蒼頡篇》云"頜,憂也"。或作悴、瘁、顇三體。後二古字也。	
2762	唐	慧琳	一切經音義	5	敺	驅	驅趁	【驅遣】去于反……又作敺,古字也。	
2763	唐	慧琳	一切經音義	5	㲒	耄	老	【衰耄】……下莫報反。《韻英》云"耄,老也"……或作㲒、薹,皆古字也。	
2764	唐	慧琳	一切經音義	5	薹	耄	老	【衰耄】……下莫報反。《韻英》云"耄,老也"……或作㲒、薹,皆古字也。	
2765	唐	慧琳	一切經音義	5	秩	稊	稊草	【稊稗】上徒奚反。《字林》云"似稗,一名英"……或作秩、穉,古字也。	
2766	唐	慧琳	一切經音義	5	穉	稊	稊草	【稊稗】上徒奚反。《字林》云"似稗,一名英"……或作秩、穉,古字也。	
2767	唐	慧琳	一切經音義	5	殳	投	相合	【投趣】徒侯反。《考聲》云"投擲也。赴也。合也"。《説文》云"遙擊也"。或作殳,古字也。	
2768	唐	慧琳	一切經音義	5	彶	奪	奪取	【引奪】徒活反。《字書》云"奪,失也"。《考聲》云"《毛詩》一鳥失之曰奪",本作奪。《石經》作隻,或作彶、税,皆古字也。	

序號	時代	作者	出處	位置	古字	今字	記錄職能	訓條原文	備注
2769	唐	慧琳	一切經音義	5	敓	奪	奪取	【引奪】徒活反。《字書》云"奪，失也"。《考聲》云"《毛詩》一鳥失之曰奪"，本作奪。《石經》作敓，或作敓、敓，皆古字也。	
2770	唐	慧琳	一切經音義	5	毀	毀	毀壞	【告毀】……《蒼頡篇》云"毀，破也"……或從壬作毀，古字也。	
2771	唐	慧琳	一切經音義	5	厴	厭	滿足	【厭背】上伊焰反。《考聲》云"飽足也"。《韻英》云"厭，倦也"。《字書》云"猒，苦也"。《説文》云"從厂（音罕）、從犬、從甘、從肉"。或有作厴，亦通，古字也。	
2772	唐	慧琳	一切經音義	5	夏	更	更	【夏相】上古莖反。今通作更，俗用已久。	
2773	唐	慧琳	一切經音義	5	臭	齅	聞	【鼻齅】休救反。《韻英》"鼻取氣也"。《説文》"以鼻就殠曰齅"。從鼻，臭聲。古人只用臭作齅。	
2774	唐	慧琳	一切經音義	6	包	胞	胎衣	【胞胎】上已交反。古文本作包，象形字也。《石經》作胞，相傳音爲普包反，非也。	
2775	唐	慧琳	一切經音義	6	劣	劣	弱	【薄劣】……下力惙反。《廣雅》"劣，少也"。《説文》云"劣，弱也"。或從忄作㤠，古字也。	
2776	唐	慧琳	一切經音義	6	㥃	度	度量	【比度】……下唐落反，《考聲》云"度，量也"，《集訓》云"揆，度也"。或作㥃，亦同。《説文》"法制也，從又，從庶省聲"。或作㞡、侘，三體皆古字也。	
2777	唐	慧琳	一切經音義	6	㞡	度	度量	【比度】……下唐落反，《考聲》云"度，量也"，《集訓》云"揆，度也"。或作㥃，亦同。《説文》"法制也"，從又，從庶省聲也。或作㞡、侘，三體皆古字也。	
2778	唐	慧琳	一切經音義	6	侘	度	度量	【比度】……下唐落反，《考聲》云"度，量也"，《集訓》云"揆，度也"。或作㥃，亦同。《説文》"法制也"，從又，從庶省聲也。或作㞡、侘，三體皆古字也。	

續表

序號	時代	作者	出處	位置	古字	今字	記録職能	訓條原文	備注
2779	唐	慧琳	一切經音義	6	㖈	憚	畏難	【不憚】唐爛反。鄭箋《毛詩》云"畏難也"……古文作㖈，義訓同。	
2780	唐	慧琳	一切經音義	6	俒	佪	遠	【不佪】巡閨反……《考聲》云"佪，遠也"……或作俒，古字也。	
2781	唐	慧琳	一切經音義	6	皀	香	香	【谷響】……《説文》"聲也，從音，鄉聲"。鄉字……從皀，皀音鄉，古香字也。	
2782	唐	慧琳	一切經音義	6	屍	屬	屬	【若屬】殊欲反。《説文》"屬，連也。從尾，蜀聲"。《經》文作属，不成字。古文作㡰[屍]，㡰[屍]亦屬字也。	
2783	唐	慧琳	一切經音義	6	飢	飢	穀不熟	【飢羸】上几宜反……《説文》云"飢，餓也。從食，几聲"也。或作飢，古字也。	
2784	唐	慧琳	一切經音義	6	貉	絡	繞	【交絡】郎各反。郭注《山海經》"絡，繞也"……或作貉，古字也。	
2785	唐	慧琳	一切經音義	6	撻	遷	遷移	【遷動】淺錢反。《毛詩傳》曰"遷，去也"。又"從也"。賈注《國語》"易也"。鄭注《禮記》云"變改也"。《説文》"登也。從辵，睪聲。古文從手作撻[撻]"。《經》作遷，俗字也。睪音干。	
2786	唐	慧琳	一切經音義	6	勭	動	動	【遷動】……下動字。李斯書《嶧山碑》從童作勭。古文從彳作徸。	
2787	唐	慧琳	一切經音義	6	徸	動	動	【遷動】……下動字。李斯書《嶧山碑》從童作勭。古文從彳作徸。	
2788	唐	慧琳	一切經音義	6	京	京	十兆之數	【十二京】景迎反。《説文》從口作京。今俗從曰作京，非也。十二京者，數法名也。謹案劉洪《九京筭經》"從一至載，數法之名有十五等，京當第八，千萬億兆京"。	

續表

序號	時代	作者	出處	位置	古字	今字	記錄職能	訓條原文	備注
2789	唐	慧琳	一切經音義	6	敗	敗	毀壞	【敗壞】排賣反。《説文》"敗,毀也。從攴,貝聲"。今從文,攴之略也。古文作敗。	
2790	唐	慧琳	一切經音義	6	忑	恐	恐懼	【恐迫】上曲拱反。《爾雅》"恐,懼也"。《經》文作恐,俗字也。《説文》正體從工,從手、從乙、從心作恐。今隸書因草作恐……古文作忑。	
2791	唐	慧琳	一切經音義	6	恐	恐	恐懼	【恐迫】上曲拱反。《爾雅》"恐,懼也"。《經》文作恐,俗字也。《説文》正體從工,從手、從乙、從心作恐。今隸書因草作恐……古文作忑。	
2792	唐	慧琳	一切經音義	6	綠	綠	帛青黃色	【綠縹】力剭反。《説文》云"帛青黃色也"。古文作綠。從糸,录聲。	
2793	唐	慧琳	一切經音義	6	膈	瞎	目不見物	【盲瞎】……下呼八反。《字書》云"目不見物也"……或作膈,古字也。	
2794	唐	慧琳	一切經音義	6	䑑	僕	僕役	【僕隸】上蒲木反。《毛詩傳》曰"僕,附也"……《説文》云"給事之者。從人、從業。業亦聲"。業音卜。古文作䑑。	
2795	唐	慧琳	一切經音義	6	亝	齊	分割	【齊此】上齊細反。或從刀作劑。《考聲》云"分段也"……或作亝,古字也。	
2796	唐	慧琳	一切經音義	6	昜	易	變易	【無易】盈益反。賈注《國語》云"變易也,異也"。孔注《尚書》云"改也"。《字書》"移也"。《廣雅》"轉也"。古文作昜,象形,如蜥蜴蟲形也。《説文》"賈秘書説:日月爲易字。一云從勿省"。此皆情斷,非正也。	
2797	唐	慧琳	一切經音義	6	掔	牽	牽挽	【牽引】上啓賢反。《考聲》云"牽連也"。《廣雅》"牽,挽也"……或作掔,古字也。	

序號	時代	作者	出處	位置	古字	今字	記錄職能	訓條原文	備注
2798	唐	慧琳	一切經音義	6	嬲	嬈	玩弄	【嬈惱】寧鳥反。《説文》云“女惑於男也”。古文作嬲也。	
2799	唐	慧琳	一切經音義	6	㳠	涉	涉水	【涉壤】上時葉反。《韻英》云“涉,歷也”。《考聲》云“涉,渡水也”。古作㳠。	
2800	唐	慧琳	一切經音義	6	宄	究	探究	【推究】……下鳩宥反。《毛詩傳》云“究,滾也”。《説文》“窮也,從穴,九聲”。或作宄、窓、叐、窡,竝是古字。	
2801	唐	慧琳	一切經音義	6	窓	究	探究	【推究】……下鳩宥反。《毛詩傳》云“究,滾也”。《説文》“窮也,從穴,九聲”。或作宄、窓、叐、窡,竝是古字。	
2802	唐	慧琳	一切經音義	6	叐	究	探究	【推究】……下鳩宥反。《毛詩傳》云“究,滾也”。《説文》“窮也,從穴,九聲”。或作宄、窓、叐、窡,竝是古字。	
2803	唐	慧琳	一切經音義	6	窡	究	探究	【推究】……下鳩宥反。《毛詩傳》云“究,滾也”。《説文》“窮也,從穴,九聲”。或作宄、窓、叐、窡,竝是古字。	
2804	唐	慧琳	一切經音義	6	翄	翅	鳥翅	【無翅】……或作翄、翄、翅,竝古字。	
2805	唐	慧琳	一切經音義	6	翄	翅	鳥翅	【無翅】……或作翄、翄、翅,竝古字。	
2806	唐	慧琳	一切經音義	6	翅	翅	鳥翅	【無翅】……或作翄、翄、翅,竝古字。	
2807	唐	慧琳	一切經音義	6	衕	巷	里間道	【一巷】學降反。《毛詩》云“里間道也”……古文作衕。	
2808	唐	慧琳	一切經音義	6	翄	翄	鳥翅	【有翄】施至反。《説文》云“鳥翼也”。或作翄、翄,皆古字也。今《經》中作翅,俗字也。亦通。	

序號	時代	作者	出處	位置	古字	今字	記錄職能	訓條原文	備注
2809	唐	慧琳	一切經音義	6	翼	翄	鳥翅	【有翄】施至反。《説文》云"鳥翼也"。或作羝、翼，皆古字也。今《經》中作翅，俗字。亦通。	
2810	唐	慧琳	一切經音義	6	与	與	連詞	【與趺】上餘渚反。《説文》從舁，与聲也。或作与，古字也。	
2811	唐	慧琳	一切經音義	6	从	從	跟隨	【軍旅】力舉反。孔注《尚書》云"旅，衆也"。《周禮》云"五人爲伍，五伍爲兩，四兩爲卒，五卒爲旅"。《説文》云"軍之五百人也。從劦、從从"。从音疾容反，古從字也。	
2812	唐	慧琳	一切經音義	6	夐	徇	謀求	【不徇】巡闃反。《集訓》云"以身從物曰徇"。《考聲》云"徇，遠也"。《[説]文》云"徇，疾也。從人，旬聲也"。或作夐，古字也。	
2813	唐	慧琳	一切經音義	7	㖦	悆	吝惜	【顧悆】……下力陣反。孔安國注《尚書》云"悆，惜也"。《方言》曰"貪而不施爲之悆"。《説文》正體作吝。吝，恨也。從口，文聲也。或作悋，俗字也。或作㖦、吝，並古字也。	
2814	唐	慧琳	一切經音義	7	吝	悆	吝惜	【顧悆】……下力陣反。孔安國注《尚書》云"悆，惜也"。《方言》曰"貪而不施爲之悆"。《説文》正體作吝。吝，恨也。從口，文聲也。或作悋，俗字也。或作㖦、吝，並古字也。	
2815	唐	慧琳	一切經音義	7	椷	函	木匣	【寶函】霞巖反。古文作椷。或作械。《考聲》云"木匨也"。	
2816	唐	慧琳	一切經音義	7	瘦	瘦	瘦	【瘦極】色瞀反……《説文》"瘦，臞也"。正體作瘦，今通作瘦，俗字也。	
2817	唐	慧琳	一切經音義	7	筥	炬	火炬	【秉法炬】……下渠語反。《説文》云"束竹篝以燒之曰炬"。古作筥也。	

序號	時代	作者	出處	位置	古字	今字	記録職能	訓條原文	備注
2818	唐	慧琳	一切經音義	7	量	量	衡量	【稱量】……下力董反。《考聲》云"量，度也"。稱也。從曰，童聲。古文作量。	
2819	唐	慧琳	一切經音義	7	畲	荅	對答	【酬荅】……下當納反。《韻英》云"荅，對也"……正體作畲。從合、從日，千月反，古字也。今通作荅，訛失本體也。	
2820	唐	慧琳	一切經音義	7	衖	巷	里間道	【一巷】學絳反。《集訓》云"街，巷也"。《廣雅》作衖，音與上同。或作䢽，又作衖，皆古字也，里間道也。	
2821	唐	慧琳	一切經音義	7	䢽	巷	里間道	【一巷】學絳反。《集訓》云"街，巷也"。《廣雅》作衖，音與上同。或作䢽，又作衖，皆古字也，里間道也。	
2822	唐	慧琳	一切經音義	7	驫	源	源頭	【源底】上音原。鄭注《禮記》云"源，本也"。《廣雅》"萬物之本曰源"。《説文》作原或作驫，古字也。	
2823	唐	慧琳	一切經音義	7	橆	模	模樣	【規模】……下母蒲反。鄭玄箋《毛詩》云"模，法也"，又云"模，範也"。《考聲》云"模，形也，模，樣也"。古文作橆，音同上。	
2824	唐	慧琳	一切經音義	7	賚	責	責備	【訶責】……下莊革反。《説文》"責，求也……"《説文》作賚，古字也。	
2825	唐	慧琳	一切經音義	7	孃	懷	懷孕	【懷孕】上橫乖反……古文正體從女作孃。	
2826	唐	慧琳	一切經音義	7	愳	懼	恐懼	【惶懼】……下劬遇反……瞿音具于反，古文作愳。	
2827	唐	慧琳	一切經音義	7	㳫	涉	涉水	【交涉】常業反。《蒼頡篇》云"水中行爲涉歷也"……古作㳫也。	

序號	時代	作者	出處	位置	古字	今字	記錄職能	訓條 原文	備注
2828	唐	慧琳	一切經音義	7	慈	詿	欺騙	【撟詿】……下俱況反。賈逵注《國語》云"詿，惑也"。杜預注《春秋》云"詿，欺也"。《考聲》云"相欺以言也"。《説文》"從言，狂聲"也。或作慈，又作恇，並是古字。今已廢也。	
2829	唐	慧琳	一切經音義	7	恇	詿	欺騙	【撟詿】……下俱況反。賈逵注《國語》云"詿，惑也"。杜預注《春秋》云"詿，欺也"。《考聲》云"相欺以言也"。《説文》從言，狂聲也。或作慈。又作恇，並是古字。今已廢也。	
2830	唐	慧琳	一切經音義	7	憜	懈	懶惰	【懶憜】……《韻英》云"憜，懈也"。或作墮，誤也，或作憜，古字也。	
2831	唐	慧琳	一切經音義	7	朋	鳳	鳳鳥	【朋侶】……古者用貝貨易，五貝爲一朋，此亦假借古鳳字也。借鳳爲朋者，鳳飛則羣鳥万數從之，故借古鳳字爲朋黨字也。	
2832	唐	慧琳	一切經音義	7	飄	飄	迴風	【飄轉】上匹遥反。郭璞注《爾雅》云"飄者，迴風也"……《字林》作飄，古字也。	
2833	唐	慧琳	一切經音義	7	愆	愆	過失	【愆失】竭焉反。《考聲》云"愆，過也"……开音牽，《經》中多從人、二天作僁，俗字也。或作愆、愆，皆古字也。	
2834	唐	慧琳	一切經音義	7	愆	愆	過失	【愆失】竭焉反。《考聲》云"愆，過也"……开音牽，《經》中多從人、二天作僁，俗字也。或作愆、愆，皆古字也。	
2835	唐	慧琳	一切經音義	7	原	源	本源	【源底】上愚袁反。《禮記》云"達於禮樂之源"，鄭玄曰"源，本也"。《廣雅》"万物之本曰源"。《説文》作原。或作原，古字也。	
2836	唐	慧琳	一切經音義	7	弞	戰	驚顫	【戰慄】上旃善反……《爾雅》云"戰，動也"，郭璞云"恐動趍步也"。或作憐。古文作弞。	

序號	時代	作者	出處	位置	古字	今字	記錄職能	訓條原文	備注
2837	唐	慧琳	一切經音義	7	衟	踐	踐踩	【履踐】……下錢演反。孔注《論語》云"踐,循也"。《毛詩傳》云"踐,行皃也"。《禮記》云"踐其位行其禮也"。《説文》云"踐,履也。從足,戔聲"也。或作衟,或作徸,並與踐同,皆古字也。	
2838	唐	慧琳	一切經音義	7	徸	踐	踐踩	【履踐】……下錢演反。孔注《論語》云"踐,循也"。《毛詩傳》云"踐,行皃也"。《禮記》云"踐其位行其禮也"。《説文》云"踐,履也。從足,戔聲"也。或作衟,或作徸,並與踐同,皆古字也。	
2839	唐	慧琳	一切經音義	7	刔	挑	挑剔	【挑目】體彫反。《韻詮》云"挑,撥也"。《考聲》云"挑,抉也"。《説文》從手,兆聲。或從刀作刔,古字也。《經》中或有從木作桃,非也。	
2840	唐	慧琳	一切經音義	8	誀	耻	耻辱	【慙耻】……《考聲》"耻,辱也"。《字書》"羞,耻也"。衛宏從言作誀,古字也。	
2841	唐	慧琳	一切經音義	8	禹	稱	衡量	【稱量】處蒸反。《考聲》"定其輕重也"……古文作禹。《經》作秤,俗字也。	
2842	唐	慧琳	一切經音義	8	自	鼻	鼻	【臭穢】上昌獸反。《玉篇》"臭者,凡物氣之總名"。《説文》"禽走,鼻而知其跡者,犬也"。從犬、從自。自者,古文鼻字也。	
2843	唐	慧琳	一切經音義	8	芇	匪	非	【匪唯】上非尾反。鄭箋《毛詩》"匪,非也"。亦作筐,古文作芇。	
2844	唐	慧琳	一切經音義	8	憒	憤	憤恨	【憤恚】……《蒼頡篇》"憤,懣也"。音悶。《説文》"憤,恚恨也"。或作憒,古字也。	
2845	唐	慧琳	一切經音義	8	礛	巖	崖岸	【峯巖】……《説文》"巖,岸也"。或從石作礛,古字。	

序號	時代	作者	出處	位置	古字	今字	記錄職能	訓條原文	備注
2846	唐	慧琳	一切經音義	8	罜	罩	捕魚籠	【覆罩】……郭璞注《爾雅》"罩，捕魚籠也"……或作罜、䍡、箄、筟，並皆古字也。	
2847	唐	慧琳	一切經音義	8	䍡	罩	捕魚籠	【覆罩】……郭璞注《爾雅》"罩，捕魚籠也"……或作罜、䍡、箄、筟，並皆古字也。	
2848	唐	慧琳	一切經音義	8	箄	罩	捕魚籠	【覆罩】……郭璞注《爾雅》"罩，捕魚籠也"……或作罜、䍡、箄、筟，並皆古字也。	
2849	唐	慧琳	一切經音義	8	筟	罩	捕魚籠	【覆罩】……郭璞注《爾雅》"罩，捕魚籠也"……或作罜、䍡、箄、筟，並皆古字也。	
2850	唐	慧琳	一切經音義	8	㜴	懷	懷孕	【懷憾】……《説文》"念思也。從心，裹聲"也。裹，户乖反。古文作㜴。或作裹。《經》有作裹，協藏也。	
2851	唐	慧琳	一切經音義	8	乩	稽	留止	【稽留】上涇溪反。《考聲》"稽，滯也"。古文作乩……《説文》"稽，留止也"。	
2852	唐	慧琳	一切經音義	8	罔	網	繩網	【罥網】下無倣反……或作羅罔，或作网，皆是古文象形字也。	
2853	唐	慧琳	一切經音義	8	网	網	繩網	【罥網】下無倣反……或作羅罔，或作网，皆是古文象形字也。	
2854	唐	慧琳	一切經音義	8	思	懼	恐懼	【怯懼】……下劬遇反。《考聲》"懼，憂也"。畏也。《説文》"懼，恐也。從心，瞿聲"也。古文作思也。	
2855	唐	慧琳	一切經音義	8	柬	鍊	冶煉	【鎔鍊】……下力細反。古文作柬，亦作煉。《考聲》"精擇也"。	
2856	唐	慧琳	一切經音義	8	幺	幻	幻覺	【如幻】還辨反。或也。古作幺，亦作予，皆古字也。	

序號	時代	作者	出處	位置	古字	今字	記錄職能	訓條原文	備注
2857	唐	慧琳	一切經音義	8	予	幻	幻覺	【如幻】還辨反。或也。古作幺，亦作予，皆古字也。	
2858	唐	慧琳	一切經音義	8	愆	愆	過失	【三愆】竭焉反。《考聲》"愆，過也"……古文作辛，籀文作譽。《說文》作愆，又作寒，皆古字也。	
2859	唐	慧琳	一切經音義	8	寒	愆	過失	【三愆】竭焉反。《考聲》"愆，過也"……古文作辛，籀文作譽。《說文》作愆，又作寒，皆古字也。	
2860	唐	慧琳	一切經音義	8	愆	愆	過失	【三愆】竭焉反。《考聲》"愆，過也"……古文作辛，籀文作譽。《說文》作愆，又作寒，皆古字也。	
2861	唐	慧琳	一切經音義	8	辛	愆	過失	【三愆】竭焉反。《考聲》"愆，過也"……古文作辛，籀文作譽。《說文》作愆，又作寒，皆古字也。	
2862	唐	慧琳	一切經音義	8	柬	煉	精煉	【燒煉】歷殿反。《韻英》云"爍金也。傷研反"。《說文》從金作鍊，"冶金也，從金，柬聲"也。古文作柬。柬字從八作柬，有作東者，非也。	
2863	唐	慧琳	一切經音義	8	倏	儵	儵忽	【儵忽】識祝反。王逸注《楚辭》"儵忽，急皃也"……或從火作倏，或從足作踠，皆古字也。	
2864	唐	慧琳	一切經音義	8	踠	儵	儵忽	【儵忽】識祝反。王逸注《楚辭》"儵忽，急皃也"……或從火作倏，或從足作踠，皆古字也。	
2865	唐	慧琳	一切經音義	8	歆	喝	聲喈	【暫喝辯】……下乙芥反。《考聲》云"聲喈也"。《廣雅》"嘶，喝聲之幽細也"。《字書》或作噫，或作歆，皆古字也。	
2866	唐	慧琳	一切經音義	8	噫	喝	聲喈	【暫喝辯】……下乙芥反。《考聲》云"聲喈也"。《廣雅》"嘶，喝聲之幽細也"。《字書》或作噫，或作歆，皆古字也。	

序號	時代	作者	出處	位置	古字	今字	記錄職能	訓條 原文	備注
2867	唐	慧琳	一切經音義	8	媨	髮	頭髮	【鬢髮】……《説文》“髮，根也。從髟，友聲”也……或作媨，皆古字也，	
2868	唐	慧琳	一切經音義	8	窒	煙	烟霧	【烟焰】宴賢反……《説文》“火氣也。從火、從垔聲”也。或作烟。古文作窒。	
2869	唐	慧琳	一切經音義	8	丼	井	井	【鑿丼】……下丼，精郢反。象形字也。中一點象水，今相傳去點作井也。	
2870	唐	慧琳	一切經音義	8	麤	麁	粗疏	【麁的】蒼姑反。鄭注《禮記》云“麁猶疏也”。《廣雅》“麁，大也”。正體作麤。《説文》從三鹿，今省爲麁。顧野王云“麁，不善也”。	
2871	唐	慧琳	一切經音義	8	帟	希	希望	【希冀】上香依反。《韻詮》“希，慕也”。《考聲》“罕也”。《法言》云“希，冀也”。《經》作悕，俗字也。古文作帟。	
2872	唐	慧琳	一切經音義	8	柬	鍊	鍊	【鎔鍊】……下力鈿反。古文作柬，亦作煉。《考聲》“精擇也”。	
2873	唐	慧琳	一切經音義	8	坐	坐	坐	【挫辱】上租卧反……《説文》“挫，摧也。從手，坐聲也”。小篆坐字從土、從畱省。古文從二人作坐。	
2874	唐	慧琳	一切經音義	8	嶶	徵	徵求	【徵詰】上陟陵反。鄭注《周禮》“徵，召也”。又云“明也”。杜注《左傳》“驗也”。又云“審也”。《謚法》曰“威而不猛曰徵”。《考聲》曰“責也，求也”。《説文》“象也。案事有象可驗曰徵。從壬（體盈反）、從微省聲也”。古文作嶶。	
2875	唐	慧琳	一切經音義	8	瑵	翹	翹舉	【翹足】衹遥反。《廣雅》“翹，舉也”。郭璞注《爾雅》云“翹翹，懸危也”。《毛詩》同。《説文》“翹，長尾也，羽也。從羽，堯聲也”。古作瑵。	

序號	時代	作者	出處	位置	古字	今字	記錄職能	訓條原文	備注
2876	唐	慧琳	一切經音義	8	疕	疑	疑惑	【猜疑】……下魚期反。《考聲》"止也,貳也,未定也"。古作疕,亦作㲤,今從矣[辵](音疎),矣聲也。	
2877	唐	慧琳	一切經音義	9	翄	翅	鳥翅	【有翅】古文翄、翄二形,同。施豉反。《説文》"翅,翼"。	
2878	唐	慧琳	一切經音義	9	翄	翅	鳥翅	【有翅】古文翄、翄二形,同。施豉反。《説文》"翅,翼"。	
2879	唐	慧琳	一切經音義	9	稶	稷	稷	【種稷】古文稶,同。子力反。稷,粟也。五穀之長也。	
2880	唐	慧琳	一切經音義	10	槮	參	參差	【槮差】上磣參反,下厠師反。假借字也。《韻詮》云"槮差者,不齊之皃"。槮字古文或作槮,《經》作參,俗字也。	
2881	唐	慧琳	一切經音義	10	弼	弼	輔助	【弼我】貧密反。孔注《尚書》"弼,輔也"……古文或從支作弼。	
2882	唐	慧琳	一切經音義	10	剏	瘡	瘡痍	【瘡疣】惻莊反。《韻英》"瘡,痍也"。或作創。古文作剏。	
2883	唐	慧琳	一切經音義	10	臸	臻	至	【共臻】櫛詵反。《爾雅》"臻,至也"。《考聲》云"聚也"。《集》訓"到也"。張揖《字詁》作臸,從二至,以爲古文臻字也。象形字也。	
2884	唐	慧琳	一切經音義	10	楠	椷	木匣	【椷盛】上霞巖反。《考聲》云"木匤也"……亦作楠,古字也。	
2885	唐	慧琳	一切經音義	10	柯	荷	負擔	【荷擔】胡歌反,又音賀。《廣雅》"荷,擔揭也"。古文作柯,亦同。	
2886	唐	慧琳	一切經音義	10	迺	乃	乃	【迺津】上奴改反。亦古文乃字也。	

續表

序號	時代	作者	出處	位置	古字	今字	記錄職能	訓條原文	備注
2887	唐	慧琳	一切經音義	10	𪜋	絶	斷絶	【能斷】……《説文》“截也。從斤，從𪜋”。音絶，古文絶字也。	
2888	唐	慧琳	一切經音義	10	愆	愆	過失	【三愆】古文寋、遆二形，籀作𨐌。今作愆，同。去連反。《説文》“𨐌，過也，失也”。	
2889	唐	慧琳	一切經音義	10	寋	愆	過失	【三愆】古文寋、遆二形，籀作𨐌。今作愆，同。去連反。《説文》“𨐌，過也，失也”。	
2890	唐	慧琳	一切經音義	10	遆	愆	過失	【三愆】古文寋、遆二形，籀作𨐌。今作愆，同。去連反。《説文》“𨐌，過也，失也”。	
2891	唐	慧琳	一切經音義	10	漏	涸	乾涸	【竭涸】……《廣雅》“涸，盡也”。《蒼頡篇》作漏，古字也。	
2892	唐	慧琳	一切經音義	11	峆	礨	礭隙	【阿礨】虚靳反……《考聲》“瑕隙也”。《經》文作礨，訛謬也。或作峆，古字也。	
2893	唐	慧琳	一切經音義	11	自	鼻	鼻	【臭穢】上昌狩反。《玉篇》云“臭者，物氣之總名也”。《説文》云“禽走，鼻而知其跡者，犬也。故臭字從犬、從自”。自者，古文鼻字也。	
2894	唐	慧琳	一切經音義	11	𢔯	得	得	【逮得】……古文正體雖從見、從寸作𢔯，或作䙷。自漢魏已來，早已變體作得。衛宏、張揖《古今[字詁]》《[古文]官書》並廢古而用得字，行已久矣，不可改易也。	
2895	唐	慧琳	一切經音義	11	䙷	得	得	【逮得】……古文正體雖從見、從寸作𢔯，或作䙷。自漢魏已來，早已變體作得。衛宏、張揖《古今[字詁]》《[古文]官書》並廢古而用得字，行已久矣，不可改易也。	
2896	唐	慧琳	一切經音義	11	仐	干	盾	【干戈】上岡安反。《詩傳》曰“干，杆也”。音旱。杆，盾也。脣凖反。《説文》作戁，音干。干，犯也。從反入、從一作仐，古字也。	

續表

序號	時代	作者	出處	位置	古字	今字	記録職能	訓條原文	備注
2897	唐	慧琳	一切經音義	11	駞	馳	奔馳	【馳騁】上雉離反。俗用字也。正或作駞，此字雖是正體，爲有兩音，又音陀。今且從俗作馳。顧野王云“馳，走也”。《廣雅》“馳，奔也”。	駞，是駝之異體。奔馳義本字即是馳。存疑。
2898	唐	慧琳	一切經音義	11	乱	亂	錯亂	【矯亂】下盧叚反。《考聲》“亂，錯也”。或作乱，古字。《説文》從乙。𤔔音亂聲也。	
2899	唐	慧琳	一切經音義	11	䁖	嚬	皺眉	【嚬慼】……下酒育反。《考聲》云“嚬，嚬也”……或從目作䁖，古字也。	
2900	唐	慧琳	一切經音義	11	霫	洽	潤濕	【潤洽】……《説文》“洽，霑也”。或作霫，古字。	
2901	唐	慧琳	一切經音義	11	涀	涎	唾液	【涎唾】上囚延反。通俗字也。《説文》正體作次，口液也……或作涀，古字也。	
2902	唐	慧琳	一切經音義	11	冣	聚	聚集	【貯聚】……下情裕反，又音慈庾反，上聲亦通。《韻英》云“集會也”……古文作冣也。	
2903	唐	慧琳	一切經音義	11	散	散	分散	【繖蓋】上桑懶反。《玉篇》云“繖即蓋也”。《通俗文》曰“以帛避雨曰繖。從糸（音覓），散聲也”。又散字本作椒，從林［𣏟］（枰拜反）。林［𣏟］，分散也。今隸書相傳作散，訛略也。	
2904	唐	慧琳	一切經音義	11	謫	讁	罰	【讁罰】上張革反。俗用字也。《毛詩傳》曰“讁，責也”。杜預注《左傳》云“讁，譴也”。《方言》“讁，怒也”。郭璞曰“謂相責怒也”。《説文》“讁，罰也”。正體作謫，從言從帝從口。今《經》文從適作讁，俗字也。	
2905	唐	慧琳	一切經音義	11	矯	矦	詐	【矯亂】姜夭反。《集訓》“矯，詐也”。顧野王曰“假稱謂之矯”。《説文》“矯，擅也。從矢，喬聲也”。《説文》又解喬字從夭。今俗用從右作矦，謬也。下盧叚反。《考聲》“亂，錯也”。或作乱，古字。《説文》從乙。𤔔音亂聲也。	

序號	時代	作者	出處	位置	古字	今字	記錄職能	訓條原文	備注
2906	唐	慧琳	一切經音義	11	乱	亂	錯亂	【矯亂】姜夭反。《集訓》"矯，詐也"。顧野王曰"假稱謂之矯"。《説文》"矯，擅也。從矢，喬聲也"。《説文》又解喬字從夭。今俗用從右作喬，謬也。下盧段反。《考聲》"亂，錯也"。或作乱，古字。《説文》從乙。𤔔音亂聲也。	
2907	唐	慧琳	一切經音義	11	來	来	來	【賣來】……下來字從二人。今作来，訛也。	
2908	唐	慧琳	一切經音義	11	訑	訑	欺瞞	【匿訑】……下達何反。顧野王"訑，欺也，誑也，不信也"。《説文》"兗州謂欺爲訑"。魯語也。今作訑也。	
2909	唐	慧琳	一切經音義	12	𤶠	瘡	瘡痍	【瘡疣】上惻莊反。俗字也。《考聲》云"瘡，痍也"……古文作𣤶，或作𤶠，古字也。	
2910	唐	慧琳	一切經音義	12	𣤶	瘡	瘡痍	【瘡疣】上惻莊反。俗字也。《考聲》云"瘡，痍也"……古文作𣤶，或作𤶠，古字也。	
2911	唐	慧琳	一切經音義	12	孃	懷	懷孕	【懷姙】上胡乖反。古文從女作孃。	
2912	唐	慧琳	一切經音義	12	䭫	稽	叩首至地	【稽顙】……正體作䭫，從旨、從首，古字。今通作稽。	
2913	唐	慧琳	一切經音義	12	㥂	惰	懶惰	【嬾憜】……或作墮，亦同。或作㥂，古字也。	
2914	唐	慧琳	一切經音義	12	捩	裂	分裂	【劈裂】……下力哲反。《廣雅》"裂，分也"……或從手作捩，古字也。	
2915	唐	慧琳	一切經音義	12	嬲	嬈	玩弄	【嬈轉】奴鳥反。古文作嬲。《集訓》云"戲謔相擾也"。《三蒼》云"嬈，弄也"。	
2916	唐	慧琳	一切經音義	12	睿	濬	深	【濬流】戍俊反。《韻英》云"深也"。《説文》作濬，籀文作睿，皆古字也。下流字。《説文》"從水、從㐬"，㐬上有點。今俗用流字無點，非也。	

序號	時代	作者	出處	位置	古字	今字	記錄職能	訓條原文	備注
2917	唐	慧琳	一切經音義	12	㳅	流	深邃	【瀋流】戍俊反。《韻英》云"深也"。《説文》作㴘，籀文作睿，皆古字也。下流字。《説文》"從水、從㐬"，㐬上有點。今俗用流字無點，非也。	
2918	唐	慧琳	一切經音義	12	敕	勅	敕	【嚴整】征領反。《考聲》云"整，齊也，正也，理也"，從敕。敕，古勅字也。	
2919	唐	慧琳	一切經音義	12	酉	酒	酒	【罪釁】忻近反。杜注《左傳》云"釁，瑕隙也，罪也"。賈注《國語》"兆也"。《説文》作釁，從爨省。爨字象祭器。酉，古酒字也。分聲也。今俗作釁，略也。《經》作釁，謬也。	
2920	唐	慧琳	一切經音義	12	釁	釁	血祭	【罪釁】忻近反。杜注《左傳》云"釁，瑕隙也，罪也"。賈注《國語》"兆也"。《説文》作釁，從爨省。爨字象祭器。酉，古酒字也。分聲也。今俗作釁，略也。《經》作釁，謬也。	
2921	唐	慧琳	一切經音義	12	督	揩	擦拭	【相揩】坑皆反。《廣雅》"揩，摩也"。《説文》"從手，皆聲也"。《考聲》"揩，拭也"。古作督也。	
2922	唐	慧琳	一切經音義	12	瘂	啞	有聲之啞	【瘖瘂】……下烏賈反。《埤蒼》云"瘂，瘖也"。《文字集略》云"口不能言也"。此等説皆相亂不分明。案：瘖者，寂默而無聲。瘂者，有聲而無説，舌不轉也。今《經》文多作啞，非也，音厄。啞啞，笑聲也。笑非經義。	
2923	唐	慧琳	一切經音義	12	尰	瘇	浮腫	【瘦瘇】……下樹勇反，又樹用反。《韻英》云"足病腫也"。《韻詮》云"不能行也"。《説文》"脛氣足腫也。從疒（女厄反）、從童作疒[瘇]"。今《經》文從重作瘇，訛略也。	
2924	唐	慧琳	一切經音義	12	龔	恭	恭敬	【恭恪】上薑邕反。《尚書》"儼恪也"。孔安國注云"恭，奉也"。《考聲》云"敬也，肅也"。《説文》"給也。從心、從共，共聲也"。古作龔。	

序號	時代	作者	出處	位置	古字	今字	記錄職能	訓條原文	備注
2925	唐	慧琳	一切經音義	12	祆	妭	災異	【妭魅】上於驕反。正體從示（音示）、從芺［芺］（於驕反）。今通作妭，訛也。《左傳》曰“天反時爲災，地反物爲祆”。	
2926	唐	慧琳	一切經音義	12	備	俻	具備	【湻備】……下皮媚反。《説文》“具也。從人、葡［葡］（音被）聲也。今《經》作俻，俗字訛略也。	
2927	唐	慧琳	一切經音義	12	冥	寞	幽冥	【諸冥】覓瓶、迷並二反。《毛詩傳》曰“冥，窈也（一了反）”。鄭箋云“冥，夜也”。《説文》“幽也。從冖（音覓，冖，覆也）、從日（日數十）、從六（每十六日，月初虧漸向幽暗也）”。會意字也。今《經》文多從宀（音綿）、從具作寞，非也，失之甚矣。	
2928	唐	慧琳	一切經音義	12	鹹	醶	鹹味	【鹹酢】上洽緘反。《爾雅》“鹹，苦也”。《考聲》云“水味也”。《説文》“鹹，銜也。從鹵（音魯），咸聲也”。今《經》文從酉作醶，誤也。俗用亦通。下粗素反。《蒼頡篇》云“酢，酸也”。《説文》“酸也（義減反）。從酉，乍聲也”。	
2929	唐	慧琳	一切經音義	12	腭	咢	腭部	【喉腭】我各反。俗字。正體從肉、從叩（音喧）、從屰（音逆）作腭。今通俗作咢，訛也。	
2930	唐	慧琳	一切經音義	12	竊	窃	暗地	【竊懷】千結反……《説文》“盗自穴中出”。從穴、從米，卨音薛。廿音疾，皆聲也。今省去廿作窃，略也。	
2931	唐	慧琳	一切經音義	12	戻	没	沉	【漂没】……下門悖反。杜注《左傳》“没，沈也”。《聲類》“没，溺也”。《説文》“湛也。從水、從戻”。戻即古文，作戻字，會意字也。	
2932	唐	慧琳	一切經音義	13	燼	爐	燃餘木灰	【灰燼】……《説文》燼，謂爲火之餘木也。燼從聿、從火。今通作爐，誤也。	
2933	唐	慧琳	一切經音義	13	㴘	流	水流	【流涌】力周反……《説文》從林（二水），並從㐬作㴘，今俗作流，訛也。	

序號	時代	作者	出處	位置	古字	今字	記錄職能	訓條原文	備注
2934	唐	慧琳	一切經音義	13	夂	鞭	皮鞭	【鞭杖】補綿反。《玉篇》云“用革以朴罪人也”……古文作夂，會意字也。	
2935	唐	慧琳	一切經音義	13	屮	之	之	【蚩賣】上齒之反。《廣雅》“蚩，輕也，亂也”。《釋名》“癡也”。《聲類》“駭也”。《考聲》“醜惡也”。《説文》“蚩，笑也。蟲名也。從虫，音毀。從屮，古之字也”。	
2936	唐	慧琳	一切經音義	13	𢘓	辱	耻辱	【挫辱】……下如欲反。賈注《國語》云“辱，耻也”……或從心作𢘓，古字。	
2937	唐	慧琳	一切經音義	13	肯	呵	呵斥	【呵嗽】呼阿反。或作訶。《周禮》曰“不敬者呵而罰之”。古文從止作肯。	
2938	唐	慧琳	一切經音義	13	鴛	鸝	黃鸝	【黃鸝】力知反。《方言》“黃鸝，鶬鶊也……”《廣志》謂之黃離留。或作鴛、鶏，古字也。	
2939	唐	慧琳	一切經音義	13	鶏	鸝	黃鸝	【黃鸝】力知反。《方言》“黃鸝，鶬鶊也……”《廣志》謂之黃離留。或作鴛、鶏，古字也。	
2940	唐	慧琳	一切經音義	13	鴛	離	黃鸝	【黃鸝】力知反。《方言》“黃鸝，鶬鶊也……”《廣志》謂之黃離留。或作鴛、鶏，古字也。	
2941	唐	慧琳	一切經音義	13	鶏	離	黃鸝	【黃鸝】力知反。《方言》“黃鸝，鶬鶊也……”黃離留或作鴛、鶏，古字也。	
2942	唐	慧琳	一切經音義	13	乱	亂	錯亂	【混亂】上魂穩反……《考聲》“亂，錯也”……或作乱，古字也。	
2943	唐	慧琳	一切經音義	13	欽	吃	口吃	【謇吃】……下謹乙反。《考聲》云“語難也”……吃或從欠作欽，古字也。	
2944	唐	慧琳	一切經音義	13	炗	魯	魯鈍	【魯樸】盧覩反。《考聲》云“魯，拙也”……古文作炗。	

續表

序號	時代	作者	出處	位置	古字	今字	記錄職能	訓條原文	備注
2945	唐	慧琳	一切經音義	13	敺	驅	驅趕	【驅伇】羌虞反。《蒼頡篇》云"隨後曰驅"。《廣雅》"驅,奔也"。古文作敺,逐之也。	
2946	唐	慧琳	一切經音義	13	舓	舐	舔舐	【舐舓】上時尒反。人身中蟲名也。《説文》"舌取食也"。或作舓、舓、𧮫。四形,此三古字。	原文有"四形",疑"𧮫"後脱一字。
2947	唐	慧琳	一切經音義	13	舓	舐	舔舐	【舐舓】上時尒反。人身中蟲名也。《説文》"舌取食也"。或作舓、舓、𧮫。四形,此三古字。	原文有"四形",疑"𧮫"後脱一字。
2948	唐	慧琳	一切經音義	13	𧮫	舐	舔舐	【舐舓】上時尒反。人身中蟲名也。《説文》"舌取食也"。或作舓、舓、𧮫。四形,此三古字。	原文有"四形",疑"𧮫"後脱一字。
2949	唐	慧琳	一切經音義	13	緪	亙	亙	【綱緪】上音冈。下古恒反。《考聲》"緪,大索也"。《經》從亙作緪,誤。略也。《玉篇》音胡官反,緩也。又是古文亙字,非《經》義也。	
2950	唐	慧琳	一切經音義	13	无	無	否定副詞	【无擾】上音無,古文無字也。	
2951	唐	慧琳	一切經音義	13	埒	劣	弱	【陋劣】……下巒惙反。《考聲》云"弱也,少也"。會意字。或作孬、埒,古字也。	
2952	唐	慧琳	一切經音義	13	孬	劣	弱	【陋劣】……下巒惙反。《考聲》云"弱也,少也"。會意字。或作孬、埒,古字也。	
2953	唐	慧琳	一切經音義	13	不	桙	伐木之餘	【栽桙】我割反。《爾雅》"桙,餘也"。《説文》或作桙,"伐木餘也,從木,辛聲"。《經》文從枀,誤也。或作不,古字。木無頭,象形字也。	
2954	唐	慧琳	一切經音義	13	卬	仰	仰望	【祇仰】……下魚兩反。《説文》"仰,望也。從匕、從卩",音節。作卬,古字也。今從人作仰。	

序號	時代	作者	出處	位置	古字	今字	記錄職能	訓條原文	備注
2955	唐	慧琳	一切經音義	13	匋	陶	瓦器	【陶師】唐勞反……正作匋。《考聲》云“瓦竈也。昆吾所作”。從缶 [缶] （甫苟反）、勹（音包）。今《經》中從阜作陶。陶，丘也。相承用亦通也。	
2956	唐	慧琳	一切經音義	13	逆	迎	逆	【逆旅】迎戟反。《説文》“迎也。從辵（丑略反），屰聲”。屰音送。今通作迎，訛也。下力貯反……《説文》“旅，軍也，五百人也。古文作表，從从（於騫反）、從二人（古從字）也”。	
2957	唐	慧琳	一切經音義	13	癤	癤	瘡腫	【痤癤】上粗嬴反，下音節。《文字集略》云“肉殰瘡也”。又云“小癰腫也”。古作癤，音與節同也。	
2958	唐	慧琳	一切經音義	14	刅	瘡	創傷	【瘡瘢】上楚霜反。《考聲》云作“痏也”。《説文》作刅，古字也。	
2959	唐	慧琳	一切經音義	14	挍	較	考量	【較試】上音角。《考聲》云“較略也”……或作挍，古文，俗。	
2960	唐	慧琳	一切經音義	14	充	旒	旗之垂飾	【旒蘇】上音流。《考聲》云“旒蘇，旗脚也”。今以垂珠帶爲旒蘇，象冕旒也。古文作充，象形字也。	
2961	唐	慧琳	一切經音義	14	饌	饌	飲食	【味饌】音撰，俗字也。正體雖作饌，古字，不行用。馬融注《論語》云“饌，飲食也”。	
2962	唐	慧琳	一切經音義	14	頒	髮	頭髮	【鬚髮】上音須，俗字也。本字只作須。《説文》從頁，頁，頭。從彡，音衫，彡，彙毛也。時用須字從水作湏，非也。湏乃是古文頮字也，音悔。下蕃韈反。顧野王云“首上毛也”……古文作頒。	
2963	唐	慧琳	一切經音義	14	湏	頮	洗面	【鬚髮】上音須，俗字也。本字只作須。《説文》從頁，頁，頭。從彡，音衫，彡，彙毛也。時用須字從水作湏，非也。湏乃是古文頮字也，音悔。下蕃韈反。顧野王云“首上毛也”……古文作頒。	
2964	唐	慧琳	一切經音義	14	渿	梁	橫梁	【尋梁】……下力强反。尋梁者，今之鈎欄上尋杖木也。《説文》梁字“從水，從刅，從木”。古文從水、從本、從木作渿。	

序號	時代	作者	出處	位置	古字	今字	記錄職能	訓條原文	備注
2965	唐	慧琳	一切經音義	14	屍	髁	髀上骨	【䯏髁】誇化反。又上聲，亦通。《考聲》云"髀上骨也"。或作屍，古字也。	
2966	唐	慧琳	一切經音義	14	屍	踝	髀上骨	【至踝】苦覇反。俗字也。正體從骨、從果作髁。《文字集略》云"髀上骨也"。古文作屍。	
2967	唐	慧琳	一切經音義	14	膺	臕	胸	【膺平】憶凝反……《説文》"膺，智也。從肉，雁聲"。或從骨作臕，古字也。	
2968	唐	慧琳	一切經音義	14	羨	羡	貪慕	【歎羨】涎箭反。《韓詩》"羨，願也"。《考聲》"愛也，慕也"。《説文》"貪欲也。從美（音眉彼反），次聲也。次音夕延反，口液也。從水、從欠。今俗用從羊、從次作羡，非也。	
2969	唐	慧琳	一切經音義	14	冃	帽	帽	【韖帽】……下毛報反。或作褌。《考聲》"頭衣也"。《説文》"小兒及蠻夷頭衣也"。本作冒，今隸書從巾冒聲也。	
2970	唐	慧琳	一切經音義	14	撦	抴	牽拉	【牽撦】……下昌世反。顧野王云"撦猶牽也"。《説文》云"引而縱也"。或作掣，俗字也。今《經》作抴，誤也。	
2971	唐	慧琳	一切經音義	14	貓	猫	猫	【貓伺】……《説文》從豸、從苗。今《經》文從犬作猫，俗字也。	
2972	唐	慧琳	一切經音義	14	齎	賷	携帶	【齎持】……《説文》"持，遺也。從貝，齊聲"。今《經》文作賷，俗用字，謬誤之甚。	
2973	唐	慧琳	一切經音義	14	傎	巔	倒	【傎倒】上丁堅反。《考聲》云"傎亦倒也。從人，從填省聲也"。今《經》文從山作巔，誤也，山頂也，非經義。	
2974	唐	慧琳	一切經音義	14	賣	賣	賣	【衒賣】……下買敗反。《説文》云"出物也。從出，買聲也"。今經從土[士]、從罒，俗用訛略也。買字《説文》從网也。	

序號	時代	作者	出處	位置	古字	今字	記錄職能	訓條原文	備注
2975	唐	慧琳	一切經音義	15	皋	罪	罪	【悲嘷】胡熬反。《説文》"嘷,咆也"。案嘷亦大哭也。從口,睪聲。睪字從自、從卒,卒音滔。《經》文從自、從辛作皋,非也。乃是古文罪字也。	
2976	唐	慧琳	一切經音義	15	麤	塵	塵土	【塵埃】上長隣反。莊子云"塵埃也"。《説文》云"行揚土也"。從鹿、從土,本作麤,古字也。	
2977	唐	慧琳	一切經音義	15	殳	殳	殳	【穿鑿】……下藏鶴反。《考聲》云"木作具也"……從金、從舉,下從臼,從殳、金……殳音殊,古文作殳。	
2978	唐	慧琳	一切經音義	15	窻	窻	窗	【窻隙】俗字也。正作牎,《字書》云"助戶明也",音楚江反。《説文》"在牆曰牖,在屋曰囪",象形,古字也。今隸書通作窻。又云"通孔也"。	
2979	唐	慧琳	一切經音義	15	囪	窻	窗	【窻隙】俗字也。正作牎,《字書》云"助戶明也",音楚江反。《説文》"在牆曰牖,在屋曰囪",象形,古字也。今隸書通作窻。又云"通孔也"。	
2980	唐	慧琳	一切經音義	15	殺	煞	煞	【刺殺】……下山札反。《説文》"戮也。法也。從殳,杀聲"。古文煞字也。	
2981	唐	慧琳	一切經音義	15	坴	糞	糞	【粪丸】方問反。或作䐋。並通。《經》作糞,非也。古文作坴。《説文》作粪。此二古字皆正,時人罕用。	
2982	唐	慧琳	一切經音義	15	粪	糞	糞	【粪丸】方問反。或作䐋。並通。《經》作糞,非也。古文作坴。《説文》作粪。此二古字皆正,時人罕用。	
2983	唐	慧琳	一切經音義	15	鬻	羹	湯羹	【羹臛】上更衡反。《爾雅》"鹽梅謂之羹"……亦作鬻、䰜,皆古字也。	
2984	唐	慧琳	一切經音義	15	䰜	羹	湯羹	【羹臛】上更衡反。《爾雅》"鹽梅謂之羹"……亦作鬻、䰜,皆古字也。	

序號	時代	作者	出處	位置	古字	今字	記錄職能	訓條原文	備注
2985	唐	慧琳	一切經音義	15	𠾅	叫	叫	【嘷叫】……下驍曜反。《廣雅》"叫，鳴也"……《玉篇》作噭。或作嘄、𠾅、訆，皆古文叫字也。	
2986	唐	慧琳	一切經音義	15	嘄	叫	叫	【嘷叫】……下驍曜反。《廣雅》"叫，鳴也"……《玉篇》作噭。或作嘄、𠾅、訆，皆古文叫字也。	
2987	唐	慧琳	一切經音義	15	訆	叫	叫	【嘷叫】……下驍曜反。《廣雅》"叫，鳴也"……《玉篇》作噭。或作嘄、𠾅、訆，皆古文叫字也。	
2988	唐	慧琳	一切經音義	15	詠	寂	沉寂	【宗静】《經》文作家，古字也。亦作詠、俶，今俗通作寂，五體一正一俗三古。	
2989	唐	慧琳	一切經音義	15	俶	寂	沉寂	【宗静】《經》文作家，古字也。亦作詠、俶，今俗通作寂，五體一正一俗三古。	
2990	唐	慧琳	一切經音義	15	家	宋	沉寂	【宗静】《經》文作家，古字也。亦作詠、俶，今俗通作寂，五體一正一俗三古。	
2991	唐	慧琳	一切經音義	15	卝	礦	礦藏	【金礦】……或作礦，或作鉚。《經》文作卝，古字。	
2992	唐	慧琳	一切經音義	15	臼	鞠	曲指捧物	【掬滿】弓六。掬，俗用，非。本字正作匊。《字書》"在手曰匊"。《説文》作臼，兩手相對，象形字也。《考聲》作鞠，亦作羍，古字。兩手撮取也。皆古字也。今通作鞠，用引失之矣。	
2993	唐	慧琳	一切經音義	15	羍	掬	曲指捧物	【掬滿】弓六。掬，俗用，非。本字正作匊。《字書》"在手曰匊"。《説文》作臼，兩手相對，象形字也。《考聲》作鞠，亦作羍，古字。兩手撮取也。皆古字也。今通作鞠，用引失之矣。	

序號	時代	作者	出處	位置	古字	今字	記錄職能	訓條原文	備注
2994	唐	慧琳	一切經音義	15	鞫	鞠	曲指捧物	【掬滿】弓六。掬，俗用，非。本字正作匊。《字書》"在手曰匊"。《説文》作臼，兩手相對，象形字也。《考聲》作鞫，亦作弆，古字。兩手撮取也。皆古字也。今通作鞠，用引失之矣。	
2995	唐	慧琳	一切經音義	15	弆	鞠	曲指捧物	【掬滿】弓六。掬，俗用，非。本字正作匊。《字書》"在手曰匊"。《説文》作臼，兩手相對，象形字也。《考聲》作鞫，亦作弆，古字。兩手撮取也。皆古字也。今通作鞠，用引失之矣。	
2996	唐	慧琳	一切經音義	15	樐	櫓	櫓	【樓櫓】……下音魯。杜注《左傳》云"櫓，大盾也，以拒戰敵也"。或作樐，古字也。	
2997	唐	慧琳	一切經音義	15	女	你	汝	【女得】音汝。下文三段皆汝字也，並云汝。今爲你是也。	
2998	唐	慧琳	一切經音義	15	斦	析	分析	【如析】星亦反。析，分也……古文作斦。	
2999	唐	慧琳	一切經音義	15	舐	舐	舔舐	【若舐】食爾反。《説文》云"以舌取物也"。或作舓、舐，並通，皆古文舐字也。《經》作舐非也。未詳何出。	
3000	唐	慧琳	一切經音義	15	舓	舐	舔舐	【若舐】食爾反。《説文》云"以舌取物也"。或作舓、舐，並通，皆古文舐字也。《經》作舐非也。未詳何出。	
3001	唐	慧琳	一切經音義	15	䛐	辭	言辭	【文辭】似茲反。《考聲》云"以言説理也"。古文作䛐。	
3002	唐	慧琳	一切經音義	15	衙	愆	過失	【昔愆】掲言反。《考聲》"愆，過也"……或作衙、寋，古字也。	
3003	唐	慧琳	一切經音義	15	寋	愆	過失	【昔愆】掲言反。《考聲》"愆，過也"……或作衙、寋，古字也。	

序號	時代	作者	出處	位置	古字	今字	記錄職能	訓條 原文	備注
3004	唐	慧琳	一切經音義	16	劈	剔	剃	【除剔】他歷反。《毛詩傳》曰“剔，鬄髮也”。正作鬄。古文作劈也。	
3005	唐	慧琳	一切經音義	16	匜	篋	箱櫃	【箱篋】下謙葉反……《説文》“箱類也”。篋亦笥也。古文作匜。	
3006	唐	慧琳	一切經音義	16	尢	尫	跛	【尫狂】枉王反。正體本作尢，象形。今俗用加王作尫，形聲字也。《韻詮》“尫，弱也”。《通俗文》云“短小曰尫”。《説文》“跛，曲脛也”。	
3007	唐	慧琳	一切經音義	17	垄	糞	糞	【糞埽】上分問反。《集訓》云“掃除穢物肥地曰糞”……或從土、從弁作垄，古字也。	
3008	唐	慧琳	一切經音義	17	垄	糞	糞便	【糞埽】上分問反……或從土、從弁作垄，古字也。	
3009	唐	慧琳	一切經音義	17	築	櫃	捶擊	【以櫃】陟瓜反。《考聲》云“櫃，擊也”，《聲類》云“捶也”……《説文》從竹作築，古字也。	
3010	唐	慧琳	一切經音義	18	敊	撻	鞭打	【鞭撻】……下炭割反。《廣雅》“撻，擊也”……古文作敊、攦、攙。	
3011	唐	慧琳	一切經音義	18	攦	撻	鞭打	【鞭撻】……下炭割反。《廣雅》“撻，擊也”……古文作敊、攦、攙。	
3012	唐	慧琳	一切經音義	18	攙	撻	鞭打	【鞭撻】……下炭割反。《廣雅》“撻，擊也”……古文作敊、攦、攙。	
3013	唐	慧琳	一切經音義	18	夊	鞭	皮鞭	【鞭撻】上必綿反。《説文》“鞭，擊也。從革，便聲”。古文作夊。	
3014	唐	慧琳	一切經音義	18	弍	二	二	【猜貳】……下音二。《左傳》曰“臣不敢貳”，杜注云“貳，違令也”。《考聲》“亦疑也，二也”。從貝，弍聲。弍，古文二字也。	

續表

序號	時代	作者	出處	位置	古字	今字	記錄職能	訓條原文	備注
3015	唐	慧琳	一切經音義	18	㩻	操	操持	【操紙】草刀反。《説文》云"操,持也"。或作㩻,古字也。	
3016	唐	慧琳	一切經音義	18	馭	御	馭使	【乘馭】……馭《説文》作御,"使馬也"。馭,古文御字也。	
3017	唐	慧琳	一切經音義	18	乱	亂	錯亂	【矯乱】姜夭反。亦從手作撟。撟,詐也,妄也。下古文亂字也。	
3018	唐	慧琳	一切經音義	18	自	鼻	鼻	【爛臭】上闌且反。下昌咒反。《説文》云"禽獸走而知其跡者,犬也"。從犬、從自。自即古文鼻字也,會意字也。	
3019	唐	慧琳	一切經音義	18	取	㧝	拈	【捻箭】念牒反。《考聲》"捻,捏也"。《説文》作㧝,音乃涉反,訓云"㧝,拈也,從手,取聲"。取音輒,古字也。	
3020	唐	慧琳	一切經音義	18	炗	六	六	【欺勠】力澄反。《玉篇》云"侵侮也"。《説文》作夌。夌,越也。從夂,炗聲。炗,古文六字也。	
3021	唐	慧琳	一切經音義	18	寋	愆	過失	【愆陽】上羌焉反。亦作僁。《左傳》曰"冬無愆陽"。杜預曰"愆,過也。謂冬温也"。古文諐、寋、羺、遣並出。	
3022	唐	慧琳	一切經音義	18	諐	愆	過失	【愆陽】上羌焉反。亦作僁。《左傳》曰"冬無愆陽"。杜預曰"愆,過也。謂冬温也"。古文諐、寋、羺、遣並出。	
3023	唐	慧琳	一切經音義	18	羺	愆	過失	【愆陽】上羌焉反。亦作僁。《左傳》曰"冬無愆陽"。杜預曰"愆,過也。謂冬温也"。古文諐、寋、羺、遣並出。	
3024	唐	慧琳	一切經音義	18	遣	愆	過失	【愆陽】上羌焉反。亦作僁。《左傳》曰"冬無愆陽"。杜預曰"愆,過也。謂冬温也"。古文諐、寋、羺、遣並出。	
3025	唐	慧琳	一切經音義	18	傘	繖	傘	【繖蓋】上桑旦反。或作傘,古字也。	

序號	時代	作者	出處	位置	古字	今字	記錄職能	訓條 原文	備注
3026	唐	慧琳	一切經音義	18	覇	魄	月光亮處	【失魄】……《説文》“月始生魄然也……”古文作覇。	
3027	唐	慧琳	一切經音義	18	紮	索	索取	【以索亡珠】所革反。俗字也。正作紮。《方言》“索，取也”。借音字也。本音桑洛反，今不取。《説文》云“草木有莖，葉可爲繩索，故從宋（普末反）、從糸，象形字也”。今隸書通作索，變體書也。	
3028	唐	慧琳	一切經音義	18	𢇍	絶	斷絶	【陷斷】……下團乱反……《説文》“斷，截也。從斤，𢇍聲”。古文絶字也。今隸書取便穩廻作𢇍也。	
3029	唐	慧琳	一切經音義	18	㝍	悖	壯大	【兇悖】……下盆没反。《考聲》云“悖，壯大也”……古文作㝍。	
3030	唐	慧琳	一切經音義	18	學	敎	教學	【學架】瓨角反。《考聲》云“放習也，識也”孔注《尚書》云“學教也”。顧野王云“受人之教也”。《説文》云“上所施下所効也”，乃是古文敎字也。覺，悟也，教之聲也。《説文》敎字“從攴，學聲”。今學字從冖，冖音覓，冖，曚也。從孝省，去攴，從臼、從冖，子聲。轉注字，亦會意字。	
3031	唐	慧琳	一切經音義	18	閪	西	西	【栖泊】上先兮反。《爾雅》“栖，息也”。《廣雅》“棲息謂之林”。正從妻、從木作棲。《經》從西，作栖，俗字也。《説文》云“鳥在巢上”。象形作閪，古文西字也。日在西方而鳥栖，故因爲東西之西字。	
3032	唐	慧琳	一切經音義	18	𠄠	亘	久遠	【亘窮】上剛鄧反。《考聲》“亘，遠也”。《毛詩傳》“遍也”。《方言》“竟也。或從木作桓”。《説文》“從二、從日作亘，今時所不用”。𠄠，古字也，隸書從日、從二也。	
3033	唐	慧琳	一切經音義	18	㞷	及	及	【爰及】……下及字。《説文》“逮也。從人、從弓部”。古文作㞷。	

續表

序號	時代	作者	出處	位置	古字	今字	記錄職能	訓條原文	備注
3034	唐	慧琳	一切經音義	18	宰	宰	官吏之稱	【宰官】灾在反。《周禮》“天官謂之太宰”。鄭注《禮記》云“宰者，冢宰也，主治百官也”。鄭注《禮儀》云“宰有司主正教者也”。《考聲》“大也，理也，制斷也”。古文作宰。	
3035	唐	慧琳	一切經音義	18	捵	捻	拈取	【捻箭】念牒反。《考聲》“捻，捏也”。《説文》作捵[捵]，音乃渉反，訓云“捵[捵]，拈也，從手，取[耴]聲（取[耴]音輒[輒]）”。古字也。	
3036	唐	慧琳	一切經音義	18	縈	嬰	縈繞	【嬰纏】上益盈反。《漢書》云“嬰城固守”。《音義》云“以城自繞也”。據義合作縈纏。《毛詩傳》曰“縈纏，繞也，旋也”。今《經》文從女作嬰，女孩子也。非此義。	
3037	唐	慧琳	一切經音義	18	呴	吼	吼	【吼聲】呼狗反。俗字也，正從牛作犼。古文作呴。	
3038	唐	慧琳	一切經音義	19	屮	之	之	【蚩笑】上叱支反。從虫，屮聲也。屮，古之字。	
3039	唐	慧琳	一切經音義	19	𢱢	擣	舂搗	【擣筵】上刀老反。《韻英》云“擣，築也”。古作𢱢。俗作搗，非也。	
3040	唐	慧琳	一切經音義	19	朓	孕	懷孕	【空孕】古文朓，同。翼證反。依字。含實曰孕。孕，懷子也。	
3041	唐	慧琳	一切經音義	19	閩	蚊	蚊蟲	【蚊蝱】……《説文》“蚊，䖟並齧人飛蟲也”。蚊或從蚰作䘆，又作閩，或作䖟，並古字也。	
3042	唐	慧琳	一切經音義	19	䘆	蚊	蚊蟲	【蚊蝱】……《説文》“蚊，䖟並齧人飛蟲也”。蚊或從蚰作䘆，又作閩，或作䖟，並古字也。	
3043	唐	慧琳	一切經音義	19	䖟	蚊	蚊蟲	【蚊蝱】……《説文》“蚊，䖟並齧人飛蟲也”。蚊或從蚰作䘆，又作閩，或作䖟，並古字也。	

序號	時代	作者	出處	位置	古字	今字	記錄職能	訓條原文	備注
3044	唐	慧琳	一切經音義	19	壐	璽	璽印	【印壐】下思紫反。天子之玉印也。璽，信也，亦神器也。《説文》“從土作壐，今從玉作璽”。	
3045	唐	慧琳	一切經音義	19	讇	諂	諂媚	【諛諂】……下丑染反。易曰“君子上交不諂，下交不瀆”。何休曰“諂，佞也”。鄭注《禮記》云“諂謂傾身以有下也”。《莊子》“希意道言謂之諂”。此時用隸書從略，篆文正體從閻作讇，今從略。	
3046	唐	慧琳	一切經音義	19	羼	頑	頑固	【頑騃】上五關反。《左傳》曰“心不則德義之經曰頑”。古文作羼。《廣雅》“頑，鈍也”。	
3047	唐	慧琳	一切經音義	19	昪	昊	天宇	【晧昊】……下昊字。《考聲》云“元氣。昊，白者，天也”。《説文》“大日皞也。從大”。古文作昪。今時用從日、從天，俗字也。	
3048	唐	慧琳	一切經音義	19	霸	霸	月初月光	【强霸】巴罵反。《説文》云“月始生魄也”。《集訓》云“霸，王也”。《字統》云“長也。從月，霏聲也”。古文作霜[霸]。	
3049	唐	慧琳	一切經音義	19	奱	掬	曲指捧物	【一掬華】弓六反。《説文》“掬，撮也”。又曲指捧物也。古作奱，或作鞠，亦作匊，又作臼，並通用也。	
3050	唐	慧琳	一切經音義	19	齅	嗅	嗅	【齅者】許救反。《説文》“以鼻就臭曰齅。從鼻，臭聲”。古文作齅。《經》從口作嗅，俗字也。	
3051	唐	慧琳	一切經音義	20	耐	能	能够	【傲慢耐】……下乃袋反。顧野王云“耐猶能也”。《説文》作耐，古字也。	
3052	唐	慧琳	一切經音義	20	自	鼻	鼻	【臭爛】上昌咒反。《説文》云“禽走，鼻而知其跡者，犬也。從犬、從自”。自，古鼻字也。	
3053	唐	慧琳	一切經音義	20	坒	封	封地	【隈封】……《説文》云“諸侯之土也”……從土作坒，古封字也。	

序號	時代	作者	出處	位置	古字	今字	記錄職能	訓條原文	備注
3054	唐	慧琳	一切經音義	20	陵	峻	陡峻	【峻險】上荀俊反。孔注《尚書》云"峻,高大皃也"。郭注《爾雅》云"峻,長也"。《説文》作陵,云高險皃也,從山,陵聲。《字書》作陵,亦作陵、埈,今《經》作峻。《古今正字》云"陵或省也"。陵音七荀反。	
3055	唐	慧琳	一切經音義	20	陵	峻	陡峻	【峻險】上荀俊反。孔注《尚書》云"峻,高大皃也"。郭注《爾雅》云"峻,長也"。《説文》作陵,云高險皃也,從山,陵聲。《字書》作陵,亦作陵、埈,今《經》作峻。《古今正字》云"陵或省也"。陵音七荀反。	
3056	唐	慧琳	一切經音義	20	埈	峻	陡峻	【峻險】上荀俊反。孔注《尚書》云"峻,高大皃也"。郭注《爾雅》云"峻,長也"。《説文》作陵,云高險皃也,從山,陵聲。《字書》作陵,亦作陵、埈,今《經》作峻。《古今正字》云"陵或省也"。陵音七荀反。	
3057	唐	慧琳	一切經音義	20	迺	乃	乃	【迺聖】上音乃。《韓詩》"迺,大也"。《聲類》"迺,至也"。《説文》古文乃字"從乃,西聲"也。迺,古文乃字也。	
3058	唐	慧琳	一切經音義	20	悳	德	德	【願聽】體經反。孔注《尚書》云"聽,察是非也"。《説文》云"聽,聆也。從悳、耳,壬聲"。悳,古德字也。	
3059	唐	慧琳	一切經音義	20	靳	鞕	硬	【堅鞕】額幸反。《廣雅》云"鞕,堅也"。《字書》云"牢也。從革,更聲"。《考聲》作硬同。《經》本從印作靳,古正也。	
3060	唐	慧琳	一切經音義	20	頒	班	頒發	【班下】案古書或作頒,同。補攀反。	
3061	唐	慧琳	一切經音義	21	晉	冊	典冊	【天冊】冊,測革反。《説文》曰"冊,符命也"。謂上聖符信教命以授帝位。字或從竹,或古爲晉,象形也。	

序號	時代	作者	出處	位置	古字	今字	記錄職能	訓條 原文	備注
3062	唐	慧琳	一切經音義	21	苣	炬	火炬	【法炬】炬，渠與反……《珠叢》曰"苣，謂苣苣，束草爇火以照之也"。苣即古之炬字。	
3063	唐	慧琳	一切經音義	21	尟	鮮	少	【鮮少】鮮，斯演反。賈注《國語》曰"鮮，寡也"。寡猶薄也。古體正作尟，或俗爲尠形，亦有用者。	
3064	唐	慧琳	一切經音義	21	婸	蕩	放恣	【心馳蕩】……蕩，唐朗反……《説文》曰"蕩，放恣也"。蕩字正宜作愓，《經》本作蕩者，時共通用。古體又作婸、傷二體也。	
3065	唐	慧琳	一切經音義	21	傷	蕩	放恣	【心馳蕩】……蕩，唐朗反……《説文》曰"蕩，放恣也"。蕩字正宜作愓，《經》本作蕩者，時共通用。古體又作婸、傷二體也。	
3066	唐	慧琳	一切經音義	21	歧	岐	分支	【樹歧】歧，拒羈反。兩股間也。案《字書》作秡，謂樹枝横首也。今《經》本有從山邊作岐，及《切韻》音之爲歧，並誤也。	
3067	唐	慧琳	一切經音義	21	眹	映	映照	【相庇映】……《字書》曰"映，傍照也，彩間也"……映字古正體作眹，當日中央爲映，或有之從日邊作英者，謬。	
3068	唐	慧琳	一切經音義	22	與	預	預	【逮於無上】逮，唐愛反。《爾雅》曰"逮，與也"。與即古之預字。	
3069	唐	慧琳	一切經音義	22	岠	巨	至極	【莊嚴巨麗】巨字古作岠。《珠叢》曰"岠，至也"王逸注《楚辭》曰"麗，美好也"，謂至極美好。	
3070	唐	慧琳	一切經音義	22	佷	很	違逆	【瞋佷】佷，何懇反。杜注《左傳》曰"佷，戾也"。《説文》曰"佷，不聽從也"。案《玉篇》佷字在彳部，今多從立人，蓋是時俗共行之。	
3071	唐	慧琳	一切經音義	23	與	預	參與	【得預】預餘茹反。《珠叢》曰"凡事相及曰預"，字古作與也。	

續表

序號	時代	作者	出處	位置	古字	今字	記録職能	訓條原文	備注
3072	唐	慧琳	一切經音義	23	顰	頻	皺眉	【嚬蹙不喜】嚬，脾仁反。蹙，子六反。《玉篇》曰“嚬蹙謂憂愁不樂之狀也”……又案《説文》“渡水向岸，水文叢亦爲之頻蹙”。然憂愁之頻，頻下著卑，今從省之不用也。	
3073	唐	慧琳	一切經音義	23	启	啟	開啓	【啟一切衆生心意】《玉篇》曰“啟，開也”。古體作启也。	
3074	唐	慧琳	一切經音義	23	築	檛	木杖	【檛打楚撻】檛陟苽反，撻他沫反。《説文》曰“檛，箠也”。鄭玄注《周禮》“箠，擊也。楚，荊杖也”，又注《周禮》曰“撻猶杖之荊也”……檛字從木，古體作築。	
3075	唐	慧琳	一切經音義	23	置	置	安置	【徙置】徙，仙紫反。……置字本從冈［网］下直，今從罒者，俗也。	
3076	唐	慧琳	一切經音義	23	偁	稱	稱譽	【難稱】稱，尺陵反。鄭注《禮》云“稱猶言也”。《廣雅》“稱，譽也”。字正體從立人。今多從禾也。	
3077	唐	慧琳	一切經音義	23	丼	穽	陷阱	【坑穽】穽，疾政反。鄭玄注《周禮》曰“穽謂穿地謂塹所以捕獸，其超踰者則陷焉”……古文作丼也。	
3078	唐	慧琳	一切經音義	23	倢	捷	便捷	【飛則勁捷】……捷，錢葉反。……捷字本從人，今俗用也。	
3079	唐	慧琳	一切經音義	23	傲	慠	倨傲	【醉傲】傲，五告反。杜注《左傳》曰“傲，不敬也”。《廣雅》曰“傲，慢也”。案諸字書傲字皆從立人，今《經》本從豎心者謬。	
3080	唐	慧琳	一切經音義	24	⿺辶⿱日夊	⿺辶良	退	【不⿺辶良】吐内反。《經》從艮作退，俗字也。言不⿺辶良者，决定勇進之義也……或作⿺辶内、⿺辶⿱日夊，並古字也。又音衰。	
3081	唐	慧琳	一切經音義	24	⿺辶内	⿺辶良	退	【不⿺辶良】吐内反。《經》從艮作退，俗字也。言不⿺辶良者，决定勇進之義也……或作⿺辶内、⿺辶⿱日夊，並古字也。又音衰。	

序號	時代	作者	出處	位置	古字	今字	記錄職能	訓條原文	備注
3082	唐	慧琳	一切經音義	24	戻	屟	屎	【糞穢】上分問反。顧野王云“凡不絜穢污之物謂之糞也”。《説文》“棄除也。艸推華棄采，宫[官]傳[溥]説。似米而非米有[者]，矢字也。”華音般，箕屬也，所以推棄糞之器，象形也。戻音始，乃古文屟字也。	
3083	唐	慧琳	一切經音義	24	㔻	膝	膝	【雙膝】新逸反。《説文》正作㔻，脛頭節也。從卩，㮤聲也。卩音節。今《經》文從肉作膝，亦通用字也。㮤音七也。	
3084	唐	慧琳	一切經音義	25	闔	合	合	【步屈】《纂文》云“吴人以步屈名桑闔”……闔，古合字。户合反。	
3085	唐	慧琳	一切經音義	25	刅	創	創傷	【創皰】上初良反。又作戧、刅，皆古字也。《説文》“創，傷也”。	
3086	唐	慧琳	一切經音義	25	戧	創	創傷	【創皰】上初良反。又作戧、刅，皆古字也。《説文》“創，傷也”。	
3087	唐	慧琳	一切經音義	25	朿	刺	刺	【刺刺】上雌自反。草木刺人爲朿，刀、劍、矛、矟傷人者爲刺。古文作朿字，《説文》“木芒”也。下清亦反。《廣雅》“以刃撞也”。	
3088	唐	慧琳	一切經音義	25	鳫	鴈	雁	【鶩鳫】五諫反。《玉篇》“鴻之小者也”。《儀禮》曰“出如舒鳫”，《爾雅》“舒鳫，鶩也”。鳫，古字也。	
3089	唐	慧琳	一切經音義	25	眆	髣	髣髴	【髣髴】芳往反。妃末反。謂相似也。見不審諦也。古文作眆眲。	
3090	唐	慧琳	一切經音義	25	眲	髴	髣髴	【髣髴】芳往反。妃末反。謂相似也。見不審諦也。古文作眆眲。	
3091	唐	慧琳	一切經音義	25	捅	粗	粗略	【角力】……捅字音才古反，是古文粗字。粗，略也。	

序號	時代	作者	出處	位置	古字	今字	記錄職能	訓條原文	備注
3092	唐	慧琳	一切經音義	25	羉	罥	捕獵繩套	【罥索】上決犬反。擲繩繼取也。古文作羉字。羂，索也。	
3093	唐	慧琳	一切經音義	26	屃	憩	休息	【憩駕】上去厲反。《爾雅》"憩，止也"，註云"止乏息也"。《説文》作愒字。《蒼頡篇》作屃，古字，今不用也。	
3094	唐	慧琳	一切經音義	26	謝	懟	怨恨	【懟恨】古文謝，同，丈淚反。《爾雅》"懟，怨也"。亦忿也。	
3095	唐	慧琳	一切經音義	26	蠃	螺	螺螄	【螺玉】勒和反，蚌也。古文正[作]蠃，同。	
3096	唐	慧琳	一切經音義	26	尃	敷	遍布	【敷在身邊】撫無反。《小雅》"敷，遍也，布也"。古文作尃，同。正體從甫也。	
3097	唐	慧琳	一切經音義	26	辜	辜	罪	【无辜】音姑。《爾雅》云"辜，罪也"。字從辛，古聲。古作辜[辜]。辛[辛]音乞言反。	
3098	唐	慧琳	一切經音義	26	奩	籨	小匣	【奩底】上力占反。底，丁禮反。謂篋器也。如此香匲，底平方正，闊狹形狀，以譬佛足。《經》云由持戒實語感得此相也。今作籨字，非《經》義。	
3099	唐	慧琳	一切經音義	26	婚	昏	妻之家	【婚姻】今作昏。《説文》"婦家也"。《禮記》"取婦以昏時入，故曰昏"。《爾雅》"婦之父曰昏"。姻，古文作婣。《説文》"聟家也。女之所因，故曰姻"。《爾雅》"聟之父爲姻"。聟音細。	
3100	唐	慧琳	一切經音義	26	婣	姻	婿之家	【婚姻】今作昏。《説文》"婦家也"。《禮記》"取婦以昏時入，故曰昏"。《爾雅》"婦之父曰昏"。姻，古文作婣。《説文》"聟家也。女之所因，故曰姻"。《爾雅》"聟之父爲姻"。聟音細。	

序號	時代	作者	出處	位置	古字	今字	記錄職能	訓條原文	備注
3101	唐	慧琳	一切經音義	26	鐇	鐇	寬刃斧	【鐇魚】上且各反。《異物》志云“鱣鐇魚鼻上有一橫骨，利如刀斧，江東呼闊刃斧爲鐇，故謂之鐇鱣”。此類魚有二十種，各異，自有別名，齒利如錯，鼻骨如鐇，今並從魚作鱣鐇。鱣音煩。	
3102	唐	慧琳	一切經音義	27	賷	齎	饋贈	【各齎】節稽反。持財遺人也。字從貝，齊聲。古文作賷。	
3103	唐	慧琳	一切經音義	27	罫	罣	妨礙	【罣礙】胡卦反。《字書》“網礙也”。《説文》“礙，止也”。古作罫。	
3104	唐	慧琳	一切經音義	27	呰	訾	呵斥	【毁呰】兹此反……古文訾、欪，同。	
3105	唐	慧琳	一切經音義	27	欪	訾	呵斥	【毁呰】兹此反……古文訾、欪，同。	
3106	唐	慧琳	一切經音義	27	蹼	僕	僕役	【僕】蒲木反。古文作蹼，同……使役也。	
3107	唐	慧琳	一切經音義	27	覗	伺	伺候	【伺求】上思恣反。鄭注《周禮》云“伺，察也”……《埤蒼》作覗，古字也。	
3108	唐	慧琳	一切經音義	27	籿	詳	審查	【詳】似羊反。審也。《説文》“審議也”……古文作籿。	
3109	唐	慧琳	一切經音義	27	僮	童	童子	【幼童】徒紅反。古童謂僕，今謂童子；古僮謂童子，今謂僕隷。《玉篇》“童子者，謂幼童，未昏未冠之稱。無角牛謂之犝牛”。今應爲童，僮古字耳。	
3110	唐	慧琳	一切經音義	27	童	僮	僮僕	【幼童】徒紅反。古童謂僕，今謂童子；古僮謂童子，今謂僕隷。《玉篇》“童子者，謂幼童，未昏未冠之稱。無角牛謂之犝牛”。今應爲童，僮古字耳。	

序號	時代	作者	出處	位置	古字	今字	記錄職能	訓條原文	備注
3111	唐	慧琳	一切經音義	27	狖	狖	狖猴	【狖】……《切韻》蟲名，似鼠作鼬；獸名，似猨作狖。狖是古字。	
3112	唐	慧琳	一切經音義	27	擿	擲	投棄	【遠擲】程戟反。投棄也。古作擿。	
3113	唐	慧琳	一切經音義	27	仅	奴	奴僕	【奴】怒胡反。古有罪人，没官爲奴。《説文》古文爲仅字也。	
3114	唐	慧琳	一切經音義	27	庿	廟	廟	【石庿】眉召反，古文庿。《白虎通》《玉篇》"廟，皃也"。先祖尊所在，故稱廟。	
3115	唐	慧琳	一切經音義	27	爆	爆	爆	【爆聲】上博教反，火深烈也。又普剥反。《説文》"爆，灼也"……古文又作爆。	
3116	唐	慧琳	一切經音義	27	毉	醫	醫	【醫】於其反。《説文》"治病工也"。醫之爲性得酒而使藥，故醫字從西，殹聲，殹亦病人聲也，酒所以治病者，藥非酒不散。殹音於奚反。有作殹。古者巫彭初作毉，從巫形，俗字也。	
3117	唐	慧琳	一切經音義	27	勵	力	存疑	【三界獄免出】無遠反。……有作勉，靡辯反，勗也。《國語》云"父勉其子，兄勉其弟"。猶强勸也，謂勸教之。《小爾雅》"勉，事力也"。古文勵，同也。	免、勵不屬於同一詞。疑"勵"是"勖"字之誤。
3118	唐	慧琳	一切經音義	27	卒	猝	急切	【卒暴】上村没反。正作猝。其卒字，則没、子出二反。《玉篇》等古書倉猝亦爲卒。下蒲報反，古文曓。	
3119	唐	慧琳	一切經音義	27	曓	暴	狂躁	【卒暴】上村没反。正作猝。其卒字，則没、子出二反。《玉篇》等古書倉猝亦爲卒。下蒲報反，古文曓。	
3120	唐	慧琳	一切經音義	27	歔	敓	捕魚	【敓捕】語居反，亦捕也。《玉篇》"敓，語去[切]。亦捕魚也"。有作漁。《説文》亦捕魚也。古作歔。	

序號	時代	作者	出處	位置	古字	今字	記錄職能	訓條原文	備注
3121	唐	慧琳	一切經音義	28	射	弋	繳射	【堆射】今作弋，同。餘力反。弋，繳射也。	
3122	唐	慧琳	一切經音義	28	餃	飢	穀不熟	【飢饉】古文餃。又作饑，同。几治反。	
3123	唐	慧琳	一切經音義	28	𥃤	稽	叩首至地	【稽顙】古文𥃤，同。苦禮反。	
3124	唐	慧琳	一切經音義	28	𥃤	稽	叩首至地	【稽暜】古文作𥃤。苦禮反。	
3125	唐	慧琳	一切經音義	28	弃	棄	廢棄	【蠲棄】……下企智反。孔注《尚書》云"棄，廢也"……《經》作弃，古文字也。	
3126	唐	慧琳	一切經音義	28	畣	荅	應答	【析荅】……下就合反。正從草作荅，古文作畣。	
3127	唐	慧琳	一切經音義	28	蔿	訛	詭言	【訛言】古文蔿、譌、吪三形，同。五戈反。《詩》云"民之訛言"。《箋》云"訛，偽也"。訛亦詭言也。	
3128	唐	慧琳	一切經音義	28	譌	訛	詭言	【訛言】古文蔿、譌、吪三形，同。五戈反。《詩》云"民之訛言"。《箋》云"訛，偽也"。訛亦詭言也。	
3129	唐	慧琳	一切經音義	28	吪	訛	詭言	【訛言】古文蔿、譌、吪三形，同。五戈反。《詩》云"民之訛言"。《箋》云"訛，偽也"。訛亦詭言也。	
3130	唐	慧琳	一切經音義	28	㕧	闉	闉闉	【闉闉】古文㕧，同。魚巾反。《說文》"闉闉，和悅而爭也"。《禮記》"闉闉，和敬之皃也"。	
3131	唐	慧琳	一切經音義	28	幽	邳	林邳尼	【林邳】古文幽、𧆥二形。今作邳，同。府貧反。樹名也。	"林邳尼"係音譯詞

序號	時代	作者	出處	位置	古字	今字	記錄職能	訓條原文	備注
3132	唐	慧琳	一切經音義	28	幽	邠	林邠尼	【林邠】古文幽、幽二形。今作邠,同。府貧反。樹名也。	"林邠尼"係音譯詞
3133	唐	慧琳	一切經音義	28	慌	荒	迷亂	【惶荒】胡光反。下《光讚經》作慌,呼晃反。謂虛妄見也。慌,恐懼也。慌,慌忽也。今《經》作荒,案荒,荒忽迷亂也。其義是同。《漢書》云"忽荒,冥漠無形也"。	
3134	唐	慧琳	一切經音義	29	函	械	木匣	【寶械】音咸。《廣雅》"篋謂之械",形如小匱子,從木,咸聲。《經》文作函,古字。	
3135	唐	慧琳	一切經音義	29	敧	攲	傾斜	【鼻梁攲】下音欺。顧野王云"攲,傾側不正也"……或從山作崎,或從器作敧,皆古字也。	
3136	唐	慧琳	一切經音義	29	崎	攲	傾斜	【鼻梁攲】下音欺。顧野王云"攲,傾側不正也"……或從山作崎,或從器作敧,皆古字也。	
3137	唐	慧琳	一切經音義	29	彭	飢	飢餓	【飢饉】上几夷反。《尒雅》"穀不熟曰飢"。《蒼頡篇》云"飢,餓也,腹中空也"。《説文》"餓也。從倉,几聲"。古文作彭。	
3138	唐	慧琳	一切經音義	29	翄	翅	鳥翅	【金翅】尸至反。一名加婁羅,一名龍窼。即金翅鳥王也,食龍者。古文作翄。亦作翃也。	
3139	唐	慧琳	一切經音義	29	謉	愧	慚愧	【愧耻】上歸位反……《説文》從女作媿。古文或從言作謉。亦從耳作聭。	
3140	唐	慧琳	一切經音義	29	顰	頻	皺眉	【頻眉】符賓反。《考聲》"頻,蹙聚眉也"。《廣雅》"憂愁不樂也"。《説文》從卑作顰,時不多用,今從簡。	
3141	唐	慧琳	一切經音義	29	舓	舐	舔舐	【舐血】上時尒反。上聲字。《説文》"以舌取物也。從舌,氏聲"。或作䑛。亦作舓,古字也。	

序號	時代	作者	出處	位置	古字	今字	記錄職能	訓條原文	備注
3142	唐	慧琳	一切經音義	29	匈	胸	胸	【推[椎]胸】……下赨恭反。《字書》"胸即膺也"。或作匈,亦通,古字也。	
3143	唐	慧琳	一切經音義	29	桂	枉	邪曲	【枉死】上汪往反。《考聲》云"枉,失理也,詘也"。《古今[正]字》"邪曲也。從木王聲"。古文作桂。	
3144	唐	慧琳	一切經音義	29	鱻	鮮	新鮮	【鮮潔】上音仙。《廣雅》"鮮,好也"……《説文》鮮字古文從三魚作鱻。	
3145	唐	慧琳	一切經音義	29	酉	酒	酒	【醫王】意基反。《周禮》"醫師,掌醫之政令,聚藥以療萬民之病,古者巫彭初作醫"。醫字本從酉,或從巫作毉,亦通。《説文》"治病工也"。毉人以酒使藥,故從酉。酉者,古文酒字也。	
3146	唐	慧琳	一切經音義	29	惡	惡	厭惡	【惡賤】上烏故反。顧野王云"惡猶憎嫌也"。從亞作惡,正體字也。今俗改從西,誤錯也。	
3147	唐	慧琳	一切經音義	29	嬾	惰	懶散	【嬾惰】……下徒卧反。孔注《尚書》"懈亦怠"。《説文》"不敬也"。從心,墮省聲也。古文從女作嬾。	
3148	唐	慧琳	一切經音義	29	攴	扑	擊打	【鞭杖】上必綿反。顧野王云"古者用革作皮鞭以攴罪人,故鞭字從革"。攴音普卜反,古字也。今時用作扑,俗字。	
3149	唐	慧琳	一切經音義	29	㵼	溢	溢出	【盈溢】……下寅一反,賈注《国語》云"溢,餘也"。顧野王云"溢謂盈滿而出也"。古文從皿作㵼。《説文》"器滿也"。横水於皿,會意字也。	
3150	唐	慧琳	一切經音義	29	侵	侵	侵犯	【侵擾】上寢婬反。《説文》云"若掃之侵。故從人、從帚、從又"。今隸書略去巾作侵,訛謬也。	
3151	唐	慧琳	一切經音義	29	蝕	蝕	日月食	【薄蝕】……下音食……古文從飤作蝕[蝕]。《説文》"從虫,食聲"。或名交蝕。	

序號	時代	作者	出處	位置	古字	今字	記錄職能	訓條原文	備注
3152	唐	慧琳	一切經音義	29	番	香	香	【香篋】上音鄉。《説文》云"番,芳也。從黍、從甘"。今隸書省去米,從禾作香,俗字也。	
3153	唐	慧琳	一切經音義	29	滋	兹	滋長	【滋蘗】上音諮。正體從水,並二玄。今作兹,時俗字也。	
3154	唐	慧琳	一切經音義	29	餌	餌	食物	【餌藥】而志反,去聲字也。《蒼頡篇》云"餌,食也"。顧野王云"凡所食皆曰餌"。《古今正字》"餅也"。《説文》從弼作餌,"粉餅也。從弼,耳聲",古字也。今從食作餌。鄭玄注《周禮》云"合蒸曰餅"。《字書》云"餻也"。《説文》"從食,耳聲也"。	
3155	唐	慧琳	一切經音義	30	宇	終	終	【牢籠】老刀反……正從牛、從舟省。舟之爲義,取四面匝也。或從宇,古終字。	
3156	唐	慧琳	一切經音義	30	洿	污	稀泥	【污泥】上烏故反。停水處泥也。《經》作洿,古文污字也。	
3157	唐	慧琳	一切經音義	30	㞢	之	之	【蚨笑】齒之反……或作蚩。從欠,㞢聲。古文之字也。《經》作蚩,亦通。	
3158	唐	慧琳	一切經音義	30	酉	酒	酒	【醫者】上倚箕反。《廣雅》云"醫,巫也"。《説文》"治病功也"。醫,意也。醫之爲姓,然得酒而使藥,故醫字從酉,是古酒字也。《周禮》"古者巫彭初作醫"。從巫亦通。殹音伊計反。	
3159	唐	慧琳	一切經音義	30	僊	僊	輕盈	【僊僊】薛延反。《毛詩傳》曰"僊僊,醉舞兒也"。古文作僊,長生也。亦作仚,山居長往也。	
3160	唐	慧琳	一切經音義	30	冄	終	終止	【牢籠】老刀反。《方言》"牢,圈也"。《説文》"閉也,養畜生之圈也"。正從牛、從舟省。舟之爲義,取四面匝也。或從冄,古終字。	

序號	時代	作者	出處	位置	古字	今字	記錄職能	訓條 原文	備注
3161	唐	慧琳	一切經音義	30	彶	汲	急切	【彶彶】居及反，《説文》“彶彶，急行也”。《廣雅》“彶彶，遽也”。字從彳，今皆從水作汲也。	
3162	唐	慧琳	一切經音義	31	丽	麗	美好	【逎麗】……下禮帝反。《廣雅》云“麗，好也”。《考聲》云“麗，美也”……古文作丽字也。	
3163	唐	慧琳	一切經音義	31	弃	棄	廢棄	【擯棄】……下詰利反。《説文》正作棄，訓云“捐也，從廾、芊，從㐬”……《經》文從厺作弃，古字也。	
3164	唐	慧琳	一切經音義	31	射	躲	射箭	【射師】……《説文》云“弓弩發於身而中於遠”，從身、從矢作躲，會意字也。古文從寸。	
3165	唐	慧琳	一切經音義	31	薍	荻	細葦	【葦荻】……許叔重注《淮南子》云“荻亦薍也”。鄭注《儀禮》云“薍亦細葦也”……或作薍，古荻字。	
3166	唐	慧琳	一切經音義	31	㞢	之	之	【蚩笑】上齒之反。《説文》“蚩蚩，戲笑皃也。從欠，㞢聲”。㞢即古之字也。	
3167	唐	慧琳	一切經音義	31	肊	臆	胸部	【臆度】鷹力反。《説文》“臆，匈骨也。從肉，意聲”。古文正作肊，從肉、從乙，會意字也。	
3168	唐	慧琳	一切經音義	31	矤	矧	況且	【矤訛】上申忍反。孔注《尚書》云“矤，況也”。郭注《爾雅》云“相謷況也”。《聲類》“詞之所之也”。《説文》亦況也，詞也。從矢、從引，省聲。今作矧，俗字。	
3169	唐	慧琳	一切經音義	31	瑇	瑇	瑇瑁	【瑇瑁】上臺戴反，下枚佩反。……《古今正字》二字並從玉，毒、冒亦聲。古文作瑇，或作玳。	
3170	唐	慧琳	一切經音義	32	坖	糞	糞	【坖穢】分問反。《説文》云“棄除也”。從廾推華棄米。會意字也。坖，古文也。	

序號	時代	作者	出處	位置	古字	今字	記錄職能	訓條原文	備注
3171	唐	慧琳	一切經音義	32	嚮	響	反響	【利響】香仰反。孔注《尚書》云"若響之應聲也"。《説文》"從音,鄉聲"。《經》作嚮,古字也。	
3172	唐	慧琳	一切經音義	32	鞏	悭	吝嗇	【悭嫉】上苦奸反。《廣雅》云"鞏,堅悋也"……或從革作鞏,古字也。	
3173	唐	慧琳	一切經音義	32	覈	核	核驗	【精覈】又作覈,今作核,同。胡革反。《説文》"考實事也"。亦審覈之。	
3174	唐	慧琳	一切經音義	32	蟲	虫	蟲	【胆蟲】《字林》"千餘反"。《通俗文》"肉中蟲謂之胆"。《經》文從虫作蛆,子餘反。蚰蛆,吴公也。又作疽,癰也。下今或作虫,同。除中反。《爾雅》"有足謂之蟲也"。	
3175	唐	慧琳	一切經音義	33	㭕	喙	鳥嘴	【赤㭕】今作喙,同。醉髓反。《廣雅》"㭕,口也"。《字書》"鳥喙也"。或作觜。古作𦝫。	
3176	唐	慧琳	一切經音義	33	自	鼻	鼻	【臭穢】上醜呪反。《説文》云"禽走,鼻而知其跡者,犬也。從犬、從自"。自者,古鼻字也。	
3177	唐	慧琳	一切經音義	33	擣	擣	舂擣	【擣藥】刀老反。《廣疋》"擣,舂也"……或作捯。亦作擣,古文字也。	
3178	唐	慧琳	一切經音義	33	厶	玄	手臂	【股肱】又作骹,同……厷古文厶,同。古弘反……《廣雅》"臂謂之肱也"。	
3179	唐	慧琳	一切經音義	33	笮	窄	壓	【笮絶】今作窄,同。側格反。笮猶壓也。今謂笮出汁是也。	
3180	唐	慧琳	一切經音義	33	毛	髦	人之毛髮	【毛髮】上莫褒反。准《經》義正合單作毛字。今《經》文從髟音作髦,是俊彦之義,乖《經》意,非也。	

序號	時代	作者	出處	位置	古字	今字	記録職能	訓條原文	備注
3181	唐	慧琳	一切經音義	35	羿/絣	絣/羿	振黑繩	【絣爲】上伯萌反。《字書》云“振黑繩也”。《集訓》云“拼，撣也。或從手作拼”。《古今字詁》作羿。羿皆古今之字也。撣音彈。	古今字地位不定
3182	唐	慧琳	一切經音義	35	丶	柱	頂觸	【相柱】下誅縷反。古文以一點墨爲是本字也。《經》文從足作跓，或作柱，皆借用字也。	“一點墨”當是指“丶”字
3183	唐	慧琳	一切經音義	35	个	箇	量詞	【兩箇】哥餓反。《經》文作个，古字也。	
3184	唐	慧琳	一切經音義	35	捵	撚	搓捻	【撚綫】上年典反……《考聲》云“鼇使緊也，授也”。以手授撚令緊也。從手，然聲也。或從手、從多作捵，古字也。	
3185	唐	慧琳	一切經音義	35	盇	盖	篷蓋	【傘蓋】……下音蓋，正體字也。從草，從盍。盍音合。盇字《説文》從大，從血。《經》文作盖，從羊、血，隸草，非也。古今之字也。	
3186	唐	慧琳	一切經音義	35	溺	休	沉溺	【水休】……《説文》没水也。從人、從水，亦作溺，古也。	
3187	唐	慧琳	一切經音義	35	絑	韈	襪	【韈等】万發反。或作靺，亦作襪，又作靺、絑、懱，古字也。	
3188	唐	慧琳	一切經音義	35	懱	韈	襪	【韈等】万發反。或作靺，亦作襪，又作靺、絑、懱，古字也。	
3189	唐	慧琳	一切經音義	35	靺	韈	襪	【韈等】万發反。或作靺，亦作襪，又作靺、絑、懱，古字也。	
3190	唐	慧琳	一切經音義	35	頣	頷	下巴	【牙頷】……《説文》云“頤，頷也”。古文本從函、從頁作頣，或作頣，皆古字也。今且從俗。	

序號	時代	作者	出處	位置	古字	今字	記錄職能	訓條原文	備注
3191	唐	慧琳	一切經音義	35	顄	頷	下巴	【牙頷】……《説文》云"頤,頷也"。古文本從函、從頁作顄,或作顲,皆古字也。今且從俗。	
3192	唐	慧琳	一切經音義	35	奇	竒	異	【竒特】上音其。《説文》"竒,異也"。不偶曰竒。古文從大、從可、立,俗字也。	
3193	唐	慧琳	一切經音義	35	俞	俞	俞	【愉喜】與殊反。……俞字,《説文》"從亼、從舟、從刂[巜]"。刂[巜]音古外反。亼音精入反。今俗用從月從刀,訛也。	
3194	唐	慧琳	一切經音義	35	鬻	煮	煮	【丞煮】……下諸汝反。顧野王云"煮,烹也"。古文作鬻,從者、從鬲。	
3195	唐	慧琳	一切經音義	36	篦	篥	觱篥	【觱篥】上音必,下隣一反。《考聲》云"篳篥,樂器也"。《廣雅》作篦,或作觱,皆古今字也。	
3196	唐	慧琳	一切經音義	36	觱	篥	觱篥	【觱篥】上音必,下隣一反。《考聲》云"篳篥,樂器也"。《廣雅》作篦,或作觱,皆古今字也。	
3197	唐	慧琳	一切經音義	36	賈	買	購買	【衒賣】……下埋敗反。《説文》"出物也。從出,賈聲"。今俗從土[士]作賣,變體訛也。又説買字從网、從貝,會意字。今俗用從罒,訛謬也。	買、賈都可表示購買的概念,但記錄的是不同的詞。存疑。
3198	唐	慧琳	一切經音義	36	屟	展	展	【或屟】哲輦反。俗字也。古文正從㞡、從衣作屟,㞡音同上。	
3199	唐	慧琳	一切經音義	36	迺	乃	乃	【迺脩】上音乃,古乃字也。	

序號	時代	作者	出處	位置	古字	今字	記録職能	訓條原文	備注
3200	唐	慧琳	一切經音義	36	趏	驀	逾越	【騎驀】音陌。《考聲》"踰越也"。《説文》或作趏,古字也。	
3201	唐	慧琳	一切經音義	36	非	扉	門扇	【轉樞】衝珠反。門肘也。郭注《爾雅》云"門户扉樞也"。韓康伯注《周易》云"樞機,制動之主也"。《古今正字》從木,區聲。扉音非。古今字。	
3202	唐	慧琳	一切經音義	36	寖	浸	浸潤	【漫㴲】上精禁反。顧野王云"漫,漸也。沈也"。《説文》從又、從穴作寖,今時俗省也。《古今正字》從水、從漫。	
3203	唐	慧琳	一切經音義	36	處	䖏	處所	【窄處】上争革反。《經》作迮,錯用字。正體處字,今作䖏,俗字。	
3204	唐	慧琳	一切經音義	36	夊	麥	麥	【穬麥】上號猛反,下盲伯反。《説文》從夾、從夊。今俗字從來、夊作麥,非。夊音雖。	
3205	唐	慧琳	一切經音義	36	額	頟	頟	【安頟】牙革反。《説文》"頟,顙也。從頁、從各,省聲也"。《經》從客作額,俗也。古今俗字,非也。	
3206	唐	慧琳	一切經音義	36	叉	爪	爪	【交擘】下剜換反。《經》從肉作腕,俗字也。《説文》云"掌後節也。正從手、從叉[叉](古文爪字)、從目,會意字也"。	
3207	唐	慧琳	一切經音義	37	偬	竦	竪立	【竦竪】上粟勇反。《廣雅》"竦,上也"。《考聲》"驚也"。心不安也。《説文》"敬也。從立、從束"。自束也。束亦聲也。古文從人作偬也。	
3208	唐	慧琳	一切經音義	37	炗	赤	赤	【赩弈】上呀格反。《廣雅》"赩赩,明也"。《詩傳》云"顯盛皃"。《説文》"大赤也。從二赤"。《説文》赤字,"南方火色也。從大、從火"。今隸書作赤,變體字也。《經》文從草從赤作萳,不成字也。	

序號	時代	作者	出處	位置	古字	今字	記錄職能	訓條原文	備注
3209	唐	慧琳	一切經音義	37	繫	捩	擰	【捩出】憐涅反。《字鏡》云"拗，捩也"……古文作繫。	
3210	唐	慧琳	一切經音義	37	災	裁	災害	【攘裁】……下宰來反。《説文》云"天火曰裁，從火，戈聲"。戈音同上。《經》文作災，大篆，古字也……今時俗通作灾，古字也。	
3211	唐	慧琳	一切經音義	37	灾	裁	災害	【攘裁】……下宰來反。《説文》云"天火曰裁，從火，戈聲"。戈音同上。《經》文作災，大篆，古字也……今時俗通作灾，古字也。	
3212	唐	慧琳	一切經音義	37	畫	毒	毒	【蛇蠍】上社遮反。下軒謁反。皆正體字也。《廣雅》云"杜伯、蠣蝥、畫蛬、蚳蠆，蠍也"……畫，古文毒字也。	畫，是壵字之誤。壵是古文毒字。存疑。
3213	唐	慧琳	一切經音義	37	髑	肔	胸	【智肔】上音凶。下於力反。《古今正字》云"肔，智骨也"……《經》文或從骨作髑，古字也。	
3214	唐	慧琳	一切經音義	37	尌	道	述説	【口道】陶老反。鄭注《禮記》云"道，説也"。亦言也。《説文》"所行道也。從辵，首聲"。古文從首、從寸作尌。《經》從口作導，非也。撿諸字書，並無此導字。	
3215	唐	慧琳	一切經音義	37	繼	継	繼	【繼嗣】上雞詣反。王逸注《周易》"繼謂不絶也"。賈注《國語》云"繼，餘也"。《爾雅》"紹也"。《説文》"續也。從糸，繼聲"。繼音同上。《經》文從迷作継，俗字也。無來處，草書誤也。《説文》繼及《字書》古文繼字也。繼，音絶也。斷字等從絶，並會意字也。下詞字反。孔注《尚書》云"嗣，繼也"。鄭箋《詩》云"嗣，續也"。《詩傳》又云"嗣，習也"。《説文》"諸侯嗣國也。從口、從冊，司聲也"。古文從子作孠。冊音策也。	"繼，音絶也"疑誤，音絶者當是"繼"。

續表

序號	時代	作者	出處	位置	古字	今字	記錄職能	訓條原文	備注
3216	唐	慧琳	一切經音義	37	孠	嗣	接續	【繼嗣】上雞詣反。王逸注《周易》"繼謂不絕也"。賈注《國語》云"繼，餘也"。《爾雅》"紹也"。《説文》"續也。從糸，𢇍聲"。𢇍音同上。《經》文從迷作继，俗字也。無來處，草書誤也。《説文》𢇍及《字書》古文𢇍字也。𢇍，音絕也。斷字等從絕，並會意字也。下詞字反。孔注《尚書》云"嗣，繼也"。鄭箋《詩》云"嗣，續也"。《詩傳》又云"嗣，習也"。《説文》"諸侯嗣國也。從口、從冊，司聲也"。古文從子作孠。冊音策也。	"𢇍，音絕也"疑誤，音絕者當是"𢇍"。
3217	唐	慧琳	一切經音義	37	胠	腳	腳	【胠腳】下姜虐反。即牀腳也。《説文》"從肉，卻聲也"。俗用從去作脚，訛謬也。卻音羌虐反。本篆文從卩、從谷。音強略反，從重八、從口。今隸書故從去，正字太古不行也。今爲訓釋其文，故説其本末也。任隨意用。	
3218	唐	慧琳	一切經音義	37	厓	塠	堆	【土堆】下對雷反。王逸注《楚辭》云"堆，高皃也"。《説文》正體作𠂤，云"小𨸏也"。象形字也。今俗用從追作塠，非也。古文作厓，時所不用也。	
3219	唐	慧琳	一切經音義	37	戟	戟	戟	【雲戟】京逆反。鄭注《周禮》云"戟，戈也"。此亦龍王名也。《説文》"戟字從戈、從倝"。今俗用從卓，略也。	
3220	唐	慧琳	一切經音義	37	戟	戟	戟	【三戟】京逆反。兵器也。有枝矛也。從倝、從戈。今時用通作戟，誤略也。	
3221	唐	慧琳	一切經音義	38	畫	毒	毒	【蛇蠍】上社遮反。下軒謁反。皆正體字也。《廣雅》云"杜伯、蠍蠆、蜚蛊、蚯蕫，蠍也"……畫，古文毒字也。	畫，是𦸂字之誤。𦸂是古文毒字。存疑。
3222	唐	慧琳	一切經音義	38	㳄	次	唾液	【食次者】中羨延反。《説文》云"次，口液也。從水，欠聲"。或作㳄，古字也。《經》作涎，變古字易左爲右也。	

續表

序號	時代	作者	出處	位置	古字	今字	記録職能	訓條原文	備注
3223	唐	慧琳	一切經音義	38	它	蛇	蛇	【蛇螫】上時遮反。《説文》云“從虫而長，象宛曲垂尾形也”。古作它。亦音他。上古穴居野處，故相問云“得無他乎”。《經》文作虵，隸書變體時用字也。	
3224	唐	慧琳	一切經音義	38	㪔	散	分散	【掬𢿙】……下珊旦反。《説文》“分離也。從攴，㯃聲”。㯃音並賣反。㯃即分散意也。今時從肉，亦同。	
3225	唐	慧琳	一切經音義	39	屍	臀	臀部	【臀不】上突魂反。《聲類》云“臀，尻也”。《説文》作屍，古字也，今不行用。	
3226	唐	慧琳	一切經音義	39	尠	鮮	少	【尠福】上仙演反。正作尟。今亦作鮮。	
3227	唐	慧琳	一切經音義	39	丽	麗	美好	【鎣麗】……下黎計反。顧野王云“麗謂華靡瑰瑋也”。《説文》“從鹿，丽聲”也。丽音同上。古文作丽也。	
3228	唐	慧琳	一切經音義	39	呆	保	保	【保護】上逋老反。鄭箋《詩》云“保，守也”。孔注《尚書》“安也”……古文作呆。	
3229	唐	慧琳	一切經音義	39	捥	腕	手腕	【合捥】剜换反。鄭注《儀禮》云“捥，掌後節也”。正作掔。《説文》“從手，從宛聲”。今《經》本從肉作腕，非也。㪟音冤遠反。	
3230	唐	慧琳	一切經音義	39	果	菓	果	【果蓏】上戈禍反。《説文》云“木實也。象形”。在木之上。今從艹作菓，俗字也。	
3231	唐	慧琳	一切經音義	40	𡴆	六	六	【夌懱】上力澄反……《説文》“越也。從夊、從𡴆”。古六字也。	𡴆是陸的古字，不當是六的古字。存疑。
3232	唐	慧琳	一切經音義	40	悳	德	德	【聽許】上體經反……從悳、從耳，壬聲。悳音德，古文德字也。	

序號	時代	作者	出處	位置	古字	今字	記錄職能	訓條 原文	備註
3233	唐	慧琳	一切經音義	40	恿	勇	勇敢	【勇猛】上容隴反。顧野王云"勇，雄敢果决也"。《太玄經》云"决而斷之也"。《謚法》"知死不避曰勇"。《説文》"气也。從力，甬聲"。古文作恿。或從戈作戜也。气音氣。甬音同上。	
3234	唐	慧琳	一切經音義	40	棓	棒	棍棒	【棓印】上龐講反。今俗通作棒也。	
3235	唐	慧琳	一切經音義	40	豐	豊	豐厚	【豐饒】上芳風反。《周易》云"豐，大也"。鄭注《周禮》"厚也"……《説文》"豆之滿者也。從豆，象形也"。今俗通作豊，訛也。	
3236	唐	慧琳	一切經音義	41	悉	愛	憐愛	【愛惡】上哀代反。變體俗字也。賈逵注《國語》云"愛，親也"。《古今正字》云"憐，念也"。《説文》"從旡、從心作悉"。今通作愛。旡音既。	
3237	唐	慧琳	一切經音義	41	衞	衛	護衛	【翼衞】……下榮穢反。王弼注易云"護也"。《爾雅》"邊陲也"。郭璞云"營衞守禦在外垂也"。《説文》"宿衞也。從韋、從帀、從行。行列周帀曰衛。"今從省作衛也。	
3238	唐	慧琳	一切經音義	41	㧢	引	引導	【汲引】……下以忍反。杜注《左傳》云"引，導也"。《説文》"開弓也。從弓、從丨"。丨音曳。古文從手作㧢。	
3239	唐	慧琳	一切經音義	41	聊	聊	暫且	【聊因】……《説文》"耳鳴也。從耳，卯聲也"。或作聊。今俗從夘[卯]作聊，相承書誤，非也。	
3240	唐	慧琳	一切經音義	41	同	洄	逆溯	【洄澓】上音回。《經》文作古文字同。雖是正，時所不用。《爾雅》"逆流而上曰泝洄"。郭璞曰"流者也"。	
3241	唐	慧琳	一切經音義	41	瞤	瞚	眨眼	【不瞚】水閏反。莊周云"終日視而不瞚"。《説文》"開闔目數搖也。從目，寅聲也"。或作瞬，俗字也。古作瞤[瞤]。《經》從目、從旬作眴（音舜），非也，不成字。	

續表

序號	時代	作者	出處	位置	古字	今字	記錄職能	訓條原文	備注
3242	唐	慧琳	一切經音義	41	袖	褒	存疑	【領袖】上力郢反。……《古今正字》作衿。今通作領，從頁，令聲也。頁音賢結反。下囚雷反，俗字也。《考聲》云"衣袂端也"。《説文》亦同。從衣，從岫省聲也。古今作褒，從采[采]、從衣。亦作褒。	褒當是褒之訛變。褒是保字形旁不同的異體。保是裾的異體字，裾是衣的前襟，與袖不是同一事物。
3243	唐	慧琳	一切經音義	41	隘	隘	狹隘	【隘陝】上鳥介反。《廣雅》"隘，迫也，亦陝也"……《説文》作隘，又隘，並古字也。今從省作隘、陜，並正也。	
3244	唐	慧琳	一切經音義	41	隘	隘	狹隘	【隘陝】上鳥介反。《廣雅》"隘，迫也，亦陝也"……《説文》作隘，又隘，並古字也。今從省作隘、陜，並正也。	
3245	唐	慧琳	一切經音義	41	隘	陜	狹隘	【隘陝】上鳥介反。《廣雅》"隘，迫也，亦陝也"……《説文》作隘，又隘，並古字也。今從省作隘、陜，並正也。	
3246	唐	慧琳	一切經音義	41	隘	陜	狹隘	【隘陝】上鳥介反。《廣雅》"隘，迫也，亦陝也"……《説文》作隘，又隘，並古字也。今從省作隘、陜，並正也。	
3247	唐	慧琳	一切經音義	41	厓	堆	土堆	【堆阜】上都雷反……《説文》"小阜，從土，隹聲"也。《經》從十作準，非也。或作厓，古字也。有作塠，俗字也。下扶有反……山無石曰阜。古文作皀，象形字。	
3248	唐	慧琳	一切經音義	41	皀	阜	無石之山	【堆阜】上都雷反……《説文》"小阜，從土，隹聲"也。《經》從十作準，非也。或作厓，古字也。有作塠，俗字也。下扶有反……山無石曰阜。古文作皀，象形字。	皀可訓皀，但二者不屬同詞。存疑。
3249	唐	慧琳	一切經音義	41	畗	六	六	【財贖】下時燭反……從貝，賣聲……賣音融六反。從貝，畗聲。畗，古文六字。	畗是畜的訛變，是古睦字，非古六字。存疑。

519

序號	時代	作者	出處	位置	古字	今字	記錄職能	訓條原文	備注
3250	唐	慧琳	一切經音義	41	畊	耕	耕作	【耕墾】古衡反。《蒼頡篇》云“耕亦墾田也”……或作畊，古字也。	
3251	唐	慧琳	一切經音義	41	傌	罵	辱罵	【訶罵】……下麻霸反。《考聲》“以惡言相辱也”……古文或作傌也。	
3252	唐	慧琳	一切經音義	41	映	暎	映照	【交暎】英敬反……《韻英》云“傍照也”。從日，英聲也。或作映，古字也。	
3253	唐	慧琳	一切經音義	41	沙	沙	沙	【沙鹵】上所加反……《説文》“散石也。從水、從少，水少則砂見”，會意字也。亦通。或作沙，古字也。	
3254	唐	慧琳	一切經音義	41	憎	惜	珍惜	【惜軀】上音昔，《經》作憎，雖正，古字也。	
3255	唐	慧琳	一切經音義	41	菜	穽	陷阱	【陥穽 】……下情性反。鄭注《周禮》云“穿地爲濊坑捕禽獸也”。《説文》從穴，井聲。亦作阱。或作穽、菜，皆古字也。	
3256	唐	慧琳	一切經音義	41	穽	穽	陷阱	【陥穽 】……下情性反。鄭注《周禮》云“穿地爲濊坑捕禽獸也”。《説文》從穴，井聲。亦作阱。或作穽、菜，皆古字也。	
3257	唐	慧琳	一切經音義	41	擘	研	研究	【研覈】上宪堅反。《説文》“研，磨也。從石，开聲”。或從手作擘，古字也。	
3258	唐	慧琳	一切經音義	41	辛	愆	過失	【罪愆】上勵猥反……《説文》“犯法也”。古文皐……下丘焉反。孔注《尚書》云“愆，過也”。古作辛。衛宏作督、愆，並古字也，時不行用也。	
3259	唐	慧琳	一切經音義	41	愆	愆	過失	【罪愆】上勵猥反……《説文》“犯法也”。古文皐……下丘焉反。孔注《尚書》云“愆，過也”。古作辛。衛宏作督、愆，並古字也，時不行用也。	

序號	時代	作者	出處	位置	古字	今字	記錄職能	訓條原文	備注
3260	唐	慧琳	一切經音義	41	辠	愆	過失	【辠愆】上勵猥反……《説文》"犯法也"。古文皐……下丘焉反。孔注《尚書》云"愆，過也"。古作辛。衛宏作辠、愆，並古字也，時不行用也。	
3261	唐	慧琳	一切經音義	41	皐	罪	過失	【辠愆】上勵猥反……《説文》"犯法也"。古文皐……下丘焉反。孔注《尚書》云"愆，過也"。古作辛。衛宏作辠、愆，並古字也，時不行用也。	
3262	唐	慧琳	一切經音義	41	奱	頒	頒布	【頒告】上八蠻反。俗字也。正作奱。《考聲》云"奱，賦事也"。或作班。《漢書》作辨。今時所不用，相傳借頒爲班字。	
3263	唐	慧琳	一切經音義	41	弃	棄	放棄	【捐棄】下輕異反。《説文》"棄，捐也"。從廾推枼而棄之。從云[㐏]。㐏，逆子也……或作弃，古字也。	
3264	唐	慧琳	一切經音義	42	斯	鍬	鍬	【持鍬】七消反。俗字也。亦作鏨，正作鍫。古文作斯。《蒼頡篇》作臬，皆古字，今廢不行。《爾雅》"鏨謂之鋊"。	
3265	唐	慧琳	一切經音義	42	臬	鍬	鍬	【持鍬】七消反。俗字也。亦作鏨，正作鍫。古文作斯。《蒼頡篇》作臬，皆古字，今廢不行。《爾雅》"鏨謂之鋊"。	
3266	唐	慧琳	一切經音義	42	寋	愆	過失	【愆咎】古文寋、遍二形，籀文作僁，今作愆，同。去連反。《説文》"僁，過也"。	
3267	唐	慧琳	一切經音義	42	遍	愆	過失	【愆咎】古文寋、遍二形，籀文作僁，今作愆，同。去連反。《説文》"僁，過也"。	
3268	唐	慧琳	一切經音義	42	灋	法	法	【修行儀軌灋】古文法字。	
3269	唐	慧琳	一切經音義	42	勺	杓	勺	【斟一杓】……下常弱反。《文字典説》云"有柄木器也"。《考聲》云"今之杯杓也"。《説文》作勺。今承從木作杓，時用字。	

序號	時代	作者	出處	位置	古字	今字	記録職能	訓條原文	備注
3270	唐	慧琳	一切經音義	42	磬	磬	石磬	【繒磬】上情蠅反。《説文》“帛之輕者緫名也”。古文從辛作絳，音訓與上同。下輕徑反。鄭注《考工記》云“以石爲樂器，擊之如鍾磬聲也”……古文從巠作磬。	
3271	唐	慧琳	一切經音義	42	絳	繒	繒帛	【繒磬】上情蠅反。《説文》“帛之輕者緫名也”。古文從辛作絳，音訓與上同。下輕徑反。鄭注《考工記》云“以石爲樂器，擊之如鍾磬聲也”……古文從巠作磬。	
3272	唐	慧琳	一切經音義	42	斸	斲	砍剁	【斤斲】……下古文斲，同。竹角反。《説文》“斲，斫也”。《經》文作斫（魚斤反）。斫，鄂也。	
3273	唐	慧琳	一切經音義	42	棱	楞	木棱	【楞嚴】上勒登反。《字書》正作棱，從木，夌聲也。今《經》本作楞字，俗用久也。夌音陵。	
3274	唐	慧琳	一切經音義	42	狢	落	死亡	【殂狢】……下郎各反。《字書》云“狢，零也”。亦死也。隨也。今通作落，義同。殂音言葛反。	
3275	唐	慧琳	一切經音義	42	胤	胤	後裔	【覺胤】引進反。孔注《尚書》云“胤，嗣也”。《爾雅》“繼也”。《國語》“胤者，子孫蕃育之謂也”。《説文》“子孫相續。從肉、從八。八象其長，幺亦象重累也”。古文作胤也。	
3276	唐	慧琳	一切經音義	43	妧	頑	頑固	【頑癡】上五鰥反。……《説文》：“從頁，元聲”。古作妧。	
3277	唐	慧琳	一切經音義	43	隝	島	島嶼	【海島】古文隝，同。都老反。海中山曰島。島，到也。人所奔到也。	
3278	唐	慧琳	一切經音義	43	尪	尩	弱	【尪弱】今作尩，同。烏皇反。尩，弱也。《通俗文》“短小曰尩”，尩亦小也。	

續表

序號	時代	作者	出處	位置	古字	今字	記録職能	訓條原文	備注
3279	唐	慧琳	一切經音義	43	孕	孕	懷孕	【孕王】古文作𦙶，同。翼證反。《説文》“孕，包裹子也”。含實曰孕。	
3280	唐	慧琳	一切經音義	44	擥	攬	持取	【承攬】藍敢反。《考聲》“攬，收也”。《廣雅》“取也”。王逸注《楚辭》“持也”。《説文》“從手，覽聲”。古文作擥，亦通。	慧琳誤將擥當成擥。存疑。
3281	唐	慧琳	一切經音義	44	𩰊	卓	鬥爭	【鬭諍】……《蒼頡篇》云“鬭，爭也”……《説文》“兩士相對，兵仗其後，象形。欲相鬥也”……先賢諸儒見與鬥字相亂，中加斲字爲鬭以簡別之也……斲音卓，𩰊亦古文卓字。	《廣韻》中𩰊、鑃在上聲厚韻，而斲、卓則在入聲覺韻。𩰊、卓記録的是不同的詞，存疑。
3282	唐	慧琳	一切經音義	44	僁	愆	過失	【愆咎】羌虔反。孔注《尚書》云“愆，過也”。顧野王云“凡物有過皆謂之愆也”。《説文》“從心，衍聲”。或作𡩟。古字亦作僁也。	
3283	唐	慧琳	一切經音義	44	馽	縶	羈絆	【囚縶】下砧立反。《毛詩傳》云“縶，絆也”……或作馽，古字也。	
3284	唐	慧琳	一切經音義	44	𧢲	觸	抵觸	【是觸】下衝燭反……《説文》“觸，牴也。從角，蜀聲”。《經》作𧢲，古字也。	
3285	唐	慧琳	一切經音義	44	悳	德	德	【聽許】上剔寧反。《考聲》“聽，從也”。《説文》從悳、耳，壬聲也。悳，古文德字。	
3286	唐	慧琳	一切經音義	44	㵣	暍	中暑	【暍殀】上偃歇反。《説文》“暍，傷熱暑也。從日，曷聲”。或作愒、㵣，古字也。	
3287	唐	慧琳	一切經音義	44	愒	暍	中暑	【暍殀】上偃歇反。《説文》“暍，傷熱暑也。從日，曷聲”。或作愒、㵣，古字也。	

序號	時代	作者	出處	位置	古字	今字	記録職能	訓條 原文	備注
3288	唐	慧琳	一切經音義	45	耏	耐	能够	【堪耐】乃代反。顧野王云“耐猶能也”。《説文》“從彡，而聲”，古字也。今從寸作耐，亦通也。	
3289	唐	慧琳	一切經音義	45	胃	胃	胃	【鳥菌】下，尸耳反。《古今正字》云“菌，糞也”。從艸，從胃省聲。或作屎，俗字，謬也。《經》文作屎。屎，陳也。陳棄之意也。胃，古文胃字。	
3290	唐	慧琳	一切經音義	45	肪	骱	脂肪	【肪膏】上音方。前《十二頭陀經》中已釋。今《經》本作骱，非。	
3291	唐	慧琳	一切經音義	45	稅	稷	稷米	【黍稷】古文稷[稅]，同。姊力反。五穀之長也。	
3292	唐	慧琳	一切經音義	45	从	從	跟隨	【軍旅】上窘雲反，下力舉反……賈注《國語》云“軍猶屯也，從車，勹聲；旅，軍五百人也，從放，以旅相俱也，故從从”。勹音飽交反。放音偃。从，古文從字。	
3293	唐	慧琳	一切經音義	45	攘	㩆	推	【推攘】……下穰尚反……《説文》“攘，推也”。從手，襄聲。亦作讓，俗行之久。今《經》文從手、從衰，誤也。	
3294	唐	慧琳	一切經音義	45	荒	怳	心神不定貌	【怳忽】古文荒、慌二形，同。呼晃反。慌忽，忘也。	
3295	唐	慧琳	一切經音義	45	慌	怳	心神不定貌	【怳忽】古文荒、慌二形，同。呼晃反。慌忽，忘也。	
3296	唐	慧琳	一切經音義	46	御	馭	馭	【服御】扶福反。《説文》“服，用也”。《尒雅》“服，整也”，郭璞曰“服御，令齊整也”。御，古之馭，同。	
3297	唐	慧琳	一切經音義	46	朓	孕	懷孕	【懷孕】古文朓，同。移證反。謂含實曰孕。《三蒼》“懷子也”。《廣雅》“孕，偠也”。字從子，乃聲。	

序號	時代	作者	出處	位置	古字	今字	記錄職能	訓條原文	備注
3298	唐	慧琳	一切經音義	46	跱	峙	獨立	【間跱】古文峙,同。除理反。言獨立也。《廣雅》"峙,止也"。	
3299	唐	慧琳	一切經音義	46	欼	吃	口吃	【謇吃】……謇非此義。吃,古文欼。	
3300	唐	慧琳	一切經音義	46	咎	皋	皋	【無咎】渠九反……人各相違即成罪咎。又,二人同心其利斷金,二人相違其禍成災。古文以爲皋繇之皋字也。	
3301	唐	慧琳	一切經音義	46	㦃	㸌	烤	【㸌煮】古文㦃、㸐二形,同。扶逼反。《方言》"㸌,火乾也。關西隴冀以往謂之㸌"。《説文》"以火乾肉曰㸌"。	
3302	唐	慧琳	一切經音義	46	㸐	㸌	烤	【㸌煮】古文㦃、㸐二形,同。扶逼反。《方言》"㸌,火乾也。關西隴冀以往謂之㸌"。《説文》"以火乾肉曰㸌"。	
3303	唐	慧琳	一切經音義	46	姓	晴	晴朗	【便晴】古文姓、殖二形,同。藉盈反。《漢書》"天晴而見景星"。孟康曰"晴,精明也"。	
3304	唐	慧琳	一切經音義	46	殖	晴	晴朗	【便晴】古文姓、殖二形,同。藉盈反。《漢書》"天晴而見景星"。孟康曰"晴,精明也"。	
3305	唐	慧琳	一切經音義	46	䐼	塍	田埂	【溝塍】古文䐼、塍[塍]二形,今作塍,同。示陵反。《説文》"塍,稻田畦也"。《史記》"大曰隴,小曰塍"。《廣雅》"塍,隄也"。《蒼頡篇》"塍,畔也"。	塍字據文意校如是。
3306	唐	慧琳	一切經音義	46	塍	塍	田埂	【溝塍】古文䐼、塍[塍]二形,今作塍,同。示陵反。《説文》"塍,稻田畦也"。《史記》"大曰隴,小曰塍"。《廣雅》"塍,隄也"。《蒼頡篇》"塍,畔也"。	塍字據文意校如是。
3307	唐	慧琳	一切經音義	47	䭫	稽	叩首至地	【稽顙】古文䭫,同。苦禮反。《説文》"稽,下首也"。	

序號	時代	作者	出處	位置	古字	今字	記錄職能	訓條 原文	備注
3308	唐	慧琳	一切經音義	47	俱	儳	倒	【俱倒】上典年反。孔注《尚書》"俱，殯也"。又俱，覆也。言反倒仆也。今作儳。《説文》作蹎，從人。	
3309	唐	慧琳	一切經音義	47	譀	蹇	言語遲緩	【謇澀】古文作譀、蹇二形，今作蹇，同。飢展反。《方言》"謇，吃也。楚人語也"。謇，難也。	
3310	唐	慧琳	一切經音義	47	謇	蹇	言語遲緩	【謇澀】古文作譀、蹇二形，今作蹇，同。飢展反。《方言》"謇，吃也。楚人語也"。謇，難也。	
3311	唐	慧琳	一切經音義	48	捔	粗	粗略	【角力】古文劁，同。古學反……音單作角，或作捔者，此古文粗字。	
3312	唐	慧琳	一切經音義	48	嚚	鄦	喧嚚	【鄦嚳】古文嚚，同。許驕反。鄦，誼也。誼讙不静也。	
3313	唐	慧琳	一切經音義	48	舓	舐	舚舐	【應舐】《字詁》及古文作舓，同。食尒反。謂以舌取食也。	
3314	唐	慧琳	一切經音義	48	罻	罩	捕魚籠	【罩羅】古文罻、釣二形，同。捕魚籠也。	
3315	唐	慧琳	一切經音義	48	釣	罩	捕魚籠	【罩羅】古文罻、釣二形，同。捕魚籠也。	
3316	唐	慧琳	一切經音義	48	閼	遏	遏止	【遮遏】古文閼，同。於曷反。《爾雅》"遏，止也"。	
3317	唐	慧琳	一切經音義	49	眒	瞬	眨眼	【瞬命】屑閏反……《説文》"開合目而數搖也"……古文從申作眒，音同上。	
3318	唐	慧琳	一切經音義	49	蟇	謨	謀	【玄暮】母蒲反，古字也。亦高僧名，今或作謨。謨，謀也。	

序號	時代	作者	出處	位置	古字	今字	記錄職能	訓條原文	備注
3319	唐	慧琳	一切經音義	49	篡	撰	編撰	【撰焉】上饌卷反……《韻英》云“撰者，修著也”……《漢書》從算、從臼作篡，亦古文撰字也。《論》文與漢書同。此古篡字時所不用也。	
3320	唐	慧琳	一切經音義	50	勠	利	利	【犂轅】上禮蹄反。《玉篇》云“牛耕鐵也”。《漢書》云“募徙貧人，假與犂牛種子也”。《説文》“耕也。從牛、勠（古文利字）聲也”。勠字從黍、從勹，古文刀字。	
3321	唐	慧琳	一切經音義	50	勹	刀	刀	【犂轅】上禮蹄反。《玉篇》云“牛耕鐵也”。《漢書》云“募徙貧人，假與犂牛種子也”。《説文》“耕也。從牛、勠（古文利字）聲也”。勠字從黍、從勹，古文刀字。	
3322	唐	慧琳	一切經音義	51	䧹	煙	煙	【煙等】上鷰賢反。《國語》云“啖煙達於上也”。《考聲》云“火煙也”。《説文》“從火，垔聲”。或作烟，古作䧹，《論》文作烟，亦通。垔音因。	
3323	唐	慧琳	一切經音義	51	𢇇	絶	斷絶	【斷割】上端亂反……《説文》“截也。從斤、從𢇇”。𢇇音絶，古絶字也。	古絶字當是𢇇。存疑。
3324	唐	慧琳	一切經音義	51	遺	慣	習慣	【慣習】上關患反。《爾雅》云“慣亦習也”。《説文》作遺，古字也。	
3325	唐	慧琳	一切經音義	51	㝯	宋	沉寂	【宋寞】上情績反。《方言》“宋，静也”。《説文》“無人聲”也。俗作寂，古作㝯。	
3326	唐	慧琳	一切經音義	51	雥	焦	燒焦	【焦炷】上獎遥反……古文從三隹、從火作雥。今隸書省單作焦。	
3327	唐	慧琳	一切經音義	51	囷	橐	無底之橐	【橐籥】上湯洛反……《蒼頡篇》云“橐之無底曰橐”……古文從口作囷。	

續表

序號	時代	作者	出處	位置	古字	今字	記錄職能	訓條原文	備注
3328	唐	慧琳	一切經音義	51	熏	熏	熏陶	【熏習】上訓憚反。《考聲》云“熏，熱也”。《説文》云“火氣也。從黑、從中作熏”。今俗作熏，行用已久，難改。亦作燻。	
3329	唐	慧琳	一切經音義	52	爇	焫	燃燒	【火焫】古文爇，同。而悦反。《通俗文》“燃火曰焫”。焫亦燒也。	
3330	唐	慧琳	一切經音義	52	攈	捃	拾取	【捃拾】古文攈，同。居運反。《方言》“捃，取也”。	
3331	唐	慧琳	一切經音義	52	敜	捻	捏	【捻挃】古文敜，同。乃頰反。指持謂手躡也。	
3332	唐	慧琳	一切經音義	52	抨	拼	彈	【拼之】古文抨，同。補耕反。謂“彈繩墨爲拼也”。	
3333	唐	慧琳	一切經音義	52	尪	尩	弱	【尩瘵】又作尪。古文從里王作尪，同。烏皇反。下側界反。短小曰尪，尩猶弱也。瘵，病也。東齊曰瘝也。	
3334	唐	慧琳	一切經音義	52	惕	愁	愁	【灼惕】之若反。下古文愁，同。汀歷反。灼謂憂懼也，亦痛也。惕，愁也。	
3335	唐	慧琳	一切經音義	52	歾	刎	割	【自刎】古文歾，同。亡粉反。《公羊傳》云“公遂刎脰而死”，何休曰“刎，割也”。脰音豆，頸也。	
3336	唐	慧琳	一切經音義	52	轟	輷	象聲詞	【轟轟】今作輷，《字書》作輷，同。呼棚反。《説文》“轟，群車聲也”。	
3337	唐	慧琳	一切經音義	52	企	企	抬脚跟	【企望】古文硏[跂]、企二形，同。墟跂反。《通俗文》“舉跟曰跂也”。字從人、從止。	
3338	唐	慧琳	一切經音義	52	跂	企	抬脚跟	【企望】古文硏[跂]、企二形，同。墟跂反。《通俗文》“舉跟曰跂也”。字從人、從止。	

續表

序號	時代	作者	出處	位置	古字	今字	記録職能	訓條原文	備注
3339	唐	慧琳	一切經音義	52	渓	沃	灌	【沃溉】古文渓，同。烏木反。沃猶溉灌也。渓亦漬也，澆也。	
3340	唐	慧琳	一切經音義	52	溺	屎	尿	【溺者】字體作屎。《説文》“小便也”。字從水、從尾。《經》文作溺，古字多假借耳。	
3341	唐	慧琳	一切經音義	52	捦	擒	捉拿	【捦獲】又作鈙、檎二形，同。渠林反。《三蒼》“捦，手捉物也”。《埤蒼》“捦，捉也”。今皆作擒也。	
3342	唐	慧琳	一切經音義	52	鈙	擒	捉拿	【捦獲】又作鈙、檎二形，同。渠林反。《三蒼》“捦，手捉物也”。《埤蒼》“捦，捉也”。今皆作擒也。	
3343	唐	慧琳	一切經音義	52	檎	擒	捉拿	【捦獲】又作鈙、檎二形，同。渠林反。《三蒼》“捦，手捉物也”。《埤蒼》“捦，捉也”。今皆作擒也。	
3344	唐	慧琳	一切經音義	52	詆	呧	呵責	【掠詆】又作呧，古文詆，同。都禮反。《廣雅》“詆，欺也，亦呵止”。	
3345	唐	慧琳	一切經音義	52	儚	蹁	蹁蹮	【蹁蹮】古文儚，同。蒲眠反。下蘇眠反。《廣雅》“蹁躚，盤姍也”。亦旋行也。《經》文作蹁跣，非體也。	
3346	唐	慧琳	一切經音義	53	豋	豌	豌豆	【豌豆】烏丸反。豆名也。《説文》作豋，古字也。從豆，夗聲也。	
3347	唐	慧琳	一切經音義	53	甎	甎	磚	【甎壘】上拙緣反……《古今正字》從瓦、從專聲。或作甎，古字也。	
3348	唐	慧琳	一切經音義	53	慫	竦	恐懼	【森竦】……下古文慫，同。先勇反。竦，上也。	
3349	唐	慧琳	一切經音義	53	鐵	鐵	鐵	【鐵爪】天涅反。《説文》“黑金也。從金，戴聲”。戴音徒結反，正體字也。今《經》文從截作鐵，俗字也。	

序號	時代	作者	出處	位置	古字	今字	記錄職能	訓條原文	備注
3350	唐	慧琳	一切經音義	53	攑	僕	撲倒	【撲[撲]著】上龐邈反。《考聲》云"手搏投於地曰撲"。《韻詮》云"手掬撲也"。或音普禄反,亦通。今俗用或省作僕。	
3351	唐	慧琳	一切經音義	53	箕	箕	簸箕	【如箕】居疑反。……《説文》"竹籭也。從竹,其象形,下其人[丌]也"。古文作箕也。孔注《論語》云"箕也"。《漢律》云"小筐也"。《説文》"從竹,從单聲"。	
3352	唐	慧琳	一切經音義	53	它	虵	蛇	【虵獵】上食遮反。《説文》云"從虫而長,象冤曲垂尾之形也"。上古巢居患虵,故相問無他乎,它即今之虵字也。	
3353	唐	慧琳	一切經音義	53	賏	瓔	首飾名	【頸瓔】……下亦盈反。《説文》云"賏,頸飾也。古文從二貝"。	
3354	唐	慧琳	一切經音義	53	儁	俊	俊才	【賢儁】遵峻反。《淮南子》曰"才過千人曰儁"。今通俗作俊。	
3355	唐	慧琳	一切經音義	54	撒	擊	舉	【擊乳渾】上競京反。《廣雅》云"擊,舉也"。《字書》從廾作弊,又作撒,皆古字也。	
3356	唐	慧琳	一切經音義	54	弊	擊	舉	【擊乳渾】上競京反。《廣雅》云"擊,舉也"。《字書》從廾作弊,又作撒,皆古字也。	
3357	唐	慧琳	一切經音義	54	尠	鮮	少	【尠得】上仙淺反。《考聲》云"少也"……今亦通作鮮。	
3358	唐	慧琳	一切經音義	54	归	抑	按	【爲抑】應力反。《考聲》云"抑,止也,理也"。《説文》"按也,從反印字也"。今隸書相承從手作抑。	
3359	唐	慧琳	一切經音義	54	匠	人	人	【女匠】古人字也。	

續表

序號	時代	作者	出處	位置	古字	今字	記録職能	訓條原文	備注
3360	唐	慧琳	一切經音義	54	埊	地	地	【委埊】古地字也。則天后所制字也。	
3361	唐	慧琳	一切經音義	54	缶	正	正	【缶】古正字。天后所制字也。	
3362	唐	慧琳	一切經音義	55	澵	洗	洗滌	【刮洒】……下西底反……《說文》云"滌也。從水，西聲"。或作澵，古洗字也。	
3363	唐	慧琳	一切經音義	55	囥	槖	口袋	【苦槖】古文囥，同。撻各反。《蒼頡篇》云"囊之無底者也"。《說文》"槖，囊也"。	
3364	唐	慧琳	一切經音義	55	兖	裔	後裔	【苗裔】古文作兖，同。餘制反。《說文》"兖，衣裾也"。以子孫爲苗裔者取下垂義也。	
3365	唐	慧琳	一切經音義	55	殈	禍	禍患	【攘禍】……下胡卧反。古文從歺作殈。	
3366	唐	慧琳	一切經音義	55	䏰	孕	懷孕	【孕婦】古文䏰，同。餘證反。《說文》"裹子也"。	
3367	唐	慧琳	一切經音義	56	剃	雉	雉鳥	【雉鳥】古文剃，同。直里反。《經》文作鴙，餘詰反。《爾雅》"鴙，鋪豉也"。	
3368	唐	慧琳	一切經音義	56	笧	册	典册	【理册】古文笧，同。楚責反。册，簡册也，長者二尺，短者半之。其次一長一短，手文象之也。	
3369	唐	慧琳	一切經音義	56	膌	榜	托舉	【開拓】古文膌、袥二形，今作榜，同。他各反。《廣雅》"袥，大也，亦開也"。《經》文作拓，字與摭同，之石反。拓，拾也。拓非字義。	

序號	時代	作者	出處	位置	古字	今字	記錄職能	訓條 原文	備注
3370	唐	慧琳	一切經音義	56	祏	榻	托舉	【開拓】古文腩、祏二形，今作榻，同。他各反。《廣雅》"柘，大也，亦開也"。《經》文作拓，字與攃同，之石反。拓，拾也。拓非字義。	
3371	唐	慧琳	一切經音義	56	䯚	呂	脊骨	【脊䯚】今作呂，同。力舉反。䯚亦脊也。《説文》"脊，骨也"。太岳爲禹臣，委如心呂，因封呂侯。	
3372	唐	慧琳	一切經音義	56	氊	毹	紡織布料	【白氊】古文氊，同。徒頰反。毛布也。《經》文作氊，知立反。氊，絆也。氊非字義也。	
3373	唐	慧琳	一切經音義	57	窒	罄	中空	【罄竭】古文窒，同。可定反。《説文》"器中空也"。	
3374	唐	慧琳	一切經音義	57	申	申	申	【申縮】上失真反。《白虎通》云"申者，身也"。《説文》從臼。臼音掬。《經》作申，古之字也。	
3375	唐	慧琳	一切經音義	57	目	以	以	【爲飴】以之反。《方言》"凡飴謂之餳也"。《毛詩箋》云"甘如飴也"。《説文》"以米蘖煎成之，從食，目聲"。目，古文以字。	
3376	唐	慧琳	一切經音義	57	鼎	鼎	鼎	【鼎沸】上音頂。應劭注《漢書》云"鼎，方金器也"。顧野王云"鼎，烹飪調和五味之器也，三足兩耳，從貞省，加耳足，象形，古文作 [鼎]"。	
3377	唐	慧琳	一切經音義	57	齓	齔	兒童換牙	【髫齔】……下初謹反。鄭注《周禮》"男七歲、女八歲即毀齒也"。《説文》"從齒，匕聲"。《經》作齓，非也，古文也。	
3378	唐	慧琳	一切經音義	59	戣	矛	矛	【持鉾】古文戣、釨二形，今作矛，同。莫侯反。《説文》"酋矛，長二丈，建於兵車也"。酋，自由反。	
3379	唐	慧琳	一切經音義	59	釨	矛	矛	【持鉾】古文戣、釨二形，今作矛，同。莫侯反。《説文》"酋矛，長二丈，建於兵車也"。酋，自由反。	

序號	時代	作者	出處	位置	古字	今字	記録職能	訓條原文	備注
3380	唐	慧琳	一切經音義	59	鞭	屣	鞋	【革屣】古文鞭、鞨、跿三形，同。所倚、所解二反。《聲類》“屣，鞋屬也”。	
3381	唐	慧琳	一切經音義	59	跿	屣	鞋	【革屣】古文鞭、鞨、跿三形，同。所倚、所解二反。《聲類》“屣，鞋屬也”。	
3382	唐	慧琳	一切經音義	59	鞨	屣	鞋	【革屣】古文鞭、鞨、跿三形，同。所倚、所解二反。《聲類》“屣，鞋屬也”。	
3383	唐	慧琳	一切經音義	59	飪	飢	穀不熟	【饉飢】古文飪，又作饑，同。几治反。《爾疋》“穀不熟爲飢，蔬不熟爲饉”。	
3384	唐	慧琳	一切經音義	59	瓶	翅	鳥翅	【兩翅】古文瓶、翅二形，同。施智反。《説文》“翅翼也”。	
3385	唐	慧琳	一切經音義	59	翅	翅	鳥翅	【兩翅】古文瓶、翅二形，同。施智反。《説文》“翅翼也”。	
3386	唐	慧琳	一切經音義	59	吱	迫	逼迫	【迫難】古文吱，同。補格反。《廣雅》“迫，陝也”。急貌也。	
3387	唐	慧琳	一切經音義	60	午	午	午	【春擣】上束鍾反。顧野王云“春者，擣粟爲米也”。《考聲》“春亦擣也”。《説文》“擣粟也。從廾”。廾音拱，拱手也。持杵以臨臼上而擣也。杵省爲午。今隷書變體作春。古者雍父初作春，掘地爲臼，象形也。篆書上從午，次從廾，下從臼作舂。午，古文午字也。	
3388	唐	慧琳	一切經音義	60	午	午	杵	【春擣】上束鍾反。顧野王云“春者，擣粟爲米也”……篆書上從午，次從廾，下從臼作舂。午，古文午字也。	
3389	唐	慧琳	一切經音義	60	扊	局	門閂	【扃閉門】上恬玷反。門之小關也。礙門扇令不開也。古文作扊，形聲字也。	

續表

序號	時代	作者	出處	位置	古字	今字	記錄職能	訓條原文	備注
3390	唐	慧琳	一切經音義	60	蚩	毒	毒	【諑毒】……下音桐篤反。《考聲》云"有所害也。害人草也。恨也。憎也"。《説文》"從屮、從毐,毒亦聲也"。古文作蚩,從古之字、從蟲。	慧琳將毒的異體字蚩和形近的蚩混淆。存疑。
3391	唐	慧琳	一切經音義	60	酉	酒	酒	【女醫】意基反。《集訓》云"醫,意也。以巧慧智思使藥消病也"。《説文》"治病工也"。用藥必以酒行藥,故醫字從酉。酉者,古文酒字也。昔巫彭初作醫,或從巫作毉。	
3392	唐	慧琳	一切經音義	60	彚	彙	類別	【品彙】音謂。《廣雅》"彙,類也"。古文作彚。	
3393	唐	慧琳	一切經音義	60	鬻	粥	湯粥	【若鬻】下終肉反。《文字集略》云"鬻,淖煑米爲稀鬻也"。古從鬲作鬻,正體字也。今隸書從省作粥,《律》文用俗字也。	
3394	唐	慧琳	一切經音義	60	盩	捩	摔	【灑捩】……下憐涅反。俗字也。古文正體作盩,從幺、從牵、從攴、皿,亦音歷計反。訓義同上。或從糸作綟,《字書》云"以兩人一左一右綟去水也"。今取入聲。	
3395	唐	慧琳	一切經音義	60	秡	竢	等待	【竢覺】事淬反。《爾雅》云"竢,待也"。古文從來作秡,會意字也。	
3396	唐	慧琳	一切經音義	60	飻	饕	貪食	【貪饕】下天結反。古文作飻。杜注《左傳》云"貪食曰饕"。	
3397	唐	慧琳	一切經音義	60	羈	羈	管控	【羈絆】上凡宜反。《考聲》云"羈,繫也"。或從奇作羈。古文從囚[网]、從羈作㒪,音砧立反。會意字也。	
3398	唐	慧琳	一切經音義	61	丫	枴	拐杖	【枴行】上乖買反。《韻詮》云"杷頭杖也"。患腳人扶身杖也。古文作丫,象形字也。	
3399	唐	慧琳	一切經音義	61	黿	蛙	蛤蟆	【井蛙】下烏瓜反。《説文》正體從黽作黿,古字也。	

序號	時代	作者	出處	位置	古字	今字	記錄職能	訓條原文	備注
3400	唐	慧琳	一切經音義	61	罣	擇	選擇	【決擇】下音宅。《考聲》云“擇，揀也”。古文作罣。	
3401	唐	慧琳	一切經音義	61	陖	峻	山高峻	【峻坂】上笋俊反。山高也。古文作陖，險也。	
3402	唐	慧琳	一切經音義	61	戼	卯	卯	【貿易】上矛候反。《考聲》云“易財物也”……《説文》從戼，古文卯字也。	
3403	唐	慧琳	一切經音義	61	彚	蝟	蝟蟲	【品類】律墜反。品袟種類也。《律》文作彚，誤用也。非也。彚，古文蝟蟲字。雖訓類，非此用義。	
3404	唐	慧琳	一切經音義	61	苐	稊	稊草	【青稊】弟奚反。《考聲》云“草名也”。或作苐，古字也。	
3405	唐	慧琳	一切經音義	61	𥛰	禲	禲神	【羣禲［禲］】下力滯反。《蒼頡篇》云“禲，亡國之神也”……或作𥜽、𥛰，皆古字也。	
3406	唐	慧琳	一切經音義	61	𥜽	禲	禲神	【羣禲［禲］】下力滯反。《蒼頡篇》云“禲，亡國之神也”……或作𥜽、𥛰，皆古字也。	
3407	唐	慧琳	一切經音義	61	厌	側	側	【厌足】上音側，古字也。	
3408	唐	慧琳	一切經音義	61	𤅷	江	江	【𤅷㹠】上古江字也。下鈍論反，俗字也。正體從豕，從肉作豚，古文本作𧰭，雖正，厭繁已廢不用也。言江豚者，江海水中魚類也，形皃似大猪，故名江豚。	
3409	唐	慧琳	一切經音義	61	𧰭	㹠	豚	【𤅷㹠】上古江字也。下鈍論反，俗字也。正體從豕、從肉作豚，古文本作𧰭，雖正，厭繁已廢不用也。言江豚者，江海水中魚類也，形皃似大猪，故名江豚。	
3410	唐	慧琳	一切經音義	62	賏	貨	貨	【賭賏】……下賏音貨，古文貨字也。《廣雅》云“賏亦賭也”。	

序號	時代	作者	出處	位置	古字	今字	記錄職能	訓條原文	備注
3411	唐	慧琳	一切經音義	62	鬻	粥	湯粥	【欻粥】……下之育反。《説文》“粥，麋也”。古文正體從鬻、從鬲作鬻，鬻音育，鬻音歷。	
3412	唐	慧琳	一切經音義	62	坴	壘	軍壁	【壘壁】上律軌反。《廣雅》云“壘，重也”。《説文》云“軍壁曰壘”，古文作坴，象形。	
3413	唐	慧琳	一切經音義	62	葊	阱	陷阱	【爲阱】……《説文》“亦陷也。從阝，井聲”也。古文作葊。	
3414	唐	慧琳	一切經音義	62	帬	裙	裙	【下裙】郡雲反。前第一卷已釋。古文正作帬。	
3415	唐	慧琳	一切經音義	62	肒	臆	胸部	【胷臆】上昂恭反。《説文》“胷，膺也”。下音憶，胷骨也。古文作肒。	
3416	唐	慧琳	一切經音義	62	佚	娠	妊娠	【有娠】失真反。杜注《左傳》云“娠，懷胎也”。《説文》云“娠妊，身動也”。從女，辰聲。古文作佚字。	
3417	唐	慧琳	一切經音義	62	嗇	六		【來贖】殊欲反。《考聲》云“以財償直也”。《説文》“貿也。從二、貝、從嗇（古文六字）”。賣云“育”也。	嗇是古睦字，非古六字。存疑。
3418	唐	慧琳	一切經音義	63	屄	胯	髀上骨	【背胯】下誇化反。俗字也。正作髁……古文作屄，亦作胯。	
3419	唐	慧琳	一切經音義	63	鬮	麨	炒	【麨飯】上尺沼反。《考聲》云“熬米麥也”。《埤蒼》云“鬮麥也”。《文字典説》云“爆乾麥屑麨也”。從麥，酋聲。古作鬮、爆。酋音就由反。	
3420	唐	慧琳	一切經音義	63	爆	麨	炒	【麨飯】上尺沼反。《考聲》云“熬米麥也”。《埤蒼》云“鬮麥也”。《文字典説》云“爆乾麥屑麨也”。從麥，酋聲。古作鬮、爆。酋音就由反。	

序號	時代	作者	出處	位置	古字	今字	記錄職能	訓條原文	備注
3421	唐	慧琳	一切經音義	63	㞭	娠	妊娠	【度㞭】下音身。《毛詩傳》曰“娠，振也，震動於内”。《説文》從人作侲。侲，神。《集訓》云“婦人懷孕也”。《字書》或作㞭，古字也。	
3422	唐	慧琳	一切經音義	63	仄	側	側	【仄足行】上音側，古字也。	
3423	唐	慧琳	一切經音義	64	鞦	屣	鞋	【革屣】師滓反。《考聲》云“履之不攝跟者也”……或從足作躧、蹝［跹］、鞦、鞋，竝古字也。	跹字據文意校。
3424	唐	慧琳	一切經音義	64	躧	屣	鞋	【革屣】師滓反。《考聲》云“履之不攝跟者也”……或從足作躧、蹝［跹］、鞦、鞋，竝古字也。	跹字據文意校。
3425	唐	慧琳	一切經音義	64	蹝	屣	鞋	【革屣】師滓反。《考聲》云“履之不攝跟者也”……或從足作躧、蹝［跹］、鞦、鞋，竝古字也。	跹字據文意校。
3426	唐	慧琳	一切經音義	64	鞋	屣	鞋	【革屣】師滓反。《考聲》云“履之不攝跟者也”……或從足作躧、蹝［跹］、鞦、鞋，竝古字也。	跹字據文意校。
3427	唐	慧琳	一切經音義	64	雒	洛	洛	【洛陽】上即各反。《經》文作雒，古文字也。	
3428	唐	慧琳	一切經音義	64	夘	卯	夘	【賈鉢】上莫候反。顧野王云“賈猶交易也”。《爾雅》“賈，賣也，市也”。郭注云“廣易名也”。《古今正字》“賈從貝、夘”。夘，古卯字也。《經》作賀，非也。	
3429	唐	慧琳	一切經音義	64	隤	貴	貴	【隤綱】上大迴反。《廣雅》“隤，壞也”。《説文》“墜下也。從阜、從臾”，即古貴字也。	
3430	唐	慧琳	一切經音義	64	鬚	頿	頭髮	【鬚髮［髮］】上相逾反。《考聲》云“鬚也”。《説文》“正作須，面毛也”。從頁（頁，頭也）、從彡（彡象毛也）。今《經》文從髟作頿，亦通，亦時俗共用字也。下髮音蕃轊反。《説文》“頂上毛也”。從髟、犮［犮］，或從首作䰄，或作䰂，皆古字也。	

續表

序號	時代	作者	出處	位置	古字	今字	記録職能	訓條原文	備注
3431	唐	慧琳	一切經音義	64	𩠐	髮	頭髮	【鬚髪[髮]】上相逾反。《考聲》云"鬚也"。《説文》"正作須，面毛也"。從頁（頁，頭也）、從彡（彡象毛也）。今《經》文從髟作鬢，亦通，亦時俗共用字也。下髪音蕃韈反。《説文》"頂上毛也"。從髟、犬[犮]，或從首作𩠐，或作頍，皆古字也。	
3432	唐	慧琳	一切經音義	64	頍	髮	頭髮	【鬚髪[髮]】上相逾反。《考聲》云"鬚也"。《説文》"正作須，面毛也"。從頁（頁，頭也）、從彡（彡象毛也）。今《經》文從髟作鬢，亦通，亦時俗共用字也。下髪音蕃韈反。《説文》"頂上毛也"。從髟、犬[犮]，或從首作𩠐，或作頍，皆古字也。	
3433	唐	慧琳	一切經音義	64	篴	笛	笛子	【箏笛】古文篴，同。從的反。《説文》"七孔籥也"。	
3434	唐	慧琳	一切經音義	64	䍺	𢅤	裝載	【𢅤器】猪吕反。《考聲》云"以爲筐形貯物也"。或作䍺，古字也。	
3435	唐	慧琳	一切經音義	64	籑	饌	飯食	【餚饌】……下牀戀反。《韻英》云"饌，具食也"。《説文》正作籑，古字也，形聲字。	
3436	唐	慧琳	一切經音義	64	督	督	督查	【督令】《字書》今作督[督]，同。都木反。《爾雅》"督，正也"。注云"謂御正之也"。《方言》"督，理也"。《説文》"督，察也"。	
3437	唐	慧琳	一切經音義	64	𢀩	差	參差	【參差】……下測宜反。《廣雅》云"差，衰也"。《説文》"從左，𠂹聲"。𠂹音垂。今隸書從羊作差，訛謬也。	
3438	唐	慧琳	一切經音義	65	㲲	氎	草花布	【粗氎】下音牒，西國草花布也。或作緤，又作㲲，古字也。	
3439	唐	慧琳	一切經音義	65	㞢	之	之	【大寺】……《釋名》云"寺，嗣也。治事者相嗣續於其内也"。字從寸，㞢聲。㞢，古之字也。	

續表

序號	時代	作者	出處	位置	古字	今字	記錄職能	訓條原文	備注
3440	唐	慧琳	一切經音義	65	鍱	華	鏵	【鍱鉄】胡瓜反。此古文華字。又作鏵。	
3441	唐	慧琳	一切經音義	65	貰	貰	賒	【有貰】尸曳反。顧野王云“貰猶賒也”。《説文》“貸也。從貝，世聲”。古文作貰也。	
3442	唐	慧琳	一切經音義	65	宍	肉	肉	【䞒不】神辱反。《考聲》云“以財償直曰䞒”……從貝、從賣[賣]。賣[賣]音育，今俗用從賣，誤也。賣[賣]從冏、從貝、從宍[夨]。夨音陸，古陸字也。	
3443	唐	慧琳	一切經音義	65	䞒	䞒	䞒	【䞒不】神辱反。《考聲》云“以財償直曰䞒”……從貝、從賣[賣]。賣[賣]音育，今俗用從賣，誤也。賣[賣]從冏、從貝、從宍[夨]。夨音陸，古陸字也。	
3444	唐	慧琳	一切經音義	65	夨	陸	陸	【䞒不】神辱反。《考聲》云“以財償直曰䞒”……從貝、從賣[賣]。賣[賣]音育，今俗用從賣，誤也。賣[賣]從冏、從貝、從宍[夨]。夨音陸，古陸字也。	
3445	唐	慧琳	一切經音義	65	𡗃	奉	奉	【奉法】上逢捧反，上聲字。《説文》“奉，承也。從丰（丰音峰）、從廾（廾音拱）、從手”。今隸書從省略作奉，記也。《經》文作王法，甚無義，寫誤也。	
3446	唐	慧琳	一切經音義	66	朧	孕	懷孕	【不孕】古文朧，同。餘證反。《説文》“裹子也”。《廣雅》“孕，侚也”。含實曰孕。	
3447	唐	慧琳	一切經音義	66	爨	焦	燒焦	【焦灼】上勦遙反……《説文》云“火所燒也”。古文作爨。今省爲焦。	
3448	唐	慧琳	一切經音義	66	盇	鉢	鉢	【扣鉢】……下半末反。俗用字也。《説文》中無。《玉篇》云“《交州雜事記》云‘晉大康四年，臨邑國王獻鉢及白水晶鉢般子愼’”。《通俗文》中從友、從皿作盇，古字也。	

序號	時代	作者	出處	位置	古字	今字	記錄職能	訓條原文	備注
3449	唐	慧琳	一切經音義	66	折	析	破木	【破析】下星亦反……《説文》云“破木也，從木，斤聲”。《論》文作折，古字也。	
3450	唐	慧琳	一切經音義	66	戦	翼	翅膀	【嗦翼】……《古今正字》“翼，翅也”。從羽，從異聲。或爲戦，古字也。《説文》從走作趯。	
3451	唐	慧琳	一切經音義	66	螿	蟀	蟋蟀	【蟋蟀】上辛七反。下衰律反。《詩傳》云“蟋蟀，蜇也”……蟀或作螿，古字也。	
3452	唐	慧琳	一切經音義	66	闋	瘦	頸腫病	【瘟瘦】……下嬰郢反……古文作闋字也。《説文》云“頸腫病也”。	
3453	唐	慧琳	一切經音義	66	煗	暖	暖	【煗身】上奴管反。《廣雅》云“煗，温也”。《爾雅》“煗也”。《説文》作煖，從火，爰聲。或作暊，今通作暖。《論》作燗，音而珠反，非也。	
3454	唐	慧琳	一切經音義	66	隁	堰	擋水堤	【隁塞】上蔦懲反。今亦作堰。《論》文作堰，非也。顧野王云“隁，所以停畜水也”。《考聲》云“塞也”。《文字典説》云“從阝，匽聲”。匽音同上。	
3455	唐	慧琳	一切經音義	66	腭	腭	牙齦	【腭痛】上昂各反。《考聲》云“腭，齗也。從肉，罒聲也”……今俗用作腭、齶，並非也。	
3456	唐	慧琳	一切經音義	66	腭	齶	牙齦	【腭痛】上昂各反。《考聲》云“腭，齗也。從肉，罒聲也”……今俗用作腭、齶，並非也。	
3457	唐	慧琳	一切經音義	66	昔	腊	乾肉	【脯腊】……下音昔，腊亦脯也。賈注《國語》云“腊，久也”。《説文》“侍腊亦乾肉也。從殘肉，日以晞之”。今時用從肉，昔聲也。或作焟，在火部。	
3458	唐	慧琳	一切經音義	67	㥃	暗	昏暗	【五暗】古文㥃，同。於計反。《小尔疋》云“幽、暗、闇、昧，冥也”。	

續表

序號	時代	作者	出處	位置	古字	今字	記錄職能	訓條原文	備注
3459	唐	慧琳	一切經音義	67	鞿	屣	鞋	【作屣】古文鞿、鞞二形，同。所綺、所解二反。《說文》“屣，鞮鞞屬也”。鞮，韋履也。鞮音都奚反。	
3460	唐	慧琳	一切經音義	67	鞞	屣	鞋	【作屣】古文鞿、鞞二形，同。所綺、所解二反。《說文》“屣，鞮鞞屬也”。鞮，韋履也。鞮音都奚反。	
3461	唐	慧琳	一切經音義	67	枿	櫱	再生枝芽	【栽櫱】……下岸葛反。郭璞注《方言》云“櫱謂殘餘也”。《說文》云“櫱，伐木餘也。從木、獻聲”。古文作枿。	
3462	唐	慧琳	一切經音義	68	蚚	嗤	小笑	【嗤笑】上齒之反。《字書》“嗤，小笑皃也”……或作蚚，古字也。	
3463	唐	慧琳	一切經音義	68	薗	屎	糞便	【屎屣】上尸是反。《莊子》云“以筐盛屎”也。《文字典說》云“屎，糞也”。正從艸作薗，古字也。	
3464	唐	慧琳	一切經音義	68	尪	尩	跛足	【尪疾】烏黃反。《說文》正作尩，謂跛曲脛也。從尢，象偏曲之形。《論》作尪，古字也。	
3465	唐	慧琳	一切經音義	68	靁	雹	雹	【霜雹】龐剝反。《白虎通》云“陰氣結聚凝合爲雹”。鄭注《禮記》云“陽爲雨，陰氣脅之凝而爲雹”。《說文》云“雨水也。從雨，包聲”。古作靁也。	
3466	唐	慧琳	一切經音義	69	屮	之	之	【嗤誚】上齒之反……從口，蚩聲。或作蚚，蚩字從屮、從虫。屮，古文之也。	
3467	唐	慧琳	一切經音義	69	萊	阱	陷阱	【機阱】情勁反……《論》從穴作穽，亦通。古作萊也。	
3468	唐	慧琳	一切經音義	69	塗	烰	墷塗	【墷塗】上僕蒙反，下盆没反。《論》文墷塗，謂煙氣皃也。今作墷烰。字書並無此字。	
3469	唐	慧琳	一切經音義	69	羆	羆	羆	【一羆】彼眉反。……《說文》“如熊，黃白。從熊，罷省聲”。古文羆也。猳音加也。	

541

續表

序號	時代	作者	出處	位置	古字	今字	記録職能	訓條原文	備注
3470	唐	慧琳	一切經音義	69	訆	叫	叫	【嘷叫】……下澆竅反。顧野王云“叫，呼也”。《説文》“高聲也”。正作嘂，從㗊，丩聲。古作訆、嘄、噭。《論》作叫，俗字。㗊音側立反，丩音吉留反。	
3471	唐	慧琳	一切經音義	69	嘄	叫	叫	【嘷叫】……下澆竅反。顧野王云“叫，呼也”。《説文》“高聲也”。正作嘂，從㗊，丩聲。古作訆、嘄、噭。《論》作叫，俗字。㗊音側立反，丩音吉留反。	
3472	唐	慧琳	一切經音義	69	噭	叫	叫	【嘷叫】……下澆竅反。顧野王云“叫，呼也”。《説文》“高聲也”。正作嘂，從㗊，丩聲。古作訆、嘄、噭。《論》作叫，俗字。㗊音側立反，丩音吉留反。	
3473	唐	慧琳	一切經音義	70	㝸	貶	貶損	【貶量】上筆奄反……司馬相如作㝸，古字也。《説文》“損也。從貝，乏聲”。	
3474	唐	慧琳	一切經音義	70	飥	飢	穀不熟	【飢饉】古文作飥。又作饑，同。几冶反。	
3475	唐	慧琳	一切經音義	70	捔	粗	粗略	【角勝】……並單作角，或作捔，此古文粗字。	
3476	唐	慧琳	一切經音義	70	浡	渤	滭浡	【大浡】今作渤，同。蒲没反。《上林賦》“澤[滭]浡密汩”。《漢書音義》曰“水蹙緺纏聚之皃也”。	
3477	唐	慧琳	一切經音義	70	橑	燎	焚燒	【焚燎】古文撩[橑]，同。力照反。燎謂放火也。火田爲燎也。《説文》“燎，燒田也”。	
3478	唐	慧琳	一切經音義	71	㞢	之	之	【蚩笑】昌夷反……《蒼頡篇》“蚩，輕侮也。笑喜弄也”。字從古㞢，即之字。	
3479	唐	慧琳	一切經音義	71	䏕	孕	懷孕	【懷孕】古文䏕，同。移證反。含實曰孕。《三蒼》“孕，懷子也”。《廣疋》“孕，娠也”。字從子、從乃。《説文》正作褢，音懷。	

續表

序號	時代	作者	出處	位置	古字	今字	記録職能	訓條原文	備注
3480	唐	慧琳	一切經音義	71	遈	愆	過失	【深愆】古文作寋、遈二形。籀文作諐。今作愆，同。去連反。《説文》"愆，過也，失也"。	
3481	唐	慧琳	一切經音義	71	寋	愆	過失	【深愆】古文作寋、遈二形。籀文作諐。今作愆，同。去連反。《説文》"愆，過也，失也"。	
3482	唐	慧琳	一切經音義	71	愆	愆	過失	【深愆】古文作寋、遈二形。籀文作諐。今作愆，同。去連反。《説文》"愆，過也，失也"。	
3483	唐	慧琳	一切經音義	71	歾	刎	割	【自刎】古文歾，同。亡粉反。《字略》云"斷首曰刎"。刎，割也。	
3484	唐	慧琳	一切經音義	71	譮	話	言談	【耽話】籀文作譮，古文作譮、諣二形，同。胡快反。《聲類》云"話，訛言也"。	
3485	唐	慧琳	一切經音義	71	諣	話	言談	【耽話】籀文作譮，古文作譮、諣二形，同。胡快反。《聲類》云"話，訛言也"。	
3486	唐	慧琳	一切經音義	72	擥	攬	把持	【不攬】勒敢反……《古今正字》"攬，撮持也"。從手，覽聲。覽音同上。或作擥。古文作擥也。	
3487	唐	慧琳	一切經音義	72	自	鼻	鼻	【臭溷】上醜狩反。《説文》"禽走齅而知其跡者，犬也"，故"從犬、從自"。自，古鼻字也。	
3488	唐	慧琳	一切經音義	72	边	軌	軌道	【軌生】上歸委反。《穀梁傳》云"軌，法則也"。《説文》"車轍也，從車，九聲"。古文作边。又作衜。	
3489	唐	慧琳	一切經音義	72	笸	互	交互	【互相】上胡故反……《考聲》云"互，猶交互也"……古文作笸，同。用也。	
3490	唐	慧琳	一切經音義	72	䏰	孕	懷孕	【裹孕】……下古文䏰，同。餘證反。《説文》"裹子也"。	

序號	時代	作者	出處	位置	古字	今字	記錄職能	訓條原文	備注
3491	唐	慧琳	一切經音義	72	飽	饑	穀不熟	【饑饉】古文飽。同。几治反。	
3492	唐	慧琳	一切經音義	72	菜	阱	陷阱	【坑阱】……下情郢反……《考聲》云"穿地陷獸也"……或作窖、菜,古字也。	
3493	唐	慧琳	一切經音義	72	窖	阱	陷阱	【坑阱】……下情郢反……《考聲》云"穿地陷獸也"……或作窖、菜,古字也。	
3494	唐	慧琳	一切經音義	72	丝	幽	幽	【溼煩】上深入反。顧野王云"溼,潤也"。《古今正字》云"幽,溼也。從丝,從一,覆土而有水,故溼也"。丝,古文幽字也。《論》文作溼,非也。	
3495	唐	慧琳	一切經音義	72	蛇	虵	蛇	【蛇蠍】上射遮反。《考聲》云"虵,毒蟲也"。又音他。古人巢居穴處之時,相問曰:夜來無蛇乎?《文字典説》"從虫,它(音陀)聲"。《論》文作虵,今之俗字,亦通也。	
3496	唐	慧琳	一切經音義	73	旬	瞤	眼瞼跳動	【瞤動】古文旬,同。而倫反。《説文》"目摇動也"。今謂眼瞼瞤動爲瞤動也。	
3497	唐	慧琳	一切經音義	73	馭	御	馭使	【馭車】今作御,同。魚據反。駕馭也。謂指麾使馬也。凡言馭者,所以驅之也。内之於善也。	
3498	唐	慧琳	一切經音義	74	臼	匊	曲指捧物	【拍匊】……下弓六反。《説文》"匊,曲指捧物也"。或作掬,古文作臼。《傳》文作毱,俗字也。	
3499	唐	慧琳	一切經音義	74	唾	胭	咽喉	【胭勾】鷰賢反。《廣雅》"胭,喉也"。或作臙。古文作唾。	
3500	唐	慧琳	一切經音義	74	漱	次	唾液	【次涎】上羡延反。《説文》"次,口液也。從水,從欠"……古文作漱。	

續表

序號	時代	作者	出處	位置	古字	今字	記錄職能	訓條原文	備注
3501	唐	慧琳	一切經音義	74	羈	羈	管控	【羈勒】寄宜反。王逸注《楚辭》云"以華絡馬頭曰羈"。《博雅》亦馬勒也。《説文》"從罓[网]、從羈"。古文作羈。	
3502	唐	慧琳	一切經音義	74	削	鞘	鞘	【金鞘】霄要反。方言也。鞘,刀劍之室也。或作鞘,古文多作削也。	
3503	唐	慧琳	一切經音義	74	龘	燋	枯焦	【炕燋】上康浪反。《説文》"炕,乾也"。《傳》作亢,非也。下子遥反。《廣雅》"燋,傷火也"。《韻略》"乾也"。《説文》作焦。古文作龘也。	
3504	唐	慧琳	一切經音義	74	嗺	哂	吮吸	【哂嗽】古文嗺,又作咦,同。子盍反。《通俗文》"入口曰哂"。	
3505	唐	慧琳	一切經音義	75	儦	僄	輕	【僄樂】上匹妙反。《方言》云"僄,輕也。荆楚之間謂輕爲僄"。《經》文錯書字從人、從樂。古文僄字從人、從囟、從火作儦,書寫不識,便書從票,錯之甚矣。《説文》"僄,輕也。從人,票聲"。今俗變火爲小也。	
3506	唐	慧琳	一切經音義	75	又	手	手	【不可攫】烏虢反。《考聲》云"以手攫取也"。從手,蔓聲。《經》文單作蔓亦通。從崔,音完。從又,古文手字。	又作爲漢字構件,表達的是手的功能,音義與手不同。存疑。
3507	唐	慧琳	一切經音義	75	辻	軌	軌道	【軌地】古文衍、辻二形,同。居美反。《廣雅》"軌,跡也"。	
3508	唐	慧琳	一切經音義	75	衍	軌	軌道	【軌地】古文衍、辻二形,同。居美反。《廣雅》"軌,跡也"。	
3509	唐	慧琳	一切經音義	75	盬	膿	潰血	【膿血】奴冬反。《聲類》云"癰疽潰血也"……《經》文作盬,古字也。	

序號	時代	作者	出處	位置	古字	今字	記錄職能	訓條 原文	備注
3510	唐	慧琳	一切經音義	75	鐙	燈	燈	【如燈滅】上音登，或從火作燈。俗文傳通用。《説文》“錠也”，錠即燈也。無足曰鐙，有足曰錠。或從拱作鐙，或從瓦作甄，皆古字。	
3511	唐	慧琳	一切經音義	75	甄	燈	燈	【如燈滅】上音登，或從火作燈。俗文傳通用。《説文》“錠也”，錠即燈也。無足曰鐙，有足曰錠。或從拱作鐙，或從瓦作甄，皆古字。	
3512	唐	慧琳	一切經音義	75	橐	鞴	皮囊	【失鞴】下排賣反。《蒼頡》“韋囊也”……《經》作此橐，古字也。	
3513	唐	慧琳	一切經音義	75	狧	舓	舐舓	【狧鬖髮】狧音食尒反。古文舐字也。	
3514	唐	慧琳	一切經音義	75	咶	舓	舐舓	【舓利】食尒反。誤用字也。《説文》云“以舌取物也”。正從易，作舓，或作舐，並正體字也。《字書》或作䑛、狧、咶，皆俗字，或古字也。	
3515	唐	慧琳	一切經音義	75	狧	舓	舐舓	【舓利】食尒反。誤用字也。《説文》云“以舌取物也”。正從易，作舓，或作舐，並正體字也。《字書》或作䑛、狧、咶，皆俗字，或古字也。	
3516	唐	慧琳	一切經音義	75	旬	瞚	眼瞼跳動	【瞚動】古文旬，同。而輪反。《説文》“目摇動也”。	
3517	唐	慧琳	一切經音義	75	磈	磥	磈磥	【磈磥】……下雷猥反。《考聲》云“磈磥者，衆骨聚皃”。《經》文磈字從鬼作磈、磥誤也。或作磈，或作礧，皆古字也。	
3518	唐	慧琳	一切經音義	75	礧	磥	磈磥	【磈磥】……下雷猥反。《考聲》云“磈磥者，衆骨聚皃”。《經》文磈字從鬼作磈、磥誤也。或作磈，或作礧，皆古字也。	
3519	唐	慧琳	一切經音義	75	朵	埵	生靈	【五埵】當果反。其胎中精自分聚五處名之爲埵，或名五疱。《經》文從肉作脽，非也。正從土，垂聲。或作朵、垜，並古文，皆正體字也。時不多用也。	

序號	時代	作者	出處	位置	古字	今字	記錄職能	訓條原文	備注
3520	唐	慧琳	一切經音義	75	埵	腄	生靈	【五埵】當果反。其胎中精自分聚五處名之爲埵，或名五疱。《經》文從肉作腄，非也。正從土，垂聲。或作朶、埵，並古文，皆正體字也。時不多用也。	
3521	唐	慧琳	一切經音義	75	嵒	巖	山岩	【嶄巖】下雅銜反。《毛詩傳》曰"巖巖，積石兒也"。杜注《左傳》"巖，險也"。《説文》"巖，岸也。從山，嚴聲"。或從石作礹，俗字也。古文從品作嵒，通用。	
3522	唐	慧琳	一切經音義	75	檷	礙	障礙	【檷藻】上我蓋反。《文字典説》"擬[檷]，止也。從木，疑聲"。今俗用從石作礙，或從心作懝，亦通。	
3523	唐	慧琳	一切經音義	75	機	幾	細微	【機微】既希反。……今字書多不從木，單作幾也。	
3524	唐	慧琳	一切經音義	75	攫	攟	獲得	【爪攫】烏虢反。《考聲》云"攫猶取也"。今《經》作攟，俗字也。	
3525	唐	慧琳	一切經音義	76	罔	网	漁網	【掔网】……下武昉反……《説文》"庖犧所結繩以畋以漁，從门，下象网文也"。门音冥狄反。《經》作罔，古之字也。	
3526	唐	慧琳	一切經音義	76	醋	嗜	嗜欲	【甘嗜】時至反。貪也，欲也。或從酉、從食作醋、耆，皆古字也。	
3527	唐	慧琳	一切經音義	76	耆	嗜	嗜欲	【甘嗜】時至反。貪也，欲也。或從酉、從食作醋、耆，皆古字也。	
3528	唐	慧琳	一切經音義	76	鞦	羈	管控	【羈鞅】上寄宜反……或從革作羈。《經》作鞦，古字也。	
3529	唐	慧琳	一切經音義	76	戔	殲	殲滅	【怨戔】古文殘[戔]，同。子廉反。《詩》云"殲我良人"。《傳》曰"殲，盡也，絶也"。	

續表

序號	時代	作者	出處	位置	古字	今字	記錄職能	訓條原文	備注
3530	唐	慧琳	一切經音義	76	支	攴	擊打	【攴火】普卜反。古文作攴。	
3531	唐	慧琳	一切經音義	76	覃	覃	深遠	【聲覃】澹南反……《説文》"長味也。從旱、從鹹省作覃"……今俗用下從卑者，誤也。	
3532	唐	慧琳	一切經音義	77	仿	髣	髣髴	【髣髴】上芳囝反。下芳味、芳勿二反。《漢書》云"髣髴，相似"……《説文》作仿佛，古字，時不用。	
3533	唐	慧琳	一切經音義	77	佛	髴	髣髴	【髣髴】上芳囝反。下芳味、芳勿二反。《漢書》云"髣髴，相似"……《説文》作仿佛，古字，時不用。	
3534	唐	慧琳	一切經音義	77	迺	乃	乃	【迺下】上奴改反。古乃字也。《聲類》云"乃，至也"。	
3535	唐	慧琳	一切經音義	77	戜	勇	存疑	【戜辭梵志】容腫反。古文勇字。外道名也。	人名用字，詞義不明
3536	唐	慧琳	一切經音義	78	蟺	蚔	猪以鼻拱地	【蚔觸】上賄限反。讀與灰同。《埤蒼》"豕掘地也"。《字書》云"豕蚔地也"。《古今正字》從虫，豕聲。《經》文從鼻作蟺，古字，未詳。	
3537	唐	慧琳	一切經音義	78	剢	剮	剮	【剢剮】……下聽亦反。《韻英》云"解骨也"……《尚書》作剢，古字也。二字並從刀，形聲字也。	
3538	唐	慧琳	一切經音義	78	嬲	嬈	玩弄	【儌嬈】……下寧鳥反。《博雅》"嬈，相戲調也"。古文作嬲。《説文》"戲弄也"。從女，堯聲。	
3539	唐	慧琳	一切經音義	78	舓	舐	舚舐	【舐菩薩足】上時爾反。《玉篇》云"以舌取食也"。《説文》"從舌，氏聲"。古文作舓也。	
3540	唐	慧琳	一切經音義	78	臸	臻	至	【同臻】櫛詵反。《考聲》"至也"。聚也。古文從二至作臸。	

序號	時代	作者	出處	位置	古字	今字	記錄職能	訓條原文	備注
3541	唐	慧琳	一切經音義	78	𢯱	短	短	【𢯱小】古文短字也。今作短也。	
3542	唐	慧琳	一切經音義	78	𧶠	賣	賣	【販賣】上反万反。賤買貴賣也。下埋敗反。正體從出從買,今俗用,從土[士],訛略也。	
3543	唐	慧琳	一切經音義	78	侖	廩	倉庫	【倉廩】下力錦反。《考聲》云"廩亦倉也"。盛貯穀麥之倉,古文作侖,象形字。今從禾作稟,時用字,作籠,疑錯,甚無義理,不取。	
3544	唐	慧琳	一切經音義	78	摘	擲	投擲	【拋擲】……下呈亦反。《廣雅》云"擲,振也"。顧野王云"剔也"。《古今正字》"投也。從手,鄭聲"。《字書》正作摘[摘]。今《經》文作擲及作拋,並俗通用字也。	
3545	唐	慧琳	一切經音義	79	抔	掊	刨扒	【抔地】上鮑茅反。前第三十卷已釋。今《經》文作掊,非也。	
3546	唐	慧琳	一切經音義	79	捷	轝	人力車	【負捷】下連展反。……《説文》"正體從手,連聲"。今《經》文從車作轝、轝,字亦通用也。	轝是輿的異體字,和輦不屬一詞。存疑。
3547	唐	慧琳	一切經音義	79	喆	點	聰慧	【聰喆】……下閑軋反。古文點字也。慧也。	喆是哲的異體字。哲、點是近義詞,不是"古今字"。存疑。
3548	唐	慧琳	一切經音義	80	穅	糠	穀皮	【穅粃】上音康。《聲類》從禾作穅。即穀皮也。下卑弭反。顧野王云"粃字亦從比、從禾作秕,穀不成也"。《説文》穅秕二字並從禾。今俗用,或從米,誤。	
3549	唐	慧琳	一切經音義	80	秕	粃	癟穀	【穅粃】上音康。《聲類》從禾作穅。即穀皮也。下卑弭反。顧野王云"粃字亦從比、從禾作秕,穀不成也"。《説文》穅秕二字並從禾。今俗用,或從米,誤。	

續表

序號	時代	作者	出處	位置	古字	今字	記錄職能	訓條 原文	備注
3550	唐	慧琳	一切經音義	80	先	簪	髮簪	【投簪】下戢今反。《儀禮》“以爵弁服簪裳”。鄭注云“簪，連也”。《説文》“首笄也”。古作先，從人象形。今《録》文從竹作簪，時用字也。爲與无字相亂，所以用此簪也。	
3551	唐	慧琳	一切經音義	80	莤	益	益	【褊隘】……下乙界反。《毛詩序》云“魏地陜隘，其民機巧趨利”。郭注《禮記》云“隘，陋也”。《説文》“從㫃，益聲也”。下從䀿、從莤。䀿音巷。莤，古益字也。	莤當作莇，益當作嗌。《説文》：“嗌，咽也。从口，益聲。莇，籀文嗌。”
3552	唐	慧琳	一切經音義	80	葡	備	具備	【備搜】上正體俻字也。古文單作葡。《韻英》云“備，具也”。	
3553	唐	慧琳	一切經音義	80	淕	濟	渡	【法淕】節細反。古濟字也。《録》作淕，相傳誤也。	
3554	唐	慧琳	一切經音義	80	矕	亂	亂	【矕縷】上魯戈反。《説文》云“矕好視也”。《古今正字》從貝，矕聲也。矕音亂，古文亂。	
3555	唐	慧琳	一切經音義	80	伙	孥	子	【妻孥】下音奴。《考聲》云“孥，妻子之惣稱也”。古文從人作伙。	
3556	唐	慧琳	一切經音義	80	裒	瑰	奇偉	【瑰奇】上鱠回反。《毛詩傳》云“瓊瑰石之次玉者也”。杜預注《左傳》云“瑰，珠也”。《埤蒼》云“瑰瑋，珍奇也”。《説文》云以珍瑰爲傀，亦在人部中。今也從玉，鬼聲。《録》文從衣作裒，古文俗字也。《字書》又作傀。	
3557	唐	慧琳	一切經音義	80	𨌲	轄	車軸兩頭的鍵	【宗轄】下閑戛反。《考聲》“並正𨌲。從牪，兩相背，從咼省”。牪，川兗反。今通作轄，亦從金作鎋。顧野王云“車軸端鐵也”。	

續表

序號	時代	作者	出處	位置	古字	今字	記錄職能	訓條原文	備注
3558	唐	慧琳	一切經音義	81	羴	羶	羊的體味	【羶腥】上設延反。……《説文》作羴,云"羊臭也,從三羊"。今作羶,通用字也。《傳》從月作膻,俗字也。	
3559	唐	慧琳	一切經音義	81	殸	磬	磬	【磬聲】輕徑反。《字書》"正從石作磬"……殸,古文磬字也。音同上。	
3560	唐	慧琳	一切經音義	81	鞕	硬	硬	【堅鞕】額更反。《小雅》作鞕,與《傳》本同,今時用,有從石作硬,俗字也。	
3561	唐	慧琳	一切經音義	81	韲	齏	香辛菜末	【諸韲】濟題反。鄭注《禮記》云"齏,醬之屬也"。《古今正字》"從韭,齊省聲"。古作韲。	
3562	唐	慧琳	一切經音義	81	鱷	鯨	鯨	【鯨海】上競迎反。許叔重曰"鯨魚之王"。……《説文》"從魚,畺聲"。今從京作鯨,通用字。	
3563	唐	慧琳	一切經音義	81	桒	桑	桑	【桑梓】上索郎反。木名也,即蠶桑也。……古文從三屮作桒,下從木。小篆變三屮爲桑,音弱,今隸書,俗用從卉作桒,漸訛也。	
3564	唐	慧琳	一切經音義	82	肊	臆	胸部	【蹴其臆】……應力反。《考聲》云"臆,胷也"。古文作肊。	
3565	唐	慧琳	一切經音義	82	古	估	估	【大賈】音古,俗字也……古,古文估字也。	
3566	唐	慧琳	一切經音義	82	伮	孥	子	【妻孥】音奴……《韻英》云"孥,子也"。古文作伮,訓義與上同。	
3567	唐	慧琳	一切經音義	82	屍	憩	休息	【憩駕】騫𧹞反。《考聲》云"憩,歇也"。古文作屍,止息也。	
3568	唐	慧琳	一切經音義	82	陞	瘞	埋	【瘞葬】上英計反。《考聲》云"瘞,埋也"……古文作陞。	

續表

序號	時代	作者	出處	位置	古字	今字	記錄職能	訓條原文	備注
3569	唐	慧琳	一切經音義	82	奫	陸	陸	【鷿鸑】上融宿反。俗字也。《説文》正體作鸑，衒也，鸑也。從貝，奫聲。奫，古文陸字也。	
3570	唐	慧琳	一切經音義	82	遞	徙	徙	【騾徙】……下思紫反。顧野王云"徙，遷"也。《説文》作赴，云移也。從辵，止聲。古文作遞。	
3571	唐	慧琳	一切經音義	82	弞	哂	小笑	【哂尒】申忍反。俗用字，古文作弞。《考聲》云"笑不破顔曰弞"。意與哂同，小笑皃也。	
3572	唐	慧琳	一切經音義	82	欝	鬱	草木叢生	【蓊鬱】……下惲物反。《説文》"草木叢生也"。從林。古文從臼、從缶[缶]、從冂、從鬯（音救亮反）、從彡。	
3573	唐	慧琳	一切經音義	83	肊	臆	胸部	【膈臆】上披逼反。下應極反。顧野王"膈臆猶盈滿也"。郭注《方言》"膈臆亦氣滿也"。《玉篇》或從心作愊。《説文》臆古文從乙作肊。《傳》從月作臆，俗字，通也。	
3574	唐	慧琳	一切經音義	83	隥	蹬	梯隥	【梯隥】登鄧反。案梯隥，正從阜作隥。今《傳》從足作蹬，俗字也。	
3575	唐	慧琳	一切經音義	83	豫	櫲	地名用字	【豫章】上余據反，下灼良反。案豫章，郡名。今《傳》皆從木作櫲樟字也。	
3576	唐	慧琳	一切經音義	83	章	樟	地名用字	【豫章】上余據反，下灼良反。案豫章，郡名。今《傳》皆從木作櫲樟字也。	
3577	唐	慧琳	一切經音義	83	鹵	覃	深	【覃溟】上淡南反。……《説文》作鹵。古之作鹵。下覓瓶反。	
3578	唐	慧琳	一切經音義	83	栟	抃	斗拱	【慶栟】皮免反。《考聲》"慶栟字正作抃也"。今《傳》作抃，俗字也。	

序號	時代	作者	出處	位置	古字	今字	記錄職能	訓條原文	備注
3579	唐	慧琳	一切經音義	84	嘴	觜	鳥嘴	【赤觜鳥】精髓反。鳥口也……《説文》云"鳥喙也"……或作喫,亦作嘴,皆古字也。	
3580	唐	慧琳	一切經音義	84	狤	猘	狂犬	【猘狗齧王】猘音制,《考聲》云"狂犬也"。《左傳》從制作猘,讀爲計,或音罽,並恐非也。此字古文或作狤,訓説同上。	
3581	唐	慧琳	一切經音義	84	叉	抓	爪	【抓甲】上責絞反。俗字也。正單作爪,象形字。古文作叉。	
3582	唐	慧琳	一切經音義	84	鬥	鬭	門	【相鬭［鬪］】丁豆反。《蒼頡篇》云"門［鬥］,爭也"。《説文》云"兩士相對,兵仗在後,象形字也"。今作門［鬥］中所者,俗通用。《論》文從刀作鬥,誤也。	
3583	唐	慧琳	一切經音義	85	目	以	以	【耒耜】……《説文》耜從耒、從目。目,古文以字。	
3584	唐	慧琳	一切經音義	85	鬮	鏘	鏘	【鏘鏘】鵲羊反。《集訓》云"金玉聲也"。或從門作鬮,或從足作躄,或從玉作璐,並古字也。	
3585	唐	慧琳	一切經音義	85	躄	鏘	鏘	【鏘鏘】鵲羊反。《集訓》云"金玉聲也"。或從門作鬮,或從足作躄,或從玉作璐,並古字也。	
3586	唐	慧琳	一切經音義	85	璐	鏘	鏘	【鏘鏘】鵲羊反。《集訓》云"金玉聲也"。或從門作鬮,或從足作躄,或從玉作璐,並古字也。	
3587	唐	慧琳	一切經音義	86	螙	蠹	食木蛀虫	【蠹木】都路反……《説文》"蠹,食木虫也。從蚰,橐省聲"……亦從木作螙,古字也。音義同。	
3588	唐	慧琳	一切經音義	86	遀	遰	逃遁	【遰吉】上肫混反。鄭注《禮記》《考聲》並云"遰,逃也"……《説文》作遀,古字。逃也。	

續表

序號	時代	作者	出處	位置	古字	今字	記録職能	訓條原文	備注
3589	唐	慧琳	一切經音義	86	蝨	蛬	蟋蟀	【飛蛬】共顒反。《爾雅》云“蟋蟀，蛬也”。郭注《爾雅》云“今之促織是也”……《文字典説》從吴作蝨，古字也。	
3590	唐	慧琳	一切經音義	86	鮔	鱓	鱓魚	【似鱓】下蟬展反。《考聲》云“鱓，魚名也”……或從旦作鮔，亦古字也。	
3591	唐	慧琳	一切經音義	86	舓	舓	舔舐	【舓足】時爾反。《説文》云“以舌舓食也。從舌，易聲”。亦作舐。舓，古字也。	
3592	唐	慧琳	一切經音義	86	疒	疼	痛	【陰疼】下洞冬反。《廣雅》云“疼，痛也”……《説文》作疒，古字也。	
3593	唐	慧琳	一切經音義	86	譣	諳	復誦	【諳經籍】上暗含反。《考聲》云“諳，背文誦”。《廣雅》云“諷也”。《説文》從言，音聲。古文正體作譣，並通。	
3594	唐	慧琳	一切經音義	86	曅	燁	燦爛	【煒曅】……下炎輒反……今作燁，或作曄，變體俗字也。	
3595	唐	慧琳	一切經音義	87	鬽	魅	精靈	【鬼鬽】眉秘反。鄭注《周禮》云“鬽，所以從其爲人與物也”。蓋祭天地之明，曰百物之神曰鬽。《山海經》云“鬽之爲物，人身黑首”。《説文》正作彪，“老物精也。從鬼，生毛從彡”，今亦作魅，或作袜也。	
3596	唐	慧琳	一切經音義	87	璊	璿	美玉	【璿毫】上旋緣反。……《説文》“美人也。從玉，睿聲”。籀文作璿，古文作璊。下號高反。	
3597	唐	慧琳	一切經音義	87	乚	乃	乃	【迺眷】上音乃。鄭注《儀禮》云“迺猶而也”。顧野王云“往也”。《説文》“從西，乚聲”。乚者，古文乃字也。《論》從辵作廼，俗用字，非也。	乚非聲符，非古乃字。存疑。
3598	唐	慧琳	一切經音義	88	辠	罪	罪	【勘劾】下音恒得反，推劾也。顧野王云“案獄相告證之辭也”。《説文》“法有辠人也”。辠即古文罪字。	

續表

序號	時代	作者	出處	位置	古字	今字	記録職能	訓條原文	備注
3599	唐	慧琳	一切經音義	88	𢡱	惠	仁愛	【憓流】上音惠。《毛詩傳》云"惠，愛也"。《考聲》云"慈也，仁也"。詩文義同。從心，惠聲。古文作𢡱，從𡕝、惠。	
3600	唐	慧琳	一切經音義	89	泲	濟	渡	【命濟】……下節計反。孔注《尚書》云"濟猶渡也"……古文作泲，音訓同。	
3601	唐	慧琳	一切經音義	89	揅	研	研究	【研覈】上齧堅反。《博雅》云"研思慮熟也"……或從手作揅、䃺，並古字也。	
3602	唐	慧琳	一切經音義	89	䃺	研	研究	【研覈】上齧堅反。《博雅》云"研思慮熟也"……或從手作揅、䃺，並古字也。	
3603	唐	慧琳	一切經音義	89	函	椷	木匣	【一椷】下陷緘反。《廣雅》云"篋，謂之椷"。《説文》"篋也。從木，咸聲"。《傳》中作函，俗用，亦古字也。	
3604	唐	慧琳	一切經音義	89	叞	蔚	草木繁茂	【猗蔚】……下氳物反。《周易》云"君子豹變，蔚其文也"。《蒼頡篇》云"蔚，草木盛皃也"。《古今正字》"從草、尉，省聲"。古文作叞。	
3605	唐	慧琳	一切經音義	90	鞞	鼙	騎鼓	【鳴鼙】下陛迷反。《説文》云"鼙，騎鼓也"……《傳》文從革作鞞，古字，亦通也。	
3606	唐	慧琳	一切經音義	90	㢃	慈	性急	【慈懸】上形堅反。《説文》"慈，急也，從心，弦聲"……《説文》並作㢃，古字也。	
3607	唐	慧琳	一切經音義	90	揜	掩	掩蓋	【掩曜】上淹撿反。《傳》文作揜，古字，正通。揜曜者，猶韜光也。從手，弇聲。	
3608	唐	慧琳	一切經音義	90	戜	戎	武器	【戎狛】上而終反。《説文》從甲作戜，今從十作戎，俗字也。	
3609	唐	慧琳	一切經音義	90	爨	爨	炊煮	【執爨】倉乱反。俗字也。正體作爨。今見文繁，省作爨，訛略也。《左傳》云"灼也，炊也"。《周禮》"竈也"。	

續表

序號	時代	作者	出處	位置	古字	今字	記録職能	訓條原文	備注
3610	唐	慧琳	一切經音義	90	擘	腕	手腕	【挖腕】上音厄，正體字也。下烏灌反，手腕也，俗字也。正體古文作擘，會意字也。	
3611	唐	慧琳	一切經音義	91	攟	捃	拾取	【捃採】上君運反。下菜改反。《方言》"捃，取也"……古文從麇作攟，今從省，從手，君聲。	
3612	唐	慧琳	一切經音義	91	迺	乃	乃	【迺致】上音乃，古字也。	
3613	唐	慧琳	一切經音義	91	㞢	之	之	【妍蚩】……下齒之反。《釋名》"癡也"。《聲類》云"蚩，騃也"。《考聲》"蚩，惡也"。《説文》"從虫，㞢聲"也。㞢，古之字也。	
3614	唐	慧琳	一切經音義	92	飺	粒	穀粒	【糇粒】……下音立。孔注《尚書》云"米食曰粒"。《説文》云"粒，糂也，從米，立聲"。糂，三敢反。古文從食作飺，音同上也。	
3615	唐	慧琳	一切經音義	92	稭	秸	秸草	【秸】……《玉篇》云"禾穀藁草也"。藁音高老反。《説文》又作稭，古文秸字也。	
3616	唐	慧琳	一切經音義	92	渜	阱	陷阱	【丘穽】下情郢反……《説文》云"阱，陷坑也。從阜，井聲"。古文從水作渜，或從宂[穴]作穽，並同也。	
3617	唐	慧琳	一切經音義	92	穽	阱	陷阱	【丘穽】下情郢反……《説文》云"阱，陷坑也。從阜，井聲"。古文從水作渜，或從宂[穴]作穽，並同也。	
3618	唐	慧琳	一切經音義	92	喉	胭	咽喉	【胭領】上鶪肩反……《聲類》云"喉也"……古文從口作喉。又作臙，音並同。	
3619	唐	慧琳	一切經音義	92	陸	瘞	埋	【瘞于】上英刈[刘]反。《爾雅》云"瘞，埋也"，郭璞注曰"瘞謂微幽藏也"。《説文》"從疒，土聲"。疒音愜。古文作陸，音義並同也。	

序號	時代	作者	出處	位置	古字	今字	記錄職能	訓條原文	備注
3620	唐	慧琳	一切經音義	92	嘯	歗	口哨	【嘯傲】上消醮反。鄭玄注《禮記》云"嘯，謂卷蹙舌吹出聲也"。案嘯傲，謂方士清閑放曠吟嘯者也。《説文》從欠作歗。今通作歗，義同。	
3621	唐	慧琳	一切經音義	92	濵	湮	沉	【湮廢】上壹珍反。郭璞注《爾雅》云"湮，沉落也"。《説文》"没也。從水，垔聲"。垔音因。《文字集略》、衛宏並從水洇，古文作濵，音同者也。	
3622	唐	慧琳	一切經音義	93	𦤔	觸	抵觸	【觸故】上衝欲反。《傳》文作𦤔，古文觸字。	
3623	唐	慧琳	一切經音義	93	垗	奧	燒瓦竈	【舊垗】下音奧。《説文》云"古文奧字也"……燒瓦竈也。	
3624	唐	慧琳	一切經音義	93	䤵	鍤	鍤	【鍬鍤】上峭霄反……下楚甲反。鍤亦鍫也。或作䤵，古字也。	
3625	唐	慧琳	一切經音義	93	禰	祢	父廟	【祖祢】……下泥底反。古文作禰，今俗從草隸作祢。《周禮》"父廟也"。	
3626	唐	慧琳	一切經音義	93	彜	彝	常	【彝[彜]倫】上音夷。或從彐、廾作彝，彜，常也。古文作彝也。	
3627	唐	慧琳	一切經音義	94	恠	怪	怪異	【可怪】下正恠字也。《説文》"怪，異也。從心，圣聲"。顧野王云"凡奇異非常皆曰怪"。《傳》文從左作恠，古字也。或作恠，俗字也。	
3628	唐	慧琳	一切經音義	94	寋	僭	過失	【僭負】去虔反。孔注《尚書》云"僭，過也"。《字書》正作愆，亦過也……古文作寋、諐、𠴫，音並同上。	
3629	唐	慧琳	一切經音義	94	諐	僭	過失	【僭負】去虔反。孔注《尚書》云"僭，過也"。《字書》正作愆，亦過也……古文作寋、諐、𠴫，音並同上。	

續表

序號	時代	作者	出處	位置	古字	今字	記録職能	訓條原文	備注
3630	唐	慧琳	一切經音義	94	趍	諐	過失	【諐負】去虔反。孔注《尚書》云“諐，過也”。《字書》正作愆，亦過也……古文作寋、䇂、趍，音並同上。	
3631	唐	慧琳	一切經音義	94	叒	若	若	【箬篸】上穰略反。《文字典説》云“箬，竹皮也，從竹、從叒省”。叒，古文若字。	
3632	唐	慧琳	一切經音義	94	摝	捊	刨扒	【捊地】上鮑包反。《考聲》云“以手指捊也”。古作摝，俗掊字，同。	
3633	唐	慧琳	一切經音義	95	埜	野	郊野	【之埜】耶者反。與野字同。《考聲》云“郊外曰牧，牧外曰埜”。埜是古字也。	
3634	唐	慧琳	一切經音義	95	斄	氂	十毫之距	【毫氂】上号高反，下里之反……《説文》云“氂，强曲毛，可以着起衣也。從犛省，來聲也”。古文作斄，氂省也。《集》本作豪，是獸也，狀豚而白毛，大如笄而黑端，名曰豪也。釐，通用字也，犛音茅也。	
3635	唐	慧琳	一切經音義	95	𠀠	阜	土山	【山阜】浮有反。……《説文》“大陸山無石也。象形也”。正作𨸏。古文作𠀠[𠀠]，亦作𨸏，《集》作阜，通用字也。	
3636	唐	慧琳	一切經音義	96	僁	愆	過失	【愆著】上起焉反，已具前釋訖。《集》作僁，古字。	
3637	唐	慧琳	一切經音義	97	㳅	流	流	【㳅水】古文流字。	
3638	唐	慧琳	一切經音義	97	埜	野	山野	【田埜】驛者反。《毛詩傳》云“郊外謂之野”。《集》作埜，古文字也。	
3639	唐	慧琳	一切經音義	97	虎	武	虎	【豺武】上音柴。《説文》“狼屬也，從豸、才”。《集》從犬作犲，非也。下音舞。本是虎字，今作武者，爲避廟諱也。	

序號	時代	作者	出處	位置	古字	今字	記録職能	訓條原文	備注
3640	唐	慧琳	一切經音義	97	帙	裘	書衣	【部裘】陳栗反。或作帙，古作袟[帙]。《集》作裘，非。	
3641	唐	慧琳	一切經音義	98	覩	睹	看視	【共睹】都魯反。《廣雅》"覩，視也"。《説文》"見也"。古文覩字也。	
3642	唐	慧琳	一切經音義	98	网	網	網	【駐罕】上誅注反，下虛稈反。《漢書音義》曰"罕、罼，網也"。《説文》"從网，干聲"。网，古網字也。	
3643	唐	慧琳	一切經音義	98	悳	德	德行	【悳曼】上音德，古文字也。下轙販反。《毛詩傳》云"曼，長也"。《説文》"曼，引也。從又，冒聲音（毛報反）"。	
3644	唐	慧琳	一切經音義	99	簎	簪	髪簪	【簎綏】上戢森反。《韻集》云"簎，笄也"。或作[先]，古作簎。《集》作簪。《説文》以爲俗字。	
3645	唐	慧琳	一切經音義	99	裒	爌	煨烤	【炮爌】上鮑苞反。《韻英》云"火熟物也"。或作魚。下襖蒿反。《集訓》云"熱炙煨物令熟"。或作燠，亦作爐。古文作裒。《集》中從鳥作鵪、鵝，未詳。	
3646	唐	慧琳	一切經音義	99	馘	馘	所割敵耳	【屠馘】積獲反。《毛詩傳》云"馘，獲也"。不服者煞而獻其耳曰馘……古文又作馘。	
3647	唐	慧琳	一切經音義	99	硈	磕	擊石之聲	【磕磕】坎合反。《説文》"石相磕[硈]聲也。從石，盍[盍]聲"。盍音合。盍，從大、從血。今俗通作磕。《集》從盍作硈，非也。	
3648	唐	慧琳	一切經音義	99	亘	亘	迴旋	【亘飛】居鄧反。《毛詩傳》"亘，遍也"。《集》從糸作絚，古文字也。	
3649	唐	慧琳	一切經音義	100	囦	淵	深水	【淵海】上恚涓反。《毛詩傳》云"淵，深水也"。《説文》"回水也。從水，象形，水在左右岸中也"。古作囦。或省水作冊。《論》文作渕，訛誤。	

續表

序號	時代	作者	出處	位置	古字	今字	記錄職能	訓條原文	備注
3650	唐	慧琳	一切經音義	100	蚤	爪	爪	【搔動】掃遭反。《考聲》云"擾動也"。或從馬作騷，義亦通。《説文》"括也"。從手，蚤聲。蚤音早，上從叉作蚤[蚤]，古文爪字也。	
3651	唐	慧琳	一切經音義	100	對	對	對	【對治】上對字，正從丵（丵音狀學反）、從土、從寸。今俗從至，非也。	
3652	唐	慧琳	一切經音義	100	敹	撩	選取	【敹束】上了彫反。《考聲》"敹，理也"。《通俗文》作撩，今時用多作撩。《説文》"敹，擇也。從手，尞聲"。敹雖正體字，爲涉古難用。	
3653	唐	慧琳	一切經音義	100	羉	罹	遭遇	【長罹】下麗知反。《詩》曰"民莫不穀，我獨于罹"。正作罹，古作羉，從网。	
3654	唐	慧琳	一切經音義	100	莱	阱	陷阱	【深阱】情郢反……古文作莱。	
3655	唐	張參	五經文字	上	邍	原	原	【邍】古原字。見《周禮》。	
3656	唐	張參	五經文字	上	枋	柄	柄	【枋】彼命反。古柄字。見《禮經》。	
3657	唐	張參	五經文字	上	㩻	拳	拳頭	【㩻】從手者，古拳握字，今不行。	
3658	唐	張參	五經文字	中	灋	法	法	【灋】古法字。見《周禮》。	
3659	唐	張參	五經文字	中	啚	鄙	鄙吝	【鄙】五酇爲鄙，從啚。啚音圖，古鄙吝字。圖字從啚，俗用爲圖謀字，非。	
3660	唐	張參	五經文字	中	于	垂	垂	【我】從戈、從于。于，古垂字。	
3661	唐	張參	五經文字	中	丽	麗	麗	【麗】旅行也。從丽。丽，古麗字從鹿省。	
3662	唐	張參	五經文字	中	斛	鍬	鍬	【斛】他幺反。古鍬字。見《爾雅》。	

序號	時代	作者	出處	位置	古字	今字	記錄職能	訓條原文	備注
3663	唐	張參	五經文字	中	筹	策	簡策	【筹策】二同。上古文，下從束[束]。束[束]，七賜反。並書策字。《禮記》作筴，《釋文》以爲龜策字，久訛。今不敢輒改。	
3664	唐	張參	五經文字	中	叶	協	和	【協】和也。心部亦有愶字，與此字同，並訓和。案古文作叶。	
3665	唐	張參	五經文字	中	廿	疾	疾	【廿】音疾，古疾字。	
3666	唐	張參	五經文字	下	糿	緇	緇	【糿】與緇同，古文字。	
3667	唐	張參	五經文字	下	冰	凝	凝	【冰】古凝字。經典相承以爲冰凍字。	
3668	唐	張參	五經文字	下	从	從	從	【旅】從从。从，古從字。	
3669	唐	張參	五經文字	下	攷	考	考	【攷】古考字。見《周禮》。	
3670	唐	張參	五經文字	下	敕	勑	敕	【敕】丑力反。古勑字，今相承皆作勑，唯整字從此敕。	
3671	唐	張參	五經文字	下	族	鏃	箭頭	【族】……矢鋒也。古鏃字。今以爲宗族字。	
3672	唐	張參	五經文字	下	杀	殺	殺	【殺】從殳，杀聲。杀，古殺字。	
3673	唐	唐玄度	九經字樣	虫部	飌	風	風	【飌】古文風。見《周禮》。	
3674	唐	唐玄度	九經字樣	㐱部	汓	泅	泅	【游】音由。從㐱、從汓。汓是古文泅。	
3675	唐	唐玄度	九經字樣	艹部	尒	別	別	【苶乖】怪，平庚也。從艹、從尒。尒，古文別字。上《説文》。下隸變。	

續表

序號	時代	作者	出處	位置	古字	今字	記錄職能	訓條原文	備注
3676	唐	唐玄度	九經字樣	貝部	臾	貴	貴	【賮貴】從貝、從臾。臾，古文貴。	
3677	唐	唐玄度	九經字樣	辵部	逤	退	退	【復退】却也。上《説文》，下經典相承。古文作逤。	
3678	唐	唐玄度	九經字樣	水部	腁	淵	深水	【淵】深水也，從腁。腁，古文淵。象水左、水右、岸中也。	
3679	唐	唐玄度	九經字樣	曰部	囧	窻	窻	【曾曾】詞之舒也，從囧。囧，古文窻。	
3680	唐	唐玄度	九經字樣	夂部	夅	終	終	【冬】四時盡也。從夂、從夅。夅是古終字。今隷省作冬。	
3681	唐	唐玄度	九經字樣	夂部	終	冬	終	【冬】四時盡也。從夂、從夅。夅是古終字。今隷省作冬。	

後　記

　　這本書基於我的同名博士學位論文修改擴充而成，是導師李運富教授主編的"'古今字'學術史叢書"的組成部分。2008 年，我有幸來到北京師範大學跟隨李老師攻讀碩士研究生學位。當時導師和幾位師姐已經就"古今字"學術史展開了系列研究，我對此十分感興趣，也加入了團隊開始學習相關知識，並以《王筠"古今字"研究》爲碩士學位論文選題。2011 年碩士畢業後，蒙導師不棄我又有幸被招收爲博士研究生。考慮到我的基礎，李老師建議我拓展視野，研究唐以前的"古今字"學術史。讀博期間，我還參加了導師主持的國家社科基金重大招標項目"'古今字'資料庫建設與相關專題研究"（13&ZD129）以及重點項目"歷代訓注古今字彙纂及資料庫建設"（13AYY006）的工作，相關經歷讓我得到了極大的鍛煉和提高。2014 年我博士畢業後來到湖南師範大學工作，之後成功申報了國家社科基金青年項目"《一切經音義》異時同用漢字注釋整理研究"（16CYY038），發表了論文《魏晉南北朝"古今字"訓注論略》（《勵耘語言學刊》2015 年第 2 輯）和《故訓中"古今字"注釋錯誤類析》（《語言研究》2021 年第 4 期）。本書在修改的過程中，也參考和吸收了上述課題和論文的部分成果。

　　從論文寫作到專著出版，離不開師友親朋的關懷指導和提携支持。首先要感謝的是我的導師李運富教授。導師數十年來一直在研

究包括 "古今字" 在內的學術史問題，師門的相關論文都離不開他的頂層設計和 "學史求真、學理求通" "求真有、求真意、求真評" 的理念指引，無不滲透着他的學術思想。一直以來，李老師對我言傳身教，以他嚴謹的治學態度、縝密的邏輯思維、追求真知的思辨精神以及不斷開創研究新局面的奮鬥實踐爲我樹立了做人、求學的榜樣。而本書以及《王筠 "古今字" 研究》能够編入 "'古今字' 學術史叢書" 並得到國家出版基金支持無疑都離不開導師的信任和提携，是莫大的光榮。

在北京師範大學求學的六年，我是幸福而快樂的。北師大古代漢語學科是章黃學術的重要陣地，這裏底蘊深厚、名師薈萃。當時已年逾七旬的著名語言學家王寧先生每年都堅持爲碩士生、博士生授課，以深邃的學術眼光講解《十三經注疏》，精彩的課堂座無虛席，讓我獲得了許多啓發。同時李國英教授、黃易青教授、朱小健教授、劉利教授、王立軍教授、周曉文教授、齊元濤教授的課堂也讓我獲益頗豐，感謝諸位老師！

在博士學位論文寫作的過程中，來京講學的丁鋒教授得知我需要查閱一部數十年前已絕版的小學考證著作後專門輾轉託人從日本送來相關材料，並來信鼓勵。論文外審和答辯過程中，來自校外的三位匿名評審專家以及答辯委員華學誠教授、孟蓬生研究員都對論文提出了寶貴的意見，是本書修訂工作的重要參考。在此謹表謝忱！

感謝李建清師兄、高淑燕師姐、蘇天運師姐、尹潔師姐給我的關懷，感謝李娟、鍾韻、武媛媛、劉瓊、韋良玉五位師妹幫助我審校了相關語料。感謝北京師範大學學生宿舍樓 G 座 1207 的室友張弛君、王相帥君在學習和生活上給我的幫助。

感謝社會科學文獻出版社宋月華老師、李建廷先生、胡百濤先生等爲本書出版的付出。

感謝我的 "大後方" ——妻子周嬌燕女士以及我們的父母，是他們用無私的付出支持着我的學習和工作。

　　因作者水平有限，書中可能還存在一些疏誤，懇請方家賜教。

蔣志遠

2023 年 4 月 9 日於長沙嶽麓山

圖書在版編目（CIP）數據

唐以前"古今字"學術史研究 / 蔣志遠著 . -- 北京：
社會科學文獻出版社，2023.12
（"古今字"學術史叢書）
ISBN 978-7-5228-1377-6

Ⅰ. ①唐… Ⅱ. ①蔣… Ⅲ. ①漢字 – 古文字 – 研究 –
古代 Ⅳ. ① H121

中國版本圖書館 CIP 數據核字（2022）第 256690 號

"古今字"學術史叢書
唐以前"古今字"學術史研究

著　　者 / 蔣志遠

出 版 人 / 冀祥德
責任編輯 / 李建廷　胡百濤
責任印製 / 王京美

出　　版 / 社會科學文獻出版社（010）59367215
　　　　　　地址：北京市北三環中路甲 29 號院華龍大廈　　郵編：100029
　　　　　　網址：www.ssap.com.cn
發　　行 / 社會科學文獻出版社（010）59367028
印　　裝 / 三河市東方印刷有限公司

規　　格 / 開本：787mm×1092mm　1/16
　　　　　　印 張：39.75　字 數：530 千字
版　　次 / 2023 年 12 月第 1 版　2023 年 12 月第 1 次印刷
書　　號 / ISBN 978-7-5228-1377-6
定　　價 / 268.00 圓

讀者服務電話：4008918866